UTB 2290

W0416846

Eine Arbeitsgemeinschaft der Verlage

Beltz Verlag Weinheim und Basel
Böhlau Verlag Köln · Weimar · Wien
Wilhelm Fink Verlag München
A. Francke Verlag Tübingen und Basel
Paul Haupt Verlag Bern · Stuttgart · Wien
Verlag Leske + Budrich Opladen
Lucius & Lucius Verlagsgesellschaft Stuttgart
Mohr Siebeck Tübingen
C. F. Müller Verlag Heidelberg
Ernst Reinhardt Verlag München und Basel
Ferdinand Schöningh Verlag Paderborn · München · Wien · Zürich
Eugen Ulmer Verlag Stuttgart
UVK Verlagsgesellschaft Konstanz
Vandenhoeck & Ruprecht Göttingen
WUV Facultas · Wien

Handbuch der Geschichte Europas
herausgegeben von Peter Blickle

Band 1 Wolfgang Schuller
Das Erste Europa, 1000 v. Chr.–500 n. Chr.

Band 2 Hans-Werner Goetz
Europa im frühen Mittelalter, 500–1050

Band 3 Michael Borgolte
Europa entdeckt seine Vielfalt, 1050–1250

Band 4 Michael North
Europa expandiert, 1250–1500

Band 5 Günter Vogler
Europas Aufbruch in die Neuzeit, 1500–1650

Band 6 Heinz Duchhardt
Europa am Vorabend der Moderne, 1650–1800

Band 7 Wolfgang von Hippel
Europa zwischen Reform und Revolution, 1800–1850

Band 8 Jörg Fisch
Europa zwischen Wachstum und Gleichheit, 1850–1914

Band 9 Walther L. Bernecker
Europa zwischen den Weltkriegen, 1914–1945

Band 10 Rainer Hudemann
Europa auf dem Weg zur Union, 1945–1990

Handbuch der Geschichte Europas – Band 8

Jörg Fisch

Europa zwischen Wachstum und Gleichheit 1850–1914

19 Karten
2 Grafiken
18 Tabellen

Verlag Eugen Ulmer Stuttgart

Jörg Fisch ist Professor für allgemeine neuere Geschichte an der Universität Zürich. Er veröffentlichte u.a. *Krieg und Frieden im Friedensvertrag* (1979), *Cheap lives and dear limbs. The British transformation of the Bengal criminal law 1769–1817* (1983), *Die europäische Expansion und das Völkerrecht* (1984), *Geschichte Südafrikas* (1990), *Reparationen nach dem Zweiten Weltkrieg* (1992) und *Tödliche Rituale. Die indische Witwenverbrennung und andere Formen der Totenfolge* (1998).

Titelfoto: Gussstahlfabrik Friedrich Krupp in Essen: Tiegelguss im Schmelzbau. Foto um 1900. (Foto: akg-images)

Die Deutsche Bibliothek - CIP-Einheitsaufnahme

Ein Titeldatensatz für diese Publikation ist bei
Der Deutschen Bibliothek erhältlich.

ISBN 3-8252-2290-X (UTB)
ISBN 3-8001-2763-6 (Ulmer)

Wollgrasweg 41, 70599 Stuttgart (Hohenheim)
E-Mail: info@ulmer.de
Internet: www.ulmer.de
Lektorat: Friedrich Springob, Dr. Nadja Kneissler
Herstellung: Otmar Schwerdt
Satz: KL-Grafik, München
Druck: Gutmann, Talheim
Bindung: Koch, Tübingen
Printed in Germany

ISBN 3-8252-2290-X (UTB-Bestellnummer)

Inhaltsverzeichnis

Vorwort des Herausgebers

Das Handbuch der Geschichte Europas (HGE) zeigt die historischen Voraussetzungen des modernen Europa. Es ermöglicht die kritische Auseinandersetzung mit Europa durch den Nachweis geschichtlicher Kontinuitäten und Brüche und dient damit dem Verständnis der europäischen Integration.

Das Handbuch der Geschichte Europas (HGE) umfasst 10 Bände in chronologischer Abfolge. Es behandelt jedes europäische Land gesondert sowie Europa als kulturelle Einheit insgesamt und ist in dieser Konzeption neu.

Das Handbuch der Geschichte Europas (HGE) vermittelt in kompakter Form gesichertes historisches Wissen auf dem neuesten Forschungsstand. Für jeden Band trägt ein Autor die Verantwortung. Alle Bände folgen der gleichen Gliederung. In einem einleitenden Kapitel über den Charakter der Epoche bringt der Autor seine eigene Interpretation zur Darstellung. Das Länderkapitel behandelt jedes europäische Land entsprechend seiner Bedeutung für die Epoche. Im Sachbereichskapitel werden die europäischen Gemeinsamkeiten herausgearbeitet, systematisiert nach Verfassung und Recht, Politik und internationalen Beziehungen, Gesellschaft und Wirtschaft sowie Kultur und Religion. Ein Schlusskapitel erörtert Forschungsstand, Forschungskontroversen und Forschungsperspektiven, wobei die nationalen historiographischen Traditionen angemessen berücksichtigt werden. Gelegentliche Modifikationen des Schemas sind sachbezogen. Ein umfassendes Verzeichnis der Literatur schließt jeden Band ab.

Bern, im Frühjahr 2002 *Peter Blickle*

Vorwort des Verfassers

Die europäische Geschichte der Jahre 1848-1914 zeigt einen eigentümlichen inneren Zwiespalt. Die Periode beginnt mit einem grossen revolutionären Ausbruch, der weite Teile des Kontinents viel rascher und gründlicher erfasst als die Französische Revolution von 1789 und mit der Hoffnung auf einen breiten emanzipatorischen Fortschritt verbunden ist, auf Befreiung für Individuen und Völker. Über dieser Hoffnung schlagen schon nach kurzer Zeit fast überall die Wogen der Reaktion zusammen. Doch das Untergegangene taucht in den folgenden Jahrzehnten wieder auf, langsam zwar und unvollständig, dafür aber auf festerer Grundlage. 1914 sind in Europa nicht nur die politischen, sondern auch die wirtschaftlichen Träume von 1848 in erheblichem Maße verwirklicht, neben vielem, was 1848 noch nicht einmal Zukunftshoffnung war. Statt eines krönenden Abschlusses aber bringt das Jahr 1914 den jähen Sturz des Kontinents in die Selbstzerstörung. Der Vorhang zu einer Zeit des Wirkens beispiellos destruktiver Kräfte in und zwischen den Staaten reisst auf.

Sowohl der hoffnungsvolle Blick in eine Zukunft des unendlichen Fortschritts als auch der Schrecken ob der sich steigernden Vernichtungsorgien sind Hinterlassenschaften des 19. für das 20. und das 21. Jahrhundert. Die Frage, ob beides zusammengehört, indem das erste nicht ohne das zweite zu haben ist, oder ob die dunkeln Seiten lediglich absterbende Überreste aus früheren Zeiten sind, beschäftigt die Gemüter seit spätestens 1914. Es wäre vermessen, in einem bloßen Überblick über die Epoche einen Beitrag zur Beantwortung dieser Frage sehen zu wollen. Vielleicht aber kann er wenigstens das Bewusstsein für sie schärfen.

Die Geschichtswissenschaft erfasst mit zunehmender Geschwindigkeit immer wieder neue Themen, Fragen und Erklärungsmuster. Wirklich verständlich wird das Neue aber nur denen, die das Alte kennen. Eine Gesamtdarstellung, die nicht nur für Spezialisten gedacht ist, kann deswegen nicht auf das Alte verzichten. Da sie einen soliden Überblick geben und sich dafür auf vorhandene Forschungen stützen muss, neue Themenbereiche aber bisher oft nur punktuell behandelt worden sind, ergibt sich notgedrungen ein gewisses Übergewicht der traditionellen Themen.

In einer Zeit erfolgreicher europäischer Einigungsbestrebungen ist der Ruf nach einer wirklich europäischen Geschichte nur natürlich. Die Forderung fällt leichter als ihre Verwirklichung, denn die Tradition der europäischen Geschichtsschreibung ist nationalstaatlich, nicht kontinental. Die Grundlagen einer solchen Betrachtungsweise lassen sich nicht über Nacht umkrempeln. Europa ist jedoch nicht nur werdende Einheit; es ist vor allem auch gelebte und lebendige Vielgestalt. Diese wird oft auf die Vielgestalt einer Handvoll Grossmächte reduziert. Es ist ein Ziel dieses Buches, auch die leiseren Töne der europäischen Geschichte anklingen zu lassen, die durch die kleineren Staaten verkörpert werden, damit der Blick auf Europa als Ganzes nicht zur Uniformierung seines Gegenstandes führt.

Zürich, im Frühjahr 2002 *Jörg Fisch*

1 Der Charakter der Epoche

1.1 Europa im Zeichen von Produktivitätswachstum und Ausbreitung der Gleichheit

Das 19. Jahrhundert ist das erste, das aus der Sicht des späten 20. und des frühen 21. Jahrhunderts nicht mehr, wie alle früheren, als Vorgeschichte, sondern als zur eigenen Zeit gehörend erscheint. Menschen des 18. Jahrhunderts würden vielleicht in unserer Zeit manche ihrer Träume verwirklicht finden. Doch die Verwirklichung wäre für sie nicht nachvollziehbar, sondern bestenfalls durch ein Wunder zu erklären. Menschen des 19. Jahrhunderts hingegen wären vielleicht überrascht über Ausmaß, Tempo und Radikalität der eingetretenen Veränderungen, nicht aber über deren Charakter. Dass der Mensch für die Fortbewegung nicht mehr auf eigene, auf tierische oder auf die Kraft der Naturelemente angewiesen ist, dass er Nachrichten mit beliebiger Geschwindigkeit über beliebige Strecken übermitteln kann, dass er Maschinen praktisch jede Arbeit für sich ausführen lassen kann, dass er imstande ist, Krankheiten, die ihm während Jahrhunderten oder Jahrtausenden als Schicksal erschienen, auszurotten, aber auch, dass in allen Staaten zumindest dem Anspruch nach Rechtsgleichheit und Demokratie herrschen – all dies und vieles andere würde aufmerksame Zeitgenossen des 19. Jahrhunderts eher erfreuen als erstaunen und jedenfalls nicht aus der Fassung bringen, während sich alle, die vorher gelebt haben, zumindest anfänglich nicht mehr zurechtfinden würden. Jules Verne wäre auch als Autor des 20., nicht aber als ein solcher des 18. Jahrhunderts denkbar. Die Gemeinsamkeiten erstrecken sich selbst in Bereiche hinein, in denen sie lieber nicht wahrgenommen werden. Erst das 19. Jahrhundert hatte das Ziel einer einheitlichen, zivilisierten Welt, von der kein Volk und keine Gruppe, selbst nicht die Sklaven, ausgeschlossen war, von der aber auch niemand sich selbst auszuschließen befugt war, und erst das 19. Jahrhundert versuchte, dieses Ziel notfalls mit Gewalt weltweit zu erreichen, indem diejenigen, die als unzivilisiert galten, der Zivilisation zwangsweise zugeführt wurden.

Wenn man die Moderne als diejenige Epoche bestimmt, in der sich unsere eigene Zeit zurechtfindet und wiedererkennt, dann ist das 19. Jahrhundert der Beginn der Moderne. Zwar hatte das 18. Jahrhundert schon vielfältige Visionen einer solchen Zeit. Doch es blieb von ihr durch die Mauer der praktischen Verwirklichung getrennt – die Visionen hatten noch nichts mit der Wirklichkeit, mit dem Leben zu tun.

Auf der anderen Seite bildet das 19. Jahrhundert in dieser Betrachtungsweise zusammen mit dem 20. und dem beginnenden 21. Jahrhundert eine Einheit, die sich von allen vorangegangenen Epochen scharf abhebt. Einteilungen und Abgrenzungen innerhalb dieser Periode müssen nach anderen Gesichtspunkten erfolgen, unabhängig davon, ob sie mit Jahrhundertgrenzen zusammenfallen oder nicht.

Konzentriert man sich statt auf die Moderne in einem universalen Sinne auf Europa, so kommt dem Ausbruch des Ersten Weltkrieges 1914 ein ausgesprochener Zäsurcharakter zu. Mit ihm begannen die europäische Selbstzerstörung und das Ende der europäischen Vormachtstellung in der Welt, auch wenn sich die Wurzeln dafür weiter zurückverfolgen lassen. Der Krieg brachte aber auch den endgültigen Durchbruch der Massendemokratie nach jahrzehntelangen Kämpfen, das Ende aller ständischen Elemente in Recht und Gesellschaft und schließlich, am schwersten fassbar und vielleicht doch am wichtigsten, das Ende eines Selbstbewusstseins, für das Europa nicht nur der Mittelpunkt der Welt, sondern auch der Motor eines unendlichen Fortschritts gewesen war.[1] Europa wurde aus dem Kontinent par excellence zu einer Weltregion unter anderen.

Verweist das Jahr 1914 als Epochengrenze auf das Verhältnis Europas zur Welt, so lenkt das Jahr 1848 die Aufmerksamkeit auf innereuropäische, primär politische Vorgänge. 1848/49 bedeutete zuerst einmal eine fast überall gescheiterte Revolutionswelle in Europa. Auf sie folgte nichts Neues, sondern die Rückkehr zum Alten, die Reaktion. Doch gerade der Versuch, das Rad der Zeit zurückzudrehen, trug dazu bei, dass der Einschnitt von 1848 zum Beginn von Neuem wurde. Das entscheidende Hindernis auf dem Weg zur modernen Gesellschaft, die rechtliche Ungleichheit, wurde durch den Abschluss der Bauernbefreiung zu einem bedeutenden Teil aus dem Wege geräumt. Demokratie und Grundrechte waren zwar noch nicht durchgesetzt. Aber sie waren zu zentralen Gegenständen der Auseinandersetzung geworden. Die im Vergleich zu den übrigen Kontinenten und zur ersten Jahrhunderthälfte rascher wachsende Wirtschaftskraft wiederum wurde zur Grundlage der europäischen Weltherrschaft.

Der Rückgriff auf unterschiedliche Abgrenzungskriterien, die unterschiedliche Einschnitte ergeben, macht deutlich, dass solche Zäsuren nie absolut sind, sondern immer nur im Rahmen einer bestimmten Betrachtungsweise gelten können. Das Kriterium der Moderne führt zu anderen Ergebnissen als die Konzentration auf die Stellung Europas in der Welt oder auf die politischen Verhältnisse innerhalb der europäischen Geschichte. Die Geschichtsbetrachtung sollte sich dadurch nicht einengen lassen. Deshalb wird der Blick in diesem Band bei Bedarf und Gelegenheit auch immer wieder über die Zeit von 1848 bis 1914 hinaus auf das europäische 19. Jahrhundert und die die ganze Erde umfassende Moderne des 19.–21. Jahrhunderts gerichtet, damit die Einbettung der unmittelbar behandelten Zeit in größere Zusammenhänge und Kontinuitäten sichtbar wird.

Die zweite Hälfte des 19. Jahrhunderts ist, im Gegensatz zu den ihr vorangegangenen Jahrzehnten, weniger eine Phase der großen theoretischen Konzepte und der

---

1 Der Konsens über den Epochencharakter von 1914 ist bis heute weitgehend ungebrochen, auch wenn inzwischen ab und zu versucht wird, anderen Einschnitten größeres Gewicht zu verleihen. Vgl. etwa für 1900 P. NOLTE, 1900. Die stärkere Betonung der Jahrhundertwende hat insbesondere in der Kunst- und Kulturgeschichte Tradition. Das zeigt sich etwa in Buchtiteln: E.R. TANNENBAUM, 1900, oder J. ROMEIN, Watershed.

grundlegenden, umwälzenden Ideen als der Umsetzung und der Anwendung solcher Ideen in immer größerem Maßstab. Aus der Theorie wird die Praxis, aus der Idee die Wirklichkeit. Dafür nur wenige Beispiele. Die Demokratie, auch die moderne parlamentarische, ist gewiss nicht erst nach 1848 „erfunden“ worden. Doch vor 1848 hat sie in der politischen Praxis der europäischen Staaten nur eine unbedeutende Rolle gespielt, während sie nach 1918 und vollends nach 1945 wenigstens formell kaum noch zur Debatte stand. Ebensowenig ist der Nationalismus eine Erfindung von 1848. Aber er ist erst nach 1848 zu einer gewichtigen politischen Kraft geworden. Die industrielle Revolution hatte 1848 längst begonnen. Doch sie wurde erst danach zu einer ganz Europa prägenden und rasch verändernden Erscheinung. Der Sozialismus und der Liberalismus waren 1848 voll entwickelte Gedankengebäude – zu politisch wirksamen Bewegungen wurden sie in vielen Gebieten erst danach.

Selbstverständlich war auch die Zeit nach 1848 nicht ideenlos. Weiterhin kündigten sich neue Auffassungen und Entwicklungen und revolutionäre Ideen an, vom Darwinismus bis zur Psychoanalyse. Doch die Kräfte, die die damalige Welt veränderten, gründeten überwiegend auf Ideen und Postulaten, die ins 18. und in die erste Hälfte des 19. Jahrhunderts zurückgingen.

Ein solches Übergewicht der Praxis über die Theorie, der Verwirklichung und Durchsetzung über die Konzipierung, hat die Folge, dass die Epoche für die rückblickende Betrachtung weniger Glanz ausstrahlt, als eine Zeit geistiger Höhenflüge. Praktische Fragen gewinnen auf Kosten ideeller Originalität an Gewicht. Denn die Verwirklichung beeinflusst und ändert stets auch die Ideen selber, weil erst sie endgültig zeigt, was in den Ideen enthalten und was an ihnen brauchbar ist, wo die Schwierigkeiten, Widersprüche und Konflikte liegen. Diese müssen aufgelöst und ausgekämpft werden. Das größte Verdienst einer solchen Haltung und Tätigkeit ist zweifellos, dass erst durch sie die große Masse der Menschen unmittelbar von den ursprünglichen Konzeptionen profitieren kann, ob es sich dabei um die politischen Rechte in der Demokratie oder um die kürzere Arbeitszeit dank höherer Produktivität handelt.

Bei den Änderungen und Neuerungen, oder auch einfach bei der Verwirklichung bereits bekannter Konzepte, lassen sich strukturell zwei Typen unterscheiden. Der eine ist traditionell, der andere ist neu und wird zu einer Signatur der Moderne.

Beim ersten Typ erfolgt die Überführung von einem festen und als abgeschlossen geltenden Zustand in einen anderen. Hier ist die Durchsetzung der Demokratie der zentrale Vorgang. Vor 1848 ist die Demokratie kaum irgendwo anzutreffen; nach 1914, und zumal nach 1918, ist sie fast überall zumindest auf dem Papier die gültige Regierungsform. Die Bewegung der vorangegangenen Jahrzehnte ist damit an ihr Ziel gekommen. Die Demokratie ist nicht als Übergangsphase, nicht als Ausgangspunkt zu neuen Zielen gedacht, sondern mit ihr ist nach geläufiger Auffassung ein unüberholbarer Endpunkt erreicht. Wenn alle erwachsenen Staatsbürger beiderlei Geschlechts genau gleiche politische Rechte haben, dann lässt sich ein solcher Zustand nicht mehr verbessern, sondern nur noch bewahren. Dass sich hier die Epochen unterscheiden, zeigt ein Vergleich insbesondere mit der Zeit nach 1945. Während 1848–1914 die Demokratie, vor allem in der Form des Wahlrechts, in vielfältigen inneren Kämpfen meist stufenweise durchgesetzt wurde, hatten die nach 1945 neu geschaffenen Staaten aus der Sicht der bestehenden kein moralisches Recht mehr, solche Kämpfe auszutragen, indem sie etwa mit einer allmählichen Ausweitung der politischen Partizipation experimentiert hätten. Vielmehr galt für sie von Anfang an die vom Wahlrecht her uneingeschränkte Demokratie als einzige legitime Regierungsform. Es war keine Zeit der allmählichen Durchführung mehr, sondern eine solche des erreichten Zieles, auch wenn das oft genug nur eine Fiktion war.

Den gleichen Charakter hatte der Wandel im Bereich des Rechts, der sich besonders im Übergang von der Stände- zur Klassengesellschaft äußerte. War die rechtliche Ungleichheit bis 1789 und – zumal in der Praxis – meist lange darüber hinaus selbstverständlich, so war sie bis 1914 wenn nicht gänzlich verschwunden, so doch zumindest selten und begründungsbedürftig geworden, wobei sich die mindere Rechtsstellung der Frau am hartnäckigsten hielt. Die sozialistische Theorie ging hier, mit dem Ziel der klassenlosen Gesellschaft, zwar einen Schritt weiter. Doch damit war dann ebenfalls wieder ein abschließender, sich grundsätzlich nicht mehr verändernder Idealzustand erreicht.

Der zweite Typ von Veränderung hat nicht einen Zustand zum Ziel, sondern er bedingt den Übergang von einem bestehenden Zustand in permanente Veränderung, von Ruhe in Bewegung, von Statik in Dynamik. Der Wandel als solcher wird zum entscheidenden Merkmal des Vorgangs. Zum Prototyp dafür wird das Wirtschaftswachstum. Angestrebt wird nicht ein bestimmtes Wohlstandsniveau für eine Gesellschaft. Vielmehr soll diese immer reicher werden, ohne dass dabei ein Ende abzusehen wäre. Das gilt etwa auch bei den Verkehrsmitteln, die immer schneller werden sollen, immer bequemer, sicherer oder sonstwie besser. Der Fortschritt wird zum Prinzip; das Ziel liegt nicht mehr im Abschluss der Bewegung oder in einer bestimmten, begrenzten Veränderung, sondern in der Bewegung und in der Veränderung selbst. Die Wirtschaft bildet hier den in alle Richtungen ausstrahlenden Leitsektor. Insbesondere die Gesellschaft gerät durch den wirtschaftlichen Wandel in Bewegung und wird permanent verändert, etwa, wenn der Anteil der in der Landwirtschaft Tätigen dauernd zurückgeht, oder wenn innerhalb der Industrie manche Berufe auf- und andere absteigen, so wie ganze Branchen entstehen und vergehen, Produkte aufkommen und wieder durch andere abgelöst werden.

Etwas anders äußert sich der Vorgang im Bildungswesen. In weiten Teilen Europas setzt sich die allgemeine Alphabetisierung durch, so dass erstmals in der Geschichte praktisch sämtliche Angehörige einer Gesellschaft lesen und schreiben können. Ein neuer Zustand ist erreicht. Doch er löst sich gleich wieder in Bewegung auf: alle sollen ein immer höheres Bildungsniveau, für das keine Obergrenze gesetzt wird, erreichen. Damit ist die Gesellschaft auf einen Weg gebracht, der kein Ziel hat, sondern sein Ziel in sich selbst trägt, ja selbst das Ziel ist.

Dasselbe zeigt sich mit gewissen Abwandlungen auch in der Kunst. In den Jahrzehnten nach 1848 fällt, ganz besonders in der Architektur, die Vielzahl der gleichzeitig zur Anwendung gelangenden Stile auf. Es sind nicht etwa neue Stile. Vielmehr werden alle aus der Geschichte bekannten, in zeitlicher Abfolge aufgetretenen Stile gleichzeitig angewandt und teilweise miteinander kombiniert. Dagegen regt sich gegen die Jahrhundertwende zunehmend Widerstand, und neue, eigenständige Stile entstehen. Doch vermag sich künftig nie mehr ein einziger Stil als allgemeingültig und die jeweilige Epoche charakterisierend durchzusetzen. Die Durchschlagskraft des Prinzips der Bewegung zeigt sich sowohl in der Vielzahl der Stile als auch in ihrer raschen Abfolge.

Die Beschleunigung des Wandels, der kein Ziel mehr hat, sondern sich selbst zum Ziel geworden ist und dadurch in eine offene Zukunft hineinführt, wird zu einem der zentralen Merkmale der Epoche und darüber hinaus der Moderne überhaupt.

Damit soll nicht einer sich im permanenten Wandel befindenden Moderne eine statische Vormoderne entgegengesetzt werden. Wandel gehört zu jeder Gesellschaft. Doch er hat sich in der behandelten Zeit nicht nur beschleunigt, sondern dadurch, dass er weithin Selbstzweck geworden ist, auch eine andere Qualität gewonnen. Er ist nicht mehr einfach das Resultat der Geschichte, das in der Regel erst hinterher bemerkt wird, sondern er ist selbst in der Sicht der Zeitgenossen das Ziel der Geschichte und des menschlichen Handelns. Diese Sichtweise ist im 20. Jahrhundert weitgehend selbstverständlich geworden, wie etwa die aktuelle Karriere der geradezu zu Kultobjekten avancierten Ausdrücke 'innovativ' und 'Innovation' zeigt. In der zweiten Hälfte des 19. Jahrhunderts aber entfaltete sie sich zum ersten Male in stärkerem Maße.[2]

Verständlicherweise bildeten sich auch Gegenkräfte, sowohl im kulturellen als auch im politischen Bereich. Denn der permanente Wandel erzeugte neben Gewinnern stets auch Verlierer, die ein mehr oder weniger legitimes Interesse daran hatten, sich gegen Verluste zu schützen, ob das nun Bauern waren, die ihren Erwerb, oder Adlige, die ihre Privilegien verloren. Der Fortschritt war in zahllosen Bereichen evident – aber gerade dadurch wurden auch seine Kosten sichtbar.

Innerhalb des bislang nur angedeuteten säkularen Wandlungsprozesses lassen sich zwei zentrale Merkmale und Kräfte ausmachen, die der Zeit in erheblichem Umfang ihren Stempel aufdrücken und auf die sich viele speziellere Vorgänge zurückführen lassen. Beide sind schon im 18. Jahrhundert entstanden, aber beide haben erst nach 1848 ihre volle historische Wirkungsmacht entfaltet. Sie sind von ihren Ursprüngen her höchst unterschiedlich, gewinnen dann aber Wirkungen, die durchaus miteinander vergleichbar sind. Vor allem beeinflussen und verstärken sie sich gegenseitig.

Der erste dieser Faktoren ist die *Idee der Gleichheit.* Sie erhält die Kraft eines politischen Postulats und hat neben rechtlichen zunehmend auch soziale und wirtschaftliche Aspekte. Da die Menschen nie einfach generell gleich sind noch es sein können, sondern stets nur in bestimmten Hinsichten, lässt sich das Gleichheitspostulat auch nie abschließend formulieren: Gleichheit in einer Hinsicht bedingt Ungleichheit in einer anderen. Jede Politik muss sich nun an diesem Postulat abarbeiten. Es geht entweder im allgemeinsten Sinne um die Gleichheit (in bestimmter Hinsicht) aller Menschen, oder aber um die Gleichheit zwischen den Angehörigen bislang ungleicher Gruppen, wobei Ungleichheit gegenüber den Angehörigen dritter Gruppen nicht thematisiert wird.

Die vielleicht eindrucksvollste und dramatischste, zum damaligen Zeitpunkt noch in vieler Hinsicht prophetische Schilderung der unwiderstehlichen Kraft des Gleichheitspostulats hat Alexis de Tocqueville aufgrund seiner Erfahrungen in den Vereinig-

---

2 Zur Frage der Beschleunigungserfahrung in der Moderne vgl. R. KOSELLECK, Zeitschichten, und ders., Vergangene Zukunft.

ten Staaten schon 1835 gegeben: „Unter den neuen Erscheinungen, die während meines Aufenthalts in den Vereinigten Staaten meine Aufmerksamkeit erregten, hat keine meinen Blick stärker gefesselt als die Gleichheit der gesellschaftlichen Bedingungen. Ich entdeckte ohne Mühe den erstaunlichen Einfluss, den diese Tatsache auf die Entwicklung der Gesellschaft ausübt; sie gibt dem Denken der Öffentlichkeit eine bestimmte Richtung, den Gesetzen einen bestimmten Anstrich; den Regierungen neue Grundsätze und den Regierten besondere Gewohnheiten.

Bald erkannte ich, dass sich der Einfluss dieser Erscheinung weit über die politischen Zustände und die Gesetze hinaus erstreckt und dass er auf die bürgerliche Gesellschaft nicht weniger als auf die Regierung einwirkt: er erzeugt Meinungen, ruft Gefühle hervor, zeitigt Gebräuche, und alles, was er nicht hervorbringt, wandelt er.

In dem Maße, wie ich die amerikanische Gesellschaft studierte, erkannte ich daher immer mehr die Gleichheit der Bedingungen als die wirkende Ursache, aus der jede einzelne Tatsache hervorgeht, und ich sah sie ununterbrochen vor mir wie einen Mittelpunkt, in den alle meine Beobachtungen einmündeten.

Dann kehrten meine Gedanken zurück zu unserer Erdhälfte, und ich glaubte etwas zu bemerken, das dem Anblick der Neuen Welt ähnlich ist. Ich sah die Gleichheit der Bedingungen, die zwar noch nicht, wie in den Vereinigten Staaten, an ihren äußersten Grenzen angelangt ist, aber sich ihnen mit jedem Tage nähert; und mir schien, dass dieselbe Demokratie, die die amerikanische Gesellschaft beherrscht, in Europa rasch zur Macht gelangt."

Der Vorgang erhielt in Tocquevilles Augen geradezu religiösen Charakter: „Wenn lange Beobachtungen und aufrichtiges Nachsinnen die Menschen unserer Tage zur Erkenntnis brächten, dass sich in der allmählichen und fortschreitenden Entwicklung zur Gleichheit die Vergangenheit und die Zukunft ihrer Geschichte in einem ausdrückt, dann erschiene diese Entwicklung allein schon im Lichte einer solchen Erkenntnis geprägt durch das geheiligte Zeichen göttlichen Willens. Die Demokratie aufhalten wollen, hieße dann gegen Gott selbst kämpfen, und es bliebe den Nationen nichts übrig, als sich mit dem gesellschaftlichen Zustand abzufinden, den die Vorsehung ihnen auferlegt."[3]

Strenggenommen ist die Gleichheit als Ziel ein Zustand. Angesichts der Unerreichbarkeit vollständiger Gleichheit in allen Hinsichten aber wird daraus in der Praxis bestenfalls eine unendliche Annäherung.

Das *Wachstum der Arbeitsproduktivität* ist das zentrale Ergebnis der industriellen Revolution. Die menschliche Arbeitskraft produziert pro Zeiteinheit dank immer weiter entwickelten Hilfsmitteln immer mehr, so dass eine Gesellschaft bei gleichem Arbeitsaufwand im materiellen Sinne immer reicher wird oder, bei gleichbleibendem Reichtum, immer weniger arbeiten muss. Hier kann, anders als bei der Gleichheit, weder von einer Idee noch von einem Postulat gesprochen werden. Vielmehr ist die Steigerung der Arbeitsproduktivität zunächst die ungeplante Folge vielfältiger Einzelakte. Doch diese Akte gewinnen in der behandelten Zeit eine solche Kontinuität, ja eine solche Eigengesetzlichkeit, dass das Resultat geradezu unvermeidlich wird.

---

3 A. de Tocqueville, Demokratie 1,9; 14f.

Damit lässt sich in ähnlicher Weise wie bei der Ausbreitung der Gleichheit von einer zwar immer nur durch menschliche Handlungen gespeisten und vorangetriebenen, aber durch diese Handlungen hindurchwirkenden Grundkraft sprechen.

Die Durchsetzung von Gleichheit bedeutet stets einen Abbau oder Ausgleich von Ungleichheit und damit eine Verschiebung politischer, rechtlicher, wirtschaftlicher oder sozialer Machtverhältnisse. Eine solche Umwälzung von Machtverhältnissen wird in der Regel als politisch-soziale Revolution bezeichnet. Ihr erster großer Ausbruch erfolgte in der Französischen Revolution.

Die kontinuierliche Steigerung der Arbeitsproduktivität beruht zunächst auf wissenschaftlichen und technischen Verbesserungen, die in ihrer praktischen Umsetzung als industrielle Revolution bezeichnet werden und zuerst in der zweiten Hälfte des 18. und im frühen 19. Jahrhundert in England erfolgten. Es ist auffällig, dass diese Bezeichnung die Revolution nicht als englische lokalisiert, während die politisch-soziale Revolution in der üblichen Bezeichnung als französische nur räumlich und nicht thematisch charakterisiert wird. Darin äußert sich der stärker kontinuierliche, ja evolutionäre Charakter der wissenschaftlich-technisch-industriellen im Vergleich zum oft stoßweisen, diskontinuierlichen Charakter der politisch-sozialen Revolution.

Sucht man nach den Ursprüngen der beiden Kräfte, so dürfte die Idee der Gleichheit weiter zurückreichen. Sie ist in bestimmten christlichen Auffassungen ebenso enthalten wie im naturrechtlichen Denken. Die Frage war eher, wann sie politische Stoßkraft gewinnen würde. Das war spätestens seit dem 18. Jahrhundert in stärkerem Maße der Fall. Die industrielle Revolution hingegen lässt sich kaum sehr viel weiter als bis in die Mitte des 18. Jahrhunderts zurückverfolgen. Auch wenn Erfindungen und Neuentwicklungen schon lange vorher gemacht wurden, so kam es doch erst ab etwa 1800 zu einer deutlichen und kontinuierlichen Steigerung der Produktivität der menschlichen Arbeit.[4]

Kommt so der Idee der Gleichheit in der Anfangsphase eine gewisse zeitliche Priorität zu, so gilt das nicht mehr für die hier behandelte Epoche. Die Beschleunigung des wirtschaftlichen Wachstums war nun ein zentrales Anliegen aller Regierungen, während die politischen und sozialen Verhältnisse bestenfalls mit einiger Verzögerung dem wirtschaftlichen Wandel angepasst wurden. Von ganz wenigen Ausnahmen abgesehen, wurde ihre Veränderung keineswegs als Motor für rascheren wirtschaftlichen Fortschritt systematisch geplant. Viel häufiger sperrten sich die herrschenden Gruppen dagegen. Deshalb wird im folgenden zuerst das Wachstum der Arbeitsproduktivität und danach die Ausbreitung der Gleichheit behandelt. Am Schluss des Kapitels wird nach den Wechselwirkungen zwischen diesen beiden Grundkräften des Zeitalters gefragt.

1.2 Das Wachstum der Arbeitsproduktivität

Die industrielle Revolution ist kein spezifisches Phänomen der hier behandelten Zeit. Sie setzte in England bereits in der zweiten Hälfte des 18. Jahrhunderts ein und erfass-

4 Vgl. C. Buchheim, Industrielle Revolutionen. Für eine bis 1400 zurückgehende Perspektive siehe E.L. Jones, Europa.

te in der ersten Hälfte des 19. Jahrhunderts auch eine Reihe von Ländern und Regionen auf dem Kontinent. Das Besondere der folgenden Jahrzehnte lag in der konsequenten Ausbreitung und Anwendung des bereits Entstandenen. Die industrielle Revolution wurde zu einer gemeineuropäischen Erscheinung und Erfahrung. Bis 1914 hatte sie weite Teile des Kontinents umgestaltet, und selbst die abgelegensten und zurückgebliebensten Staaten waren zumindest indirekt von ihr geprägt.

Der auffälligste Vorgang in diesem Zusammenhang war ein in früheren Zeiten weder über eine so lange Zeit hinweg noch in ähnlich hohen durchschnittlichen jährlichen Raten erreichtes Wachstum der Wirtschaft, das sich im Lauf der Zeit nicht etwa erschöpfte, sondern eher noch beschleunigte und jedenfalls 1914 keinerlei Anzeichen eines baldigen Nachlassens zeigte. Die europäische Wirtschaft wuchs langfristig mit fast 2% pro Jahr. Dabei waren die regionalen und nationalen Unterschiede beträchtlich.[5] Doch selbst in den am wenigsten betroffenen Staaten war die Wachstumsrate deutlich höher als in früheren Perioden.

Entscheidend war nun, dass die Wachstumsraten auch deutlich höher waren als das Bevölkerungswachstum, und zwar ebenfalls in einem früher nie erreichten Ausmaß. Die Produktion, und damit das Einkommen pro Kopf, stieg also, und zwar mit etwa einem Prozent pro Jahr.[6] Während in der ersten Hälfte des Jahrhunderts die Arbeitszeit länger geworden war, ging sie danach zurück, so dass das Wachstum der Arbeitsproduktivität noch höher war als dasjenige des Prokopfeinkommens.[7] Pro menschliche Arbeitsstunde wurden immer mehr Güter und Dienstleistungen erzeugt. Pro Kopf der Bevölkerung war Europa 1913 beinahe doppelt so reich wie 1850.[8]

Das war ein weltgeschichtlich einmaliger Vorgang. Zwar war die Arbeitsproduktivität auch schon in früheren Zeiten – und nicht nur in Europa – gewachsen, etwa nach Bodenschatzfunden oder wenn reichlich fruchtbares Land zur Verfügung gestanden hatte. Doch früher oder später hatte das Bevölkerungswachstum aufgeholt, und die Arbeitsproduktivität hatte stagniert oder war gar rückläufig geworden. Selbst der Übergang zu einer anderen Wirtschaftsweise, etwa von der Viehzucht zum Ackerbau, hatte in der Regel weniger dem längerfristigen Wachstum gedient als dazu, einen drohenden Rückgang infolge Übervölkerung aufzuhalten.

Die Ursachen für die industrielle Revolution und damit auch für das Produktivitätswachstum waren schon lange vor der hier behandelten Zeit wirksam und müssen deshalb außer Betracht bleiben. Hingegen sind die Folgen darzustellen, nicht nur in der Wirtschaft, sondern auch in Gesellschaft und Politik. Dazu ist zuerst kurz auf die Mechanismen einzugehen, die das Wachstum allererst ermöglichten.

Die entscheidende Bedingung der Möglichkeit des langfristig kontinuierlichen Produktivitätswachstums war die permanente Umgestaltung der Produktion, die laufende Entwicklung neuer Produkte. Wären lediglich die bereits vorhandenen Erzeugnis-

---

5 P. Bairoch, Product, 283 (s. Tabelle 11, S. 237).

6 Ebd.

7 Durchschnittswerte des Produktivitätswachstums für ganz Europa sind bislang nicht berechnet worden. Für 12 Staaten siehe A. Maddison, Economie mondiale, 80 und ders., Dynamic forces, 51; 274f. Maddison kommt für 1870-1913 auf Werte zwischen 1,2% (Großbritannien, Belgien) und 1,9% pro Jahr (Dänemark, Deutschland). Das arithmetische Mittel beträgt 1,6%.

8 P. Bairoch, Product, 286 (s. Tabelle 12, S. 238).

se in immer größerer Menge hergestellt worden, so wäre der Bedarf bald gedeckt gewesen, und die Produktion wäre wieder zurückgegangen, wodurch dann auch der Anreiz zur Produktivitätssteigerung geringer geworden wäre. Die Produktionskapazitäten, die durch das Produktivitätswachstum frei wurden, konnten dank der Entwicklung neuer Produkte immer wieder für neue Zwecke eingesetzt werden. Grundlagen für diese Neuerungen waren Wissenschaft und Technik. Nicht minder wichtig war die Verwendung neuer oder die effizientere Verwendung bereits bekannter Energiequellen: Wasser, Kohle, Öl und Elektrizität. Beides zusammen ermöglichte es, menschliche Arbeitskraft einzusparen und dadurch die noch verbleibende Arbeit produktiver zu machen.

Diese permanente Neuerung und Umgestaltung hatte ungemein weitreichende gesellschaftliche Folgen. Mit der Umstrukturierung der Produktion wurden auch die Produzenten umstrukturiert, kam es zu einer bislang unbekannten Mobilisierung der Gesellschaft, und dies in einem stetig wachsenden Tempo. So wurde eine Anpassung der Arbeitskräfte mittels zunehmender Disziplinierung durchgesetzt. Sie trug ebenfalls zur Produktivitätssteigerung bei, durch Vereinfachung, Konzentration und Beschleunigung der Arbeitsvorgänge. Noch wichtiger wurde für die Gesellschaft der Wandel, den die Beschäftigung in den einzelnen Sektoren erfuhr. Der Anteil der in der Landwirtschaft Tätigen an der Gesamtzahl der Beschäftigten ging überall zurück, während der Anteil von Industrie und Dienstleistungen zunahm. Auch wenn davon auszugehen ist, dass um 1914 in Europa noch mehr als die Hälfte der Erwerbstätigen in der Landwirtschaft beschäftigt waren, so handelte es sich aus der Sicht der bisherigen Weltgeschichte doch um einen unerhörten Vorgang. Die Anteile der verschiedenen Sektoren an der Beschäftigung hatten in den vorangegangenen Jahrhunderten und wahrscheinlich sogar Jahrtausenden weltweit eine bemerkenswerte Konstanz gezeigt. Stets waren um 80% der Beschäftigten in der Landwirtschaft tätig gewesen. Ausnahmen hatten jeweils nur für sehr begrenzte Gebiete gegolten, in erster Linie für kleine Staaten, die bestimmte spezialisierte Funktionen, vor allem im Handel, übernommen hatten, etwa Venedig im Mittelalter oder die Niederlande im 17. Jahrhundert. In der Regel aber war die landwirtschaftliche Produktivität zu niedrig gewesen, um längerfristig einen größeren Teil der Bevölkerung für andere Tätigkeiten freisetzen zu können. Hier zeigt sich der Charakter der Epoche, bereits erfolgte Neuerungen erstmals allgemein durchzusetzen, besonders deutlich. Während bislang alle außerhalb des landwirtschaftlichen Bereichs erfolgten Änderungen der Lebensweise an etwa 80% der Bevölkerung vorbeigegangen waren, erfassten sie nun einen immer größeren Teil davon.

Der Wechsel der Beschäftigung war mit fundamentalen weiteren Umstellungen verbunden, die hier nur angedeutet werden können. Am auffälligsten war die ausgelöste räumliche Mobilität, in deren Mittelpunkt die Verstädterung stand. Neue Tätigkeiten konnten häufig nicht am bisherigen Wohn- und Arbeitsort ausgeführt werden. Das Wachstum der Städte verlief ungefähr parallel zur Verlagerung der Beschäftigung in den zweiten und dritten Sektor. In ganz Europa lebten 1850 18,5% der Menschen in Städten. Bis 1910 waren es 35,8% geworden. Die Zahl der europäischen Städte mit über 100.000 Einwohnern nahm in der gleichen Zeit von 43 auf 156 zu.[9]

---

9 W. Fischer, Handbuch 5, 42.

Die unablässige Umstrukturierung der Produktion verlangte von den Arbeitskräften eine immer bessere Ausbildung. Die Bestrebungen zur Verbesserung der Volksbildung bis hin zur Durchsetzung der allgemeinen Schulpflicht waren freilich in einigen protestantischen Gegenden Europas älter und anders motiviert, nämlich theologisch-biblisch. Aber die Kräfte, die in diese Richtung wirkten, gewannen nun an Gewicht. Sowohl der Anreiz als auch der Zwang zur Bildung verstärkte sich. Eine gute Bildung brachte bedeutende, nicht zuletzt materielle, Vorteile. Umgekehrt führte Analphabetismus je länger je größere Nachteile mit sich, weil er von immer mehr Tätigkeiten ausschloss. Das Produktivitätswachstum erzwang die Ausbreitung der Bildung, und der Ausbau des Bildungswesens begünstigte wieder das Produktivitätswachstum. Allerdings zeigten England und Belgien, dass sich die industrielle Revolution über längere Zeit hinweg auch mit einem relativ begrenzten Bildungswesen erfolgreich durchführen ließ.

Schon diese wenigen Hinweise machen klar, dass der Vorgang, so sehr er aus der Sicht der Globalstatistik als kontinuierliches Wachstum (der Produktivität) und damit auch als Fortschritt erscheint, aus der Sicht der Beteiligten und Betroffenen keineswegs den Charakter einer bloßen Aufwärtsbewegung hatte. Die Entstehung von Neuem setzte immer auch – und vorgängig – die Zerstörung von Altem voraus. Millionen bislang in der Landwirtschaft tätiger Personen wurden „freigesetzt". Sie verarmten, ja verelendeten oft und mussten sich an völlig neue Lebensbedingungen und häufig an einen niedrigeren Lebensstandard, verbunden mit härteren Arbeitsbedingungen – sofern sie überhaupt Arbeit fanden – gewöhnen. Diese Gruppe bekam die Ambivalenz des Produktivitätsfortschritts am deutlichsten zu spüren. Der Fortschritt lag ja zunächst einmal darin, dass Arbeit und damit auch Arbeitskräfte eingespart wurden. Erst in einem – zumindest logisch – zweiten Schritt und keineswegs automatisch schufen die Neuerungen wieder neue Arbeit. Die Differenz zwischen den beiden Vorgängen war für viele die Erfahrung der Arbeitslosigkeit, der Entwurzelung, der Entqualifizierung und der Not und für praktisch alle zumindest die Erfahrung der Unsicherheit. Da Wachstum und Umstrukturierung pausenlos weitergingen, wiederholte sich auch der Vorgang immer wieder: Immer neue Gruppen von Opfern entstanden, deren Lage sich zumindest relativ und oft auch absolut verschlechterte, in der Regel zwar nicht auf Dauer, aber doch für einige Zeit.

Verlierer fanden sich nicht nur in der Unterschicht beim Übergang von der landwirtschaftlichen in die industrielle oder tertiäre Beschäftigung sowie innerhalb des häufig zumindest für kürzere Zeit arbeitslosen städtischen Proletariats, sondern auf fast allen Ebenen der Gesellschaft. Die Entwicklung immer wieder neuer Produkte führte zu dauernden Umschichtungen innerhalb von Industrie und Dienstleistungen. Gegen Ende des Jahrhunderts etwa verlor die Textilindustrie an relativer Bedeutung, während vor allem Chemie, Elektrotechnik und Motorfahrzeugbau aufkamen. Es ging nicht um einen einmaligen Übergang in eine neue Gesellschaft, in der dann wieder jeder seinen festen Platz hatte, sondern um den Übergang in eine Gesellschaft, die immer weniger feste Plätze hatte, in der ein immer größerer Teil der Bevölkerung dem Risiko ausgesetzt war, früher oder später zu den Verlierern zu gehören. Dabei bildeten die Unterschichten zweifellos die am stärksten betroffene Gruppe. Doch auch der Mittelstand blieb nicht verschont. Manche Handwerkszweige unterlagen der Konkurrenz der Industrie; viele Kleinhändler mussten vor den expandierenden Kaufhäusern kapitulieren, und der Produktivitätsfortschritt in der Landwirtschaft entzog einer wachsenden Zahl von selbständigen Bauern die Existenzgrundlagen. Selbst auf der Ebene der Oberschicht, der Industriellen und der Grundbesitzer, forderte die dauernde Umstrukturierung ihre Opfer.

Die Opfer wurden verständlicherweise häufig zu Gegnern des ganzen Systems der Wirtschaft und der Gesellschaft, das solche Verhältnisse produzierte, und suchten ihre Zuflucht in Bewegungen, die die vermeintlichen oder tatsächlichen Ursachen ihres sozialen und wirtschaftlichen Abstiegs bekämpften. Zur weitaus wichtigsten dieser Emanzipationsbewegungen wurde die Arbeiterbewegung. Sie konnte sich, nach anfänglichen, noch vor der behandelten Zeit liegenden Versuchen, die Steigerung der Produktivität durch den Kampf gegen den technischen Fortschritt, insbesondere die Maschinen, aufzuhalten, nur auf den Boden des Wandels stellen, denn zumal für die städtische Arbeiterschaft war eine Rückkehr zu den vorindustriellen Verhältnissen weder möglich noch wünschenswert. Je höher hingegen die bisherige soziale Stellung solcher Opfer gewesen war, um so näher musste es liegen, die Rückkehr zu einem Zustand zu verlangen, der einem eine solche Stellung garantiert oder zumindest ermöglicht hatte, und das hieß: um so restaurativer wurde eine Bewegung.

Solche gegen die säkularen Folgen der Produktivitätssteigerung gerichteten Bewegungen waren zahlreich und vielgestaltig, und dasselbe gilt für die Kämpfe, die daraus resultierten, vor allem mit dem Staat. Dass diese Kämpfe das Wachstum letztlich nicht aufzuhalten vermochten, hängt wieder mit dem Gesamtcharakter des Vorgangs zusammen. Ungeachtet aller Leiden, die er verursachte und aller Opfer, die er forderte, war er kein Nullsummenspiel, sondern ein Wachstumsprozess. Gewinne, die die einen machten, gingen nicht notwendig auf Kosten von anderen. Vielmehr nahm ja – darin lag die weltgeschichtliche Besonderheit – die Gesamtmenge dessen, was pro Kopf verteilt werden konnte, kontinuierlich zu. Die Verteilung freilich war umkämpft, und das System stellte keineswegs sicher, dass die Gewinne allen gleichmäßig zukamen. Die Unterschiede zwischen Arm und Reich waren enorm und nahmen in der Periode wohl noch weiter zu. Das bedeutete aber nicht, dass die Armen noch ärmer wurden. Während in der ersten Hälfte des Jahrhunderts eine – in ihrem Ausmaß freilich umstrittene – Pauperisierung erfolgte, ist für die Zeit nach der Jahrhundertmitte unbestritten, dass zwar nicht die gesamte Bevölkerung, aber doch ihre überwiegende Mehrheit einen – wenngleich bescheidenen – Anteil am Gewinn, den die Produktivitätssteigerung erbrachte, erhielt. Die Reallöhne der Arbeiter und die Einkünfte der Bauern nahmen in ganz Europa langfristig zwar langsam, aber doch einigermaßen kontinuierlich zu.[10] Am deutlichsten äußerte sich dies im elementarsten Bereich, in der Ernährung. Die Revolution von 1848 wurde nicht zuletzt durch eine Hungerkrise in weiten Teilen Europas in den Jahren 1846/47 begünstigt, während 1845–1848 Irland von einer der schlimmsten Hungersnöte in der europäischen Geschichte zerstört

10 Die genaue Messung der Lohnbewegungen ist allerdings schwierig und umstritten. Halbwegs verlässliche Zahlen für ganz Europa sind nicht verfügbar, und auch die Zahlen für einzelne Staaten sind durchaus unsicher. Der allgemeine Aufwärtstrend ist indessen unbestritten. Vgl. etwa P. SCHOLLIERS (Hg.), Real wages; P. SCHOLLIERS/V. ZAMAGNI (Hg.), Labour's reward.

wurde. Es waren die letzten derartigen Krisen in Europa, sieht man von einer Hungersnot zu Beginn der neunziger Jahre in einigen abgelegenen Teilen Russlands ab. Der Erfolg war auf die gesteigerte Produktivität in der Landwirtschaft zurückzuführen und noch mehr auf die verbesserten Transportmittel, die einen effizienten Ausgleich von Ernteunterschieden über große Distanzen hinweg erlaubten.

Die Verbesserungen erfassten allmählich alle Lebensbereiche, wobei das Wohnen am meisten zurückblieb, in erster Linie als Folge der zu Überfüllung führenden sehr raschen Stadtwanderung.

Die Gegenbewegungen, die die Produktivitätssteigerung erzeugte, waren nie so stark, dass sie die Voraussetzungen des säkularen Wachstums hätten in Frage stellen können. So sehr die Epoche von sozialen Kämpfen bestimmt war, so handelte es sich letztlich doch um begrenzte Auseinandersetzungen, muss man insgesamt von einer sozial friedlichen Zeit sprechen.

Das Wachstum der Arbeitsproduktivität hatte nicht nur wirtschaftliche und gesellschaftliche, sondern auch politische Folgen. Bisher hatte die Macht eines Staates wesentlich von seiner Fläche, seiner Ressourcenausstattung und vor allem seiner Bevölkerungszahl abgehangen. Nun aber wurden die weltweiten Unterschiede im Prokopfeinkommen immer größer; die industrialisierten Staaten ließen die nichtindustrialisierten immer weiter hinter sich. Damit konnten sie Unterschiede in Fläche und Bevölkerungszahl ausgleichen. Bislang gewissermaßen von Natur aus Schwächere konnten sich zu den Stärkeren emporarbeiten. Dabei war die Machtdifferenz in mancher Hinsicht noch größer als die Differenz in der Wirtschaftsleistung. Denn die Länder mit dem höchsten Prokopfeinkommen, und zumal die Großstaaten unter ihnen, verfügten auch über die neueste Technik und damit über die zerstörerischsten Waffen. Die Überlegenheit des Maschinengewehrs über afrikanische Waffen war noch größer als die Differenz im Prokopfeinkommen zwischen europäischen und afrikanischen Staaten, und das gepanzerte, dampfbetriebene Kriegsschiff ließ sich als Druckmittel selbst eines wenig bedeutenden europäischen Staates gegen China einsetzen, während China noch nicht einmal den kleinsten europäischen Staat auf solche Weise bedrohen konnte. So schuf das Produktivitätswachstum die Grundlage für die zunehmende Überlegenheit Europas in der Welt, für eine europäische Weltherrschaft, die 1914 ihren Höhepunkt erreichte.

Das Produktivitätswachstum ermöglichte indessen auch wieder die Gefährdung und schließliche Abschüttelung dieser Weltherrschaft. Die industrielle Revolution beruhte zwar auf Voraussetzungen, die im 19. Jahrhundert außer in Nordamerika nirgends so gut erfüllt waren wie in Europa. Grundsätzlich aber ließ sie sich überall in der Welt durchführen, und sie wurde von den industrialisierten Staaten auch in vielen außereuropäischen Regionen vorangetrieben, wenngleich meistens ohne entsprechende Absicht. Das hing mit der immanenten Tendenz der industriellen Revolution zur Ausdehnung, letztlich zur Globalisierung zusammen. Auch wenn die Industriestaaten den weitaus größten Teil ihrer Produktion selbst konsumierten, so konnte doch jeder zusätzliche Markt einen weiteren Gewinn verschaffen. Ebenso waren Rohstoffe aus Industrieländern viel wichtiger als solche aus Übersee – aber diese waren durchaus willkommen und in manchen Fällen auch unverzichtbar. Das führte freilich nicht zu einer Industrialisierung der außereuropäischen Gebiete. Einen solchen Vorgang versuchten die Industrieländer in der Regel eher zu verhindern. Übersee sollte auf die Rolle eines Absatzmarktes und eines Rohstofflieferanten beschränkt bleiben. Das gelang bis 1914 auch in erheblichem Maße. Dennoch ließen sich die Errungenschaften der industriellen Revolution nicht von Übersee fernhalten. Sie gelangten durch den Handel und durch die Rohstoffgewinnung dorthin. Auch wenn ihre Auswirkungen vorläufig gering waren, so konnten sie doch früher oder später zur Grundlage für die Steigerung einheimischer Macht werden. In einem exemplarischen Falle wurde dies den Europäern schon vor 1914 demonstriert: Als einzigem überseeischen, nicht von Europa aus gegründeten Staat gelang es Japan, wesentliche Elemente der industriellen Revolution durchzuführen, sie in militärische und politische Macht umzusetzen und dadurch zu einer von den Europäern respektierten Großmacht zu werden.

Die europäische Weltherrschaft war also eine vorübergehende, die Globalisierung im Sinne der Ausweitung der industriellen Produktionsmethoden und der Steigerung der Arbeitsproduktivität hingegen war die dauerhafte und geradezu unvermeidliche Folge der Vorgänge in Europa.

Die immer mehr Gebiete und Menschen erfassende Steigerung der Arbeitsproduktivität war, zumindest von ihrem Ursprung her, kein Werk der Planung. Dennoch war sie nicht das Ergebnis anonymer Kräfte, sondern sie ergab sich aus zielgerichteten menschlichen Handlungen, die freilich andere, begrenztere Motive und Ziele hatten: Macht- und Gewinnstreben, den Wunsch, Zeit zu sparen oder die Arbeit zu erleichtern, Konkurrenz, Nachahmungstrieb oder schiere Not. Der Gesamtprozess hing von zu vielen Einzelfaktoren ab, als dass er wirklich steuerbar gewesen wäre, und zahlreiche Versuche, Entwicklungsrückstände einzuholen, das Wachstum zu beschleunigen, scheiterten.

Wo der Vorgang aber einmal in Gang gekommen war, da gewann er immer mehr eigenes Gewicht. Er wurde geradezu zum Schicksal, musste er doch um jeden Preis aufrechterhalten werden. Die Vorstellung, man könne ihn irgendwo anhalten und die Entwicklung auf einem bestimmten Stand der Produktivität einfrieren, war illusorisch. Zu vielfältig waren die zusammenwirkenden dynamischen Faktoren, wie etwa technische Neuerungen, sozialer Wandel oder Ausweitung der Märkte. Stellte man nur einen Faktor still, so ergaben sich Ungleichgewichte. Selbst wenn keinerlei Erfindungen oder Neukonstruktionen mehr gemacht wurden, so konnten doch noch die bereits gemachten Erfindungen allgemein eingesetzt werden. Die Ersetzung des Segelschiffs durch das Dampfschiff etwa dauerte mehr als ein Jahrhundert. Eine solche Anwendung von Neuerungen aber brachte Produktivitätsgewinne, die, wenn keine weiteren Neuerungen erfolgten, lediglich Arbeitsplätze kosteten und dadurch soziale Instabilität bewirkten. Die Alternative zum weiteren Fortschritt war nicht der Stillstand, sondern der Rückschritt, die Rückkehr zum Ausgangspunkt. Diese aber wäre nur um den Preis einer Katastrophe möglich gewesen. Die Bevölkerungsdichte war inzwischen so hoch, die Städte waren so groß, dass eine Industriegesellschaft mit vorindustriellem Produktivitätsniveau gar nicht überlebensfähig gewesen wäre.

So verbanden sich Eigengesetzlichkeit und Überlebensnotwendigkeit zu einem Zwang zum Wachstum. Darin kam der neuartige Charakter der Epoche und der Moderne insgesamt in reinster Form zum Ausdruck. Die Bewegung, die permanente Veränderung im Sinne des Wachstums, war zum Ziel geworden. Überspitzt ausgedrückt war der Reichtum nicht das Ziel, sondern lediglich das Nebenprodukt der Bewegung. Diese war ihrerseits, als Ziel genommen, ein rein formales, maß- und grenzenloses Prinzip des immerwährenden Wandels und der dauernden Steigerung. Auf jede Steigerung, Beschleunigung oder Verbesserung konnte eine weitere folgen – und gerade dadurch war das Ziel letztlich wieder leer. Es widersprach der gesamten europäischen Tradition von Utopien, Ideal- und selbst Jenseitsvorstellungen: Diese gingen stets von einem abschließenden, endgültigen und dadurch definierbaren Zustand aus, ob man ihn nun als bloßes, nie gänzlich erreichbares Ideal oder als ewige Seligkeit oder als durch Planung voll verwirklichbar dachte. Alle derartigen Vorstellungen waren nicht mehr mit dem neuen Prinzip der Bewegung vereinbar. Wie schwer sich die Zeit mit dieser Umstellung tat, zeigte sich am deutlichsten in der Vielzahl von mehr oder weniger konkreten Zukunftsentwürfen, die entstanden, ob sie nun eine sozialistische klassenlose Gesellschaft oder eine freie Assoziation der Produzenten oder eine Neuauflage des Ständestaates vorsahen. Sie hatten im rauhen Wind des rein formalen Bewegungsprinzips die Funktion und die Wirkung von Idyllen. Deshalb wirken sie aus der Rückschau naiv und unrealistisch – man kann sie geradezu als Fluchtversuche betrachten. Hier ist wohl auch der Grund zu sehen, weshalb sich Karl Marx beharrlich weigerte, konkrete Aussagen über die künftige klassenlose Gesellschaft zu machen: Jede Festlegung und Konkretisierung hätte dem Prinzip der Bewegung und damit dem zentralen und vorgegebenen Prinzip der Epoche widersprochen. Konkrete inhaltliche Aussagen über die Zukunft waren geradezu systemwidrig.

Dennoch erwartete das Publikum die Angabe eines inhaltlichen Zieles, auch wenn ein solches gar nicht existierte. Dass es nicht existierte, war nicht etwa die Folge einer willkürlichen Festlegung oder eines Verzichts, sondern es ergab sich aus der Tatsache, dass das Wachstum der Arbeitsproduktivität keine Grenzen hatte. Nicht nur der Produktionsprozess, sondern auch die durch ihn bestimmte Gesellschaft konnte nicht wieder zur Ruhe kommen.

Dem Prinzip der Bewegung und des permanenten Wandels entsprach die permanente Unsicherheit. Sie äußerte sich in der fortschreitenden Auflösung der Ständegesellschaft und in der Unmöglichkeit, neue ständische oder ständeähnliche Ordnungen einzuführen: die dafür erforderliche Zeit zur Konsolidierung fehlte. Das Korrelat der Bewegung war die Klassengesellschaft, in der sich die Stellung des Individuums aus seiner Stellung im Produktionsprozess ergab.

In diesem Prinzip der reinen Bewegung lag eine fundamentale Ambivalenz. Es war *die* Ambivalenz nicht nur der Epoche, sondern der Moderne überhaupt. Die Bewegung war zunächst ganz eindeutig eine solche des Fortschritts. Der größere gesellschaftliche Reichtum verbesserte die materiellen Lebensbedingungen der meisten Menschen; bisherige Gefahren für Leib und Leben, vom Hunger bis zu Krankheiten, wurden beseitigt oder verringert. Der Preis dieses unbezweifelbaren und immer rascheren Fortschritts aber war eine Bewegung ins Unbekannte. Der Gewissheit des formalen Fortschritts entsprach die Ungewissheit, ja die Unwissenheit über dessen Inhalt. Die Vorstellung eines erreichten Zieles widersprach dieser Eigenschaft der Zukunft. Dennoch verschwand das Bedürfnis nach einem inhaltlichen Ziel nicht, versprach es doch Sicherheit. Das Leben war früher härter gewesen. Aber wenigstens waren die Gefahren bekannt gewesen, die es bedroht hatten. Jetzt waren sie ebenso unbekannt wie die Zukunft. Der Fortschritt erzeugte Zweifel und Kritik am Fortschritt, die Angst vor einer ungewissen Zukunft, die viel intensiver sein konnte als bisherige Existenzängste, und deren Berechtigung im 20. Jahrhundert sichtbar werden sollte. So waren die Menschen gezwungen, mit der offenen Zukunft zu leben, mit dem formalen Prinzip des Wandels ins Unbekannte hinein statt mit den traditionellen, bekannten Gefahren und Übeln, die der Triumph von Wissenschaft und Technik Schritt für Schritt aus dem Wege räumte. Daraus ergab sich die Notwendigkeit, ein neues Lebensgefühl zu suchen, weil das unerfüllbare Bedürfnis nach inhaltlichen Zielen und damit nach der Sicherheit und Gewissheit, die das Bewegungsprinzip der Moderne so konsequent verweigert, bestehen blieb.

In diesem erstmaligen Übergang ganzer Gesellschaften zur Moderne liegt die fortdauernde Aktualität der Epoche 1848–1914 begründet.

1.3 Die Ausbreitung der Gleichheit

Die Idee einer ungeachtet aller empirischen Unterschiede zwischen den Individuen vorauszusetzenden, im Sinne von Gleichberechtigung und Gleichbehandlung zu verstehenden sozialen Gleichheit aller Menschen ist in der europäischen Geschichte nicht neu. Sie hat über Jahrhunderte zurückreichende religiöse und naturrechtliche Wurzeln. Doch war ihre praktische und damit letztlich politische Bedeutung gering; das konkrete Zusammenleben wurde durch vielfältige, über lange Zeit hinweg etablierte Ungleichheiten bestimmt. Das änderte sich erst, als seit dem 17. und verstärkt dem 18. Jahrhundert aus der bloßen Idee mehr und mehr ein Postulat wurde, die Forderung nach gesellschaftlichen und politischen Konsequenzen aus einer angenommenen fundamentalen sozialen Gleichheit der Menschen. Die Menschen sollten nicht mehr nur in der Idee, sondern auch in der Wirklichkeit in wichtigen Aspekten gleich sein; die Gleichheit sollte sich nicht mehr nur auf das Verhältnis zu Gott, sondern auch auf das Verhältnis zu den Mitmenschen beziehen. Besondere Stoßkraft gewann das Postulat im Zusammenhang der Französischen Revolution, als eines von deren drei zentralen Schlagworten, neben 'Freiheit' und 'Brüderlichkeit'. Während die Brüderlichkeit als eine Form gelebter Gleichheit betrachtet werden konnte, ließ sich der Zusammenhang mit der Freiheit systematischer fassen: Die Verwirklichung der Gleichheit bedeutete mehr Freiheit für die bislang Diskriminierten, während sich die Einschränkung der Freiheit der bisher Privilegierten leicht rechtfertigen ließ. Dass auch die bloße Aufrechterhaltung der Gleichheit Einschränkungen der Freiheit aller erforderlich machen konnte, war ein Gesichtspunkt, der sich nicht in den Vordergrund drängte, solange es vornehmlich um die Beseitigung von Privilegien ging.

Einmal ins Zentrum der Politik vorgedrungen, gewann das Gleichheitspostulat eine zunehmende und eigenständige Kraft, die sich anschickte, die Welt zu verändern. Das Postulat wurde zum Maßstab und Prüfstein für alle Zustände und Vorgänge in Gesellschaft und Politik. Was ihm nicht entsprach, musste geändert oder beseitigt werden. War eine Ungleichheit überwunden, so öffnete sich der Blick leicht auf eine andere, die ausgemerzt werden musste. Denn wenn *eine* Ungleichheit nicht zu rechtfertigen war, dann ließ sich die Kritik auch auf alle anderen übertragen. So wurde aus dem Gleichheitspostulat jene unwiderstehliche Kraft, die Tocqueville so eindrücklich dargestellt hatte. Aus einer von Menschen vorgebrachten Forderung wurde eine Bewegung, die ihrerseits Forderungen an die Menschen stellte und sich die gesellschaftlichen und politischen Verhältnisse zunehmend unterwarf.

Bevor die Auswirkungen dieses Vorgangs auf die hier behandelte Epoche geschildert werden, ist der Gleichheitsbegriff selber zu betrachten.[11] Hier sollen, ohne jeden Anspruch auf Vollständigkeit, vier Aspekte an ihm unterschieden werden, die in der zweiten Hälfte des 19. Jahrhunderts eine besondere Rolle spielten.

1. Den Kern der konkreten, praktischen Gleichheitsforderung bildete die Rechtsgleichheit, die Gleichheit vor dem Gesetz. Sie bedeutet, dass für alle Angehörigen einer Rechtsgemeinschaft, im Idealfall für die ganze Menschheit, gleiches Recht gilt, dass alle bei gleichen Funktionen gleiche Rechte und Pflichten haben. Jegliche Form von Sonderrecht, das bestimmte Personen oder Gruppen innerhalb der betreffenden Gemeinschaft privilegiert und dadurch andere diskriminiert, ist unzulässig. Das Prinzip ist rein formal. Es besagt nur, dass alle gleiche Rechte und Pflichten haben, aber nicht, um welche Rechte und Pflichten es sich handelt, welchen Inhalt und welchen Umfang sie haben. Wichtig ist auch, dass die jeweilige Rechtsgemeinschaft in der Regel begrenzt ist, dass bezogen auf andere Rechtsgemeinschaften durchaus Ungleichheiten bestehen können. Das wird am deutlichsten in der Stellung von Ausländern innerhalb einer Gesellschaft. Man kann hier in einem allgemeinen Sinne von bürgerlichen Rechten sprechen.

2. Während die Rechtsgleichheit in Bezug auf die bürgerlichen Rechte zunächst ein rein formales Prinzip ist, bei dem offen ist, welche Rechte es umfasst, gewinnt sie in Bezug auf die politischen Rechte materiellen Charakter. Es geht um die Macht im Staate, und Gleichheit bedeutet hier, dass alle in gleichem Umfang an dieser Macht teilhaben, dass sie gemeinschaftlich die oberste Gewalt im Staat, also die Souveränität besitzen, auch wenn mancherlei Mechanismen bewirken, dass die Macht bei ihrer konkreten Ausübung wieder sehr ungleich verteilt ist. Definiert man die dergestalt Berechtigten als Volk, so bedeutet Gleichheit in Bezug auf politische Rechte Volkssouveränität; sie ist nicht vereinbar mit irgendeiner Form dem Volk übergeordneter, nicht von ihm als Quelle der Macht abgeleiteter Souveränität.

3. So wichtig bürgerliche Rechtsgleichheit und politische Gleichberechtigung sein mögen – lebensweltlich bleibt der eigentliche Kern des Gleichheitsbegriffs mindestens so sehr durch die Gleichheit des Besitzes bestimmt. Während vollständige Rechtsgleichheit in Bezug auf einzelne Rechte sich in der Praxis durchaus verwirklichen lässt, ist gänzliche Gleichheit des Besitzes ein Ideal, dem sich die Wirklichkeit bestenfalls annähern kann. Denn selbst wenn einmal für alle gleiche Ausgangsbedingungen geschaffen würden, so würden die natürlichen Unterschiede zwischen den Individuen und ihr unterschiedliches Verhalten sofort wieder zu neuer Ungleichheit der materiellen Güter führen, und auch die Vorstellung der Abschaffung jeglichen Privateigentums ist bestenfalls ein Ideal.

---

11 Zur Begriffsgeschichte O. Dann, Gleichheit, und ders., Gleichheitspostulat. Zu den Problemen der Gleichheit zusammenfassend R. Dworkin, Sovereign virtue.

4. Wesentlich schwerer zu fassen ist der vierte Aspekt, der im Zusammenhang der Auseinandersetzung mit dem Begriff der Gleichheit oft erscheint, die Chancengleichheit. Dieser Begriff ist in sich instabil. Ihm liegt die Vorstellung zugrunde, dass alle vom Menschen gemachten oder beeinflussten Formen der Ungleichheit beseitigt werden, damit sich im Wettbewerb lediglich die naturgegebenen Ungleichheiten auswirken können. Dieser Wettbewerb aber führt notgedrungen wieder zu neuer von den Menschen geschaffener Ungleichheit, so dass das Ergebnis der Chancengleichheit widerspricht. Diese ist auch deswegen nicht vollständig erreichbar, weil sie volle materielle Gleichheit voraussetzt. Sollen umgekehrt die natürlichen Unterschiede ausgeglichen werden, dann müssen die Betroffenen ungleich behandelt werden. So bleibt die Vorstellung einer Chancengleichheit diffus. In der Praxis wird sie häufig ex post ermittelt, aufgrund des Erfolges, indem etwa der Anteil einer Minderheit an der Gesamtbevölkerung mit demjenigen an der Elite verglichen wird. Doch die Definition einer solchen Elite ist willkürlich, und mit ihr die Rede von Privilegierung, Diskriminierung und Chancengleichheit. Geht man beispielsweise für das 19. Jahrhundert vom Anteil einer Gruppe an den höheren Staatsämtern aus, so waren die Juden ganz eindeutig unterrepräsentiert, hatten also schlechtere Chancen als andere. Definiert man hingegen eine Elite über die freien Berufe und die führenden Positionen in der Wirtschaft, so waren die Juden deutlich überrepräsentiert. Man kann also unter dem Stichwort der Chancengleichheit bestenfalls grobe Tendenzen im Verhältnis der Gruppen, Schichten und Klassen zueinander zum Ausdruck bringen.

Die Überlegungen zur Chancengleichheit zeigen, dass die hier unterschiedenen vier Aspekte des Gleichheitsbegriffs in der Praxis nicht streng auseinandergehalten werden können, weil sie sich gegenseitig beeinflussen. Je größer die materielle Ungleichheit ist, um so weniger wird sich Rechtsgleichheit verwirklichen lassen, weil die Reichen das Recht tendenziell zu ihren Gunsten beeinflussen können. Ähnliches gilt für politische Gleichheit: Sie ist ohne bürgerliche Rechtsgleichheit schwer denkbar, und sie wird durch materielle Ungleichheit leicht verzerrt. Gleichheit des Besitzes wiederum ist kaum denkbar ohne Rechtsgleichheit, und Chancengleichheit setzt im Grunde alle drei anderen Aspekte der Gleichheit voraus.

So deutlich indessen gegenseitige Einflüsse und Abhängigkeiten sind, so lässt sich aus den vier Aspekten dennoch kein einheitlicher oder gar Messbarkeit in einer Gesellschaft oder im Vergleich zwischen Gesellschaften erlaubender Gleichheitsbegriff bilden. Jeder Aspekt ist für sich zu betrachten, und man kann nicht materielle gegen Rechtsgleichheit oder politische gegen bürgerliche Gleichheit verrechnen. Daraus ergibt sich der Gang der Darstellung. Im folgenden wird die Bedeutung aller vier Aspekte für die hier behandelte Epoche zunächst getrennt betrachtet, stets unter dem Gesichtspunkt einer möglichen Ausbreitung der Gleichheit. Am Schluss wird dann noch versucht, die Rolle und den Stellenwert der Gleichheit insgesamt zu ermitteln.

1. Die sukzessive Verwirklichung der Rechtsgleichheit durch die Beseitigung einzelner Diskriminierungen und die Emanzipation diskriminierter Gruppen ist einer der zentralen Vorgänge der zweiten Hälfte des 19. Jahrhunderts. Dabei bestanden allerdings je nach Rechtsgebiet und betroffener Gruppe große Differenzen im Tempo und Umfang des Wandels. Sie ergaben sich aus dem Ausmaß an Widerstand, der der Ausbreitung der Gleichheit erwuchs. Dabei lassen sich drei Bereiche unterscheiden.

a) Am schnellsten und vollständigsten wurden die ständischen Ungleichheiten beseitigt, sofern sie rechtlich fixiert gewesen waren. Grundlage dafür war die Bauernbefreiung, die Aufhebung der Feudalrechte der Grundbesitzer gegenüber den Bauern. Im Ausdruck 'Bauernbefreiung' zeigte sich der enge Zusammenhang, der zwischen Freiheit und Gleichheit in diesem Bereich bestand: Die Rechtsgleichheit bedeutete für die bislang nicht Gleichberechtigten zugleich die Freiheit. Freiheit und Gleichheit standen nicht in Konkurrenz zueinander, sondern ergänzten sich gegenseitig. Die Bauernbefreiung setzte schon im späten 18. Jahrhundert ein und war bis 1853 in Europa abgeschlossen, mit Ausnahme Russlands und Rumäniens, die 1861 und 1864 nachzogen.[12] Russland zeigte allerdings auch, dass die Bauernbefreiung allein noch nicht alle ständischen Ungleichheiten beseitigte. Es blieb bis 1906 rechtlich gesehen eine Ständegesellschaft, mit teilweise ständisch gegliedertem Zivil- und Strafrecht. Im übrigen Europa aber verschwanden die meisten ständischen Elemente schon vorher aus der Rechtsordnung, insbesondere aus dem Wirtschafts- und dem Zivilrecht.

b) Andere Differenzierungen und Diskriminierungen zeigten größere Widerstandskraft. Das galt zunächst für Religion und Konfession. Uneingeschränkte Religionsfreiheit und mit ihr die völlige Gleichheit der Angehörigen aller Konfessionen und Religionen vermochte sich nur sehr langsam durchzusetzen, und sie war 1914 noch lange nicht in allen Staaten verwirklicht. Selbst die bloße Toleranz hatte sich noch nicht vollständig durchgesetzt. Immerhin waren religiöse Verfolgungen mittlerweile selten geworden. Ausnahmen bildeten die antijüdischen Pogrome in Russland seit 1881 sowie die Beziehungen zwischen Christen und Muslimen auf dem Balkan, die wiederholt zu Massakern und Vertreibungen auf beiden Seiten führten.[13] Die Zeit der Glaubensverfolgungen war zwar im Großen und Ganzen vorbei. Aber die bislang privilegierten Kirchen wehrten sich gegen die Reduktion oder gar gänzliche Beseitigung ihrer Privilegien, denen eine Diskriminierung der Angehörigen anderer Glaubensgemeinschaften und der Religionslosen entsprach. So bedeutete etwa die Kontrolle des Bestattungs- und des Zivilstandswesens durch eine Kirche tendenziell eine Diskriminierung für jene, die dieser Kirche nicht angehörten. Solche Fragen führten zu erbitterten Auseinandersetzungen, zu Kulturkämpfen, die freilich nicht unter dem Banner der Gleichheit, sondern als Auseinandersetzungen zwischen Kirche und Staat ausgetragen wurden. Vollständige Gleichheit wäre nur bei vollständiger Trennung von Kirche und Staat möglich gewesen.

Der Widerstand, auf den die Ausbreitung der Gleichheit im religiösen Bereich stieß, und insbesondere der große Erfolg, mit dem die katholische Kirche in Kulturkämpfen breite und vor allem auch die unteren Schichten der Bevölkerung dagegen zu mobilisieren vermochte, zeigt, dass die Kraft des Gleichheitspostulats begrenzt war. In Religionsfragen entschied, so die nach wie vor verbreitete Auffassung, die Wahrheit, und diese konnte nicht der Gleichheit unterstellt werden, weil sie dadurch auf die Stufe der Irrtümer heruntergezogen worden wäre. Die Gleichheit war eben gegenüber der religiösen Wahrheitsfrage indifferent, und eine solche Gleichgültigkeit schien dem religiösen Glauben nicht angemessen. Man kann den Widerstand deshalb nicht einfach

---

12 Siehe die chronologische Tabelle bei J. Blum, Old order, 356.
13 Vgl. K. Boeckh, Balkankriege.

als bloßen Egoismus abtun. Die Heftigkeit mancher Kulturkämpfe erklärt sich auch daraus, dass der Staat nicht nur die Rechtsgleichheit durchzusetzen, sondern auch die Kirche als Institution zu schwächen versuchte.

c) Am ausgeprägtesten blieb die rechtliche Ungleichheit zwischen den Geschlechtern. Im Wesentlichen handelte es sich dabei um die zivilrechtliche Diskriminierung der Frau gegenüber dem Mann. Die Verhältnisse waren natürlich zumindest den unmittelbar Betroffenen bewusst, wurden aber nicht durchweg als Ungleichheiten oder gar Ungerechtigkeiten aufgefasst und noch weniger als solche denunziert. Schließlich aber wurden sie zum wichtigsten Kristallisationspunkt für die Frauenbewegung, die nach einem ersten Aufflackern 1848/49 seit etwa den sechziger und siebziger Jahren rasch an Gewicht gewann. Wenngleich ihre Erfolge bedeutend waren, blieben sie doch weit hinter den Zielen zurück. 1914 konnte in keinem einzigen Staat Europas von gänzlicher Gleichberechtigung der Geschlechter im bürgerlichen Bereich die Rede sein. Der Unterschied zur ständischen Ungleichheit zeigte sich am besten in den großen zivilrechtlichen Gesetzbüchern, die gar keine Stände mehr kannten, während sie durchaus noch diskriminierend zwischen den Geschlechtern unterschieden.

Wie erklärt sich der geringere Erfolg bei der Beseitigung von Ungleichheit zwischen den Geschlechtern im Vergleich zur Überwindung der ständischen Ungleichheit? Diese behinderte die soziale Mobilität und insbesondere die permanente Anpassung der Bevölkerung an den Wandel der Produktionsformen, etwa den Übergang der Arbeitskräfte von der Landwirtschaft in die Industrie, der häufig einen Standortwechsel bedingte. Hier machten sich also die Auswirkungen der industriellen Revolution und des Wachstums der Arbeitsproduktivität bemerkbar. Das war im Verhältnis der Geschlechter zueinander weit weniger der Fall. Zwar hatte die Industrialisierung für die Frauen nicht minder gravierende Auswirkungen als für die Männer, und viele Frauen wurden ebenfalls in den Prozess der permanenten Umgestaltung der Produktion einbezogen. Der Kern des Verhältnisses zwischen den Geschlechtern aber lag nicht in der Arbeitswelt, sondern in der Familie. Diese wurde zeitgenössisch viel weniger stark in Frage gestellt als die Ständegesellschaft, da sie der Entfaltung der Industriewirtschaft nicht in gleicher Weise im Wege stand. Die Ungleichheit zwischen den Geschlechtern war eine Entsprechung zur bestehenden hierarchischen Familienstruktur. Ehe und Familie waren keine durch Gleichheit, sondern durch klare Unterordnungsverhältnisse geprägte Institutionen. Nicht nur die große Mehrheit der Männer, sondern auch viele Frauen standen einer neuartigen, radikal durch Gleichheit geprägten Ehe- und Familienauffassung ablehnend oder zumindest skeptisch gegenüber. Hier zeigten sich die Grenzen der Ausbreitung der Gleichheit in der Epoche vor dem Ersten Weltkrieg. Zwar war dauernd von rechtsgleichen Individuen die Rede, und Individuen waren auch tatsächlich die Träger gleicher Rechte. Insofern bedeutete Ausbreitung der Gleichheit stets auch Individualisierung, Vereinzelung. In der Praxis aber bildete die hierarchisch strukturierte, idealerweise von einem rechtlich privilegierten Mann geführte Familie den Bezugspunkt. Die Individualisierung ging noch nicht wirklich bis zum Individuum, sondern erst bis auf die Ebene der Familie.

2. Im politischen Bereich bezieht sich die Frage nach der Rolle der Gleichheit in erster Linie auf das Wahlrecht. Vollständige Gleichheit ist dann gegeben, wenn alle Angehörigen des Gemeinwesens gleichen Anteil an der politischen Macht haben. Die

konsequente Gleichheit drückt sich in der Formel vom allgemeinen, gleichen, geheimen und direkten Wahlrecht aus.

Die Epoche wurde in starkem Maße geprägt vom Kampf um das Wahlrecht, sowohl was den Kreis als auch was die Gleichheit der Berechtigten (und damit den Wahlmodus) anging. Es war ein hartnäckiger Kampf, der 1914 noch lange nicht abgeschlossen war. Das Wahlrecht war in vielen Staaten einer der zentralen innenpolitischen Streitgegenstände. In solchen Fällen erfolgte die Ausweitung nur langsam und schrittweise, jeweils gegen den heftigen Widerstand der bereits Berechtigten. Der Zielpunkt stand freilich überall fest. Es war das allgemeine (gleiche, geheime und direkte) Männerwahlrecht. Es galt 1848 nur in wenigen Staaten. Bis 1914 hatte es sich in einer Mehrheit der europäischen Staaten durchgesetzt; aber es war noch keineswegs in ganz Europa verwirklicht. Selbst im Mutterland des Parlamentarismus, in Großbritannien, waren noch etwa ein Drittel der Männer, die Angehörigen der ärmsten Schichten, vom Wahlrecht ausgeschlossen.

Dass sich aus dem allgemeinen Gleichheitspostulat im Sinne der Rechtsgleichheit die Forderung nach dem Frauenwahlrecht ergab, blieb selbstverständlich den Zeitgenossen nicht verborgen, und sie wurde denn auch immer wieder erhoben. Doch sie blieb politisch gesehen bis zum späten 19. Jahrhundert bedeutungslos. Hier zeigte sich eine gewisse Abhängigkeit der politischen Gleichberechtigung von der Gleichheit in Bezug auf bürgerliche Rechte. Solange letztere nicht weitgehend durchgesetzt war, kam erstere nicht in Frage. Erst seit etwa der Jahrhundertwende bildeten sich in einigen Staaten, insbesondere in Großbritannien, politisch relevante Kräfte zur Durchsetzung des Frauenwahlrechts. Doch die Ergebnisse blieben mager. Bis 1914 hatten die Frauen nur in Norwegen und in Finnland das Wahlrecht erlangt, wobei Finnland nicht souverän, sondern Teil des Russischen Reiches war. So zeigt sich auch im politischen Bereich die Priorität der Beseitigung der ständischen gegenüber der Überwindung geschlechtsbezogener Ungleichheit.

Die Ausweitung des Wahlrechts, und damit der politischen Gleichheit, war allerdings mit weit mehr, heftigeren und langwierigeren Kämpfen (die immerhin nach 1848 nur selten gewalttätig wurden) verbunden als die Ausbreitung der bürgerlichen Rechtsgleichheit. Darin schlug sich die Tatsache nieder, dass es viel unmittelbarer um die Macht ging. Die Hartnäckigkeit des Kampfes zeigte sich auch darin, dass, anders als im bürgerlichen Bereich, im politischen in beträchtlichem Maße ständische Ungleichheiten konserviert wurden. In vielen Ländern stand neben der vom Volk gewählten Parlamentskammer noch eine zweite (charakteristischerweise meistens als Erste Kammer bezeichnet), bei deren Wahl oder Zusammensetzung weiterhin ständische Privilegien eine Rolle spielten. Das britische Oberhaus bildete das Musterbeispiel dafür. In anderen Ländern waren an die Stelle ständischer besitzmäßige Ungleichheiten, die sich in einem Zensuswahlrecht ausdrückten, getreten. Diese Körperschaften hatten 1914 zwar in der Regel geringere Kompetenzen als die nach einem breiteren Wahlrecht bestimmten Kammern, aber ihre Macht ging nur sehr langsam zurück.

3. Dem unbefangenen Beobachter musste unter dem Stichwort der Gleichheit im Europa des späten 19. Jahrhunderts zuerst die extreme materielle Ungleichheit auffallen. Sie verschärfte sich im Lauf der Zeit eher und wurde vor allem besser sichtbar. Das Wirtschaftswachstum erfolgte zwar nach 1850 in der Regel nicht mehr auf Kosten der

Armen, sondern verbesserte auch deren Stellung. Aber die großen Vermögen wuchsen weit schneller; der Abgrund zwischen den sehr Reichen und der großen Masse der Bevölkerung vertiefte sich. Die rasch wachsenden Städte versammelten die Kontraste von Prunk und Elend auf engstem Raum. Doch es war nicht nur eine Frage der Wahrnehmung. Der Reichtum verlor auch einen wesentlichen Teil seiner bisherigen sozialen Funktionen. Zwischen Reichen und Armen hatte früher häufig eine Art Klientelverhältnis bestanden, das dem Patron eine minimale Fürsorgepflicht zur Vermeidung oder wenigstens Minderung der allerschlimmsten Not auferlegt hatte. Je anonymer die Verhältnisse in den Industrie- und Dienstleistungsbetrieben wurden, um so mehr verloren sich solche Traditionen.

Diese tendenziell zunehmende materielle Ungleichheit provozierte verständlicherweise Widerstand und Gegenbewegungen mit breiter Anhängerschaft. Insbesondere in der Arbeiterbewegung spielten materielle Gleichheitsforderungen eine wichtige Rolle. Der Sozialismus hatte entschieden egalitären Charakter mit der Forderung nach einer Vergesellschaftung oder Verstaatlichung der Produktionsmittel und einer gleichmäßigeren Verteilung des übrigen Privateigentums. So verbreitet solche Forderungen indessen waren, so erfolglos waren sie letztlich. Nirgends erfolgte eine Umverteilung des Reichtums. Hier kam der blutrünstigen Niederschlagung der Pariser Kommune von 1871 zentrale Bedeutung zu: Sie zeigte, dass die Besitzenden einen Umsturzversuch mit aller Macht abzuwehren gewillt waren. Die europäische Arbeiterbewegung lernte diese Lektion, wenn auch widerwillig, und versuchte außerhalb Russlands nirgends mehr einen revolutionären Entscheidungskampf zu provozieren. Die Besitzverhältnisse blieben stabil. Außer im strategisch wichtigen Eisenbahnsektor erfolgten keine Verstaatlichungen. Vielmehr erfuhr das Privateigentum, auch und gerade dasjenige an Produktionsmitteln, sogar eine zunehmende rechtliche Absicherung; seine Heiligkeit und Unverletzlichkeit wurde immer wieder betont.

Diese deutliche Tendenz zur Verschärfung der Kluft zwischen Arm und Reich führte nun aber in einer dialektischen Bewegung letztlich dennoch zur Ausbreitung der Gleichheit, wenngleich auf einer anderen Ebene. Armut und vor allem extreme soziale Unsicherheit veranlassten den Staat, allmählich die Absicherung gegen die wichtigsten Existenzrisiken Krankheit, Unfall und Alter zu übernehmen, entweder in eigener Regie oder zumindest unter seiner Oberaufsicht. Die Motive für die Einführung solcher Sozialversicherungssysteme waren von Land zu Land verschieden, hingen aber stets mit der Furcht der Oberschichten vor unkontrollierbaren sozialen Spannungen und Unruhen zusammen. Der Hauptadressat, die Arbeiterschaft, war gerade deswegen zunächst skeptisch bis ablehnend eingestellt, machte sich aber, als die Erfolge unbestreitbar wurden, zum Protagonisten. Bis 1914 hatten alle Industriestaaten zumindest rudimentäre Sozialversicherungssysteme.[14] Deren materielle Auswirkungen und damit auch die egalisierenden Folgen blieben meistenorts noch gering. Hauptsache war zunächst die unmittelbare Daseinssicherung. Längerfristig aber enthielt das einmal geschaffene Instrument ein beträchtliches Umverteilungspotential, wie sich im weiteren Verlauf des 20. Jahrhunderts zeigen sollte. So brachte die Epoche, wenngleich in anderer, ungewohnter Form und nach beträchtlichen Anfangsschwierigkeiten, doch

14 Für einen Überblick siehe J. ALBER, Armenhaus.

auch im materiellen Bereich noch eine Ausbreitung der Gleichheit. Solche Effekte zeigten sich schon vor dem Ersten Weltkrieg, am deutlichsten in Großbritannien, wo die Kosten der Sozialreform 1909–1911 gegen deren heftigen Widerstand vor allem den direkten Steuerzahlern und damit überproportional den Reichen auferlegt wurden.

4. Aussagen zur Chancengleichheit müssen angesichts des wenig präzisen Begriffs relativ unbestimmt bleiben. Als möglicher Maßstab bietet sich das Ausmaß der sozialen Mobilität an. Die Frage, ob sie in der behandelten Zeit zu- oder abgenommen hat, ist ungeklärt. Hingegen steht außer Zweifel, dass die Zahl der Aufstiegsmöglichkeiten zugenommen hat. Das war einfach eine Folge des mit dem Strukturwandel verbundenen Wirtschaftswachstums, das einen entsprechenden sozialen Wandel geradezu erzwang, indem sich der Anteil der verschiedenen Branchen und Sektoren an der Beschäftigung dauernd verschob und tendenziell auch immer höhere Qualifikationen gefordert wurden, wodurch sich nicht nur berufliche, sondern auch soziale Aufstiegschancen ergaben. Doch es war eine Mobilität, die in erster Linie der Auffüllung der immer breiter werdenden höheren Ränge diente und kaum einen verstärkten Austausch zwischen oben und unten zur Folge hatte. Die Chancen derer, die bereits oben waren, blieben entschieden besser. Das zeigte sich am deutlichsten im Bildungswesen. Die Verwirklichung der allgemeinen und kostenlosen Volksbildung bei gleichzeitiger Anhebung des Niveaus der Schule in vielen Ländern ist eines der hervorstechendsten Merkmale der Epoche. Darin äußert sich zweifellos eine klare und entschiedene Tendenz zur Gleichheit, die keineswegs nur auf die Zwänge des Wirtschaftswachstums und den Bedarf an geschulten Arbeitskräften zurückgeführt werden kann. Denn dieser Bedarf erstreckte sich nie auf die gesamte Bevölkerung. Hinter der Ausweitung standen durchaus auch Forderungen nach mehr Chancengleichheit, neben Vorstellungen von einem Mindestmaß an Bildung, das für ein gesittetes Leben erforderlich sei. Dies war dann freilich zugleich die Grenze der Ausbreitung der Gleichheit. Zwar wurde auch in der höheren Bildung, im Sekundar- und im Hochschulbereich, die Chancengleichheit insofern endgültig verwirklicht, als praktisch nur noch die schulischen Leistungen den Ausschlag gaben. Hingegen bestand keine Chancengleichheit in materieller Hinsicht angesichts von Gebühren und sonstigen Kosten, die in der Regel die Unterschichten ausschlossen.

Innerhalb dieses Rahmens erfuhr die Chancengleichheit weitere beträchtliche Ausweitungen. Der Zugang zu Staatsstellungen wurde zunehmend durch Prüfungen und Konkurrenzverfahren statt durch Protektion geregelt, und die noch bestehenden Einschränkungen oder gar Verbote für die Einstellung insbesondere von Angehörigen religiöser Minderheiten fielen zum größten Teil. Einzig in Russland bestanden 1914 in dieser Hinsicht noch klar diskriminierende Einschränkungen für Juden.

Auch wenn die Chancengleichheit vielfach in der Praxis durch die Bevorzugung bestimmter Gruppen ein Stück weit unterlaufen wurde, so waren solche Praktiken keineswegs allgemein. Die wirklich gravierenden Einschränkungen fanden sich nicht in den Zulassungsverfahren, sondern in den unterschiedlichen Chancen, diese Verfahren überhaupt zu erreichen. Am wenigsten und am langsamsten drangen die neuen Prinzipien in bislang weitgehend abgeschlossene Eliteformationen ein: in das Diplomatische Korps und in Teile des Offizierskorps.

Was im öffentlichen Sektor nur langsam verwirklicht wurde, war im privaten Sektor selbstverständlich, wenn auch weniger formell, und trug zur Übernahme entsprechender Kriterien durch den Staat bei: Die Auswahl erfolgte überwiegend nach Leistungskriterien.

1.4 Gleichheit und Wachstum als Grundkräfte einer Epoche

Hat Tocqueville mit seiner Prophezeiung von der unwiderstehlichen Kraft der Gleichheit für das 19. Jahrhundert recht behalten? Von der Grundtendenz her hat sich seine Voraussage zweifellos bestätigt. Nimmt man die verschiedenen Aspekte zusammen, so hat die Gleichheit das Leben der europäischen Völker im Jahre 1914 stärker geprägt als 1848. Doch dieser Vormarsch hatte ein sehr gemächliches Tempo, und er rief vielfältigen und hartnäckigen Widerstand auf den Plan. Von überwiegend durch Gleichheit geprägten Gesellschaften konnte 1914 keinesfalls die Rede sein. Dennoch: die Richtung war eindeutig. Eine Rückkehr zu den Ungleichheiten der Zeit vor 1848, insbesondere zum Ständestaat, war 1914 schlechterdings nicht denkbar, und eine weitere Ausdehnung der Gleichheit in vielen Bereichen schien lediglich eine Frage der Zeit. Die Kraft war verhaltener, als sie bei Tocqueville erscheinen mochte – aber sie wirkte durchaus.

Weshalb aber der heftige und langwierige Widerstand? Er lag primär im Charakter des Nullsummenspiels begründet, den jeder Egalisierungsprozess hat, wie immer er auch ideologisch verbrämt werden mag. Jede Beseitigung oder Abschwächung einer Ungleichheit verbessert zwar die Position der bislang Benachteiligten oder Diskriminierten, aber sie verschlechtert auch in genau gleichem Maß die Position der bislang Privilegierten, derer, die von der Ungleichheit profitiert haben. Egalisierung ist lediglich eine Einebnung oder ein Ausgleich, eine Umverteilung, bei der nichts Neues geschaffen wird – es sei denn, man will das größere Ausmaß an Gerechtigkeit dazu rechnen, was aber für die Verlierer in der Regel ein schwacher Trost ist. Es wäre erstaunlich gewesen, wenn diese sich nicht gewehrt hätten. Verständlich war es auch, dass sie sich da, wo es unmittelbar um Macht und Besitz ging, bei den politischen Rechten und der Besitzverteilung, noch stärker zur Wehr setzten als da, wo es zunächst mehr um bloße Möglichkeiten ging, wie bei der Rechts- und Chancengleichheit.

So gesehen ist es eher erstaunlich, dass die Ausbreitung der Gleichheit nur gebremst und nicht angehalten oder gar umgekehrt wurde. Zur letztlich doch unwiderstehlichen Kraft der Gleichheit trug die zweite Grundkraft des Zeitalters bei, das Wachstum der Arbeitsproduktivität. Bei ihr handelte es sich ja nicht um ein Nullsummenspiel. Vielmehr schuf sie permanent neue Werte und erhöhte die Menge der materiellen Güter, die pro Kopf zur Verfügung standen. Sie erleichterte die Ausbreitung der Gleichheit, indem sie die Verteilungskämpfe abmilderte. Allerdings ergab sich nur bei der materiellen Gleichheit ein solch direkter Zusammenhang zwischen den beiden Kräften. Dennoch bestand er, stärker vermittelt, auch in den anderen Bereichen. Das Produktivitätswachstum erzwang den Wandel der Beschäftigungsstruktur und dadurch einen höheren Grad an Rechtsgleichheit als zuvor; die Bewegung, die es in die Gesellschaft brachte, war nicht mehr mit der Ständeordnung vereinbar. Selbst die religiösen Zustände und das Verhältnis zwischen den Geschlechtern mussten mit der Zeit davon berührt werden, und die zunehmende rechtlich-gesellschaftliche Gleichheit wurde ihrerseits wieder zum besten Argument gegen politische Ungleichheit.

Das Verhältnis zwischen Wachstum und Gleichheit war indessen nicht nur das einer einseitigen Beeinflussung oder gar Verursachung, sondern es hatte durchaus wechselseitigen Charakter, auch wenn dabei keine volle Symmetrie bestand und die Gleichheit in der behandelten Zeit in stärkerem Maße Wirkung als Ursache war. Die Idee und das Postulat der Gleichheit waren eine wichtige Voraussetzung für die freie Verfügbarkeit von Menschen in einem sich permanent umgestaltenden Wirtschaftsprozess. Eine rigoros hierarchische Gesellschaft bot gar keinen Platz für die Vorstellung, dass immer neue, schließlich allen Angehörigen dieser Gesellschaft zur Verfügung stehende Produkte entwickelt würden, und die Auflösung der Ständegesellschaft und die Ausbreitung der Demokratie, also der politischen Gleichheit, sicherte der Gesellschaft jene Stabilität, die erforderlich war, um die Umschichtung, die sich aus dem wirtschaftlichen Wachstum ergab, zu verkraften. Sie setzte darüber hinaus auch neue, den Wandel vorantreibende Kräfte frei.

Hier zeigt sich eine eigentümliche Form des Zusammenwirkens der beiden von ihrem Grundcharakter her höchst unterschiedlichen Kräfte. Das Wachstum der Arbeitsproduktivität war zumindest an seinem Ursprung kein geplanter Vorgang, sondern eher das unerwartete Ergebnis vielfältiger Handlungen, die andere und vor allem begrenztere Ziele verfolgten. Diese Handlungen bewirkten mit der Zeit gesellschaftlichen Wandel. Die Ausbreitung der Gleichheit hingegen war ursprünglich eine Idee und danach ein Postulat, ein klares Ziel, dem man sich anzunähern strebte und das entsprechende Kräfte freisetzte. Es bildete den Richtpunkt gesellschaftlicher Veränderungen und stand damit nicht wie das Produktivitätswachstum als Schubkraft hinter ihnen, sondern als Zugkraft vor ihnen. So nahmen die beiden Kräfte bildlich gesprochen die Gesellschaft in ihre Mitte und zogen und schoben sie, sich gegenseitig verstärkend, vorwärts. Sie prägten die Epoche weit stärker als jede ihnen vorausgegangene Zeit.

Dieses Zusammenwirken der beiden Kräfte gewann noch einen ganz anderen Charakter. Beide forderten sie auch in einem sehr erheblichen Maße Opfer, das Wachstum zwar nicht ausschließlich, aber doch ganz überwiegend bei den Unterschichten und den unteren Mittelschichten, die Gleichheit eher bei den reicheren und privilegierten Schichten. Es wäre übertrieben, ja zynisch, hier von einer Opfersymmetrie zu sprechen. Dennoch erfolgte wenigstens ein gewisser Ausgleich, wodurch die Härte der Konfrontation zwischen den sozialen Schichten tendenziell abgeschwächt wurde.

Das Zusammenwirken beseitigte indessen den höchst unterschiedlichen Grundcharakter der beiden Kräfte keineswegs. Das Wachstum hatte kein außer ihm liegendes Ziel. Die Gleichheit hingegen stellte durchaus ein Ziel dar, das erreicht werden sollte und, einmal erreicht, nicht mehr überschritten werden konnte. Da es ein Ideal war, war es unerreichbar. Dadurch ergab sich ebenfalls eine unabschließbare, permanente Bewegung, die aber im Gegensatz zum Wachstum ein Ziel hatte. Sie brachte eine radikale Umgestaltung aller politischen, wirtschaftlichen und gesellschaftlichen Verhältnisse mit sich.

Erst die Kombination dieser beiden Bewegungen macht die Moderne aus. Auf der einen Seite steht das reine, bloß formale Bewegungsprinzip des permanenten Wachstums, dessen Ziel niemand kennt; auf der anderen Seite steht die Anstrengung, immer wieder neue und umfassendere Ideale einer gerechten Gesellschaft aufzustellen und sich ihnen anzunähern, wobei das zentrale Element dieser Ideale implizit oder explizit die Gleichheit ist, selbst da, wo die Rede von der Freiheit dominiert, denn die Grundlage der Freiheit ist jeweils die Gleichheit. Die Zeit nach 1914 sollte in weit stärkerem Maße als die hier behandelte Epoche zeigen, dass die zielgerichtete Bewegung in Richtung Gleichheit schwerer aufrechtzuerhalten war und von mächtigeren Gegenkräften bedroht wurde als das bloße ziellose Wirtschaftswachstum. Und es blieb ja nicht bei Bedrohungen – die Rückschläge waren gewaltig. Letztlich wirkten auch dabei beide Kräfte zusammen, wie am Ende der hier behandelten Epoche deutlich wurde. Die Steigerung der Arbeitsproduktivität hatte den Europäern das wirtschaftliche und das politisch-militärische Übergewicht in der Welt gebracht. Die eigentliche Grundlage der europäischen Überlegenheit, ja Weltherrschaft bildeten die überlegenen Waffen, und die Überlegenheit der Waffen beruhte auf deren Zerstörungsfähigkeit. Die Europäer wurden dadurch zwar von außen unverwundbar. Aber sie versäumten es, Strukturen und Institutionen zu schaffen, die verhindert hätten, dass sich die gesteigerte Zerstörungskraft gegen ihre Urheber wandte, indem sie nicht versuchten, den Krieg als Mittel innereuropäischer Politik zu beseitigen oder auch nur einzuschränken. So konnte die Weltherrschaft 1914–1918 ungehemmt in Selbstzerstörung umschlagen. Grundlage dafür war eine besondere (und weit hinter das 19. Jahrhundert zurückreichende) Form der absoluten formalen (nicht materiellen) Gleichheit: Die Gleichheit der Staaten, die sich im gegenseitigen Umgang keinerlei Fesseln auferlegten. Freilich war das nicht die Gleichheit, die innerstaatlich für Individuen galt oder angestrebt wurde, denn diese war staatlich reguliert und kontrolliert. Doch trug auch sie indirekt zur Selbstzerstörung des Kontinents bei. Die Katastrophe des Ersten Weltkrieges war nicht nur eine Folge der Zerstörungskraft der Waffen, sondern auch eine solche der Massenheere. Der Aufbau und erst recht der jahrelange Einsatz von Millionenheeren wäre in einer weiterhin strikt ständisch aufgebauten Gesellschaft kaum möglich gewesen: Die Ausdehnung der Gleichheit erleichterte die Einführung und konsequente Durchsetzung der allgemeinen Wehrpflicht, und diese verschärfte wiederum die Forderungen nach der Ausweitung zumal der politischen Gleichheit. Die Französische Revolution und Napoleon bildeten hier den Ausgangspunkt. Dieser enge – wenn auch nicht unauflösliche – Zusammenhang von Wehrpflicht und daran gebundenem Wahlrecht zeigte sich negativ darin, dass 1914 das Frauenwahlrecht in Europa noch so gut wie inexistent war. Andererseits wäre ohne industrielle Revolution, insbesondere ohne Verbesserung der Transportmittel und damit ohne Steigerung der Arbeitsproduktivität, die Aufstellung von Millionenheeren gar nicht möglich gewesen.

Dieser Versuch der Rückführung einer Epoche auf zwei Grundkräfte kann nicht beanspruchen, die Epoche in ihrer ganzen Vielgestaltigkeit zu erfassen. Es handelt sich lediglich um einen Interpretationsvorschlag, der als Leitlinie für die folgende Darstellung dienen soll, aus der Einsicht heraus, dass auch in einer vermeintlichen Gesamtdarstellung dem begrenzten Geist die Erfassung der grenzenlosen Totalität verwehrt ist, dass ohne Auswahl und Konzentration keine Erkenntnis im Sinne einer Durchdringung der Wirklichkeit möglich ist. Die hier gegebene Perspektive ist, wie jede andere auch, ergänzungsbedürftig. Ihre Rechtfertigung kann sich lediglich aus ihrer Erklärungskraft für Phänomene ergeben, die aus der Rückschau unserer Zeit besonders prägend erscheinen.

2 Die souveränen Staaten

2.1 Großbritannien

Großbritannien war während der hier behandelten Zeit die einzige wirkliche Weltmacht. Sein Reich umspannte den Erdball, und seine Flotte beherrschte die Weltmeere. Ein ernsthafter Rivale war nicht in Sicht. Doch die Weltmacht war keine europäische Großmacht im vollen Sinne des Wortes. Das Land wäre, ganz auf sich selbst gestellt, nicht imstande gewesen, in einem Landkrieg in Europa auch nur eine einzige Großmacht militärisch zu besiegen. Außerdem war das Weltreich äußerst heterogen. Wichtige Teile lösten sich zunehmend vom Mutterland, so dass man selbst zu Zeiten, die keine akuten Bedrohungen sahen, von einem sich ständig verbrauchenden Reich sprechen musste.

Großbritannien war um die Mitte des 19. Jahrhunderts die unbestrittene wirtschaftliche Führungsmacht der Welt. Seine Industrie beherrschte die Weltmärkte; mit seinem Lebensstandard und seinem allgemeinen Entwicklungsstand überragte es alle anderen Länder. Doch die Stellung der Wirtschaftsmacht blieb angesichts zu schmaler Grundlagen noch prekärer als diejenige der politischen Macht. Einerseits waren Fläche, Bevölkerungszahl und Ressourcenausstattung nicht nur im weltweiten, sondern selbst im europäischen Vergleich bescheiden. Andererseits waren die Entwicklungsdifferenzen zu möglichen Konkurrenten viel geringer, als sie im 20. Jahrhundert zwischen Industrie- und sogenannten Entwicklungsländern wurden. So zeigte sich etwa das britische Bildungssystem demjenigen vieler kontinentalen Staaten tendenziell unterlegen, und auch die Leistungsfähigkeit des Staates stach nicht besonders hervor.

Großbritannien zeigte im 19. Jahrhundert, was die Verteilung von Land, Vermögen und Einkommen betraf, größere Ungleichheit als die meisten anderen Staaten der Welt. Gleichwohl erlebte es keine revolutionären Phasen, schon gar nicht nach 1848. Es kam immer wieder zu gesellschaftlichen Kompromissen im Rahmen politischer Institutionen, die weder egalitär noch wirklich demokratisch waren und doch die Spannungen zu lösen vermochten, indem sie für eine zwar langsame und zögerliche, aber letztlich doch wirksame Verschiebung des Gleichgewichts sorgten.

Großbritannien bietet also in der behandelten Zeit das Bild einer starken Führungsmacht mit schmaler Basis. Die folgende Darstellung hat sich deshalb immer wieder die Frage nach den Bedingungen der Erhaltung der Macht des Staates und seiner führenden Gruppen zu stellen.

2.1.1 Offensive Defensive: Der Versuch, ein Weltreich zu erhalten

So sehr Großbritannien in der Mitte des 19. Jahrhunderts die Weltmacht schlechthin war, so groß waren die Unterschiede in der Solidität seiner Stellung von Kontinent zu Kontinent. Abgesehen von Australien, wo den Briten keinerlei Konkurrenz erwuchs, das aber auch eine bescheidene wirtschaftliche und strategische Bedeutung hatte, war die britische Stellung in Asien am stärksten. Grundlage dafür war die Herrschaft über Indien. Sie erlaubte die Bildung einer größtenteils aus Indern bestehenden Armee, die zur schlagkräftigsten des Kontinents wurde und mit der sich Großmachtpolitik betreiben ließ, selbst in China, wie der Opiumkrieg (1840–1842) gezeigt hatte und ein weiterer Krieg 1858–1860 zeigen sollte. Neben Indien standen noch einige kleinere direkt beherrschte Gebiete, vor allem an strategisch wichtigen Punkten, (insbesondere Aden, Ceylon, Singapur und Hongkong). Darüber hinaus erlaubte es die Großmachtstellung, in weiten Regionen eine informelle Vorherrschaft auszuüben, indem Großbritannien wirtschaftlich dominierte und dadurch politischen Druck ausüben konnte, ohne die Kosten für eine Verwaltung aufbringen zu müssen. Dieses manchmal als „informelles Empire" oder „Freihandelsimperialismus" bezeichnete Verhältnis spielte auch in Afrika und Lateinamerika eine wichtige Rolle.[1]

Nur wenig schwächer als in Asien war die britische Stellung in Afrika. Hier bildete die Herrschaft über das Kap der Guten Hoffnung und dessen Hinterland die Grundlage, ergänzt durch Stützpunkte vor allem in Westafrika. Hingegen fehlte eine Verankerung in Nordafrika.

In Nordamerika besaß Großbritannien mit Kanada zwar eine sehr große Kolonie. Doch war diese den aufstrebenden Vereinigten Staaten auch nicht entfernt ebenbürtig. Hier wuchs eine Macht heran, die so viel Substanz hatte, dass ein Entscheidungskampf mit ihr von vornherein sinnlos war. Die USA hatten schon 1823 in der Monroe-Doktrin jedem neuen Kolonialerwerb durch europäische Staaten in der westlichen Hemisphäre den Kampf angesagt, und Großbritannien konnte es nicht wagen, diesen Anspruch zu ignorieren. Seine wirtschaftliche Stellung in Südamerika war ausgesprochen stark. Aber eine Umwandlung des informellen Empire in direkte Herrschaft konnte schon angesichts der Haltung der USA nicht in Frage kommen. Sie hätte indessen auch einem im 19. Jahrhundert von allen Kolonialmächten stillschweigend eingehaltenen Dogma, das eine wichtige ideologische Stütze der europäischen Weltherrschaft bildete, widersprochen: Kolonialherrschaft war ein Herrschaftsverhältnis von Weißen über Nichtweiße oder von Europäern über Nichteuropäer. Die unabhängigen Staaten Lateinamerikas aber wurden mit Ausnahme Haitis von europäischstämmigen Bevölkerungen dominiert. Großbritannien wich von dieser Regel im 19. Jahrhundert nur gegenüber den europäischstämmigen Buren in Südafrika kurzfristig ab, als es um sehr weitreichende wirtschaftliche und politische Interessen ging.

Während die Briten in Amerika einer einzigen, ihnen vor Ort klar überlegenen Großmacht gegenüberstanden, hatten sie es auf dem europäischen Festland mit einem Konzert von vier Großmächten zu tun, von denen ihnen zu Lande jede einzelne über-

---

1 Das Konzept ist vor allem von R. Robinson/J. Gallagher, Africa, entwickelt worden.

legen war. Alleingänge kamen also nicht in Frage. Großbritannien konnte sich entweder mit einem Teil der Großmächte gegen die übrigen verbinden, oder es musste versuchen, die Festlandmächte in einem Gleichgewicht zu halten, so dass sie sich gegenseitig blockierten und keine die Möglichkeit gewann, mit voller Kraft in andere Weltteile auszugreifen.

In den folgenden Jahrzehnten versuchte Großbritannien in erster Linie, diese Weltstellung zu erhalten. Dabei griff das Land je nach Ausgangssituation auf ganz unterschiedliche Methoden zurück.

In Asien ging es zuerst darum, die Großmachtstellung und die Machtbasis in Indien zu wahren. Sie wurde 1857/58 erfolgreich verteidigt, als ein großer, von einem Teil der Bevölkerung unterstützter Aufstand der einheimischen Truppen mit aller Härte niedergeschlagen wurde. Um sich gegen Wiederholungen zu wappnen, erhöhten die Briten den Anteil der europäischen Truppen in der indischen Armee, was eine verstärkte Inanspruchnahme europäischer (allerdings nicht finanzieller) Ressourcen bedeutete. Zunehmend traten in Asien jetzt aber auch europäische und schließlich asiatische Konkurrenten auf, hauptsächlich Russland und Japan. Es gelang, 1902 mit Japan ein gegen Russland gerichtetes Bündnis zu schließen. Nach dem japanischen Sieg über Russland 1904/05 erfolgte schließlich 1907 auch ein Ausgleich mit Russland, der sich vor allem auf Persien und Zentralasien bezog, so dass die britische Position in Asien nirgends mehr unmittelbar gefährdet war. Das Ergebnis dieser Politik war paradox: Großbritannien beherrschte mehr Gebiete als früher, aber dafür war sein informeller Einflussbereich geschrumpft. Die verschärfte Konkurrenz hatte dazu geführt, dass immer mehr Regionen zunächst in Interessensphären aufgeteilt worden waren und dass die Macht, die eine solche Sphäre erhielt, sie dann auch, um ihre Ansprüche durchzusetzen, tatsächlich besetzte. Das informelle Empire war ein geeignetes Instrument für eine Weltmacht gewesen, aber es war schlecht mit scharfer Konkurrenz vereinbar.

Das galt in noch stärkerem Maße in Afrika, wo die sich seit etwa 1880 verschärfende Konkurrenz zwischen den europäischen Mächten zur fast vollständigen kolonialen Aufteilung des Kontinents führte. Großbritannien sicherte sich 1882 mit der Besetzung Ägyptens eine zweite Machtbasis auf dem Kontinent. Das Land hatte durch den 1869 eröffneten Suezkanal überragende strategische Bedeutung erlangt. Von Ägypten, Südafrika und den westafrikanischen Besitzungen aus vermochte sich Großbritannien erfolgreich an der weiteren Aufteilung des Kontinents zu beteiligen.

Auch hier war die Sicherung der Stellung mit einer erheblichen Inanspruchnahme europäischer Ressourcen verbunden. Zwar ließen sich bewaffnete Konflikte mit europäischen Mächten vermeiden, und die meisten Kolonialkriege sowohl in Afrika als auch in Asien erforderten dank technischer Überlegenheit nur relativ geringen Aufwand. Immerhin war für die Eroberung des Sudans, die zur Sicherung Ägyptens für nötig gehalten wurde, 1897/98 ein größeres Expeditionskorps erforderlich (vgl. S. 328). Und zur Wahrung der Stellung im Süden Afrikas führte Großbritannien 1899–1902 mit dem Burenkrieg den aufwendigsten Kolonialkrieg seiner Geschichte, nicht gegen schwarzafrikanische Staatswesen, sondern gegen wenig zahlreiche, aber entschlossene europäische Siedler.

Während es auf diese Weise gelang, die Großmachtstellung in Asien und Afrika – wenn auch mit zunehmendem Aufwand – zu wahren, stand in Amerika ein militärischer Abwehrkampf gegen die wachsende Macht der USA nie zur Debatte. Großbritannien beschränkte sich im wesentlichen darauf, seinen Rückzug möglichst langsam und geordnet durchzuführen. Die politische Machtverschiebung zeigte sich am deutlichsten, als es den USA die Initiative zum Bau eines zentralamerikanischen Kanals überließ. Immerhin schien der US-Bürgerkrieg 1861–1865 nochmals die Möglichkeit verstärkter Einflussnahme zu bieten. Doch Großbritannien unterstützte den Süden, der schließlich unterlag, weil es dessen Baumwolle benötigte, während es die industrielle Konkurrenz des siegreichen Nordens fürchtete.

In Europa versuchte Großbritannien nach der Jahrhundertmitte, seine traditionelle Gleichgewichtspolitik weiterzuführen, um seine Handlungsfreiheit in Übersee zu wahren. Russland war sowohl im östlichen Mittelmeer als auch in Asien Rivale. Die Furcht vor einem russischen Ausgreifen in den Mittelmeerraum verwickelte Großbritannien 1854–1856 in den umfangreichsten Krieg, den es zwischen 1815 und 1914 in Europa führte, den Krimkrieg, in dem es sich mit seinem alten Rivalen Frankreich zusammenschloss. Russland vom östlichen Mittelmeer fernzuhalten, blieb bis zum frühen 20. Jahrhundert ein zentrales Ziel der britischen Politik. Es wurde auf dem Berliner Kongress von 1878 besonders hartnäckig verfolgt, wobei das Osmanische Reich die britische Unterstützung gegen Russland mit der Abtretung Zyperns erkaufen musste. Da andererseits Frankreich unter Napoleon III. Anstalten machte, seine Vormachtstellung in Europa zurückzugewinnen, stand Großbritannien der Bildung von Gegengewichten in der Form eines italienischen und eines deutschen Nationalstaats vergleichsweise wohlwollend gegenüber. So wird verständlich, weshalb es, vor allem bei der deutschen Einigung, eine Machtzusammenballung billigte, die ihm längerfristig gefährlich werden konnte. Dabei sind freilich auch seine geringen Einwirkungsmöglichkeiten auf rein festländische Kriege zu berücksichtigen.

Jedenfalls war die Politik des Gleichgewichts in Europa bis gegen Ende des Jahrhunderts erfolgreich. Zwar vermochte Großbritannien das zunehmende Ausgreifen der kontinentalen Großmächte auf Afrika und Asien nicht zu verhindern. Daraus ergaben sich immer wieder Konflikte, vor allem mit Frankreich und Russland. Aber es ging dabei um lokale Positionen, nicht um die britische Weltstellung.

Hier lag die neue Qualität der Herausforderung durch die deutsche „Weltpolitik" seit dem späten 19. Jahrhundert. Entscheidend waren dabei nicht koloniale Ansprüche, über die sich verhandeln ließ, sondern der deutsche Versuch, durch forcierten Flottenbau die eigentliche Grundlage der britischen Weltstellung, die Seeherrschaft zu gefährden. Gleichzeitig nahm Deutschlands Übergewicht auf dem Kontinent so zu, dass es sich kaum noch in ein Gleichgewicht ohne britische Beteiligung einbinden ließ.[2]

Großbritannien begegnete der Herausforderung auf zwei Ebenen. Auf beiden war es erfolgreich; es zahlte dafür aber auch einen hohen Preis. Auf der militärischen Ebene ließen sich die Briten auf ein Wettrüsten zur See ein, das Deutschland angesichts

---

2 Diese beiden Faktoren betont auch P. KENNEDY, Antagonism, 469.

des von ihm zu unterhaltenden großen Landheeres nicht gewinnen konnte. Dafür aber waren gewaltige Finanzmittel erforderlich, deren Beschaffung in den Jahren vor dem Ersten Weltkrieg zu heftigen innenpolitischen und gesellschaftlichen Auseinandersetzungen führte, zumal gleichzeitig auch ein Sozialversicherungssystem aufgebaut wurde. Auf der politischen Ebene erfolgte eine Verschiebung von einer Gleichgewichts- zu einer Bündnispolitik: Großbritannien stand nicht mehr außerhalb des europäischen Gleichgewichts, sondern es wurde ein Teil davon, zuerst 1904 durch die *Entente Cordiale* mit Frankreich, danach 1907 durch den Ausgleich mit Russland.[3] Es waren zwar keine förmlichen Bündnisse. Von der Intention der britischen Politik her hingegen stand der Anschluss an den russisch-französischen Machtblock außer Zweifel, solange Deutschland als Herausforderer gesehen wurde.[4] Die Ernsthaftigkeit des Engagements zeigte sich nicht zuletzt in den geheimen Absprachen, die seit 1906 zwischen britischen und französischen Militärs im Hinblick auf den Einsatz eines britischen Expeditionskorps in Frankreich getroffen wurden. Immerhin blieb das Ausmaß der einzugehenden kontinentalen Verpflichtungen innerhalb der politischen Führung umstritten. Dadurch war der deutsche Überfall auf Belgien 1914 aus der Sicht der Anhänger einer Interventionspolitik geradezu ein Geschenk des Himmels. Denn damit ließ sich der Eintritt in einen Krieg zur Verhinderung eines deutschen Übergewichts in Europa als Aktion zum Schutz der belgischen Neutralität darstellen.

Die britische Stellung in der Welt wurde noch durch einen weiteren Vorgang beeinflusst. Nach der Jahrhundertmitte erhielten die weißen Siedlungskolonien Kanada, Australien und Neuseeland sowie, jeweils etwas später, auch die Kapkolonie beziehungsweise, nach dem Burenkrieg, Südafrika, zunehmend Selbstverwaltung. Bis 1914 waren sie im Inneren praktisch unabhängig geworden, und auch in Fragen der Außenpolitik waren sie London nicht mehr gänzlich untergeordnet. Es war keine bloße Föderalisierung, sondern eine Verselbständigung von Teilen des Weltreiches. Hinter diesem Vorgang stand auf britischer Seite das Trauma des nordamerikanischen Unabhängigkeitskrieges. Es war sicherlich eine weisere Politik, als permanent Autonomie- und Sezessionsbestrebungen zu bekämpfen. Die Ablösung der Dominien, wie die Siedlungskolonien etwa seit der Jahrhundertwende genannt wurden, zeigte indessen eine grundlegende Strukturschwäche des Weltreiches. Während in den USA Territorien je länger je stärker in den Staatsverband integriert wurden, lockerten sich die Bindungen britischer Siedlungskolonien an das Mutterland kontinuierlich. Und dies galt nicht nur für die Siedlungskolonien. Auch wenn es selten wahrgenommen und noch seltener eingestanden wurde, so war doch damit zu rechnen – und einzelne weitblickende Kolonialbeamte hatten dies seit dem späten 18. Jahrhundert gesehen –, dass sich früher oder später auch die übrigen Kolonien auf das Vorbild der Siedlungskolonien berufen würden. So entstand eine eigentümliche Situation: Da im Weltreich die desintegrativen Kräfte stärker wurden, war Großbritannien gezwungen, wenn es seinen Status aufrechterhalten wollte, immer neue Gebiete zu erwerben, weil die be-

---

3 Zu diesem Wandel vgl. C. GADE, Gleichgewichtspolitik.

4 K. NEILSON, Britain and the last Tsar, vertritt die These, der Hauptgegensatz sei im Grunde stets derjenige zu Russland geblieben. Das lässt sich spätestens für die Jahre ab 1907 kaum aufrechterhalten.

reits erworbenen sich zunehmend abkoppelten. In dieser unzureichenden Integrationskraft, die eine Folge extremer Heterogenität der Territorien in fast jeder Hinsicht war, von der geographischen Lage bis zur Religion, lag die fundamentale Schwäche des Reiches. Die Heterogenität wiederum ergab sich aus der weltweiten Streuung des Besitzes – die Schwäche war also in der Konzeption, ja in der Existenz des Weltreiches selbst angelegt.

Großbritannien befand sich damit 1914 in einer eigenartigen Lage. Vordergründig stand es auf dem Höhepunkt seiner Weltstellung. Es hatte die deutsche Herausforderung mit Erfolg angenommen und sich in das stärkere der beiden europäischen Bündnissysteme eingeordnet. Betrachtete man hingegen längerfristig wirkende Faktoren, so hatte sich die britische Stellung verschlechtert. Zur Aufrechterhaltung des in sich instabilen Reiches waren immer mehr finanzielle und personelle Ressourcen erforderlich, ohne dass dadurch seine strukturelle Schwäche überwunden werden konnte, und die Einbindung in ein europäisches Bündnissystem hatte Großbritannien ähnliche Verpflichtungen und Einschränkungen wie den Festlandmächten auferlegt. Das Land hatte die unter den gegebenen Umständen bestmögliche Politik betrieben. Aber diese Politik verstärkte seine grundlegende Schwäche nur noch. Das weitere Schicksal Großbritanniens im 20. Jahrhundert war die Konsequenz aus dieser Situation: es zählte in beiden Weltkriegen zu den Siegern, aber beide Kriege schwächten es enorm.

Das Erstaunliche am britischen Weltreich ist weniger seine Schwächung und Auflösung im 20. Jahrhundert als sein relativ langer Bestand. Die Kräfte, die dafür verantwortlich waren, sind nun zu betrachten.

2.1.2 Gigant auf kleinen Füßen: Die Wirtschaft

Großbritannien beherrschte um die Jahrhundertmitte die Weltwirtschaft in einer Weise, wie dies weder vorher noch nachher jemals von einem Staat der Fall gewesen ist, mit Ausnahme vielleicht der Stellung der USA in den ersten Jahren nach dem Zweiten Weltkrieg. Das Land verdankte seine unangefochtene Führungsposition seiner Pionierrolle in der industriellen Revolution. 1851 lebten bereits gut 50% der Bevölkerung in Städten. Deutschland erreichte erst um 1910, Frankreich nach dem Ersten Weltkrieg eine ähnliche Rate.[5] 1851 arbeiteten nur noch 22% der Beschäftigten in der Landwirtschaft und bereits 43% in der Industrie und im Bergbau.[6] Selbst viele Industriestaaten blieben bis über den Ersten Weltkrieg hinaus hinter diesen Werten zurück. Großbritannien war in doppelter Weise das reichste Land der Welt: Es verfügte über das höchste Sozialprodukt und damit über die größte Volkswirtschaft, und sein Prokopfeinkommen lag deutlich an der Weltspitze.[7] Sein Anteil am Welthandel betrug um 1870 etwa 20%, und es war mit 43% am Weltexport von Fertigwaren beteiligt (USA: 6%, Deutschland 16%).[8] In den 1860er Jahren förderte es etwa die Hälfte der in der ganzen Welt verbrauchten Kohle, produzierte mehr als die Hälfte des Eisens und des

5 W. Fischer, Handbuch 5, 42.
6 E.H. Hunt, Labour history, 26.
7 Siehe Tabellen 11 und 12, S. 237f..
8 Siehe Pollard, Prime, 6; W. Lazonick, in R. Floud/D. McCloskey, Economic history 2, 98.

Stahls und fast die Hälfte aller Baumwollprodukte, und es besaß mehr als ein Drittel der Welthandelsflotte.[9]

Großbritannien vermochte diese Stellung bis in die 1870er Jahre zu halten. Es wurde 1873, wie die meisten Staaten Europas, von einer schweren, bis etwa 1879 währenden und ab Mitte der siebziger Jahre noch durch eine Agrarkrise verschärften Depression erfasst. Zwar erfolgte danach, ebenfalls wie in ganz Europa, eine Erholung. Doch nun blieben die Zuwachsraten hinter dem europäischen Durchschnitt zurück, und nach der Jahrhundertwende verlangsamte sich das Wachstum weiter.[10]

Am Ende der Periode hatte die Beschäftigungsstruktur aus der Sicht des späten 20. Jahrhunderts weiterhin Pioniercharakter. 1911 arbeiteten gerade noch 9% der Erwerbstätigen in der Landwirtschaft, während es in Belgien, dem Land mit der zweitniedrigsten Rate, immerhin noch 22% (1910) und in Deutschland 35% (1907), in Frankreich 1911 sogar 41% waren. Dafür beschäftigte der britische Dienstleistungssektor bereits 37% der Erwerbstätigen. In Belgien waren es lediglich 31%, in Frankreich 29% und in Deutschland 25%.[11] Großbritanniens Führungsstellung hatte sich inzwischen eher vom zweiten in den dritten Sektor hinein verlagert. London war zum Handels-, Finanz- und Versicherungszentrum der Welt geworden. Großbritannien hatte nach wie vor das höchste Prokopfeinkommen Europas, wobei freilich der Abstand auf die Konkurrenten deutlich geschrumpft war.

Neben diesen Erfolgszahlen standen nun aber auch Werte, die Skepsis, Pessimismus oder gar Besorgnis zu rechtfertigen schienen. Das Prokopfeinkommen war inzwischen in den USA, in Kanada, Australien und Neuseeland höher, wobei freilich die großen natürlichen Vorteile dieser Staaten zu berücksichtigen waren.[12] Das britische Sozialprodukt war schon um 1870 vom US-amerikanischen überrundet worden. Das ließ sich angesichts der Unterschiede in Fläche und Bevölkerungszahl verschmerzen. Zwischen 1900 und 1910 hatte aber auch die deutsche Volkswirtschaft, und insbesondere die deutsche Industrieproduktion, die britische überholt. Positiv hätte man dafür auf den Wandel der britischen Wirtschaft in Richtung auf Dienstleistungen hinweisen können. Doch fehlte damals noch die Perspektive des langfristigen Wachstums des tertiären Sektors in Richtung Dienstleistungsgesellschaft als notwendiges Element der modernen Wirtschaftsentwicklung, galt nach wie vor die Industrie als eigentlicher Motor des ökonomischen Fortschritts. Außerdem erfolgte die Ausweitung des Tertiärsektors nicht etwa auf Kosten veralteter Industriezweige. Vielmehr blieben neue, zukunftsträchtige Branchen, die auf Erfindungen und Entwicklungen aus dem späten 19. Jahrhundert aufbauten, zurück. Nach wie vor war die Textilindustrie am stärksten.[13] In

---

9 M. Pugh, State, 3.

10 Die Zahlenangaben in der Literatur variieren allerdings beträchtlich. Doch scheint die britische Wirtschaft zumindest langsamer gewachsen zu sein als diejenige der wichtigsten Konkurrenten USA und Deutschland und einiger kleinerer europäischen Staaten. Vgl. etwa S. Pollard, Prime, 262f. Allgemein zu Fragen des Wachstums Ph. Deane/W.A. Cole, Growth; R.C.O. Matthews u.a., Growth; N.F.R. Crafts, Growth. Zum Konjunkturverlauf S. Salomon, in R. Floud/D. McCloskey, Economic history 2, 247–264.

11 W. Fischer, Handbuch 5, 126. Die Zahlen sind nur grobe Näherungswerte.

12 M. McKinnon, in R. Floud/D. McCloskey, Economic history 2, 286–288.

13 W. Lazonick, in R. Floud/D. McCloskey, Economic history 2, 98.

der Elektroindustrie, in der Chemie und im Motorfahrzeugbau beherrschten die USA, Deutschland und teilweise Frankreich den Weltmarkt. Der britische Anteil am Welthandel ging kontinuierlich zurück.[14] Die Industrie machte den Eindruck zunehmender Überalterung und abnehmender Konkurrenzfähigkeit – in der Tat lag der Anteil der Fertigwaren am Export 1914 nur noch bei 25–30%.[15]

Der allmähliche Verlust der absoluten wirtschaftlichen Führungsstellung ist von den Zeitgenossen seit den 1880er Jahren durchaus bemerkt und zuweilen auch panikartig oder sensationalistisch übertrieben worden, insbesondere im Zuge der zunehmenden politischen Rivalität mit Deutschland. Die daraus entstehende Debatte über Ausmaß und Ursachen des britischen Niedergangs betraf das britische Selbstbewusstsein an zentraler Stelle, und sie hat deshalb seither nicht aufgehört, die Wissenschaft und das Publikum zu beschäftigen; die meisten bedeutenden Fragen sind nach wie vor umstritten.[16]

Zunächst ist festzuhalten, dass es nicht um die Erklärung eines absoluten, sondern lediglich eines relativen Niedergangs geht. Die britische Volkswirtschaft schrumpfte nicht; sie wuchs lediglich langsamer als andere.[17] Die Situation war historisch einmalig. Es war kaum denkbar, dass ein Land von der Größe und Bevölkerungszahl Großbritanniens auf Dauer zwischen einem Drittel und der Hälfte der Weltindustrieproduktion erzeugen konnte. Es hatte für die erste, auf Kohle und Eisen gestützte industrielle Revolution zwar von einer ungewöhnlich guten Ausstattung mit Bodenschätzen profitiert. Aber diese verloren allmählich an Bedeutung. Die Verringerung des Abstands zu den Konkurrenten war nur normal, auch wenn sie für die Briten schmerzlich war. Die Frage war nicht, ob der Abstand bestehen bleiben, sondern lediglich, wie rasch und in welchem Umfang er schrumpfen würde.

Erklärungsbedürftig bleibt indessen der relative Niedergang der Industrie. Ein Stück weit dürfte sich die britische Pionierrolle negativ ausgewirkt haben. Das Land hatte mit der Industrialisierung begonnen. Dadurch waren Industriestruktur und -anlagen tendenziell am ältesten.[18] Solche Altlasten konnten auch mentaler Art sein, indem sie zu Skepsis gegenüber Neuerungen führten.[19]

Eine der auffälligsten Erscheinungen zwischen 1870 und dem Ersten Weltkrieg ist der hohe britische Kapitalexport. In dieser Zeit flossen netto etwa 4–5% des britischen Sozialprodukts ins Ausland, mit einem Spitzenwert von 9% 1911–1913. Das entsprach etwa der Hälfte der Ersparnisse des Landes.[20] 1913 befanden sich 32% des britischen Volksvermögens im Ausland.[21] Das Land besaß 1914 44% aller weltweit getätigten

---

14 Ein Überblick über unterschiedliche Berechnungen, die aber alle den zentralen Sachverhalt bestätigen, bei S. Pollard, Prime, 6.

15 Ebd., 14f.

16 Für einen Überblick über die vielfältigen Argumente vgl. etwa M. Dintenfass, Decline und insbesondere S. Pollard, Prime.

17 Betont etwa von S. Pollard, Prime, 56.

18 Vgl. z.B. M. Dintenfass, Decline, 12f.

19 R. Michie, Finance, 519f. Vgl. aber W.D. Rubinstein, Capitalism.

20 H. Feis, Banker, 15.

21 M. Edelstein, in R. Floud/D. McCloskey, Economic history 2, 173.

Auslandsinvestitionen.[22] Der Anteil von deren Erträgen am Volkseinkommen stieg von 4% in den achtziger Jahren auf fast 10% 1914.[23] Die britische Sparquote war nicht höher als in anderen Industrieländern, was bedeutete, dass die inländische Investitionsquote und dadurch in der Regel auch die Wachstumsrate entsprechend niedriger als anderswo waren.[24] Ob und in welchem Umfang dieser Kapitalabfluss (dem ein Rückfluss von Zinsen und Dividenden entsprach, der seit etwa 1874 größer war als das jeweils neu abfließende Kapital[25]) ein Nachteil für die britische Wirtschaft war, ist umstritten, ebenso die Frage, ob das Kapital in Großbritannien überhaupt produktiv hätte angelegt werden können. Immerhin war das Interesse daran begrenzt. Der politische Einfluss der Industrie war gering.[26] Das zeigte sich noch in einem weiteren Punkt. Als einzige Großmacht hielt Großbritannien nach der Krise 1873–1879 voll und ganz am Freihandel fest.[27] Selbst neu entstehende Branchen wurden nicht geschützt. Dies dürfte zum britischen Rückstand gerade in den zukunftsträchtigsten Industriezweigen beigetragen haben.

Erstaunlich gut überstand zunächst die britische Landwirtschaft die Einführung des Freihandels. Sie sah sich nach der Aufhebung der Getreidezölle (1846) zu einem raschen Strukturwandel gezwungen, von Getreide zu Milch, Milchprodukten und Fleisch. Sie war darin durchaus erfolgreich und erlebte bis zur Mitte der siebziger Jahre eine Prosperitätsphase.[28] Danach allerdings wurde sie von der gesamteuropäischen Agrarkrise erfasst, deren Auswirkungen sich durch die Beibehaltung des Freihandels noch verschärften. Ihre volkswirtschaftliche Bedeutung ging rasch zurück; die Abhängigkeit von Importen nahm zu. 1914 mussten über 50% aller Nahrungsmittel und 80% des Getreides eingeführt werden.[29] Das konnte in einem Krieg zu Risiken führen; einstweilen profitierte die Masse der Bevölkerung von niedrigen Nahrungsmittelpreisen.

Noch schwerer zu gewichten sind einige weitere im Zusammenhang von Niedergangsdebatten genannte Faktoren. Insbesondere im Vergleich zu Deutschland dürfte das britische Bildungswesen einen Rückstand gehabt haben. Äquivalente zu den deutschen Technischen Hochschulen kamen erst spät auf; eine wirkliche Berufsbildung wurde überhaupt nicht aufgebaut, nicht zuletzt deshalb, weil die Facharbeiter über ihre gewerkschaftliche Organisation sich eine Art Monopol der Lehrlingsausbildung sicherten. Wissenschaft und Technik wurden dadurch weniger intensiv und weniger

---

22 S. Pollard, Prime, 61f.

23 H. Feis, Banker, 16.

24 Auch zu den Auslandsinvestitionen variieren die Zahlenangaben, während die groben Tendenzen unbestritten sind. Vgl. etwa S. Pollard, Prime, Kap. 2; L.E. Davis/R.A. Huttenback, Mammon, Kap. 2; M. Dintenfass, Decline, 40ff.; M. Edelstein, Overseas investment; ders., in R. Floud/D. McCloskey, Economic history 2, 173–196; H. Feis, Banker, 14–16.

25 S. Pollard, Capital exports, 494.

26 Besonders betont von S. Pollard, Prime, Kap. 4. Vgl. auch J. Harris, Lives, 105.

27 Zum Freihandel allgemein vor allem A. Howe, Free trade.

28 N. Gash, Aristocracy 53 spricht für die Jahre 1853–1863 geradezu von einem Goldenen Zeitalter. Vgl. G.E. Mingay, Land and society, 198.

29 G.E. Mingay, Land and society, 219; C. Ó Gráda, in R. Floud/D. McCloskey, Economic history 2, 166, 171. Ohne die Einfuhren betrug der Selbstversorgungsgrad sogar nur 30%, Agrarian history, 40.

systematisch in den Entwicklungs- und Produktionsprozess eingebaut.[30] Generell wandten sich die sehr starken Gewerkschaften oft gegen neue Technologien, die ihre Position gefährdeten. Verbreitet sind auch Klagen über Schwächen des britischen Managements und Unternehmertums. Sie können mit dem politischen System in Verbindung gebracht werden. Dieses zog, zusammen mit den Karrieremöglichkeiten etwa auch im Kolonialreich, einen großen Teil der aktivsten und innovativsten Köpfe an, während das Sozialprestige von Industriellen und Technikern geringer war. In Deutschland war die politische Klasse stärker abgeschottet, wodurch sich für Aufsteiger eine Karriere in der Industrie eher anbot.[31]

Die intensive britische Niedergangsdiskussion in den Jahrzehnten vor 1914 lässt sich sicher nicht allein aus wirtschaftlichen Gegebenheiten ableiten. Dahinter stand eine umfassendere Verunsicherung, die sich wohl in erster Linie aus der Erfahrung ergab, dass die Aufrechterhaltung der Weltmachtstellung je länger je aufwendiger wurde. Der Verlust an wirtschaftlichem Gewicht war nur Teil jenes Vorgangs, der die schmalen, längerfristig unzureichenden Grundlagen der britischen Weltstellung offenlegte.

2.1.3 Die langsame Demokratisierung einer Oligarchie: Das politische System

Bis zur Mitte des 19. Jahrhunderts hatte sich in Großbritannien das moderne parlamentarische Regierungssystem in seinen Grundzügen herausgebildet. Dabei ist wichtig zu sehen, dass der Entstehungsprozess zunächst wenig mit Demokratie zu tun gehabt hatte. Es hatte sich um einen Machtkampf zwischen Monarchie und Aristokratie, zwischen der Krone und einer schmalen Adelsschicht gehandelt, den der Adel noch im 18. Jahrhundert zu seinen Gunsten entschieden hatte. Das Resultat war die Herrschaft des Parlaments als einer Adelsversammlung, der gegenüber nun aber zunehmende Partizipationsforderungen seitens der ausgeschlossenen Schichten erhoben wurden. Eine solche Versammlung ließ eine allmähliche Demokratisierung leichter zu als eine absolutistische Monarchie.[32] In einer solchen standen bei Forderungen nach einer wie auch immer gearteten Repräsentation des Volkes einander das Prinzip der monarchischen Souveränität von Gottes Gnaden und dasjenige der Volkssouveränität unvereinbar gegenüber. Das Parlament hingegen war eine Repräsentativversammlung, bei der sich die Art und Weise der Repräsentation und der Kreis der zu Repräsentierenden ohne revolutionäre Brüche, und ohne dass von Volkssouveränität gesprochen werden musste, verändern ließen.

Das zentrale Merkmal des britischen politischen Systems war um 1850 die Dominanz, ja die Souveränität des Parlaments, auch wenn sie formell verschleiert war. Noch berief die Königin das Parlament ein und löste es auf, und sie ernannte den Premierminister, der das Kabinett bildete. In Wirklichkeit aber war die Krone zum Vollstrecker des Willens des Parlaments geworden. Dieses tagte aus eigener Machtvollkommenheit;

---

30 Skepsis gegenüber dieser in der Literatur verbreiteten These insbesondere bei S. POLLARD, Prime, Kap. 3, der das britische Bildungswesen insgesamt sehr positiv beurteilt.

31 Gegen alle Niedergangsthesen wendet sich W.D. RUBINSTEIN, Capitalism.

32 Vgl. J. KOHL, Partizipation, 397.

der Premierminister löste es auf, und Premier konnte nur werden, oder jedenfalls bleiben, wer die Unterstützung des Parlaments genoss. Dieses kontrollierte nicht nur die Finanzen und die Gesetzgebung, sondern auch – und das war das zentrale Merkmal des entstehenden modernen Parlamentarismus – die Exekutive. In der Praxis bedeutete das eine im Vergleich zum Parlament noch deutlichere Steigerung der Macht der Regierung und insbesondere des Premierministers. Solange er eine Mehrheit des Parlaments hinter sich hatte, konnte er nahezu uneingeschränkt herrschen, denn die Parlamentsmehrheit hatte weniger über die Arbeit der Regierung zu wachen, als die Regierung gegen die Minderheit, die die Opposition bildete, zu schützen.

Dieses System setzte die Existenz halbwegs stabiler und disziplinierter Parteien voraus. Diese hatten sich bis zur Jahrhundertmitte in der Tat deutlich gefestigt. Dabei kristallisierte sich zwar kein reines, aber doch ein überwiegendes Zweiparteiensystem heraus. Die Konservativen hatten ihren Rückhalt vor allem auf dem Lande und bei den Anhängern der Staatskirche; die Liberalen waren stärker in den Städten und bei den Nonkonformisten verankert. Die Arbeiter wählten bis 1914 hauptsächlich liberal – eine Arbeiterpartei bildete sich erst im frühen 20. Jahrhundert. Es kam wiederholt zu Spaltungen, wobei die neuentstandenen Gruppierungen sich dann aber nicht auf Dauer verselbständigten, sondern sich früher oder später der Gegenpartei anschlossen. Auf diese Weise hielt sich ein ungefähres Gleichgewicht zwischen den beiden großen Parteien. Zwischen 1867 und 1915 regierten die Konservativen insgesamt 25, die Liberalen 23 Jahre, wobei sie einander neunmal ablösten.[33]

Das Parlament bestand aus zwei Häusern. Im Oberhaus saßen nur geborene und ernannte Mitglieder sowie solche kraft Amtes. Es behauptete eine durchaus bedeutende Position. So hatte es bis 1911 ein absolutes Veto gegenüber dem Unterhaus. Es wurde im Lauf der Zeit – und das gilt bis heute – nicht demokratisiert, sondern zunehmend entmachtet. Das Unterhaus wurde demgegenüber gewählt. Doch es war noch um 1850 Ausdruck einer oligarchischen, nicht einer demokratischen Herrschaft. Zwar war die Zahl der Wahlberechtigen in der Parlamentsreform von 1832 durch eine Veränderung des Zensus erhöht worden. Aber statt bisher 5,0% waren auch jetzt lediglich 7,1% der erwachsenen Bevölkerung Wähler.[34] Dazu war die Stimmabgabe offen, und zwischen den Wahlkreisen bestanden eklatante Größenunterschiede. Viele Parlamentssitze waren nach wie vor in der faktischen Verfügungsgewalt einzelner Mitglieder des Hochadels oder kleiner Adelscliquen.

Zwar hatte die Reform von 1832 einen Präzedenzfall geschaffen. Doch die weitere Demokratisierung erschien den Herrschenden keineswegs als naturgegebener Prozess und musste, wie schon 1832, von Volksbewegungen durchgesetzt werden. 1848, als auf dem Kontinent vielerorts wenigstens vorübergehend das mehr oder weniger allgemeine Männerwahlrecht eingeführt wurde, wiesen Regierung und Parlament entsprechende Forderungen der Chartisten mit harter Hand ab. Weitere Reformen erfolgten vorsichtig und zurückhaltend, nicht zuletzt jeweils aus der Hoffnung der Protagonisten heraus, davon zu profitieren, wobei sie sich freilich auch täuschen

33 P. Wende, England, 252.

34 F. Nuscheler, in D. Sternberger/B. Vogel, Wahl 1,1, 611; 632.

konnten. So ging 1867 Benjamin Disraeli, der Führer der Konservativen, mit einer neuerlichen Ausweitung, die zu einer Erhöhung des Anteils der Wahlberechtigten von 9,0 auf 16,4% der Erwachsenen führte, deutlich weiter, als die Liberalen zuerst vorgeschlagen hatten.[35] Dennoch verlor er 1868 die Wahlen. 1872 wurde das Gewicht der einzelnen Stimme durch die Einführung der geheimen Stimmabgabe erhöht, und eine weitere Ausweitung im Jahre 1884 brachte insofern eine Wende, als jetzt erstmals, mit etwa zwei Dritteln, die Mehrheit der Männer wahlberechtigt war.[36] Dazu wurden die Unterschiede in der Größe der Wahlkreise ein Stück weit ausgeglichen. Nach wie vor aber handelte es sich um ein Zensuswahlrecht, das die Armen ausschloss, also die Unterschicht aufspaltete und dadurch mögliche revolutionäre Gefahren abwenden half. Ein kompliziertes System der Registrierung bewirkte, dass nur etwa 60% der Berechtigten auch tatsächlich eingetragen waren.[37] Erst 1918 wurde das allgemeine Wahlrecht eingeführt. Schon zu Beginn des 20. Jahrhunderts, und damit früher als auf dem Kontinent, entstand eine radikale und militante Frauenstimmrechtsbewegung, deren Mitglieder als *Suffragetten* bezeichnet wurden (von *suffrage*, 'Wahlrecht'). Sie blieben erfolglos, und die beträchtliche Härte, mit der der Staat gegen sie vorging, zeigte, dass das Wahlrecht nach wie vor als wichtiges Privileg galt. Andererseits bot das englische politische System durchaus bestimmte Freiräume: Auf der lokalen und regionalen Ebene waren seit 1869 auch Frauen wahlberechtigt und, mit gewissen Einschränkungen, sogar wählbar, sofern sie selbständig über ausreichenden Besitz verfügten, was hauptsächlich bei Unverheirateten und Witwen der Fall war. Das ermöglichte es ihnen, politische Erfahrungen zu sammeln, die wiederum zu einer wichtigen Voraussetzung für die Suffragettenbewegung wurden.[38]

1911 kam es schließlich noch zu einer indirekten Stärkung der Demokratie durch die Schwächung des Oberhauses. Während dieses in den vorangegangenen Jahrzehnten sein Vetorecht nur selten genutzt hatte, machte es 1909–1911 systematisch Opposition gegen teure interventionistische Sozialreformpläne der liberalen Regierung. Es wies den Haushalt wiederholt zurück. Die Regierung führte zweimal Neuwahlen durch, ohne dadurch die Lords umstimmen zu können. Unter massivem Druck stimmten diese schließlich doch der Umwandlung ihres absoluten in ein bloß aufschiebendes Veto und dem Verlust ihrer Entscheidungskompetenz über den Haushalt zu.

Die Macht des Parlaments und der von ihm gestützten Regierung war der Möglichkeit nach nahezu unbeschränkt. In der Praxis war die exekutive Zentralmacht jedoch schwach. Sehr viele Aufgaben blieben bewusst der lokalen, aber auch der privaten und genossenschaftlichen Initiative bis hin zu den Kirchen überlassen. Zunächst bestanden auch keine klaren Strukturen der Regional- und Lokalverwaltung. Mit der Zeit aber wurden Selbstverwaltungsorgane aufgebaut, die vor allem in den Großstädten oft Vorbildliches leisteten.[39]

---

35 Ebd. 1,1, 633.

36 Ebd. 1,1, 616; 633.

37 J. Harris, Lives, 15.

38 M. Pugh, State, 25; 49; J. Harris, Lives, 15.

39 Vgl. für knappe Überblicke P. Thane, in F.M.L. Thompson, Social history 3, 21ff.; M. Pugh, State, 48–50; P. Wende, England, 242f.

In den letzten Jahrzehnten vor dem Ersten Weltkrieg wurden nun aber auch die Aufgaben des Zentralstaates entschieden ausgeweitet, etwa im sozialen und im Bildungsbereich. Betrug die Zahl der Staatsbeamten 1881 50.900, so waren es 1901 bereits 116.400 und 1911 sogar 172.000.[40]

Eine solche Expansion der Staatstätigkeit fiel deswegen relativ leicht, weil das Land zwar eine Tradition der Selbstverwaltung besaß, nicht aber eine solche des Föderalismus, der wirklich eigenständigen autonomen Gebietskörperschaften. Die Allmacht des Parlaments hatte eine solche Entwicklung verhindert. Dieser Mangel brachte zumindest in einem Punkt erhebliche Nachteile mit sich. Neue Territorien waren staatsrechtlich jeweils voll integriert worden, indem sie einfach eine bestimmte Zahl von Abgeordneten im Parlament hatten stellen können. Das war 1707 in Schottland und 1801 in Irland geschehen. Zwar konnten die angegliederten Gebiete viele eigene Institutionen beibehalten, Schottland etwa das Rechts- und das Bildungswesen sowie die Kirchenverfassung. Dazu war Irland im späten 19. Jahrhundert im Parlament von Westminster deutlich und zunehmend übervertreten, behielt es doch ungeachtet seines sinkenden Anteils an der Bevölkerung des Vereinigten Königreiches alle seine Parlamentssitze.[41] Die irischen Parlamentarier konnten dank den Mehrheitsverhältnissen häufig das Zünglein an der Waage zwischen den großen Parteien spielen. Aber die angeschlossenen Gebiete waren politisch nicht autonom. Im Falle von Wales und Schottland hatte diese Methode durchaus akzeptable Ergebnisse im Sinne einer nationalen Integration, während im Falle von Irland die Folgen bis heute nicht ausgestanden sind. Irland war nach der großen Hungersnot in den späten vierziger Jahren verarmt und hatte sich entvölkert. Die Regierung unternahm in den folgenden Jahrzehnten, freilich jeweils erst aufgrund immer wieder aufflammenden irischen Protests, einiges zur Verbesserung der Verhältnisse. So wurde 1869 die anglikanische Staatskirche, die von den Abgaben der überwiegend katholischen Iren gelebt hatte, abgeschafft. Wichtiger wurde eine vom Staat unterstützte Politik der Bodenreform, die zur weitgehenden Auflösung des englischen Großgrundbesitzes in Irland und zur Übertragung des Landes an die irischen Pächter führte. Freilich blieb Irland in wirtschaftlicher Hinsicht trotzdem weit hinter England zurück, und erst recht blieb der religiöse Gegensatz bestehen. Die Hauptziele der irischen Nationalbewegung waren politisch. Und hier zeigten sich die Grenzen. Da das Land keine föderalistische Tradition hatte, fiel die Suche nach einem autonomen Status für Irland schwer. Erstmals versuchte der Führer der Liberalen, William Ewart Gladstone, 1886 *Home Rule,* also Autonomie mit eigenem Parlament, für Irland zu erreichen. Er scheiterte schon im Unterhaus, und seine Partei spaltete sich darüber. 1892/93 misslang sein zweiter Anlauf im Oberhaus, und erst 1912 gelangte eine entsprechende Gesetzgebung zum Abschluss. Angesichts wachsenden Widerstandes vor allem der nordirischen Protestanten und danach infolge des Kriegsausbruchs war sie aber nicht durchsetzbar. Hier zeigten sich Grenzen des politischen Systems. Großbritannien entwickelte auch in seinem Kolonialreich stets nur Formen für die all-

40 P. Thane, in F.M.L. Thompson, Social history 3, 57.

41 Irland hatte seit 1801 100 (später 105) von ca. 650–670 Unterhaussitzen, während seine Bevölkerung 1840 37,2% derjenigen des Vereinigten Königreichs ausmachte, 1912 aber nur noch 9,9%. E.M. Spiers, Army, 50.

mähliche und geregelte Ablösung von Gebieten, keine föderalen Strukturen, die begrenzte, aber dauerhafte und stabile Bindungen sicherten oder gar integrativ wirkten.

2.1.4 Ungleichheit und Solidarität: Die Gesellschaft

Die britische Bevölkerung (ohne Irland) wuchs von 20,9 Millionen im Jahre 1851 auf 40,9 Millionen im Jahre 1911. Das bedeutete eine Wachstumsrate, die deutlich über dem europäischen Durchschnitt lag. Rechnete man die Auswanderung mit ein, so war der Zuwachs noch um einiges größer.[42] Zwischen Industrialisierung und demographischem Übergang bestand also bestenfalls ein lockerer Zusammenhang. Das Land, das weitaus am frühesten mit der Industrialisierung begonnen hatte, zeigte erst relativ spät einen deutlichen Rückgang der Geburtenrate.

Völlig anders geartet waren die Verhältnisse in Irland, dessen Bevölkerung 1841 8,2 Millionen betragen hatte und danach bis 1911 auf 4,4 Millionen absank, mit weiterhin leicht sinkender Tendenz.[43] Die große Hungersnot hatte zwischen 1845 und 1851 zu je etwa einer Million Toten und Auswanderern (auch nach Großbritannien) geführt, und außerdem war die Geburtenrate deutlich zurückgegangen.[44]

Irland hatte seit der Hungersnot bis gegen Ende des Jahrhunderts die höchste Auswanderungsrate von ganz Europa. Diese Rate war aber auch in Großbritannien sehr hoch, obwohl die frühe Industrialisierung in bedeutendem Maße Arbeitskräfte absorbiert hatte.[45] Anders als in den übrigen Hauptauswanderungsländern, ganz besonders in Irland, dürfte blanke Not eine eher untergeordnete Rolle gespielt haben, während die Attraktivität der Auswanderung im Sinne der Verbesserung von Lebens- und Aufstiegschancen größer war. Die Rahmenbedingungen waren besonders günstig: Die Emigration ging fast ausschließlich in die Vereinigten Staaten und in die britischen Siedlungskolonien und damit in Gebiete, in denen Englisch Staatssprache war. In den Siedlungskolonien blieben britische Einwanderer sogar Staatsbürger.

Die britische Gesellschaft fiel im europäischen Vergleich durch besonders große Ungleichheit auf.[46] Eine außerordentlich schmale hochadlige Schicht, in geringem Maße ergänzt durch Nichtadlige und Angehörige des niederen Adels, kontrollierte den Reichtum des Landes. Die eigentliche Grundlage dafür war seit jeher der Grundbesitz gewesen. Daneben wurden in der zweiten Jahrhunderthälfte Investitionen im Handels- und Finanzsektor immer wichtiger. Hingegen waren nur wenige Industrielle unter den extrem Reichen. Ende der 1870er Jahre besaßen etwa 7000 Familien 80% des Landes.[47] Ein Prozent der Bevölkerung verfügte über 69% des gesamten Privateigentums; die reichsten 5% hatten sogar 87%, und die obersten 10% brachten es auf 92%.[48] 1867

---

42 Ph. Deane/W.A. Cole, Growth, 8–10. Für den europäischen Vergleich W. Fischer, Handbuch 5, 14–18; 29f.

43 Ph. Deane/W.A. Cole, Growth, 8.

44 J. Elvert, Irland, 359.

45 W. Fischer, Handbuch 5, 29f.; R. Floud/D. McCloskey, Economic history 2, 48f.; 286. Zahlenangaben bei D. Baines, Migration 4; 10; 63f. und B. Thomas, Migration, 57.

46 Vgl. H. Berghoff, Vermögenseliten, 283–285.

47 D. Cannadine, Decline 9; M. Pugh, State, 86.

48 J. Harris, Lives, 99f.

bezogen 5% der Haushalte 41% aller Einkommen.[49] Diese Zahlen lagen zum Teil deutlich über den Werten für andere Industriestaaten.

Die Konzentration des Reichtums bedeutete dennoch keineswegs, dass in der britischen Gesellschaft eine scharfe Polarisierung zwischen wenigen extrem Reichen und einer breiten, verarmten Masse bestand. Hier wirkte sich der Reichtum des Landes, das über das höchste Prokopfeinkommen Europas verfügte, aus. Die Gesellschaft war sehr stark und nach verschiedenen Hinsichten gegliedert. Zwar war Armut verbreitet. Sie dehnte sich im späten 19. Jahrhundert eher noch aus, und auf jeden Fall wurde sie nun in der Öffentlichkeit deutlicher wahrgenommen. Einschlägige Studien kamen am Ende des Jahrhunderts zum Ergebnis, dass etwa 30% der Bevölkerung unterhalb der Armutsgrenze lebten.[50] Daneben standen aber eine wachsende qualifizierte Arbeiterschaft und ein noch rascher expandierender, selbstbewusster Mittelstand mit zunehmendem Wohlstand.[51] Die Zahl der Angestellten nahm zwischen 1861 und 1911 von 100.000 auf 750.000 zu.[52]

Die Klassenschranken waren deutlich, besonders zwischen Mittelschicht und Arbeiterschaft. Sie äußerten sich in Lebensweise und Mentalität, nicht zuletzt in Sprache und Kleidung, und sie zeigten auch kaum eine Tendenz zur Abschwächung. Doch die gesellschaftlichen Konfliktlinien waren weniger stark auf *eine* solche Abgrenzung konzentriert als etwa in Deutschland zwischen Mittel- und Oberschicht einerseits und Arbeiterschaft andererseits. Vielmehr handelte es sich um eine Mehrzahl sich teilweise überschneidender Linien. Dazu trug auch die Spaltung der Unterschicht durch das Wahlrecht in Berechtigte und Ausgeschlossene bei. Das gab den gesellschaftlichen Auseinandersetzungen einen weniger grundsätzlichen Charakter und erleichterte Kompromisse; nach 1848 konnte, außer in Irland, nie mehr auch nur annähernd von einer revolutionären Situation die Rede sein.

Diese Verhältnisse äußerten sich auch in der Arbeiterbewegung. Die Kluft zwischen gelernten und ungelernten Arbeitern war kaum weniger tief als diejenige zwischen gelernten Arbeitern und der Mittelschicht, und vor allem waren die Abgrenzungsbemühungen der Gelernten nach unten kaum geringer als diejenigen der Mittelschicht. Das zeigte sich besonders in der Gewerkschaftsbewegung, die, trotz anfänglich beträchtlichen Hindernissen von seiten des Staates und der Unternehmer, sich schon früh ausgebreitet hatte. Gewerkschaften waren seit 1824 nicht mehr von Strafverfolgung aufgrund ihrer bloßen Existenz bedroht. In den 1860er Jahren hatten sie etwa 200.000–300.000 Mitglieder, wobei die Zahl stark schwankte.[53] Es waren zunächst fast ausschließlich Facharbeiter und Handwerker, die ein doppeltes Ziel verfolgten: nach oben die Verbesserung der Arbeitsbedingungen und der Einkommen, nach unten die Wahrung des Abstandes zu den Ungelernten, indem sie unter anderem die Lehrlingsausbildung und die Zuweisung von Arbeiten zu kontrollieren versuchten. Nach oben

---

49 P.H. Lindert, in R. Floud/D. McCloskey, Economic history 1, 378.

50 Die heutige Forschung geht von etwa 15% Armen aus. E.H. Hunt, Labour history, 117–120; M. Pugh, State, 43.

51 M. Pugh, State, 88 schätzt die Mittelschicht auf etwa 15%.

52 J. Harris, Lives, 129.

53 N. Gash, Aristocracy, 329.

mussten sie in Arbeitskämpfen immer wieder Niederlagen einstecken. Ihr Anspruch auf Exklusivität hingegen machte sie in den Augen sowohl des Staates als auch der Unternehmer zu einem stabilisierenden Faktor und dadurch zu einem potentiellen Partner, der die Sozialordnung wenigstens ein Stück weit erhalten, die ärmeren und weniger qualifizierten Teile der Unterschicht in ihren Schranken halten helfen konnte. Das führte zu einer einigermaßen wohlwollenden Haltung des Staates ihnen gegenüber. Sie erhielten allmählich größeren Spielraum. Seit 1896 bot der Staat bei Tarifstreitigkeiten seine Vermittlung an, und er unterstützte kollektive Tarifverhandlungen, so dass 1911 für etwa 25% der Beschäftigten Tarifverträge bestanden.[54] Die britischen Gewerkschaften hatten sich bis 1914 eine Position erobert, die in Europa ihresgleichen suchte. Innerhalb der Betriebe wurden sie teilweise so stark, dass sie Funktionen übernehmen konnten, die anderswo dem Management zukamen. Dies hatte bei der Arbeitsorganisation und der Einführung neuer Technologien bis weit ins 20. Jahrhundert hinein hemmende Folgen für die Steigerung der Arbeitsproduktivität. Das war der Preis für eine gesamtgesellschaftliche Stabilisierung durch zunehmende Integration eines Teils der Arbeiterschaft. Deren bestqualifizierter und höchstbezahlter Teil wurde geradezu als 'Arbeiteraristokratie' bezeichnet.[55]

Seit dem Londoner Dockerstreik von 1889 erfaßte die Gewerkschaftsbewegung auch die Ungelernten. Vor allem in den letzten Jahren vor dem Krieg stieg die Mitgliederzahl rasch. Lag sie zu Beginn der neunziger Jahre bei gut 1,5 Millionen, und waren es 1910 noch gut 2,5 Millionen, so erreichte sie 1914 4.145.000 Personen, mehr als in jedem anderen Land der Welt. Der Organisationsgrad betrug damit immerhin etwa 28,5% (1901: 15%).[56] Die Arbeitskämpfe wurden häufiger und härter.

Diese Verschiebungen hingen in erster Linie mit der Verlangsamung des Wirtschaftswachstums zusammen. Sie verschärfte die Verteilungskämpfe. Die Reallöhne, die zwischen 1850 und 1900 einigermaßen kontinuierlich um 70–80% gestiegen waren, stagnierten seither.[57]

Die frühe und vergleichsweise erfolgreiche Konzentration der Arbeiterbewegung auf die Gewerkschaftsarbeit und das Fehlen einer scharfen Spaltung der Gesellschaft in zwei Lager waren Gründe dafür, dass in Großbritannien zunächst keine Arbeiterpartei entstand. Dazu trug außerdem bei, dass die beiden großen Parteien programmatisch ein sehr weites Spektrum umfassten und dass das Mehrheitswahlsystem mit Einerwahlkreisen dem Aufkommen neuer Parteien besondere Hindernisse in den Weg legte: Nur wer in einer beträchtlichen Zahl von Wahlkreisen stärkste Partei wurde und dadurch ebensoviele Sitze gewann, konnte parlamentarisches Gewicht erlangen. Dazu war ein erheblicher Teil der Arbeiter vom Wahlrecht ausgeschlossen. Insgesamt nahm sich die Liberale Partei der Interessen der Arbeiter stärker an als die Konservative, ohne dadurch je eine Arbeiterpartei zu werden. Seit 1874 fanden sich unter den libe-

---

54 J. Harris, Lives 142; P. Thane, in F.M.L. Thompson, Social history 3, 50. Vgl. W. Lazonick, in R. Floud/D. McCloskey, Economic history 2, 102f.

55 Kritisch dazu T. Lummis, Labour Aristocracy.

56 Zahlen 1888–1914 bei E.H. Hunt, Labour history, 295; R. McKibbin, Ideologies, 2.

57 E.H. Hunt, Labour History, 73; vgl. H.A. Clegg u. a., Trade unions 2, 25.

ralen Unterhausabgeordneten Arbeitervertreter.[58] Auch dieser Modus vivendi geriet seit dem späten 19. Jahrhundert unter den Bedingungen der sich verschärfenden Verteilungskämpfe unter Druck: Nun bildeten sich sozialistische Gruppierungen, die zuerst innerhalb der Liberalen Partei eigene Kandidaten durchzusetzen suchten. 1900 wurde dann eine eigenständige sozialistische Partei gegründet, die 1906 zur *Labour Party* wurde. Sie vermochte allerdings bis zum Krieg stets nur im Bündnis mit den Liberalen Kandidaten durchzubringen. In den Wahlen vom Januar 1910 waren es 40 Abgeordnete (von 670). Die Partei hatte lediglich 7,6 % der Stimmen gewonnen.[59] Die sozialistische Bewegung war in Großbritannien, der starken Verwurzelung in der Gewerkschaftsbewegung entsprechend, stets reformistisch orientiert; Marx und Engels hatten in ihrem Exilland geringe Wirkung.[60] Einflussreicher wurde die sozialreformerische, überwiegend von Intellektuellen getragene Bewegung der Fabier (*Fabian Society*), unter der Führung von Beatrice und Sidney Webb.

Die Tatsache, dass sich die Arbeiterbewegung vor allem gewerkschaftlich und nicht parteipolitisch artikulierte, hatte auch wieder Auswirkungen im sozialen Bereich. Das relative staatliche Wohlwollen, der Versuch, die Arbeiter ein Stück weit gesellschaftlich zu integrieren, führte schon sehr früh zu ausgedehnter Arbeits- und Fabrikgesetzgebung. Hier blieb das Land in vielen Bereichen bis 1914 in Europa führend. Auch wenn die Durchführung oft zu wünschen übrig ließ, verbesserten sich die Arbeitsbedingungen doch allmählich. Hingegen kam es bis zum frühen 20. Jahrhundert zu keinen nennenswerten Versuchen, eine staatliche Sozialversicherung aufzubauen. Das entsprach nicht der britischen Tradition des relativ schwachen Staates, und auch die Arbeiterschaft war zunächst gegen jede Form einer Zwangsversicherung, die als staatliche Einmischung und Kontrolle gesehen wurde, bestand doch eine vielfältige Tradition der Selbsthilfe, etwa in der Form von Hilfskassen und gegenseitigen Unterstützungsvereinen, die in Notlagen einsprangen.[61] Doch mit der Zeit zeigten sich die Grenzen eines solchen dezentralen, auf Privatinitiative beruhenden Systems. Die Verschärfung der Verteilungskämpfe und der Klassengegensätze, mit immer deutlicher sichtbar werdender Massenarmut seit dem späten 19. Jahrhundert, und schließlich der im Burenkrieg offenbar gewordene schlechte Gesundheitszustand breiter Kreise des Volkes brachten die Wende. Nach ihrem Wahlsieg von 1905 nahmen die Liberalen unter David Lloyd George (1908–1915 Schatzkanzler) ein ausgedehntes Programm für ein Sozialversicherungssystem an die Hand, in dem der Staat nicht mehr abseits stand. Das System unterschied sich allerdings deutlich vom deutschen Modell, indem es einerseits traditionellen Formen der Selbsthilfe einen wichtigen Platz beließ, andererseits in manchen Punkten den Staat noch direkter einschaltete.[62] So wurden 1908 Pensionen für alle bedürftigen Alten eingeführt, auch für solche, die nicht erwerbstätig gewesen waren. Als einer der ersten Staaten in Europa verwirklichte das Land 1911

---

58 M. Pugh, State, 34.

59 G. Niedhart, England, 136f.

60 In den turbulenten Jahren 1911–1914 war hingegen eine Verstärkung der syndikalistischen Bewegung festzustellen. Vgl. H.A. Clegg u. a., Trade unions 2, 25; J. Hinton, Labour, 94.

61 Dieser Aspekt wird besonders betont von G. Finlayson, Citizen.

62 Ein klarer Überblick, mit einem hilfreichen Vergleich mit Deutschland, bei G.A. Ritter, Sozialversicherung.

neben der Kranken- auch eine Arbeitslosenversicherung. Die Kosten waren erheblich. Da sie gleichzeitig mit den Kosten des sich intensivierenden Rüstungswettlaufs mit Deutschland anfielen, war der Finanzbedarf enorm. Letztlich mussten die Besitzenden beträchtliche Opfer bringen. Die Steuern wurden erhöht, und zwar, einem älteren Trend folgend, die direkten in stärkerem Maße als die indirekten. Erstere hatten 1888 44% des gesamten staatlichen Finanzaufkommens ausgemacht. 1914 waren es schon 60%.[63] Das war deutlich mehr als in anderen Staaten. Obwohl die Oberschicht reicher war als anderswo, hatte sie inzwischen an politischem Einfluss verloren.

Die Vielgestaltigkeit und Uneinheitlichkeit der gesellschaftlichen Einteilungen und Gliederungen wurde durch die religiösen Verhältnisse noch verstärkt. In England, Wales und Schottland spielten Katholiken kaum eine Rolle. Am zahlreichsten waren sie unter den irischen Einwanderern. Dadurch nahm ihre Zahl außerhalb Irlands in der behandelten Zeit von 750.000 auf über 2 Millionen zu.[64] Am bedeutendsten war die anglikanische Staatskirche, deren Anhängerschaft vor allem auf dem Lande lebte und politisch mehr und mehr mit der Konservativen Partei identifiziert wurde. Annähernd gleich zahlreich waren die Dissenter oder nonkonformistischen Kirchen, deren wichtigste die Methodisten, die Baptisten und die Quäker waren. Sie fanden sich hauptsächlich in der städtisch-industriellen Bevölkerung Mittel- und Nordenglands und hielten sich politisch überwiegend zu den Liberalen. In Schottland bildeten die calvinistischen Presbyterianer die Staatskirche, während in Irland die Katholiken bei weitem überwogen, aber keine Staatskirche bilden konnten – bis 1869 nahmen die wenig zahlreichen Anglikaner diese Rolle wahr.

Einen zentralen Punkt der politischen Auseinandersetzung bildete die Sonderstellung der anglikanischen Staatskirche. Doch es war weniger eine Auseinandersetzung zwischen Kirche und Staat als zwischen den verschiedenen Religionsgemeinschaften, hauptsächlich zwischen Nonkonformisten, die Gleichberechtigung forderten, und Anglikanern. Diese verloren ihre privilegierte Stellung zunehmend, da der Staat zumal im rechtlichen Bereich nicht allzusehr darauf insistierte (während der erhebliche Kirchenbesitz unangetastet blieb). So waren die kirchlichen Gerichte seit den fünfziger Jahren nicht mehr für Ehe- und Erbsachen zuständig, und seit 1870 wurden die Universitäten Oxford und Cambridge für Dissenter geöffnet.[65] Dadurch, dass das Problem des Ultramontanismus entfiel, ließ sich das Verhältnis zwischen Kirche und Staat leichter entschärfen als in katholischen Ländern; die Auseinandersetzungen blieben eine nationale Angelegenheit.

Die Kirchen wurden indessen von ihren Rivalitäten nicht gänzlich absorbiert. Sie bemühten sich, oft in anspornender gegenseitiger Konkurrenz, in erheblichem Maße um die Bevölkerung, nicht zuletzt um die Arbeiterschaft. Bei dieser waren ihre Erfolge trotz tausenden von Kirchen- und Kapellenneubauten und förmlichen Missionsanstrengungen begrenzt (wenngleich größer als in den meisten kontinentalen Staaten), während die Religion in der Mittelklasse eine wachsende Rolle spielte. Insgesamt dürfte die Religion die Gesellschaft im 19. Jahrhundert wesentlich stärker durchdrungen

---

63 P. Thane, in F.M.L. Thompson, Social history 3, 59.
64 J. Obelkevich, in F.M.L. Thompson, Social history 3, 335.
65 Ebd. 3, 343.

haben als im Jahrhundert zuvor. Aber sie war zugleich zunehmend zur Privatsache geworden; der Staat hatte sich zurückgezogen. Dem entsprach der gesamtgesellschaftliche Vorgang der stärkeren Herausbildung einer privaten Sphäre.[66]

Die Auseinandersetzungen zwischen den Kirchen hatten auch im Bildungswesen Auswirkungen. Bis zur Jahrhundertmitte war es weder zur Einführung der Schulpflicht noch zum Aufbau eines staatlichen Schulwesens gekommen. Die meisten Schulen wurden von den Kirchen getragen; daneben standen private Institutionen. Immerhin erfasste dieses System – bei mäßiger Qualität – um 1870 etwa 68% der Kinder im Schulalter. Ein Gesetz desselben Jahres sah in England und Wales staatliche Subventionen für die bestehenden Schulen und die Errichtung von Gemeindeschulen dort, wo sonstige Schulen fehlten, vor. Damit bestand eine Pflicht zum Aufbau eines flächendeckenden Schulwesens, aber noch immer keine Schulpflicht. Diese wurde erst 1880 eingeführt, für Fünf- bis Zehnjährige. 1895 gingen etwa 82% der Kinder zur Volksschule, die erst seit 1891 gebührenfrei war. Gegen Ende des Jahrhunderts konnte die Schulpflicht als durchgesetzt gelten.[67]

Schottland hatte eine ältere Tradition der Volksbildung als England und Wales, und es führte 1872 eine ähnliche, aber weiterreichende Reform durch.

Nach der Volksschule wurde auch das bislang sehr schmale und äußerst elitäre mittlere und höhere Bildungswesen ausgebaut. Dabei engagierte sich der Staat auf der Sekundarstufe erst seit 1902 direkt. Die in Großbritannien typische Beibehaltung der Grundstrukturen bei deren gleichzeitiger Abschwächung zeigte sich auch hier: In den höheren Schulen und den Universitäten blieben die Gebühren hoch, doch wurden 25% der Plätze für Stipendiaten reserviert. 1912 waren es in der Praxis sogar 32%.[68] Damit war eine gewisse soziale Durchlässigkeit erreicht, ohne dass der exklusive Charakter gefährdet worden wäre.

So vermochte die herrschende Schicht ihre Stellung im Kern zu wahren. Ihre Zugeständnisse waren begrenzt; aber sie erfolgten jeweils zu einem Zeitpunkt, zu dem sie noch Wirkungen zeitigten. Am deutlichsten zeigt sich dieser Charakter wahrscheinlich im Wahlrecht. So ließen sich extreme politische Polarisierungen vermeiden. Die Oberschicht war so gefestigt, dass sie Zugeständnisse machen konnte, ohne gleich um ihre Stellung fürchten zu müssen. Der zweite und wohl wichtigere Faktor, der einen relativ ruhigen, evolutionären Wandel begünstigte, ergab sich aus Englands Pionierrolle in der industriellen Revolution. Sie führte dazu, dass der gesellschaftliche Wandel, zusammen mit dem wirtschaftlichen, langsamer verlief als in anderen Staaten. Dadurch blieb mehr Zeit für Anpassungen. Die britische Gesellschaft war 1914 nach wie vor extrem ungleich. Doch weder diese Tatsache, noch die Verschärfung des sozialen Klimas in den letzten Jahren vor 1914 vermochte die starke gesellschaftliche Kohäsion, die dann im Kriege offenbar wurde und dem Lande das siegreiche Durchhalten ermöglichte, wirklich zu gefährden.

---

66 Betont z.B. von J. Harris, Lives, 150ff. Skeptischer z.B. J. Obelkevich, in F.M.L. Thompson, Social history 3, 311–356.

67 G. Sutherland, in F.M.L. Thompson, Social history 3, 143–146. In der Literatur finden sich allerdings höchst unterschiedliche Zahlenangaben. So gingen laut N. McCord, History, 227 im Jahre 1870 erst etwa 50% der Kinder zur Schule.

68 G. Sutherland, in F.M.L. Thompson, Social history 3, 146–158.

2.2 Frankreich

Die französische Geschichte bietet in der zu behandelnden Zeit ein Bild ausgeprägter Kontraste. Nach 1848 bemühte sich das Land intensiver und offensiver als zuvor, seine 1815 verlorene dominante Stellung zurückzugewinnen. Der Versuch führte in die Katastrophe von 1870/71. Danach war Frankreich in Europa lange Zeit isoliert. Dazu ging sein Anteil an der Bevölkerung und an der Wirtschaftskraft des Kontinents kontinuierlich zurück. Zwar gelang es ihm, das zweitgrößte überseeische Kolonialreich zu erobern; doch dessen Nutzen war keineswegs über alle Zweifel erhaben. Frankreichs Gesellschaft gehörte zu den konservativsten in Europa, und die aufstrebende Arbeiterbewegung wurde blutiger niedergeschlagen als in jedem anderen Staat.

Andererseits betrieb Frankreich nach 1871 eine vorsichtige, realistische Außenpolitik, dank der es 1914 im Mittelpunkt der stärksten Mächtekoalition Europas stand. Es blieb nach Prokopfeinkommen und Gesamtleistung in der Spitzengruppe der Industrieländer. Auf der Grundlage der konservativen Gesellschaft entstand in Frankreich als einzigem größeren Staat Europas ein politisches System, das sowohl Parlamentarisierung als auch Demokratisierung konsequent durchführte.

2.2.1 Die Abfolge der Staatsformen: Der aufhaltsame Sieg der Republik

Die Februarrevolution von 1848 führte unverzüglich die Republik ein. Nach der blutigen Niederschlagung eines Arbeiteraufstands im Juni entschied sich die am 23. April mit allgemeinem Wahlrecht gewählte Nationalversammlung für eine starke Staatsspitze, in der Form eines vom Volk auf vier Jahre gewählten Präsidenten. Die Präsidentschaftswahlen vom 10. Dezember gewann überraschend Prinz Louis-Napoléon Bonaparte, ein Neffe Napoleons I. Er erhielt 74% der Stimmen, während der zweitplazierte Kandidat, General Eugène Cavaignac, der den Juni-Aufstand zusammengeschossen hatte, nur auf 19% kam.[1] Der bislang wenig bekannte neue Präsident hatte vor allem vom Napoleon-Mythos im Volk sowie von der allgemeinen Verunsicherung profitiert; dazu wurde er von vielen konservativen Gruppierungen unterstützt, die hofften, ihn für ihre Zwecke einspannen zu können.

Napoleon wurde ein stärkerer Präsident als erwartet. Er sicherte sich die Rückendeckung durch große Teile der Bauernschaft und die Kirche. Da die Verfassung eine Wiederwahl ausschloss,[2] versuchte er 1851 eine entsprechende Änderung durchzusetzen. Er scheiterte am Parlament und führte infolgedessen am 2. Dezember 1851 einen Staatsstreich durch.[3] Den zunächst starken Widerstand schlug er mit harter Hand innerhalb weniger Tage nieder. Jede Opposition wurde in den folgenden Jahren systematisch unterdrückt. Napoleon führte eine autoritäre Verfassung ein, die ihm eine große Machtfülle verlieh und das aus drei Kammern bestehende Parlament zu einem Schattendasein verurteilte.[4] Er ließ die Grundzüge dieser Änderungen schon am

1 F. Bon, Élections, 24.

2 Text bei J. Godechot, Constitutions, 263–277: Art. 45.

3 Die klassische zeitgenössische Darstellung ist Karl Marx, Der achtzehnte Brumaire des Louis Bonaparte (1852).

4 Text bei J. Godechot, Constitutions, 292–319.

20./21. Dezember 1851 in einer Volksabstimmung absegnen und sich selbst zum Präsidenten auf zehn Jahre wählen. Dabei kam ihm zustatten, dass das Parlament am 31. Mai 1850 das Wahlrecht deutlich auf Kosten der Unterschichten eingeschränkt hatte – er hob diese Änderungen gleich nach dem Staatsstreich wieder auf und gewann dadurch breite Unterstützung im Volk. 7,45 Millionen Stimmen waren für die neue Ordnung und nur 650.000 dagegen, bei 1,5 Millionen Enthaltungen.[5]

Es gelang Napoleon, sich zum 2. Dezember 1852, dem 48. Jahrestag der Thronbesteigung seines Onkels, durch ein neuerliches Plebiszit als Napoleon III. zum erblichen Kaiser wählen zu lassen. Das führte zu einem immanenten Widerspruch in seinem System. Seine Legitimität gründete auf der Volkswahl und damit auf der Volkssouveränität. Diese Grundlage musste für einen durch Erbfolge an die Macht gelangten Nachfolger entfallen. Das Volk hatte sich für die Zukunft selbst ausgeschaltet.

Napoleons Stärke lag in seiner Fähigkeit, sich über die traditionellen politischen Machtträger hinweg direkt ans Volk zu wenden. Die Wirkung war paradox: Er schwächte die demokratischen und insbesondere die parlamentarischen Institutionen, während er gleichzeitig das demokratische Grundprinzip der Mehrheitsherrschaft stärkte, denn angesichts des allgemeinen Wahlrechts musste er dafür sorgen, dass sein System mehrheitsfähig blieb.

Der diktatorisch-demokratische Mischcharakter des Regimes zeigte sich nicht zuletzt in den Wahlen. Diese wurden gehörig manipuliert – aber doch nicht so, dass sie die Volksstimmung überhaupt nicht mehr wiedergegeben hätten. Man schuf den sogenannten offiziellen Kandidaten, der von der Verwaltung mit allen Mitteln unterstützt wurde, während Kandidaten der Opposition vielerlei Behinderungen unterworfen wurden. Die Mehrheit der Regierungsfraktion war dadurch nie gefährdet. Doch die Opposition erhielt von Wahl zu Wahl mehr Stimmen (1869 waren es bereits 3,35 Millionen gegenüber 4,45 Millionen für die offiziellen Kandidaten[6]), und der Kaiser war konsequent genug, ein solches Ergebnis unter den gegebenen Umständen als Niederlage zu werten.

Napoleons Schwäche lag in seiner Unfähigkeit, einen festgefügten und breit abgestützten Machtapparat aufzubauen. Statt dessen lavierte er zwischen den unterschiedlichsten Gruppen. Dadurch blieb er auf rasche und häufige Erfolge angewiesen. Als sie in den sechziger Jahren seltener wurden, verstärkte sich die Opposition, vor allem in den Städten. Der Kaiser reagierte darauf nicht mit verschärfter Repression, sondern durch allmähliche Liberalisierung. Das Ergebnis war 1870 eine weitgehende Parlamentarisierung. Indem er den Wandel erneut durch eine Volksabstimmung bestätigen ließ und dabei eine außerordentlich hohe Mehrheit erzielte (7,36 zu 1,57 Millionen bei etwa 2 Millionen Enthaltungen[7]), vermochte Napoleon die institutionelle Schwächung seiner Stellung durch die Stärkung seiner Autorität teilweise auszugleichen. Die Entwicklung hin zu einer parlamentarischen Monarchie war durchaus denkbar – als das Zweite Kaiserreich (*Second Empire*), wie es genannt wurde, zusammenbrach. Der Kaiser geriet am 2. September 1870 bei Sedan mitsamt seiner Armee

---

5 F. Bon, Élections, 28.
6 Ebd. 33.
7 J. Godechot, Constitutions, 286.

in deutsche Gefangenschaft, und schon am 4. September wurde in Paris die Republik ausgerufen, die bis 1940 währen und als Frankreichs Dritte Republik in die Geschichte eingehen sollte. Das war weniger ein Entscheid für die Republik als gegen die Dynastie Bonaparte. Was die Staatsform betraf, so war die Stimmung im Lande geteilt. Die Wahlen vom 13. Februar 1871 brachten einen überwältigenden Sieg der Konservativen, die ihrerseits größtenteils Monarchisten waren.[8]

Weshalb stand am Ende der Auseinandersetzungen der folgenden Jahre trotzdem die Republik? Zunächst war das Votum für die Konservativen weniger ein Votum für die Monarchie als für den Frieden. Sowohl die Bonapartisten als auch die Republikaner hatten sich durch Misserfolg im Krieg diskreditiert. Die in den folgenden Jahren häufig durchgeführten Nachwahlen zeigten einen deutlichen Trend zugunsten der Republikaner. Danach waren die beiden Lager bis gegen Ende des Jahrhunderts von der Zahl der Stimmen her meistens annähernd gleich stark, mit einem leichten Übergewicht der Republikaner.[9]

Die Monarchisten wurden weiter dadurch geschwächt, dass sie in drei rivalisierende Fraktionen gespalten waren. Die Legitimisten scharten sich um die alte bourbonische Dynastie und die Aristokratie sowie hohe kirchliche Würdenträger. Ihnen ging es um die möglichst weitgehende Wiederherstellung des Ancien Régime. Die Orléanisten, als zweite Gruppierung, waren vor allem in der Bourgeoisie verankert. Sie unterstützten die Nebenlinie der Orléans, die mit Louis-Philippe 1830–1848 den König gestellt hatten. Die durch den Krieg geschwächten Bonapartisten hatten eine diffusere Anhängerschaft

Die drei monarchistischen Richtungen vermochten sich zunächst nicht auf einen gemeinsamen Kandidaten zu einigen. Als es 1873 doch so weit war, weigerte sich der auf den Schild gehobene legitimistische Prätendent, der Graf von Chambord, die Trikolore als Nationalflagge zu akzeptieren. Das hieß, dass er alle Veränderungen seit 1789 zurückwies, was für Orléanisten und Bonapartisten unannehmbar war. Dadurch erhielt die provisorische Republik von 1870 Zeit, sich immer weiter zu konsolidieren. Dazu trug bei, dass die Republikaner und ein Teil der Monarchisten, vor allem die Orléanisten, 1875 einen Verfassungskompromiss fanden.[10] Die Republikaner setzten das allgemeine Wahlrecht, ein direkt gewähltes Abgeordnetenhaus (Kammer) und die parlamentarische Verantwortlichkeit der Regierung durch, die Konservativen einen starken Präsidenten (allerdings nicht dessen Wahl durch das Volk) und einen indirekt gewählten mächtigen Senat. Das war der Versuch, zwei sich ausschließende Prinzipien – Übergewicht der Legislative und Übergewicht der Exekutive – miteinander vereinbar zu machen. Er führte schon 1876/77 zum Konflikt. Präsident MacMahon, ein Legitimist, versuchte mittels seines Rechts, die Regierung zu ernennen und das Parlament aufzulösen, eine ihm genehme Regierung an der Macht zu halten. Doch die Wahlen gingen zu seinen Ungunsten aus. Er trat 1879 zurück; als Nachfolger wählte das Parlament den Republikaner Jules Grévy.

---

8 F. BON, Élections, 36–38.

9 Vgl. den Überblick ebd., 38–57.

10 Text der beiden kurzen Gesetze bei J. GODECHOT, Constitutions 331–334; Ergänzungen: ebd., 334–338.

Dieser endgültige Sieg der Republik verdankte sich wesentlich dem Erfolg der Republikaner auf dem Lande. Sie hatten glaubhaft zu machen verstanden, dass unter ihnen die Errungenschaften von 1789, die für die Bauern in erster Linie in der Gewinnung voller Eigentumsrechte am Boden bestanden hatten, gesichert sein würden, sowohl gegen Rückgewinnungsversuche ehemaliger Besitzer als auch gegen Umverteilungsversuche von unten.

Dass sie das neue System auch gegen links verteidigten, hatten die Republikaner schon 1871 unmissverständlich unter Beweis gestellt. Seit 1789 waren Patriotismus und Nationalismus in Frankreich vor allem eine Sache der Linken. In Paris herrschte nach der Kapitulation der Stadt am 28. Januar 1871 unter den Arbeitern und Handwerkern, im Proletariat und im Kleinbürgertum Verbitterung über die Friedensbereitschaft der Regierung und über die vermutete Vernachlässigung der Hauptstadt. Nach einigen Scharmützeln zog die Regierung ihre Truppen am 18. März aus der Hauptstadt zurück; viele wohlhabende Pariser flohen. In der Stadt wurden am 26. März Wahlen zu einem Kommunalrat (von daher der Name *Kommune*) durchgeführt. Während die Arbeiterschaft das Gros der Anhängerschaft stellte, war die Führung mehrheitlich mittelständisch und intellektuell. Die Kommune rief ihre Selbständigkeit aus und forderte andere Städte auf, sich ihr anzuschließen. Doch es kam nur zu kleineren Aufständen in einigen wenigen Städten. Die Kommune führte eine relativ konsequente Politik zugunsten der unteren Schichten durch, mit Ansätzen zu Sozialreformen, aber ohne Versuche zu einer radikalen Umwälzung der Besitzverhältnisse. Die Regierung, die in Versailles saß, versuchte gar nicht erst, einen Kompromiss zu finden, sondern sie erzwang die Konfrontation. Unter den Augen der deutschen Truppen, die keinen Anlass sahen, in einen Bürgerkrieg einzugreifen, der ihren Gegner schwächte, belagerten Regierungstruppen die Stadt, und sie eroberten sie in der „Blutigen Woche" vom 21. bis zum 28. Mai, mit einer Grausamkeit sondergleichen. Gefangene wurden kaum gemacht. Während die Armee etwa 1.000 Mann verlor, machte sie zwischen 15.000 und 35.000 Aufständische nieder. Von den 43.522 Verhafteten wurden 10.137 zu zum Teil schweren Strafen verurteilt.[11] Die Regierung, unter dem republikanischen, aber konservativen Adolphe Thiers, wollte die Gelegenheit nutzen, alle sozialrevolutionären Bewegungen auszurotten. Freilich war die Kommune von vornherein zum Scheitern verurteilt. Hätte sie sich gegen die Regierung durchgesetzt (was aber aufgrund der Isolation der Hauptstadt gegenüber dem ganzen übrigen Land ausgeschlossen war), dann hätten wiederum die deutschen Sieger einen Umsturz der bestehenden Ordnung nicht zugelassen. Gerade ihr Scheitern hat indessen dazu geführt, dass die Kommune in der Folgezeit für die unterschiedlichsten revolutionären Bewegungen zu einem immer wieder anders gelesenen Mythos geworden ist.

Nach der gewaltsamen Ausschaltung der Linken und nach dem demokratischen Sieg über die Monarchisten hatten sich die Republikaner, und mit ihnen die parlamentarische Demokratie, seit etwa 1879/80 endgültig durchgesetzt. Die Parteien waren allerdings keine festgefügten Organisationen, sondern lockere Vereinigungen um Gruppen

---

11 Die Angaben über die Zahl der Opfer gehen in der Literatur sehr weit auseinander. Von etwa 10.000 getöteten Kommunarden spricht R. Tombs, Commune, 180. Die Zahl der Verhafteten und Verurteilten nach F. Caron, Frankreich, 248f.

von Politikern, die sich verschiedentlich aufspalteten und wieder in neuen Kombinationen zusammenschlossen. Die Instabilität machte sich in häufigen Regierungswechseln bemerkbar: Zwischen 1870 und 1914 hatte Frankreich 61 verschiedene Regierungen. Unter diesem dauernden Wechsel verbargen sich indessen durchaus stabile Grundstrukturen. Das Personal der Regierungen war wenig zahlreich und rotierte in den Ämtern. Ein kleiner Kreis von Berufspolitikern stand im Zentrum der Macht.

Zur Stabilität des Systems trug sicher das von Anfang an selbstverständliche und nie wirklich angefochtene allgemeine Wahlrecht bei. Es ersparte dem Lande Auseinandersetzungen um Wahlrechtsausweitungen, und die Politiker mussten sich immer wieder dem Test von Wahlen unterziehen. Bei diesen wurde durchaus manipuliert. Die Tradition des offiziellen Kandidaten wirkte noch lange nach – aber die Wahlen wurden nie zur bloßen Farce.

2.2.2 Die Bevölkerungsentwicklung: Modernität oder Dekadenz?

Frankreich hatte im Jahre 1789 in den heutigen Grenzen etwa 27,5 Millionen Einwohner. Das waren 17% der europäischen Gesamtbevölkerung, nahezu gleich viele, wie in Russland lebten, und mehr als in jedem anderen europäischen Lande. Bis 1851 waren es 35,8 Millionen geworden, 1914 39,8 Millionen. Das war nach traditionellen Maßstäben eine durchaus beachtliche Zunahme. Aber die Bevölkerung aller anderen europäischen Staaten war in dieser Zeit rascher gewachsen. So hatte Russland 1914 140 Millionen Einwohner, Deutschland 68 Millionen. In Frankreich lebten nur noch 8,7% der europäischen Bevölkerung (1851 waren es noch 14% gewesen).[12] Seit etwa 1890 wuchs die französische Bevölkerung kaum noch, und nur durch Zuwanderung, nicht durch natürliche Vermehrung. In manchen Jahren, erstmals 1891, war die Zahl der Todesfälle sogar größer als die der Geburten.[13] Die durchschnittliche jährliche Wachstumsrate der Bevölkerung lag zwischen 1860 und 1910 bei 0,16%, während sie für ganz Europa 0,92% und für Deutschland 1,17% betrug.[14]

Frankreich bot in dieser Hinsicht ein in ganz Europa und insbesondere in den Industrieländern einmaliges Bild. Die vordergründigen Faktoren lassen sich relativ genau bestimmen, während über die tieferliegenden Ursachen bis heute Unklarheit und Uneinigkeit herrschen.[15] Das Heiratsalter und die Heiratshäufigkeit veränderten sich nur geringfügig. Die Sterberate ging zwar langsam zurück, aber ungefähr im gleichen Ausmaß wie in anderen europäischen Staaten, und parallel dazu stieg die Lebenserwartung. Hingegen ging die Geburtenrate deutlich rascher zurück als anderswo, als Folge freiwilliger Geburtenbeschränkung, die wohl erstmals in der Geschichte in großem Umfang mit bedeutenden demographischen Auswirkungen praktiziert wurde.

Weshalb setzte sich in Frankreich ein solches Verhalten früher durch als in anderen Ländern? Ein Erklärungsansatz betont vor allem die Auswirkungen der Revolution von 1789, die zu einer starken Individualisierung des Denkens und Verhaltens geführt habe.

---

12 J. Dupaquier, Population, 1–3; A. Armengaud, Population, 36.
13 J.-Ch. Asselain, Histoire économique, 162; J. Dupaquier, Population, 4–8.
14 Vgl. Tabelle 11, S. 237; P. Bairoch, Product, 283.
15 Zum Folgenden zusammenfassend J. Dupaquier, Population, 351–401.

In der Tat erfolgte nach 1789 ein ziemlich abrupter Rückgang der Geburtenziffer. Ein anderer Ansatz geht von der agrarischen Besitzstruktur aus. Das französische Zivilgesetzbuch von 1804 schrieb die gleichmäßige Erbteilung vor. Wollte ein Bauer, der nur so viel Land besaß, dass eine Familie knapp davon leben konnte, die Zersplitterung seines Besitzes vermeiden, so musste er seine Kinderzahl beschränken. In andern Ländern mit vergleichbarem Erbrecht wuchs die Bevölkerung indessen trotzdem.[16] Dazu war die Realteilung in vielen Gegenden Frankreichs schon vor 1789 verbreitet gewesen, ohne dass die Bevölkerung damals langsamer gewachsen wäre als anderswo in Europa.[17]

Die Folgen waren jedenfalls deutlich. Frankreich verlor im europäischen Rahmen an Gewicht, nicht nur, was die Bevölkerungszahl anging, sondern auch in seiner Wirtschaftskraft, bis hin zum militärischen Potential. Als einziges größeres europäisches Land war es kaum an der gewaltigen Auswanderungsbewegung des späten 19. und des frühen 20. Jahrhunderts beteiligt. Stattdessen erfolgte eine beträchtliche Einwanderung aus europäischen Staaten, vor allem aus Italien, Spanien und Portugal.

Frankreich hat damit als erstes Land der Welt den (erst später so bezeichneten) demographischen Übergang vollzogen, die Anpassung der Geburtenrate an die durch die verbesserte Ernährung und Hygiene und den medizinischen Fortschritt gesunkene Sterberate – eine Anpassung, die mittlerweile in nahezu allen Industrieländern erfolgt ist. Zeitgenössisch galt die französische Bevölkerungsentwicklung allerdings in der Regel nicht als zukunftsweisend, sondern eher als Zeichen der Dekadenz und der nationalen Schwäche.

2.2.3 Die Wirtschaft: Kontinuität oder relativer Niedergang?

Gemessen am Bruttosozialprodukt hatte Frankreich um die Mitte des 19. Jahrhunderts die drittstärkste Volkswirtschaft Europas, mit nur geringem Abstand hinter Russland und Großbritannien. Es gehörte, ging man nach dem Prokopfeinkommen, zugleich zu den reichsten Staaten Europas: In dieser Hinsicht waren ihm nur Großbritannien, Belgien, die Schweiz, die Niederlande und möglicherweise Norwegen überlegen. Jedenfalls lag es deutlich über dem europäischen Durchschnitt.[18]

Diese Position hatte sich 1913 nicht grundlegend verändert, aber doch leicht verschlechtert. Frankreich war inzwischen in beiden Hinsichten von Deutschland überholt worden, und zwar beim Gesamtprodukt wesentlich deutlicher als im Prokopfeinkommen, da die deutsche Bevölkerungszahl stärker gestiegen war. Nach wie vor aber lag es in der Spitzengruppe.[19] Seine Wachstumsrate hatte zwischen 1860 und 1910 mit 1,41% pro Jahr etwas unter dem europäischen Durchschnitt von 1,88% gelegen – seine Wachstumsrate pro Kopf der Bevölkerung mit 1,25% aber deutlich darüber (0,96%).[20] Frankreichs Anteil am europäischen Sozialprodukt ging von 15,2% im Jahre 1850 auf 10,7% im Jahre 1913 zurück.[21] Sein Prokopfeinkommen erreichte 1850

16 J. Dupaquier, Population, 376.
17 A. Armengaud, Population, 58f.
18 Angaben nach P. Bairoch, Product, 281 und 286, wobei es sich allerdings nur um grobe Näherungswerte handelt. Siehe Tabelle 12, S. 238.
19 Ebd.

73% des britischen, 1913 71%, während sein Sozialprodukt in dieser Zeit von 94% auf 62% des britischen fiel.[22]

Diese eigentümliche Zwischenlage hat dazu geführt, dass das Gesamturteil über die französische Wirtschaftsentwicklung zwischen 1848 und 1914 bis heute umstritten ist. Frankreich war nicht wie Großbritannien der Pionier und die Führungsmacht der industriellen Revolution, und es war ebensowenig ein fulminanter, Großbritannien bald einmal überholender Spätstarter wie Deutschland und die USA.

Angesichts der Tatsache, dass Frankreich stets im Windschatten Großbritanniens blieb und nie spektakuläre Veränderungen erlebte, kann man von einer zumindest relativen Stagnation sprechen. Man kann aber auch das Bild einer ruhigen, Exzesse und soziale Verwerfungen vermeidenden, kontinuierlichen Entwicklung und von einer sanften Anpassung an die industrielle Revolution verwenden. Dieser Aspekt wird durch weitere Erscheinungen unterstrichen. Die Gewichtsverlagerung zwischen den einzelnen Wirtschaftssektoren erfolgte sehr langsam, wie die folgenden Tabellen zeigen.

Tabelle 1: Frankreich: Beschäftigungsstruktur 1840–1906, in Prozent[23]

Jahr	Landwirtschaft	Industrie	Dienstleistungen
1840–1845	51,9	26,0	22,2
1866	49,8	27,9	22,3
1896	44,8	28,6	26,6
1906	42,7	28,2	28,1

Tabelle 2: Frankreich: Anteil der einzelnen Wirtschaftssektoren am Sozialprodukt 1852–1912, in Prozent[24]

Jahr	Landwirtschaft	Industrie	Dienstleistungen
1852	44,7	20,1	35,2
1892	32,5	35,1	32,4
1912	27,0	40,5	32,5

Zu diesen Verhältnissen passt auch die langsame Verstädterung. Obwohl bereits Orte über 2000 Einwohner als Städte galten, lebten 1911 noch 55,8% der Franzosen auf dem Lande; 1851 waren es 74,5% gewesen.[25]

20 Ebd., 283. Genauere, zum Teil abweichende, aber die Relationen nicht grundsätzlich in Frage stellende Angaben zu den Wachstumsraten finden sich z.B. bei M. Lévy-Leboyer/F. Bourguignon, Économie, 3ff.; F. Caron, Histoire économique, 23ff.; J.-Ch. Asselain, Histoire économique, 177; R. Price, Social history, 14.

21 W. Fischer, Handbuch 5, 113.

22 Berechnet nach P. Bairoch, Product, 281 und 286 (siehe Tabelle 12, S. 238).

23 F. Caron, Histoire économique, 33.

24 Berechnet nach F. Caron, Histoire économique, 33. Vgl. etwa noch C. Charle, Histoire sociale, 108; 142; W. Fischer, Handbuch 5, 304.

25 A. Armengaud, Population, 72; vgl. C. Charle, Histoire sociale, 142.

Für diese relative Stagnation beziehungsweise bedächtige Entwicklung lässt sich zumindest eine zentrale Ursache vermuten. Zu den wichtigsten Gewinnern der Revolution von 1789 gehörten die Bauern. Sie hatten das Land, das sie bereits selbständig bebauten, unter Ablösung von allen Feudallasten zu vollem Eigentum erhalten. Knapp die Hälfte des Bodens befand sich allerdings nach wie vor in der Hand von mittleren und großen Besitzern, die das Land nicht selbst bebauten. 1892 wurden etwa 75% der landwirtschaftlichen Betriebe mit 53% des Bodens vom Eigentümer bewirtschaftet; 36% des Bodens waren verpachtet, 11% in Halbpacht ausgegeben.[26] Auf diese Weise war eine im europäischen Vergleich starke unabhängige Bauernschaft entstanden, mit dem Familienbetrieb als verbreitetster Einheit. Sie war sogar zahlreicher als die unterbäuerlichen Gruppen der Landarbeiter und Tagelöhner: 1892 standen 3,6 Millionen Bauern mit eigenem Betrieb etwa 1,8 Millionen Landarbeiter und 1,2 Millionen Tagelöhner gegenüber.[27] Die Familienbetriebe vermochten eine große Zahl von Arbeitskräften zu absorbieren, waren sie doch nicht in erster Linie auf die Erzielung kapitalistischer Gewinne ausgerichtet. Hier bestand ein deutlicher Unterschied zu Großbritannien mit seinem ausgeprägten Großgrundbesitz. Dort hatten die Besitzer, beziehungsweise ihre Pächter, die Landwirtschaft in der Phase der Frühindustrialisierung rasch modernisiert und dabei in großer Zahl Arbeitskräfte freigesetzt, die gezwungen gewesen waren, in die Städte abzuwandern. Ein solcher Bevölkerungsdruck in Richtung Stadt und damit in Richtung auf Industrialisierung bestand in Frankreich nie.

Trotzdem ging Frankreich schon früh den Weg der Industrialisierung, wenn auch langsamer. Die geringe Verstädterung bedeutete umgekehrt für die Industrie einen größeren Rationalisierungszwang: Während die französische Produktivität in der Landwirtschaft um 30–40% hinter der britischen herhinkte,[28] war sie ihr in der Industrie zumindest nicht unterlegen.[29] Da die meisten französischen Arbeiter eine ländliche Basis hatten und nicht gezwungen waren, um jeden Preis in der Stadt und der Industrie zu arbeiten, war ihre Stellung in der Frühphase der Industrialisierung relativ besser als in England.

Zwischen 1848 und 1870 stiegen die Preise für landwirtschaftliche Erzeugnisse. Das führte zu einer Zunahme der Produktion, allerdings kaum der Arbeitsproduktivität. In erster Linie wurden die bebauten Flächen ausgeweitet und die Bebauung intensiviert.

Die Industrie war in dieser Zeit noch überwiegend handwerklich-kleinbetrieblich aufgebaut, mit der Textilindustrie als weitaus wichtigster Branche. Die Schwerindustrie spielte im Vergleich zu Großbritannien eine geringe Rolle, nicht zuletzt infolge Rohstoffmangels.

---

26 R.D. Anderson, France, 39f.; R. Price, Social history, 18.

27 R.D. Anderson, France, 39f. Die Zahlen können nur als grobe Näherungswerte dienen. Sie verschoben sich im Lauf der Zeit (eher zugunsten der Selbständigen). Vor allem aber hatten viele bäuerliche Bodenbesitzer zusätzlich Land gepachtet, und viele Landarbeiter oder Tagelöhner hatten etwas eigenes Land. Vgl. etwa noch R. Laurent, in: F. Braudel/E. Labrousse (Hg.), Wirtschaft 2, 161ff.; M. Rebérioux, in: J.-M. Mayeur/M. Rebérioux, Third Republic, 343, sowie A. Moulin, Paysans, 77ff. und besonders die genaue Aufschlüsselung für 1862 bei A. Plessis, Second Empire, 108.

28 F. Braudel/E. Labrousse (Hg.), Wirtschaft 1, 251.

29 Zum Gesamtzusammenhang P. O'Brien/C. Keyder, Growth.

Napoleon III. betrieb zumindest von der Absicht her eine Politik der Wirtschaftsförderung, wobei das Ausmaß des Erfolges allerdings umstritten ist, zumal trotz hochfliegenden Plänen die staatlichen Mittel doch überwiegend in die traditionellen Bereiche von Militär und Verwaltung flossen.[30] Am ausgeprägtesten war das staatliche Engagement in der Förderung des Eisenbahnbaus, am spektakulärsten in der Stadtsanierung, in deren Zusammenhang insbesondere die bis heute umstrittene Neugestaltung von Paris durch den Präfekten Georges Eugène Haussmann (1853–1870) berühmt geworden ist.

Bei einer weiteren Maßnahme spielte die persönliche Initiative des Kaisers eine wichtige Rolle: Er setzte 1860 einen Handelsvertrag mit Großbritannien durch, der eine weitgehende Liberalisierung des Austausches vorsah. Ähnliche Verträge mit anderen Staaten folgten. Die Proteste seitens der französischen Wirtschaft waren zahlreich. Ob der Freihandel insgesamt eher positive oder negative Folgen hatte, ist nach wie vor umstritten.

Frankreich war von der gesamteuropäischen Agrarkise der siebziger Jahre stark betroffen. Die Getreidepreise sanken; derjenige für Weizen ging 1875–1896 um 34% zurück.[31] Die landwirtschaftliche Produktion stagnierte; nach manchen Berechnungen war sie sogar rückläufig.[32] Verschärft wurde die Situation noch durch die Reblaus, die erstmals 1863 auftrat und deren Verwüstungen in den siebziger Jahren ihren Höhepunkt erreichten. Sie vernichtete praktisch den gesamten französischen Rebbestand. Wirkliche Abhilfe brachte erst die Propfung mit resistenten amerikanischen Sorten seit den späten achtziger Jahren.

Die große Krise führte weder zu einer Zerstörung noch zu einer radikalen Modernisierung der Landwirtschaft. Zunächst erfolgte eine weitere Parzellierung des Besitzes. Die Familienbetriebe versuchten durchzuhalten, während viele, die ihr Land nicht selbst bebauten, es angesichts einer sinkenden Grundrente verkauften, um ihr Geld profitabler anlegen zu können.[33] Die Käufer waren oft Bauern.[34] Der Strukturwandel hingegen hielt sich in Grenzen, zumal er auch vom Staat nicht sehr entschieden unterstützt wurde, was angesichts des Kapitalmangels der großen Masse der Familienbetriebe besonders wichtig gewesen wäre. Spezialisierung und Verlagerung auf andere Produkte spielten keine große Rolle. Statt dessen wurden seit den achtziger Jahren, und insbesondere seit 1892, zunehmend Schutzzölle eingeführt, wozu das politische Gewicht der Bauern wesentlich beitrug. Die Zölle wurden selbst dann beibehalten, als nach 1896 die Preise wieder stiegen (bis 1914 um 30–35%[35]) und die Landwirtschaft gute Jahre erlebte, wobei auch die Arbeitsproduktivität zunahm. War im Schnitt der Jahre 1851–1860 nur 0,3% des Weizenbedarfs importiert worden, so waren es 1888–1892 19% und 1900 wieder nur noch 3%.[36] Die französische Landwirtschaft war im nationalen Rahmen saniert, während sie im Rahmen des Weltmarkts auf Schutz

---

30 Vgl. etwa A. Plessis, Second Empire, 65.
31 A. Moulin, Paysans, 119.
32 Vgl. die Übersicht bei F. Caron, Histoire économique, 28.
33 Vgl. etwa J.-Ch. Asselain, Histoire économique, 162f.; R. Price, Social history, 15–18; J.-M. Mayeur, in: J.-M. Mayeur/M. Rebérioux, Third Republic, 59f.
34 Z.B. H.-G. Haupt, Sozialgeschichte, 116.
35 J.-Ch. Asselain, Histoire économique, 174.
36 Ebd., 161 und 182.

angewiesen blieb, womit sie in gewisser Weise zum Prototyp der europäischen Landwirtschaft des 20. Jahrhunderts wurde. Der Gewinn für das Land lag darin, dass die soziale Stabilität in den ländlichen Gebieten erhalten blieb. Freilich ist auch zu betonen, dass eine radikale Umstellung und Modernisierung der Produktion etwa nach dänischem oder niederländischem Vorbild nur schwer möglich gewesen wäre, denn eine so große Landwirtschaft konnte sich nicht allein auf Nischen konzentrieren.

In der Industrie bewirkte die sogenannte Große Depression (1873–1896) zunächst mehrere ausgeprägte Krisenjahre, danach hingegen nur noch eine Wachstumsverlangsamung. Trotzdem wurden die Zölle, parallel zur Landwirtschaft, auch für Industrieprodukte erhöht, ohne dass deswegen deren internationale Konkurrenzfähigkeit dauerhaft gelitten hätte. Vielmehr brachte die Hochkonjunktur ab 1896 den endgültigen Durchbruch der großen Industrie und eine starke Diversifizierung. Wenngleich im internationalen Vergleich Einmann- und Kleinbetriebe nach wie vor eine überdurchschnittliche Rolle spielten, waren Großbetriebe keine Ausnahmen mehr. Neben der Textil- stand jetzt die Schwerindustrie als zentraler Sektor. Doch Frankreich hatte auch in vielen (wenngleich nicht in allen) neueren, noch relativ kleinen, aber zukunftsträchtigen Branchen den Anschluss gefunden, so in der Elektroindustrie und im Motorfahrzeugbau (weniger in der Chemie). 1913 war es weltgrößter Exporteur und hinter den USA zweitgrößter Hersteller von Automobilen.[37]

Angesichts der stabilen Bevölkerungszahl zeigte das Land in der Boomphase vor 1914 zwei Erscheinungen, die auf das spätere 20. Jahrhundert vorauswiesen: eine zunehmende Zahl ausländischer Arbeitskräfte[38] sowie eine hohe Erwerbsquote der Frauen.[39]

Eine besondere Rolle spielten in der französischen Wirtschaft die Auslandsinvestitionen. Frankreich war, allerdings mit sehr deutlichem Abstand hinter Großbritannien, während der ganzen hier behandelten Zeit der zweitgrößte Kapitalexporteur der Welt. Aus ihm stammten 1914 weltweit ca. 19% der Auslandsinvestitionen.[108] Die politischen Zusammenhänge und Konsequenzen sind später zu behandeln. Aus wirtschaftlicher Sicht ist die Bewertung umstritten. Rein theoretisch stand das exportierte Kapital der französischen Wirtschaft nicht zur Verfügung, wodurch die Wachstumsrate niedrig blieb, was die relative Stagnation erklären würde. Doch stellt sich die Frage, ob die französische Wirtschaft dieses Kapital überhaupt wachstumsträchtig hätte investieren können. Aus heutiger Sicht und Erfahrung ist ein hoher Kapitalexport eher ein Zeichen für die Stärke einer Volkswirtschaft als für Stagnation. Dazu nahmen die Anlagen im Ausland immer dann besonders rasch zu, wenn auch das Wachstum und die Investitionen im Inland hoch waren.[41] Schließlich brachten die Investitionen Erträge, die auch wieder den französischen Kapitalstock erhöhten. Diese Erträge

---

37 Ebd., 183.

38 Der Ausländeranteil an der Bevölkerung machte 1911 3% aus. Italien und Belgien waren die wichtigsten Herkunftsländer. P. FLORA, State 1, 49.

39 Der Anteil der Frauen an den Erwerbstätigen stieg von 30% 1866 auf 37,7% 1906. A. DEWERPE, Monde du travail, 99.

40 S. POLLARD, Integration, 73.

41 J.-CH. ASSELAIN, Histoire économique, 209; P. VERLEY, Industrialisation, 113.

machten 1885 etwa 2%, 1914 6% des Bruttosozialprodukts aus; gleichzeitig stieg der Anteil der Auslandsinvestitionen am Volksvermögen von etwa einem Zwölftel auf ein Sechstel.[42] Das Phänomen war auch die Folge einer spezifisch französischen Erscheinung: der Existenz einer relativ breiten Schicht von mittleren und kleinen Rentnern, deren Kapital von den Banken mobilisiert wurde und deren Zahl für 1914 auf etwa eine halbe Million geschätzt wird.[43]

Insgesamt stand die französische Wirtschaft 1914 auf einer soliden Grundlage. Sie zeigte zwar in verschiedenen Bereichen gewisse Schwächen, aber man konnte keinesfalls von einem allgemeinen Niedergang sprechen. Eine Vergleichszahl macht die eigenständige Struktur dieser Wirtschaft besonders deutlich: Während in Großbritannien 1911 90% der Erwerbstätigen unselbständig beschäftigt waren, waren es in Frankreich nur 46%.[44]

2.2.4 Mittelstandsgesellschaft zwischen Bourgeoisie, Proletariat und Kirche

Der Adel hatte in der Revolution von 1789 zwar seine rechtliche Sonderstellung verloren, seine materiellen Grundlagen aber zu guten Teilen halten können. Das sicherte ihm eine wichtige Rolle in der neuen führenden Gruppe der sogenannten Notabeln. Diese waren primär durch Besitz definiert (wobei der Grundbesitz die wichtigste Rolle spielte, zunehmend aber auch Handels-, Finanz- und Industriekapital an Bedeutung gewannen); dazu kamen Geburt, Familienverbindungen und Bildung. Die Notabeln waren vor allem lokale und regionale Führungsgruppen, die als Bindeglieder bei der Übertragung der staatlichen Macht auf das Land fungierten. Bis 1848 hatten sie dank dem Zensuswahlrecht die politische Macht nahezu monopolisieren können. Sie behielten ihre Stellung zunächst aber auch unter dem allgemeinen Wahlrecht. Napoleon III. stützte sich zumindest teilweise auf sie: Die Manipulation der Wahlen im Zusammenhang der „offiziellen Kandidaten" spielte dabei eine wichtige Rolle. In der Dritten Republik bahnte sich eine neuerliche Verschiebung an, als die Politik zunehmend von der oberen Mittelschicht bestimmt wurde, insbesondere von Freiberuflern. Da aber die Notabeln ihren Besitz keineswegs verloren, blieb zumindest ihre gesellschaftliche Bedeutung beträchtlich.

Diese Verlagerung der politischen Führungsstellung vom Adel über die Bourgeoisie zur oberen Mittelschicht verweist auf die generell wichtige Rolle, die die Mittelschichten gewannen. In den Städten hielt sich deren Bedeutung durchaus im europäischen Rahmen. Eine französische Besonderheit hingegen war die bereits geschilderte Stellung des ländlichen Mittelstandes, insbesondere der Bauernschaft. Sowohl Napoleon III. als auch die Dritte Republik verdankten die Konsolidierung ihrer Macht vornehmlich dem Bündnis der jeweils politisch führenden Gruppierung mit den Bauern. So erklärt sich auch der ausgeprägt konservative und stabile Charakter der französischen Gesellschaft. Da die Macht der Herrschenden von den Bauern abhing, war keine Regierung daran interessiert, durch einen radikalen Strukturwandel in der Landwirt-

42 H. Feis, Banker, 47f.
43 H.-G. Haupt, Sozialgeschichte, 209.
44 J.-Ch. Asselain, Histoire économique, 193.

schaft – und dadurch eine Umschichtung der Gesellschaft – ihre eigene Basis zu untergraben.

Angesichts der politisch starken Stellung des platten Landes ist verständlich, dass es zu keinen größeren ländlichen Unruhen kam und dass die Arbeiterbewegung, im Gegensatz etwa zu Spanien und Italien, auf dem Lande keine nennenswerte Rolle spielte. Dazu trug auch die geringe Bevölkerungsvermehrung bei, wodurch die ländlichen Löhne vergleichsweise hoch und die sozialen Gegensätze entsprechend weniger ausgeprägt waren.

Die Kehrseite dieser Verankerung des Systems auf dem Lande und in der Mittelschicht ist die Stellung der Unterschichten, insbesondere der Arbeiterschaft. Diese blieb besonders lange von jeglicher gesellschaftlichen und politischen Integration ausgeschlossen. Obwohl sie angesichts der dezentralen, lange Zeit noch stark handwerklich geprägten Struktur der französischen Industrie die typischen Züge des industriellen Proletariats erst spät annahm, erschien sie als die große Bedrohung der mittelständisch geprägten Gesellschaft und wurde mit entsprechender Härte bekämpft. In keinem anderen Land Europas, noch nicht einmal in Russland, ist die Arbeiterschaft bis zum Ersten Weltkrieg mit auch nur entfernt vergleichbarer Gewalt behandelt worden.

Wie die Aufstände von 1848 und 1871 zeigen, hatte die Arbeiterbewegung in Frankreich weit zurückreichende Wurzeln, sowohl im theoretischen als auch im organisatorischen Bereich. Besonders die Niederlage der Kommune von 1871 warf die Bewegung aber um Jahre zurück. Nur langsam bildeten sich in den siebziger Jahren allmählich wieder Organisationen, und ebenso langsam schwächte sich die staatliche Repression ab. Die Haltung des Staates, der nun aus einer Position der Stärke heraus auftreten konnte, wurde mit der Zeit etwas gemäßigter, zumal sich der langfristige Trend der Zunahme der Arbeiterschaft und der Abnahme der Bauernschaft bestenfalls bremsen, aber nicht umkehren ließ. Obwohl das Ziel einer gewissen Integration der Arbeiterschaft und der Arbeiterbewegung durchaus bestand, vertrat der Staat seine Position nach wie vor mit geringer Kompromissbereitschaft. Größere Streiks wurden immer wieder mit harter Hand, oft mit Blutopfern, niedergeschlagen, nicht zuletzt von Regierungen, die eher links standen, so 1906–1909 unter Premierminister Georges Clemenceau. Eine Arbeits- und Sozialgesetzgebung wurde erst spät in Angriff genommen, und sie blieb bis 1914 durchaus fragmentarisch.[45] Charakteristisch für die Machtverteilung ist auch die Tatsache, dass erst 1914 eine (überwiegend die Reicheren belastende) Einkommensteuer beschlossen (und 1917 eingeführt) wurde.[46] Dennoch verbesserten sich die Lebensbedingungen der Arbeiterschaft bis 1914 deutlich. So ging etwa die Differenz in der Körpergröße und in der Rate der Militäruntauglichkeit zwischen Angehörigen der Arbeiterklasse und solchen der Mittelschicht zurück.[47]

Zersplitterung blieb über 1914 hinaus ein Merkmal der französischen Arbeiterbewegung. Zunächst zwischen Parteien und Gewerkschaften. Waren die Parteien stärker marxistisch orientiert, so waren die Gewerkschaften überwiegend anarchistisch bezie-

45 Ein Überblick bei H. Hatzfeld, Paupérisme.
46 J.-Ch. Asselain, Histoire économique, 217.
47 Vgl. etwa A. Plessis, Second Empire, 98f.; C. Charle, Histoire sociale, 294.

hungsweise anarcho-syndikalistisch ausgerichtet. Streiks hatten häufig auch politischen Charakter, was die Reaktion des Staates verschärfte. Insbesondere die 1895 gegründete *Confédération Générale de Travail* (CGT) grenzte sich klar von den Parteien ab und wahrte ihre Selbständigkeit, wobei freilich der gewerkschaftliche Organisationsgrad der Arbeiterschaft gering blieb. Zersplitterung herrschte aber auch im Parteienbereich. Aufspaltungen waren ebenso häufig wie Fusionen. Als wichtigste Richtungen kristallisierten sich in den achtziger Jahren einerseits die stärker revolutionär orientierten Marxisten unter Jules Guesde heraus, andererseits die sich ebenfalls marxistisch verstehenden, aber reformistischen unabhängigen Sozialisten unter Alexandre Millerand und Jean Jaurès. Die unterschiedlichen Ausrichtungen wurden 1899 besonders deutlich, als Millerand unter Protest der Guesdisten in die Regierung eintrat. Erst 1905 kam es, unter dem Druck der Internationale der Arbeiterbewegung, zu einer prekären Vereinigung unter dem Namen *Section Française de l'Internationale Ouvrière* (SFIO), wobei Millerand aus der neuen Partei ausgeschlossen wurde. Beide Richtungen konnten ihre Anhängerschaft in den 1880er Jahren und vor allem seit 1892 einigermaßen kontinuierlich vergrößern. Dabei waren die Reformisten in der Regel etwas stärker. In den Wahlen von 1914 erreichten die Sozialisten insgesamt 16,9% der Stimmen und 103 von 586 Sitzen.[48] Man konnte noch nicht wirklich von einer Integration der Arbeiterschaft in die französische Gesellschaft sprechen. Aber die tödliche Konfrontation von 1848 und 1871 schien doch einigermaßen überwunden.

Friedlicher verlief eine andere Auseinandersetzung, die dafür hartnäckiger und langwieriger war und eine noch größere Zahl von direkt oder indirekt Beteiligten hatte: der Konflikt um die Stellung der Religion, und noch mehr der Kirche, im Staat. Die Kräfteverhältnisse waren hier ausgeglichener. Keinen Streitpunkt mehr bildete der bereits nach 1789 verkaufte kirchliche Grundbesitz. Auf die Revolution von 1789 ging auch der ausgeprägte Antiklerikalismus der Republikaner zurück. Er trug, in Verbindung mit der Erinnerung an die damaligen Auswüchse, dazu bei, dass die Kirche sich stets den konservativsten (meist monarchistischen) politischen Richtungen anschloss, was wiederum die Feindschaft der Gegenseite verstärkte. Der Antiklerikalismus (der keineswegs mit Irreligiosität gleichgesetzt werden darf) wurde geradezu zum republikanischen Glaubensartikel.

Napoleon III. war persönlich nicht klerikal eingestellt. Nachdem aber der konservative Wahlerfolg von 1849 wesentlich dem Einfluss der Priester auf dem Lande zu verdanken gewesen war, bemühte sich der Präsident und spätere Kaiser um ein enges Verhältnis zur Kirche, um dieses Bollwerk der Ordnung nutzen zu können. Die Kirche erhielt insbesondere im Bildungswesen mannigfache (und teilweise auf Kosten der Qualität des Unterrichts gehende) Privilegien, festgeschrieben 1850 in der *Loi Falloux*. Kleriker stellten einen großen Teil der Lehrer, Nonnen der Lehrerinnen, und die Kirche hatte in der Aufsicht über das Schulwesen eine starke Stellung. Auch Napoleons Unterstützung des Papstes und des Kirchenstaates gegen die italienische Einigungsbewegung seit 1859 sollte die Kirche an das Kaiserreich binden. Nicht nur diese Politik, sondern auch der Syllabus (1864, siehe S. 305) und das Vatikanische Konzil von 1870

48 G. Medzeg/D. Nohlen, in D. Sternberger/B. Vogel, Wahl 1,1, 521.

gaben dem Antiklerikalismus neue Nahrung. Er fand besonders vehementen Ausdruck in der Pariser Kommune, die insgesamt 25 Priester, unter ihnen den Erzbischof von Paris, Georges Darboy, als Geiseln erschießen ließ.[49] Das führte in der Anfangs- und Konsolidierungsphase der Dritten Republik zu betonter Zurückhaltung des Staates in Kirchenfragen. Doch der republikanische Antiklerikalismus war damit nicht aus der Welt geschafft. Er entzündete sich vor allem am Bildungswesen, das für die Republik ein zentrales nationales Anliegen war. Viele Franzosen waren nämlich der Ansicht, der deutsche Sieg von 1870/71 sei wesentlich auf die Überlegenheit des deutschen Bildungssystems zurückzuführen. In der Tat befand sich Frankreich in dieser Hinsicht bestenfalls im europäischen Mittelfeld. Die Analphabetenrate lag 1872–1876 noch bei 23% für Männer und 33% für Frauen.[50] Etwa die Hälfte der Volksschülerinnen wurde 1880 von Nonnen unterrichtet. Auf der Sekundarstufe zählten kirchliche Schulen 1871 ca. 70.000, weltliche 116.000 Schülerinnen und Schüler.[51] Die Hochschulen (unter ihnen viele katholische) hatten dem Glanz der deutschen universitären Forschungsstätten wenig entgegenzusetzen. In den staatlichen Reformplänen gingen Ausweitung der Bildung und Eindämmung des kirchlichen Einflusses Hand in Hand. Die Durchführung erfolgte in den Jahren 1878–1886 mit beträchtlicher Konsequenz, aber auch mit einer gewissen Kompromissbereitschaft, indem der kirchliche Einfluss zwar deutlich zurückgedrängt, aber nicht beseitigt wurde – eine gänzliche Ausschaltung hätte der Staat schon finanziell gar nicht verkraften können. Kernstück der von Jules Ferry geprägten Gesetze war die Einführung der obligatorischen, kostenlosen, laizistischen Volksschule, an der kein Religionsunterricht mehr erteilt wurde.[52] Die geistlichen Lehrkräfte wurden nur teilweise durch weltliche ersetzt. Doch wurden der kirchliche Einfluss im Aufsichtswesen beschnitten und die staatliche Kontrolle verschärft. Das galt auch im Sekundar- und im Hochschulbereich. Hier blieb die Ausbildung gebührenpflichtig, so dass die Bildungsreform die Zweiteilung der französischen Gesellschaft in eine besitzlose Masse und eine wohlhabende bürgerliche Mittel- und Oberschicht reproduzierte, selbst wenn Stipendien für eine gewisse Mobilität sorgten. Insgesamt blieb das höhere Bildungswesen zahlenmäßig schwach.

Daneben standen verschiedene andere von der Kirche als gegen sich gerichtet empfundene Maßnahmen, so etwa 1884 die Einführung der Ehescheidung.

Zu heftigeren Auseinandersetzungen zwischen Staat und Kirche kam es erst in einer zweiten Runde des Streits, 1902–1906, als es um prinzipiellere, für die gesellschaftlichen Machtverhältnisse letztlich aber nicht mehr so wichtige Fragen ging. Ausgangspunkt war 1901 ein Gesetz, das die staatliche Anerkennung für religiöse Orden vorschrieb. Es führte zur Auflösung vieler Kongregationen und teilweise zur Auswanderung von deren Angehörigen. Nach einer Übergangsfrist von zehn Jahren sollte den religiösen Orden jeglicher Unterricht untersagt sein. Viele Schulen wurden geschlossen. Der Streit eskalierte so weit, dass das Parlament schließlich 1905 die Trennung

---

49 J.D. Holmes, Holy See, 220.

50 H.-G. Haupt, Sozialgeschichte, 65. Bis 1901 waren die Prozentsätze auf 4 beziehungsweise 6 gesunken. A. Plessis, Second Empire, 100 gibt für 1872 23% beziehungsweise 35% an.

51 R. Price, Social history, 278; J.-M. Mayeur, in: J.-M. Mayeur/M. Rebérioux, Third Republic, 79.

52 Text der Gesetze von 1882 und 1886 bei F. Mayeur, Enseignement, 628–635.

von Kirche und Staat beschloss. Der Staat stellte die Besoldung des Klerus ein; der Kirchenbesitz sollte an eigens dafür zu schaffende Institutionen gehen. Da sich die Kirche weigerte, solche Körperschaften zu bilden, verlor sie ihren Besitz an den Staat und geriet in den folgenden Jahrzehnten in eine schwierige finanzielle Situation. Die ablehnende Haltung war ihr gegen ihren Willen von der Kurie auferlegt worden.[53] Die Trennung gab Rom nun auch freie Hand bei der Ernennung von Bischöfen. Damit hatte der Sieg des Antiklerikalismus innerhalb der Kirche zum endgültigen Sieg Roms und des Ultramontanismus über den Gallikanismus, die französische Staatskirchentradition, geführt. Zwar kam es im Zuge der Konfiskation des Kirchenbesitzes hin und wieder zu Ausschreitungen. Aber der Staat bemühte sich in der Regel um Zurückhaltung, und die Kirche war zu schwach, um ihm die Stirn bieten zu können – schwächer, als in jedem anderen katholischen Land Europas. Dennoch konnte nicht von einer laizistischen Gesellschaft die Rede sein. Als Religion blieb der Katholizismus in breiten Kreisen tief verankert.

2.2.5 Nation und Nationalismus: Die Staatskrisen um Boulanger und Dreyfus

Frankreich war um 1850 keineswegs ein homogener Nationalstaat. In einer ganzen Reihe von Randgebieten wurden andere Sprachen gesprochen, und ein großer Teil der Bevölkerung sprach nur den jeweiligen *Patois*. Vielfältige andere Differenzen kamen hinzu.[54] Es ist infolgedessen durchaus bemerkenswert, dass keine größeren regionalistischen oder gar separatistischen Bewegungen entstanden. Wichtig war dabei wohl, dass die meisten ausgeprägt eigenständigen Regionen wirtschaftlich von geringer Bedeutung waren, was die Bildung einer selbstbewussten, aufstrebenden Mittelschicht erschwerte. Die einzige diesbezügliche Ausnahme, das Elsass, ging 1871 verloren. Eine wichtige Rolle spielten die seit Jules Ferry streng zentralisierte Schule und der Militärdienst, der einen immer größer werdenden Anteil der jungen Männer erfasste. Auch die Niederlage von 1870/71 trug zur Unterdrückung zentrifugaler Tendenzen bei. Es war eine Niederlage ganz Frankreichs gewesen, und eine Chance, die Scharte auszuwetzen, bestand nur, wenn nationale Einigkeit herrschte. Seit 1871 erfolgte außerdem eine zunehmende Integration der ländlichen Gebiete in die nationale Gesellschaft – „aus Bauern wurden Franzosen".[55]

Patriotismus und Nationalismus waren seit der Großen Revolution zwar kein Monopol, aber doch die eigentliche Domäne der Linken und der Republikaner. Sie hatten offensiv und defensiv für Frankreich und die Revolution gekämpft, während die Konservativen und insbesondere die Monarchisten auf ausländische Hilfe gesetzt hatten. In der Dritten Republik kehrte sich das Verhältnis zwar nicht geradezu um. Die Linke blieb ihrer Tradition weitgehend treu. Aber sie wurde nun von der Rechten mit einem radikalen und aggressiven Nationalismus überholt. Das wurde besonders deutlich sichtbar in den zwei großen Staatskrisen der Dritten Republik, die jeweils aus vergleichsweise geringfügigen Anlässen heraus entstanden.

---

53 Vgl. J.D. Holmes, Holy See, 250–256.
54 Ein guter Überblick bei E. Weber, Peasants.
55 So Eugen Webers Buchtitel: „Peasants into Frenchmen".

1886 wurde General Georges Boulanger Kriegsminister. Er setzte sich für eine aggressive Haltung gegenüber Deutschland ein und fand damit insbesondere im Kleinbürgertum, teilweise aber auch bei der Linken Anklang. Insgeheim wurde er finanziell von den Monarchisten unterstützt. Er entfesselte eine regelrechte Volksbewegung. Als er für die Regierung zu gefährlich wurde, wurde er 1887 als Minister und 1888 aus der Armee entlassen. Nun konnte er seine Agitation ungehindert betreiben. Um ihn auszuschalten, klagte die Regierung ihn 1889 wegen verschiedener Delikte an. Statt einen Staatsstreich durchzuführen, wie seine Anhänger erwarteten, floh er ins Ausland, und die Bewegung brach rasch zusammen. Die Republik hatte eine Bewährungsprobe bestanden. Zugleich aber war der Nationalismus zu guten Teilen von der Rechten für sich vereinnahmt worden.

1894 wurde der jüdische Hauptmann Alfred Dreyfus von einem Militärgericht wegen Spionage zugunsten Deutschlands zu lebenslänglicher Haft in Cayenne verurteilt. Die harte Strafe war als solche unumstritten. Doch mit der Zeit wurde deutlich, dass die Anklage auf gefälschten Beweisen beruht hatte. Nach einer spektakulären Intervention des Schriftstellers Émile Zola mit dem Manifest *J'accuse* am 13. Januar 1898 tobte ein das ganze Land erfassender Kampf. Dreyfus' Verteidiger waren überwiegend Linke und Republikaner, während sich hauptsächlich Rechte für die Beibehaltung des Urteils einsetzten, das 1899 in einem neuen, nicht weniger manipulierten Prozess bestätigt wurde. Nationalismus, Autoritarismus und Antisemitismus verbanden sich dabei miteinander, und auch katholische Kreise beteiligten sich. Dreyfus wurde schließlich noch 1899 begnadigt; aber erst 1906 wurde das Urteil aufgehoben. Wieder hatten die konstitutionellen Kräfte, wenngleich mit großer Mühe, gesiegt. Die Linke ging gestärkt aus dem Konflikt hervor. Dafür verfocht die Rechte, mit der *Action Française* an der Spitze, einen zunehmend aggressiver werdenden Nationalismus. Das bedeutete freilich nicht, dass die Linke ihre traditionell patriotisch-nationale Haltung aufgegeben hätte. Lediglich ein Teil der Sozialisten betonte den Pazifismus. Der Weg zur Einheit des Landes im Ersten Weltkrieg war vorgezeichnet.

2.2.6 Äußeres und Kolonien: Der Kampf um den Großmachtstatus

Napoleons III. Hauptziel war es, Frankreichs kontinentale Vormachtstellung wiederherzustellen. Dem stand das hauptsächlich von Russland getragene, der Eindämmung Frankreichs dienende System von 1815 entgegen. Dadurch erhielt aus französischer Sicht die Teilnahme am Krimkrieg 1854–1856 ihren Sinn, obwohl Frankreich, im Gegensatz zu Großbritannien, kaum unmittelbar Gewinn daraus zog. Russland wurde geschwächt, wodurch sich der kontinentale Status quo leichter aus den Angeln heben ließ. Als probates Mittel hierzu erwies sich die Förderung nationalistischer Bewegungen. Frankreich hatte von solchen im Inneren wenig zu befürchten. Hingegen konnten sie in Deutschland und in Italien zur Entstehung starker Nachbarn in der Form neuer Nationalstaaten führen. Diese Gefahr erklärt die Unsicherheiten und Schwankungen der französischen Politik der nächsten Jahre ein Stück weit. Napoleon unterstützte 1859 Piemont gegen Österreich – aber er verhinderte die abschließende Einigung Italiens, indem er den Kirchenstaat verteidigte. Die zunehmende Erfolglosigkeit seiner Politik war nicht zuletzt eine Folge der Verzettelung der Kräfte. Er forcierte auch die überseeische Expansion, zunächst in Algerien und Indochina. 1861 entsandte Frankreich zusammen mit Großbritannien und Spanien ein Expeditionskorps zur Schuldeneintreibung nach Mexiko. Nachdem dieser Zweck 1862 erreicht worden war, zogen sich die Bundesgenossen zurück, während Frankeich die gewonnene Stellung zu festigen versuchte, indem es 1863 die Hauptstadt eroberte. Napoleon machte den Bruder Kaiser Franz Josephs von Österreich, Maximilian, zum Kaiser von Mexiko. Dieser war von Anfang an in einen Bürgerkrieg verwickelt. Nachdem die USA 1865 ihren eigenen Bürgerkrieg beendet hatten, drohten sie mit einer Intervention, worauf Napoleon bis 1867 seine Truppen abzog. Maximilian wurde wenige Monate später geschlagen, gefangengenommen und erschossen.

Noch vor dieser empfindlichen Niederlage musste sich Frankreich mit der Endphase der deutschen Einigung befassen. Es setzte 1866 im preußisch-österreichischen Krieg um die Vorherrschaft in Deutschland mit Österreich auf die falsche Karte und überschätzte generell seine eigene Kraft. Napoleon wollte seine Zustimmung zur deutschen Einigung nur gegen erhebliche französische territoriale Gewinne geben. 1866 verlangte er deutschsprachige linksrheinische Gebiete – eine Forderung, die deutschen nationalistischen Zielen ins Gesicht schlug. Napoleon pokerte zu hoch und ließ sich von Bismarck in den für ihn verheerenden Krieg mit Deutschland treiben.

Der deutsch-französische Krieg von 1870/71 zeigte Frankreichs politische, wirtschaftliche und militärische Schwäche, die Napoleon unablässig zu überspielen versucht hatte, unbarmherzig auf. Die Außenpolitik der Dritten Republik zeichnete sich, bei allen Unzulänglichkeiten und Widersprüchlichkeiten im einzelnen, dadurch aus, dass sie diese Schwächen akzeptierte. Gerade das ermöglichte es ihr, Frankreichs internationale Stellung längerfristig auf einer soliden Grundlage aufzubauen.

Die Konzentration auf eine realistische Politik, am stärksten gefährdet in der Boulangerkrise 1886–1889, wurde durch die Umstände begünstigt und manchmal sogar erzwungen. 1815 war Frankreich von Europa besiegt worden; 1870/71 war es einem einzigen Nachbarn unterlegen und damit in ganz anderer Weise gedemütigt worden. Das Ziel einer Revanche lag ebenso klar auf der Hand wie die Unfähigkeit Frankreichs, es in absehbarer Zeit aus eigener Kraft gegen ein immer mächtiger werdendes Deutschland zu erreichen. Zum Zentrum der Revancheforderung wurde die Rückgewinnung Elsass-Lothringens. Dennoch sollte die Bedeutung der Annexion von 1871 nicht überbewertet werden. Die eigentliche Schmach lag aus französischer Sicht weniger im Verlust von Territorien, als in der Niederlage als solcher, in der Tatsache, dass Frankreich von einem Gegner, dem es seit Jahrhunderten überlegen gewesen war, vernichtend geschlagen worden war. Daran hätte auch ein milderer Frieden nichts ändern können.

Zunächst war Frankreich in Europa isoliert, und Bismarck stellte seine ganze außenpolitische Virtuosität in den Dienst der Erhaltung dieser Isolation. Österreich-Ungarn konnte sich die Feindschaft Deutschlands nicht leisten, und Russland war noch vom Krimkrieg, Italien von der römischen Frage her feindselig gestimmt.

Die Hoffnungslosigkeit der Situation in Europa trug dazu bei, dass sich Frankreich seit den achtziger Jahren stärker auf koloniale Eroberungen konzentrierte. Dadurch provozierte es indessen neue Konflikte, vornehmlich mit Großbritannien. Immerhin erwarb es sich bis 1914 das zweitgrößte überseeische Kolonialreich. Nach der Konsolidierung in Algerien besetzte es 1881 Tunesien, wodurch es Italien, das dort eigene Ambitionen hatte, in das Bündnis mit Deutschland und Österreich-Ungarn trieb. Von Algerien und von der westafrikanischen Küste aus besetzte es weite Teile West- und Zentralafrikas – größere Gebiete als jede andere Macht, wobei freilich der Anteil an unfruchtbaren und unbewohnten Regionen besonders groß war. In den achtziger Jahren wurde auch ganz Indochina unterworfen. Eine weitere Expansion von dort in westlicher Richtung stieß auf britischen Widerstand, der dazu führte, dass die beiden Mächte 1896 Siam als Pufferstaat zwischen ihren Besitzungen konsolidierten. Darüber hinaus war Frankreich auch in praktisch allen anderen Weltgegenden aktiv und erwarb Handelsvorrechte und kleinere Besitzungen.

Diese ausgreifende Kolonialpolitik war keineswegs unumstritten. Die Befürworter sahen in ihr eine Art Umwegstrategie zur Stärkung der Stellung in Europa, die schließlich eine Revanche ermöglichen würde. Frankreich würde dann die Ressourcen eines Weltreiches mobilisieren können. Die Gegner fürchteten, Frankreich werde auf diese Weise nur von seinem eigentlichen Ziel abgelenkt. Besonders prominent, und mit Erfolg, wurde dieser Vorwurf 1885 von Clemenceau gegen Jules Ferry bei dessen Sturz erhoben. Sinnvoll konnte eine solche Anschuldigung nur unter der Annahme sein, dass die Kolonialpolitik letztlich mehr Kräfte band als freisetzte oder sogar neu schuf. Aus der Rückschau erscheint das französische Kolonialreich in der Tat eher als Fass ohne Boden denn als eigenständige Machtquelle. Der Aufwand war groß, der Ertrag in wirtschaftlicher Hinsicht – außer in Algerien – gering. 1914 wurden nur 12% des französischen Handels mit den Kolonien abgewickelt, die lediglich 9% der Auslandsinvestitionen aufnahmen, wobei der größte Anteil auf Algerien kam.[56] In politischer Hinsicht war der Ertrag angesichts der vielen Konflikte mit rivalisierenden Mächten sogar negativ. Bismarck erwies sich hier als realistischer Betrachter, als er in den achtziger Jahren den französischen Kolonialehrgeiz anstachelte, um Frankreich von Europa abzulenken und es in Konflikte hineinzutreiben. Hingegen war die Kolonialpolitik ein schnellerer und weniger riskanter Weg zur Befriedigung nationalistischer Bedürfnisse als der Versuch einer Revanche gegen Deutschland.

Die Rückwendung nach Europa war teils eine Folge französischer Selbstbesinnung, teils war sie, ungewollt, Bismarcks Werk. Die Entscheidung fiel, paradox gesprochen, auf dem Balkan. Die dortige russisch-österreichische Rivalität veranlasste Bismarck 1879, sich definitiv für eine der beiden Seiten zu entscheiden, was zum Bündnis Deutschlands mit Österreich-Ungarn führte. Damit war die künftige europäische Mächtekonstellation vorgezeichnet. Auch wenn die Hindernisse noch groß waren – logische Folge war dennoch das Zusammengehen von Frankreich und Russland, 1892 in einer Militärkonvention, die 1894 in Kraft trat. Was sich aus innenpolitischen Überlegungen ganz und gar zu verbieten schien, die Allianz der liberalen, demokratischen Republik mit der reaktionären Autokratie, war aus außenpolitischer Sicht zwingend. Frankreich stand damit Deutschland erstmals in einer gleichwertigen Koalition gegenüber.

---

56 M. Rebérioux, in: J.-M. Mayeur/M. Rebérioux, Third Republic, 273. J.-Ch. Asselain, Histoire économique, 217: 12% beziehungsweise 10% (1913), P. Verley, Industrialisation, 109: 9,4% der Importe, 13% der Exporte und 10% der Investitionen (1913).

Auch die zweite grundlegende Verbesserung seiner Position hatte Frankreich indirekt Deutschland zu verdanken. Als Großbritannien um die Jahrhundertwende seine Isolation zumindest abschwächen wollte, streckte es seine Fühler zuerst nach Deutschland aus, das nicht nur ablehnte, sondern seine Politik zunehmend offensiver gestaltete. Daraus ergab sich für Frankreich die Möglichkeit, durch die Regelung der kolonialen Konflikte mit Großbritannien zu einem umfassenden Einvernehmen zu kommen, in der sogenannten *Entente Cordiale* von 1904. Diese war kein Bündnis, aber doch eine unmissverständliche Erklärung, auf welcher Seite Großbritannien im Zweifelsfall stehen würde. Schon 1902 war es Frankreich gelungen, durch eine geheime Neutralitätsabsprache Italien ein Stück weit aus dem Dreibund mit Deutschland und Österreich herauszulösen.

Damit nahm Frankreich 1914 eine führende Stellung in einer Mächtekombination ein, die der gegnerischen aktuell zumindest gleichwertig, potentiell aber deutlich überlegen war.

2.3 Deutschland

Von allen fünf europäischen Großmächten erfuhr Deutschland in der behandelten Zeit die weitaus größten Veränderungen. Es existierte 1848 noch nicht einmal dem Namen nach als ein souveräner Staat. Sein Vorgängerstaat, Preußen, war die schwächste europäische Großmacht und nur halb so groß wie das nachmalige Deutsche Reich von 1871. Dieses bildete eine bedeutende Machtzusammenballung in einem Raum, der in den vorangegangenen Jahrhunderten eher ein Machtvakuum dargestellt hatte. Der 1815 mit dem Segen der europäischen Großmächte gegründete, nahezu den ganzen deutschen Raum umfassende Deutsche Bund war, insbesondere wegen der Rivalität zwischen Österreich und Preußen, lediglich eine kaum zu gemeinsamem Handeln fähige lockere Konföderation. Die Bildung des neuen Reiches widersprach den „Gesetzen“ des europäischen Gleichgewichts – sie fand aber ihre Legitimation im Prinzip des Nationalstaats, das im 19. Jahrhundert immer größere Kraft gewann und das, uneingeschränkt auf die Deutschen angewandt, sogar zu einem noch größeren Staat geführt hätte.

Der neue Staat erlebte ein überdurchschnittliches Wirtschaftwachstum, das ihn bis 1914 zur bedeutendsten Industriemacht Europas werden ließ. Das Reich war vollends zum stärksten Staat Europas geworden, vor allem in militärischer Hinsicht. Obwohl man nicht geradezu von einer Gesetzmäßigkeit sprechen konnte, so legte die Erfahrung doch die Annahme nahe, dass eine solche Macht den Versuch unternehmen würde, in Europa eine Hegemonialstellung zu gewinnen. Deutschland beschritt diesen Weg seit den 1890er Jahren – ein Versuch, der ebenfalls in traditioneller Manier in einem Koalitionskrieg scheiterte.

Aufstieg und Scheitern des Deutschen Reiches von 1871 lassen sich also nach einem klassischen europäischen Muster beschreiben, ohne Rückgriff auf die inneren Verhältnisse. Diese waren zunächst wesentlich stabiler als im zweiten neu entstandenen Nationalstaat jener Zeit, in Italien. Während hier ein bedeutender Teil des Landes in einem langwierigen Bürgerkrieg in den Staat gezwungen werden musste, hatte das

Deutsche Reich, sieht man von einigen kleinen Minderheiten ab, keine schwerwiegenden Probleme des nationalen Zusammenhalts. Wohl aber führte die rasche außenpolitische und wirtschaftliche Expansion zunehmend zu sozialen Verwerfungen und zu innenpolitischen Kämpfen. Die Verbindung dieser Probleme mit den Auswirkungen der Niederlage in einem Hegemonialkrieg verlieh der deutschen Geschichte nach 1918 eine besondere Brisanz.

2.3.1 Einheit durch Teilung: Die Bildung des preußisch-kleindeutschen Nationalstaats 1848–1871

Am 28. März 1849 wählte die verfassungsgebende Frankfurter Nationalversammlung König Friedrich Wilhelm IV. von Preußen zum Kaiser der Deutschen. Der Gewählte lehnte die Würde am 28. April ab. Die Annahme hätte eine nachträgliche Anerkennung der bereits gescheiterten Revolution von 1848, deren Produkt die Nationalversammlung war, bedeutet. Eine deutsche Einigung konnte nur noch als Einigung der Fürsten in Frage kommen. Eine solche aber musste aus den gleichen Gründen scheitern wie vor 1848: Der österreichisch-preußische Dualismus, der Kampf der beiden Großmächte um die Führungsstellung im Deutschen Bund, war auch durch die Revolution zu keiner Entscheidung gekommen.

Für eine übergreifende deutsche Staatsbildung bestanden theoretisch drei Möglichkeiten. Die kleindeutsche Lösung schloss Österreich aus und bedeutete die Vormachtstellung Preußens über die übrigen Staaten des Deutschen Bundes. Die Frankfurter Nationalversammlung entschied sich für diesen Weg. Die großdeutsche Lösung schloss jene Teile Österreichs ein, die zum Deutschen Bund gehörten. Sie waren überwiegend, aber keineswegs ausschließlich deutschsprachig. Die Folge wäre eine staatsrechtliche Aufteilung der Habsburgermonarchie und eine vergleichsweise starke Stellung der Klein- und Mittelstaaten zwischen den beiden Großmächten gewesen. Die dritte Möglichkeit war der Einschluss ganz Österreichs. Sie hatte sicherlich die geringsten Chancen. Denn so wäre ein mitteleuropäischer Koloss entstanden, der von den übrigen Großmächten kaum akzeptiert worden wäre, und es wäre auch kein deutscher Nationalstaat mehr gewesen.

Die Ablehnung der Kaiserkrone bedeutete keinen Verzicht Preußens auf eine Führungsstellung. Vielmehr versuchte es, Österreichs Schwächung durch die Kriege in Italien und Ungarn auszunutzen, indem es seit Mai 1849 die übrigen deutschen Staaten in der Erfurter Union an sich zog. Doch die Partner zögerten zunehmend, seit sich das wiedererstarkte Österreich mit aller Macht dagegen wandte. Unter erheblichem österreichischen Druck verzichtete Preußen am 29. November 1850 in der sogenannten Olmützer Punktation auf die Union.

Nun ging Fürst Felix zu Schwarzenberg (1800–1852), der österreichische Ministerpräsident, in die Offensive. Er verlangte eine Reform des Deutschen Bundes unter Aufnahme der gesamten Donaumonarchie. Doch auch er scheiterte. Dass die beiden Rivalen jeweils in der Defensive stärker waren als in der Offensive, hing auch damit zusammen, dass die übrigen Mitglieder des Deutschen Bundes vom Dualismus, der ihnen einen größeren Spielraum verschaffte, profitierten und Pläne für die Schaffung eines stärker zentralisierten Staates nach Möglichkeit blockierten.

Abb. 1: *Der Deutsche Bund 1848–1866*

Abb. 2: *Der Deutsche Zollverein*

Abb. 3: *Die Deutsche Einigung 1864–1871*

Staatsrechtlich gesehen war damit der deutsche Nationalstaat seit 1851 kein Thema mehr. Auf zwei anderen Ebenen blieb er jedoch aktuell. Der Deutsche Zollverein, dem ein großer Teil der Klein- und Mittelstaaten angehörte, stand seit seiner Gründung 1834 unter preußischer Führung, während das protektionistische Österreich abseits geblieben war. In Österreich sah man die Nachteile dieser Entwicklung. Versuche, dem Zollverein beizutreten, scheiterten indessen am Widerstand Preußens und an der Schwäche der österreichischen Wirtschaft, die sich dem von Preußen durchgesetzten Freihandel nicht gewachsen glaubte. Der Zollverein führte keineswegs automatisch zum kleindeutschen Reich. Die politische Integration war keine zwingende Folge der wirtschaftlichen. Aber diese erschwerte andere Lösungen.

Die nationale Frage gewann auch im öffentlichen Bewusstsein zunehmendes Gewicht, besonders nachdem 1859–1861 in Italien die Gründung eines Nationalstaats gelungen war. Doch der Dualismus ließ sich auch in dieser Beziehung nicht aufheben. Nachdem 1859 der kleindeutsch orientierte Nationalverein gegründet worden war, folgte ihm 1862 der großdeutsche Reformverein. Freilich konnte man, ebenso wie in Italien, erst in Ansätzen von einer nationalistischen Massenbewegung sprechen.

Der Dualismus führte so zu einer Pattsituation, die sich nur im Gefolge einer deutlichen Machtverschiebung, und das hieß mit großer Wahrscheinlichkeit: gewaltsam auflösen ließ. Die italienische Einigung hatte gezeigt, wie Gewalt zugunsten einer nationalen Einigung eingesetzt werden konnte.

Die einzigartige Stellung Otto von Bismarcks (1815–1898), der seit 1862 preußischer Ministerpräsident war, in der Geschichte der nationalen Einigung Deutschlands ergab sich daraus, dass er die Lehren aus den Vorgängen in Italien und den Erfahrungen mit dem preußisch-österreichischen Dualismus zog und die Frage der Einigung konsequent als Machtfrage behandelte. Zunächst gelang es ihm, den Deutschen Bund, und mit ihm Österreich, 1864 in einen Krieg gegen Dänemark hineinzuziehen, der sich einer nationalen Interpretation lieh. Dänemark versuchte, das überwiegend deutschsprachige Schleswig-Holstein (Holstein gehörte zum Deutschen Bund) stärker zu integrieren und verletzte dadurch internationale Vereinbarungen. Der Deutsche Bund errang einen raschen Sieg und eroberte Schleswig-Holstein. Über der Frage der Behandlung der eroberten Gebiete provozierte Bismarck 1866 den Bruch zwischen Preußen und Österreich. Der Dualismus, der die deutsche Frage so lange blockiert hatte, sollte nun gewaltsam aufgelöst werden.

Die Entscheidung fiel weit rascher und eindeutiger, als irgendjemand erwartet hatte. Die kleineren norddeutschen Staaten schlossen sich überwiegend Preußen an; die mittelgroßen norddeutschen und die süddeutschen Staaten hielten zu Österreich. Preußen warf die feindlichen norddeutschen Staaten nach Kriegsbeginn (15. Juni) in kürzester Zeit nieder und konzentrierte sich dann auf Österreich, dessen Heer es schon am 3. Juli beim böhmischen Königgrätz eine kriegsentscheidende Niederlage beibrachte.

Damit hatte Preußen innerhalb des – inzwischen aufgelösten – Deutschen Bundes freie Hand für eine kleindeutsche Lösung. Durch den Krieg war aber die deutsche Frage wesentlich zu einer europäischen geworden. Je länger die Auseinandersetzungen dauerten und je umfangreicher die Machtverschiebungen zugunsten Preußens wurden, umso größer wurde die Wahrscheinlichkeit eines Eingreifens der Großmächte, insbesondere Frankreichs, das traditionell Wert auf ein zersplittertes Deutschland legte. Bismarck setzte deshalb, gegen heftigen Widerstand König Wilhelms I. und der Militärs, einen geradezu blitzartigen Friedensschluss mit Österreich durch, um Frankreich jeden Vorwand für eine Einmischung zu entziehen. Schon am 26. Juli wurde der Vorfriede von Nikolsburg geschlossen, bestätigt am 23. August durch den Definitivfrieden von Prag.

Bismarck verzichtete darauf, die kleindeutsche Einigung konsequent zu Ende zu führen. Ein Zusammenschluss unter preußischen Vorzeichen wäre im Süden wenig populär gewesen und hätte, mehr oder weniger erzwungen, zu ähnlichen Problemen wie im italienischen Süden führen können. Nördlich des Mains annektierte Preußen mit Hannover, Kurhessen, Nassau und Frankfurt einen Teil der unterworfenen Staaten. Die übrigen sowie die Bundesgenossen schloss es im von ihm dominierten Norddeutschen Bund zusammen, der nun nicht mehr wie der Deutsche Bund staatenbündisch, sondern bundesstaatlich aufgebaut war und einen wirklichen Nationalstaat bildete, ohne dessen Namen zu führen. Die Staaten südlich des Mains blieben selbständig. Doch sie wurden so eng an den Norddeutschen Bund gekettet, dass die Weichen in Richtung Anschluss unwiderruflich gestellt waren. Bayern, Württemberg, Baden und Hessen-Darmstadt mussten mit Preußen Militärbündnisse abschließen. Sie waren außerdem Mitglieder des Zollvereins, der zentralisiert wurde und politische Strukturen in Form eines Parlaments und einer Exekutive erhielt.

Trotz alledem war noch nicht einmal das Minimalprogramm einer kleindeutschen Einigung verwirklicht. Deren Abschluss war mehr als zuvor zu einer außenpolitischen Frage geworden, zu deren Lösung Frankreich den Schlüssel in der Hand hielt (wobei freilich auch Russland und Großbritannien jeder weiteren Machtkonzentration in Mitteleuropa mit Misstrauen begegneten und sie höchstens als Gegengewicht gegen ein übermächtiges Frankreich in Kauf zu nehmen bereit waren). Es war klar, dass Napoleon III. für seine Zustimmung zu einem deutschen Nationalstaat einen Preis verlangen würde, so wie er Nizza und Savoyen für die Unterstützung Piemonts gefordert hatte. Auch hier war die Wahrscheinlichkeit einer gewaltsamen Lösung groß. Dazu kam es im Zusammenhang der spanischen Thronfolgekrise von 1870. Die regierenden spanischen Generäle boten dem Erbprinzen Leopold von Hohenzollern-Sigmaringen, dem Angehörigen einer katholischen Seitenlinie der preußischen Dynastie, den Thron an. Bismarck förderte die Kandidatur unter der Hand. Trotzdem lehnte Leopold schließlich ab. Doch Frankreich verlangte nun einen förmlichen preußischen Verzicht auf alle Zeiten – ein Ansinnen, das Preußen von sich wies. Das führte am 19. Juli zur französischen Kriegserklärung.

Die Frage, in welchem Umfang Bismarck Frankreich bewusst zum Krieg provoziert hat, ist bis heute umstritten. 1870 aber war in den Augen der Welt Frankreich der Angreifer. Das machte ein Eingreifen Großbritanniens und Russlands gegen Preußen weniger wahrscheinlich, und es bewog die süddeutschen Staaten zum sofortigen Kriegseintritt an Preußens Seite.

Die preußisch-deutsche Armee zeigte sich erneut überlegen. Sie warf das kaiserliche Frankreich bis zum 2. September nieder, benötigte dann allerdings noch bis zum Februar, um das republikanische Frankreich, dessen Widerstandskraft nicht zuletzt durch die deutsche Forderung nach Elsass-Lothringen angestachelt wurde, zu besiegen. In dieser Zeit erfolgte, durch den Beitritt der süddeutschen Staaten, die Ausweitung des Norddeutschen Bundes zum Deutschen Reich, das am 18. Januar 1871 in Versailles gewissermaßen von außen ausgerufen wurde. Die kleindeutsche Einigung war zu ihrem Abschluss gelangt. Sie hatte sich durch zwei Besonderheiten ausgezeichnet.

1. Die Einigung war das Resultat von drei Kriegen. Damit war sie in der Tat nach Bismarcks berühmtem Ausspruch mit „Eisen und Blut" herbeigeführt worden.[1] Dabei ist freilich zu beachten, dass Bismarck nicht der Erfinder dieser Methode war. Cavour hatte sie in Italien wesentlich skrupelloser eingesetzt, als er 1859 den Krieg gegen Österreich systematisch vorbereitet und vom Zaun gebrochen hatte. Europa hatte sich nicht dagegen verwahrt. Bismarck hatte demgegenüber Kriege eher in Kauf genommen, als seine Politik von vornherein von ihnen abhängig gemacht.

2. An der Wiege des deutschen Nationalstaats stand keine Einigung, sondern eine potentielle Teilung: der Ausschluss Österreichs und damit vor allem der deutschsprachigen österreichischen Gebiete vom Nationalstaat, obwohl deren Bewohner sich bislang in nicht geringerem Maße als Deutsche verstanden hatten als die Deutschen des neuen Reiches. Man konnte nicht, wie in Italien, von einer *Irredenta* sprechen, von Gebieten, die durch fremde Kräfte an einem Anschluss an den Nationalstaat gehindert wurden, sondern dieser selbst schloss anschlusswillige Gebiete und Bevölkerungen von sich aus, und zwar nicht etwa, weil er diese nicht als zur Nation gehörend anerkannte, sondern aus rein machtpolitischen Gründen, weil der Staat, zu dem die betreffenden Gebiete gehörten, nicht zur Unterwerfung bereit war. Unter außenpolitischen Gesichtspunkten war die kleindeutsche Lösung wahrscheinlich die einzige, die einige Aussicht auf Duldung seitens der Großmächte hatte. Hingegen wurde sie zu einem Lehrstück für die Irrationalität und die Beliebigkeit, ja Manipulierbarkeit der Definition eines Nationalstaates. Sie hätte zeigen können, dass die Vorstellung einer europäischen Staatenordnung nach dem Prinzip der ethnisch-sprachlichen Nationen in höchstem Maße unrealistisch und sogar gefährlich war.

2.3.2 Die Wirtschaft: Der Weg zu Europas stärkster Industriemacht

Gemessen an den zeitgenössischen und auch heute noch weitgehend akzeptierten Kriterien war Deutschland[2] in der hier behandelten Zeit wirtschaftlich gesehen die erfolgreichste Großmacht Europas. Es avancierte bis 1914 zur industriellen Führungsmacht.

Um die Jahrhundertmitte war Deutschland noch überwiegend agrarisch geprägt. 1849 arbeiteten 56% der Beschäftigten in der Landwirtschaft, und in Preußen lebten nur 28,1% der Bevölkerung in Städten.[3] Das Prokopfeinkommen lag in Deutschland etwas über dem europäischen Durchschnitt, und die deutsche Volkswirtschaft war die viertgrößte in Europa, hinter Großbritannien, Russland und Frankreich, aber vor

---

1 30.9.1862 Rede vor der Budgetkommission des preußischen Abgeordnetenhauses. E.R. Huber, Dokumente 2, 45.

2 Darunter ist im Folgenden stets das Gebiet des Deutschen Reiches von 1871 zu verstehen. Allerdings ist bis 1871 Elsass-Lothringen häufig nicht mitgerechnet.

3 W. Fischer, Arbeitsbuch 1, 52; 38.

Österreich.[4] In Handwerk, Industrie und Bergbau arbeiteten immerhin 23,6% der Beschäftigten, im tertiären Sektor 20,4%. Seit den 1830er Jahren hatte vielerorts eine beträchtliche Industrialisierung eingesetzt. Das größte Gewicht hatte 1850 mit 46,1% der in der Industrie Beschäftigten die Textilindustrie.[5] Zu den eigentlichen Leitsektoren aber wurden, eng miteinander verbunden, Eisenbahnbau und Schwerindustrie.

Ab 1850 setze ein deutlich beschleunigtes Wirtschaftswachstum ein, das, nur von kürzeren Rückschlägen unterbrochen, bis 1873 anhielt. Seit 1871 wurde die Konjunktur noch durch die von Frankreich sehr rasch bezahlte hohe Kriegsentschädigung angeheizt. 1873 hingegen wurde auch Deutschland von der europaweiten Krise erfasst, die seit der Mitte der siebziger Jahre durch eine ebenfalls europaweite Agrarkrise verschärft wurde. Nach 1879 zogen die landwirtschaftliche und die industrielle Produktion wieder an. Spätestens seit Mitte der neunziger Jahre beschleunigte sich die Aufwärtsbewegung weiter.[6]

Die Krise der siebziger Jahre führte zu einer wirtschaftspolitischen Wende. Ein Bündnis zwischen ostelbischem Großgrundbesitz und Schwerindustrie vermochte 1879 die Einführung von Zöllen für landwirtschaftliche Produkte, hauptsächlich für Getreide, sowie für einen Teil der Industriewaren durchzusetzen. Die Abgaben waren zunächst vorwiegend fiskalischer Natur; doch wiederholte Erhöhungen gaben ihnen zunehmend protektionistischen Charakter. Immerhin blieben sie im kontinentaleuropäischen Rahmen eher unterdurchschnittlich; verglichen mit den USA waren sie sogar niedrig.[7] Dabei war der Zollschutz für landwirtschaftliche Produkte wesentlich stärker als für Industriewaren.[8] Deutschland hatte aber mit seiner Zollpolitik eine gesamteuropäische Trendwende eingeleitet.

Trotz Protektionismus erfuhr die deutsche Landwirtschaft in den folgenden Jahrzehnten einen raschen Strukturwandel und einen bedeutenden Produktionsanstieg. An die Stelle von Getreide traten vermehrt Fleisch und Milchprodukte. Die durchschnittliche jährliche Produktionszunahme 1850–1913 betrug 1,6%.[9] Statt Getreide wurde Zucker zum wichtigsten Exportprodukt. Die Hektarerträge gehörten zu den höchsten der Welt.[10] Dennoch verlief der Strukturwandel weniger rasch und weniger konsequent als in Ländern, die am Freihandel festhielten, wie etwa Dänemark oder die Niederlande. Freilich konnte sich ein großer Staat nicht in gleicher Weise auf die Ausnutzung von Marktnischen konzentrieren wie ein kleiner. Die Alternative wäre eine Reduktion der Landwirtschaft wie in Großbritannien gewesen. Den Verzicht darauf bezahlten in Deutschland die Konsumenten, durch höhere Preise. Ohne es wissen zu können, trugen sie dadurch allerdings auch dazu bei, ihr eigenes Überleben während des Ersten Weltkrieges zu erleichtern. Die britische Blockade hätte sonst weit raschere und verhängnisvollere Folgen gehabt.

---

4 P. Bairoch, Product, 286; 281 (siehe Tabelle 12, S. 238).

5 W. Fischer, Arbeitsbuch 1, 52; 54.

6 Eine detaillierte Übersicht über die Konjunkturphasen gibt H.-U. Wehler, Gesellschaftsgeschichte 3, 91–99; 552–610. Grundlegend R. Spree, Wachstumstrends.

7 Vgl. S. Pollard, Conquest, 259.

8 Vgl. die Übersicht bei R. Tilly, Zollverein, 220.

9 W. Fischer, in ders., Handbuch 5, 394.

10 Vgl. H. Kiesewetter, Industrielle Revolution, 158.

Kaum retardierende Wirkungen hatten die Zölle auf die Industrie, die weiterhin mit im europäischen Vergleich überdurchschnittlichen Raten wuchs. 1850–1913 waren es im Jahresdurchschnitt 3,8%.[11] Die deutsche Industrie war international schon zu konkurrenzfähig, als dass es sich für sie gelohnt hätte, sich, außer etwa bei neu entstehenden Branchen, hinter hohe Zollmauern zurückzuziehen.[12] Ihr Wachstum war nicht nur quantitativ, sondern auch qualitativ beeindruckend. Die modernsten Branchen wuchsen am raschesten. Das galt insbesondere für die Chemie, und hier wieder für die Farbenherstellung, für die Elektroindustrie, für den Maschinen- und Fahrzeugbau sowie für Optik und Feinmechanik.

Das rasche Wachstum der Industrie führte dazu, dass 1907 40% der Beschäftigten in ihr tätig waren. Nur in Großbritannien, Belgien und der Schweiz lag der Anteil höher. In der Landwirtschaft waren noch 35% der Arbeitskräfte.[13] Im zweiten Sektor stieg deren Zahl zwischen 1853 und 1913 von 3,8 auf 11,5 Millionen. Der Anteil des Primärsektors am Nettoinlandprodukt nahm zwischen 1850/59 und 1910/13 von 45% auf 23% ab, derjenige des sekundären Sektors stieg von 22% auf 45%.[14] Der Verstädterungsgrad betrug 1871 36% und 1910 60%.[15]

Der Erfolg zeigte sich auch in Deutschlands Stellung auf dem Weltmarkt. Hatten Halb- und Fertigwaren um 1849 58,8% der Exporte und 28,7% der Importe ausgemacht, so lauteten die entsprechenden Sätze 1913 74,4% und 24,3%.[16] Deutschlands Anteil am gesamten Welthandel stieg zwischen 1880 und 1913 von 10% auf 13%, während der französische von 11% auf 8% und der britische von 23% auf 17% zurückging.[17]

Deutschland hatte 1914 das höchste Sozialprodukt Europas – zwischen 1900 und 1910 hatte es selbst Großbritannien überholt. Das galt allerdings nicht für das Prokopfeinkommen, das noch hinter dem britischen und demjenigen einiger Kleinstaaten in Mittel- und Nordeuropa lag, aber zumindest mit dem französischen gleichgezogen hatte.[18]

Was hatte diesen Erfolg bewirkt?

Viel diskutiert und schwer zu ergründen sind die Zusammenhänge mit der politischen Einigung des Landes. Hier bestanden eher lockere Wechselwirkungen als klare Abhängigkeiten. Deutliche Ansätze zu einer Industrialisierung fanden sich in verschiedenen Staaten, insbesondere in Sachsen und Preußen, schon vor der Gründung des Zollvereins 1834, dessen wachstumsfördernde Wirkung relativ gering veranschlagt wird.[19] Auf die Reichsgründung 1871 folgte kein langanhaltender Aufschwung, son-

---

11 G.A. Ritter/K. Tenfelde, Arbeiter, 33.

12 Zu Fragen des Protektionismus vgl. etwa R. Tilly, Zollverein, 110–117.

13 W. Fischer, in ders., Handbuch 5, 126. Die Angaben zur Beschäftigungsstruktur gehen in den verschiedenen Standardwerken auseinander.

14 W. Fischer, in ders., Handbuch 5, 403; 393. Andere Zahlen und Einteilungskriterien bei H.-U. Wehler, Gesellschaftsgeschichte 3, 44; 582; 597.

15 G. Hohorst, Arbeitsbuch, 52 (Orte über 2.000 Einwohner).

16 W. Fischer, Arbeitsbuch 1, 93.

17 K.E. Born, Wirtschafts- und Sozialgeschichte, 73.

18 P. Bairoch, Product, 281; 286 (siehe Tabelle 12, S. 238). Ebd. 281 gibt Bairoch für 1913 (anders als für 1910) das russische Bruttosozialprodukt allerdings als höher als das deutsche an. Doch ein solcher Sprung ist unwahrscheinlich.

19 Vgl. H.-W. Hahn, Zollverein, sowie R. Tilly, Zollverein, 41–47.

dern 1873 die größte Krise während des behandelten Zeitraums. Längerfristig günstig dürfte sich hingegen die in den siebziger Jahren vorangetriebene Vereinheitlichung der Währung und des Rechtswesens ausgewirkt haben. Dazu kamen 1875 die Einführung des Goldstandards und die Schaffung einer Zentralbank.

Wichtiger waren andere, vom Staat nur teilweise beeinflusste und beeinflussbare Faktoren. Deutschland hatte große Steinkohlen- und bedeutende Eisenerzvorkommen. Seine in politischer und strategischer Hinsicht eher ungünstige Lage brachte für den Handel Vorteile mit sich. Es hatte mehr und größere Märkte vor seiner Haustür als seine Konkurrenten.

Bedeutende indirekte Auswirkungen hatte vermutlich ein anderer Aspekt des staatlichen Handelns. Die frühe Durchsetzung der allgemeinen Schulpflicht und die sich daran anschließende weitere Verbesserung der Qualität der Schulen erleichterten, in Verbindung mit dem Aufbau einer spezifischen Berufsbildung, die Entstehung einer qualifizierten Arbeiterschaft. Dieser Vorgang wiederholte sich auf der Ebene der höheren Bildung. Ein stark forschungsorientiertes Hochschulwesen, in dem die Technischen Hochschulen neben den Universitäten früh eine wichtige Rolle spielten, bildete in größerer Zahl Spezialisten aus. Und diese Spezialisten wurden nun in der Industrie auch wieder gezielt eingesetzt, indem die produktionsorientierte Forschung und Entwicklung früher und intensiver ausgebaut wurde als anderswo.

Eine Pionierrolle wird häufig auch den großen Universalbanken zugeschrieben, die die Finanzierung der Industrialisierung zu guten Teilen übernahmen. Anders als in Frankreich und in Großbritannien blieb das deutsche Kapital ganz überwiegend im Lande. Das deutsche Auslandskapital machte 1914 nur etwa 6–7% des Volksvermögens aus, und seine Erträge brachten 3% des Volkseinkommens. In Großbritannien lagen die entsprechenden Werte bei 25% und 10%.[20]

2.3.3 Das politische System zwischen Absolutismus, Obrigkeitsstaat und Demokratie

Der Ausgang der Revolution von 1848/49 als Kompromiss zwischen den alten Gewalten und dem Bürgertum, wobei dieses die Rolle des Juniorpartners zu übernehmen hatte, schlug sich auch und besonders in der Verfassungsfrage nieder.

Die 1849 von der Frankfurter Nationalversammlung verabschiedete Reichsverfassung enthielt einen umfangreichen Grundrechtskatalog. In der Machtverteilung bestand ein Dualismus zwischen Volkssouveränität und monarchischer Herrschaft. Die Legislative war beim Parlament, das mittels beinahe allgemeinem Männerwahlrecht bestellt wurde. Doch hatte der Kaiser ein aufschiebendes Veto sowie die Gesetzesinitiative. Dazu setzte er die Regierung ein, und diese war dem Parlament nicht verantwortlich.

Die Reichsverfassung ließ sich indessen nicht durchsetzen. Hingegen erließen bis auf Mecklenburg alle Einzelstaaten eine Verfassung, soweit sie bisher noch keine gehabt hatten. Die monarchische Spitze blieb überall stark. Die Regierung war ihr und

---

20 H. Feis, Banker, 14–16; 72.

nicht dem Parlament verantwortlich, und die Krone hatte weitgehend freie Hand in Fragen, die Militär und Beamtenschaft betrafen. Das Wahlrecht wurde wieder stark eingeschränkt. Als prägend und folgenreich erwies sich dabei das Wahlrecht für das preußische Abgeordnetenhaus, das bis 1918 in Kraft blieb. Es teilte die erwachsene männliche Bevölkerung eines Wahlkreises in drei nicht zahlenmäßig, sondern in der Steuerleistung gleich starke Gruppen ein, von denen jede bei öffentlicher Stimmabgabe in einem indirekten Verfahren eine gleiche Zahl von Abgeordneten wählen konnte. Die Folge war, dass die Stimme eines Angehörigen der Ersten Klasse um ein Vielfaches mehr wog als diejenige der Angehörigen der Dritten Klasse. 1850 hatte eine Stimme in der Ersten Klasse im Schnitt 17,5 mal mehr Gewicht als in der Dritten.[21]

In vielen Einzelstaaten stand neben einem solchen Abgeordnetenhaus noch eine zweite Parlamentskammer aus ernannten Deputierten, die praktisch ausschließlich der Oberschicht entstammten.

Selbst diese gemessen am Programm von 1848 sehr bescheidenen Verfassungen blieben zunächst weitgehend toter Buchstabe. 1850 setzte die Reaktion in vollem Umfang ein. 1851 wurden die Grundrechte der Reichsverfassung von 1849, die bislang im Deutschen Bund gegolten hatten, aufgehoben. Seit dem Ende des Jahrzehnts sahen indessen viele Regierungen, dass sich eine solche Politik nicht auf Dauer durchhalten ließ. Pionierfunktion gewann die 1858 in Preußen durch den Wechsel von Friedrich Wilhelm IV. zu Wilhelm I. eingeleitete „Neue Ära". Parteien und Vereine erhielten größeren Spielraum. Die Parlamente wurden zu Foren der politischen Auseinandersetzung. Es war durchaus denkbar, dass sie mit der Zeit größere Macht und Bedeutung gewinnen würden, dass aus der konstitutionellen eine parlamentarische Monarchie würde.

Diese Möglichkeit wurde durch einen Konflikt von größter Tragweite abgeschnitten, den preußischen Verfassungskonflikt 1862–1866. Ausgangspunkt war 1860 eine in ihrem Kern unbestrittene Vorlage der Regierung zur Vergrößerung des Heeres. Der König wollte zusätzlich die Dienstzeit der Linientruppen von zwei auf drei Jahre verlängern und dafür die aus Reservisten bestehende Landwehr schwächen. Er war zu keinen Abstrichen bereit, während der Landtag die erforderlichen Gelder verweigerte. In dieses von der Verfassung nicht vorgesehene Patt griff der im September 1862 zum Ministerpräsidenten berufene Bismarck ein. Er regierte, nicht geradezu gegen die Verfassung, aber zumindest an ihr vorbei, ohne Parlament und damit ohne bewilligten Haushalt. Er nutzte die außenpolitischen Erfolge von 1864 und insbesondere 1866, um sein Verhalten nachträglich billigen zu lassen, durch die sogenannte Indemnitätsvorlage. Die Regierung hatte sich als die stärkere Kraft erwiesen. Armee, Beamtenschaft und auswärtige Politik, und damit zentrale Bereiche der staatlichen Tätigkeit, blieben der Mitsprache des Parlaments weitgehend entzogen. Immerhin versuchte Bismarck nicht, es ganz auszuschalten.

So lebte in der konstitutionellen ein Stück absolute Monarchie weiter. Ein Übergang zum Parlamentarismus war auf absehbare Zeit undenkbar.

---

21 W. Siemann, Gesellschaft, 81.

Die Vorgänge in Preußen bestimmten direkt oder indirekt das Geschehen in ganz Deutschland. Preußen hatte im Reich von 1871 mit je etwa zwei Dritteln der Fläche, der Bevölkerung und der Wirtschaftskraft eine dominierende Stellung. Seine Verfassung bildete den Ausgangspunkt für die Verfassung des Norddeutschen Bundes von 1867, die wiederum mit geringen Änderungen zur Reichsverfassung von 1871 wurde. Die Position der gewählten Körperschaft, des Reichstags, wurde darin durch föderalistische Elemente eingeschränkt, insbesondere durch den Bundesrat, ein von den Regierungen der Einzelstaaten beschicktes Gremium, das primär Legislative parallel zum Reichstag war, daneben aber auch noch exekutive Befugnisse hatte.

Andererseits enthielt die Verfassung von 1867/71 eine geradezu revolutionäre Bestimmung, indem sie das uneingeschränkte Wahlrecht für Männer über 25 einführte. Bismarck hoffte auf eine konservative Grundstimmung der Unterschichten. Darin täuschte er sich. Außerdem wollte er sich als Vorreiter der Einheit profilieren, zumal die Einführung des allgemeinen Wahlrechts für den Rivalen Österreich nicht in Frage kam. Er sollte seinen Schritt später oft bereuen. Aber er wagte es nie, ihn rückgängig zu machen.

Gewicht und Bedeutung dieser Maßnahme waren seit jeher umstritten. Dass das Wahlrecht von den Berechtigten nicht als bedeutungslos eingestuft wurde, dass eine politische Massenmobilisierung erfolgte, belegt am besten die Wahlbeteiligung. Zunächst überwog die Skepsis. 1871 wählten nur 50,7% der Berechtigten. Bis 1912 wurden es 85,5%.[22] Nur dank dem allgemeinen Wahlrecht konnten sich die überwiegend auf die Unterschichten gestützten Parteien, insbesondere die Sozialdemokraten, aber auch das Zentrum, entfalten. Andererseits behielt das Reichstagswahlrecht eine Ausnahmestellung. Trotz zunehmender Opposition gegen die Einschränkungen wurde bis 1914 nur in wenigen Einzelstaaten das allgemeine Wahlrecht eingeführt. Auch das kommunale Wahlrecht war in der Regel höchst ungleich.

An der Spitze des föderalistisch aufgebauten Staates von 1867/71 stand, formell als bloßer Präsident eines von Fürsten geschlossenen Bundes, der König von Preußen als Deutscher Kaiser. Er war exekutiv stark, konnte er doch den Reichskanzler ernennen, der ihm und nicht dem Parlament verantwortlich war und, ebenso wie die übrigen Angehörigen der Regierung, nicht dem Parlament, sondern meist der hohen Beamtenschaft entnommen wurde. Legislativ hingegen war er schwächer als ein traditioneller konstitutioneller Monarch, hatte er doch weder Gesetzesinitiative noch Vetorecht. Freilich konnte er trotzdem beträchtlichen Einfluss ausüben, solange er einigermaßen populär war, wie Wilhelm II. (1888–1918) mit seinem „persönlichen Regiment" unter Beweis stellte.

Dennoch hatte auch der Reichstag keine unbedeutende Stellung. Durch die rasche Ausdehnung der Staatstätigkeit und durch deren fortschreitende Zentralisierung gewann er zudem kontinuierlich an Gewicht, insbesondere nach der Jahrhundertwende. Er hatte, neben dem Bundesrat, die Gesetzesinitiative. Gesetze und der Haushalt (mit Einschränkungen vor allem beim Militär) mussten sowohl vom Reichstag als auch vom Bundesrat gebilligt werden. Das bedeutete, dass der Reichskanzler trotz feh-

---

22 G. Hohorst, Arbeitsbuch, 171–173.

lender formeller Verantwortlichkeit de facto vom Reichstag abhängig war: Auf die Dauer konnte keine Regierung ohne parlamentarische Mehrheit an der Macht bleiben. Daraus ergab sich eine beträchtliche (und wachsende) Macht der Parteien, die ihre Bedingungen für die Unterstützung der Regierung stellen konnten.

Zur zunehmenden Bedeutung des Reichstags trug auch bei, dass sich der Bundesrat als wenig effizientes Gremium erwies. Nach der Jahrhundertwende wurden die Machtverhältnisse zunehmend verworren, und eine Lösung durch ein besser ausbalanciertes System war nicht in Sicht. Hier zeigte sich der eigentümliche Mischcharakter des Reiches, seine Schwebelage zwischen Obrigkeitsstaat und Demokratie. Der verfassungsmäßige Rahmen enthielt nicht nur einige demokratische Elemente, er war vor allem auch rechtsstaatlich. Insbesondere die siebziger Jahre sahen eine große Kodifizierungsbewegung, und im Jahre 1900 wurde mit der Einführung des Bürgerlichen Gesetzbuches nochmals ein Höhepunkt erreicht. Die Exekutive und die Rechtsprechung aber waren nach wie vor ganz überwiegend in der Hand der alten herrschenden Gruppen – die Handhabung des Systems war zu guten Teilen obrigkeitsstaatlich, selbst wenn man von den Ausnahmegesetzen gegen Katholiken und Sozialisten absah. Dagegen regte sich in den letzten Jahren vor dem Ersten Weltkrieg zunehmend politischer Widerstand, auch wenn nicht von einer revolutionären Situation die Rede sein konnte.

Wie unbequem diese Verhältnisse für die herrschende Schicht waren, zeigen verschiedentlich geschmiedete Staatsstreichpläne zur Beseitigung der demokratischen Elemente in der Reichsverfassung. Doch ihre Umsetzung wurde nie ernsthaft versucht. Wichtiger noch ist, dass auch, im Gegensatz etwa zu Österreich und später zur Weimarer Republik, nie versucht wurde, das Parlament durch Notstandsmaßnahmen auszuschalten. Die herrschenden Eliten waren in ihrer Gesinnung weder demokratisch noch parlamentarisch. Aber in ihrem Verhalten akzeptierten sie die Grenzen ihrer Macht.

2.3.4 Die Gesellschaft: Polarisierung durch Industrialisierung

Die deutsche Bevölkerung wuchs zwischen 1849 und 1914 im Durchschnitt pro Jahr um etwa ein Prozent.[23] Das war nur wenig mehr als der europäische Durchschnitt. Das Wachstum gewann aber in Verbindung mit anderen Faktoren wesentlich dramatischere Aspekte. 1849 existierte kein deutscher Nationalstaat. Preußen hatte in diesem Jahr lediglich 16,3 Millionen Einwohner.[24] Es lag damit deutlich hinter allen anderen Großmächten: Frankreich hatte 1850 35,8 Millionen, Österreich-Ungarn 31,1 und Großbritannien 20,8 (mit Irland 27,5) Millionen Einwohner.[25] 1871 hatte das Reich eine Bevölkerung von 41,1 Millionen, und bis 1914 war diese Zahl auf 67,8 Millionen angestiegen.[26] Während der gleichen Zeit stagnierte die französische Bevölkerung nahezu; sie betrug 1910 lediglich 39,2 Millionen. Die britische Bevölkerung wuchs zwar

23 W. Fischer, in ders., Handbuch 5, 361. Vgl. W. Köllmann, in H. Aubin/W. Zorn, Handbuch 2, 18.

24 W. Fischer, Arbeitsbuch 1, 22. Im Gebiet des Reiches von 1871 lebten 1849 etwa 35 Millionen Menschen. W. Fischer, in ders., Handbuch 5, 361.

25 W. Fischer, in ders., Handbuch 5, 14.

26 P. Marschalck, Überseewanderung, 36f.

etwas schneller als die deutsche (1910: 40,9, mit Irland 45,3 Millionen).[27] Aber hier fehlte die Vergrößerung des Territoriums. Deutschland war 1914 hinter Russland die bevölkerungsreichste europäische Großmacht. Obwohl der Geburtenüberschuss allmählich zurückging, stand auf absehbare Zeit keine Änderung der Zahlenverhältnisse zuungunsten Deutschlands in Aussicht. Das führte außerhalb Deutschlands zu Ängsten und Befürchtungen, in Deutschland zu Ansprüchen und Hoffnungen.

Zwischen 1849 und 1914 verließen außerdem gut 4,9 Millionen Personen das Land, wobei die USA das weitaus wichtigste Zielgebiet waren, mit 80–90% der Ausgewanderten.[28] 1820–1860 stellten die Deutschen dort nach den Iren mit 31% die zweitgrößte Einwanderergruppe; 1861–1890 bildeten sie mit 28,5% sogar die zahlreichste Gruppe.[29] Die Auswanderung setzte um die Mitte der 1840er Jahre in bedeutendem Maße ein. Ihren absoluten Höhepunkt erreichte sie 1854 mit über 239.000 Personen. Seit der Mitte der neunziger Jahre spielte sie keine nennenswerte Rolle mehr.[30] Der zurückgehenden Auswanderung stand in den letzten Jahrzehnten des Kaiserreichs eine wachsende Einwanderung gegenüber, vor allem aus Russisch-Polen und Österreich-Ungarn.

Die rasche Industrialisierung veränderte auch die Sozialstruktur. Die grundbesitzende adlige Oberschicht blieb bestehen, und sie vermochte die wichtigsten Führungspositionen zu halten. So ging der Anteil der Adligen am gesamten Offizierskorps zwar von 65% im Jahre 1860 auf 30% im Jahre 1913 zurück, aber ihr Anteil an der höheren Generalität betrug noch immer über 80%. Ähnlich verhielt es sich mit Stellungen in der hohen Beamtenschaft.[31] Sowohl zahlenmäßig als auch von ihrer Macht und Bedeutung her gesehen gewann die Bourgeoisie, das Wirtschaftsbürgertum, innerhalb der Oberschicht an Gewicht. Sie kontrollierte nicht nur Handel und Industrie; sie erwarb auch einen zunehmenden Teil des Grundbesitzes vom Adel und gelangte mit der Zeit in das Offizierskorps und in die Beamtenschaft.

Innerhalb der Mittelschichten erfolgten große Umschichtungen, während ihr Anteil an der Gesamtbevölkerung sich vermutlich nicht allzu stark veränderte. Ein bedeutendes Wachstum verzeichneten die öffentlichen und privaten Angestellten, die in Deutschland gesellschaftlich und rechtlich deutlicher von der Arbeiterschaft abgegrenzt wurden (und sich auch selbst abgrenzten) als anderswo. Ebenso nahm die mittlere und kleinere Beamtenschaft rasch zu, und dasselbe galt für die Angehörigen akademischer Berufe. Ein Teil von ihnen spielte als „Bildungsbürgertum“ zwar nicht unmittelbar politisch, wohl aber kulturell und mentalitätsmäßig eine bedeutende Rolle. Der Anteil der Handwerker an den Erwerbstätigen ging, ungeachtet verbreiteter Prognosen, nicht zurück, sondern nahm bis zu den siebziger Jahren sogar leicht zu, während er danach konstant blieb.[32] Hingegen nahm die Bedeutung der Kleinhändler und noch mehr diejenige der mittleren und kleinen Bauern ab.

---

27 W. Fischer, in ders., Handbuch 5, 14.
28 P. Marschalck, Überseewanderung, 35–37; 48–50.
29 W. Köllmann, in H. Aubin/W. Zorn, Handbuch 2, 31.
30 P. Marschalck, Überseewanderung, 49f., 35–37
31 W. Conze, in H. Aubin/W. Zorn, Handbuch 2, 645–647; H.-U. Wehler, Gesellschaftsgeschichte 3, 819.
32 F.-W. Henning, Wirtschafts- und Sozialgeschichte 2, 508.

Innerhalb der Unterschicht war das gewaltige, mit entsprechender Binnenwanderung verbundene Wachstum der Industriearbeiterschaft der auffälligste Vorgang. An Bedeutung verloren demgegenüber die Landarbeiter, die Dienstboten und sonstige vorindustrielle Unterschichten.

Während im Vergleich zu anderen Staaten allenfalls die Radikalität und die Geschwindigkeit dieser Umschichtungen auffielen, ergaben sich nationale deutsche Besonderheiten gerade nicht aus den Klassenverhältnissen, sondern aus politischen und konfessionellen Gegebenheiten, die ihnen vorauslagen. Davon sind insbesondere zwei zu nennen.

1. Die Revolution von 1848/49 hatte die traditionelle Oberschicht geschwächt, aber nicht entmachtet. Die Mittelschichten hatten sich ein Stück weit durchgesetzt, dann aber mit den bislang Herrschenden ein Bündnis gegen die Unterschichten geschlossen. In diesem Bündnis waren die Mittelschichten der Juniorpartner. Dadurch bestand zwischen Ober- und Mittelschichten eine deutlich geringere Kluft als zwischen Mittel- und Unterschichten. Dieser Sachverhalt sollte die deutsche Geschichte weit über 1914 hinaus prägen. Die traditionelle Oberschicht hatte nicht nur die Macht in der Hand; sie gab auch gesellschaftlich den Ton an. Zum Ausdruck dafür wurde beispielsweise das bürgerliche Streben nach Nobilitierung, noch stärker aber die Militarisierung der Gesellschaft. Da der Adel seine Führungsstellung besonders im Offizierskorps verankerte, betonte er auch außerhalb der Armee die militärischen Werte, die zumal in den Mittelschichten aufgegriffen wurden. Dazu trugen auch die beispiellosen kriegerischen Erfolge der Jahre 1864–1871 bei. Der Offizier wurde zum gesellschaftlichen Leitbild, dem in den Mittelschichten wenigstens in der Form des Reserveoffiziers nachgestrebt wurde. Die Betonung von Disziplin und Gehorsam begünstigte obrigkeitsstaatliche Erscheinungs- und Verhaltensformen selbst da, wo sie vom politischen System nicht zwingend vorgegeben waren.

Nach der andern Seite hin verstärkte die tiefe soziale Kluft zu den Unterschichten die Abstiegsängste im Bürgertum, insbesondere im alten Mittelstand. Dieser wurde zum idealen Nährboden für Bewegungen, die klare Grenzziehungen nach unten sowie engen Zusammenhalt innerhalb der gefährdeten oder sich gefährdet glaubenden Schichten versprachen. Solche Funktionen übernahmen mehr und mehr der Nationalismus und der Antisemitismus. Der Nationalismus hatte 1848/49 in erster Linie die gegen Adel und Fürstenhäuser gerichteten Bestrebungen des liberalen Bürgertums repräsentiert. Er war gescheitert, und danach hatte sich Bismarck seiner bemächtigt, um die Einigung von oben im preußischen Sinne durchzuführen. Nach 1871 gewann der Nationalismus vollends eine sozial konservative Note. Er äußerte sich in einer Vielzahl von Bewegungen, die bedeutende Teile der Mittelschichten mobilisierten. Gemeinsamer Nenner war, zumal nach etwa 1890, das Ziel einer weiteren Kräftigung und oft auch weltweiten Expansion des Reiches, um so den Zusammenhalt der Mittel- und Oberschichten gegenüber den Unterschichten zu verstärken. Zu diesen Bewegungen gehörten insbesondere der Alldeutsche Verband (1894) und der Deutsche Flottenverein (1898) sowie viele Kriegervereine.

Die Kluft zwischen Mittel- und Oberschichten einerseits und Unterschichten, insbesondere Industriearbeiterschaft, andererseits hatte weitere, zum Teil dialektisch verschlungene Folgen. Sie führte zu harten Auseinandersetzungen. Gerade deswegen nahm man sich aber auch gegenseitig ernst, respektierte sich als Gegner und ging vorsichtig miteinander um. In Deutschland wurde nie eine brutale Radikallösung der Arbeiterfrage in der Art des Junimassakers in Paris 1848 oder gar der Pariser Kommune versucht, wie überhaupt gewaltsame Auseinandersetzungen zwischen Staat und Arbeiterbewegung nach 1849 eine geringe Rolle spielten und jedenfalls nie eine größere Zahl von Opfern forderten.[33] Der Kampf war friedlicher und zugleich verbissener als in Frankreich.

Eine wichtige Folge jener Kluft war zunächst, dass sich die Arbeiter, die sich von den Liberalen nicht mehr repräsentiert fühlten, trotz später einsetzender Industrialisierung in Deutschland politisch-organisatorisch früher verselbständigten als in den umliegenden Ländern. 1863 entstanden gleich zwei Arbeiterparteien, der *Allgemeine Deutsche Arbeiterverein*, unter der Führung von Ferdinand Lassalle (1825–1864), sowie der *Vereinstag Deutscher Arbeiter-Vereine*. Sie schlossen sich 1875 zur *Sozialistischen Arbeiterpartei Deutschlands* zusammen, und 1891 wurde daraus schließlich die *Sozialdemokratische Partei Deutschlands* (SPD). Diese Parteien konnten ihre Stellung im Reich nahezu kontinuierlich verbessern; ihr Stimmenanteil bei den Reichstagswahlen stieg zwischen 1871 und 1912 von 3,2% auf 34,8%. Seit 1890 war die SPD die wählerstärkste Partei.[34] Damit war sie zugleich die stärkste, bestorganisierte und theoretisch gefestigtste Arbeiterpartei der Welt geworden. In der Theorie stand sie seit den achtziger Jahren auf dem Boden des revolutionären Marxismus, während sie in der Praxis überwiegend pragmatisch vorging, wobei immer wieder heftige Flügelkämpfe ausgetragen wurden. Doch sowohl das politische System als auch jener Graben zwischen Mittel- und Unterschichten bewirkten, dass die Partei bis 1918 nie Regierungsverantwortung ausüben konnte. Vielmehr wurde der Graben seit den siebziger Jahren von staatlicher Seite noch vertieft. Bismarck betrachtete die Arbeiterbewegung als Staatsfeind und ging mit Sondergesetzen repressiv gegen sie vor, insbesondere mit dem 1878–1890 geltenden Gesetz „gegen die gemeingefährlichen Bestrebungen der Sozialdemokratie“, dem sogenannten Sozialistengesetz. Doch auch dieses war von Vorsicht geprägt; ja man konnte es geradezu halbherzig nennen. Es verbot zwar sozialdemokratische Aktivitäten und Zusammenschlüsse und ermöglichte es, die Führung ins Gefängnis zu werfen oder ins Exil zu treiben, ließ aber die parlamentarische Organisation der Partei bestehen, die sich weiter an den Wahlen beteiligten und ihre Position im Reichstag verstärken konnte. Insgesamt wurden 1878–1888 über 800 Jahre Haft ausgesprochen und bis 1890 etwa 1.500 Personen verurteilt – aber es kam zu keinen gewalttätigen Auseinandersetzungen.[35] Das Gesetz erwies sich letztlich als Fehlschlag.

Die Bekämpfung der Sozialdemokratie erfolgte noch von einer anderen Seite her. In den achtziger Jahren wurden, auf älteren staatlichen und genossenschaftlichen Elementen aufbauend, die Grundlagen für eine moderne Sozialversicherung gelegt: Kranken- (1883), Unfall- (1884) sowie Invaliditäts- und Altersversicherung (1889).

---

33 C. Tilly u.a., Rebellious century, Kap. 4–6.
34 G. Hohorst, Arbeitsbuch 1, 173–175.
35 Th. Nipperdey, Machtstaat, 356.

Eine Arbeitslosenversicherung kam erst nach dem Ersten Weltkrieg hinzu.[36] Eingestandenes Ziel war es, der Sozialdemokratie auf diese Weise das Wasser abzugraben. Deswegen bekämpfte die SPD die Projekte. Der Versuch, die Arbeiter an den Staat zu binden, misslang im parteipolitischen Bereich. Hingegen wurden sie durch die Sozialversicherung sehr wohl ein Stück weit in den Staat integriert, nicht zuletzt durch die Selbstverwaltung der Versicherungswerke. Diese hatten am Vorabend des Ersten Weltkrieges eine beträchtliche Bedeutung gewonnen. 1910 erfasste die Krankenversicherung 44%, die Rentenversicherung 53% und die Unfallversicherung 81% der Erwerbsbevölkerung, weit mehr als in anderen Staaten.[37] Ihre Leistungen machten 1912 immerhin 42,6% des Reichshaushalts aus;[38] sie stiegen zwischen 1885 und 1913 von 0,3 auf 3% des Volkseinkommens.[39]

So entstand, aus der Sicht der Arbeiterschaft gleichsam wider Willen, ein zukunftsträchtiges System, das, in vielen Ländern in seinem Kern übernommen und schließlich auch von der Arbeiterbewegung akzeptiert, als Errungenschaft betrachtet und vorangetrieben wurde. Demgegenüber blieb Deutschland auf dem Feld der Arbeitsgesetzgebung rückständig.

Seit den 1860er Jahren bestand Koalitionsfreiheit. Aber sie wurde sehr restriktiv zu Lasten der Arbeiter gehandhabt. Trotzdem wuchs die – überwiegend sozialdemokratisch orientierte – Gewerkschaftsbewegung rasch. Die Zahl der Gewerkschaftsmitglieder stieg zwischen 1869 und 1913 von etwa 77.000 auf knapp 3 Millionen.[40] Allein die der SPD nahestehenden Freien Gewerkschaften hatten über 2,5 Millionen Mitglieder und waren damit die größte Gewerkschaftsorganisation der Welt.[41]

Insgesamt war die Kluft zwischen der Arbeiterbewegung und dem Rest der Gesellschaft bis 1914 keineswegs beseitigt. Aber sie war doch etwas geringer geworden. Das zeigte sich in der Unterstützung der Kriegsanstrengungen durch die Sozialdemokratie.

2. Deutschland besaß noch eine weitere in die vorindustrielle Zeit zurückreichende gesellschaftliche Trennlinie, die sich in dieser Form sonst nur noch in den Niederlanden und in der Schweiz fand: den konfessionellen Gegensatz. Im Reich von 1871 waren gut 36% der Bevölkerung katholisch. Die Katholiken genossen zwar rechtliche Gleichstellung, standen aber sozial im Durchschnitt tiefer als die Protestanten. Das war an sich nicht neu. Eine besondere Brisanz erhielt das Verhältnis erst in Verbindung mit dem überall im katholischen Europa im Verlauf des 19. Jahrhunderts ausgetragenen Kampf um die Stellung der Kirche im Staat, besonders im Bildungswesen. Die protestantische Kirche war in Deutschland landeskirchlich organisiert und dadurch in letzter Instanz dem Staat unterstellt, während die katholische Kirche gänzliche Unabhängigkeit vom Staat beanspruchte. Zum Ausgangspunkt der Auseinandersetzungen wurde das Erste Vatikanische Konzil von 1869/70 mit der Unfehlbarkeitserklärung des Papstes. Bismarck initiierte 1871 den später so genannten Kulturkampf, indem er die Rechte der

---

36 Ein guter vergleichender Überblick bei G.A. Ritter, Sozialversicherung.

37 J. Alber, Armenhaus, 236–238. Vgl. W. Fischer, in ders., Handbuch 5, 435–437; G.A. Ritter, Sozialversicherung, 171–176.

38 G.A. Ritter, Sozialversicherung, 62.

39 H.-P. Ullmann, Kaiserreich, 179.

40 G. Hohorst, Arbeitsbuch, 135f.

41 W. Fischer, in ders., Handbuch 5, 440.

Kirchen im Bildungs- und im Zivilstandswesen beschnitt. Dahinter stand nicht zuletzt die Absicht, die (überwiegend protestantischen) Liberalen zufriedenzustellen. Damit löste er aber eine politische Reaktion innerhalb der Reihen der Katholiken aus: Der konfessionelle Gegensatz zu den Protestanten überlagerte denjenigen zwischen gemäßigten und ultramontanen Katholiken, mit der Folge, dass sich die Katholiken überwiegend mit der Kirche solidarisierten. Der Kampf verschärfte sich; der Staat versuchte, auch in innerkirchliche Angelegenheiten wie die Priesterausbildung einzugreifen. Das Ergebnis war 1886/87 ein Kompromiss, durch den die Trennung von Kirche und Staat ein Stück weit vorangetrieben wurde. Zugleich aber erfolgte die politische Emanzipation des nationalen Katholizismus. Dieser verfügte nun mit dem 1870 gegründeten Zentrum über eine schlagkräftige politische Partei, der über 1914 hinaus häufig eine Schlüsselrolle in der Politik zukam, und er vermochte vielfältige gesellschaftliche Organisationen zu gründen. Die katholische, und generell die christliche Arbeiterbewegung blieb indessen im Vergleich zur sozialistischen stets von deutlich geringerer Bedeutung.

Insgesamt kam durch den Kulturkampf ein wichtiges konfessionelles Element in die Politik; die Parteien ließen sich fortan noch weniger als zuvor ausschließlich nach Klassenkriterien voneinander unterscheiden. So wählten etwa die katholischen Arbeiter nicht SPD, sondern Zentrum: 1871–1878 waren 93% der SPD-Wähler Protestanten und nur 7% Katholiken (1903–1912: 88 und 12%).[42]

Ähnliches galt für andere politisch-soziale Bewegungen, insbesondere die Frauenbewegung. Sie war in ihren bis 1848 zurückreichenden Ursprüngen bürgerlich-mittelständisch. Seit etwa den achtziger Jahren bildete sich daneben eine in enger Verbindung mit der Sozialdemokratie stehende proletarische Frauenbewegung, wobei die Kluft zwischen den beiden konkurrierenden Richtungen tiefer war als in anderen Staaten. Die Differenzen hatten durchaus reale soziale Hintergründe. Für die bürgerliche Bewegung ging es, außer um die rechtliche Gleichstellung, primär um die Befreiung der Frau zur Erwerbsarbeit und die Emanzipation innerhalb ihrer Klasse; für die proletarische Bewegung hingegen ging es um die Befreiung der Arbeiterin von bestimmten Formen und Auswüchsen der Erwerbsarbeit und um die Emanzipation nicht nur *innerhalb* ihrer Klasse, sondern auch dieser Klasse insgesamt. Die bürgerlichen Frauen kämpften um die Zulassung zum höheren Bildungswesen (die Universitäten wurden ihnen erst im Verlauf des ersten Jahrzehnts des 20. Jahrhunderts geöffnet) und zu qualifizierten Tätigkeiten. In den unteren Schichten war die Integration der Frau in das Erwerbsleben längst Wirklichkeit, wobei die Erwerbsquote steigende Tendenz hatte: sie nahm von 29,2% im Jahre 1882 auf 33,8% 1907 zu.[43] Es ging viel eher um einen gewissen Schutz für die Arbeiterinnen, zu dessen Erreichung der gemeinsame Kampf mit den organisierten Arbeitern gegen die Unternehmer das beste Mittel schien. Die Forderung nach dem Frauenwahlrecht wurde sehr viel lauter erhoben als unter den bürgerlichen Frauen.

Die Stellung des Bürgertums als bloßer Juniorpartner der alten herrschenden Gruppen hatte noch eine weitere wichtige Folge: Da ihm der politische Aufstieg weitgehend versagt war, wurden ihm – neben der Wirtschaft – Bildung und Wissenschaft zu einer Art Ersatz. Eine Reihe deutscher Staaten, unter ihnen Preußen, hatten schon im

---

42 J. Sperber, Voters, 57. Vgl. auch H.W. Smith, Nationalism, 238.
43 G. Hohorst, Arbeitsbuch, 66.

18. Jahrhundert eine wichtige Rolle gespielt bei der Durchsetzung der Schulpflicht, auf dem Hintergrund protestantischer Bibeltradition und obrigkeitsstaatlicher Wohlfahrtspolitik. Um 1870 war die allgemeine Volksbildung in ganz Deutschland nahezu verwirklicht. Die Einschulungsquote lag bei etwa 90%; in Preußen betrug die Analphabetenquote bei Männern 9,5% und bei Frauen 14,7%. 1875 waren noch 2,37% der im Reich ausgehobenen Rekruten Analphabeten; 1897 waren es weniger als 0,1%.[44] Nach 1871 wurde die Qualität der Volksschule zumindest in den Städten deutlich verbessert. Über ihr erhob sich ein höheres Bildungswesen, das in der ersten Hälfte des Jahrhunderts reformiert worden war, mit den beiden Kerninstitutionen Gymnasium und Universität. Die Universitäten wurden schwerpunktmäßig zu Stätten der Forschung. Zu ihnen traten seit 1868 die Technischen Hochschulen. Dank diesem System gewannen die deutschen Hochschulen und die deutsche Wissenschaft, sowohl in Naturwissenschaften und Technik als auch in den Geisteswissenschaften, eine weltweit führende Stellung. Da die höhere Bildung im Gegensatz zur Volksschule nicht unentgeltlich war, blieb sie in der Praxis weitgehend ein Privileg der Mittel- und Oberschichten, wobei das Bürgertum dominierte.

Unter ethnisch-sprachlichen Gesichtspunkten war das Deutsche Reich ein Nationalstaat. Allerdings kannte es, wie die meisten europäischen Staaten, nationale Minderheiten.[45] In der Volkszählung von 1900 kamen auf eine Gesamtbevölkerung von 56,4 Millionen 141.000 Dänen (knapp 0,3% der Bevölkerung) in Nordschleswig, sowie gut 3 Millionen Polen (6%) in den östlichen Provinzen Preußens. Da die Industrialisierung zu einer Westwanderung der Bevölkerung führte, und zwar zuerst unter den Deutschen, entstanden Befürchtungen, die Ostprovinzen könnten gänzlich polnisch werden. Das führte zu einer repressiven und diskriminierenden, aber letztlich erfolglosen Germanisierungspolitik.

Insgesamt waren die nationalen Minderheiten zu klein, um eine zentrale politische Rolle zu spielen, aber groß genug, um sich immer wieder in Erinnerung zu rufen und dadurch den Nationalismus der Mehrheitsbevölkerung zu schüren.

Eine besondere Herausforderung stellte die im Jahre 1900 gut 1,7 Millionen zählende Bevölkerung von Elsass-Lothringen dar, von der nur etwa 212.000 Personen Französisch und die übrigen Deutsch als Muttersprache angaben. Ihre nationalen Sympathien wurden zwischen 1870 und 1945 nie durch ein Plebiszit ergründet. Objektiv mussten die Deutschsprachigen als Deutsche gelten – ob sie es aber auch sein wollten, war unklar. Die föderalistische Konstruktion des Reiches schuf hier zusätzliche Schwierigkeiten. Ein Anschluss an einen der bestehenden Gliedstaaten kam aus Gründen des Gleichgewichts nicht in Frage, während das Misstrauen gegenüber der Bevölkerung zu groß war, als dass ein gleichberechtigter neuer Gliedstaat hätte geschaffen werden können. So wurde das Gebiet als sogenanntes Reichsland direkt verwaltet. Das bedeutete einen minderberechtigten Status, der erst 1911 abgemildert, aber noch nicht aufgehoben wurde.

Nicht zu den nationalen, sondern zu den religiösen Minderheiten zählten offiziell die Juden, mit 587.000 Personen im Jahre 1900 gut ein Prozent der Bevölkerung. Sie nahmen langsamer zu als die christliche Bevölkerung und konzentrierten sich vor-

---

44 P. Lundgreen, Sozialgeschichte, 93; O. Büsch, Handbuch, 725; G. Hohorst, Arbeitsbuch, 165.
45 Meyers Konversationslexikon, 6. Aufl., Bd. 4, Leipzig 1908, 768; 772–774, Art. Deutschland.

nehmlich auf einige Großstädte. Sie waren seit 1871 im ganzen Reich der christlichen Bevölkerung rechtlich gleichgestellt. Faktisch aber blieben ihnen der Staatsdienst und die Offizierslaufbahn weitgehend verschlossen. Dazu trug der sich seit den späten 1870er Jahren rasch ausbreitende Antisemitismus bei.

2.3.5 Vom saturierten Nationalstaat zur Weltpolitik oder vom hypertrophen Bündnissystem in die Isolation, 1871–1914

In der jahrhundertealten Tradition der europäischen Politik und insbesondere der Beziehungen zwischen den Großmächten war die Schaffung des kleindeutschen Reiches 1864–1871 eine Meisterleistung. Während sonst jede Machtverschiebung innerhalb des gesamten Staatensystems sorgfältig austariert werden musste, um ein hypothetisches Gleichgewicht nicht zu gefährden, war es Bismarck gelungen, im Zentrum Europas eine gravierende Umgestaltung und vor allem eine Machtkonzentration vorzunehmen, ohne dass die Großmächte eingegriffen hatten. Die Tatsache, dass 1866 und 1870/71 je eine Großmacht in den Krieg mit Preußen verwickelt gewesen war, sprach nicht etwa gegen diese Sichtweise, sondern bekräftigte sie noch: Die anderen Mächte, die in einer solchen Situation erst recht zum Eingreifen berufen gewesen wären, mischten sich nicht ein.

Ein solcher Erfolg war kaum wiederholbar, schon gar nicht zugunsten Deutschlands. Bismarck zog daraus die Konsequenz, Deutschland zum „saturierten" Staat zu erklären und sich in der politischen Praxis auch daran zu halten. Er wollte den 1871 geschaffenen Zustand zur Grundlage eines neuen Gleichgewichts machen. Dabei war davon auszugehen, dass Frankreich den neuen Zustand auf absehbare Zeit zu revidieren versuchen würde. In dieser Haltung mochte es durch den später gerne als Unrecht dargestellten Verlust Elsass-Lothringens bestärkt worden sein. Doch sollte dessen Bedeutung nicht überschätzt werden. Volksabstimmungen bei Gebietsabtretungen waren in dieser Zeit keineswegs üblich. Wurden sie doch einmal abgehalten, so wurden sie schamlos manipuliert, auch von Frankreich 1860 in Nizza und Savoyen. Für Frankreich war 1870 die Rheingrenze als Kriegsziel selbstverständlich, obwohl klar war, dass die Zustimmung der betroffenen Bevölkerung nie zu haben sein würde. Der eigentliche Grund für die französische Feindschaft nach 1870 lag in der Demütigung, die die Niederlage an sich bedeutete, nachdem Frankreich dem Reich und den deutschen Einzelstaaten während Jahrhunderten fraglos überlegen gewesen war.

Aus dieser Situation ergab sich für Bismarck das Ziel, Frankreich möglichst zu isolieren, indem er alle übrigen Staaten von einigem politischen Gewicht an Deutschland zu binden versuchte. Dieses Konzept enthielt eine Schwäche, die Bismarcks Werk längerfristig gefährdete. Die Interessen der verschiedenen Staaten waren so unterschiedlich und oft genug geradezu antagonistisch, dass es unmöglich sein musste, sie alle auf längere Zeit gegen Frankreich zusammenzuhalten oder auch nur, sie von Frankreich zu isolieren.

Eine Politik der bloßen Erhaltung des Status quo musste, was ihre Glaubwürdigkeit betraf, noch auf eine weitere Schwierigkeit stoßen. Deutschlands kontinuierlich wachsendes wirtschaftliches und demographisches Gewicht in Europa schien die Annahme stabiler, ausgeglichener Verhältnisse Lügen zu strafen. Auf die Dauer ließen sich politische Auswirkungen solcher Gewichtsverlagerungen kaum vermeiden.

Die neue Politik musste vor allem Russland und Österreich-Ungarn betreffen, da sich Großbritannien in Friedenszeiten traditionell aus kontinentalen Bindungen heraushielt. Bismarck versuchte, durch lockere Neutralitätsabsprachen in Form des sogenannten Dreikaiserbundes beide Kontinentalmächte an Deutschland zu binden. Doch wurde schon während der Balkankrise 1878 deutlich, dass die Interessen der beiden nicht miteinander vereinbar waren und Deutschland somit Prioritäten setzen musste. Bismarck entschied sich 1879 für ein Bündnis mit der Donaumonarchie, die ihm verlässlicher und gefügiger als Russland schien. Er ergänzte diese Allianz 1882 durch Italien und 1883 durch ein geheimes Abkommen mit Rumänien, während er zugleich den Dreikaiserbund weiterpflegte. Nach heftigen Auseinandersetzungen mit Österreich-Ungarn lehnte Russland allerdings 1887 eine Erneuerung ab, so dass sich Bismarck auf die Aushilfe des bilateralen sogenannten Rückversicherungsvertrages verwiesen sah, der mit den Verpflichtungen gegen Österreich nicht wirklich vereinbar war. Als sein Nachfolger Graf Leo von Caprivi (1890–1894) den Rückversicherungsvertrag 1890 nicht mehr erneuerte, war das weniger ein Bruch mit der Bismarckschen Tradition als die logische Konsequenz aus ihr. Das deutsch-österreichische Bündnis musste Russland geradezu in ein Bündnis mit Frankreich zwingen, wie es dann 1892 auch abgeschlossen wurde und 1894 in Kraft trat.

Damit stand Deutschland auf dem Kontinent in der schwächeren Mächtekonstellation. Ein wirkliches Gegengewicht ließ sich nur durch ein engeres Zusammengehen mit Großbritannien schaffen. Einflussreiche Kräfte in beiden Staaten versuchten es um die Jahrhundertwende herbeizuführen. Letztlich aber war es unvereinbar mit einer neuen Tendenz, die seit den neunziger Jahren in Deutschland aufkam und zu deren Repräsentant par excellence Kaiser Wilhelm II. wurde: der Forderung nach sogenannter Weltpolitik.

Ein Zusammengehen mit Großbritannien hätte Deutschland eine sichere Rückendeckung für seine kontinentale Politik verschafft. Aber das hätte von ihm als Gegenleistung die Anerkennung der britischen Weltstellung und damit, weltweit gesehen, die Position des Juniorpartners, der außerhalb Europas wenig zu sagen hatte, verlangt. Hinter der Weltpolitik standen indessen gerade Forderungen nach gleichberechtigter Stellung Deutschlands, das, seinem wirtschaftlichen und militärischen Gewicht entsprechend, aus einer europäischen Großmacht zu einer Weltmacht werden sollte. Bismarck hatte solchen Tendenzen, wohl ohne es zu beabsichtigen, bereits Vorschub geleistet, durch den Erwerb von Kolonien in Afrika und Ozeanien 1884/85. Die Ziele, die er damit verfolgte, sind bis heute umstritten. Doch steht fest, dass er Deutschlands Zukunft nicht in einem Kolonialreich sah, sondern die überseeischen Gebiete eher widerwillig übernahm. In der Tat erwies sich das deutsche Kolonialreich als in jeder Hinsicht unrentabel. Es hatte weder strategische Bedeutung, noch nahm es Siedler oder Kapital auf, noch warf es Gewinne ab. 1912 stammten gerade 0,4% der deutschen Importe aus den Kolonien, und 0,5% der Exporte gingen dorthin, und lediglich 23.500 Deutsche lebten in ihnen.[46] Aber sie beflügelten die Phantasie derer, die von einem weltumspannenden Reich träumten.

---

46 K.E. Born, Wirtschafts- und Sozialgeschichte, 149; W. Fischer, in ders., Handbuch 5, 434.

Man kann den deutschen Versuch, Weltpolitik zu betreiben, der von einer breiten mittelständischen, national orientierten Öffentlichkeit getragen wurde, nicht von vornherein als illegitim bezeichnen. Großbritanniens Recht auf eine dominierende Weltstellung war ebensowenig in der Schöpfung verbrieft wie dasjenige der Spanier und Portugiesen im 16. Jahrhundert. Nur musste sich die deutsche Politik bewusst sein, dass sie als Herausforderer antrat gegen ein Land, für das es nicht nur um wichtige Grundlagen seines Wohlstands ging, sondern auch um die Sicherheit seiner Nahrungsmittelversorgung, musste es doch mehr als die Hälfte seines Bedarfs aus Übersee einführen. Das Dilettantische an der deutschen Politik lag darin, dass sie diesen existentiellen Charakter der Auseinandersetzung nicht wirklich zur Kenntnis nehmen wollte. Aus dem Dilettantismus wurde eine Überschätzung der eigenen Kräfte, als die deutsche Regierung es nicht für nötig hielt, sich für die Auseinandersetzung mit England eine solide kontinentale Basis zu schaffen.

Der Wandel erfolgte langsam, mit vielen Kompromissmöglichkeiten. Großbritannien stand deutschen Aktivitäten in Übersee durchaus mit einem gewissen Wohlwollen gegenüber, sowohl was den Kolonialerwerb als auch was den Aufbau einer Flotte betraf. Noch 1914 erfolgten Einigungen über eine eventuelle Aufteilung der portugiesischen Kolonien und eine Regelung der Interessen beim Bau der Bagdadbahn. Doch die britische Kompromissbereitschaft hielt sich im Rahmen einer vorausgesetzten Stellung Deutschlands als Juniorpartner. Darauf wollte sich Deutschland nicht einlassen.

Erschwerend wirkte sich noch aus, dass Kaiser Wilhelm II. nach der Entlassung Bismarcks (1890) immer wieder unkoordiniert in die Außenpolitik eingriff, mit wenig substantiellen Reden und Aktionen, die aber oft provozierend wirkten.

Zum eigentlichen Stein des Anstoßes und zur Herausforderung für die Briten wurde der 1898 begonnene deutsche Schlachtflottenbau. Deren Initiator und Haupttriebkraft, Marineminister Admiral Alfred von Tirpitz, wollte die nach der britischen größte Flotte der Welt aufbauen – eine Absicht, die auch mit äußerster Konsequenz verwirklicht wurde. Zwar definierte Tirpitz den Zweck der deutschen Flotte defensiv, indem er sie als „Risikoflotte“ bezeichnete. Damit war gemeint, dass ein Angriff auf die deutsche Flotte für jede Flotte, also auch für die britische, zu einem Risiko werden sollte. Das war indessen nur eine andere Formulierung für die durchaus beabsichtigte Einschränkung der britischen Handlungsfreiheit.

Der deutsche Flottenbau, auf den die Briten mit einem raschen Ausbau ihrer Marine antworteten, setzte ein förmliches Wettrüsten in Gang. Er erhielt solche Priorität, dass dafür sogar Abstriche bei der Landrüstung in Kauf genommen wurden. Der Glanz einer erhofften Weltstellung blendete die deutsche Führung so stark, dass sie ihre ganz überwiegend durch die Lage in Europa bestimmte strategische Situation aus dem Auge verlor. Geblendet war allerdings nicht nur die Führung. Die neue Politik war in breiten Kreisen so populär, dass ein Verzicht auf sie innenpolitisch kaum durchsetzbar gewesen wäre.

Die Vernachlässigung der kontinentalen Verhältnisse ging noch weiter, indem es Deutschland versäumte oder nicht für nötig hielt, seine imperiale Politik durch die Gewinnung neuer Bundesgenossen auf dem Kontinent abzusichern. Dafür wäre wohl nur Russland in Frage gekommen, dem erhebliche Zugeständnisse insbesondere auf dem Balkan hätten gemacht werden müssen, die wiederum zulasten Österreichs gegangen wären. Stattdessen näherten sich die Briten dem französisch-russischen Bündnis an, bis 1907 die informelle Dreierallianz perfekt war. Deutschland hatte sich damit in die Isolation manövriert, weil es sowohl eine Vormachtstellung in Europa als auch eine mit Großbritannien paritätische Weltstellung anstrebte. Diese selbst herbeigeführte Isolation wurde in Deutschland überwiegend als Einkreisung wahrgenommen.

Die neue Situation wurde Deutschland auch immer wieder durch von ihm selbst provozierte Krisen vor Augen geführt, wenn es jeweils im Alleingang seine Interessen durchzusetzen versuchte. Das war etwa in Südafrika und in besonders markanter Weise in den beiden Marokkokrisen von 1905/06 und 1911 der Fall, als Deutschland gegen französische Versuche intervenierte, sich in Marokko die Vormachtstellung zu sichern. Es traf beide Male auf eine geschlossene diplomatische Abwehrfront und musste sich mit weitgehend symbolischen Zugeständnissen zufrieden geben.

Die Isolation, die noch dadurch verstärkt wurde, dass Italien und Rumänien zu immer unsichereren Bundesgenossen wurden, führte zu einer Aufwertung des letzten noch sicheren Rückhalts der deutschen Außenpolitik, des Bündnisses mit der Donaumonarchie. Zu dieser Bindung bestand kaum noch eine Alternative, so dass schließlich der stärkere Bundesgenosse vom schwächeren abhängig wurde oder sich jedenfalls abhängig fühlte. Weil Deutschland die Habsburgermonarchie um jeden Preis halten wollte, glaubte es sie auch um jeden Preis stützen und sich infolgedessen für Ziele, die nicht die seinen waren, einsetzen zu müssen. Das war erstmals 1908/09 der Fall, als Deutschland die Annexion Bosnien-Herzegowinas durch die Donaumonarchie mittels eines Ultimatums an Russland absicherte. Und es war im Juli 1914 wieder der Fall, als Deutschland Österreich-Ungarn nicht nur bedingungslose Unterstützung gegen Serbien zusagte, sondern auch zu entschiedenem Handeln drängte. Es lud damit einen erheblichen Teil der Verantwortung für den Kriegsausbruch auf sich. Hingegen kann man nicht sagen, es habe diesen Krieg systematisch herbeigeführt. Vielmehr stellte der Kriegsausbruch den Bankrott der deutschen Außenpolitik dar. Das Land zog in einen Krieg für Interessen, die nicht die seinen waren. Aggressivität und Hilflosigkeit mischten sich in eigenartiger Weise. Eine wichtige Rolle spielte auch die in der militärischen und in der zivilen Führung verbreitete Furcht, wenn der Krieg schon unvermeidlich sei, dann sei es besser, ihn jetzt zu führen, weil die Lage in einigen Jahren noch schlechter sein würde. Das war nichts als das Eingeständnis der gescheiterten Politik, die nur immer tiefer in eine Sackgasse führte. Der Krieg war 1914 nicht der konsequente Abschluss einer planvoll aufgebauten, expansiven Weltpolitik, sondern das verzweifelte, geradezu fatalistische Ende einer die eigenen Möglichkeiten überschätzenden Politik. Dass sich in den letzten, entscheidenden Tagen auch noch die Militärs außerstande zeigten, für unterschiedliche Situationen zu planen, bestätigte den Eindruck des zunehmenden Realitätsverlusts, unter dem die deutsche Politik in den vorangegangenen Jahren gelitten hatte.

2.4 Österreich-Ungarn[1]

Von allen europäischen Großstaaten der behandelten Zeit ist Österreich-Ungarn am gründlichsten von der Landkarte verschwunden. Drei Teile des Reiches sind zu vollständigen Nationalstaaten geworden, die übrigen Teile sind benachbarten Nationalstaaten angegliedert worden.

Die gänzliche Auflösung des Reiches nach 1918 macht die Geschichte der Habsburgermonarchie zur ausgeprägtesten Verkörperung des krisenhaften Übergangs Europas vom 19. zum 20. Jahrhundert. Andererseits zeigt diese Geschichte auch das Bild einer gewissen Geschlossenheit der Epoche: Die hier behandelte Zeit wird umspannt von der Regierungszeit des Kaisers Franz Joseph (1848–1916), der in Österreich noch heute gerne als Franz Joseph I. bezeichnet wird. Dabei war der Herrscher nicht nur ein Symbol, sondern er verfügte bis zum Schluss über eine erstaunliche Machtfülle, und er war vielleicht die wichtigste Kraft, die das auseinanderstrebende Reich zusammenhielt.

2.4.1 Außenpolitik als Überlebenskunst: Von der europäischen Großmacht zum Juniorpartner Deutschlands

Als einzige unter den europäischen Großmächten wurde Österreich durch die Revolution von 1848/49 ernsthaft in seiner Existenz gefährdet, in erster Linie durch die Kriege und Aufstände in Italien und Ungarn. Es gelang der schmalen herrschenden Gruppe aber, nach langwierigen Kämpfen, das Reich ohne Gebietsverluste zu erhalten. Dabei musste der Staat allerdings eine Reihe außenpolitischer Hypotheken aufnehmen, für deren Tilgung er in den folgenden Jahrzehnten einen hohen Preis zu zahlen gezwungen war. In Italien wurde Österreich nach der blutigen Niederwerfung der Revolution endgültig zum Hauptfeind der Einigungsbewegung. Der Einsatz eines russischen Expeditionskorps von 200.000 Mann zur Bekämpfung der ungarischen Aufständischen 1849 führte zu einer erheblichen Abhängigkeit von und jedenfalls einer Dankesschuld gegenüber Russland. Diese Verbindung mit dem reaktionärsten Staat Europas wiederum schadete dem Ansehen Österreichs in Mittel- und Westeuropa schwer. Von besonderer Bedeutung war, angesichts der noch offenen Deutschen Frage, der Prestigeverlust in Deutschland. Ein Deutsches Reich unter österreichischer Führung erschien allen gemäßigten, liberalen und demokratischen Kreisen wenig erstrebenswert.

Zunächst allerdings hatte die erfolgreiche Restauration Österreichs Stellung gestärkt. Der für die künftigen Machtverhältnisse entscheidende Punkt war zweifellos die Deutsche Frage. Österreich vermochte unter Ministerpräsident Schwarzenberg Preußen, das versucht hatte, unter Ausnutzung der österreichischen Schwäche mit der Erfurter Union seine Führungsstellung durchzusetzen, 1850 in der sogenannten

1 Die Habsburgermonarchie nannte sich bis 1867 offiziell „Kaisertum Österreich". Seit 1867 war das Reich in zwei weitgehend voneinander unabhängige Staaten geteilt, in das Königreich Ungarn und einen österreichischen, offiziell namenlosen Teil, umschrieben als „die im Reichsrate vertretenen Königreiche und Länder". Inoffiziell sprach man, nach dem Grenzfluss Leitha, oft von Cisleithanien für die westliche Reichshälfte und von Transleithanien für Ungarn. Ein konsequent verwendeter Name für das Gesamtreich fehlte; üblich war die Bezeichnung als Österreichisch-Ungarische Monarchie, wobei der Dualismus der beiden Reichshälften adjektivisch besonders betont wurde durch die Wendungen „k.k." oder „k.u.k.", d.h. kaiserlich (österreichisch) (und) königlich (ungarisch). Hier wird das Gesamtreich bis 1867 als 'Österreich' bezeichnet, danach als 'Österreich-Ungarn'. 'Ungarn' und 'ungarisch' werden für die östliche Reichshälfte und deren Bewohner, unabhängig von ihrer Nationalität, verwendet, während mit 'Magyarisch' und 'Magyaren' die ungarische Sprache und ihre Sprecher bezeichnet werden. Vgl. E. Zöllner, in A. Wandruszka/P. Urbanitsch, Habsburgermonarchie 3,1, 28f.

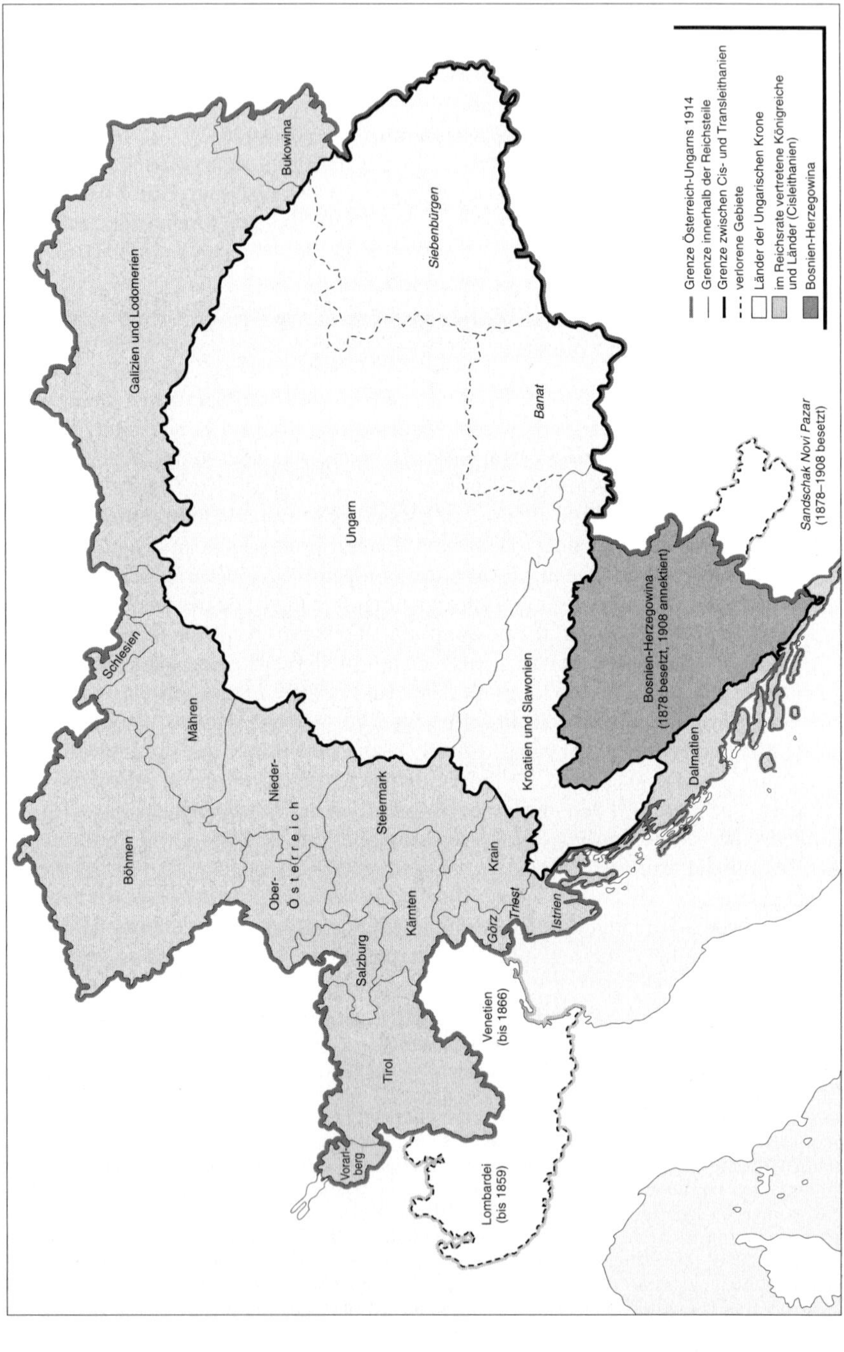

Abb. 4: *Österreich-Ungarn 1848–1914*

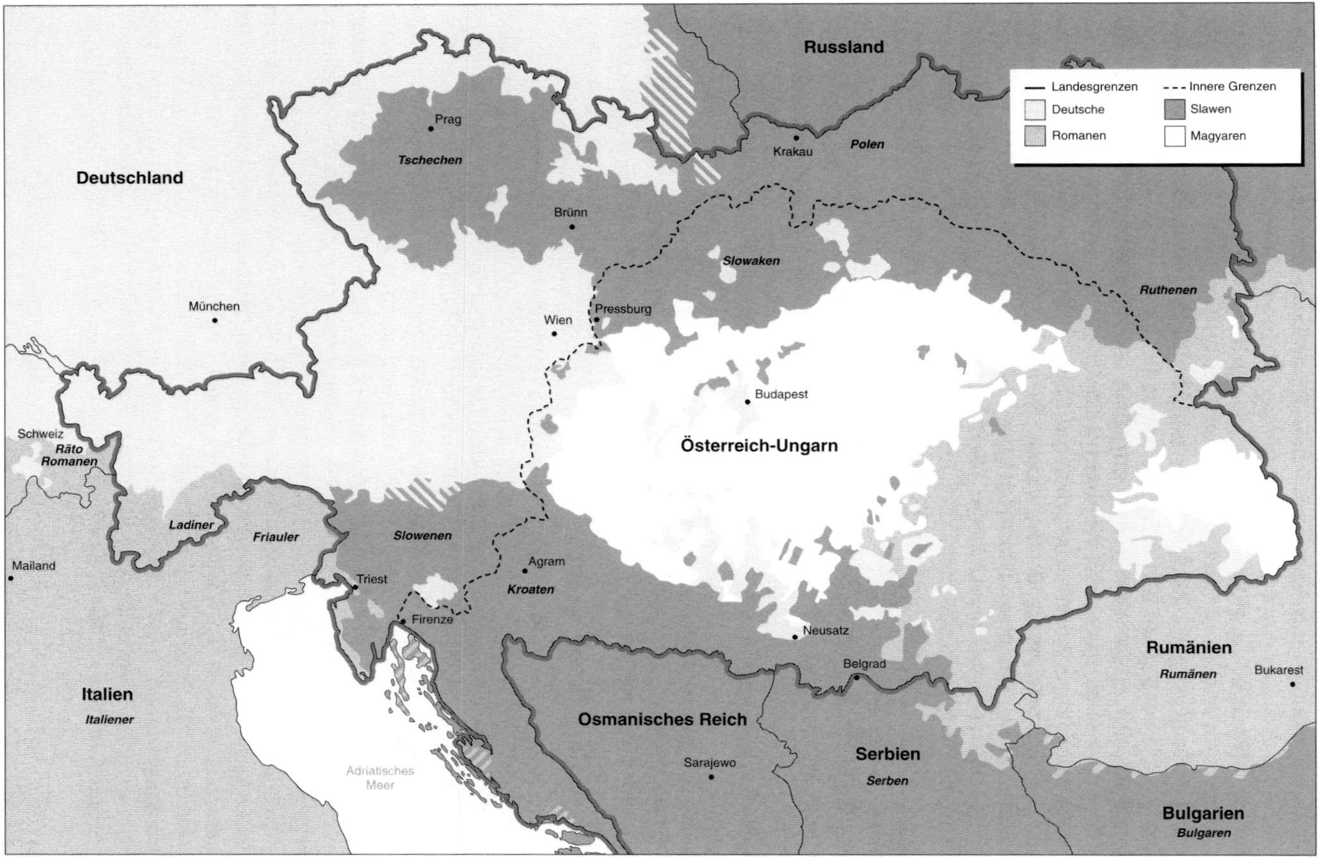

Abb. 5: *Nationalitäten in Österreich-Ungarn um 1900*

Olmützer Punktation zum Verzicht auf diese Union zu zwingen. Der Deutsche Bund wurde 1851 in seiner alten Form wiederhergestellt. Doch die österreichischen Kräfte reichten nicht aus, um diesen Abwehrerfolg konstruktiv umzusetzen, den eigenen Führungsanspruch institutionell zu verankern. Es gelang weder, die gesamte Donaumonarchie zum Mitglied des Deutschen Bundes zu machen, noch eine den ganzen Bund umfassende Zollunion zu errichten. Das hatte, neben der erwähnten Abneigung gegen Österreichs reaktionäre Politik, vor allem ökonomische Gründe. Während das wirtschaftlich rasch erstarkende Preußen im Zollverein, dem die meisten übrigen Bundesmitglieder ohne Österreich angehörten, eine Freihandelspolitik durchsetzte, sah sich Österreich auf Schutzzölle angewiesen.[2] Als 1866 der Krieg um die Hegemonie in Deutschland ausbrach, hatte Österreich ihn auf der wirtschaftlichen Ebene bereits verloren, war es doch Preußen gelungen, Österreich vom Zollverein auszuschließen. Der preußische Sieg bei Königgrätz am 3. Juli 1866 besiegelte diese Verhältnisse. Österreich musste sich im nachfolgenden Frieden von Prag (23. August) ganz aus Deutschland zurückziehen; der Deutsche Bund wurde aufgelöst.

1866 markiert die entscheidende außenpolitische Niederlage Österreichs im 19. Jahrhundert. Das Land war danach zu schwach, um in West- und Mitteleuropa eine eigenständige Politik zu betreiben. Zu dieser Niederlage hatten auch Vorgänge an anderen Fronten beigetragen. Dazu gehörten insbesondere die Spätfolgen der Revolution von 1848/49 in Italien. 1859 hatte Sardinien-Piemont, mit ausschlaggebender französischer Hilfe, den Österreichern in Oberitalien eine schwere Niederlage zugefügt und die Lombardei erobert. Noch aber behielt Österreich Venetien. 1866 verbündete sich Preußen mit Italien gegen Österreich. Diesmal errang Österreich zwar glänzende Siege zu Wasser und zu Lande. Doch der Krieg im Süden schwächte seine Kräfte im Norden, und im Gefolge der dortigen Niederlagen musste es nun auch Venetien abtreten.

Damit war im Westen endgültig jeder Handlungsspielraum geschwunden. Österreich behielt, im Trentino und in Istrien, gerade so viele italienischsprachige Gebiete, dass der Konflikt mit Italien weiterschwelen konnte.

Die Vorgänge in Deutschland und Italien zeigten die Schwierigkeiten Österreichs mit nationalen Einigungsbewegungen: es hatte sich weder an die Spitze einer solchen zu setzen vermocht, noch die eigene Bevölkerung gegen andere Bewegungen zu immunisieren verstanden. Diese Stellung zwischen den Fronten der Nationalbewegungen sollte das Reich bis 1918 schwächen, konnte doch keine Außenpolitik es allen im Reiche lebenden Nationalitäten recht machen.

Wichtiger noch als Italiens war Russlands Haltung. Dieses erwartete im Krimkrieg (1853–1856) von Österreich zumindest wohlwollende Neutralität und moralische Unterstützung, als Gegenleistung für die Hilfe gegen Ungarn 1849. Statt dessen versuchte Österreich, die Schwäche Russlands zu nutzen, um die eigene Handlungsfähigkeit zurückzugewinnen. Es ließ Truppen im Osten aufmarschieren. Dadurch band es bedeutende Teile der russischen Armee, und es zwang Russland, die Donaufürstentümer zu räumen, in die es seinerseits einmarschierte. 1854 schloss es sogar ein Bündnis mit

2 Vgl. W. Zorn, Reichsgründungszeit.

Frankreich und Großbritannien. Es sandte indessen keine Truppen mehr nach der Krim, so dass es in der Gunst der Westmächte von Sardinien-Piemont ausgestochen wurde, das 15.000 Mann zur Verfügung stellte und sich so den Weg zum Erfolg von 1859 gegen Österreich ebnete. Dieses hatte sich zwischen alle Stühle gesetzt. Russland rächte sich, indem es in den deutschen Einigungskriegen Preußen indirekt durch Neutralität unterstützte.

Für Österreich-Ungarn hätte allenfalls noch der deutsch-französische Krieg von 1870/71 die Chance zu einer Revanche gegen Preußen geboten, durch ein Bündnis mit Frankreich. Doch herrschte gegenüber Frankreich große Zurückhaltung, hatte doch Napoleon III. 1865 den von ihm im Jahr zuvor eingesetzten Kaiser Maximilian von Mexiko, den Bruder Kaiser Franz Josephs, fallengelassen und dadurch wesentlich zu seiner Niederlage und seinem Tod (1867) beigetragen. Vor allem aber war in Wien die Bereitschaft gering, nach den großen Verlusten in den Kriegen von 1859 und 1866 neue Risiken auf sich zu nehmen.

Das einzige Gebiet, in dem sich nach 1871 vor Österreich-Ungarn keine unüberwindbaren Hindernisse auftürmten, war der Balkan. Jegliche Expansion in Richtung Balkan aber musste den Widerstand Russlands provozieren, das seit dem 18. Jahrhundert die Kontrolle über die Meerengen erstrebte. Innenpolitische Komplikationen kamen hinzu. Die etwa zur Hälfte slawische Bevölkerung der Monarchie war zwar überwiegend skeptisch eingestellt gegenüber dem Panslawismus, aber keineswegs für eine Konfrontation mit der großen slawischen Macht Russland. Ein Zusammengehen mit Russland wiederum wurde von den Magyaren vehement bekämpft und von Deutschland, das sich lieber mit dem schwächeren Österreich als mit dem mächtigen Russland verbünden wollte, abgelehnt.

Die große Balkankrise der Jahre 1875–1878 brachte die Entscheidung. Wie im Krimkrieg versuchte Österreich-Ungarn, vom russisch-türkischen Krieg (1877/78) zu profitieren, diesmal, indem es als Kompensation für russische Gebietsgewinne Bosnien-Herzegowina und den Sandschak Novi Pazar besetzte. Die Gebiete blieben nominell unter dem Sultan. Sie wurden aber von Wien aus verwaltet. Die Entfremdung von Russland verstärkte sich, und 1879 zog Österreich die Konsequenz in Form eines engen, wesentlich gegen Russland gerichteten Bündnisses mit Deutschland. Es wurde bezeichnenderweise unter einem ungarischen Außenminister geschlossen, Graf Gyula Andrássy, einem alten Freiheitskämpfer von 1848/49, der sich 1849 durch Flucht dem Todesurteil entzogen hatte.

Damit war die Donaumonarchie eng an Deutschland gebunden. Der Konflikt mit Italien wurde durch den Abschluss des Dreibundes mit Deutschland (seit 1882) einigermaßen neutralisiert, so dass sich Österreich-Ungarn auf den Balkan konzentrieren konnte. Es gelang ihm, seine Position zu konsolidieren, obwohl es keine klare und konsequente Politik verfolgt. Das hatte hauptsächlich innenpolitische Gründe und zeigte sich 1908 besonders deutlich. Außenminister Aloys von Aerenthal wollte die Schwächung Russlands durch die Revolution von 1905 und diejenige des Osmanischen Reiches durch den jungtürkischen Umsturz von 1908 nutzen und annektierte Bosnien und die Herzegowina. Doch keine der beiden Reichshälften war bereit, sich das neue Gebiet einzuverleiben, da dadurch der Anteil der Slawen vergrößert worden wäre. Man musste für Bosnien-Herzegewina einen Sonderstatus schaffen.

Infolge des habsburgischen Expansionismus auf dem Balkan wurde das Verhältnis zu den Südslawen zum gravierendsten Problem des Reiches. Nach 1878 gelang es zunächst, Serbien in einer Art Abhängigkeitsverhältnis zu halten. 1903 aber brachte dort ein Staatsstreich eine russlandfreundliche Dynastie an die Macht und erzeugte damit eine Konstellation, die schließlich in den Ersten Weltkrieg führte: Serbien unterstützte die südslawische Agitation in Österreich-Ungarn, das sich so bedroht fühlte, dass es 1914 das Risiko des allgemeinen Krieges auf sich nahm und gegen Serbien losschlug.

Eines der Hauptprobleme der Monarchie lag darin, dass fast überall beidseits der Grenze Angehörige jeweils derselben Nationalität lebten. Das erforderte große Rücksicht, ja zwang mehr oder weniger zur Immobilität. Hätte Österreich aber auf jegliche eigenständige und tendenziell expansive Politik verzichtet, so hätte es nach den ungeschriebenen Regeln des Mächtesystems seine Großmachtstellung mit der Zeit verloren.

Freilich fehlte noch eine weitere Voraussetzung für den Status einer wirklichen Großmacht. Spätestens seit 1867 blieb die Armee immer weiter hinter möglichen europäischen Konkurrenten zurück. Man dachte ihr eher eine innen- als eine außenpolitische Rolle zu. Zwar wurde unter dem Eindruck von Königgrätz 1868 die dreijährige allgemeine Wehrpflicht eingeführt. Angesichts niedriger Militärausgaben ließen aber Ausbildung und Bewaffnung je länger je mehr zu wünschen übrig. Und die Wehrpflicht wurde keineswegs streng gehandhabt. Hielt Frankreich im Jahre 1906 0,75% der Bevölkerung unter Waffen und Deutschland 0,49%, so waren es in der Donaumonarchie lediglich 0,29%.[3] Der Anteil der Militärausgaben am Staatshaushalt sank von 51,8% im Jahre 1854 über 47,4% 1866 und 24,1% 1870 auf 15,7% im Jahre 1910.[4]

2.4.2 Innenpolitik: Verfassungsfragen und Nationalitätenkampf

Im Habsburgerreich war die Bevölkerung ethnisch und sprachlich heterogener als in jedem anderen europäischen Staat, nicht jedoch in religiöser Hinsicht, wie die folgende Tabelle zeigt:

Tabelle 3: Religionen in Österreich-Ungarn 1910[5]

Religion	Prozentsatz
Katholiken (römisch-katholische, griechisch-katholisch unierte und andere unierte Riten)	77,2
Protestanten	8,9
Griechisch-Orthodoxe	8,7
Juden	3,9
Muslime	1,1

3 E. Hanisch, Schatten, 218.
4 J. Wysocki, in A. Wandruszka/P. Urbanitsch, Habsburgermonarchie 1, 91.
5 R.A. Kann, Nationalitätenproblem 2, 393.

Immerhin waren manche Gebiete überwiegend nichtkatholisch, und auch die Verteilung auf die Reichshälften war höchst ungleich. Betrug der Anteil der Katholiken in Cisleithanien 91%, so lag er in der ungarischen Reichshälfte (ohne Kroatien-Slawonien) nur bei 60,6%.[6]

Wesentlich ausgeprägter war die ethnische Vielfalt. Doch ließ sie sich angesichts über Jahrhunderte hinweg anhaltender Vermischung nicht wirklich messen, und der Staat unternahm auch keine entsprechenden Versuche.

Die eigentliche Ausdrucksform für die sprichwörtliche Vielfalt der Donaumonarchie waren die Sprachen. Da eine offizielle Definition der Nationalitäten oder, wie man zeitgenössisch sagte, der Volksstämme fehlte und auch nicht möglich war, bildete in der Praxis die Sprache das Einteilungskriterium für die Bevölkerung, indem bei Volkszählungen in Österreich nach der Umgangs- und in Ungarn nach der Muttersprache gefragt wurde. Da das Jiddische nicht als landesübliche Sprache anerkannt war, erschienen die Juden nicht als gesonderte Nationalität, obwohl sie in einem weiteren Sinne in Cisleithanien teilweise als solche betrachtet wurden.[7] Sie erschienen in der Religions-, nicht in der Nationalitätenstatistik.

Die Nationalitäten müssen im habsburgischen Vielvölkerstaat also für alle praktischen Zwecke mit den Sprachgruppen gleichgesetzt werden. Deren Verbreitung zeigt die folgende Tabelle:

Tabelle 4: Nationalitäten in Österreich-Ungarn 1880 und 1910[8]

Nationalität	1880		1910	
	Anzahl	%	Anzahl	%
Deutsche	9 963 000	26,4	11 987 000	24,2
Magyaren	6 445 000	17,1	10 050 000	20,3
Tschechen	5 181 000	13,7	6 436 000	13,0
Slowaken	1 864 000	5,0	1 968 000	4,0
Serbo-Kroaten	2 916 000	7,7	3 528 000	7,6
Slowenen	1 141 000	3,0	1 253 000	2,5
Polen	3 239 000	8,6	4 686 000	10,0
Ruthenen (Ukrainer)	3 149 000	8,3	3 991 000	8,1
Rumänen	2 596 000	6,0	3 224 000	6,5
Italiener	669 000	1,7	768 000	1,6
Sonstige	623 000	1,6	1 090 000	2,2
Insgesamt	37 786 000	100,0	49 263 000	100,0

6 Ebd. 392f.

7 So in der Bukowina. G. Stourzh, in A. Wandruszka/P. Urbanitsch, Habsburgermonarchie 3,2, 1191; R.A. Kann, Nationalitätenproblem 1, 51; 2, 387f.

8 P. Hanák, Ungarn, 334. Es handelt sich um die offiziellen Resultate der Volkszählungen, von denen die erste 1880 stattfand.

In den beiden Reichshälften sah die Verteilung wie folgt aus:

Tabelle 5: Nationalitäten in Cisleithanien 1880–1910[9]

Nationalität	1880		1890		1900		1910	
	Anzahl	%	Anzahl	%	Anzahl	%	Anzahl	%
Deutsche	8 009 000	36,8	8 462 000	36,1	9 172 000	35,8	9 950 000	35,6
Tschechen	5 181 000	23,8	5 473 000	23,3	5 955 000	23,2	6 436 000	23,0
Polen	3 239 000	14,9	3 719 000	15,8	4 252 000	16,6	4 968 000	17,8
Ruthenen	2 793 000	12,8	3 105 000	13,2	3 382 000	13,2	3 519 000	12,6
Slowenen	1 141 000	5,2	1 177 000	5,0	1 193 000	4,6	1 253 000	4,5
Serbokroaten	563 000	2,6	645 000	2,8	711 000	2,8	783 000	2,8
Italiener	669 000	3,1	675 000	2,9	727 000	2,8	768 000	2,7
Rumänen	191 000	0,9	209 000	0,9	231 000	0,9	275 000	1,0

Tabelle 6: Nationalitäten in Ungarn 1880–1910[10]

Nationalität	1880		1890		1900		1910	
	Anzahl	%	Anzahl	%	Anzahl	%	Anzahl	%
Magyaren	6 445 000	41,2	7 427 000	42,8	8 652 000	45,4	9 945 000	48,1
Deutsche	1 954 000	12,5	2 108 000	12,2	2 135 000	11,1	2 037 000	9,8
Slowaken	1 865 000	11,9	1 910 000	11,1	2 020 000	10,5	1 968 000	9,4
Rumänen	2 405 000	15,4	2 592 000	14,9	2 799 000	14,5	2 949 000	14,1
Ruthenen	356 000	2,3	383 000	2,2	429 000	2,2	473 000	2,3
Kroaten	keine Angaben		1 554 000	9,0	1 682 000	8,7	1 833 000	8,8
Serben	keine Angaben		1 057 000	6,1	1 049 000	5,5	1 106 000	5,3

Auffällig ist zunächst das Fehlen eines Staatsvolkes im quantitativen Sinne. Selbst die größte Sprachgruppe, die Deutschen, machten 1910 weniger als ein Viertel der Gesamtbevölkerung aus, mit rückläufiger Tendenz. Innerhalb ihrer jeweiligen Reichshälfte kamen die Deutschen wenigstens auf ein gutes Drittel und die Magyaren knapp auf die Hälfte; aber erst, wenn man Ungarn ohne das über einen Sonderstatus verfügende Kroatien-Slawonien betrachtete, wie es in Ungarn oft geschah (und noch heute geschieht), aber nicht korrekt war, da Ungarn Kroatien-Slawonien staatsrechtlich durchaus für sich beanspruchte, ergab sich seit dem frühen 20. Jahrhundert eine knappe magyarische Mehrheit (54,5% für 1910). Statistisch gesehen handelte es sich somit bei Österreich-Ungarn um einen Staat aus lauter Minderheiten.

Zweitens fällt auf, dass die Verteilung der Nationalitäten über die Zeit hinweg vergleichsweise konstant blieb. Die wichtigsten, noch zu besprechenden Ausnahmen bildeten die Magyaren, deren Anteil sich 1880–1910 von 17,1% auf 20,3% vergrößerte,

9 R.A. Kann, Nationalitätenproblem 2, 390.
10 Ebd.

sowie die Polen, die von 8,6% auf 10% vorrückten. In beiden Fällen bildete eine politisch überlegene Stellung den Hintergrund.

Die Magyaren, die Tschechen, die Slowaken, die Slowenen und die Kroaten lebten ausschließlich in Österreich-Ungarn, während die Deutschen, die Italiener, die Polen, die Ruthenen, die Rumänen und die Serben Teile größerer Völker bildeten, die ihren Schwerpunkt außerhalb des Reiches hatten. Die Mehrzahl der Völker konnte auf eine eigene staatliche Tradition zurückblicken, nicht aber die Slowaken, die Slowenen, die Ruthenen und die Rumänen, was sich vor allem im Fehlen einer politischen Führungsschicht bemerkbar machte.[11]

Das Habsburgerreich war nicht aus dem – freiwilligen oder gewaltsamen – Zusammenschluss von Nationalitäten heraus entstanden, sondern durch die allmähliche Zusammenfügung von historisch-politischen Einheiten, die in der Regel ihrerseits wieder eine sehr heterogene Bevölkerung gehabt hatten. Diese traditionellen Einheiten, die bis 1848 häufig noch über mehr oder weniger ausgeprägte Sonderrechte verfügt hatten, bildeten die administrativen Einheiten des Reiches. Die beiden wichtigsten von ihnen waren die Länder der Stephanskrone, also das Königreich Ungarn, mit Kroatien-Slawonien, und die Länder der Wenzelskrone, also das Königreich Böhmen, bestehend aus den Kronländern Böhmen, Mähren und Schlesien. Beide waren sprachlich gemischt. Beide hatten die Besonderheit, dass die jeweils größte Volksgruppe, die Magyaren beziehungsweise die Tschechen, ausschließlich in diesem Gebiet siedelten.

Die historischen Gebietseinheiten blieben bis zum Untergang des Reiches (und vielfach darüber hinaus) bestehen. Sie bildeten den Bezugspunkt für die Nationalitäten mit ihrem zunehmenden Anspruch auf Eigenständigkeit. Daraus ergab sich eine Zweideutigkeit, die immer wieder ausgenutzt wurde. Die Nationalitäten konnten je nachdem, von welcher Auslegung sie profitierten, entweder die Grenzen der historisch-politischen Einheiten oder aber die Sprachgrenzen für sich fordern. Die Tschechen etwa beharrten auf der Einheit der Länder der Wenzelskrone, in denen mehr als ein Drittel der Bevölkerung deutsch war; die deutschsprachigen Tiroler insistierten auf der Einheit ihres Kronlandes, in dem 42% Italiener und Ladiner lebten.

Die Monarchie vermochte diese Schwäche ausgerechnet nach dem Ereignis, das ihr beinahe die Existenz gekostet hätte, für kurze Zeit zu überwinden. Der Sieg über die Revolution von 1848/49 verlieh den Wiener Zentralgewalten eine enorm gesteigerte Machtstellung. Daraus ergab sich nicht nur die Möglichkeit, sondern geradezu der Zwang zu einer Neuordnung des Staates. Dabei waren zwei höchst unterschiedliche Wege denkbar.

1. Am nächsten lag die Zentralisierung des Staates, unter möglichst vollständiger Beseitigung historischer Sonderrechte, etwa nach dem Vorbild der französischen Revolution. Das hätte eine Stärkung der überwiegend deutschsprachigen Führungsschicht bedeutet, wobei Deutsch auch soweit wie möglich zur Verwaltungssprache geworden wäre. In einer solchen Konzeption hatten die Deutschen die Vormacht im Reich. Hier lag das Risiko: Es war schwer denkbar, dass sich ein Herrschaftssystem, das sich nur auf ein Viertel der Bevölkerung stützen konnte, auf die Dauer würde halten

---

11 Diese Gesichtspunkte werden vor allem betont von R.A. Kann, Nationalitätenproblem 1, 44–50 und dems., in A. Wandruszka/P. Urbanitsch, Habsburgermonarchie 2, 1330f.

können. Schließlich hatten gerade die Ereignisse von 1848/49 zu einem Erwachen und Erstarken des Nationalismus geführt. Die einzige Chance bestand hier in einer gleichzeitigen Vorherrschaft Österreichs im Deutschen Bund. Dadurch wären die Deutschen auch zahlenmäßig zur beherrschenden Nationalität geworden. Diese Chance war aber spätestens 1866, und im Grunde schon seit 1852, vertan.

2. Eine radikale Alternative zur zentralisierenden Ausnutzung des Sieges hätte eine Lösung nach dem Grundsatz der Gleichberechtigung der Nationalitäten bedeutet. Das hätte eine Föderalisierung und eine zumindest teilweise Neueinteilung des Staatsgebietes nach Nationalitätengesichtspunkten bedingt. Ein in allen Nationalitäten verankerter Staat wäre entstanden. Die Dezentralisierung hätte indessen eine Machteinbuße vor allem für die Führungsschicht, aber auch für die Deutschen insgesamt bedeutet. Immerhin hätte sich aufgrund historischer, kultureller und siedlungsgeographischer Besonderheiten wohl eine Führungsstellung der deutschen Kultur und vor allem des Deutschen als Lingua franca ergeben.

Verständlicherweise wählte die Führung nicht den Weg der teilweisen Selbstentmachtung. Sie hätte damit nachträglich der Revolution doch noch zu einem bedeutenden Sieg verholfen. Hatte doch der 1848 aufgrund des allgemeinen Wahlrechts gewählte Reichstag 1849 in Kremsier einen Verfassungsentwurf verabschiedet, der wenigstens teilweise jene Dezentralisierung und Föderalisierung vorsah. Zwar sollten die größeren historischen Einheiten bestehen bleiben. Auf der nächsttieferen Ebene der Kreise aber wären sprachlich möglichst homogene Einheiten mit erheblichen Kompetenzen geschaffen worden.[12] Der Reichstag wurde aufgelöst, und an die Stelle der von ihm entworfenen Verfassung trat am 4. März eine oktroyierte, die allerdings nie formell in Kraft trat und am 31. Dezember 1851 aufgehoben wurde. Insbesondere Ungarn wurde als unterworfenes Gebiet behandelt und – zur Freude der kleineren Nationalitäten – verwaltungsmäßig aufgegliedert. Überall wurde die Germanisierung der Verwaltung vorangetrieben, ohne dass damit der Versuch verbunden worden wäre, auch die Bevölkerung direkt zu germanisieren. Die intensivierte Verwaltung schuf zwar günstige Voraussetzungen für eine Expansion der Wirtschaft. Aber sie entfremdete sich außer den Deutschen alle Nationalitäten.

So nahe diese Lösung 1849 liegen musste – sie bedeutete eine Überschätzung der Möglichkeiten der herrschenden Schicht. Die außenpolitischen Niederlagen und die Gebietsverluste von 1859 und 1866 brachten die Krise zum Ausbruch. Widerstand regte sich vor allem in Ungarn. Erneut präsentierte sich den Herrschenden die Alternative von 1849, wenn auch in modifizierter Form. Auf der einen Seite konnten sie ihre Machtbasis durch den Beizug von Verbündeten verbreitern. Dafür kamen nur die Magyaren in Frage. Sie hatten einen starken, politisch aktiven Adel, waren die zweitgrößte Volksgruppe und kontrollierten weite Teile des Reiches. Gemeinsam hatten die Deutschen und die Magyaren gute Chancen, eine Führungsstellung zu bewahren, was bedeutete, dass die Lösung auf Kosten aller übrigen Nationalitäten ging. Auf der andern Seite hätte grundsätzlich nochmals die Möglichkeit zu einer föderalistischen Lösung im Rahmen der Gleichberechtigung aller Nationalitäten bestanden, auch wenn

---

12 Zum Kremsierer Entwurf siehe G. Stourzh, in A. Wandruszka/P. Urbanitsch, Habsburgermonarchie 3, 2, 976ff.

diesmal mit heftigem magyarischen Widerstand zu rechnen gewesen wäre. Dazu hätte eine solche Lösung, wie schon 1849, viele Schwierigkeiten bei Grenzziehungen zumal in Gebieten mit gemischter Bevölkerung mit sich gebracht – Schwierigkeiten, die indessen wohl kaum unüberwindbar gewesen wären.[13]

Wieder siegte die konservative Linie. Sie fand, nach der Wiederherstellung Ungarns in seinen historischen Grenzen, unter Kassierung der 1849 gewährten Sonderstellung anderer Nationalitäten und dem Verzicht auf die weitere Germanisierung der Verwaltung in der östlichen Reichshälfte, ihren Ausdruck im sogenannten Ausgleich vom März 1867.[14] Es handelte sich dabei nicht etwa um einen Versuch zur Lösung der Nationalitätenfrage, sondern um ein Bündnis zwischen den beiden stärksten Nationalitäten zur Sicherung ihrer Hegemonie über alle anderen, hauptsächlich slawischen Nationalitäten.

Kurz- und mittelfristig entsprach diese Lösung den Machtverhältnissen. Längerfristig gefährdete sie das System, weil die beiden hegemonialen Nationalitäten eine Lösung der Nationalitätenfrage blockieren konnten, solange sie zusammenhielten. Dabei musste der Widerstand der Magyaren noch heftiger sein als derjenige der Deutschen. Denn das Deutsche hatte eine historisch gewachsene Sonderstellung im Reich, während das Magyarische ohne die Privilegierung durch den Ausgleich keinerlei Vorteile gegenüber anderen Sprachen gehabt hätte. Der Ausgleich war keine Vorstufe zu einer umfassenden Lösung auf der Grundlage der Gleichberechtigung der Nationalitäten, sondern er schloss diese nachhaltig aus.[15]

Der Ausgleich war eine reine Vernunftehe. Man hasste sich gegenseitig und war doch aufeinander angewiesen, wollte man die Vorherrschaft in der Monarchie nicht verlieren. Während breite nationalistische Kreise in Ungarn für eine vollständige Unabhängigkeit kämpften, sahen die ausschlaggebenden Machteliten, dass ein unabhängiges Ungarn bestenfalls noch ein Mittelstaat sein würde, von Russland bedroht und unfähig, die nichtmagyarische Mehrheit des Landes in untergeordneter Stellung zu halten. Die Sicherung der Großmachtstellung nach außen und die Herrschaft der Oligarchie im Inneren setzten das ungeliebte Zusammengehen mit den Habsburgern voraus, auf deren Machtapparat man sich dafür stützen konnte.

Der Ausgleich brachte eine eigentümliche Staatskonstruktion, die häufig als Dualismus bezeichnet wurde und wird. Österreich und Ungarn wurden als weitgehend souveräne Staaten konzipiert. Verbunden waren sie zunächst durch eine Personalunion, indem der Kaiser von Österreich zugleich König von Ungarn war. Darüber hinaus blieben die Außenpolitik und das Militär sowie die dafür erforderlichen Finanzen gemeinsame Angelegenheiten. Die durchaus noch bedeutende Machtfülle des Zentrums konzentrierte sich überwiegend in der Hand des Kaisers. Dazu trug bei, dass kein gesamtstaatliches Parlament gebildet wurde. Gemeinsame Angelegenheiten mussten von Ausschüssen von je 60 Abgeordneten aus den beiden Parlamenten der Reichs-

13 Auf dieser Grundlage stand später etwa der Reformvorschlag des Rumänen Aurel C. Popovici: Die Vereinigten Staaten von Groß-Österreich, Wien 1906.

14 Zum Ausgleich vgl. etwa die Sammelbände von P. Berger (Hg.), Ausgleich; A. Vantuch/ L. Holotík (Hg.), Ausgleich.

15 Besonders betont von R.A. Kann, Geschichte, 303–305.

hälften, den sogenannten Delegationen, in getrennter Sitzung beraten werden. Die Delegationen konnten lediglich zur Differenzbereinigung gemeinsam zusammentreten.

Die Auffassungen über den Charakter der Verbindung der beiden Reichshälften gingen von Anfang an auseinander. Die Ungarn sahen im Ausgleich einen jederzeit kündbaren Vertrag; die Österreicher hingegen gingen von der Existenz eines übergeordneten Gesamtstaates aus. In der Praxis setzte sich die ungarische Auffassung zunehmend durch, zumal die finanziellen Bedingungen alle zehn Jahre neu ausgehandelt werden mussten, was jedes Mal zu schier endlosen Streitigkeiten Anlass gab.

Innerhalb dieses lockeren Rahmens bildete sich nun in jeder Reichshälfte eine höchst unterschiedliche Ordnung heraus.

In der westlichen Reichshälfte, in *Cisleithanien*, hatten das Deutsche, und mit ihm die Deutschen, seit langem eine klare Vormachtstellung. Die Deutschen waren im Offizierskorps und in der höheren Verwaltung deutlich überrepräsentiert. Noch 1910 betrug in der Gesamtmonarchie ihr Anteil an den Marineoffizieren 51,0%, an den Heeresoffizieren sogar 78,7%.[16] Deutsch war weit über die deutschsprachigen Gebiete hinaus Verwaltungssprache. Die Deutschen beharrten auf Privilegien, die mit der Gleichberechtigung der Sprachen nicht vereinbar waren, etwa, als sie sich 1897 weigerten, die von Ministerpräsident Badeni eingebrachten Sprachenverordnungen zu akzeptieren, die im Königreich Böhmen von allen Beamten nach Ablauf von zehn Jahren die Kenntnis sowohl des Tschechischen als auch des Deutschen verlangten.

Hingegen kann man nicht von einer Germanisierungspolitik sprechen, schon gar nicht von einer planmäßigen. Das zeigen die Ergebnisse der Volkszählungen. Der Anteil der Personen mit deutscher Umgangssprache ging in Cisleithanien zwischen 1880 und 1910 von 36,8 auf 35,6% zurück.[17] Der Kremsierer Verfassungsentwurf von 1849 hatte vielmehr den Grundsatz der Gleichberechtigung der Nationalitäten verkündet. Die Bestimmung wurde im Kern in die oktroyierte Märzverfassung von 1849 aufgenommen und fand dann als Artikel 19 Eingang in die cisleithanische Verfassung von 1867: „Alle Volksstämme des Staates sind gleichberechtigt, und jeder Volksstamm hat ein unverletzliches Recht auf Wahrung und Pflege seiner Nationalität und Sprache. Die Gleichberechtigung aller landesüblichen Sprachen in Schule, Amt und öffentlichem Leben wird vom Staate anerkannt."[18] Wie der Grundsatz zu interpretieren und welche Maßnahmen aus ihm abzuleiten seien, blieb umstritten. Unbestritten ist hingegen, dass er nicht nur auf dem Papier stehen blieb. Die kleineren Sprachen gewannen in der Verwaltung an Gewicht. Vor allem aber erhielten die Minderheiten überall eigene Schulen. Die obersten Gerichte in Wien verschafften dem Artikel Geltung, indem sie ihn im Zweifelsfall eher zugunsten der jeweiligen Minderheit auslegten.[19] In den letzten Jahren vor dem Krieg wurden für einige Gebiete mit besonders komplizierter Siedlungsgeographie auch spezielle, übergreifende Regelungen für das Zusammenleben erarbeitet, so 1905 in Mähren, 1910 in der Bukowina und 1914 in Galizien

16 L. Höbelt, in A. Wandruszka/P. Urbanitsch, Habsburgermonarchie 5, 745; I. Deák, Beyond nationalism, 179–185.

17 R.A. Kann, Nationalitätenproblem 2, 390.

18 G. Stourzh, in A. Wandruszka/P. Urbanitsch, Habsburgermonarchie 3, 2, 984f.; 991; 1014.

19 Hierzu besonders G. Stourzh, in A. Wandruszka/P. Urbanitsch, Habsburgermonarchie 3, 2.

(wo der Krieg das Inkrafttreten verhinderte). Grundprinzip war dabei die Einteilung der Wählerschaft in nationale Kurien, die jeweils ihre eigenen Abgeordneten für das Parlament wählten, wobei die letztinstanzliche Zuteilung der Wähler zu einer Kurie nicht durch die Betroffenen selber, sondern durch die Behörden erfolgte.[20]

Dennoch war Cisleithanien 1914 weit von einer Lösung des Nationalitätenproblems entfernt. Vielmehr hatten sich die Auseinandersetzungen seit dem späten 19. Jahrhundert verschärft.

Für diesen ausbleibenden Erfolg einer im Vergleich zu dem, was nach 1918 üblich wurde, aber auch im Vergleich mit anderen Staaten zur gleichen Zeit, etwa Spanien, Frankreich, Belgien oder Deutschland relativ großzügigen und toleranten Nationalitätenpolitik lassen sich verschiedene Ursachen angeben.

Der im Umkreis der Revolution von 1848 aufgekommene und sich seither verstärkende Nationalismus zielte auf eine exklusive oder zumindest auf eine bevorrechtigte Stellung der jeweiligen Nationalität innerhalb eines bestimmten Gebietes. Er forderte also stets mehr, als das Prinzip der Gleichberechtigung ihm verschaffen konnte. Besonders in durchmischten Gebieten ließen sich Konflikte deshalb kaum vermeiden.

Das hing auch mit der Auslegung zusammen, die der Gleichberechtigungsgrundsatz im Lauf der Zeit erhielt. Er war gut gemeint, musste aber tendenziell zur Entfremdung zwischen den Nationalitäten beitragen. Er wurde wesentlich als individuelles Recht auf die eigene Sprache verstanden. Ein Zusatz zu Artikel 19 der Verfassung von 1867 schloss „die Anwendung eines Zwanges zur Erlernung einer zweiten Landessprache“ aus.[21] Die Regelungen von 1905 bis 1914 ordneten jeden Wahlberechtigten einer Sprachgruppe zu. Statt dass die Zwei- und Mehrsprachigkeit gefördert wurde, wurden die Menschen bürokratisch auf eine Sprache festgelegt. Dadurch wurden die Fronten nur immer starrer. Die Entwicklung ging in Richtung auf das Personal-, nicht das Territorialprinzip. Das war gefährlich, da auf diese Weise das Trennende und nicht das Verbindende zwischen den Nationalitäten betont wurde. So wurde die Illusion genährt, alle Nationalitäten könnten ihre Ansprüche innerhalb des Reiches ohne jede Einschränkung verwirklichen, jeder könne seine Muttersprache an jedem beliebigen Ort als alleinige Sprache beibehalten. Infolgedessen erzeugte jede Wanderungsbewegung bei den Ansässigen die Furcht, in die Minderheit versetzt zu werden oder gar unterzugehen.

Die Nationalitätenpolitik scheiterte jedoch nicht nur an konzeptionellen Mängeln, sondern noch mehr an Machtfragen. Dabei wirkte sich sowohl äußerer wie innerer Druck aus.

Obwohl der Ausgleich von 1867 de facto ein Pakt der beiden dominanten Nationalitäten gegen alle anderen war, weckte er zunächst bei den Ausgeschlossenen doch Hoffnungen, dass sie eine ähnliche Stellung wie die Magyaren erreichen könnten. Das galt vor allem für die zweitgrößte cisleithanische Nationalität, die Tschechen. In der Tat gelang es ihnen, bis 1871 eine Art Sub-Ausgleich auszuhandeln, der zwar für das

---

20 27.11.1905 Mährischer Ausgleich, in: E. Bernatzik, Verfassungsgesetze, 902–937, Nr. 192, §§ 32; 67–74. 26.10.1910 Ausgleich für die Bukowina: Ebd., 938–972, Nr. 192a und 192b. Vgl. G. Stourzh, in A. Wandruszka/P. Urbanitsch, Habsburgermonarchie 3, 2, 1183f.

21 Ebd., 1014. Vgl. H. Burger, Sprachenrecht.

Königreich Böhmen keine mit Ungarn vergleichbare Stellung, aber doch beträchtliche Autonomie gebracht hätte. Doch die Ratifizierung wurde durch heftigen ungarischen Widerstand, unterstützt durch das Deutsche Reich, verhindert. Die Magyaren wollten jede Aufweichung der deutsch-magyarischen Hegemonie verhindern. Sie betrachteten den Ausgleich von 1867 in nationalitätenpolitischer Hinsicht als abschließend.[22] Das Deutsche Reich seinerseits wollte die Stellung der Deutschen in der Donaumonarchie nicht gefährdet sehen.

Entscheidend waren indessen interne politische Faktoren. Das Prinzip der Gleichberechtigung war zwar wichtig für das tägliche Zusammenleben. Aber es berührte die eigentliche Machtverteilung im Staate bestenfalls am Rande. Letztlich beanspruchten die Nationalitäten die Teilhabe an der politischen Macht. Das wäre nur auf dem Wege einer Föderalisierung nach Sprachgesichtspunkten möglich gewesen. Doch die wirkliche Macht blieb auch nach 1867 bei der zentralen Führungsschicht. Solange sich daran nichts änderte, war kein Ende der Nationalitätenkämpfe zu erwarten. Die Politik der Gleichberechtigung kurierte Symptome, nicht Ursachen. Zwar wurden im frühen 20. Jahrhundert verschiedene Pläne für eine Reichsreform vorgelegt, nicht zuletzt von Sozialdemokraten wie Karl Renner und Otto Bauer, deren Partei klar auf den Gesamtstaat ausgerichtet war.[23] Doch der alte Kaiser lehnte jede Änderung ab. Anders der Thronfolger Franz Ferdinand. Er wollte Reformen, die mit einer Schwächung der Position der Magyaren und einer Stärkung der Slawen verbunden gewesen wären. Allerdings sind keine detaillierten Pläne bekannt.

In der Praxis wurde die Nationalitätenpolitik weniger zum Ausgangspunkt für eine grundlegende Reichsreform als zum Mittel für eine Politik des Teile und Herrsche, indem man die Nationalitäten gegeneinander ausspielte. In Galizien hatten sich die ruthenischen Bauern 1846 gegen ihre polnischen Herren erhoben und auf diese Weise sowie durch Stillhalten 1848/49 zur Sicherung der österreichischen Herrschaft beigetragen. Nach dem Ausgleich aber vollzog die Wiener Politik eine Wende. Sie gab den Polen weitgehend freie Hand gegenüber den Ruthenen, als Belohnung für parlamentarische Unterstützung in Wien. Die starke Zunahme des Anteils der Polen an der Gesamtbevölkerung ist in diesem Zusammenhang zu sehen. Das war nur der krasseste Fall eines opportunistischen Umgangs mit der Nationalitätenfrage.

Im Bereich des politischen Systems führte die Niederlage von 1859 zur schrittweisen Ersetzung des Absolutismus durch einen gemäßigten Konstitutionalismus. Bis 1867 operierte die Regierung mit verschiedenen, einander teilweise widersprechenden Ansätzen. 1860 erging das Oktoberdiplom, das einen konservativen Föderalismus begründete. Es wurde schon nach wenigen Monaten 1861 durch das etwas liberalere, dafür aber zentralistische Februarpatent ersetzt. Im September 1865 wurde auch diese Verfassung außer Kraft gesetzt, um den Ausgleich zu ermöglichen, auf dessen Grundlage dann im Dezember 1867 die endgültigen Verfassungsgesetze ergingen. Cisleithanien blieb ein bürokratischer Obrigkeitsstaat, der zugleich Rechtsstaat war, mit

22 Vgl. R.A. Kann, Geschichte, 305.

23 Vgl. die Werke von O. Bauer, K. Renner und A.C. Popovici. Ein allgemeiner Überblick bei R.A. Kann, Nationalitätenproblem Bd. 2.

starker monarchischer Spitze. Doch traten wichtige parlamentarische, später auch demokratische Elemente hinzu. Das als Reichsrat bezeichnete Parlament, das aus einem Herrenhaus mit erblichen und ernannten Mitgliedern und einem gewählten Abgeordnetenhaus bestand, gewann erhebliche Kompetenzen im Bereich der Finanzen und der Gesetzgebung. Allerdings war die Regierung ihm nicht verantwortlich, und sie konnte aufgrund von Artikel 14 der Verfassung mit Notverordnungen über längere Zeit hinweg an ihm vorbeiregieren – ein Mittel, auf das sie je länger je mehr zurückgriff. Die Regierungen wurden primär aus Bürokraten, nicht aus Politikern gebildet. Bis 1873 wurde das Abgeordnetenhaus von den Landtagen der Kronländer beschickt. Danach galt ein extrem ungleiches Klassenwahlrecht, das sogenannte Kurienwahlrecht, das die Unterschichten gänzlich ausschloss. Es wurde 1882 und 1896 etwas abgemildert, bis 1907 mit der Einführung des allgemeinen Wahlrechts geradezu eine Revolution erfolgte. Sie wurde von oben durchgeführt, in der Hoffnung, auf diese Weise würden sich die Nationalitätenkämpfe entschärfen lassen. Das Gegenteil trat ein. Die Parteien konstituierten sich mehr und mehr entlang nationalen Linien. Selbst bei den Sozialdemokraten, die am konsequentesten auf den Gesamtstaat ausgerichtet waren, spalteten sich 1911 die Tschechen ab. Die Parteien blockierten sich gegenseitig, und das Abgeordnetenhaus verkam zunehmend zum Ort endloser und nicht selten handgreiflicher Auseinandersetzungen. Da die Regierung nicht von ihm abhängig war, bestand kein Zwang, arbeitsfähige Mehrheiten zu bilden.[24]

Die Wiener Führungsschicht hatte für Cisleithanien und für das Gesamtreich weitgehend identische Staatsvorstellungen: Es ging um einen deutsch dominierten Vielvölkerstaat. Die Budapester Führungsschicht hingegen ging für *Ungarn* schon vor 1848 von einer westeuropäischen Nationalstaatsvorstellung aus. Sie bezog diese nicht auf die Nationalität, sondern auf eine historische Gebietseinheit, auf die Länder der Stephanskrone. Sie betrachtete dieses Gebiet als einen von Magyaren bewohnten homogenen Staat. Die de facto dennoch mehrheitlich nichtmagyarische Bevölkerung wurde als potentiell magyarisch gesehen. Das Ziel lag in ihrer möglichst raschen und vollständigen Magyarisierung. Das bedingte eine entschieden andere Nationalitätenpolitik als in Cisleithanien. Sie wurde mit größter Hartnäckigkeit, die bis zur Selbstzerstörung führen konnte, verfolgt. Letztlich war schon der Unabhängigkeitskampf von 1848/49 daran (sowie an der nicht erfolgten Bauernbefreiung) gescheitert. Statt die andern Nationalitäten als Bundesgenossen zu gewinnen, hatte man sie unterdrückt und sie dadurch in die Arme der Habsburger getrieben. Ein in letzter Minute, am 28. Juli 1849 (die Kapitulation erfolgte am 13. August) verabschiedetes etwas großzügigeres Nationalitätengesetz war zu spät gekommen.[25] Und als Kaiser Karl am 17. Oktober 1918 endlich sein Völkermanifest erließ, das einen föderalistischen Nationalitätenstaat vorsah, musste er angesichts magyarischen Widerstands die Geltung auf Cisleithanien beschränken, wodurch die Reform von vornherein illusorisch wurde.

---

24 E. Hanisch, Schatten, 210; 230.

25 Selbst jetzt kamen nur jene Minderheiten, deren Unterstützung man sich auf diese Weise zu erkaufen hoffte, in den Genuss der neuen Rechte: Rumänen, Serben und Kroaten. Slowaken, Deutsche und Ruthenen, die keine Gefahr darstellten, wurden nicht berücksichtigt. L. Gogolák, in A. Wandruszka/P. Urbanitsch, Habsburgermonarchie 3, 2, 1249–1255.

Unmittelbar nach dem Ausgleich war die ungarische Nationalitätenpolitik indessen um Mäßigung bemüht. Kroatien-Slawonien, das seit jeher eine Sonderstellung unter den Ländern der Stephanskrone eingenommen hatte, erhielt 1868 in einem Sub-Ausgleich einen eigenen Landtag und Autonomie in den Bereichen Justiz, Inneres, Bildung und Religion. Freilich behielt Budapest die Kontrolle in allen wichtigen Punkten, vor allem über die Finanzen. Im gleichen Jahr wurde ein Nationalitätengesetz für ganz Ungarn verabschiedet. Es gewährte die individuelle Gleichberechtigung der Angehörigen aller Sprachgruppen, sah aber keine kollektiven Rechte für diese Gruppen selber vor. Magyarisch war alleinige Staatssprache.

Der kroatische Ausgleich wurde in der Folgezeit stark ausgehöhlt, und das Nationalitätengesetz wurde zum toten Buchstaben. Seit der Mitte der siebziger Jahre setzte eine sich kontinuierlich verschärfende Magyarisierungspolitik ein. Immerhin wurden dabei gewisse Grenzen eingehalten. Das Nationsverständnis war nicht völkisch-abstammungsmäßig, sondern sprachlich. Man brauchte nicht in eine Nation hineingeboren zu werden, sondern konnte sie wählen. Umsiedlungen und Vertreibungen standen als Mittel ebensowenig zur Debatte wie sonstige offene Gewaltanwendung. Zum zentralen Angriffspunkt wurde das Bildungswesen, mit einer Reihe von Schulgesetzen (1879, 1889, 1891, 1907). Im Zuge von deren Durchsetzung musste Magyarisch schon im Kindergarten unterrichtet werden, und nach dem vierten Schuljahr mussten es alle Kinder beherrschen. Die höhere Bildung wurde fast vollständig magyarisiert. Die Auswirkungen waren vorwiegend negativ, in Form eines niedrigen Bildungsniveaus, zumal auf dem Lande. In den Gebieten der Nationalitäten beherrschten die Kinder keine Sprache richtig, während in den magyarischen Regionen die Volksbildung vernachlässigt wurde, da die Ressourcen bevorzugt für die wenig erfolgreiche Magyarisierung der Nichtmagyaren eingesetzt wurden.[26] Wer kein Magyarisch sprach, hatte kaum Aussichten auf eine Anstellung im öffentlichen Dienst. 1910 hatten 96% der Staatsbeamten Magyarisch als Muttersprache; von allen öffentlichen Beamten waren es 91,2%.[27] 96,8% der Richter und Staatsanwälte, 89,1% der Juristen und der Ärzte, 93,4% der Hochschulprofessoren und 81,9% der Volksschullehrer waren Magyaren.[28] Selbst kulturelle Organisationen der Nationalitäten wurden mehr und mehr unterdrückt.

Auf dem Lande änderten sich die Nationalitätenverhältnisse all diesen Anstrengungen zum Trotz kaum. Anders in den Städten. Der Anteil der Magyarischsprachigen an der Bevölkerung der Ortschaften mit mehr als 10.000 Einwohnern betrug in Ungarn ohne Kroatien-Slawonien1910 76,6% (bei einem Anteil von 54,5% an der Gesamtbevölkerung).[29] Insgesamt kam es zu einer erheblichen Assimilation, die für die Magyaren zwischen 1850 und 1910 einen Nettogewinn von ca. zwei Millionen Personen brachte. Dieser Übergang erfolgte im Prinzip freiwillig, wie von magyarischer Seite seit jeher betont worden ist.[30] Von den Assimilierten waren etwa 700.000 Juden, die

26 Vgl. O. Jászi, Dissolution, 328–330

27 L. Kátus, in A. Wandruszka/P. Urbanitsch, Habsburgermonarchie 3, 1, 479.

28 O. Jászi, Dissolution, 280. Vgl. L. Kátus, in P. Hanák, Nationale Frage, 213 und L. Kátus, in A. Wandruszka/P. Urbanitsch, Habsburgermonarchie 3, 1, 462f.; 480.

29 L. Kátus, in P. Hanák, Nationale Frage, 203.

30 So etwa P. Hanák, Ungarn, 281–319.

früher meist Deutsch als Muttersprache angegeben hatten, 600.000 Deutsche, 400.000 Slowaken und je 100.000 Rumänen und Südslawen.[31]

Dennoch wäre es irreführend, einen Zusammenhang mit der intoleranten Politik zu leugnen. Das zeigt einerseits der Vergleich mit Cisleithanien, wo die Urbanisierung keine vergleichbaren Wirkungen hatte. Andererseits wurde die „freiwillige“ Assimilation durch staatlich gesetzte Rahmenbedingungen, die vor allem den beruflichen und sozialen Aufstieg regelten, beeinflusst.

Der Druck der Nationalitätenpolitik schlug sich auch in einer bei den Nichtmagyaren und insbesondere den Slowaken im Vergleich zu den Magyaren deutlich höheren Auswanderungsrate nieder.[32]

Von außen betrachtet, war die magyarische Nationalitätenpolitik erfolgreicher als die cisleithanische. Im frühen 20. Jahrhundert herrschte in der östlichen Reichshälfte weitgehend Ruhe, während es im Westen brodelte. Es war die nach der Zerschlagung aller Selbständigkeitsregungen eingetretene Ruhe, nicht diejenige eines politischen Ausgleichs. Die Atmosphäre war vergiftet. Soweit das möglich war, orientierten sich die Nationalitäten in Ungarn zunehmend nach außen und erwarteten von dort Hilfe.

Nach dem Ausgleich setzte Ungarn seine Verfassung von 1848 mit geringen Änderungen wieder in Kraft. Dadurch entstand ein noch stärker zentralisierter Staat als in Cisleithanien, mit einem mächtigen Parlament. Da die Magyaren in diesem dominierten, ergaben sich, anders als in Cisleithanien, keine scharfen Gegensätze zwischen Regierung und Parlament. Dieses bestand aus einem Oberhaus mit teilweise erblichen, teilweise ernannten Mitgliedern und einem gewählten Abgeordnetenhaus. Die regelmäßig von Parteipolitikern gebildete Regierung wurde de facto von ihm abhängig. Ein Rückgriff auf autoritäre Notstandsmaßnahmen war dadurch nicht erforderlich. Hingegen konnte man noch nicht einmal in Ansätzen von einer Demokratie sprechen. Vielmehr herrschte eine Oligarchie, bestehend aus der Aristokratie und dem zahlreichen mittleren grundbesitzenden Adel. 1867 wurde auch das Wahlrecht von 1848 übernommen. In ihm galt ein für damalige Verhältnisse relativ niedriger Zensus, der etwa 7,1% der Bevölkerung das Wahlrecht verlieh. Er wurde nun aber nicht etwa sukzessive gesenkt, sondern eher noch etwas erhöht, so dass jeweils zwischen 6% und 6,4% der Bevölkerung wahlberechtigt waren. Erst 1913 erfolgte eine vorsichtige Ausweitung.[33] Da die Magyaren wirtschaftlich besser gestellt waren als die übrigen Nationalitäten, hatte der Zensus zur Folge, dass der Anteil der Wahlberechtigten unter jenen höher war als unter diesen. In Kroatien waren bis 1910 nur 2% der Bevölkerung wahlberechtigt (danach 6%).[34]

Das Wahlrecht bildete nur den Ausgangspunkt für die Sicherung der oligarchischen Herrschaft. Die Wahlkreisgeometrie tat ein übriges. Nichtmagyarische und oppositionelle Gegenden mussten sich mit großen Wahlkreisen begnügen, während regierungs-

---

31 L. Kátus, in A. Wandruszka/P. Urbanitsch, Habsburgermonarchie 3, 1, 432. Etwas andere Zahlen für 1880–1910 bei P. Hanák, Ungarn, 335.

32 J. K. Hoensch, Ungarn, 42f.; R.A. Kann/Z.V. David, Peoples, 384. Vergleichszahlen bei L. Kátus, in P. Hanák, Nationale Frage, 202 und L. Kátus, in A. Wandruszka/P. Urbanitsch, Habsburgermonarchie 3, 1, 427–430.

33 G. Bachmann, in D. Sternberger/B. Vogel, Wahl 1, 2, 1366; 1374; 1395.

34 R.A. Kann/Z.V. David, Peoples, 400–404.

treue Gebiete kleine Wahlkreise erhielten. Bei den Wahlen gelangten mannigfache Tricks und Manipulationen bis hin zu Einschüchterung und Zwang zur Anwendung. Besonders „effizient" war die offene Stimmabgabe, häufig von Arbeitern in Gegenwart ihrer Fabrikherren und von Bauern im Beisein ihres Grundherrn.[35] All dies hatte zur Folge, dass die Nationalitäten politisch machtlos blieben. Die Kroaten, die über eine feste Zahl von 40 Sitzen im Parlament verfügten, hatten nur in Angelegenheiten, die ihr Gebiet betrafen, etwas zu sagen. Die übrigen Nationalitäten stellten stets unter 10% der Abgeordneten. 1910 wurden 405 Magyaren, 3 Slowaken und 5 Rumänen gewählt;[36] ein Ruthene gelangte überhaupt nie in das ungarische Abgeordnetenhaus.[37]

In diesem Zusammenhang zeigte sich, dass die Nationalitätenpolitik auch auf der Ebene des Gesamtstaats als bloßes Instrument der Manipulation und des Machtkampfes verwendet wurde und nicht etwa als Mittel für eine Reichsreform. Zugleich wurde deutlich, dass bei aller Härte der Auseinandersetzungen letztlich doch die Klassensolidarität und insbesondere diejenige der Herrschenden wichtiger war als die nationale. Im Zuge der alle zehn Jahre fälligen Neuverhandlung des Ausgleichs verlangte Ungarn 1905 erhebliche Zugeständnisse im Bereich einer eigenen Armee. Der Kaiser lehnte entschieden ab. Als sich die Parteien gegenseitig blockierten, drohte er damit, in Ungarn das allgemeine Wahlrecht einzuführen. Nun lenkten die magyarischen Herrschenden ein. Ihre innerstaatliche Machtstellung war ihnen wichtiger als mehr Unabhängigkeit gegenüber den verhassten Österreichern. Die Führungsschichten hatten mehr Angst vor den eigenen Untertanen als vor den jeweiligen Rivalen.

War Österreich-Ungarn nach alledem ein Völkerkerker oder ein Vorbild für multinationale Staaten? Zumindest in Cisleithanien waren die Bemühungen um Verwirklichung der Gleichberechtigung echt, und sie hatten auch beträchtlichen Erfolg. Selbst die harsche magyarische Politik verzichtete auf die brutalen Mittel, die später im 20. Jahrhundert üblich wurden. Daran gemessen, waren die Zustände in der Donaumonarchie zumindest erträglich und teilweise geradezu vorbildlich. Bis 1914 dachte keine einzige größere politische Kraft an eine Sezession. Die Nationalitäten meldeten ihre Forderungen auf dem Boden des bestehenden Reiches an; sie wollten sich nicht von ihm abspalten.

Auf der andern Seite wurde das zentrale Problem des Nationalitätenstaates, die gleichmäßige Machtverteilung im Rahmen einer Dezentralisierung, bis 1914 kaum erkannt. Ungarn weigerte sich sogar bis zum bitteren Ende, eine Lösung auch nur in Betracht zu ziehen. Die Chance, eine wirkliche Völkergemeinschaft zu errichten, wurde nicht wahrgenommen.

2.4.3 Die Wirtschaft: Zwischen westeuropäischem Industriestaat und osteuropäischem Agrarstaat

Die Donaumonarchie war um die Mitte des 19. Jahrhunderts noch sehr stark agrarisch geprägt. 1869 arbeiteten 70% der Beschäftigten in der Landwirtschaft.[38] Immerhin

35 Vgl. etwa O. JÁSZI, Dissolution, 333.
36 Ebd., 345.
37 R.A. KANN/Z.V. DAVID, Peoples, 418.
38 H. MATIS, Wirtschaft, 389.

hatte sich die industrielle Revolution wenigstens in den westlichsten Gebieten des Reiches, in Böhmen und in einem Teil der Alpenländer, bereits durchgesetzt. Hier war eine nicht unbedeutende Textil- und Schwerindustrie entstanden.[39] Insgesamt aber lag das Prokopfeinkommen deutlich hinter dem der westeuropäischen Industriestaaten.[40]

Die Ereignisse von 1848/49 hatten zwei wichtige Folgen für die Wirtschaft.[41] Sie führten, durch die Aufhebung der inneren Zollgrenzen 1850/51 und die Durchsetzung einer gemeinsamen Währung, erstmals zur Schaffung eines einheitlichen österreichisch-ungarischen Wirtschaftsraumes. Sodann brachten sie die Bauernbefreiung und die Abschaffung der Feudallasten gegen Entschädigung. Die Grundbesitzer mussten ein Drittel der Kosten selbst tragen. Je ein Drittel erhielten sie vom Staat und den Bauern. (In Ungarn übernahm der Staat den Anteil der Bauern.) Das ermöglichte eine Kapitalbildung in der Landwirtschaft, die zu einer Steigerung der Produktion führte, was wiederum die Industrialisierung begünstigte. Dieser kam auch die von der Bauernbefreiung ermöglichte größere Mobilität der Arbeitskräfte zugute.

Seit den fünfziger und insbesondere den sechziger Jahren trat die Wirtschaft in eine Expansionsphase ein. Die Wachstumsraten lagen allerdings bis ca. 1870 hinter denen der westeuropäischen Staaten. Danach aber begann sich der Abstand zu verringern: Die österreich-ungarische Wirtschaft wuchs zwischen 1870 und 1913 annähernd so rasch wie die deutsche und deutlich rascher als die britische, die französische oder die belgische.[42] Zu Beginn des 20. Jahrhunderts lag das Prokopfeinkommen bei etwa der Hälfte des britischen und zwei Dritteln des deutschen.[43] Österreich-Ungarn war zu einer bedeutenden Industriemacht geworden.[44] Das war um so bemerkenswerter, als die Rohstoffbasis des Landes schmal und die Verkehrslage ungünstig war. Das Reich besaß mit Triest und Fiume (Rijeka) lediglich zwei größere Hochseehäfen, und diese waren durch hohe Gebirge vom Hinterland getrennt. Auch wenn der Anteil der jeweils modernsten Branchen weniger hoch war als in den führenden Staaten, so waren diese Zweige gleichwohl gut vertreten, vor dem Ersten Weltkrieg etwa die elektrotechnische und die chemische Industrie. Alles sprach 1914 dafür, dass die Zukunft des Landes im Kreise der Industriemächte liegen würde. Dabei bestand freilich nach wie vor ein erheblicher Rückstand. Der Anteil der Beschäftigten in der Landwirtschaft war in Österreich-Ungarn 1910 mit 53,1% etwa so hoch wie in Deutschland mehr als 50 Jahre zuvor.[45]

Die Angleichung an die europäische Entwicklung zeigte sich auch im Konjunkturverlauf und in der internationalen Verflechtung. Ein erster großer Aufschwung in den sechziger Jahren wurde 1873 durch einen Börsenkrach mit nachfolgender Krise und nur langsamer Erholung abgebrochen. Seit den späten achtziger und besonders den

---

39 Bis zur Abtretung 1859 war das wirtschaftlich entwickeltste Gebiet der Monarchie die Lombardei, die hier nicht näher berücksichtigt wird.

40 Vergleichszahlen bei D.F. Good, Economic rise, 242.

41 Vgl. K. Dinklage, in A. Wandruszka/P. Urbanitsch, Habsburgermonarchie 1, 403ff.

42 Vgl. die Zahlen bei D.F. Good, Economic rise, 239. Etwas anders: H. Matis, Wirtschaft, 439f.; R.L. Rudolph, in A. Wandruszka/P. Urbanitsch, Habsburgermonarchie 1, 233–248.

43 H. Matis, Wirtschaft, 437. D.F. Good, Economic rise, 242: 1913 nur etwa 40% des britischen und 50% des deutschen Prokopfeinkommens.

44 Vgl. J. Bérenger, Autriche-Hongrie, 101

45 N. T. Gross, in A. Wandruszka/P. Urbanitsch, Habsburgermonarchie 1, 18.

neunziger Jahren war eine neue, kräftige Expansion festzustellen. Der Anteil des Exports an der Gesamtproduktion war 1913 mit 7% zwar wesentlich geringer als in Deutschland und Frankreich mit je 14–15%, aber doch beträchtlich.[46]

Dass die internationale Verflechtung nicht größer war, hing wohl auch mit einer andern Besonderheit des Landes zusammen. Die Entwicklungsunterschiede innerhalb des Reiches waren sehr groß. Dadurch ergaben sich im Inneren vielfältige Austausch- und Handelsmöglichkeiten, die anderswo eher zwischen verschiedenen Staaten erfolgten. Am auffälligsten war das Entwicklungsgefälle von West nach Ost. Während 1910 in Niederösterreich 20,6% und in Böhmen 36,6% der Bevölkerung in der Landwirtschaft tätig waren, waren es in Galizien 78,7% und in Dalmatien sogar 85,1%.[47]Immerhin wurden die regionalen Unterschiede insgesamt gesehen seit 1867 geringer, was ebenfalls für die Nachhaltigkeit der Entwicklung sprach.[48]

Politisch relevant wurde insbesondere das wirtschaftliche Gefälle zwischen den beiden Reichshälften. Die Frage, wer von der Wirtschaftsunion profitiert habe, ist zeitgenössisch und in der Forschung ausgiebig diskutiert worden. Die Antworten reichen von cisleithanischem Kolonialismus in Ungarn bis zu großen Vorteilen, die Ungarn auf Kosten der westlichen Reichshälfte aus der Wirtschaftsunion gezogen habe. Heute ist weitgehend unbestritten, dass beide Seiten vom gemeinsamen Wirtschaftsraum profitiert haben – der Kontrast zum wirtschaftpolitischen Nationalismus der Nachfolgestaaten in der Zwischenkriegszeit mit seinen negativen Folgen ist deutlich. Insgesamt zog Ungarn wohl größeren Gewinn aus der Existenz des Gesamtstaats als Cisleithanien. Zwar konnte dessen Industrie dank fehlender Zollschranken das Aufkommen der jeweils modernsten Branchen in Ungarn erschweren. Doch ist fraglich, ob ein isoliertes, schwaches Ungarn in dieser Hinsicht günstigere Bedingungen gehabt hätte. Jedenfalls waren die gesamtwirtschaftlichen und noch mehr die industriellen Wachstumsraten in Ungarn höher als in Cisleithanien. Trug Ungarn 1850 etwa 30% zum Sozialprodukt des Gesamtreiches bei, so waren es 1911/13 bereits 36,4%.[49] Das Prokopfeinkommen in der östlichen Reichshälfte stieg von 58% des cisleithanischen im Jahre 1850 auf 77% im Jahre 1913.[50] Bedeutende Vorteile hatte auch die Landwirtschaft: Als in den siebziger Jahren billiges amerikanisches und russisches Getreide auf den Markt kam, sicherten Schutzzölle des Reiches den ungarischen Produzenten einen großen Binnenmarkt. Schließlich floss in erheblichem Umfang cisleithanisches Kapital in die ungarische Industrialisierung, ohne dass daraus eine dauernde Abhängigkeit entstanden wäre. Auf der anderen Seite profitierte die cisleithanische Industrie von einem geschützten Markt im Osten der Monarchie.[51]

---

46 J. Bérenger, Autriche-Hongrie, 93.

47 H. Matis, Wirtschaft, 389.

48 D.F. Good, Economic rise, 237; 240; 247; H. Matis, Wirtschaft, 389f.

49 H. Matis, Wirtschaft, 405. Vgl. ebd., 402f.; 439; D.F. Good, Economic rise, 240; P. Hanák, Ungarn, 240–280; F. Tremel, in A. Wandruszka/P. Urbanitsch, Habsburgermonarchie, 1, 390.

50 R.A. Kann/Z.V. David, Peoples, 373.

51 J. Komlos, Customs union, 18–21; 214–218; I.T. Berend/G. Ránki, in A. Wandruszka/P. Urbanitsch, Habsburgermonarchie, 1, 466f.; dies., in W. Fischer, Handbuch 5, 641f. Die Verhältnisse in anderen Regionen, etwa in Böhmen und Galizien, sind wesentlich weniger gut untersucht, so dass auch keine ähnlich präzisen Vergleiche möglich sind.

Die wirtschaftliche Entwicklung bildete eine der wenigen das gesamte Reich übergreifenden Kräfte. Dennoch trug auch sie zur Verschärfung der Nationalitätenkämpfe bei, wie sich bereits bei den Auseinandersetzungen zwischen den Reichshälften zeigte. Infolge des Entwicklungsgefälles profitierten manche Nationalitäten viel stärker vom Wirtschaftswachstum als andere. Hatten diese keine oder nur eine unbedeutende Mittel- und Oberschicht, so ging das Wachstum vollends an ihnen vorüber, wie etwa an den Ruthenen und den Rumänen. So waren 1910 in Ungarn 89,2% der Ruthenen und 86,3% der Rumänen in der Landwirtschaft und nur 4,9% beziehungsweise 7,8% in Gewerbe, Handel und Verkehr tätig. Für die Magyaren lauteten die Vergleichszahlen 55,0% und 30,4%, für die Deutschen in Ungarn 49,7% und 37,0%.[52] In Cisleithanien arbeiteten 1910 gar 91,2% der Ruthenen in der Landwirtschaft, aber nur 30% der Deutschen.[53] Ebenfalls in Cisleithanien zahlten die Deutschen 1910 bei einem Bevölkerungsanteil von 35,6% 63% der direkten und 68,2% aller Steuern.[54] In Ungarn waren 90% der Großgrundbesitzer und 80% der mittleren Grundbesitzer Magyaren, und diese dominierten auch in der Industrie und in den Banken.[55]

2.4.4 Die Gesellschaft: Überlagerung von Klassen und Nationalitäten

1848 stand an der Spitze einer ganz überwiegend agrarischen Gesellschaft eine grundbesitzende Aristokratie. Der Großgrundbesitz spielte in weiten Teilen des Reiches eine zentrale Rolle, insbesondere in Böhmen und in Ungarn. Der Hochadel stellte die eigentliche Führungsschicht in Politik, Verwaltung und Armee. Neben ihm stand der mittlere und, soweit er ebenfalls über Grundbesitz verfügte, der kleinere Adel, der regional und lokal die Vorherrschaft ausübte. Insbesondere in Galizien und in Ungarn war der kleine Adel so zahlreich, dass ein großer Teil von ihm verarmt und von geringer gesellschaftlicher Bedeutung war. Neben einer schmalen bürgerlichen Mittelschicht stand die große Masse der hauptsächlich ländlichen Unterschichten.

Dieser Gesellschaftsaufbau verschob sich bis 1914 zwar allmählich; aber er änderte sich nicht grundlegend. Die Bauernbefreiung von 1848 stellte die wirtschaftliche Stellung der Grundbesitzer nicht in Frage. Stärker wirkte sich die Industrialisierung aus. Sie führte zum Aufstieg eines Teils des Großbürgertums in die Oberschicht. Dabei erfolgte eine weitgehende Integration in die Aristokratie. Die Bourgeoisie übernahm deren Werte und Lebensstil. Zahlreiche Nobilitierungen sorgten dafür, dass keine scharfe ständische Grenze entstand. Die wirklich entscheidenden Positionen im Staat aber blieben in der Hand der alten Aristokratie. Stärker weitete sich die Mittelschicht aus, vor allem in den wachsenden Städten. Sie drängte den Adel in der Beamtenschaft und im Offizierskorps zurück. In den industrialisierten Gebieten entstand eine zahlreiche Arbeiterschaft. Deren Organisation machte seit etwa den siebziger Jahren in Cisleithanien rasche Fortschritte, sowohl in Gewerkschaften als auch in einer sozialdemokratischen Partei, die zu den bestorganisierten, schlagkräftigsten und theoretisch eigenständigsten

52 L. Kátus, in P. Hanák, Nationale Frage, 204.

53 P. Urbanitsch, in A. Wandruszka/P. Urbanitsch, Habsburgermonarchie 3, 1, 110, Tabelle 12.

54 Ebd. 3, 1, 134, Tabelle 15.

55 L. Kátus, in A. Wandruszka/P. Urbanitsch, Habsburgermonarchie 3, 1, 481. Detaillierte Zahlen bei L. Kátus, in P. Hanák, Nationale Frage, 205–211 und bei P. Hanák, Ungarn, 349f.

Europas gehörte. Parlamentarisch wirksam werden konnte sie in größerem Umfang freilich erst nach der Einführung des allgemeinen Wahlrechts in Cisleithanien 1907. Nun wurde sie mit 87 (1907) beziehungsweise 82 (1911) von 516 Mandaten größte Partei im Abgeordnetenhaus.[56] Schon in den achtziger Jahren setzte eine Arbeits- und Sozialgesetzgebung nach deutschem Vorbild ein, die zwar nur langsam griff, aber zumindest die Richtung wies. Seit 1889 wurde der Aufbau einer Sozialversicherung an die Hand genommen. Eine direkte Beteiligung der Sozialdemokraten an der politischen Macht allerdings war in beiden Reichshälften ausgeschlossen.

Auch die gesellschaftlichen Verhältnisse wurden durch die Nationalitätenfrage kompliziert. Manche Nationalitäten hatten keine eigene besitzende adlige oder bürgerliche Oberschicht und vielfach auch keine größere Mittelschicht. Sie stellten fast nur die ländliche Unterschicht unter einem Adel, der einer anderen Nationalität angehörte. Sie wurden oft als unhistorische oder geschichtslose Nationalitäten bezeichnet, konnten sie in der Regel doch nicht auf eine eigene staatliche Tradition zurückblicken. Zu ihnen gehörten insbesondere die Ruthenen unter dem polnischen Adel in Galizien, die Rumänen und, in geringerem Maße, die Slowaken unter dem magyarischen und die Slowenen unter dem deutschen Adel sowie die Serben.[57] Entsprechend länger dauerte es, bis diese Nationalitäten sich organisierten und politisches Gewicht gewannen. Dabei spielten die gebildeten Mittelschichten eine besondere Rolle. Am erfolgreichsten war die tschechische Nationalbewegung in Böhmen, die die traditionell führenden Deutschen bis 1914 in die Defensive zu drängen vermochte.

Die Einführung des Neoabsolutismus 1849 engte die gesellschaftliche Basis des Systems deutlich ein. Sie entfremdete ihm besonders die aufstrebenden gebildeten Mittelschichten. Die Suche nach neuen Verbündeten legte sich nahe. Als besonders konservative Kraft empfahl sich die katholische Kirche. Sie stand seit Kaiser Joseph II. (1780–1790) unter strenger staatlicher Aufsicht. Sie erhielt nun eine eigenständigere Stellung, die 1855 in einem Konkordat mit dem Vatikan bekräftigt wurde.[58] Die Kirche sicherte sich darin die Kontrolle über die Ehe und das Zivilstandswesen, vor allem aber die Aufsicht über das Bildungswesen, sofern es nicht ohnehin in ihrer Hand war. Österreich wurde zum kirchentreusten Staat Europas. Das Konkordat traf auf verbreitete Ablehnung, und es schädigte Österreichs Ruf bei den deutschen Liberalen und minderte dadurch seine Chancen, sich in Deutschland als Vormacht durchzusetzen. Im Zuge der Konstitutionalisierung der Monarchie seit 1860 wurde der kirchliche Einfluss wieder zurückgedrängt. Seit 1867 hielt sich der Staat nicht mehr an das Konkordat, und 1870 kündigte er es formell. Die päpstliche Unfehlbarkeitserklärung durch das Erste Vatikanische Konzil diente als Begründung. Nun galt erstmals volle Religionsfreiheit. Der Staat übernahm die Aufsicht über das Bildungswesen, und die Schule wurde konfessionsneutral. Cisleithanien führte die Zivilehe und die Ehescheidung ein. Die Kirche versuchte den Schaden zu begrenzen. Es kam aber zu keinem förmlichen Kulturkampf. Denn die kirchlichen Würdenträger waren sich bewusst, dass ihre Stellung

---

56 K.-M. Grass, in D. Sternberger/B. Vogel, Wahl 1, 2, 959.

57 R.A. Kann, Geschichte, 267 und ders., Nationalitätenproblem 1, 44f.

58 Knapper Überblick mit Literaturangaben bei P. Leisching, in A. Wandruszka/P. Urbanitsch, Habsburgermonarchie 4, 25–34.

in der Praxis nach wie vor sehr stark war, zumal in einem Staat, der sich nach außen als katholisch gab und an dessen Spitze ein Kaiser stand, der persönlich sehr fromm und der Kirche wohlgesonnen war.

Die westlichen, insbesondere die deutschsprachigen Gebiete der Monarchie gehörten zu jenen Gegenden Europas, die schon früh die allgemeine Volksbildung angestrebt und dabei bedeutende Erfolge erzielt hatten. Dafür war um die Mitte des 19. Jahrhunderts in den östlichen Gebieten Analphabetismus noch die Regel. 1869 wurde in Cisleithanien die achtjährige Schulpflicht eingeführt, und auch in Ungarn galt seit 1868 die Schulpflicht für 6–12jährige, wobei hier die Magyarisierungsabsicht eine wichtige Rolle spielte. Im ganzen Reich wurden Fortschritte gemacht, ohne dass das West-Ost-Gefälle beseitigt worden wäre. 1910 betrug die Analphabetenrate in Cisleithanien unter den Tschechen 2% und unter den Deutschen 3%, während es bei den Ruthenen 61% waren.[58] Bei den Ruthenen in der ungarischen Karpato-Ukraine lag der Analphabetismus sogar bei 77,8%, bei den Magyaren in Ungarn bei 32,9%.[59] In der höheren Bildung waren die Differenzen noch größer. In Ungarn bestanden nur magyarische Universitäten, und 1914 existierten praktisch keine nichtmagyarischen Gymnasien mehr. In Cisleithanien hingegen wurden mit der Zeit auch, wenngleich meist erst nach langen Kämpfen, Hochschulen mit anderer als deutscher Unterrichtssprache gegründet oder anerkannt, so 1881/82 in Prag, oder, im Rahmen der relativen Privilegierung der Polen, schon 1870/71 in Krakau und Lemberg.

2.5 Russland[1]

Russland war während der behandelten Zeit mit 22,4 Millionen km^2 fast 36 mal größer als der zweitgrößte europäische Staat, Österreich-Ungarn. Seine Bevölkerungszahl übertraf die der anderen Großmächte je länger je mehr. Es hatte mit ca. 1,5% pro Jahr das stärkste Bevölkerungswachstum in Europa.[2] Lag seine Einwohnerzahl in Europa um 1850 mit ca. 62 Millionen um 73% über derjenigen Frankreichs, das den zweiten Platz einnahm, so war um 1910 der Abstand zum bevölkerungsmäßig zweitgrößten Staat deutlich gewachsen: Russland hatte 131 Millionen Einwohner und damit 102% mehr als Deutschland. Sein Anteil an der Bevölkerung Europas hatte sich in dieser Zeit von 23,2 auf 29,2% erhöht.[3] Das gesamte Reich, mit den asiatischen Gebieten, umfasste 1913 sogar etwa 170 Millionen Menschen.[4]

---

58 P. Urbanitsch, in A. Wandruszka/P. Urbanitsch, Habsburgermonarchie 3, 1, 77.

59 L. Kátus, in P. Hanák, Nationale Frage, 214.

1 Die Daten in diesem Kapitel werden nach dem Julianischen Kalender angegeben, der in Russland bis 1918 galt. Um das Datum nach dem im übrigen Europa geltenden Gregorianischen Kalender zu erhalten, müssen im 19. Jahrhundert 12, im 20. Jahrhundert 13 Tage hinzugerechnet werden. Daten, die auch andere Staaten betreffen, werden nach beiden Kalendern gegeben.

2 J. Nötzold, Agrarfrage, 229. Aufgliederung bei R. Melville, in G. Schramm, Handbuch 3, 2, 1013–1015.

3 W. Fischer, in ders., Handbuch 5, 14. Jeweils mit Polen, aber ohne Finnland und ohne die asiatischen Reichsteile.

4 R. Melville, in G. Schramm, Handbuch 3, 2, 1013. Hier auch etwas abweichende Zahlen für das europäische Russland: 1864: 61 Millionen; 1913: 122 Millionen.

Auf der anderen Seite ist die technische, wirtschaftliche, gesellschaftliche und politische Rückständigkeit gegenüber Mittel- und Westeuropa seit Peter dem Großen (1689–1725) eines der zentralen Themen der russischen Geschichte. Es geht dabei um einen postulierten Abstand auf dem Weg in die Moderne, zur industriellen, parlamentarisch-demokratisch verfassten Klassengesellschaft. Diese Betrachtungsweise mit ihrem Zudekretieren eines Rückstandes ist nicht einfach Ausfluss europäischer Anmaßung; sie hat in Russland selber seit langem eine bedeutende Rolle gespielt.[5]

Eine solche Sicht lässt die russische Geschichte der letzten dreihundert Jahre lediglich als defizienten Modus der europäischen erscheinen. Das heißt nicht, dass der russischen Geschichte hier, in der Nachfolge der Slawophilen des 19. Jahrhunderts, eine höhere Würde gegeben werden soll als der europäischen. Wohl aber heißt es, dass ihre Eigenständigkeit betont wird. Zwei Beispiele mögen genügen: Tolstoi und Dostojewski waren nicht einfach Nachahmer von Dickens und Thackeray oder von Balzac und Hugo, und die russische Autokratie hat ihre Arbeiter und Kleinbürger nie mit der gleichen blutrünstigen Brutalität behandelt wie die demokratische französische Republik die ihren 1848 und 1871.

Russland hat in der hier behandelten Zeit zwei Phasen beschleunigten Wandels erlebt, durch Reformen von oben 1861–1874 und durch eine Revolution von unten 1905–1907. Beide Vorgänge wurden zwar nicht verursacht, wohl aber ausgelöst durch verlorene Kriege. Das rechtfertigt es, zuerst die äußeren Verhältnisse zu betrachten, zumal die Anforderungen, die sich aus dem stets aufrechterhaltenen Weltmachtanspruch ergaben, die Innenpolitik immer wieder stark beeinflusst haben.[6]

2.5.1 Außenpolitik zwischen Beharrung in Europa und Expansion in Asien: Koloss auf tönernen oder auf ehernen Füßen?

Für Russland bestanden, ähnlich wie für die übrigen Großmächte (mit Ausnahme von Österreich-Ungarn), im 19. Jahrhundert zwei höchst unterschiedliche außenpolitische Aktionsräume. In Europa war der Spielraum durch ähnlich starke oder gar stärkere Mächte eingeengt, während sich außerhalb Europas angesichts der technischen Unterlegenheit der dortigen Staatswesen bedeutende Expansionsmöglichkeiten eröffneten. Nur waren die beiden Räume im Falle Russlands nicht durch Ozeane getrennt, sondern sie befanden sich innerhalb einer zusammenhängenden Landmasse, wodurch sie stärker aufeinander einwirkten. Dabei lag der Schwerpunkt des Interesses eindeutig in Europa.

Die russische Westgrenze hätte seit 1815 nur noch durch einen Krieg mit Preußen oder Österreich verändert werden können. Offener waren die Verhältnisse im Südwesten, gegenüber dem Osmanischen Reich, das von Russland seit dem 18. Jahrhundert zurückgedrängt wurde, mit dem Fernziel der Kontrolle über die Meerengen. Die dazu erforderliche Vorherrschaft über den Balkan war aber nicht mit den Interessen Österreichs vereinbar, und die Kontrolle der Meerengen verletzte die maritimen Interessen

---

5 Zur Geschichte dieser Debatte vgl. M. Hildermeier, Privileg der Rückständigkeit.
6 Zum Verhältnis zwischen Innen- und Außenpolitik vgl. D. Geyer, Imperialismus.

Großbritanniens, indem sie dessen Herrschaft über das Mittelmeer und damit seit 1869 den Seeweg durch den Suezkanal nach Indien gefährdete.

Der Krieg, der Russland an dieser Front zum Verhängnis wurde, gehörte von der Nichtigkeit seines Anlasses und dem Übergewicht des Prestigedenkens her gesehen noch dem 18. Jahrhundert an, während die Kampfesweise schon auf das 20. Jahrhundert vorauswies. Seit 1849 stritten sich Russland und Frankreich in Konstantinopel über Schutzrechte für heilige Stätten in Palästina. Auch die anderen Großmächte zeigten sich an den Auseinandersetzungen interessiert. Die Pforte, die sich auf deren Rückendeckung glaubte verlassen zu können, erklärte dem immer aggressiver auftretenden Russland, das im Mai die Donaufürstentümer besetzt hatte, am 22. September/4. Oktober 1853 den Krieg. Nach russischen Siegen griffen im Frühjahr 1854 Frankreich und Großbritannien ein. Sie belagerten die Festung Sebastopol auf der Krim, die sie im September 1855 eroberten. Seit Januar 1855 wurden sie von Sardinien unterstützt, und auch Österreich zeigte Russland gegenüber eine zunehmend feindselige Haltung. Nur Preußen blieb dem Zarenreich wohlgesonnen. Die russische Armee zeigte im Abnutzungskrieg enorme Schwächen. Im Frieden von Paris vom 18./30. März 1856 kam Russland materiell glimpflich weg. Doch bedeutete der Vertrag eine Demütigung, nicht zuletzt durch das Verbot, im Schwarzen Meer eine Flotte zu unterhalten. Die Zeit der russischen Vormachtstellung in Europa war vorbei.

Russlands offenkundig gewordene militärische Schwäche legte ihm eine zurückhaltende Politik zumindest in Europa nahe. Das zunächst praktizierte Zusammengehen mit Frankreich gegen Österreich, über dessen als Undankbarkeit, ja Verrat empfundene Haltung in Russland Empörung herrschte, brachte nur Frankreich Vorteile, in Italien. Als 1863 in Polen ein großer Aufstand ausbrach, blieb einzig Preußen loyal. Das sicherte ihm die wohlwollende russische Neutralität in den deutschen Einigungskriegen 1864–1871. Russland wurde auf diese Weise zum wichtigsten Geburtshelfer des Deutschen Reiches, dessen Entstehung es zwar nicht begrüßte, aber im Interesse der Erhaltung eines verlässlichen Verbündeten hinnahm. Diese Politik erlaubte es wenigstens, 1871, während des deutsch-französischen Krieges, unter Ausnutzung der Schwäche Frankreichs und Österreichs, die Aufhebung der Entmilitarisierung des Schwarzen Meeres zu erreichen.

Die Erfahrung des Krimkrieges wirkte als Warnung vor leichtfertigen Verwicklungen auf dem Balkan. Dennoch bediente sich Russland dort in den siebziger Jahren eines gefährlichen Instruments, des Panslawismus. Man kann keineswegs sagen, dass diese Doktrin, die den Zusammenschluss aller Slawen unter russischer Führung propagierte, vor den 1870er Jahren die Leitlinie der russischen Politik bildete. Die Regierung, deren Politik viel eher dynastisch-legitimistisch orientiert war, stand ihr misstrauisch gegenüber. Das Reich hatte schließlich einen erheblichen Anteil an nichtslawischen Untertanen, und die russische Herrschaft über andere Slawen, etwa die Polen, war keineswegs überall beliebt. Nun aber ließ man der panslawistischen Propaganda freiere Zügel. Russland wurde 1875/76 in die Aufstände auf dem Balkan verwickelt und erklärte schließlich im April 1877 der Pforte den Krieg. Seine Armee stieß Anfang 1878 bis vor die Tore Konstantinopels vor und diktierte am 19. Februar/3. März den Vorfrieden von San Stefano, der Russland die Kontrolle über die Balkanhalbinsel gebracht hätte, mittels eines neu zu schaffenden großbulgarischen Staates.

Großbritannien und Österreich-Ungarn erzwangen auf dem Berliner Kongress im Juli eine Verkleinerung Bulgariens – Russland war erneut gedemütigt (vgl. Karte 8). Wirtschaftlich blieb es auf dem Balkan weit hinter dem Handel und den Investitionen des österreichisch-ungarischen Rivalen zurück.

Die Lage ließ aus russischer Sicht weiterhin nur eine enge Verbindung mit Deutschland zu. Doch dieses entschied sich 1879 für ein Bündnis mit Österreich-Ungarn, das ihm ein verlässlicherer und gefügigerer Partner zu sein schien als das mächtigere Russland. Bismarck bemühte sich zwar, Russland wenigstens noch innerhalb dieses Rahmens an Deutschland zu binden, 1873, 1881 und 1884 im Dreikaiserbund, einer geheimen Konsultations- und Neutralitätsabsprache, und 1887, nachdem sich die russisch-österreichischen Beziehungen verschlechtert hatten, nur noch mit Deutschland, im sogenannten Rückversicherungsvertrag, der Deutschlands Bündnispflichten gegenüber Österreich-Ungarn verletzte. Nachdem Bismarcks Nachfolger Caprivi 1890 die Erneuerung dieses Vertrages verweigert hatte, ergab sich schließlich aus schierem Überlebensinstinkt die Annäherung Russlands an Frankreich – an einen Staat, der als demokratische Republik von der Petersburger Führung mit größtem Misstrauen betrachtet wurde, während umgekehrt Russland in französischen Augen als Hort von Autokratie und Reaktion erschien. Die Militärkonvention, die 1892 zustandekam und 1894 in Kraft trat, wurde somit auf beiden Seiten zum Ausdruck für das Übergewicht außenpolitischer über innenpolitische Erwägungen.

Den Rückschlägen und Demütigungen in Europa standen spektakuläre Erfolge in Asien gegenüber. Hier ließen sich mit im Vergleich zu Europa winzigen militärischen Kräften von jeweils einigen tausend Mann enorme Siege erringen. Die Herrschaft über den Kaukasus und die transkaukasischen Gebiete wurde konsolidiert. Zwischen 1864 und 1885 eroberten russische Truppen ausgedehnte Gebiete in Mittelasien. Das führte zu permanenten Spannungen mit Großbritannien, das Indien gefährdet sah. Die Situation war freilich weniger brisant, als sie oft dargestellt wurde. Russland hatte nie die für eine Eroberung Indiens erforderliche Militärmacht, und für Großbritannien waren die Weiten Innerasiens von begrenztem wirtschaftlichen Interesse. Umstritten war eher die genaue Abgrenzung der Einflusssphären als die geostrategische Aufteilung des Raumes, und die zentralasiatische Grenzfrage wurde 1895 in einem Abkommen endgültig geregelt.

Im Fernen Osten nutzte Russland 1858 und 1860 die Bedrängnis, in die China durch einen britisch-französischen Angriff geraten war, um sich die sehr dünn besiedelten Gebiete bis Wladiwostok (1860 gegründet) gegen ein Hilfeversprechen abtreten zu lassen. Diese potentiell wertvolle Region blieb allerdings ein äußerst schwach besetzter Außenposten, der sich angesichts der Verkehrsverhältnisse kaum verteidigen und auch wirtschaftlich nur sehr begrenzt nutzen ließ. Die Einsicht in die Unmöglichkeit einer Verteidigung stand auch hinter dem Verkauf des noch abgelegeneren Alaska an die USA im Jahre 1867, für 7,2 Millionen Dollar.

Die fernöstlichen Gebiete hatten nur einen Wert, wenn sie zum Sprungbrett für eine wirtschaftliche Durchdringung Chinas werden konnten. Dem diente der Bau der transsibirischen Eisenbahn (1891–1904). Diese und eine geschickte Politik erlaubten es Russland, mit großem Erfolg am Wettlauf mit anderen Mächten um vielfältige Konzessionen in China (hauptsächlich in der Mandschurei) teilzunehmen. Hauptziel war die Gewinnung eines eisfreien Hafens. Damit aber geriet Russland in einen scharfen und von ihm forcierten Gegensatz zu Japan, das sich 1902 den Rücken durch ein Bündnis mit Großbritannien sicherte und 1904 Russland ohne Kriegserklärung angriff. Seine Überlegenheit war nicht eklatant; aber sie reichte doch für bedeutende Siege, und Russland musste angesichts enormer Nachschub- und Führungsprobleme und einer Revolution 1905 Frieden schließen. Die Gebietsverluste hielten sich in Grenzen; aber die Demütigung war noch ausgeprägter als 1856 – Russland war die erste europäische Großmacht, die von einem außereuropäischen Staat entscheidend geschlagen worden war.

Die Niederlage legte Zurückhaltung in Asien nahe, und damit war der Weg frei zu einem Ausgleich mit Großbritannien. Darin wurden 1907 Grenzen und Einflusssphären von Tibet bis Persien festgelegt, in einem der für das 19. Jahrhundert so typischen imperialistischen Länderschacher, der bedenkenlos über Dritte verfügte, insbesondere über das in zwei Einflussgebiete mit neutraler Zwischenzone aufgeteilte Persien. Auch mit Japan einigte sich Russland 1907 über eine Abgrenzung der Einflusssphären.

Die Niederlage im Fernen Osten wurde zum Anlass für ein großes Aufrüstungsprogramm genommen. Bis dieses Ergebnisse zeitigte, empfahl sich auch in Europa Zurückhaltung. Auf dem Balkan hatte Deutschland inzwischen großen Einfluss im Osmanischen Reich gewonnen und dessen Armee modernisiert, wodurch das russische Ziel der Kontrolle der Meerengen in weite Ferne gerückt war. Österreich-Ungarn hatte zwar Russland 1908 vor der Annexion von Bosnien-Herzegowina abmachungsgemäß konsultiert und ihm als Kompensation angeboten, es in der Frage der Durchfahrt von Kriegsschiffen durch die Meerengen zu unterstützen. Doch Großbritannien verhinderte dies, und Russland ging leer aus. Nur unter dem Druck eines deutschen Ultimatums stimmte es der Annexion definitiv zu. Es unterstützte danach den Balkanbund, aber nicht den von diesem ausgelösten Balkankrieg, der ihm einen weiteren Einflussverlust brachte. Infolgedessen war es 1914 in einer misslichen Situation. Wenngleich man sich militärisch noch nicht gerüstet fühlte, so wollte man doch eine weitere Demütigung um jeden Preis vermeiden. Die Unterstützung Serbiens in der Julikrise erhielt dadurch eine ungewöhnlich große Bedeutung, als Test für die eigene Macht.

Insgesamt stand Russland im Jahre 1914 dennoch relativ günstig da. Es hatte seinen Besitzstand in Europa ganz und im Fernen Osten nahezu wahren können. Zuvor hatte es in Asien riesige Gebiete neu gewonnen und seine Herrschaft darüber konsolidiert. Das Reich war größer als jemals zuvor (und danach). Seine Schwäche lag letztlich im Inneren. Es bildete in dieser Hinsicht einen Sonderfall, war es doch die einzige Großmacht, die einen solchen Status hatte halten können, obwohl sie vom wirtschaftlichen Entwicklungsstand her weit hinter den übrigen Großmächten zurückgeblieben war. Russland konnte den Rückstand zunächst durch seine schiere Größe und Bevölkerungszahl ausgleichen. Dieser Faktor allein hätte allerdings nicht ausgereicht, wie der Fall des noch viel bevölkerungsreicheren China, das zum Spielball der imperialistischen Mächte geworden war, zeigte. Der Erfolg – mitsamt seinen Grenzen – wird erst verständlich bei Betrachtung der Veränderungen im Inneren.

2.5.2 Von der Autokratie zum Konstitutionalismus: Staat und Gesellschaft zwischen Reform, Revolution und Reaktion

Um die Mitte des 19. Jahrhunderts war Russland die einzige größere stabile absolutistische Monarchie in Europa. Der Zar war nach Herkommen und Staatsgrundgesetzen uneingeschränkter Selbstherrscher, der auch über das Gesetzgebungsmonopol verfügte.

Der Absolutismus hatte in Russland, wie auch sonst in Europa, ursprünglich die lokalen und regionalen Gewalten zurückgestutzt und kontrolliert oder gänzlich beseitigt und dadurch der Ausweitung der Staatsmacht gedient. Diese Funktion kam ihm längst nicht mehr zu. Nun behinderte er vielmehr den weiteren Ausbau des Staates und der Verwaltung. Da ein Ministerpräsident und ein Kabinett fehlten, trugen die Ministerien endlose Streitigkeiten untereinander aus. Die Eingriffe des Zaren in alle Bereiche von Regierung, Verwaltung und Justiz erschwerten die weitere Rationalisierung des Staates. Der moderne bürokratische Staat war nicht mit autokratischer Willkür vereinbar.

Zu dieser im Sinne zunehmender Staatsmacht kontraproduktiven Wirkung der Autokratie trug die Persönlichkeit der letzten Zaren bei. Nikolaus I. (1825–1855), Alexander II. (1855–1881), Alexander III. (1881–1894) und Nikolaus II. (1894–1917) zeigten, jeder auf seine Weise, eher durchschnittliche Begabung. Sie waren nicht fähig, mit Hilfe ihrer Machtfülle irgendeine große Konzeption gegen Widerstände durchzuziehen. Dennoch nahmen sie ihr Amt ernst, beharrten auf ihrer Allmacht und setzten sie auch immer wieder ein – bestenfalls zur Wahrung des Bestehenden und meistens mit hemmender und verwirrender statt mit vorantreibender Wirkung. Keiner hatte das Glück, einen überragenden Staatsmann zu finden, der imstande gewesen wäre, eine gründliche und systematische Reform des Staates durchzuführen.

Ähnlich hemmende Wirkungen hatte die Gesellschaft. Russland war um 1850 eine scharf gegliederte Ständegesellschaft.

Tabelle 7: Prozentuale Zusammensetzung der russischen Bevölkerung nach Ständen, 1858 und 1897[7]

Stand	1858	1897
Erbadel	1,03	1,0
Persönlicher Adel	0,55	0,5
Christliche Geistlichkeit	1,10	0,5
Städtische Stände (Kaufleute, Kleinbürger etc.)	7,25	11,1
Bauern	82,55	77,1
Militärstand	6,35	

An der Spitze stand der in sich sehr stark gegliederte Adel. Seine wirtschaftliche Grundlage bildete zu großen Teilen der Grundbesitz. Seine Angehörigen dominierten in der Verwaltung und in der Armee. 1897 waren 71,6% der höchsten Beamten und

7 T. Steffens, in G. Schramm, Handbuch 3, 2, 1116. Die Tabelle erfasst nicht die gesamte Bevölkerung. Etwas abweichende Zahlen bei S. Becker, Nobility, 18.

74,6% der höchsten Offiziere Adlige.[8] Als Stand hingegen war er nahezu machtlos, verfügte er doch über keine Selbstorganisation etwa in Ständeversammlungen. Der russische Staat war in dieser Hinsicht absolutistischer, als die europäischen Staaten es je gewesen waren. Auch der Klerus wurde vom Staat kontrolliert, ebenso wie die ganze Administration der Kirche. Das Bürgertum war zahlenmäßig schwach, heterogen und politisch ohnmächtig, bestand doch keinerlei Selbstverwaltung in den Städten. Nur in einem mittelbaren Verhältnis zum Staat stand der weitaus größte Stand, derjenige der Bauern, zu dem allerdings auch andere Berufsgruppen, insbesondere Handwerker und Arbeiter, gerechnet wurden, waren die Stände doch primär durch die Rechtsstellung, nicht durch die Tätigkeit definiert. Die Bauern waren um die Jahrhundertmitte knapp zur Hälfte Leibeigene von Gutsbesitzern, während die andere Hälfte Staatsland bearbeitete und einen ähnlichen Status gegenüber dem Staat hatte wie die Leibeigenen gegenüber ihren Herren.[9] Der Gutsbesitzer übte die Polizeigewalt und die niedere Gerichtsbarkeit über seine Leibeigenen aus und war für die Eintreibung ihrer Abgaben an den Staat und sogar für die Stellung von Rekruten verantwortlich.

Die Leibeigenschaft war das auch für die Zeitgenossen im In- und Ausland auffälligste Merkmal der russischen Gesellschaft, das am häufigsten als Ursache für die Rückständigkeit des Landes angesehen wurde.

Dieses System zeigte bis zur Mitte des 19. Jahrhunderts beachtliche Stabilität, aber keine Dynamik. Das offenbarte sich im Krimkrieg. Dieser geriet in der russischen Erfahrung zur Katastrophe, nicht weil er die Existenz des Staates von außen gefährdet hätte, sondern weil er dessen morschen Zustand im Inneren an den Tag brachte.

Die Wende wurde durch den Tod von Nikolaus I. (1855) begünstigt. Alexander II. leitete eine Phase ein, die bis heute als *Zeit der Großen Reformen* (1861–1874) bezeichnet wird.[10] Alexander war alles andere als ein großer Neuerer. Wohl aber war er von der Niederlage ausreichend beeindruckt, um einzusehen, dass die Autokratie nur überleben konnte, wenn sie sich anpasste. Er konnte die Reformen beinahe ungestört von oben durchführen. Eine ernsthafte Oppositionsbewegung bestand nicht. Die Maßnahmen dienten denn auch der Sicherung der Autokratie, nicht ihrer Einschränkung. Von einem Trend zum Konstitutionalismus konnte nicht die Rede sein.

Die erste und grundlegende Reform war 1861 die Aufhebung der Leibeigenschaft, die *Bauernbefreiung*. Dass die Bauern die persönliche Freiheit vom Grundherrn erhalten sollten, war unbestritten. Entscheidend war die Landfrage. Die eine Extremlösung bildete die entschädigungslose Enteignung der Grundherren und die Verteilung des Bodens an die Bauern. Die andere bestand in der Übergabe allen Landes an die Grundherren, auf Kosten der Bauern. Die erste Lösung war revolutionär und kam deswegen für eine Reform von oben nicht in Frage. Die zweite war ausgeschlossen, weil die Herr-

---

8 S. Becker, Nobility, 109f. Vgl. R.T. Manning, Crisis, 26–29 und M. Hildermeier, Adel. Diese Anteile waren in der ganzen hier behandelten Zeit rückläufig, doch weit stärker in den unteren als in den höchsten und einflussreichsten Positionen.

9 1858/59 standen etwa 22 Millionen Leibeigenen ca. 27,4 Millionen sogenannte Staatsbauern und 0,8–0,9 Millionen Apanagebauern (auf Gütern des Zaren) gegenüber. T. Steffens, in G. Schramm, Handbuch 3, 2, 1121f. Vgl. ebd. 3, 1, 46f.

10 So z.B. W.B. Lincoln, Great reforms; B. Eklof u.a. (Hg.), Great reforms.

schenden die sozialen Folgen fürchteten, die Entstehung eines Proletariats auf dem Lande und noch mehr in den Städten. Die Lösung lag in einem Kompromiss, bei dem die Grundbesitzer eher besser wegkamen. Er sollte es ihnen ermöglichen, ihre gesellschaftliche und wirtschaftliche Stellung zu wahren und gleichzeitig den Bauern eine ausreichende Existenzgrundlage sichern. Die Bauern erhielten zumindest einen Teil desjenigen Landes, das sie bislang bearbeitet hatten. Ein Minimum stand ihnen kostenlos zu. Doch es reichte nicht zum Überleben, und für weiteres Land mussten sie eine Ablösesumme bezahlen, die ihnen der Staat zu 80% vorschoss und die sie über 49 Jahre hinweg abzahlen mussten. Der dabei zugrundegelegte Wert des Bodens lag über dem Marktwert, so dass die Bauern de facto doch auch für ihre persönliche Freiheit eine Ablöse bezahlen mussten.[11] Selbst die auf diese Weise vergrößerte Fläche reichte häufig nicht aus, so dass viele Bauern Boden hinzupachten mussten, gegen Zahlungen oder Arbeitsleistungen, wodurch sie erneut in die Abhängigkeit von Grundbesitzern gerieten.[12]

Was die russische Bauernbefreiung von allen vergleichbaren Vorgängen in Europa im 18./19. Jahrhundert unterschied, war aber nicht das Verhältnis zwischen Grundherren und Bauern, sondern das Verhältnis der Bauern untereinander und zum Staat. Mit der Bauernbefreiung verlor auch der Staat seinen bisherigen, über die Grundbesitzer ausgeübten Zugriff auf die Bauern, vor allem auf deren Steuern. Der Aufbau einer Verwaltung, die diese Aufgaben hätte übernehmen können, wäre viel zu teuer gewesen. Als Ausweg bot sich der Rückgriff auf die in weiten Teilen des europäischen Russland bereits bestehende Dorfgemeinde *(mir, obščina)* an, deren Kompetenzen und Verpflichtungen ausgeweitet wurden.[13] In vielen Gebieten des Landes hatte sie die Verfügungsgewalt über den Boden, den sie den einzelnen Familien periodisch nach Maßgabe der Zahl der erwachsenen Männer neu zuteilte. Jetzt wurde sie überall für die Aufbringung der Steuern und der Ablösezahlungen verantwortlich. Das bedingte eine Zwangsmitgliedschaft in der Gemeinde. Nach dieser Seite hin wurden die Bauern also nicht persönlich frei. Der Staat behandelte sie weiterhin als Kollektiv, nicht als Individuen. Die Reformer wollten damit einerseits sicherstellen, dass die finanziellen Leistungen erbracht wurden, und andererseits verhindern, dass eine Schicht von Landlosen entstand, die unkontrolliert in die Städte strömten, was auch gelang. Sozialpolitische Überlegungen hatten klaren Vorrang vor wirtschaftlichen im Sinne der Produktionssteigerung. Die Dorfgemeinde wurde erstinstanzlich auch für Justiz und Polizei verantwortlich, freilich unter strenger Aufsicht des Staates.[14]

Auf Staatsland wurden ähnliche Regelungen getroffen, wobei die Bauern hier etwas mehr Boden erhielten.[15]

1864 wurde die vielleicht modernste unter den großen Reformen durchgeführt, die *Justizreform*. Das Rechtswesen hatte sich bislang durch ständische Ungleichbehand-

---

11 Vgl. z.B. B. Bonwetsch, Revolution, 11; D. Beyrau, in G. Schramm, Handbuch 3, 1, 45; H. Seton-Watson, Decline, 44.

12 Vgl. allgemein P. Scheibert, Agrarreform.

13 Für einen Überblick G.L. Yaney, Urge, 168–171; H. Haumann, in G. Schramm, Handbuch 3, 2, 1226.

14 Vgl. T.S. Pearson, Officialdom, 23–27; H. Haumann, in G. Schramm, Handbuch 3, 2, 1125f.; G. Schramm, ebd., 1388–1391.

15 Vgl. A. Gerschenkron, Russia: Patterns, 756–763; D. Beyrau, in G. Schramm, Handbuch 3, 2, 46f.

lung, fehlende Gewaltentrennung, Willkür und Korruption ausgezeichnet. Jetzt wurde erstmals eine von der Verwaltung geschiedene Justiz mit unabhängigen Richtern aufgebaut. Neues Verfahrensrecht beseitigte die Standesunterschiede, die allerdings für die Bauern auf der unteren Ebene bestehen blieben: Die ländlichen Gerichte waren nur für Bauern zuständig und hielten sich an Gewohnheitsrecht. Ansonsten aber wurden zeitgenössische rechtsstaatliche Grundsätze verwirklicht. Allerdings war die Reform in mancher Hinsicht zu ehrgeizig, indem sie teilweise einfach europäische Verhältnisse zu kopieren versuchte, obwohl die Voraussetzungen dafür nicht gegeben waren. Das galt etwa für die Geschworenengerichte, für die sich kaum geeignete Personen finden ließen.[16] Eine weitere Grenze der Reform lag in den nach wie vor bestehenden Eingriffsmöglichkeiten der Autokratie, die dennoch durch die rechtsstaatlichen Institutionen in der Praxis zunehmend eingeschränkt wurde.[17] Die Eigentümlichkeiten der russischen Verhältnisse zeigen sich vielleicht am besten bei der Todesstrafe. Diese war schon 1741 von Kaiserin Elisabeth sistiert und 1753/54 abgeschafft worden, außer in einigen sehr speziellen Fällen und im Militärstrafrecht. Russland hatte hier in ganz Europa eine Führungsposition. Doch blieb der Weg der autokratischen Eingriffe und der Sonder- und Militärgerichte. Davon wurde in normalen Zeiten nur in begrenztem Ausmaß Gebrauch gemacht. Die Zahl der Todesurteile und der Hinrichtungen war im europäischen Vergleich bis 1905 gering.[18] Im Gefolge der Revolution nahm die Zahl der von Militärgerichten über Zivilisten verhängten Todesurteile sprunghaft auf fast 1300 im Jahre 1909 zu. Darüber hinaus wurden 1906/07 Sondergerichte eingesetzt, die unter Missachtung aller rechtsstaatlichen Grundsätze innerhalb von acht Monaten über 1100 Menschen zum Tode verurteilten und erschießen ließen.[19]

1864 erfolgte ein vorsichtiger Versuch, die gesellschaftlichen Kräfte außerhalb der Bauernschaft durch Ansätze zur *Selbstverwaltung* zu erfassen, indem in einem Teil der Provinzen sogenannte Landschaften *(zemstvo,* Plural *zemstva)* eingerichtet wurden.[20] Für ihre Bestellung galt kein ständisches, sondern ein Zensuswahlrecht, das freilich in der Regel dem Adel die Mehrheit sicherte. Die *zemstva* erhielten weitgehend unpolitische Kompetenzen, vor allem im Bildungs- und im Gesundheitswesen sowie im Straßenbau. Dazu wurden sie vom Staat strikt kontrolliert. Dennoch war hier eine grundlegende Neuerung erfolgt. Erstmals konnte lokale Initiative sich außerhalb des Staatsapparates entfalten. Die Selbstverwaltung wurde 1870 auf die Städte ausgedehnt, wobei freilich hier die Selbständigkeit noch geringer war.[21]

---

16 Vgl. J. Baberowski, Autokratie, 789 und ders., Justizwesen.

17 So die These von J. Baberowski, Justizwesen. Vgl. F.B. Kaiser, Justizreform und V. Rabe, in G. Schramm, Handbuch 3, 2, 1527–1576.

18 Vgl. die Angaben bei P. Liessem, Todesstrafe, 502, und die Tabellen bei D. Rawson, Death penalty, 36f. Ohne daraufhin konzipiert zu sein, zeigen etwa Dostojewskis „Aufzeichnungen aus einem Totenhaus", wie selbst für die schlimmsten Gewaltverbrechen Haft- oder Verbannungsstrafen selbstverständlich waren und die Todesstrafe gar nicht zur Debatte stand.

19 D. Rawson, Death penalty; R.T. Manning, Crisis, 169–175; P. Liessem, Todesstrafe, 503.

20 Überblick bei T. Emmons/W.S. Vucinich (Hg.), Zemstvo.

21 Dazu D.R. Brower, City, 92–139; V.A. Nardova, in B. Eklof u.a. (Hg.), Great reforms, 181–196.

Am meisten Zeit nahm diejenige Reform in Anspruch, die sich aufgrund des Krimkrieges als die dringlichste aufdrängte, die *Armeereform*. Russland hatte bislang an einem stehenden Heer aus 20–25 Jahre (was für die Praxis überwiegend hieß: lebenslänglich) dienenden Soldaten festgehalten. Dadurch war die Armee im Frieden zu groß und zu teuer und im Krieg mangels Reservisten zu klein gewesen. Dazu hatten die Grundbesitzer Leibeigene als Rekruten stellen müssen und dabei natürlich darauf geachtet, dass sie nicht ihre tüchtigsten Männer verloren. Die Reform kulminierte 1874 in der Einführung der allgemeinen Wehrpflicht, und zwar für alle Stände, mit einer Normaldienstzeit von zuerst sechs und später drei Jahren. Die Dienstzeit war um so kürzer, je höher der Schulabschluss des Rekruten war, wodurch die höheren Stände bevorzugt wurden.[22] Da nur etwa 25% eines Jahrgangs eingezogen wurden, bestand außerdem stets die Möglichkeit, sich durch Stellung eines Ersatzmannes freizukaufen. Dennoch zeigte sich auch hier eine Tendenz der Reformen zur Umwandlung der Ständegesellschaft in eine leistungsbezogene Klassengesellschaft.

Im offenen geistigen Klima dieser Jahre entstanden in verstärktem Maße Gruppierungen mit weiterreichenden politischen und gesellschaftlichen Zielen. Sie waren allerdings zahlenmäßig stets sehr schwach. Aussicht auf die Bildung von Massenbewegungen bestand kaum jemals. Das begünstigte sowohl in der Theorie als auch in der Praxis den Rückgriff auf andere, für kleine Minderheiten anscheinend mehr Erfolg versprechende Methoden, vom Terrorismus bis zum Staatsstreich durch Berufsrevolutionäre.

Am Beginn stand freilich ausgeprägter Idealismus. Kleinere Gruppen von Angehörigen der Intelligenz, die *Narodniki*, wollten den revolutionären Hebel über die Bauern ansetzen. Sie beschlossen, besonders im „verrückten Sommer" des Jahres 1874, die Adressaten direkt anzusprechen, indem viele von ihnen aufs Land zogen, um dort die Bauern für ihre Ziele zu gewinnen. Doch sie stießen auf Unverständnis und vielfach sogar auf Ablehnung. Diese ernüchternde Erfahrung führte zu einer Spaltung zwischen populistischen Romantikern, die die Dorfgemeinschaft verherrlichten, und „Realisten", die zum Terrorismus übergingen. Den Terroristen gelangen seit 1878 mehrere aufsehenerregende Anschläge, und am 1. März 1881 fiel ihnen Zar Alexander II. zum Opfer. Ihre Hoffnung, dadurch das Fanal zu einer allgemeinen Erhebung gegeben zu haben, erwies sich als Illusion. Statt dessen setzte unter Alexander III. eine harte Repression ein. Notstandsgesetze, die bis 1917 in Kraft blieben, schufen eine Art politische Paralleljustiz zum reformierten Justizsystem von 1864.

Bis zu Beginn der neunziger Jahre gelang es der Politik der Reaktion zumindest, Ruhe zu wahren. Eine schwere Hungersnot 1891/92 wurde zum Ausgangspunkt für eine sich rasch ausweitende Oppositionsbewegung. Zwar bekämpfte die Regierung die Hungerkrise mit wesentlich mehr Erfolg, als etwa die Briten bei vergleichbaren Situationen in Indien hatten. Aber man wollte sich in Russland mit Europa und nicht mit Indien messen.[23] Den wichtigsten Hintergrund für die Oppositionsbewegung bildete indessen die sich seit etwa 1891 rasch beschleunigende Industrialisierung des Landes. Sie führte zu einer bedeutenden Zunahme der Zahl der Fabrikarbeiter von 800.000 im

---

22 Überblick bei D. Beyrau, Militär, 275f.
23 So die These von R.G. Robbins, Famine. Ähnlich S.G. Wheatcroft, Famine, 62f.

Jahre 1860 auf 3,1 Millionen 1913. Unter Einschluss der Kleinindustrie betrugen die Zahlen sogar 1,6 beziehungsweise 6,1 Millionen.[24] Freilich hatte sich in dieser Zeit auch die Bevölkerung mehr als verdoppelt. Wenngleich die Arbeiter noch stark in ihre ländliche Umgebung eingebunden blieben, indem sie oft nur saisonal arbeiteten oder nach einigen Jahren in ihr Dorf zurückkehrten, zumal sie in der Regel noch über ihren Landanteil verfügten und überdies ein großer Teil auch der eigentlichen Fabrikindustrie auf dem Land angesiedelt war,[25] so wurden ihre Lebensumstände doch zunehmend durch die Industrie bestimmt. Der Staat versuchte, die damit verbundene Gefahr der Entstehung eines unruhigen Proletariats so weit wie möglich zu begrenzen, indem er schon in den achtziger Jahren eine Arbeiterschutzgesetzgebung einführte (zu ernsthaften Ansätzen einer Sozialversicherung hingegen kam es erst kurz vor dem Ersten Weltkrieg).[26]

Die in den neunziger Jahren entstandene Arbeiterbewegung blieb angesichts vielfältiger Verfolgung klein und zersplittert. Die Führungsgruppen agierten überwiegend aus dem Ausland. Der Marxismus, der zunächst auf wenig Resonanz gestoßen war, gewann als geistige Bewegung seit etwa der Mitte der achtziger Jahre rasch an Einfluss. Aber erst 1898 wurde eine Sozialdemokratische Partei gegründet. In ihr brachen schon bald Kämpfe zwischen Anhängern einer Massenpartei und solchen einer Kaderpartei von Berufsrevolutionären aus. 1903, auf dem Gründungsparteitag in London, vermochten sich letztere, unter der Führung von Wladimir Iljitsch Uljanow, genannt Lenin (1870–1924), durchzusetzen. Sie nannten sich seither *Bolschewiki* (Mehrheitler). Neben den Sozialdemokraten spielten vor allem die sogenannten Sozialrevolutionäre eine wichtige Rolle. Sie versuchten sich stärker auf die Bauern zu stützen.

Seit dem Ende des Jahrhunderts nahm die Unzufriedenheit auch in gemäßigten Kreisen, im Bürgertum und teilweise sogar im Adel zu, vor allem in denjenigen Gruppen, die sich in den *zemstva* engagierten.

1904, beim Ausbruch des Krieges mit Japan, bestand somit eine wesentlich andere Situation als 1853, zu Beginn des Krimkrieges. Damals war die Gesellschaft ruhig gewesen; jetzt gärte es. Der Krieg war von Anfang an unpopulär. Im Winter 1904/05 bildete sich in der gemäßigten Opposition eine Bankettbewegung nach dem französischen Vorbild von 1847/48. Am 9. Januar 1905 bewegte sich ein friedlicher Demonstrationszug von Arbeitern auf das Winterpalais in Petersburg, um eine Petition zu überreichen. Er war angeführt von einem Priester, der zwecks Gründung willfähriger Gewerkschaften im Sold der Regierung stand. Die Polizei schoss auf den Zug, und über hundert Tote blieben auf dem Platz. Der „Blutsonntag" wurde zum Fanal für Streiks und Demonstrationen in vielen Städten. In den Randgebieten des Reiches gewann der Aufruhr bald auch nationalistische Töne. Seit dem Sommer begannen überdies vielerorts die Bauern zu rebellieren, mit dem Ziel, das Land der Gutsbesitzer an sich zu bringen. Die politische Führung der insgesamt sehr wenig koordinierten Bewegung lag zunächst

---

24 B. Bonwetsch, Revolution, 61. Bei anderen Autoren zum Teil etwas abweichende Zahlen.

25 1897 lebten fast 52% der in der Industrie, 1902 61% der in der Fabrikindustrie Beschäftigten auf dem Lande. T.S. Fedor, Urban growth, 142; 175. Etwas andere Zahlen bei B. Bonwetsch, Revolution, 64.

26 M. Hildermeier, Revolution, 33.

klar bei den Gemäßigten aus Bürgertum und Adel. Ein Generalstreik im Oktober brachte die Regierung an den Rand des Zusammenbruchs. Am 17. Oktober gestand der Zar nach langem Zögern eine gewisse Konstitutionalisierung zu, die am 23. April 1906 in einer oktroyierten Verfassung gipfelte. Zentral war dabei ein Zweikammerparlament, dessen Unterhaus, die Duma, an der Gesetzgebung beteiligt wurde (neben dem Zaren und einem Oberhaus, die beide ein Veto hatten) und einen Teil des Budgets kontrollierte. Die Duma sollte nach einem vergleichsweise großzügigen Zensus gewählt werden. Der Zar blieb mächtig, und die Regierung war der Duma nicht verantwortlich und konnte auf einen sehr weitreichenden Notverordnungsartikel zurückgreifen.

Das Oktobermanifest brachte den Umschwung. Die gemäßigten Kräfte fürchteten, wie 1848 in Europa von den revolutionären Massen weggespült zu werden und gaben sich deshalb zufrieden, während die Radikalen allein nicht mehr stark genug waren gegen die Staatsmacht. Die Reaktion setzte mit aller Kraft ein. Arbeiteraufstände wurden niedergeworfen, und die ländlichen Gebiete wurden mit äußerst brutalen Militäreinsätzen, die Tausende Tote forderten, und danach mittels Schnellgerichten und Standrecht zur Räson gebracht. Dennoch war keine bloße Rückkehr zum Ausgangspunkt mehr möglich. Die grundlegenden Zusagen wurden zunächst eingehalten. Die erste Duma, die am 27. April 1906 zusammentrat, war überwiegend oppositionell. Nach ihrer Auflösung durch die Regierung am 8. Juli ergab sich in Neuwahlen Anfang 1907 eine noch stärkere Polarisierung. Am 3. Juni 1907 löste der Zar auch dieses Parlament auf, und in einem förmlichen Staatsstreich engte er das Wahlrecht drastisch ein. Die Stimme eines Grundbesitzers hatte nun gleiches Gewicht wie diejenige von 543 Arbeitern oder 261 Bauern.[27] Die dritte Duma war endlich ausreichend fügsam. In ihr dominierte der Adel, der dadurch seine Stellung gegenüber der Bürokratie verbessern und alle Reformprojekte boykottieren konnte. Nur eine wichtige (freilich zumindest nicht direkt gegen den Adel gerichtete) Reform war noch im November 1906 vor dem Staatsstreich per Dekret durchgesetzt worden, die Stolypinsche Agrarreform, benannt nach dem Premier- und Innenminister Peter A. Stolypin (1906–1911). Da sich eine Verteilung von Adelsland an die Bauern nicht durchsetzen ließ, versuchte Stolypin wenigstens innerhalb der bäuerlichen Wirtschaft einen Wandel herbeizuführen. Die Ablösezahlungen wurden den Bauern endgültig erlassen, und die Dorfgemeinschaft verlor ihren Zwangscharakter, nachdem schon 1903 die Haftung der Gemeinde für die Steuern abgeschafft worden war. Die Einzelnen konnten austreten, und die Gemeinde als ganze konnte sich auflösen. Man hoffte, auf diese Weise durch allmähliche Differenzierung des Landbesitzes eine staatstragende Schicht von mittleren Bauern heranziehen zu können und nahm dafür endlich doch die Entstehung eines landlosen Proletariats in Kauf. Die Abschaffung der Gemeinde war aber nicht obligatorisch, und es zeigte sich, dass keineswegs alle Bauern darauf erpicht waren. Bis zum Krieg waren es schätzungsweise 25–30%. Je weniger Land ein Bauer hatte und je ärmer er war, um so eher hielt er begreiflicherweise an der Garantie für seinen Besitz fest.[28]

---

27 H.-D. Löwe, in G. Schramm, Handbuch 3, 1, 384; H.O. Leng, in D. Sternberger/B. Vogel, Wahl 1, 2, 1157f.; 1217.

28 Z.B. B. Bonwetsch, Revolution, 31: ca. 30%; H. Haumann, Geschichte, 425: ca. 25%. Vgl. A. Moritsch, Landwirtschaft, 189; H. Gross, in G. Schramm, Handbuch 3, 1, 422.

So sehr der Adel alle weiteren Reformen abblockte und so sehr der Zar bemüht war, seine Machtfülle wiederzugewinnen, so kann man die Jahre von 1906 bis 1914 dennoch wesentlich weniger als diejenigen nach 1848 in Europa als bloße Zeit der Reaktion abtun. Auch die zurückgestutzte Duma war ein wichtiges Organ, erpicht auf ihre Rechte, und ein Forum der Öffentlichkeit. Gewerkschaftsfreiheit und Streikrecht blieben, wenn auch mit Einschränkungen, gewahrt, ebenso wie sonstige bürgerliche Rechte. Die beliebte, auf Max Weber zurückgehende Rede von einem bloßen Scheinkonstitutionalismus[29] ignoriert die Kräfte, die 1905 entfesselt worden waren und die bestenfalls noch kanalisiert und kontrolliert, aber nicht mehr ausgeschaltet werden konnten. Nach der Abschaffung der Dorfgemeinde als Zwangsinstitut waren auch die Bauern unmittelbar zum Staat geworden.

2.5.3 Die Wirtschaft im Widerstreit zwischen gesellschaftlichem Status quo und Großmachtanspruch

Russland war um die Mitte des 19. Jahrhunderts ein unentwickeltes Agrarland, eines der ärmsten in Europa. Der weitaus größte Teil der Beschäftigten arbeitete in der Landwirtschaft.[30] An westeuropäischen Maßstäben gemessen altertümliche Anbaumethoden führten zu geringer Produktivität. Zwar fand sich, neben vielfältigem Handwerk, vor allem auf dem Land eine nicht unbedeutende Hausindustrie. Von moderner Fabrikindustrie konnte hingegen bestenfalls in Ansätzen die Rede sein. Die Länge des Eisenbahnnetzes betrug 1860 gerade 1626 km.[31] Das Volkseinkommen pro Kopf lag mit etwa 71 Rubeln 1861 lediglich bei 22% des britischen und 40–50% des deutschen und des französischen. Dennoch war die russische Volkswirtschaft eine der größten Europas.[32] Das war eine Folge der schieren Größe des Landes. Allein, mit fortschreitender Industrialisierung und der damit wachsenden Arbeitsproduktivität verlor die bloße Volkszahl eines Staates immer mehr an Bedeutung. Wer kein Wachstum der Prokopfproduktion zu erzielen vermochte, fiel im europäischen Vergleich unaufhaltsam zurück.

Russland schaffte es, diesem Schicksal der weltwirtschaftlichen Marginalisierung zu entgehen. Zwar war es auch 1913 primär ein Agrarland. Noch immer beschäftigte die Landwirtschaft etwa 75% der Erwerbstätigen.[33] Ihre Produktivität lag weiterhin deutlich unter derjenigen in Westeuropa. Inzwischen hatte die Industrie aber einen bedeutenden Aufschwung genommen. Russland war die drittgrößte Wirtschaftsmacht Europas, nur knapp hinter Deutschland und Großbritannien und weit vor Frankreich. Der Umfang des Eisenbahnnetzes betrug 70.156 km. Das Volkseinkommen war um 285% höher als 1861. Freilich, was absolut als eine deutliche Verbesserung, als ein

---

29 Vgl. M. Weber, Demokratie, und ders., Scheinkonstitutionalismus.

30 Genauere Angaben sind nicht möglich, da viele Bauern zeitweise, besonders im Winter, im Handwerk und in der Industrie arbeiteten. Auch die Angaben für die spätere Zeit können bestenfalls als grobe Anhaltspunkte dienen.

31 A. Kahan, in W. Fischer, Handbuch 5, 551.

32 P.R. Gregory, National income, 155.

33 P.R. Gregory, Command, 42f.; ders., National income, 73; 133; 158f; A. Moritsch, Landwirtschaft, 249f.

entschiedenes Wachstum erschien, bedeutete relativ gesehen noch nicht einmal eine vollständige Wahrung des Status quo. Zwar war die russische Volkswirtschaft rascher gewachsen als der europäische Durchschnitt. Doch hatte auch die Bevölkerung nirgends in Europa so stark zugenommen, so dass die Wachstumsrate pro Kopf etwas unter dem europäischen Durchschnitt lag. Das Prokopfeinkommen war um 68% auf 119 Rubel gestiegen – aber es betrug nur noch 21% des britischen, 32% des deutschen und 39% des französischen.[34] Ein deutliches Zeichen für Russlands Sonderstellung war der geringe Urbanisierungsgrad, der zwischen 1856 und 1910 lediglich von 9% auf 14,7% zugenommen hatte.[35]

Mit den Industrieländern gleichzuziehen war allerdings gar nicht das Ziel des größten Teils der Entscheidungsträger im Zarenreich. Sie, aber auch die Angehörigen der Intelligenz, schwankten vielmehr in der Beurteilung der Wünschbarkeit der Industrialisierung für Russland. Die Herrschenden fürchteten die sozialen Verschiebungen, die unvermeidlicherweise damit einhergingen. Teile der Intelligenz sahen durch eine Industrialisierung zentrale Werte der russischen Kultur, Gesellschaft und Lebensweise, die für sie in der traditionellen Dorfgemeinschaft verkörpert waren, gefährdet. Um so mehr ist die Entwicklung der russischen Wirtschaft zwischen 1861 und 1914 aus der Sicht der modernen Industriegesellschaft als Erfolg zu betrachten.

Insbesondere bei der Bauernbefreiung von 1861 stand die Entfesselung der Produktivkräfte als Motiv keineswegs im Vordergrund. Vielmehr enthielt die Maßnahme eine Fülle von wachstumshemmenden Elementen zunächst für die Landwirtschaft, indirekt aber auch für die Industrie. Ihr Hauptziel war die Erhaltung des gesellschaftlichen Status quo, indem sowohl die Grundherren als auch die Bauern so viele Ressourcen erhielten, dass sie ihre Lebensweise nicht grundlegend zu ändern brauchten und die Bauern möglichst an die Scholle gebunden blieben. Aus der Perspektive der Maximierung des Wirtschaftswachstums sprach wenig für die getroffene Lösung. Die Grundherren behielten zwar einen beträchtlichen Teil des Landes und erhielten hohe Ablösezahlungen. Aber ihre Verschuldung war noch höher. Dazu war die Tradition des russischen Adels diejenige eines Dienstadels. Dadurch hatte nur ein kleiner Teil der Grundbesitzer das Kapital, den Willen und die Fähigkeiten zum Aufbau moderner, leistungsfähiger Eigenwirtschaften. Noch größer waren die Wachstumshindernisse bei den Bauern. Die ehemaligen Leibeigenen erhielten im Schnitt nur knapp neun Hektar Land pro Familie. Fünf Hektar galten als Existenzminimum.[36] Nun nahm die Bevölkerung sehr rasch zu, was zu einer sinkenden Durchschnittsgröße des pro Familie zur Verfügung stehenden Landes führte. Die Klagen über Landmangel wurden immer lauter, und sie wurden mehr und mehr mit der Forderung nach vollständiger Aufteilung des Gutslandes unter die Bauern verbunden, vor allem in der Revolution von 1905/06. Das System der periodischen Neuverteilung des Bodens nach Maßgabe der Familiengröße begünstigte seinerseits das Bevölkerungswachstum. Das fehlende feste Eigentum ließ vor Bodenverbesserungen zurückschrecken, und die Gemengelage der

---

34 P.R. Gregory, National income, 156; A. Kahan, in W. Fischer, Handbuch 5, 551.
35 T.S. Fedor, Urban growth, 126. Etwas andere Zahlen bei P. Gatrell, Economy, 67.
36 Unter Einbezug der „Staatsbauern" waren es etwa 12 ha; bis 1905 hatten sich die Werte auf 6,7 und 9,5 ha reduziert. M. Hildermeier, Revolution, 19.

Grundstücke erschwerte ebenso wie die schlechte Ausstattung mit Kapital eine intensivere Bebauung.

Man hat aus all diesen Faktoren und weiteren Erscheinungen lange Zeit auf eine Agrarkrise im späten Zarenreich geschlossen, auf eine zunehmend verarmende landhungrige Bauernschaft, auf eine Konzentration von immer mehr Arbeitskräften auf immer weniger Land mit abnehmenden Erträgen. Während Hungersnöte in Europa seit 1848 weitgehend eine Angelegenheit der Vergangenheit waren, brachen sie in Russland immer wieder aus, besonders verheerend 1891/92.[37]

Neuere Forschungen haben gezeigt, dass sich dieses düstere Bild kaum halten lässt.[38] Wäre die landwirtschaftliche Produktion zurückgegangen, ob gesamthaft oder nur pro Kopf, so hätte das in einem so überwiegend agrarischen Land auch einen Rückgang des gesamten Volkseinkommens oder wenigstens des Prokopfeinkommens bedeutet, was niemand behauptet. Die landwirtschaftliche Produktion wuchs, teils dank höherer Flächenerträge und teils durch Erschließung von Landreserven, und zwar schneller als die Bevölkerung, ja sogar schneller als in derselben Zeit in Deutschland. Gleichzeitig stiegen die Löhne der Landarbeiter.[39] Der Lebensstandard der Bauernschaft verbesserte sich also, wobei die Gewinne durchaus breit gestreut waren, verhinderte die Umteilungsgemeinde doch eine Polarisierung zwischen Reichen und Armen innerhalb des Dorfes. Das Wachstum der russischen Landwirtschaft zeigte sich nicht zuletzt im Export: Russland wurde neben den USA zum weltgrößten Getreideexporteur, wobei sowohl die Guts- als auch die Bauernhöfe zum Erfolg beitrugen. Das ausgeführte Getreide wurde nicht einer darbenden Bevölkerung zwangsweise entzogen, besaß doch der Staat keinen für eine solche Politik erforderlichen Zwangsapparat.[40] Auch die vielfach vertretene These, die Landwirtschaft habe durch hohe Steuern für die Kosten der Industrialisierung aufkommen müssen, lässt sich nicht belegen.[41]

Der eigentliche Sprengstoff, den die ländlichen Verhältnisse enthielten, lag eher im sozialen als im wirtschaftlichen Bereich. Im Mittelpunkt stand dabei der auch zeitgenössisch immer wieder konstatierte Hunger der Bauern nach dem Land der Gutsbesitzer. Nun mutet die Rede von Landmangel ausgerechnet im größten und am dünnsten besiedelten Staat der eurasischen Landmasse merkwürdig an. Russland hatte im Vergleich zum übrigen Europa geradezu unerschöpfliche Landreserven, die auch durchaus erschlossen und genutzt wurden: in Sibirien, im Nordkaukasus und in Zentralasien. Seit dem Baubeginn der transsibirischen Eisenbahn nahm die Auswanderung von Bauern rasch zu: Von den etwa 6,5 Millionen Personen, die 1861–1914 freiwillig nach Sibirien kamen (daneben standen etwa eine Million Verbannte),

37 Am einflussreichsten ist diese Position von Alexander Gerschenkron in verschiedenen Schriften vertreten worden. Vgl. etwa A. Gerschenkron, Agrarian policies und ders., Russia: Patterns.

38 Grundlegend für die gesamte Volkswirtschaft P.R. Gregory, National income und ders., Command; speziell für die Landwirtschaft vor allem H.-D. Löwe, Bauern, sowie P. Gatrell, Economy, 231f.; B. Bonwetsch, Revolution, 38.

39 H.-D. Löwe, Bauern, 38–44; P.R. Gregory, Command, 29–31; 37–54.

40 Für zeitgenössische Äußerungen zum sog. „Hungerexport“ vgl. E. Müller, Agrarfrage, 304.

41 Dazu etwa H.-D. Löwe, Bauern, 7f.; P.R. Gregory, Command, 37–54; ders., National income, 193; P. Gatrell, Economy, 200–202; H. Haumann, in G. Schramm, Handbuch 3, 2, 1214; B. Bonwetsch, Revolution, 42.

wanderten fast 5 Millionen nach 1897 ein; allein 1907–1909 waren es über 2 Millionen.[42] Darüber hinaus erfolgte zwischen 1861 und 1914 eine deutliche Verschiebung des Landbesitzes von den Grundbesitzern zu den Bauern, indem diese Adelsland sowohl kauften als auch in beträchtlichem Umfang pachteten. Der Adelsbesitz reduzierte sich von 89 Millionen Hektar im Jahre 1861 auf 41 Millionen 1914, während der Bauernbesitz von 107 auf 179 Millionen Hektar zunahm.[43] Um die Jahrhundertwende hatten Bauern außerdem etwa 18 Millionen Hektar Adelsland in Pacht.[44] 1917 gehörten 80% des Ackerlandes Bauern, und vom Rest hatten Bauern die Hälfte gepachtet.[45] Die Brisanz der Landfrage war vor allem ein Erbe der Reform von 1861. Diese hatte statt klarer Verhältnisse zwei Kategorien von Landbesitz geschaffen, privilegiertes Adelsland und diskriminiertes Bauernland. Die Bauern forderten immer wieder, das Land müsse dem gehören, der es bebaue. Dass dieser Ruf immer lauter erscholl, war offenbar weniger eine Folge zunehmender Verelendung als Zeichen eines sich verschärfenden Klassenkampfes. Letztlich ging es um soziale Gerechtigkeit, weniger um Landmangel, und die Umverteilung des Adelslandes allein hätte den tatsächlichen oder angeblichen Landmangel angesichts des Bevölkerungswachstums nur für kurze Zeit zu beheben vermocht und noch weniger zu einer Steigerung der Gesamtproduktion geführt. Im übrigen bildete die Gewinnung oder der Erwerb neuen Landes keineswegs die einfachste Methode, die Produktion zu steigern. Die Intensivierung war häufig rentabler. Die Bauern lebten nicht dort am besten, wo sie durchschnittlich am meisten Land hatten, sondern dort, wo sie ihre Anbaumethoden am entschiedensten verbesserten.[46]

Dennoch kam der Ausbruch von 1905 nicht aus heiterem Himmel. 1881–1895 waren die Weltmarktpreise für Getreide gesunken. Infolgedessen verpachteten viele Gutsbesitzer ihr Land an die Bauern. Als die Getreidepreise um die Jahrhundertwende anzogen, lohnte sich auch die Eigenwirtschaft wieder. Die Grundherren kündigten die Pachtverträge, und viele Bauern konnten trotz höherer Preise mangels Land weniger produzieren.

Die Reform von 1861 sollte die Entstehung eines Proletariats, vor allem eines städtischen, verhindern oder zumindest erschweren. Das schloss letztlich eine Industrialisierung aus, was wiederum mit dem Wunsch nach Steigerung der Wirtschaftskraft kollidierte. Hier fand sich ein Ausgleich zwischen den widersprüchlichen Zielen. Die Industrie konnte die benötigten Arbeitskräfte anwerben, zumal sie sich zu guten Teilen auf dem Land ansiedelte, während die fortdauernde Zugehörigkeit vieler Arbeiter zu den Dorfgemeinden dafür sorgte, dass die Bindung der Arbeiter an das Land nur langsam nachließ.

Zunächst allerdings war das Wachstum der Industrie gering. Immerhin wurden nach 1861 wichtige Voraussetzungen für die spätere Entwicklung geschaffen, insbe-

42 R. Melville, in G. Schramm, Handbuch 3, 2, 1066f.

43 A. Kahan, in W. Fischer, Handbuch 5, 531. Auch hier variieren die Angaben in der Literatur. Vgl. etwa noch S. Becker, Nobility, 32; P.R. Gregory, Command, 43f.

44 A. Moritsch, Landwirtschaft, 252. Ebd. 250–257 ein wertvoller Tabellenteil zur Landwirtschaft.

45 H. Gross, in G. Schramm, Handbuch 3, 1, 423.

46 Vgl. H.-D. Löwe, Bauern 370; A. Kahan, in W. Fischer, Handbuch 5, 545.

sondere mit dem Eisenbahnbau. Ab ca. 1885 erfolgte eine rasche Ausweitung der Industrie, mit Wachstumsraten, die alles, was bislang in Europa erreicht worden war, in den Schatten stellten: Die Industrieproduktion wuchs in den neunziger Jahren mit über 8% pro Jahr. Danach kam es zu einer Rezession. Sie begünstigte die Revolution von 1905, so wie diese dann wiederum die Rezession verschärfte und verlängerte. Etwa ab 1909 setzte ein neuer Aufschwung ein, der bis zum Ersten Weltkrieg anhielt. Er erreichte nicht mehr ganz das Tempo der neunziger Jahre; aber Wachstumsraten von 6% waren noch immer beeindruckend.[47]

So entstand bis 1914 eine breit gefächerte und in vielen Branchen auch durchaus moderne Industrie. Die Schwerindustrie spielte eine wichtige Rolle; größte Branche war jedoch die Textilindustrie, und auch andere Konsumgüterindustrien wuchsen rasch. Auffällig war die Rolle von Großunternehmen. 1913 arbeiteten fast 40% aller Fabrikarbeiter in Betrieben mit über 1000 Arbeitskräften (während es in Deutschland um 1900 nur 13% waren).[48] Auf der andern Seite spielten das traditionelle Handwerk und die Hausindustrie nach wie vor eine wichtige Rolle.

So groß, diversifiziert und modern die Industrie war, so war sie doch nur begrenzt international konkurrenzfähig. Die neuesten Branchen wie Elektrotechnik, Chemie und Motorfahrzeugbau spielten 1914 noch kaum eine Rolle, und der russische Export wurde überwiegend von Nahrungsmitteln bestritten – 1913 machten diese 75% aus.[49]

Was hatte zu diesem bedeutenden Industrialisierungserfolg geführt? Man hat seit jeher die Rolle des Staates betont; doch ist ihr genaues Ausmaß seit einiger Zeit umstritten. Unbestritten ist, dass seit den achtziger Jahren der jeweilige Finanzminister, ganz besonders der von 1891 bis 1903 amtierende Sergei Witte, die Industrialisierung zu forcieren versuchte, vor allem im Hinblick auf die Wahrung der russischen Großmachtstellung. Besondere Bedeutung gewann der Bau und Betrieb eines Eisenbahnnetzes (das außerdem strategische Funktionen hatte) durch den Staat. 1913 hatte Russland das längste Bahnnetz Europas, und seine Eisenbahndichte entsprach im europäischen Teil des Landes beinahe derjenigen Österreich-Ungarns.[50] Der Ausbau der Eisenbahnen begünstigte die Expansion der Schwerindustrie, und staatliche Rüstungsprogramme hatten ähnliche Wirkungen. Die Zölle wurden seit der Jahrhundertmitte gesenkt und erreichten in den siebziger Jahren mit etwa 12% des Warenwertes ihren Tiefpunkt. 1877 hingegen begann eine Aufwärtsbewegung, bis der Wert im frühen 20. Jahrhundert bei 38% und damit deutlich über dem der meisten anderen europäischen Staaten lag. Aber die russischen Zölle waren eher fiskalischer Natur, wurden doch auch Rohstoffe und Nahrungsmittel belastet.[51]

Wichtiger waren die Anstrengungen des Staates bei der Einbindung des Landes in die Weltwirtschaft und bei der Kapitalbeschaffung. 1897 führte Russland den Goldstandard ein, was feste Wechselkurse ermöglichte und Geldwertstabilität voraussetzte. Das erleichterte den Außenhandel und den Zufluss ausländischen Kapitals, das seit

47 J. Nötzold, Agrarfrage, 235; H.-D. Löwe, in G. Schramm, Handbuch 3, 1, 223.

48 B. Bonwetsch, Revolution, 64; M. Hildermeier, Revolution, 31. Etwas andere Zahlen bei H.-D. Löwe, in G. Schramm, Handbuch 3, 1, 227.

49 J. Nötzold, Agrarfrage, 238.

50 P.R. Gregory, National income, 156.

51 D. Bonwetsch, Handelspolitik, 277; P. Gatrell, Economy, 166f.; H. Seton-Watson, Decline, 287.

den späten achtziger Jahren in bedeutendem Maße nach Russland geströmt war und jetzt nochmals deutlich größere Dimensionen annahm. Russland wurde bis 1914 zum größten Schuldner der Welt, wobei die Verschuldung im Verhältnis zum Volkseinkommen allerdings nur einen durchschnittlichen Wert erreichte; sie war beispielsweise in Spanien, Italien und Österreich-Ungarn höher.[52] 1890 lagen 25% des Aktienkapitals in der Industrie und im Bankenwesen in ausländischer Hand; 1910 waren es 38%.[53] Anders als die meisten anderen hochverschuldeten Staaten in dieser Zeit geriet Russland in keine direkte Abhängigkeit von seinen Gläubigern. Davor bewahrte es zunächst sein Großmachtstatus. Der wichtigste Geldgeber, Frankreich, war mindestens so sehr auf das gemeinsame Bündnis angewiesen wie Russland. Auch stammte das Kapital stets aus einer ganzen Reihe von Ländern. Frankreich wiederum spielte nur eine untergeordnete Rolle im Handel, während der wichtigste Handelspartner, Deutschland, ein nachgeordneter Gläubiger war. Schließlich wurde das Kapital vergleichsweise produktiv eingesetzt; der Anteil der Schulden am Volkseinkommen stieg nicht ins Unermessliche.

Nach 1905 war die Industrialisierungspolitik innerhalb der Führungsschicht wesentlich umstrittener als vor der Revolution. Die städtische Arbeiterschaft, die inzwischen in die Millionen ging und überwiegend in einigen Großstädten und Industriegebieten konzentriert war, hatte ihr revolutionäres Potential unter Beweis gestellt. Doch die Industrialisierung hatte inzwischen eine solche Eigendynamik gewonnen, dass sie nicht mehr im gleichen Maße wie früher von staatlicher Initiative abhängig war.

2.5.4 Religion, Bildung und Kultur: Von der Elite zur Masse

Die russische orthodoxe Kirche war eine nationale Kirche. An der Spitze ihrer Verwaltung stand ein Staatsbeamter. Der Staat hatte den kirchlichen Grundbesitz schon im 18. Jahrhundert zum größten Teil an sich gezogen, und er besoldete den Klerus.[54]

Auch wenn die Kirche materiell und administrativ ganz und gar vom Staat abhängig war und kontrolliert wurde, so stand sie ihm dennoch keineswegs machtlos gegenüber. Der Staat konnte es sich nicht leisten, der Kirche angesichts ihrer Verankerung im Volk seinen Schutz zu entziehen. Dadurch vermochte sich die Kirche wichtige Privilegien zu sichern, die zugleich eine Diskriminierung anderer Glaubensgemeinschaften bedeuteten. Toleranz und Gewissensfreiheit wurden erst 1905 eingeführt, und bis 1917 herrschte nie volle Religionsfreiheit. Die Orthodoxie war Staatsreligion. Nur sie hatte das Missionsrecht, während der Abfall von ihr strafbar war. Selbst nach der Justizreform von 1864 blieb die Ehegerichtsbarkeit bei der Kirche. Die übrigen Glaubensgemeinschaften wurden um so stärker eingeschränkt, je näher sie der Staatskirche standen. Anderen Religionen, deren wichtigste der Islam war, wurden in ihren

---

52 H.-D. Löwe, in G. Schramm, Handbuch 3, 1, 219.
53 P. Gatrell, Economy, 228; vgl. P.R. Gregory, National income, 149; H.-D. Löwe, in G. Schramm, Handbuch 3, 1, 220.
54 Vgl. P. Waldron, in O. Crisp/L. Edmondson (Hg.), Civil rights, 103–119 und H.-H. Nolte, in G. Schramm, Handbuch 3, 2, 1709–1741 sowie, umfassend, I. Smolitsch, Kirche.

Gebieten kaum Hindernisse in den Weg gelegt. Andere christliche Konfessionen, insbesondere der Katholizismus (im Westen, vor allem in Polen) sowie die Lutheraner (im Baltikum und in Finnland) mussten sich gegenüber der Staatskirche zurückhalten. „Abtrünnige" hingegen, vor allem die sogenannten Altgläubigen, unterlagen vielerlei Benachteiligungen. Am umfassendsten diskriminiert wurden indessen die Juden, freilich weniger als Angehörige einer Religion denn als Nationalität (obwohl der – sehr seltene – Übertritt zum Christentum vor Diskriminierung bewahrte). Sie werden deshalb im Rahmen der Nationalitätenpolitik behandelt.

Russland hatte ein ausgesprochen elitäres Bildungssystem.[55] An der Spitze stand eine großzügig ausgestattete Akademie der Wissenschaften. Sie stützte sich auf leistungsfähige Universitäten, die ihrerseits auf einer kleinen Zahl humanistisch orientierter Gymnasien aufbauten. Von Volksbildung hingegen konnte kaum die Rede sein.[56] Die Analphabetenquote betrug noch 1897 bei über Zehnjährigen 72%.[57] Der Bedarf an Akademikern war in einer solchen Gesellschaft gering. Die Universitäten bildeten mehr Absolventen aus, als benötigt wurden. Dadurch entstand ein spezifisch russisches Phänomen, die sogenannte Intelligenzia: Personen mit akademischer Ausbildung, häufig ohne adäquate Stellung, die größtenteils der Mittel- und Oberschicht entstammten. In dieser Gruppe erwuchs dem Staat eine schmale, aber artikulierte Opposition, die sich zunehmend radikalisierte. Der Staat sah die Gefahr und ergriff Gegenmaßnahmen, von der politischen Verfolgung über die Entpolitisierung der Lehrinhalte und Zulassungsbeschränkungen bis zur zeitweiligen Aufhebung der Autonomie der Universitäten (1884–1905). Die Wirkung blieb aber begrenzt.

In dieser Situation spielten Frauen in akademischen Berufen und in der politischen Opposition eine bedeutende Rolle, bedeutender als in anderen europäischen Staaten. Seit der Mitte des 19. Jahrhunderts wurde auf private Initiative die gymnasiale Mädchenbildung stark ausgebaut, ohne dass die Universitäten für Frauen geöffnet worden wären. Infolgedessen studierten viele Russinnen an ausländischen Universitäten, an denen sie oft eine wichtigere Rolle spielten als einheimische Studentinnen. Da ihre Diplome in der Heimat anerkannt wurden, war ihnen der russische Arbeitsmarkt nicht verschlossen. Viele waren etwa als Ärztinnen oder Lehrerinnen tätig. Sie entwickelten einen für die damalige Zeit in Europa wohl einmaligen Politisierungsgrad, der sich nicht nur in der herausragenden Stellung einzelner Frauen, etwa als Attentäterinnen, äußerte, sondern auch in einer generell hohen Beteiligung an der politischen Opposition. So lag der Anteil der Frauen an den Mitgliedern der Sozialdemokratischen Partei zwischen 11 und 15%.[58]

Im späten 19. Jahrhundert, und besonders nach der Jahrhundertwende, wurden die Anstrengungen im Bereich der Volksbildung verstärkt. Dabei erwies sich eine ge-

---

55 Dazu G. Schramm, in ders., Handbuch 3, 2, 1577–1661; T. Steffens, ebd., 1156–1186; J.C. McClelland, Autocrats, 114–117.

56 Eine Ausnahme bildeten in dieser Hinsicht das Baltikum und Finnland, wo unter lutherischem Einfluss schon im 19. Jahrhundert die allgemeine Volksschulbildung weitgehend durchgesetzt wurde.

57 P. Gatrell, Economy, 34.

58 B. Fieseler, Social Democrats.

wisse Konkurrenz als nützlich. Das Volksschulwesen war ein zentraler Aufgabenbereich der *zemstva*. Diese stellten 1914 41% aller ländlichen Schulen. Daneben hatte der Staat eigene Schulen (20%). Noch mehr unterstützte er kirchliche Volksschulen (32%), in der Hoffnung auf deren konservative Indoktrinationswirkungen.[59] Die Fortschritte waren erheblich. Der Alphabetisierungsgrad der Rekruten stieg von 10% im Jahre 1869 über 49% für 1900 auf 73% im Jahre 1914; in diesem Jahr waren von den über Achtjährigen 40%, von der Gesamtbevölkerung 30% alphabetisiert, wobei in den größten Städten die allgemeine Schulbildung praktisch verwirklicht war.[60]

Die kulturelle Blüte, die Russland um die Mitte des Jahrhunderts erlebte und deren Werke im Westen bedeutenden Einfluss ausübten, insbesondere in der Literatur und in der Musik, stand somit von ihrer Entstehung her im Rahmen einer traditionellen, auf einem schmalen Bildungsfundament gewachsenen Elitekultur. Ihr Charakter des Übergangs zu einer Phase, in der kulturelle Bewegungen in der Regel eine breitere soziale Grundlage hatten, zeigte sich darin, dass viele ihrer Vertreter mehr oder weniger enge Verbindungen mit oppositionellen Strömungen unterhielten, ihre Werke an ein breiteres Publikum richteten und schließlich auch von einem solchen rezipiert wurden. So trug die kulturelle Blüte zur Überwindung ihrer eigenen, schmalen Grundlage bei, so wie umgekehrt das Spannungsverhältnis zwischen Elitekultur und Emanzipationsforderungen die Blüte begünstigt haben dürfte.

2.5.5 Die Nationalitäten: Russland als Vielvölkerstaat

Das Reich hatte eine in sprachlicher, ethnischer und religiöser Hinsicht vielfältig zusammengesetzte Bevölkerung. Die einzige vor 1917 durchgeführte umfassende Volkszählung brachte 1897 das in Tabelle 8 dargestellte Ergebnis (s. S. 141).

Russland war also, wie das Habsburgerreich, ein Staat, in dem, rein formell betrachtet, nur Minderheiten lebten. Der Anteil der Russen war im 19. Jahrhundert zurückgegangen, vor allem infolge der Eroberungen in Zentralasien. Dennoch spielte die Nationalitätenfrage nie auch nur entfernt die Rolle, die sie in der Donaumonarchie hatte. Anders als dort bestand mit den Russen eine klar dominierende Nationalität, die geschlossen in den Kerngebieten des Reiches siedelte, während die übrigen Gruppen ganz überwiegend an der Peripherie lebten. Die Unterschiede zwischen den verschiedenen Völkern, nicht zuletzt, was Lebensweise und wirtschaftlichen Entwicklungsstand betraf, waren enorm. Russland war ebensowenig als Nationalstaat entstanden wie Österreich-Ungarn, sondern als dynastisches Reich. Die unterworfenen oder angegliederten Gebiete wurden durchaus flexibel behandelt, wobei die Oberschicht in der Regel kooptiert wurde. Die Führungsschicht des Zarenreiches blieb dieser Staatsauffassung bis zum Ende weitgehend verpflichtet. Dennoch erreichte der nationale Gedanke im 19. Jahrhundert auch Russland, wenngleich nur in den westlichen Gebieten. Am virulentesten war er in Polen, weil er sich hier auf eine alte staatliche (und jetzt nationalstaatlich gedeutete) Tradition stützen konnte. Doch blieb die polnische

59 Die Angaben berechnet nach J. Brooks, Russia, 38.

60 D. Beyrau, in W. Fischer, Handbuch 5, 525; H. Seton-Watson, Decline, 262; G. Guroff/F.S. Starr, Analphabetismus, 333–342; E.C. Thaden, Russia, 330.

Tabelle 8: Russlands Nationalitäten mit einem Anteil von mehr als 1% an der Gesamtbevölkerung (1897)[61]

Nationalität	Zahl der Angehörigen in 1000	Prozentualer Anteil
Russen	55 667	44,3
Ukrainer	22 381	17,8
Polen	7 931	6,3
Weißrussen	5 886	4,7
Juden	5 063	4,0
Kasachen	3 882	3,1
Wolgatataren	1 834	1,5
Usbeken	1 800	1,4
Deutsche	1 791	1,4
Litauer	1 659	1,3
Aserbaidschaner	1 440	1,2
Letten	1 435	1,1
Georgier	1 353	1,1
Baschkiren	1 321	1,1
Gesamtbevölkerung	125 640	

Nationalbewegung die einzige, die das Ziel der Unabhängigkeit verfolgte; andere Bewegungen strebten bestenfalls Autonomie an.[62]

In Polen brach im Januar 1863 ein vom Adel und von der Bildungsschicht geführter Aufstand aus, der erst im März 1864 von einem großen Truppenaufgebot vollständig niedergeworfen war. Von zentraler Bedeutung für das Scheitern wurde, dass die Bauern nur in geringem Maße mitmachten. Die Russen unterstützten sie gegen ihre Grundherren, auch nach dem Aufstand. Sie hatten damit zunächst durchaus Erfolg – die sozialen Gegensätze waren letztlich doch stärker als die nationalen. Schließlich scheiterte die russische Politik dennoch am Nationalismus, nun aber am eigenen. In der zweiten Jahrhunderthälfte verstärkte sich auch der großrussische Nationalismus, der das Reich mittels einer konsequenten Russifizierungspolitik in einen möglichst homogenen Nationalstaat umwandeln wollte. Er führte zu einer deutlich gewandelten Nationalitätenpolitik. Insbesondere Polen, das alle ihm noch verbliebenen Autonomierechte verlor, wurde nach 1864 einer konsequenten Russifizierung unterworfen, bis in die Lokalverwaltung und die Volksschule hinein. Auf diese Weise trieben die Russen die polnischen Bauern doch wieder in die Arme ihres Adels.

Die Russifizierungspolitik führte auch anderswo zu Konflikten, so im Baltikum, wo der deutschsprachige Adel viele seiner Privilegien verlor und zeitweise in Finnland, das

---

61 Nach A. Kappeler, Vielvölkerreich, 323–325. Nicht berücksichtigt ist Finnland.
62 A. Martiny, in G. Schramm, Handbuch 3, 2, 1747.

seit seiner Eroberung durch das Zarenreich (1808/09) im Inneren weitgehende Selbständigkeit genossen hatte. In der Ukraine und in Weißrussland schien demgegenüber die Russifizierung, wenngleich gegen Widerstand, durchsetzbar, fehlte doch eine eigene staatliche Tradition fast völlig. Scharfe Konflikte entstanden hinwiederum im Kaukasus und in Transkaukasien. Anderswo in Asien hingegen konnte noch kaum von nationalen Bewegungen gesprochen werden. In dünn besiedelten Gebieten, vor allem in Sibirien, führte die gegen Ende des Jahrhunderts in Gang gekommene Masseneinwanderung zur Verdrängung oder Majorisierung der einheimischen Bevölkerung.

Insgesamt aber brachte die verschärfte Nationalitätenpolitik nicht das erhoffte Resultat der Homogenisierung der Bevölkerung. Dafür schuf sie viel böses Blut. Das zeigte sich in der Revolution von 1905. In den Randgebieten nahmen die Unruhen rasch auch einen nationalen, antirussischen Charakter an.

Neben den Polen waren die Juden diejenige Volksgruppe, mit der sich das Zarenreich am schwersten tat. In Russland lebten 1897 über fünf Millionen Juden und damit weltweit etwa die Hälfte aller Juden überhaupt.[63] Anders als in den übrigen europäischen Staaten erhielten sie im 19. Jahrhundert keine bürgerliche Gleichberechtigung. Immerhin wurden die vielfältigen traditionellen Einschränkungen allmählich gelockert, bis 1881, mit der Ermordung Alexanders II., eine Wende einsetzte. Der Antisemitismus wurde zwar nicht zur offiziellen Politik. Aber diese nutzte ihn aus und schürte ihn teilweise. Sie unterdrückte Judenpogrome, die seit 1881 immer wieder stattfanden, besonders während der Revolution 1905–1907, nie tatkräftig. Dazu verschärfte sie die gesetzlichen Einschränkungen sukzessive. Traditionell durften sich die Juden nur in den westlichen Gebieten des Reiches niederlassen, im sogenannten Ansiedlungsrayon. Die Regierung beseitigte bislang bestehende Ausnahmen mehr und mehr. Sie verschärfte Einschränkungen und Verbote für bestimmte Tätigkeiten, etwa im Handel, und im höheren Bildungswesen, in dem die Juden in manchen Gebieten, nicht zuletzt mangels anderer Betätigungsmöglichkeiten, weit überdurchschnittlich vertreten waren, führte sie immer rigidere Quotenregelungen ein. Die Folge der zunehmenden Diskriminierung war eine anschwellende Auswanderung. Von den 2,8 Millionen Personen, die zwischen 1899 und 1914 nach Nordamerika auswanderten, waren 1,1 Millionen (39,3%) Juden (bei einem Anteil an der Gesamtbevölkerung von 4,0%), 780.000 Polen (27,9% beziehungsweise 6,3%) und 250.000 Litauer (8,9% beziehungsweise 1,3%).[64]

2.6 Dänemark

2.6.1 Äußeres: Die endgültige Reduktion zum Kleinstaat

Nachdem Dänemark 1814 Norwegen verloren hatte, umfasste das einstige nordische Großreich neben den dänischen Kerngebieten noch Island, Grönland und die Färöer.

---

63 Vgl. zum Folgenden den Überblick bei H.-D. Löwe, Antisemitismus.

64 Melville, in G. Schramm, Handbuch 3, 2, 1042. Zwischen 1859 und 1915 standen in Russland 4,98 Millionen Auswanderern 3,96 Millionen Einwanderer gegenüber; die Wanderungsbilanz wurde erst um 1890 negativ. Ebd., 1038.

Diese Territorien erlangten im Lauf des 19. Jahrhunderts in unterschiedlichem Ausmaß Autonomie. Das wichtigste, Island, erhielt 1874 eine Verfassung und konnte sich seit 1903 nahezu selbständig regieren.

Wichtiger und folgenreicher war die Personalunion Dänemarks mit den Herzogtümern Schleswig, Holstein und Lauenburg (letzteres wird im folgenden bei Holstein mitgerechnet). Holstein gehörte zum Deutschen Bund, Schleswig nicht. Die dänisch-deutsche Sprachgrenze verlief durch Schleswig, und sie gewann mit dem aufkommenden Nationalismus im 19. Jahrhundert allmählich an Gewicht. Es gelang Dänemark, 1848–1851 einen vom Deutschen Bund unterstützten Sezessionsversuch niederzuschlagen, mit militärischer Unterstützung durch Schweden-Norwegen und diplomatischer Rückendeckung seitens Russlands, Großbritanniens und Frankreichs. Doch es wurde ein Pyrrhussieg. Die von den Großmächten durchgesetzte und 1852 garantierte Lösung ignorierte die Nationalitätenproblematik. Sie hielt sich statt dessen an uralte Erbregelungen. Dänemark durfte sich die beiden Herzogtümer, die unterschiedlich behandelt werden mussten, nicht angliedern. Die Folge war ein Dauerkonflikt mit dem Deutschen Bund. Als Russland und Preußen 1863 mit einem Aufstand in Polen beschäftigt waren, glaubte Dänemark die Gunst der Stunde nutzen zu können, indem es sich Schleswig mittels einer neuen Verfassung einverleibte. In Wirklichkeit verschaffte es Bismarck die Gelegenheit, mit der preußisch-deutschen Einigung einen Schritt voranzukommen. Truppen des Deutschen Bundes schlugen Dänemark 1864 vernichtend. Das Land wies Vermittlungsvorschläge der Großmächte zurück, mit der Folge, dass es im Oktober im Frieden von Wien beinahe das gesamte Gebiet abtreten musste, auch den größten Teil des dänischsprachigen Nordschleswig. Zwar brachte Preußen 1866 in den Friedensvertrag von Prag mit Österreich eine Bestimmung ein, wonach in Nordschleswig eine Volksabstimmung durchgeführt werden sollte.[1] Doch wurde kein Datum genannt, und als an diesem Vertrag nicht beteiligter Staat konnte sich Dänemark nicht auf die Klausel berufen. Österreich verzichtete 1878 darauf, in einem Akt des guten Willens gegenüber Deutschland, der wenig kostete, aber die Stimmung im Hinblick auf das 1879 zwischen den beiden Staaten abgeschlossene Bündnis verbesserte.[2] Hingegen dekretierten die Siegermächte des Ersten Weltkrieges 1919 dann doch noch eine Volksabstimmung, durch die Nordschleswig 1920 an Dänemark gelangte.[3]

Dänemark verlor 1864 etwa ein Drittel seines Gebietes, mehr als ein Drittel seiner Bevölkerung und fast die Hälfte seiner Wirtschaftskraft.[4] Kein anderer europäischer Staat hatte in der hier behandelten Zeit relativ gesehen ähnlich große Verluste hinzunehmen. Das Land widerstand 1866 und 1870/71 der Versuchung zur Revanche und stellte sich danach konsequent auf eine Existenz als neutraler Kleinstaat ein, auch wenn die Emotionen noch lange gegen Deutschland gerichtet blieben. Mehr und mehr setzte sich die Auffassung durch, dass eine Kompensation für die verlorene äußere Stellung nicht durch außenpolitische Abenteuer, sondern durch den Aufbau im Inneren gesucht werden sollte.

---

1 23.8.1866, Art. 5, in: Consolidated Treaty Series 133 (1969), 73.

2 11.10.1878, in: Consolidated Treaty Series 153 (1977), 290–292.

3 28.6.1919, Friedensvertrag von Versailles, Art. 9, in: Reichsgesetzblatt 1919, 879–885.

4 T.K. Derry, Scandinavia, 239. Andere Autoren haben z.T. etwas andere Zahlen.

Zu dieser Neuausrichtung trug noch eine weitere Erfahrung von 1863/64 bei: der Zusammenbruch des politischen Skandinavismus. Diese Strömung war nach 1814, und besonders seit den vierziger Jahren, unter romantischem Einfluss vor allem in intellektuellen Kreisen aufgekommen, zunächst in Dänemark, von wo sie sich auf Schweden und, in geringerem Maße, auf Norwegen ausgebreitet hatte. Die Ziele waren wenig präzise und konnten von lockerer Solidarität bis zu einem skandinavischen Gesamtstaat reichen. Nachdem Schweden-Norwegen Dänemark 1848–1851 militärisch unterstützt hatte, wenn auch eher zurückhaltend, blieb es 1863/64 bei vagen Hilfsversprechen, die nicht eingelöst wurden. Die Enttäuschung in Dänemark war groß. Dazu kam die Einsicht, dass auch eine Union aller skandinavischen Staaten gegenüber einer Großmacht keine Chancen hatte. Die politische Desillusionierung führte indessen nicht dazu, dass der Skandinavismus auch als kulturelle Strömung verschwand.

2.6.2 Inneres: Vom Absolutismus zum Parlamentarismus

Dänemark war derjenige Staat in Europa, in dem die Ziele der Revolution von 1848 im Innern (also unter Ausklammerung des Krieges in Schleswig-Holstein) mit den geringsten Opfern, ohne jedes Blutvergießen, weitgehend durchgesetzt werden konnten. Im März dieses Jahres kam es, unter dem Eindruck der Vorgänge in anderen europäischen Hauptstädten, in Kopenhagen zu einigen größeren Versammlungen. König Friedrich VII., der bislang nahezu absolut regiert hatte, erneuerte ein schon früher gemachtes Verfassungsversprechen. Eine Konstituante arbeitete ein Grundgesetz aus, das zum 5. Juni 1849 in Kraft trat und zu den liberalsten in Europa gehörte. Es führte ein Zweikammerparlament ein. Beide Kammern wurden mittels beinahe allgemeinem Wahlrecht bestellt. Der Anteil der Wahlberechtigten an der Bevölkerung betrug immerhin 14,5%. Direkt gewählt wurden aber nur die Abgeordneten der Zweiten Kammer, des Folketing, während für die Erste Kammer, das Landsting, ein indirektes Wahlverfahren galt, wobei erst noch ein Teil der Abgeordneten vom König ernannt wurde. Auch blieb die Regierung ihm verantwortlich.[5]

Dic Wirren um Schleswig hatten zur Folge, dass die Verfassungsfrage damit noch nicht endgültig gelöst war, musste doch noch eine vertragskonforme Einbindung Schleswigs gefunden werden. Das Endergebnis war 1866 eine Revision der Verfassung von 1849, und zwar im konservativen Sinne. Die Erste Kammer wurde nun nach einem indirekten Zensuswahlrecht beschickt, wodurch eine schmale Schicht von grundbesitzendem Adel, Großbauern und Bourgeoisie die Möglichkeit erhielt, sich für die nächsten Jahrzehnte in einer konservativ-nationalliberalen Koalition an der Macht zu halten, obwohl die überwiegend bäuerliche und später auch sozialdemokratische Opposition seit 1872 in der Zweiten Kammer die Mehrheit hatte. Dies führte zu einer Verschärfung der politischen Auseinandersetzungen, bis 1901 eine friedliche Lösung zustande kam. Nachdem Anfang 1901 die geheime Stimmabgabe in den Wahlen für das Folketing eingeführt worden war, errang die Opposition eine solche Mehrheit, dass sie im sogenannten Systemwechsel das Prinzip durchzusetzen vermochte, dass die

5 J.-J. Fol, Pays nordiques 115; R. Kraft/D. Nohlen, in D. Sternberger/B. Vogel, Wahl 1, 1, 153f.

Regierung die Unterstützung der Zweiten Kammer benötigte, auch wenn dies erst 1915 verfassungsmäßig festgelegt wurde.[6] Der Parlamentarismus hatte de facto gesiegt. Das bedeutete eine Machtverschiebung zugunsten der Mittelschichten, vor allem der mittleren und kleineren Bauern.

2.6.3 Die Wirtschaft: Die Landwirtschaft als Leitsektor

Dänemark war um die Jahrhundertmitte ein Agrarland. 1855 lebten 56% der Bevölkerung von der Landwirtschaft, und nur 21% wohnten 1850 in Städten.[7] Die Bauern produzierten vor allem Getreide, das in erheblichem Maße exportiert wurde. Die Überschwemmung des europäischen Marktes durch billiges russisches und amerikanisches Korn in den siebziger Jahren führte auch in Dänemark zu einer Agrarkrise, aus der die Landwirtschaft indessen spätestens seit den neunziger Jahren gestärkt hervorging. Sie stellte relativ rasch von der Getreideproduktion auf Milchwirtschaft und Viehzucht um. Butter, Eier und Schinken wurden zu sprichwörtlichen Exportartikeln, die vor allem den britischen Markt eroberten. Das Land hielt konsequent am Freihandel fest, der in der Jahrhundertmitte eingeführt worden war. Das verstärkte den Anpassungszwang für die Landwirtschaft. Diese profitierte dafür von einer langfristigen Verbesserung der Austauschverhältnisse. Während die Getreidepreise sanken, was den Import billigen Futtergetreides ermöglichte, stiegen die Erlöse für die dänischen Produkte.[8] Eine bedeutende Rolle spielte auch die Genossenschaftsbewegung, die es den Bauern ermöglichte, etwa mittels eigener Molkereien und Schlachthöfe ihre Produkte günstig zu vermarkten.

So erfuhr die dänische Landwirtschaft ein bedeutendes Wachstum. In der Mitte des 19. Jahrhunderts wurden etwa 30% der landwirtschaftlichen Produktion ausgeführt; unmittelbar vor dem Ersten Weltkrieg waren es fast zwei Drittel. Der Anteil der landwirtschaftlichen Erzeugnisse am gesamten Export stieg von 79% 1880/84 auf 89% 1900/04 und lag 1910/14 noch immer bei 87%, während der Anteil der Industrieprodukte in der gleichen Zeit zuerst von 13% auf 5% sank und danach wieder auf 8% stieg.[9] Das Land bot somit das Paradox einer zunehmenden Agrarisierung des Exports, während es sonst durchaus Merkmale der Industrialisierung zeigte. Der scheinbare Widerspruch löst sich, wenn man die Landwirtschaft als Leitsektor betrachtet. Auch in Dänemark ging der Anteil der in der Landwirtschaft beschäftigten Personen zurück, von 56% 1855 auf 36% 1910. Das führte indessen zu keiner Zunahme des Beschäftigungsanteils von Handwerk und Industrie, der sich in der gleichen Zeit lediglich von 26% auf 27% verschob, wohl aber zu einer markanten Steigerung im tertiären Sektor, von 18% auf 37%.[10] Man kann also geradezu von einem direkten Übergang von der Agrar- in die Dienstleistungsgesellschaft sprechen, unter Umgehung einer Phase, in der das Schwergewicht bei der Industrie lag.

---

6 R. Kraft/D. Nohlen, in D. Sternberger/B. Vogel, Wahl 1, 1, 159.
7 O. Hornby, in W. Fischer, Handbuch 5, 225; 216.
8 Ebd., 251; L. Jörberg, Revolution, 248–250.
9 O. Hornby, in W. Fischer, Handbuch 5, 240f.; L. Jörberg, Revolution, 260f.
10 O. Hornby, in W. Fischer, Handbuch 5, 225.

Die langsam heranwachsende Industrie produzierte fast nur für den heimischen Markt. Handwerkliche und Kleinbetriebe überwogen sehr deutlich. Immerhin wurden 1914 70% der verkauften Industrieprodukte im Lande selbst hergestellt.[11]

Dänemark stellte am Ende der behandelten Periode wirtschaftlich in mehrfacher Hinsicht einen Sonderfall dar. Es war der reichste Staat Skandinaviens und zählte zu den reichsten Staaten Europas, obwohl es über keinerlei Bodenschätze verfügte und auch nicht auf Wasserkraft zurückgreifen konnte. Dabei hatte es, mit großem Erfolg, nicht auf die Industrie gesetzt, sondern auf die Landwirtschaft, und damit hohe jährliche Wachstumsraten des Bruttosozialprodukts erzielt, 1870–1913 immerhin durchschnittlich 3,7% beziehungsweise 2,6% pro Kopf der Bevölkerung.[12] Die internationale Verflechtung seiner Wirtschaft war sehr hoch: Der Export machte 1913 etwa 30% des Bruttosozialprodukts aus. 40% der Bevölkerung wohnten in Städten.[13]

2.6.4 Die Gesellschaft: Die Integration der ländlichen Mittel- und Unterschichten

Zum Erfolg der dänischen Landwirtschaft trugen nicht nur die Gunst der Natur, die staatliche Politik und die Genossenschaftsbewegung bei. Auch gesellschaftliche Veränderungen spielten eine Rolle.

Agrarreformen hatten seit dem späten 18. Jahrhundert zur Bauernbefreiung und zur Abschaffung des Feudalismus geführt, wenngleich nicht zum Verschwinden des Großgrundbesitzes. Neben diesem entstand aber eine breite Schicht von mittleren und kleineren Bauern.[14] Dass sich diese, zusammen mit den Grundbesitzern, als anpassungsfähig erwiesen, hing nicht zuletzt mit ihrem hohen Bildungsstand zusammen. Bereits 1814 war die allgemeine Schulpflicht eingeführt worden, und in den folgenden Jahrzehnten wurde sie auch tatsächlich durchgesetzt.[15] Damit war die Grundlage gegeben für den seit 1844 erfolgenden Aufstieg der Volkshochschulbewegung. Ihr Begründer N.S.F. Grundtvig (1783–1872), ein pietistischer Geistlicher, stand unter romantischem und nationalistischem Einfluss. Er konzentrierte sich auf praxisorientierte Lehrinhalte und wandte sich vor allem der jüngeren erwachsenen bäuerlichen Landbevölkerung zu. Die Bewegung breitete sich über ganz Skandinavien aus; am bedeutendsten blieb sie jedoch in Dänemark.

Rascher noch als die Bauernschaft nahm bei anhaltendem Bevölkerungswachstum, begrenzten Landreserven und zunehmender Arbeitsproduktivität die unterbäuerliche Bevölkerung von Häuslern und Landarbeitern zu.[16] Sie vermochte sich politisch kaum zu artikulieren. Gegen Ende des Jahrhunderts ging ihr Anteil an der Bevölkerung jedoch wieder zurück. Dazu trug eine beträchtliche Auswanderung bei: Zwischen 1815 und 1914 verließen etwa 300.000 Personen das Land, wobei der Höhepunkt zwischen 1879 und 1883 erreicht wurde. Das waren etwa 18% des natürlichen Bevölkerungs-

---

11 L. Jörberg, Revolution, 261.
12 Ebd., 238f.
13 O. Hornby, in W. Fischer, Handbuch 5, 251; 216; P. Salmon, Scandinavia, 4.
14 Angaben zu den Betriebsgrößen bei H.-N. Lahme, Sozialdemokratie, 20.
15 T.K. Derry, Scandinavia, 229; J.-J. Fol, Pays nordiques, 113.
16 Hierzu grundlegend H.-N. Lahme, Sozialdemokratie.

zuwachses. Doch war die Auswanderung geringer als in den anderen skandinavischen Ländern. Da die natürliche Vermehrung in Dänemark ähnlich hoch war, wuchs hier die Bevölkerung am raschesten, von 1,4 Millionen 1850 auf 2,9 Millionen 1914. Dieser Zuwachs war vor allem die Folge eines – auch in Norwegen und Schweden festzustellenden – raschen Rückgangs der Sterberate, die zu den niedrigsten in Europa gehörte. Die Bewohner der skandinavischen Länder hatten 1914 die höchste Lebenserwartung des Kontinents.[17]

Wichtiger als die Auswanderung wurde langfristig die allmähliche Absorption der ländlichen Unterschichten durch Industrie und tertiären Sektor. Seit den 1870er Jahren entstand, unter starkem deutschen Einfluss, eine Arbeiterbewegung, die sich früh und intensiv der Landarbeiterschaft zuwandte. 1871 wurde eine Arbeiterpartei gegründet, die 1884 erstmals Abgeordnete in das Parlament entsenden konnte und bis 1913 auf 29,6% der Stimmen kam.[18]

Eine wichtige Stellung nahmen die Gewerkschaften ein – der gewerkschaftliche Organisationsgrad lag 1910 bei 51% und damit weit höher als in den benachbarten Staaten.[19] Die Arbeiterbewegung war überwiegend reformistisch orientiert.

Damit war bis 1914 auch die politische Integration der Arbeiterschaft ein Stück weit vorangekommen, nachdem bis zum „Systemwechsel" von 1901 die Oberschicht das politische Leben dominiert hatte und danach die Bauern die stärkste Kraft geworden waren. Zu dieser Integration trug die seit 1891 allmählich eingeführte Sozialversicherung bei.

2.7 Schweden

2.7.1 Äußeres: Der endgültige Abschied von der großen Politik

Schweden hatte 1809 Finnland an Russland verloren und dafür 1814 den Dänen Norwegen abgenommen. Doch das war kein vollwertiger Ersatz. Außer im Bereich der Außenpolitik, die durch Schweden bestimmt wurde, erfolgte die Verbindung lediglich durch eine Personalunion, die Schweden keine zusätzlichen Ressourcen verschaffte. Die Suche nach einer Gelegenheit zur Rückgewinnung Finnlands war deswegen ein wichtiger Faktor der schwedischen Politik des 19. Jahrhunderts. Am nächsten brachte der Krimkrieg das Ziel. Schweden, das sich bisher an Russland angelehnt hatte, näherte sich vorsichtig den Westmächten. Diese waren indessen nicht bereit, als Preis für ein Bündnis eine feste Zusage für die Abtretung Finnlands zu machen. So blieb es bei wohlwollender schwedischer Neutralität. Immerhin garantierten die Westmächte in einem Vertrag von 1855 Schwedens Besitzstand und stärkten ihm so den Rücken gegen Russland.[1]

---

17 O. Hornby, in W. Fischer, Handbuch 5, 215–223; L. Jörberg, Revolution, 241f.; vgl. S. Lieberman, Industrialization, 37–41.
18 R. Kraft/D. Nohlen, in D. Sternberger/B. Vogel, Wahl 1, 1, 159; 163; 176.
19 T.K. Derry, Scandinavia, 266.
1 Vgl. F.D. Scott, Sweden, 320f.

Das Land versuchte auch innerhalb des engeren skandinavischen Raumes an Einfluss zu gewinnen. Es bediente sich dazu vor allem der politischen Strömung des Skandinavismus. Diese Politik hatte 1848–1851 in Schleswig-Holstein Erfolg, als es gelang, den Deutschen Bund in Schach zu halten. Versuche, in den folgenden Jahren eine engere skandinavische Zusammenarbeit, ein Bündnis oder gar eine Union zu erreichen, scheiterten hingegen. Der norwegische, auf Unabhängigkeit von Schweden bedachte Nationalismus wandte sich verständlicherweise dagegen. Doch letztlich fehlte auch in Schweden selber der Elan. Das zeigte sich, als sich das Land 1864 aus dem deutsch-dänischen Krieg heraushielt. König Karl XV. hatte zunächst schwedische Hilfe angedeutet und dadurch zur unnachgiebigen dänischen Haltung beigetragen. Doch die Regierung verweigerte ihm schließlich die Gefolgschaft.[2] Sie tat insofern gut daran, als das Land sonst sicher in die dänische Niederlage hineingezogen worden wäre. Aber der Skandinavismus als politisches Programm war dadurch diskreditiert; zaghafte Wiederbelebungsversuche von seiten Schwedens in den folgenden Jahren zeitigten keinen Erfolg.

Der Skandinavismus erreichte nie die Kraft einer nationalistischen Strömung; die staatliche und kulturelle Sonderentwicklung der einzelnen Gebiete war schon so ausgeprägt, dass als staatstragende Kräfte nur die Einzelvölker in Frage kamen. So wuchs Schweden mehr und mehr in die Rolle des neutralen Kleinstaates hinein. Diese Rolle wurde 1905 durch den Abfall Norwegens besiegelt. Immerhin war Bündnisfreiheit weiterhin kein Axiom der schwedischen Politik. Seit den siebziger Jahren erfolgte eine deutliche Annäherung an Deutschland. Schweden war an einem bilateralen Bündnis interessiert; Deutschland beschied aber 1895 ein entsprechendes Angebot abschlägig und schlug statt dessen 1903 Schwedens Beitritt zum Dreibund und damit eine volle Einordnung in das europäische Allianzsystem vor. Das ging Schweden zu weit.[3]

2.7.2 Inneres: Der schwierige Abschied vom Ständestaat

Die (in veränderter Form bis heute geltende) Verfassung von 1809 hatte den Absolutismus des Königs durch die Macht der Stände beschnitten. Noch um die Mitte des Jahrhunderts bestand der Reichstag, der die legislative Gewalt mit dem König teilte und exklusive finanzielle Befugnisse hatte, aus vier getrennt tagenden Ständen: dem Adel, dem Klerus, den Bürgern und, als eine europäische Besonderheit, den Bauern. Gesellschaftlicher Wandel hatte zur Folge, dass die überhaupt nicht repräsentierten Bevölkerungsgruppen immer größer wurden.[4] Die zunehmende Opposition gegen dieses System führte 1866 zu einer Umwandlung der alten Ständeversammlung in ein Parlament aus zwei Kammern, ohne dass sich die Machtverteilung zwischen König und Parlament grundlegend geändert hätte. Insbesondere blieb die Regierung dem König, nicht dem Reichstag verantwortlich, und zwar bis 1917. Die Erste Kammer wurde indirekt und mit einem sehr hohen Zensus gewählt, so dass die Aristokratie und die Bourgeoisie sie weitgehend kontrollieren konnten. Die Zweite Kammer wurde direkt,

2 Vgl. I. Andersson, Schwedische Geschichte, 392–396.
3 M. Gerhardt/W. Hubatsch, Skandinavien, 374–376; P. Salmon, Scandinavia, 65.
4 M.F. Metcalf, Riksdag, 172–174; D.V. Verney, Reform, 14. Vgl. S. 151.

aber mit einem beträchtlichen Zensus gewählt. Die Bauern, die durch eine Grundsteuer (die andere Grundbesitzer nicht traf) und den allein ihnen auferlegten Militärdienst besonders belastet waren, vermochten dank dem Wahlrecht die führende Stellung zu gewinnen, und nicht, wie man zunächst vermutet hatte, die Bürger. Die städtischen und ländlichen Unterschichten hingegen blieben von der Macht ausgeschlossen: 1870 hatten gerade 5% der Bevölkerung das Wahlrecht; 1905 waren es 8%.[5] Die beiden Kammern waren gleichberechtigt, was zu zahlreichen Konflikten führte. Faktisch setzte sich mit der Zeit die parlamentarische Verantwortlichkeit der Regierung in der Zweiten Kammer weitgehend durch. 1909 wurde für die Zweite Kammer das allgemeine Wahlrecht eingeführt; Voraussetzung blieb allerdings, dass Steuern bezahlt und Militärdienst geleistet wurde. Der Anteil der Wahlberechtigten an der Bevölkerung verdoppelte sich von 9,5% auf 19%.[6]

2.7.3 Die Wirtschaft: Die Industrie als später Leitsektor

Von allen skandinavischen Staaten wies Schweden die günstigsten natürlichen Voraussetzungen für eine Industrialisierung auf. Es war fruchtbarer und verkehrstechnisch leichter erschließbar als Norwegen. Im Gegensatz zu Dänemark verfügte es in reichlichem Maße über Bodenschätze, insbesondere Erze. Allerdings fehlten Steinkohlevorkommen. Dafür besaß das Land in großem Umfang nutzbare Wasserkraft.

Dennoch war auch Schweden bis weit in die zweite Hälfte des Jahrhunderts hinein ein Agrarland. 1870 arbeiteten 72% der Beschäftigten in der Landwirtschaft und nur 15% in Handwerk und Industrie.[7] Der zweite Sektor hatte in den vorangegangenen Jahrzehnten sogar Rückschläge zu verzeichnen gehabt. Die traditionelle Eisenindustrie, die mit Holzkohle arbeitete und früher viel exportiert hatte, war gegenüber der modernen, auf Steinkohle gestützten Eisenherstellung vor allem in England nicht mehr konkurrenzfähig. Das Prokopfeinkommen lag unter dem europäischen Durchschnitt und damit deutlich unter demjenigen Dänemarks und Norwegens.[8]

Nach der Jahrhundertmitte erfuhr zunächst die Holzgewinnung und -verarbeitung eine deutliche Ausweitung. Die norwegischen Bestände vermochten den Bedarf für den Export (hauptsächlich nach Großbritannien) nicht mehr zu decken, und die Dampfmaschine erlaubte es, Sägewerke an den Flussmündungen zu bauen. In dieser Zeit wurden außerdem Verfahren entwickelt, die eine bessere Verhüttung des phosphorhaltigen schwedischen Eisenerzes erlaubten. Die Eisen- und Stahlherstellung nahm einen großen Aufschwung. Das Land produzierte vor allem hochwertige Qualitäten, während billigeres Eisen eingeführt wurde. Die Schwerindustrie wurde zur Grundlage für eine breite Industrialisierung, wobei vor allem die Metallindustrie, und hier wieder besonders der Maschinenbau, aber auch die Holzverarbeitung, Bedeutung gewann.[9] Das Land profitierte

---

5 L. Franke, in D. Sternberger/B. Vogel, Wahl 1, 2, 1086; F.D. Scott, Sweden, 390; I. Andersson, Schwedische Geschichte, 446.
6 I. Andersson, Schwedische Geschichte, 459.
7 O. Hornby, in W. Fischer, Handbuch 5, 225.
8 W. Fischer, in ders., Handbuch 5, 114f.
9 Vgl. O. Hornby, in W. Fischer, Handbuch 5, 249.

zudem von einer Reihe bedeutender Erfindungen, etwa des Dynamits durch Alfred Nobel (1867) und der Milchzentrifuge durch Gustaf de Laval (1878).[10] Anders als in Dänemark und Norwegen wurde die Industrie zum Leitsektor der Wirtschaft. Zahlreiche große Unternehmen entstanden, und die Industrie insgesamt erzielte hohe Exportanteile. Seit dem späten 19. Jahrhundert gewann überdies die Ausfuhr von Erzen, insbesondere von Eisenerz, rasch an Bedeutung. Hauptkunde war Deutschland.

Die Landwirtschaft war um die Jahrhundertmitte stark auf die Produktion von Getreide konzentriert, das auch in erheblichem Umfang ausgeführt wurde. Dadurch geriet sie in den siebziger Jahren in die Krise. Ähnlich wie in Dänemark und Norwegen schafften es sowohl Grundbesitzer als auch Bauern, auf Viehzucht umzustellen. Die starke politische Stellung der Bauern nach der Verfassungsreform von 1866 erlaubte in Verbindung mit dem Gewicht der Industrie seit den achtziger Jahren eine wirkungsvolle Kampagne für Schutzzölle, die ab 1888 zugunsten der Landwirtschaft und ab 1892 zugunsten der Industrie erhoben wurden. Doch blieben die Zölle im europäischen Vergleich bescheiden.

Schwedens Austauschbedingungen verbesserten sich in der behandelten Zeit. Der Export wuchs, stimuliert auch durch den Zufluss von Auslandskapital.[11] 1907/10 führte das Land immerhin 35% Industrieprodukte aus, neben 53% Rohstoffen und 12% Nahrungsmitteln. 1910 waren noch 49% der Beschäftigten in der Landwirtschaft tätig; die Industrie brachte es inzwischen auf 32%.[12]

Damit hatte Schweden um 1914 mit Abstand die größte und leistungsfähigste Industrie in Skandinavien. Die Wirtschaft insgesamt war rascher gewachsen als in Dänemark und Norwegen, mit denen Schweden beim Prokopfeinkommen nahezu gleichgezogen hatte.

2.7.4 Von der Stände- zur Klassengesellschaft

Im Vergleich zur Industrialisierung war die Urbanisierung nur relativ langsam vorangekommen. Hatten 1850 10% der Bevölkerung in Städten gewohnt, so waren es 1910 erst 25%.[13] Das hing mit der starken Dezentralisierung der Industrie zusammen, die sich wiederum aus der Verarbeitung der einheimischen Rohstoffe vor Ort ergab. Noch 1913 waren 58% der Industriearbeiter in ländlichen Orten beschäftigt.[14]

Dem entsprach ein langsamer und konfliktarmer Übergang von der Stände- zur Klassengesellschaft. Bis 1866, als der ständische Reichstag in ein nach Zensuswahlrecht bestelltes Parlament umgewandelt wurde, war die schwedische Gesellschaft offiziell eine Ständegesellschaft. Dabei war die Repräsentation extrem ungleich. Die vier im Reichstag vertretenen Stände hatten folgenden Anteil an der Bevölkerung:[15]

---

10 F.D. Scott, Sweden, 452f.
11 Vgl. E. Heckscher, Sweden, 210f.; 247–249.
12 L. Jörberg, Revolution, 247f.; 283; O. Hornby, in W. Fischer, Handbuch 5, 225.
13 O. Hornby, in W. Fischer, Handbuch 5, 216.
14 Ebd., 250. Der Prozentsatz war von 1870 bis 1901 sogar von 36 auf 64 gestiegen.
15 D.V. Verney, Reform, 14. M.F. Metcalf, Riksdag, 174 geht von 20–25% (eigentlichen) Bauern aus.

Adel	0,32 %
Geistlichkeit	0,42 %
Bürger	2,24 %
Bauern	65,35 %

Bei den Bauern ist auch die unterbäuerliche Bevölkerung mitgerechnet, die keine eigenen Vertreter im Reichstag hatte und deren Interessen keineswegs mit denjenigen der eigentlichen Bauern identisch waren. Gar nicht repräsentiert waren folgende Gruppen beziehungsweise Stände:[16]

sogenannte Standespersonen (Gebildete)	2,18 %
Ausländer/Juden	0,05 %
Andere	29,44 %

Schweden wurde nach der Reform von 1866 zu einem instruktiven Beispiel dafür, dass ein Wahlzensus ständische Verhältnisse reproduzieren konnte: 66% der Abgeordneten der Ersten und 56% der Abgeordneten der Zweiten Kammer waren auch schon Mitglieder der alten Ständeversammlung gewesen.[17]

Unabhängig von solchen ständischen Gliederungen führten Industrialisierung und Bevölkerungswachstum in der zweiten Jahrhunderthälfte zu bedeutenden gesellschaftlichen Umschichtungen. Am auffälligsten war zunächst die Zunahme der ländlichen Unterschichten. Auch wenn es zu keinen größeren Protestbewegungen kam, so schien die gesellschaftliche Stabilität doch gefährdet. 1870 standen 1,4 Millionen Bauern 1,29 Millionen Häusler und Landlose gegenüber.[18] Zum wichtigsten Entlastungsmechanismus wurde zunächst die Auswanderung, ganz überwiegend in die USA. Zwischen 1850 und 1914 verließen etwa 1.025.000 Personen das Land. Das machte ca. 31% des natürlichen Bevölkerungszuwachses aus. Schweden hatte hinter Irland und Norwegen die dritthöchste Auswanderungsrate Europas. Gleichwohl nahm die Bevölkerung des Landes zwischen 1850 und 1914 von 3,5 auf 5,7 Millionen zu.[19] Ende des Jahrhunderts ließ die Auswanderung nach, und die einheimische Industrie absorbierte nun einen größeren Teil der ländlichen Unterschichten, die bis 1914 weitgehend verschwunden waren. An ihre Stelle trat das industrielle Proletariat, das sich relativ rasch und erfolgreich organisierte. Nach vielfältigen Arbeitervereinen entstanden seit den siebziger Jahren Gewerkschaften. 1889 wurde eine Arbeiterpartei gegründet, die 1897 ins Parlament gelangte und nach der Einführung des allgemeinen Wahlrechts große Erfolge erzielte. 1914 kam sie auf 36,4% der Stimmen.[20] Sie war organisatorisch eng mit den starken Gewerkschaften verbunden. Die Arbeiterbewegung war überwiegend revisionistisch. Der Versuch einer syndikalistischen Politik scheiterte 1909, als ein Generalstreik nach einigen Wochen abgebrochen werden musste. Er litt an unzureichender Planung und

16 D.V. Verney, Reform, 14.
17 Ebd., 88f.
18 I. Andersson, Schwedische Geschichte, 413; F.D. Scott, Sweden, 341.
19 O. Hornby, in W. Fischer, Handbuch 5, 220–223; 215.
20 L. Franke, in D. Sternberger/B. Vogel, Wahl 1, 2, 1102.

fehlender Unterstützung durch die übrigen Schichten der Bevölkerung. Strategisch entscheidend wurde, dass die Eisenbahner nicht mitmachten.[21] Im Bereich der Arbeitsgesetzgebung und der Sozialversicherung blieben die Erfolge bis 1914 deutlich hinter anderen Staaten zurück. Immerhin kam es 1913 zu einer in Europa einmaligen Reform, mit der Einführung der sogenannten Volkspension, einer Rentenversicherung nicht nur für die Industriearbeiterschaft, sondern für die gesamte Bevölkerung.[22]

Der relativ kontinuierliche soziale Wandel dürfte auch mit der frühen Ausweitung der Volksbildung zusammengehangen haben. Schweden führte die Schulpflicht 1842 ein, und sie war bald danach tatsächlich durchgesetzt. Die Volkshochschulbewegung erfasste von Dänemark aus seit 1868 auch Schweden. Eine Folge war, dass Formen gesellschaftlicher Organisation, wie im übrigen Skandinavien auch, keinesfalls nur auf die Arbeiterbewegung beschränkt waren. Eine besondere Rolle spielte die Abstinenzbewegung, die seit den achtziger Jahren förmlich anschwoll. Auch Freikirchen fanden regen Zuspruch in einer Gesellschaft, in der die lutherische Staatskirche nur sehr langsam auf ihre Privilegien verzichtete. So herrschte erst seit 1860 volle Religionsfreiheit, und erst seit 1870 hatten Nichtlutheraner Zugang zu allen öffentlichen Ämtern.[23]

2.8 Norwegen

Nach dem hier verwendeten Kriterium, dass nur solche Staaten in einem gesonderten Kapitel behandelt werden, die während eines längeren Abschnitts der erfassten Zeit voll souverän waren, wäre Norwegen nicht zu berücksichtigen, wurde es doch erst 1905 zu einem international anerkannten Staat. Für alle praktischen Zwecke aber war es seit 1814 ein eigenständiger Staat, in wesentlich stärkerem Maße als Finnland, Polen oder Ungarn. Das rechtfertigt seine Sonderbehandlung.

2.8.1 Die Herausbildung eines souveränen Staates

Norwegen wurde 1815, nachdem es 1814 zuerst von Dänemark an Schweden abgetreten und danach von diesem erobert worden war, in Personalunion mit Schweden vereinigt. Außer dem Herrscher war den beiden Ländern lediglich die Außenpolitik gemeinsam, die von Schweden geführt wurde. Norwegen hatte sich 1814 noch vor der Union eine eigene, die sogenannte Eidsvolder Verfassung gegeben, die sich grundlegend von der schwedischen unterschied und von Schweden nie angefochten wurde. Es hatte eine eigene Regierung, die teils in Stockholm, überwiegend aber in Christiania (seit 1925 Oslo) residierte.

Bis über die Mitte des Jahrhunderts hinaus gab die Union zu keinen größeren Auseinandersetzungen Anlass. Seither machten sich auf norwegischer Seite, unter dem

21 Vgl. J.-P. Findeisen, Schweden, 207–213.

22 Vgl. O.F. Ander, Sweden, 65–67.

23 T.K. Derry, Scandinavia, 229; J.-P. Findeisen, Schweden, 195; O.F. Ander, Sweden, 67–70. D.V. Verney, Reform, 105, setzt die volle Religionsfreiheit sogar erst in das Jahr 1873. Die Verhältnisse in Norwegen und Dänemark waren nicht grundlegend anders. Religionsfreiheit wurde hier 1844 beziehungsweise 1849 gewährt.

Einfluss eines sich verstärkenden Nationalismus, zunehmend Abgrenzungstendenzen bemerkbar. 1872 wurde das Amt des schwedischen Statthalters in Christiania abgeschafft. Erst gegen Ende des Jahrhunderts wurde die Union selbst zu einem wirklichen Streitpunkt. Die Norweger forderten ein eigenes Konsularwesen. Angesichts schwedischer Widerstände erklärten sie am 7. Juni 1905 die Union für beendet. Nach einigem Säbelrasseln auf beiden Seiten und einer norwegischen Volksabstimmung, die 368.208 Stimmen für und 184 gegen die Selbständigkeit erbrachte, wurde die Auflösung am 26. Oktober einvernehmlich vollzogen.[1] Da die Großmächte anderweitig beschäftigt waren im Jahr der russischen Revolution und der ersten Marokkokrise, war keine von ihnen an einem zusätzlichen Konflikt interessiert. Norwegen erhielt Unterstützung von britischer Seite, während Schweden isoliert blieb. Zum Scheitern der Union trug sicher der norwegische Nationalismus bei. Die eigentliche Ursache aber wird man eher in der relativen Funktionslosigkeit der Union sehen müssen. Innenpolitisch hatten nie Gemeinsamkeiten bestanden. Die beiden Volkswirtschaften ergänzten sich kaum, wodurch der Handel auf einem niedrigen Niveau verharrte. Symptomatisch war, dass nie eine volle Wirtschaftsunion zustandekam. Eine 1873 geschlossene Zollunion wurde infolge schwedischer Schutzzölle schon 1897 wieder aufgelöst.[2] Einer 1873 von Schweden und Dänemark gegründeten Münzunion schloss sich Norwegen erst zwei Jahre später an.

Das Land übernahm die mittlerweile in Skandinavien selbstverständlich gewordene Politik der Neutralität, auch wenn Großbritannien dabei eine Sonderstellung einnahm, als wichtigster Handelspartner und infolge seiner Unterstützung für die Unabhängigkeit. 1907 wurde der neue Staat von den Großmächten in einem Garantievertrag förmlich anerkannt.[3] Die Einbindung in die europäische Staatenfamilie wurde, nach einer Volksabstimmung, durch die Einführung der Monarchie besiegelt: Der dänische Prinz Karl wurde als Haakon VII. norwegischer König.

2.8.2 Vom Staat der Beamten zum Staat der Bauern

Norwegen hatte sich 1814 eine für damalige Verhältnisse erstaunlich liberale Verfassung gegeben, wobei die Liberalität in erster Linie der Mobilisierung der Bevölkerung für die Selbständigkeit dienen sollte.[4] Ein Einkammerparlament, das Storting, wurde mittels eines indirekten Zensuswahlrechts bestimmt, das auch einen erheblichen Teil der Bauernschaft erfasste. Diese war stets prominent im Storting vertreten. Die Regierung war freilich nicht dem Parlament verantwortlich. Da dieses lediglich jedes dritte Jahr für höchstens zwei Monate zusammentrat, hatte die Exekutive freie Hand. Die herrschende Schicht bestand aus einer kleinen Gruppe akademisch gebildeter Beamten, überwiegend Juristen, die alle wichtigen Regierungs- und Verwaltungsposten besetzten. Ihre Position wurde seit den 1860er Jahren zunehmend angefochten. Ein seit 1872 ausgetragener langwieriger Verfassungskonflikt zwischen Regierung und Parla-

---

1 M. Gerhardt, Norwegische Geschichte, 234–236.

2 L. Jörberg, Revolution, 273. Vgl. F.D. Scott, Sweden, 327f.; O. Hornby, in W. Fischer, Handbuch 5, 259. Eine Übersicht bei S. Lieberman, Industrialization, 165–177.

3 2.11.1907, in: Consolidated Treaty Series 206 (1980), 1f.

4 E. Bull, Sozialgeschichte, 11–13.

ment endete 1884 mit dem Sieg des Parlaments, das seit 1869 jährlich tagte und dem die Regierung nun verantwortlich wurde. Der Wahlzensus wurde zunächst nur geringfügig herabgesetzt: waren 1829 5,6% der Bevölkerung wahlberechtigt und 1882 7,6%, so waren es 1885 9,4%. Dadurch kam mit dem Sieg des Parlaments eine Koalition aus Bauern und städtischem Mittelstand an die Macht. 1898 schließlich fiel der Zensus ganz, so dass im Jahre 1900 19,7% der Bevölkerung wahlberechtigt waren. 1907 wurde für die Frauen ein Zensus- und 1913 das allgemeine Wahlrecht eingeführt – Norwegen war der erste voll souveräne Staat Europas, der das Frauenwahlrecht auf der Ebene des Gesamtstaates verwirklichte.[5] Damit war die soziale Grundlage des politischen Systems ausgeweitet; dem Parlamentarismus war die Demokratie gefolgt. Neben den Bauern konnten sich nun auch die Arbeiter politisch Gehör verschaffen.

2.8.3 Die Wirtschaft: Dienstleistungen als Leitsektor

Norwegen, von dessen Fläche gerade 3% für den Ackerbau geeignet sind,[6] war um die Mitte des 19. Jahrhunderts ein ausgeprägtes Agrarland, wobei neben der Landwirtschaft auch Fischerei und Forstwirtschaft eine bedeutende Rolle spielten. 1856 waren 69% der Beschäftigten in diesen Sparten tätig, während in Industrie und Handwerk lediglich 16% arbeiteten. 1855 lebten gerade 13% der Bevölkerung in Städten (1910: 29%).[7] Immerhin gehörte das Land, was das Prokopfeinkommen betraf, zu den reicheren in Europa; insbesondere lag es deutlich vor Schweden.[8]

Zwei britische Maßnahmen hatten um diese Zeit für Norwegen große Bedeutung: 1849 wurde die Navigationsakte, die nichtbritische Schiffe weitgehend vom Verkehr mit britischen Häfen ausschloss, aufgehoben (eine ähnliche Maßnahme erfolgte im gleichen Jahr in den Niederlanden), und 1851 wurde der Zollsatz für Holz halbiert. Dadurch nahm der norwegische Holzexport einen bedeutenden Aufschwung. Noch erfolgreicher war die Handelsschifffahrt. Seit den siebziger Jahren hatte Norwegen, hinter Großbritannien und den USA, die drittgrößte Handelsflotte der Welt, die einen erheblichen Teil des Handels zwischen Drittstaaten an sich zu bringen vermochte. Sie war zwar technologisch nicht führend, wurden doch vielfach gebrauchte Schiffe im Ausland gekauft. Die Umstellung auf Dampfschiffe erfolgte vergleichsweise spät; ihre Tonnage übertraf diejenige der Segelschiffe erst 1908.[9] Aber die einheimischen Werften erhielten Auftrieb. Noch wichtiger wurde die Schiffahrt als Devisenbringer. Mit Hilfe ihrer Erlöse wurde die Industrialisierung vorangetrieben. Die Schiffahrt erhielt damit eine ähnliche Funktion wie die Landwirtschaft in Dänemark, wenngleich sie den Außenhandel nicht in vergleichbarer Weise dominierte. Immerhin lieferte sie zwischen 32% und 45% der Einnahmen aus dem Außenhandel.[10]

---

5 J. Nicklaus, in D. Sternberger/B. Vogel, Wahl 1, 2, 895–899.
6 E. Bull, Sozialgeschichte, 9.
7 O. Hornby, in W. Fischer, Handbuch 5, 216; 225; L. Jörberg, Revolution, 243; 247.
8 W. Fischer, in ders., Handbuch 5, 114f.
9 F. Hodne, Economic history, 115.
10 S. Lieberman, Industrialization, 110; vgl. L. Jörberg, Revolution, 272.

Auch die norwegische Landwirtschaft geriet in den siebziger Jahren in die Krise. Da der Staat bis 1897, als leichte, 1905 noch etwas erhöhte landwirtschaftliche Schutzzölle eingeführt wurden, am Freihandel festhielt, verließ sie sich, wenngleich in kleinerem Rahmen, auf eine ähnliche Strategie wie die dänische Landwirtschaft, indem sie auf tierische Erzeugnisse umstellte. Sie wurde indessen nie zu einem Nettoexporteur. Nun entstand vermehrt auch Industrie. Doch beschränkte sie sich bis gegen Ende des Jahrhunderts im Wesentlichen auf die Verarbeitung der Rohstoffe des Landes, vor allem von Holz und Fischen. Dazu kam der Schiffbau.

Um die Jahrhundertwende wurde aus einem Hemmschuh, nämlich der Topographie des Landes, plötzlich ein Motor der Industrialisierung. Die zahlreichen Wasserfälle und Bergflüsse konnten nun für die Elektrizitätserzeugung genutzt werden. In der Nähe der Elektrizitätswerke, und damit stark dezentralisiert, entstanden in rascher Folge modernste Industrien der Elektrochemie und der Metallurgie. Wichtig wurden etwa die Nitrat- und die Aluminiumproduktion. Der Anteil der Industrie- und Bergbauprodukte am Export nahm rasch zu.[11]

Dieser Aufschwung war mit einem kräftigen Zustrom von Auslandskapital verbunden. Die Kapitalgüter, vor allem die elektrischen Ausrüstungen, mussten ganz überwiegend eingeführt werden. Die elektrochemische Industrie befand sich 1909 zu drei Vierteln in ausländischer Hand, der Bergbau zu zwei Dritteln. Insgesamt waren 38,8% des Industriekapitals in fremdem Besitz.[12]

Diese rasche Zunahme der wirtschaftlichen Verflechtung mit dem Ausland führte, obwohl sie keine direkt spürbaren oder nachweisbaren Abhängigkeitsverhältnisse zur Folge hatte, zu weitverbreiteten Bedenken. 1909 verabschiedete das Parlament ein Gesetz, das dem ausländischen Kapital strenge Einschränkungen auferlegte und den Heimfall aller Wasserkraftwerke an den Staat nach 60–80 Jahren vorsah. Die Auswirkungen des Gesetzes lassen sich angesichts des Ersten Weltkrieges nicht genau abschätzen. Jedenfalls führte es bis 1914 nicht zu einer größeren Rezession.[13]

Norwegens Wirtschaft wuchs zwischen 1850 und 1914 etwas langsamer als die dänische und die schwedische. Die Wachstumsrate sowohl des gesamten Bruttosozialprodukts als auch des Sozialprodukts pro Kopf entsprach etwa dem europäischen Durchschnitt. Das Land gehörte 1914 zu den reichsten Ländern des Kontinents.[14]

2.8.4 Die Gesellschaft zwischen Emigration und Industrialisierung

Norwegen hatte nie einen nennenswerten Adel. Die topographischen Verhältnisse verhinderten das Aufkommen eines auf größere landwirtschaftliche Siedlungen gestützten Feudalismus. Landwirtschaft wurde auf Einzelhöfen betrieben, nicht in Dörfern. Die wenigen noch vorhandenen Adelsprivilegien waren schon 1821 abgeschafft worden.[15]

---

11 L. Jörberg, Revolution, 272.

12 E. Bull, Sozialgeschichte, 51; L. Jörberg, Revolution, 275. Noch höhere Zahlen bei O. Hornby, in W. Fischer, Handbuch 5, 247.

13 Vgl. T.K. Derry, Scandinavia, 197; F. Hodne, Economic history, 311–314.

14 W. Fischer, in ders., Handbuch 5, 114f. Höhere Zahlen bei L. Jörberg, Revolution, 238f.

15 E. Bull, Sozialgeschichte, 9.

Diese Umstände erlaubten es der Beamtenschaft, 1814–1884 die Macht im Staate auszuüben, bis die Allianz aus Bauern und städtischem Mittelstand politisch aktionsfähig geworden war. Zu dieser Verzögerung trug die im Vergleich zu Dänemark spätere, im europäischen Rahmen freilich noch immer frühe Ausbreitung der Volksbildung bei, die durch die Topographie und die geringe Siedlungsdichte erschwert wurde. Die Schulpflicht war schon 1739 statuiert und 1827 bekräftigt worden; doch war sie erst um 1860 weitgehend durchgesetzt.[16] Die dänische Volkshochschulbewegung griff, obzwar mit etwas geringerer Intensität, seit 1868 auch auf Norwegen über und bewirkte eine Erhöhung des Bildungsniveaus insbesondere der landwirtschaftlichen Bevölkerung.

Die geringe landwirtschaftliche Nutzfläche führte in Verbindung mit der Steigerung der Produktivität und einem zunehmenden Bevölkerungswachstum zu einer raschen Zunahme der unterbäuerlichen Bevölkerung, von Häuslern mit etwas Land und von landlosen Landarbeitern, die hauptsächlich für Bauern arbeiteten, denn Großgrundbesitz bestand kaum. Hier sammelte sich ein bedeutendes Protestpotential, das 1849–1851 zu einem allerdings vergleichsweise friedlichen Ausbruch kam. Unter dem Eindruck der europäischen Revolutionen von 1848 gründete Marcus Thrane die sogenannte Thraniterbewegung, die auf ihrem Höhepunkt etwa 30.000 Mitglieder zählte und Petitionen an die Regierung richtete. Ihr zentrales Ziel war das allgemeine Wahlrecht. Doch sie erreichte nichts, und 1851 wurde ihre Führung verhaftet. Thrane wurde 1854 zu vier Jahren Gefängnis verurteilt. Die Bewegung zerfiel. Angesichts der extremen räumlichen Zersplitterung ihrer Mitglieder und Anhänger hatte sie ohnehin nie ernsthafte Erfolgschancen gehabt.[17]

Das Problem der Häusler löste sich anders, durch das Verschwinden dieser Klasse. Seit der Jahrhundertmitte nahm die Auswanderung, ganz überwiegend in die USA, rasch zu. Von 1850 bis 1914 verließen ca. 730.000 Personen das Land. Das entsprach etwa 43% des natürlichen Bevölkerungswachstums. Norwegen hatte in den 1880er Jahren nach Irland die höchste Emigrationsrate des Kontinents; 1882 wanderten 28.804 Personen aus. Dennoch wuchs die Bevölkerung in der gleichen Zeitspanne von 1,4 auf 2,5 Millionen.[18] Neben der Auswanderung absorbierten auch die entstehende Industrie sowie die Handelsschiffahrt in zunehmendem Maße Arbeitskräfte. Am Ende des Jahrhunderts bestand kaum noch eine unterbäuerliche Bevölkerung. Die Höfe waren ganz überwiegend zu reinen Familienbetrieben geworden. Die Zahl der Häusler ging von 67.000 im Jahre 1855 über 27.000 für 1900 auf 8.000 im Jahre 1920 zurück.[19]

Im Gegensatz zur verstreut lebenden ländlichen Unterschicht zeigte die neue Industriearbeiterschaft eine viel stärkere Konzentration auf Städte und Küstengebiete. Das erleichterte ihre Organisierung. Mit einer gewissen Phasenverschiebung erreichte die Arbeiterbewegung auch Norwegen. Gewerkschaften und Streiks waren nie verboten, wurden aber von den Unternehmern heftig bekämpft. 1887 wurde eine Arbeiterpar-

---

16 R.G. Popperwell, Norway, 44; T.K. Derry, Scandinavia, 229.
17 E. Bull, Sozialgeschichte, 22–35.
18 O. Hornby, in W. Fischer, Handbuch 5, 215–223; F. Hodne, Economic history, 358; D. Baines, Emigration, 4.
19 F. Hodne, Economic history, 363.

tei gegründet, die erst 1903, nach der Einführung des allgemeinen Wahlrechts, ins Parlament gelangte, nun aber zu einer wichtigen Kraft und 1912 mit 26,3% der Stimmen sogar zur größten Partei wurde. Während sie und die Gewerkschaften eine gewisse marxistische Rhetorik pflegten, war ihre Politik wesentlich revisionistisch. Dadurch rief sie eine radikale, syndikalistische Gewerkschaftsbewegung, die aber stets eine Splittergruppe blieb, auf den Plan.[20]

Norwegen hatte damit einen vergleichsweise ruhigen Weg des gesellschaftlichen Wandels gefunden, der einen gewissen Ausgleich zwischen den Klassen herbeiführte. In die gleiche Richtung wies seit den 1890er Jahren ein allmählicher Ausbau der Sozialgesetzgebung und -versicherung.

Begünstigt wurde dieser friedliche Übergang wohl auch durch die einigende Kraft des Nationalismus, der sich zunehmend gegen Schweden richtete und wesentlich zum Scheitern des politischen Skandinavismus beitrug. Auf der anderen Seite stand eine in ihrer Intensität und Leidenschaftlichkeit schwer verständliche Spaltung des Landes in der Sprachenfrage. Traditionell wurde eine leicht veränderte Version des Dänischen, das Riksmål, geschrieben. Ihm erwuchs Konkurrenz durch das Boksmål oder Nynorsk, eine die norwegischen Besonderheiten stärker berücksichtigende Version. Eine Kompromissform, das Samnorsk, vermochte sich nicht durchzusetzen. Der Streit ist bis heute nicht wirklich beigelegt. Er vermochte jedoch die Handlungseinheit nach außen, das Selbstverständnis als norwegisches Volk, nie ernsthaft zu gefährden.[21]

2.9 Die Niederlande

Nach dem Abfall Belgiens (1830) waren die Niederlande im europäischen Rahmen zu einem Kleinstaat geworden. Das verlangte eine – nicht zuletzt mentale – schmerzhafte Anpassung. Immerhin verfügte das Land als mittlere Kolonialmacht noch immer über im Vergleich zu seiner Größe in Europa sehr bedeutende, vor allem wirtschaftliche Ressourcen, was zumindest die Notwendigkeit einer materiellen Anpassung geringer erscheinen ließ.

2.9.1 Die Wirtschaft: Der Zwang zur Industrialisierung

Die Niederlande zählten um die Mitte des 19. Jahrhunderts zu den wohlhabendsten Staaten Europas. Ihr Prokopfeinkommen wurde nur von Großbritannien überboten.[1] Quelle des Reichtums war allerdings keine moderne Industrie. Schon im 17. und 18. Jahrhundert hatten die Niederlande zu guten Teilen vom Handel und von Dienstleistungen gelebt. Beides trug auch jetzt noch wesentlich zum Wohlstand des Landes bei. Dazu kamen bedeutende Einkünfte aus den Kolonien. Der geringe Umfang der Industrie hatte verschiedene Gründe. Die Niederlande waren seit langem eher ein Ein-

---

20 E. Bull, Sozialgeschichte, 58–68; R. Danielsen u.a., Norway, 291; D. Sternberger/B. Vogel, Wahl 1, 2, 914.

21 R.G. Popperwell, Norway, 191–211; J.-J. Fol, Pays nordiques, 103–105.

1 Siehe Tabelle 12, S. 238. Das sind freilich nur grobe Schätzungen.

wanderungsland; sie kannten keine unterbeschäftigten Bevölkerungsmassen, die vom Land in die Städte strömten und von einer entstehenden Industrie als billige Arbeitskräfte hätten eingesetzt werden können. Außerdem fehlten Bodenschätze und Energiequellen, insbesondere Wasserkraft. Das Land verfügte über ein dichtes Netz von Wasserstraßen, mit der Folge, dass der Eisenbahnbau, der sich meistens als der Industrialisierung förderlich erwies, zunächst vernachlässigt wurde.

Es ist nun kennzeichnend für die europäische Erfahrung des 19. Jahrhunderts, dass selbst dasjenige Land, das zunächst am ehesten imstande schien, ohne Industrialisierung einen Spitzenplatz im allgemeinen Wohlstand zu halten, schließlich, wollte es nicht zurückfallen, trotzdem nicht umhin kam, sich zu industrialisieren. Die einzige, freilich wieder ganz anders geartete und mehr scheinbare Ausnahme von dieser Regel war Dänemark, wo die Landwirtschaft die Rolle des Leitsektors übernahm – später im 20. Jahrhundert erfolgte dann aber auch dort eine Industrialisierung in größerem Ausmaß.

An Kapital für eine Industrialisierung mangelte es in den Niederlanden jedenfalls nicht. Bis zu den 1860er Jahren transferierte der Staat regelmäßig hohe Gewinne aus den Kolonien und investierte sie vor allem in den Ausbau der heimischen Infrastruktur. Sie machten etwa 20% des Staatshaushalts aus.[2] 1850–1870 kam es zu einer ersten Phase der Industrialisierung. Insbesondere entstand im Nordosten eine moderne Textilindustrie. Die Niederlande schlossen sich, nicht zuletzt unter britischem Druck, seit 1845 zunehmend dem Freihandel an und behielten ihn 1862–1932 in vollem Umfang bei.[3] In der sogenannten Großen Depression (1873–1896) verschärfte diese Politik, indem sie billige Getreideimporte ermöglichte, zuerst noch die Krise der Landwirtschaft, in der nun aber mit bedeutender staatlicher Unterstützung (Genossenschaften, Kreditbanken) und beträchtlichem Erfolg ein entscheidender Strukturwandel zu spezialisierter Produktion mit deutlich gesteigerter Produktivität erfolgte. Dabei spielten Viehzucht, Molkerei- und Gartenbauprodukte eine bedeutende Rolle. Hauptabnehmerland war zunächst Großbritannien; später kam Deutschland hinzu.

In den neunziger Jahren, besonders ab 1895, beschleunigte sich das Wachstum der Industrie wieder. Gleichzeitig erfolgte eine stärkere Diversifizierung. Dabei profitierte das Land davon, dass es keine alte Schwerindustrie besaß, sondern sich auf expandierende Branchen konzentrieren konnte, insbesondere Chemie, Elektrotechnik, Schiffs- und Maschinenbau. Der Anteil der in der Industrie Beschäftigten nahm deutlich zu, wie Tabelle 9 zeigt:

Tabelle 9: Beschäftigungsstruktur der Niederlande 1850–1910, in Prozent[4]

Jahr	Landwirtschaft	Industrie	Dienstleistungen
1850	45	25	30
1910	29	33	38

2 E.H. Kossmann, Lage Landen, 224.

3 Ebd., 157; 221.

4 M. Erbe, Belgien, 263. Etwas andere Zahlen bei R.W.J.M. Bos, Industrialization, 52 und J.A. de Jonge, Industrialisatie, 296.

Das Land profitierte weiterhin, und in steigendem Maße, von bedeutenden Beiträgen der Kolonien zu seiner Handels- und Zahlungsbilanz. Zwar erfolgten nach 1866 kaum noch direkte staatliche Gewinntransfers, da der Staat sein Engagement in der Wirtschaft rasch reduzierte. Dafür wurde die private Wirtschaftstätigkeit erleichtert. Sie erwies sich als so lukrativ, dass der direkte Beitrag der Kolonien zum Volkseinkommen von 2–3% in den Jahren 1870–1890 auf 5% 1913 anstieg. Berücksichtigt man auch die Folgewirkungen, so betrug dieser Anteil um 1890 5%, um 1910 sogar 10%.[5] Die Niederlande waren während der gesamten Periode ein bedeutender Kapitalexporteur.

1914 zählten die Niederlande noch immer zu den reichsten, neu jetzt aber auch zu den höchstentwickelten Staaten des Kontinents, nicht zuletzt in der Landwirtschaft. Insgesamt war das Wachstum aber etwas bedächtiger verlaufen als in anderen Staaten; im Prokopfeinkommen lag das Land nun hinter Großbritannien, der Schweiz, Belgien und Dänemark.[6] Immerhin wird die Steigerung des Prokopfeinkommens für die Zeit von 1850 bis 1910 auf 30–50%, für Arbeiter sogar auf 50–70% geschätzt.[7]

2.9.2 Das politische System: Parlamentarisierung vor der Demokratisierung

Der Ausbruch ernsthafter revolutionärer Unruhen konnte 1848 nicht zuletzt dank einer raschen Verfassungsrevision verhindert werden. Dabei erfolgte, unter der Führung des Liberalen J.R. Thorbecke (1798–1872), nach dem belgischem Vorbild von 1831 eine Liberalisierung und vor allem eine Parlamentarisierung, aber keine Demokratisierung. Zwar wurde die Zweite Kammer fortan direkt gewählt (die Erste Kammer wurde von den einzelnen Provinziallandtagen beschickt). Doch der Zensus war so hoch, dass 1853 lediglich 2,7% der Bevölkerung wahlberechtigt waren.[8] Die Regierung war nun dem Parlament verantwortlich und von seinem Vertrauen abhängig. Da andererseits der König die Regierung einsetzte und das Parlament auflösen konnte, entspann sich ein Machtkampf, der 1868 zugunsten des Parlaments ausging.[9] Die liberale Verfassung von 1848 war damit nicht, wie in vielen andern Ländern, von der Reaktion eingeschränkt oder gar aufgehoben worden; vielmehr war ihr Potential voll ausgeschöpft worden. Sie gilt in ihren Grundzügen noch heute.

Gerade dieser Erfolg der parlamentarischen Kräfte musste die Wahlrechtsfrage auf die Tagesordnung bringen. Nur die sozialistischen Parteien setzten sich uneingeschränkt für das allgemeine Wahlrecht ein. Die übrigen waren für vorsichtige, ihre eigene Klientel begünstigende Ausweitungen. Das führte nur sehr langsam zu Änderungen in Form komplizierter Kompromisse. 1887 und 1896 wurde das Wahlrecht ausgeweitet. Immerhin waren dadurch bis 1913 etwa 68% der Männer wahlberechtigt. Das waren ca. 12% der Bevölkerung.[10] Das allgemeine Wahlrecht für Männer wurde erst 1917 verwirklicht; das Frauenwahlrecht folgte 1919.

---

5 J.A. de Jonge, Industrialisatie, 355f.
6 Siehe Tabelle 12, S. 238.
7 J.A. de Jonge, Industrialisatie, 287–294; E.H. Kossmann, Lage Landen, 344.
8 D. Nohlen, in D. Sternberger/B. Vogel, Wahl 1, 2, 878.
9 Vgl. E. van Raalte, Parliament, 17–20.
10 M. Erbe, Belgien, 256; E.H. Kossmann, Lage Landen, 392; P.T. Almeida, Eleições, 205; D. Nohlen, in D. Sternberger/B. Vogel, Wahl 1, 2, 878: 1890: 6.5% der Bevölkerung; 1901: 11,2%; 1909: 14,4%.

Die Niederlande zeigten damit, ebenso wie Belgien, dass ein gesicherter und funktionierender Parlamentarismus eine stabilere Grundlage für eine allmähliche Demokratisierung war als das allgemeine Wahlrecht bei geringer Macht des Parlaments. Die Auseinandersetzung um die Ausdehnung des Wahlrechts diente letztlich der Stabilisierung des Systems. Dazu trug bei, dass die Arbeiterbewegung weit übertriebene Erwartungen hinsichtlich der Wirkungen einer Wahlrechtsausweitung hegte; statt Umsturzpläne zu schmieden, erhoffte sie sich revolutionäre Verschiebungen von allgemeinen Wahlen. In Wirklichkeit änderte sich die Zusammensetzung des Parlaments dann nur geringfügig. Noch wichtiger war, dass die Niederlande eine starke republikanisch-oligarchische, keine absolutistische Tradition hatten.

2.9.3 Die Gesellschaft: Stände, Klassen und Konfessionen im Wettbewerb

Die niederländische Gesellschaft war um die Mitte des 19. Jahrhunderts noch stark ständisch gegliedert, auch wenn die ständischen Rechtsungleichheiten weitgehend verschwunden waren. Der Anteil der Industriearbeiterschaft war gering; dafür spielten Mittelstand und Kleinbürgertum eine wichtige Rolle. Die Führungsstellung hielten die Patrizier in der Hand, das liberal eingestellte Wirtschaftsbürgertum, das traditionell die regierende Schicht gebildet hatte, während der Adel keine bedeutende Rolle gespielt hatte. Die Patrizier waren ganz überwiegend protestantisch-calvinistisch, allerdings nicht in einem konfessionell engen, sondern in einem sehr tolerant-liberalen Sinne. Insgesamt stellten die Protestanten die deutliche Mehrheit der Bevölkerung. 1849 waren 38% der Niederländer katholisch, mit leicht sinkender Tendenz infolge rückläufiger Geburtenrate. Der Katholizismus war zwar seit 1796 gesetzlich den übrigen Konfessionen gleichgestellt. Sozial gesehen aber befanden sich seine Anhänger weiterhin in einer typischen Minderheitenposition. So betrug ihr Anteil an den Universitätsstudenten 1900 gerade 1,5%.[11]

Die Liberalen vermochten ihre gesellschaftlich-politische Führungsstellung dank dem Zensuswahlrecht nach 1848 zu wahren. Konkurrenz und Widerstand kamen zunächst nicht von Arbeiterseite, sondern aus den stark konfessionell-religiös bestimmten kleinbürgerlich-protestantischen Schichten. Diese artikulierten ihre Kritik primär religiös im Sinne eines strengen Calvinismus und waren sozial konservativ, setzten sich aber zugleich für die Verbesserung der Stellung der unteren Schichten ein. Ihre Haltung äußerte sich schon in der Bezeichnung ihrer 1878 gegründeten Partei, die zur ersten modernen politischen Partei des Landes wurde: die *Antirevolutionären.*

Die Katholiken, die sich durch die konfessionelle Akzentsetzung dieser Bewegung gefährdet fühlten, unterstützten zunächst die Liberalen, zumal diese die Religionsfreiheit garantierten. Später schlossen sie ein Zweckbündnis mit den kleinbürgerlichen Protestanten. Wie in Belgien rückte die Schulfrage in den Mittelpunkt der Auseinandersetzungen. Umstritten war insbesondere die Finanzierung der sogenannten freien, in Wirklichkeit konfessionellen Schulen durch den Staat. Nach jahrzehntelangem Hin und Her erließ eine liberale Regierung 1878 ein Schulgesetz, das die Staatsbeiträge für

---

11 E. ZAHN, Holland, 170.

die freien Schulen strich. Der konfessionelle Widerstand war bedeutend, erreichte aber nicht die Intensität, die er zur gleichen Zeit in Belgien hatte. Die Regierung wurde denn auch nicht wie dort zur Kapitulation gezwungen. Doch seit 1889 gewährte sie wieder Staatsbeiträge. Allerdings erfolgte die volle Gleichstellung der freien mit den staatlichen Schulen erst 1917. Insgesamt blieb der Einfluss des Staates auf die Schule größer als in Belgien. Obwohl die Schulpflicht erst 1900 eingeführt wurde, bestand schon zu diesem Zeitpunkt praktisch kein Analphabetismus mehr, und der Staat setzte in allen Schulen relativ hohe Anforderungen durch.

Auf den Sieg von 1889 folgte nicht wie in Belgien die dauerhafte Übernahme der Macht im Staat durch eine konfessionelle Partei, auch wenn zeitweise Koalitionen aus Antirevolutionären, Christlich-Historischen (der zweiten größeren protestantischen Partei) und Katholiken gebildet wurden. Das Parteienwesen war durch beträchtliche Instabilität gekennzeichnet, während die großen politischen Gruppierungen sich wenig veränderten. Die Antirevolutionären verhielten sich insgesamt eher defensiv: Sie wollten weniger die Macht im Staate übernehmen, als die Gesellschaft der Macht des Staates entziehen. Dieser Anspruch wurde besonders deutlich in der vom bedeutendsten Führer der Antirevolutionären, Abraham Kuyper (1837–1920, 1901–1905 Ministerpräsident), aufgestellten Lehre von der Souveränität im eigenen Kreis, die sehr großen Einfluss gewann. Nach Kuyper sollten alle wichtigen gesellschaftlichen Lebensbereiche, von der Familie bis zur Kirche, ein vom Staat unbeeinflusstes Eigenleben führen können, wobei der Staat sie dennoch finanziell zu unterstützen hatte. Dieses Prinzip, das später auf weltanschauliche Gruppierungen aller Art ausgedehnt wurde, sollte in den Niederlanden des 20. Jahrhunderts eine wichtige Rolle spielen, unter dem Namen der *Versäulung*. Das gesellschaftliche Leben, bis hin zu Aktivitäten der Sportvereine, spielte sich innerhalb solcher Gruppen ab. Das Prinzip, vor dem Aufkommen des Ausdrucks in Südafrika auch als 'Apartheid' bezeichnet, knüpfte an ständisch-korporative Traditionen an und stellte insofern eine Verbindung der Moderne mit traditionellen sozialen Ordnungsmustern dar. Dadurch hatte es sozial stabilisierende Wirkungen.[12]

Der politische Sieg einer kleinbürgerlich-konfessionell orientierten Bewegung trug zusammen mit der späten Industrialisierung dazu bei, dass erst relativ spät eine Arbeiterbewegung aufkam und dass diese keine zentrale gesellschaftlich-politische Rolle zu spielen vermochte: Wichtige Teile der Arbeiterschaft wurden und blieben von den konfessionellen Parteien, Gewerkschaften und Vereinen erfasst.

Eine nichtkonfessionelle Arbeiterbewegung vermochte erst seit den siebziger Jahren und besonders seit der Gründung des *Sozialdemokratischen Bundes* im Jahre 1881 unter dem charismatischen Führer Ferdinand Domela Nieuwenhuis (1846–1919) wirklich Fuß zu fassen. Der Bund vertrat ein revolutionäres Programm. Doch die Arbeiterbewegung insgesamt wurde rasch überwiegend reformistisch, wobei die Forderung nach dem allgemeinen Wahlrecht im Mittelpunkt stand. Solche Tendenzen schlugen sich 1894 in der Gründung der *Sozialdemokratischen Arbeiterpartei* nieder. Diese konzentrierte sich auf die parlamentarische Arbeit. 1913, in den letzten Wahlen vor dem Krieg,

---

12 Vgl. E. Zahn, Holland, 153–210.

kam die Sozialdemokratie trotz nach wie vor bestehenden Wahlrechtseinschränkungen immerhin auf 15 von 100 Sitzen. Dass sie selbst in den Augen der konfessionellen und der Rechtsparteien als integriert galt, zeigte sich in einem Koalitionsangebot, das sie dann allerdings ablehnte.[13] Außerparlamentarische Aktionen waren selten und zeitigten geringe Erfolge. Der Staat schlug größere Streikbewegungen verschiedentlich blutig nieder. Immerhin trugen Unruhen im Jahre 1886, die in Amsterdam 26 Todesopfer forderten,[14] in ähnlicher Weise wie die Vorgänge des gleichen Jahres in Belgien dazu bei, dass seit 1889 allmählich eine Arbeits- und Sozialgesetzgebung entstand.[15]

2.9.4 Äußeres: Zwischen neutralem Kleinstaat und kolonialem Machtstaat

Die Niederlande zogen die Konsequenz aus ihrer Reduktion zum Kleinstaat, indem sie eine strikt neutrale Politik verfolgten. Bis 1914 standen Bündnisse nicht zur Debatte. Der Neutralität wurde zunehmend eine Art internationale Pionierfunktion zugeschrieben, woraus eine Vorzugsstellung und eine Mission der Niederlande abgeleitet werden konnten. Solche Auffassungen fanden besonders große Resonanz zur Zeit der beiden Haager Friedenskonferenzen von 1899 und 1907, die der Fortbildung des Völkerrechts dienten und trotz ihrer bescheidenen Ergebnisse weiterreichende Hoffnungen beflügelten.

Diese selbstbewusste Haltung der Niederlande war weniger auf ihren Status als europäischer Kleinstaat zurückzuführen, als auf ihre Stellung als bedeutende Kolonialmacht. Die Kolonien waren zwar militärisch und machtpolitisch weitgehend bedeutungslos; aber sie spielten eine große Rolle für die Wirtschaft und das Selbstbewusstsein des Landes.

Offizielle Politik und öffentliche Meinung waren diesen Verhältnissen angepasst. Als in weiten Teilen Europas die Kolonialbegeisterung Mode wurde und die Staaten zum Wettlauf um die Aufteilung Afrikas und weiterer großer Regionen der Welt ansetzten, hielten sich die Niederlande von solchen Plänen fern. Statt dessen erfolgte im Lauf des Jahrhunderts sogar eine Konzentration. Die Besitzungen in Westafrika wurden 1871 an Großbritannien verkauft, und alle Anstrengungen wurden auf die Konsolidierung der Herrschaft über den indonesischen Archipel gerichtet. Da viele Gebiete bislang bestenfalls nominell niederländisch gewesen waren, führte der Versuch, dieses Ziel zu erreichen, zu einer größeren Zahl von militärischen Expeditionen und zu mehreren langwierigen und blutigen Kolonialkriegen, insbesondere 1873–1901 gegen das Sultanat Aceh in Nordsumatra. Solche Schwierigkeiten provozierten Diskussionen über die Kolonialpolitik. Sie endeten zu Beginn des 20. Jahrhunderts mit einem Kompromiss in Form der sogenannten ethischen Politik.[16] Diese war aber noch mehr das Ergebnis von Auseinandersetzungen über die koloniale Innenpolitik. Den Kern des Reiches bildete die Insel Java, die bis in die 1860er Jahre mit Hilfe eines Systems des Zwangsanbaus, des *Kultivationssystems* (*cultuurstelsel*), hohe Überschüsse lieferte, während gleichzeitig die Versorgung der rasch wachsenden Bevölkerung mit

---

13 E.H. Kossmann, Lage Landen, 424; 468.
14 Ebd., 261.
15 Ein Überblick bei I.J. Brugmans, Paardenkracht, 408–418.
16 Dazu S. Wedema, „Ethiek“.

Nahrungsmitteln zunehmend prekärer wurde. Humanitäre Kritik, angeführt von dem Dichter Eduard Douwes Dekker, dessen unter dem Pseudonym *Multatuli* veröffentlichter Roman *Max Havelaar* (1860) zeitweise ähnliche Wirkungen wie *Onkel Toms Hütte* hatte, verband sich mit dem Wunsch des liberalen Unternehmertums, unter Zurückdrängung des paternalistischen staatlichen Einflusses, freie Hand zu bekommen und führte um 1870 zur Aufhebung des Kultivationssystems. Die ethische Politik bestätigte das Ende der direkten staatlichen Ausbeutung und betonte die Verpflichtung des Staates zur Entwicklung des Landes, ließ aber der privaten wirtschaftlichen Betätigung weiten Spielraum.

Aus dem Kolonialbesitz ergaben sich die außenpolitischen Prioritäten. Die Niederlande waren gänzlich vom Wohlwollen der die Meere beherrschenden Briten abhängig. Deswegen wurden den guten Beziehungen zu Großbritannien alle anderen Interessen untergeordnet. Das wurde zu Beginn des 20. Jahrhunderts besonders deutlich. Im Burenkrieg (1899–1902) nahm die Öffentlichkeit mit ungewohnter Entschiedenheit für die stammverwandten Buren Partei, ohne dass die Regierung ernsthafte Schritte gegen Großbritannien unternommen hätte. Und dies, obwohl 1901–1905 der deutschfreundliche Abraham Kuyper Ministerpräsident war.

In den Niederlanden bestand eine ähnliche Regelung der Wehrpflicht wie in Belgien: Die Aushebung erfolgte durch das Los, wobei Stellvertretung, und damit Freikauf durch die Reichen, möglich war und in ca. 18% der Fälle erfolgte.[17] Das System wurde erst 1901 aufgehoben. Da die Militärausgaben gering waren, bildete die niederländische Armee bis 1914 keinen ernstzunehmenden Faktor im europäischen Kräftespiel. Die Kolonialkriege wurden hauptsächlich mit vor Ort angeworbenen Truppen geführt.

2.10 Belgien

Belgien wurde von den Ereignissen von 1848 nur am Rande berührt, obwohl die ländlichen Gebiete Flanderns besonders stark unter Missernten litten. Der junge, erst seit 1839 in seinem Bestand wirklich gesicherte Staat erwies sich als stabil. Dazu trug sicher die Erinnerung an den gemeinschaftsstiftenden Unabhängigkeitskampf bei. Außerdem war die Industrialisierung weiter vorangeschritten als in jedem anderen Staat auf dem Kontinent. Die politische Entwicklung war dadurch eher mit Großbritannien vergleichbar. Belgien wurde zu einem Musterbeispiel für eine allmähliche und weitgehend friedliche, allerdings keineswegs uneingeschränkte Demokratisierung im Rahmen äußerst ungleicher Besitzverhältnisse.

2.10.1 Staat und Gesellschaft zwischen Liberalismus und Katholizismus

Die belgische Verfassung von 1831, die im Kern noch heute besteht, galt in ganz Europa als Vorbild eines liberalen Grundgesetzes. Sie enthielt einen umfangreichen Grundrechtekatalog und machte die Regierung vom Vertrauen des Parlaments abhän-

17 E.H. Kossmann, Lage Landen, 294.

gig. Aber sie war nicht demokratisch. Sie führte ein Zensuswahlrecht ein, das an den Nachweis einer hohen Steuerleistung gebunden war. Im März 1848 wurde, unter dem Eindruck der revolutionären Ereignisse in Europa, der Zensus etwas gesenkt. Die Zahl der Wahlberechtigten erhöhte sich um 70%, von 46.000 auf 79.000 – aber das waren nur knapp 2% der Bevölkerung.[1] Die Massen blieben ausgeschlossen. Die belgische Gesellschaft war ausgesprochen ungleich. Einer schmalen Oberschicht, deren Reichtum hauptsächlich in Industrie, Handel und Banken gründete, stand eine breite, arme Unterschicht gegenüber. Die Lage der Industriearbeiterschaft war im Vergleich der frühindustrialisierten Länder besonders schlecht: Die Löhne waren niedrig, und die Arbeitszeit war lang; Frauen- und Kinderarbeit war in allen Branchen, bis hin zum Bergbau, weit verbreitet.[2] Diese Schichten vermochten sich zunächst politisch kaum zu artikulieren. Die entscheidenden Auseinandersetzungen verliefen innerhalb der privilegierten, wahlberechtigten Gruppierungen. Dabei bildete sich ein Zweiparteiensystem heraus, wobei freilich erst ab den achtziger Jahren von fest organisierten Parteien die Rede sein konnte. Auf der einen Seite standen die Liberalen. Sie stützten sich hauptsächlich auf die Wirtschaftsbourgeoisie und waren für weitgehendes laissez-faire in der Wirtschaft und Neutralität des Staates in sozialen und religiösen Fragen. Ihnen standen die Katholiken gegenüber, die einen stärkeren Einfluss der katholischen Kirche in der Gesellschaft und vor allem in der Schule durchsetzen wollten und überwiegend den Mittelstand vertraten.

Nach 1847 waren die Liberalen die stärkste Kraft; doch waren die Katholiken meistens an der Regierung beteiligt. Zunächst ging es nicht zuletzt darum, den Parlamentarismus gegen Versuche des Königs Leopold I. (1831–1865) zu verteidigen, sich weitergehende als die verfassungsmäßigen Prärogativen zu sichern. Das Parlament setzte sich durch. Mit der Zeit verschärften sich aber die Gegensätze zwischen Katholiken und Liberalen in der Schulfrage, insbesondere nach der Verabschiedung liberaler Schulgesetze 1879 und 1881, die die Zuschüsse für nichtstaatliche Schulen strichen und den obligatorischen Religionsunterricht an staatlichen Schulen abschafften. Die Liberalen hatten sich verrechnet. Die Unterstützung für die kirchliche Seite war überwältigend. Die tiefe Verankerung des Katholizismus in breiten Kreisen des Volkes (das Land war zu nahezu 100% katholisch) wurde offenbar. Fast ein Drittel der Lehrer an staatlichen Schulen quittierte den Dienst, nachdem ihnen die Kirche die Exkommunikation angedroht hatte.[3] Die staatlichen Schulen verloren immer mehr Schüler, während die „freien" Schulen unter finanziellen Opfern der Eltern ausgebaut wurden. Die Regierung konnte sich nicht durchsetzen. Das war der Qualität des Bildungssystems, vor allem der Volksschule, an der 1895 der obligatorische Religionsunterricht wieder eingeführt wurde, nicht unbedingt förderlich. Die katholische Partei lehnte die Einführung der Schulpflicht bis 1911 ab, aus Angst vor der Ausbreitung antiklerikaler Strömungen als Folge einer Verstärkung des Gewichts der staatlichen Schulen. Die An-

---

1 M. Erbe, Belgien, 219; P.T. Almeida, Eleições, 208; J. Gilissen, Régime représentatif, 188f.; D. Nohlen/H. Opiela, in D. Sternberger/B. Vogel, Wahl 1, 1, 80.
2 Hierzu, und besonders zur Rolle der Frauen, vgl. P.P. Hilden, Women, work and politics.
3 E.H. Kossmann, Lage Landen, 202; Th. Luykx, Politieke geschiedenis, 185.

alphabetenquote von Rekruten betrug 1860 33% (Niederlande: 16%) und noch 1910 13%.[4]

Der politisch organisierte Katholizismus nutzte seinen Sieg. Er begnügte sich nicht mit kirchlichem Einfluss auf die Gesellschaft, sondern er bemächtigte sich auch des Staates. Die katholische Partei gewann 1884 eine Zweidrittelmehrheit im Parlament, erließ ein neues Schulgesetz und stellte bis 1917 allein die Regierung.

Die Liberalen erholten sich nie mehr ganz von dieser Niederlage. Die Katholiken hatten es besser verstanden, Unterstützung in breiten Kreisen des Volkes zu mobilisieren. Das verdankten sie nicht zuletzt ihrer Bereitschaft, wenigstens ein Stück weit auf die sozialen Anliegen der Mittel- und Unterschichten einzugehen. Dies erfolgte in stärkerem Maße allerdings erst nach längeren politischen Kämpfen. Zum innenpolitischen Hauptstreitpunkt wurde das Wahlrecht. Während die Liberalen von der bestehenden Regelung profitierten, waren die Katholiken für eine vorsichtige, auf ihre eigene Klientel ausgerichtete Ausweitung, die 1883 erfolgte. Einzig die entstehende Arbeiterbewegung war konsequent für das allgemeine Wahlrecht. 1866 waren die Koalitionsfreiheit und, innerhalb gewisser Grenzen, das Streikrecht eingeführt worden. 1886 führte ein Generalstreik insbesondere im industrialisierten Süden zu staatlicher Repression, die mehrere Dutzend Todesopfer forderte.[5] 1893 wurde, nach politischen Streiks mit blutigen Auseinandersetzungen, ein Kompromiss gefunden, den so eigentlich niemand gewollt hatte. Das Wahlrecht wurde allgemein, aber nicht gleich. Alle Männer über 25 erhielten eine Stimme. Die Zahl der Berechtigten verzehnfachte sich von 136.500 (2,2% der Bevölkerung) auf 1.370.500.[6] Wer ein bestimmtes Vermögen oder Einkommen nachweisen konnte, über 35 war und eine Familie hatte, bestimmte Bildungsqualifikationen nachweisen konnte oder höherer Beamter war, erhielt nun aber, bei bestimmten Kombinationen dieser Eigenschaften, darüber hinaus noch eine oder zwei weitere Stimmen. Auf diese Weise hatten 293.000 Wähler zwei und 223.000 sogar drei Stimmen.[7] Hauptprofiteur der neuen Regelung war die katholische Partei, dank ihrer Verankerung im mittelständisch-kleinbürgerlichen Milieu, das über die große Mehrheit der Zweit- und Drittstimmen gebot. Die Mehrfachstimmen wurden erst 1919 abgeschafft. Die Durchsetzung des Parlamentarismus hatte sich somit als für die Erhaltung der Stabilität wichtiger erwiesen als das allgemeine Wahlrecht.

Die Regelung von 1893 benachteiligte zwar die Arbeiter, gab ihnen aber doch sehr viel mehr politisches Gewicht als bisher. Ihre Organisation war bislang nur langsam vorangekommen, nicht zuletzt wegen der Konkurrenz der katholischen Partei, die ihrerseits versuchte, die Arbeiter zu organisieren, und dies mit beträchtlichem Erfolg. So hatten katholische Gewerkschaften um 1914 110.000 Mitglieder, sozialistische 125.000.[8] Diese Konkurrenz von gemäßigter Seite führte auch dazu, dass innerhalb

---

4 E.H. Kossmann, Lage Landen, 170; 303; M. Erbe, Belgien, 233.

5 E. Witte/J.Craeybeckx, Belgique, 104.

6 R. van Eenoo, Kieswetgeving, 347. Leicht abweichende Zahlen bei J. Gilissen, Régime représentatif, 189f.

7 Die 1.370.500 Wähler hatten also insgesamt 2.109.500 Stimmen. R. van Eenoo, Kieswetgeving, 347; vgl. J. Gilissen, Régime représentatif, 190.

8 B.-S. Chlepner, Histoire sociale, 119.

der 1885 gegründeten gesamtbelgischen Arbeiterpartei *(Parti Ouvrier Belge)* sich rasch die reformistische Richtung durchsetzte. Radikalismus hätte in einer solchen Lage die Arbeiterbewegung schnell zur Splittergruppe gemacht, auch wenn einzelne radikale Strömungen durchaus bestanden, insbesondere in den Gewerkschaften. Die Schwäche der Radikalen hing auch mit der Art und Weise der Entstehung der belgischen Arbeiterschaft zusammen. Die Kleinräumigkeit des Landes, verbunden mit dem frühen Bau eines dichten Eisenbahnnetzes, erlaubte es vor allem im Norden vielen Arbeitern, die häufig noch etwas Land besaßen, ihren ländlichen Wohnsitz beizubehalten.[9] In einer solchen Umgebung fanden sozialistische Ideen weniger Widerhall als in einer entwurzelten, dicht gedrängt lebenden städtischen Arbeiterschaft.

Der gemäßigte Kurs zahlte sich nach der Ausweitung des Wahlrechts von 1893 in Wahlerfolgen aus. 1894 kamen die Sozialisten in der Ersten Kammer auf 28 von 152 Sitzen. Das war anteilsmäßig mehr, als damals jede andere sozialistische Partei in Europa hatte, wobei das Ergebnis freilich auch deutlich machte, dass die Hoffnung auf eine Machtübernahme mit Hilfe des Stimmzettels für absehbare Zeit illusorisch blieb.[10]

Den Wahlerfolgen entsprachen auch keineswegs in gleichem Umfang materielle Erfolge. Der Schock der Unruhen von 1886 führte zwar 1887 zu ersten Anläufen zu einer Arbeits- und Sozialgesetzgebung. Doch die Anstrengungen brachen schon 1889 wieder ab. Eine zweite Welle von Reformgesetzen wurde 1900–1911 eingebracht. Der belgische Staat blieb indessen in Sachen Einmischung in die Wirtschaft der liberalste in Europa; entsprechend schlecht war die Lage der Arbeiterschaft.

2.10.2 Die Wirtschaft: Brückenkopf der kontinentalen Industrialisierung

Belgien war um die Mitte des 19. Jahrhunderts nach Großbritannien das am stärksten industrialisierte Land Europas. Sein Prokopfeinkommen war hinter Großbritannien und den Niederlanden das dritthöchste. In den folgenden Jahrzehnten lag die Wachstumsrate seines Sozialprodukts etwas über dem europäischen Durchschnitt, und es vermochte seine Position als drittreichstes Land zu wahren.[11]

Den Leitsektor bildete zu Beginn der Periode die Schwerindustrie. Sie gründete auf reichen Kohle- und Eisenerzvorkommen im Süden des Landes. Die angestammte Textilindustrie im Norden hatte demgegenüber an Gewicht verloren. Die Jahre bis 1873 brachten ein erhebliches Wachstum. Große Bedeutung gewann ab 1835 der rasche Bau eines Eisenbahnnetzes. Hier fand der Staat, der sonst wenig in die Wirtschaft eingriff, seine wichtigste Rolle. Er baute seit 1848 die Hauptlinien, an die sich dann private Nebenlinien anschlossen. So erhielt das Land eines der dichtesten Netze der Welt.

Belgien schloss sich seit 1845 der zunehmend gesamteuropäisch werdenden Bewegung in Richtung Freihandel an. Im Gegensatz zu vielen andern Staaten behielt es diese Politik auch nach der Verlangsamung des Wachstums seit 1873 zunächst bei. Die hochentwickelte Industrie vermochte davon zu profitieren. Dafür geriet die Landwirtschaft, vom billigen Importgetreide bedrängt, in die Krise, die indessen zu einem für

---

9 M. Erbe, Belgien, 222.
10 J. Gilissen, Régime représentatif, 190; E.H. Kossmann, Lage Landen, 322.
11 Siehe Tabellen 11 und 12, S. 237f.

das Land insgesamt vorteilhaften Strukturwandel führte. Die Bauern mussten von der Getreideproduktion auf höherwertige Erzeugnisse umstellen und sich stärker spezialisieren: auf Milchprodukte, Fleisch, Obst und Gemüse, wobei der Staat ab 1884 dann doch mit Einfuhrzöllen und sonstigen Förderungsmaßnahmen half. Die erfolgreiche Anpassung der Landwirtschaft war um so bemerkenswerter, als Kleinbetriebe mit wenig Kapital überwogen: mehr als zwei Drittel der Betriebe hatten weniger als 5 Hektar.[12] Eine wichtige Rolle spielte dabei die Genossenschaftsbewegung.

Die Industrie erlebte seit den neunziger Jahren ebenfalls einen erneuten bedeutenden Aufschwung. Die Diversifizierung schritt voran. Gleichzeitig erfolgte eine regionale Schwerpunktverlagerung zurück nach dem Norden. Die Kohlengruben im Süden waren nahezu erschöpft. Man fand zwar zu Beginn des Jahrhunderts in Limburg, im Nordosten, neue, ergiebige Lager. Doch lief hier die Produktion erst kurz vor dem Kriege an. Ein großer Teil der Kohle musste eingeführt werden. Deshalb wurde die Eisen- und Stahlerzeugung zwecks Senkung der Transportkosten zunehmend in die Küstengegend verlegt. Dabei wurde die belgische Industrie stark in den Welthandel integriert. Sie verlagerte ihre Aktivitäten häufig direkt in andere Länder rund um den Globus. Belgien wurde dadurch zu einem bedeutenden Kapitalexporteur. Am Vorabend des Ersten Weltkriegs waren nur noch 16% der Beschäftigten in der Landwirtschaft tätig; 48% arbeiteten in der Industrie.[13] 1856 hatten diese Werte bei 46% und 38% gelegen.[14]

2.10.3 Die Sprachenfrage und die nationale Einheit

Vor dem Ersten Weltkrieg gaben 45% der Bevölkerung Flämisch (Hochsprache Niederländisch) und 41% Französisch als Muttersprache an; 11,5% bezeichneten sich als zweisprachig.[15] Ging man bei den Zweisprachigen von der ersten Sprache aus, so waren 1910 54,0% flämisch, 44,9% wallonisch und 1,1% deutsch.[16] Von seinem Selbstverständnis her aber war der Staat, nicht zuletzt als Folge seiner Gegenstellung gegen die nördlichen Niederlande, die das Niederländische begünstigt hatten, französischsprachig, und viele erwarteten, dass er mit der Zeit einsprachig werden würde, indem das Volk den führenden Schichten folgen würde. Denn auch im flämischen Norden sprachen diese fast ausschließlich Französisch, und das Französische war im ganzen Land Verwaltungssprache. Die Sprache war kein Politikum, und der Staat war nach französischem Muster strikt zentralistisch aufgebaut.

Vor allem aus romantischen Wurzeln bildete sich nun aber eine flämische Sprach- und Kulturbewegung, die seit den 1860er Jahren allmählich eine Massenbasis gewann und politischen Charakter annahm. Mit zunehmender sozialer Mobilität musste die untergeordnete Stellung ihrer Sprache von den Flamen aus der Mittelschicht als Benachteiligung empfunden werden. Politisch konzentrierte sich die Bewegung auf die

12 E. Witte/J. Craeybeckx, Belgique, 128.
13 B.-S. Chlepner, Historie sociale, 109
14 W. Fischer, Handbuch 5, 126.
15 M. Erbe, Belgien, 236. Etwas andere Zahlen bei H. Velthoven, Vlaamse kwestie, 73. Die Angaben variieren generell; doch sind die grundlegenden Verhältnisse klar.
16 A.R. Zolberg, Flemings, 210.

Gleichstellung des Flämischen mit dem Französischen als Amtssprache in den flämischen Gebieten. Dieses Ziel wurde seit 1873, aber nur langsam und mit Abstrichen, verwirklicht. Daneben stand die Durchsetzung des Flämischen als Schulsprache auf dem Programm. Sie gelang im Primar- und Sekundarbereich teilweise, im Universitätsbereich noch nicht einmal in Ansätzen. Dass solche Forderungen, deren Gegner stets auf die Stellung des Französischen als Weltsprache hinwiesen, nicht durchweg populär waren, zeigte sich darin, dass sie in kirchlichen Schulen, die stärker von den Eltern abhängig waren, langsamer verwirklicht wurden als in staatlichen.[17]

Insgesamt war die Sprachenfrage bis 1914 den sozialen und religiösen Auseinandersetzungen deutlich nachgeordnet. Die Arbeiterbewegung verstand sich als internationalistisch und engagierte sich nicht; das Bürgertum sprach überall Französisch, und auch die katholische Kirche distanzierte sich lange Zeit von der flämischen Bewegung. Von Bedeutung wurde die Verlagerung des wirtschaftlichen Schwerpunkts des Landes nach Norden, die das Selbstbewusstsein der Flamen stärkte. Das Sprachproblem hatte 1914 bei weitem nicht die Virulenz, die es in Spanien oder gar in Österreich-Ungarn hatte. Die Nation war nicht gefährdet, auch wenn manche radikale Flamen Belgien nicht mehr als Nation, sondern nur noch als Staat betrachteten.[18] Aber das Problem ließ sich nicht mehr leugnen; die Unzufriedenheit unter den Flamen nahm zu.

2.10.4 Kleinstaat zwischen Neutralität und Kolonialpolitik

Abgesehen von Luxemburg (seit 1867) war Belgien als einziger europäischer Staat zur Neutralität verpflichtet, aufgrund eines Vertrages von 1831 mit den Großmächten, in dem diese die Neutralität zugleich garantierten. Der neue Staat verstand die Verpflichtung mit der Zeit auch durchaus positiv. Neutralität galt in Belgien als ein besonderer Status mit einer wichtigen Funktion im Staatensystem, schrieb man den Neutralen doch eine bedeutende Rolle bei der Friedenssicherung zu. Belgien versuchte nie, die Neutralität abzuschütteln oder zu unterlaufen. Es hielt sich konsequent von allen Bündnissen fern. Einzig den Niederlanden versuchte es sich anzunähern, so in den 1870er Jahren mit Vorschlägen für eine Zollunion.[19] Doch es stieß auf Ablehnung. Das hing weniger mit dem unbestreitbaren Desinteresse der Niederländer an ihren südlichen Nachbarn zusammen als mit ihrer Einschätzung der Bedrohungssituation, die im 19. Jahrhundert in der Tat für Belgien wesentlich prekärer war als für die Niederlande, und der sich diese nicht aussetzen wollten. Zunächst bestanden vor allem französische Absichten auf Belgien. Schließlich war es im europäischen System als Bollwerk gegen Frankreich konzipiert worden. Napoleon III. versuchte, wirtschaftlich und politisch Einfluss zu nehmen; doch Belgien entzog sich allen Umarmungsversuchen, wobei die britische Rückendeckung entscheidend blieb. Sie spielte auch im deutsch-französischen Krieg von 1870/71 eine zentrale Rolle, als beide kriegführenden Parteien die belgische Neutralität respektierten. Danach war zunächst kaum noch mit offensiven französischen Plänen zu rechnen. Eine neue Bedrohung zeichnete sich ab, als gegen Ende des Jahrhunderts

17 E.H. Kossmann, Lage Landen, 213.
18 Ebd.
19 Ebd., 191; 356–359.

durchsickerte, dass die deutsche Kriegsplanung sich mehr und mehr auf die Umgehung der französischen Stellungen durch Belgien hindurch konzentrierte. Auch diese Wendung führte indessen zu keiner grundlegenden Änderung der belgischen Politik.

Ungeachtet solcher Bedrohungen blieben die Verteidigungsanstrengungen gering. Zwar bestand allgemeine Wehrpflicht. Doch nur ein kleiner Teil der Wehrpflichtigen wurde, durch das Los bestimmt, tatsächlich ausgehoben. Dabei war Stellvertretung möglich, was den Reicheren erlaubte, sich freizukaufen. Etwa 25% der Rekruten machten davon Gebrauch.[20] Erst 1909 wurde diese Regelung, an der vor allem die katholische Partei festhalten wollte, abgeschafft, und erst 1913 wurden alle Wehrpflichtigen auch tatsächlich ausgehoben. So war die Kampfkraft der Armee 1914 noch gering, zumal die Militärausgaben niedrig blieben.

Die politische Selbstbescheidung, die in der Neutralitätspolitik lag, trug mit dazu bei, dass in Belgien keine nennenswerten imperialistischen Bewegungen entstanden. Eine Ausnahme bildete lediglich ein kleiner Kreis um den ehrgeizigen König Leopold II. (1865–1909). Ihm gelang es, Belgiens Schwäche und Desinteresse zu seinen eigenen Gunsten auszunutzen. Er finanzierte Entdeckungsreisen im Kongogebiet und vermochte auf der internationalen Berliner Afrikakonferenz von 1884/85 die Anerkennung weitreichender Gebietsansprüche nicht etwa für Belgien, sondern für sich persönlich durchzusetzen. Auf diese Weise wurden Mächterivalitäten um die betreffenden Territorien vermieden. Der König eines europäischen Staates erwarb, formell als Privatmann, aber mit Zustimmung des belgischen Parlaments und der Mächte, ein Kolonialreich. Die Widersprüche, die sich daraus ergaben, wurden angesichts einer selbst im imperialistischen Rahmen jener Zeit besonders ausbeuterischen und brutalen Politik des Königs und der von ihm gegründeten Gesellschaften, die internationale Skandale auslöste, rasch offenbar. 1908 übernahm der belgische Staat den Kongo. Immerhin hatte der König das Land durch Prestigebauten an seinen Gewinnen beteiligt. Belgien war zu einer mittleren Kolonialmacht geworden.

2.11 Luxemburg

Luxemburg war zunächst ein durch den Wiener Kongress mehr im Sinne einer Verlegenheitslösung geschaffenes halbautonomes, in Personalunion mit den Niederlanden verbundenes Großherzogtum, mit dessen Konsolidierung zum souveränen Staat angesichts begehrlicher Nachbarn niemand rechnete, zumal anfangs auch so etwas wie ein Nationalbewusstsein fehlte. Wider Erwarten wurde das – flächenmäßig weiter reduzierte – Gebiet zwischen 1839 und 1914 zu einem der anerkannten, national zunehmend gefestigten Staaten Europas. Als der deutsche Historiker und Publizist Heinrich von Treitschke im Oktober 1870 Luxemburg als „europäischen Skandal", als „vaterlandslose Schmarotzerpflanze, die am Stamme unseres Reiches sich mästet" und die Luxemburger als „entartete Söhne unseres Westens" bezeichnete und die Annexion forderte, war es schon zu spät.[1]

---

20 E.H. Kossmann, Lage Landen, 294.

1 H.v. Treitschke, Luxemburg, 507.

Nach dem Willen der Großmächte gingen 1839 die westlichen, französischsprachigen Teile des Großherzogtums im Zuge der Loslösung Belgiens von den Niederlanden an den neuen Staat, während der deutschsprachige Osten in Personalunion mit den Niederlanden verbunden und gleichzeitig Mitglied des Deutschen Bundes blieb.

Luxemburg erhielt 1841 Autonomie und die Zusicherung, dass nur Landeskinder in Staatsstellen gelangen sollten.[2]

Nach dem preußischen Sieg von 1866 über Österreich bemühte sich Frankreich um Kompensationen an seiner Westgrenze. Bismarck ließ durchblicken, er habe nichts gegen einen Verkauf Luxemburgs durch die Niederlande. Ein entsprechender Kaufvertrag wurde im März 1867 zwischen Frankreich und dem niederländischen König Wilhelm III. aufgesetzt, wobei der König sein Einverständnis ausdrücklich an die preußische Zustimmung band. Die Sache kam an die Öffentlichkeit, worauf Bismarck das Geschäft aus Rücksicht auf die Deutschnationalen ablehnte. Nun fühlte sich Frankreich brüskiert. Die Kriegsgefahr wurde durch eine internationale Konferenz in London im Mai 1867 gebannt. Sieger war Luxemburg. Preußen musste seine aus den Tagen des Deutschen Bundes stammende Garnison abziehen. Dem Land wurde eine von den Mächten garantierte, unbewaffnete Neutralität auferlegt.[3] Im deutsch-französischen Krieg respektierten beide Seiten diese Neutralität, und seit 1872 konnte die Unabhängigkeit des Staates als gesichert gelten.

Da die Erbfolge auf die männliche Linie beschränkt war, wurde die Personalunion mit den Niederlanden 1890 beim Regierungsantritt von Königin Wilhelmina aufgelöst. Luxemburg erhielt mit Großherzog Adolf von Hessen-Nassau eine eigene Dynastie und wurde ein selbständiger Staat.

Das Großherzogtum erlangte 1848, nach Unruhen, eine liberale Verfassung mit relativ starkem Parlament und hohem Zensus. Wilhelm III. setzte 1856 zusammen mit den luxemburgischen Konservativen staatsstreichartig eine teilweise Wiederherstellung des Absolutismus durch, die 1868 rückgängig gemacht wurde, mit einer Verfassung, die in ihren Grundzügen bis zur Gegenwart gilt. Ein hoher Zensus blieb bestehen, bis 1919 das allgemeine Wahlrecht für Männer und für Frauen eingeführt wurde. 1849 waren knapp 5% der Bevölkerung wahlberechtigt, 1856 nur noch etwa 2%, und erst bescheidene Reformen um die Jahrhundertwende ließen diesen Anteil 1901 auf 8,2% steigen.[4] Feste Parteien entstanden erst seit Beginn des 20. Jahrhunderts. Die Innenpolitik wurde nach 1872 vor allem durch Auseinandersetzungen zwischen Kirche und Staat geprägt. Die Kirche vermochte sich 1843 sehr weitreichenden Einfluss auf die Schule zu sichern, der erst 1881 und vor allem 1912 abgeschwächt wurde.

Luxemburg war 1839 ein armes, überwiegend ländliches Gebiet mit etwas traditioneller Eisenschmelzerei. 1842 wurden im Süden reiche Eisenerzvorkommen gefunden, und im gleichen Jahr trat Luxemburg dem Deutschen Zollverein bei. Diese Zollunion bestand bis 1919. Die wirtschaftliche Integration in das Deutsche Reich wurde 1872 durch die mehr oder weniger erzwungene Verpachtung der Eisenbahnen an den östlichen Nachbarn verstärkt. Beide Maßnahmen waren unpopulär, brachten Luxem-

---

2 G. Trausch, Luxembourg, 28; J. Newcomer, Luxembourg, 201.
3 Vgl. die detaillierte Darstellung bei C. Calmes, Gründung, 379–389.
4 G. Trausch, Luxembourg, 59f.; 62; 77.

burg aber große Vorteile. Nach einer vorbereitenden Phase kam die Industrialisierung nach 1870 sehr rasch voran, vor allem im Bereich der Eisen- und Stahlherstellung, und Luxemburg gehörte 1914 zu den reichsten Staaten Europas. Es war 1913 der sechstgrößte Roheisenproduzent der Welt.[5] Parallel zu Deutschland war auch eine Arbeits- und Sozialgesetzgebung eingeführt worden.

Damit einher ging seit 1839 die Herausbildung eines Nationalbewusstseins, das stark durch Abgrenzung gegenüber den großen Nachbarn, insbesondere dem seit 1871 übermächtigen Deutschland, geprägt wurde. Dem diente schon 1843 die Einführung der Zweisprachigkeit (Deutsch und Französisch) in den Schulen und die literarische Aufwertung des luxemburgischen Dialekts zur Schriftsprache.

2.12 Die Schweiz

In einer Zeit, in der sich neue nationale Großstaaten bildeten und große Nationalitätenstaaten zunehmend von zentrifugalen Kräften erfasst wurden, stabilisierte sich im Zentrum Europas ein Kleinstaat, der mehrere Nationalitäten umfasste, ohne im zeitgenössischen Sprachgebrauch ein Nationalitätenstaat zu sein, da die zentralen politischen und sozialen Konflikte nicht durch die Nationalität der Beteiligten bestimmt wurden. Von der Topographie benachteiligt und ohne nennenswerte Ressourcen, wurde er zu einem der reichsten Staaten der Welt. Politisch fiel weniger die im europäischen Rahmen noch immer seltene Staatsform der Republik auf als die zunehmende Zahl direktdemokratischer Elemente, die außerhalb der Schweiz als Sonderentwicklung und Kuriosum gesehen wurden, in der Schweiz hingegen als höhere Form der Demokratie. Daraus entstand das alle politischen Lager durchziehende Bewusstsein, sowohl ein Sonderfall als auch etwas Besonderes zu sein, von dem die Schweizer im 20. Jahrhundert ebenso zehrten, wie sie darunter leiden sollten.

2.12.1 Von der repräsentativen zur direkten Demokratie: Das politische System

Die Schweiz war der einzige Staat Europas, in dem die politischen Errungenschaften von 1848 ungeschmälert erhalten blieben. Das allgemeine Männerwahlrecht war unbestritten, wobei allerdings auf kantonaler und kommunaler Ebene noch während geraumer Zeit Einschränkungen bestanden.[1] Die Regierung, ein *Bundesrat* genanntes siebenköpfiges Kollegialorgan, war zwar nicht vom Vertrauen des Parlaments abhängig, wurde aber von ihm gewählt. Das Parlament bestand nach US-amerikanischem Vorbild aus zwei Kammern, dem nach Bevölkerungszahl gewählten Nationalrat und dem Ständerat, in den jeder Kanton zwei durch Volkswahl bestellte Vertreter entsandte.

Wie erklärt sich dieser europaweit einmalige, nahezu uneingeschränkte frühe Erfolg der Demokratie? 1848 war in der Schweiz nicht der Anfang der Revolution, sondern das Ende eines Bürgerkrieges, des Sonderbundskrieges von 1847. Die Bundes-

---

5 H. Pohl, Grundzüge, 331.

1 Vgl. z.B. A. Tanner, Patrioten, 691–693.

verfassung, die im September 1848 vom Volk mit großer Mehrheit angenommen wurde, widerspiegelte die tatsächlichen, längerfristigen Machtverhältnisse. Die Sieger, die protestantisch-zentralistisch-liberalen Kantone, hatten nicht einfach eine vorübergehende Schwäche ihrer katholisch-föderalistisch-konservativen Gegner ausgenutzt, sondern sie waren ihnen dauerhaft überlegen. Indem sie sie mit ausgesprochener Mäßigung behandelten, trugen sie zur künftigen Stabilität bei. Nicht minder wichtig waren föderalistische Aspekte. Bislang hatte kein wirklicher schweizerischer Zentralstaat existiert. Der neue Bundesstaat musste keine alte, konkurrierende Zentralgewalt verdrängen, und sein auch jetzt noch sehr geringer Zentralisierungsgrad machte ihn den Unterlegenen erträglich. Schließlich waren die sozialen Kräfte, die das Alte stützten, im europäischen Vergleich schwach, ganz besonders auf gesamtstaatlicher Ebene. Hier existierte ebensowenig eine homogene Aristokratie wie eine Bürokratie, ein Offizierskorps oder Großgrundbesitz.

Trotz allem war der neue Staat das Produkt eines Bürgerkrieges, und die Unterlegenen bekamen ihre Position durchaus zu spüren. Sie vermochten indessen davon zu profitieren, dass die Sieger alles andere als ein homogener Block waren. Der Bundesstaat war zunächst das Instrument des Liberalismus, das dem Bürgertum der protestantisch-städtischen Kantone den Vorrang sicherte. Auf der Linken gewannen seit den sechziger Jahren die Demokraten an Gewicht. Sie vertraten große Teile der Mittelschichten und der Arbeiterschaft. Da niemand das allgemeine Wahlrecht anfocht, konnten sie sich auf weiterreichende Forderungen nach direkter Demokratie konzentrieren. Deren Durchsetzung erfolgte zuerst in einer Reihe von Kantonen, vereinzelt schon vor 1848. Den Durchbruch bedeutete 1867–1869 ein Machtwechsel mit neuer Verfassung im Kanton Zürich.[2] Auf Bundesebene brachte eine Verfassungsrevision von 1874, in der Katholiken, Konservative und Föderalisten überstimmt wurden, den entscheidenden Schritt zum sogenannten fakultativen Referendum. Dieses Instrument ist zeitgenössisch häufig, und zutreffender, als Veto des Volkes in der Gesetzgebung bezeichnet worden.[3] 30.000 Stimmberechtigte konnten eine Volksabstimmung über jedes vom Parlament verabschiedete Gesetz verlangen. Noch weiterreichende Forderungen nach dem obligatorischen Referendum über jedes Gesetz oder nach der Gesetzesinitiative des Volkes drangen nicht durch. Hingegen war bereits seit 1848 für jede Revision der Verfassung die Zustimmung des Volkes und – das war eine Konzession an die Föderalisten – der Mehrheit der Kantone erforderlich. 1891 wurde darüber hinaus die sogenannte Verfassungsinitiative eingeführt. Nun konnten 50.000 Stimmberechtigte über jeden beliebigen Änderungsvorschlag eine Abstimmung herbeiführen.

Diese direktdemokratischen Instrumente wurden zu zentralen und prägenden Elementen der öffentlichen Debatten und der politischen Willensbildung auf allen Ebenen. Politik musste weniger im Hinblick auf Parlaments- als im Hinblick auf Volksmehrheiten betrieben werden. Das war ein schwerfälligeres Geschäft als die Parlamentsarbeit, konnten doch Allianzen und Koalitionen nicht über Nacht umgebildet werden. Das Resultat war ein ausgesprochen stabiles System mit einer Tendenz zur

---

2 Dazu ausführlich M. Schaffner, Demokratische Bewegung.
3 Vgl. E. Fueter, Schweiz, 96; 106.

Immobilität. Die Parteien spielten eine geringere Rolle als in Staaten, in denen das Parlament in letzter Instanz entschied.

Insgesamt wirkten sich die direktdemokratischen Elemente vor allem als Minderheitenschutz gegen eine forcierte Zentralisierung aus, die angesichts der raschen wirtschaftlichen Integration ohnehin voranschritt, nicht zuletzt auf rechtlichem Gebiet, auf dem die Einführung eines einheitlichen Zivilgesetzbuches 1912 langfristig die größte Bedeutung gewann.

Während ein Vorschlag, die Bundesregierung direkt vom Volk wählen zu lassen, 1900 vom Volk verworfen wurde, wurden die Kantonsregierungen überall durch Volkswahl bestellt, wobei wie auf Bundesebene ein striktes Kollegialitätsprinzip galt. Durch die Verbindung beider Elemente entstand eine weitere schweizerische Besonderheit: die Tendenz, dass die Regierungen aus Vertretern aller größeren Parteien bestanden, erfolgte doch die Volkswahl der einzelnen Regierungsmitglieder notgedrungen ohne Rücksicht auf mögliche Koalitionen. Die Verhältnisse in der Bundesregierung passten sich dem allmählich an. So entstand ein Regierungssystem, das Kompromisse geradezu erzwang.

2.12.2 Der Reichtum des armen Landes: Die Wirtschaft

Die Schweiz war von ihrer Lage, Topographie und Ressourcenausstattung her gesehen seit jeher ein armes Land, das Nahrungsmittel ein- oder Menschen ausführen musste. Die dadurch geschaffenen Verbindungen nach dem Ausland hatten seit dem späten 18. Jahrhundert die Entstehung einer exportorientierten, überwiegend in Heimarbeit produzierenden Textilindustrie begünstigt, dank der das Land um die Jahrhundertmitte zu den europäischen Staaten mit dem höchsten Prokopfeinkommen gehörte, hinter Großbritannien, den Niederlanden und Belgien.[4] Die Wachstumsraten lagen in den folgenden Jahrzehnten deutlich über dem europäischen Durchschnitt. Dadurch vermochte die Schweiz bis 1913 mit Großbritannien im Prokopfeinkommen nahezu gleichzuziehen und die meisten anderen europäischen Staaten hinter sich zu lassen[5] – in den zwanziger Jahren bezeichnete ein Historiker die letzten Jahrzehnte vor 1914 als „Ära behaglichen Lebensgenusses".[6] Das Volksvermögen pro Kopf lag nach zeitgenössischen Schätzungen sogar über dem britischen.[7] Der Anteil der Industrie an der Beschäftigung stieg zwischen 1850 und 1910 von 33% auf 46%, derjenige der Landwirtschaft sank von 57% auf 27%.[8]

---

4 Siehe Tabellen 11 und 12, S. 237f.

5 Die Angaben in der Literatur gehen, wie üblich, auseinander. So ist die relative Position der Schweiz nach den Berechnungen von Maddison etwas weniger günstig (A. MADDISON, Dynamic forces, 7; 49–53; 206–211). Dass die Schweiz 1914 aber im europäischen Vergleich weit vorne stand, ist unbestritten.

6 E. FUETER, Schweiz, 154. Vgl. E. GRUNER, Arbeiterschaft 1, 339; 359 und H. SIEGENTHALER, in W. FISCHER, Handbuch 5, 452; 461; 468.

7 Laut J. LANDMANN, Kapitalexport, 410, betrug es 1910 in der Schweiz 7.970 Franken, in Großbritannien 7.775 Franken.

8 H. SIEGENTHALER, in W. FISCHER, Handbuch 5, 459. Damit hatte die Schweiz hinter Großbritannien und Belgien den größten Anteil des zweiten Sektors und den geringsten der Landwirtschaft an der Beschäftigung. W. FISCHER, in ders., Handbuch 5, 126.

Die Jahrzehnte nach 1848 brachten zwei für das wirtschaftliche Wachstum günstige Veränderungen. Die Gründung des Bundesstaates führte zu einer Vereinheitlichung des schweizerischen Wirtschaftsraumes, durch die Abschaffung der Binnenzölle, die Durchsetzung der Handels-, Gewerbe- und Niederlassungsfreiheit und die Vereinheitlichung von Währung, Maßen und Gewichten sowie des Rechts. Gleichzeitig entstand um die Schweiz herum ein Eisenbahnnetz. Nachdem der Staat 1852 darauf verzichtet hatte, den Eisenbahnbau stärker zu regulieren oder gar selbst in die Hand zu nehmen, kam es 1852–1863 und danach wieder in der ersten Hälfte der siebziger Jahre zu einem Eisenbahnbauboom; 1882 schließlich wurde eine alpenquerende Linie durch den Gotthard eröffnet. Dadurch konnte das Land erstmals in großem Umfang Energieträger, Rohstoffe und Nahrungsmittel einführen. Obwohl die Schweiz zu den am frühesten industrialisierten Regionen Europas gehörte, zeigten sich die Nachteile, die in Großbritannien vor 1914 als Folgen der Pionierstellung sichtbar wurden, kaum. Zwar behielt die Textilindustrie mit einem Anteil von 27% an den industriellen Arbeitsplätzen und 45% am Gesamtexport des Landes im Jahre 1913 das größte Gewicht.[9] Daneben stand als schweizerische Besonderheit die Herstellung von Uhren (13% der Exporte). Beide Branchen gewannen ihre Konkurrenzfähigkeit durch hochgradige, exportorientierte Spezialisierung. Eine solche gelang nun auch in neuen Branchen, vor allem bei den Nahrungs- und Genussmitteln (15% der Exporte) sowie in der Chemie (5%) und im Maschinenbau (15%).[10] Die Exporte machten 1913 33% des Nettosozialprodukts aus.[11] Die Schweizer hielten, pro Kopf gerechnet, auch einen Spitzenplatz bei den Auslandsinvestitionen, vor allem mit Direktinvestitionen der Industrie.[12]

Die Exportindustrie war am Freihandel interessiert, der seit der Mitte des Jahrhunderts zunehmend verwirklicht wurde, wobei freilich fiskalische Zölle nie ganz aufgehoben wurden, bildeten sie doch die Haupteinnahmequelle des Bundes. Seit der Mitte der achtziger Jahre wurden sie wieder erhöht; seit 1895 setzte sich zusehends landwirtschaftlicher Protektionismus durch. Die Landwirtschaft hatte zunächst durchaus erfolgreich auf die zunehmende Konkurrenz von außen geantwortet, mittels Spezialisierung ihrer Produktion. Seit der Mitte der siebziger Jahre verschlechterten sich die globalen Rahmenbedingungen für sie. Dafür vermochte sie aber seit 1897 eine politisch schlagkräftige Organisation aufzubauen, wobei sie einerseits von einem Nationalmythos profitierte, der sehr stark die ländliche Tradition betonte und als Grundlage für eine Allianz mit dem Bürgertum diente, und andererseits davon, dass ein erheblicher Teil der Arbeiterschaft aus Ausländern und damit aus Personen ohne Stimmrecht und infolgedessen ohne politisches Gewicht bestand.

---

9 R. Ruffieux, Schweiz, 709; J.-F. Bergier, Wirtschaftsgeschichte, 238. 1850 hatten noch 54% der im zweiten Sektor Beschäftigten in der Textilindustrie gearbeitet. R. Ruffieux, Schweiz, 660.

10 R. Ruffieux, Schweiz, 709; J.-F. Bergier, Wirtschaftsgeschichte, 260f.

11 H. Siegenthaler, in W. Fischer, Handbuch 5, 459f. Zum Außenhandel auch P. Bairoch, Exportations.

12 Laut R. Behrendt, Imperialismus, 67, betrugen die schweizerischen Auslandsinvestitionen 1913 pro Kopf 1.575 Franken, die britischen 1.981 Franken. Nach P. Bairoch, Commerce, 278f. hatte die Schweiz sogar mit Abstand die höchsten Investitionen pro Kopf.

2.12.3 Der aufhaltsame Weg zum Klassenkampf: Die Gesellschaft

Bis zur Jahrhundertwende konnte von einer klassenmäßigen Polarisierung der Gesellschaft oder gar von scharfen Klassenkämpfen nicht die Rede sein. Dazu trug das Fehlen starker traditioneller Gewalten bei. Die Führungsrolle fiel rasch und ohne große Auseinandersetzungen an das Bürgertum, das zunächst sozial relativ offen war.[13]

Die klassenmäßige Aufspaltung der Gesellschaft wurde außerdem durch andere Konfliktlinien überlagert. Am wichtigsten war zweifellos der Konfessionsunterschied, der die Hauptgrundlage für die Bürgerkriegsparteiungen 1847 gebildet hatte. Die Auseinandersetzungen verbanden sich später mit den europaweiten Streitpunkten über die Stellung der katholischen Kirche im Staat und führten nach dem Ersten Vatikanischen Konzil zu einem Kulturkampf, der 1873–75 besonders heftig tobte.[14] Keine Seite ging als Sieger daraus hervor. Der Staat setzte die Zivilehe und die Ehescheidung durch, und die Verfassung erhielt 1874 zusätzliche diskriminierende Bestimmungen gegen die Katholiken, die allerdings in der Praxis von geringer Bedeutung blieben. Ansonsten behielt die Kirche ihre Eigenständigkeit. Die Katholiken begannen sich stärker zu organisieren, auch politisch, und wurden dadurch, unter konservativen Vorzeichen, gegen Ende des Jahrhunderts zu einer anerkannten Kraft. 1891 brachten sie erstmals einen Vertreter in die Regierung.[15] Sie legten, ebenso wie die sprachlichen Minderheiten, besonderen Wert auf den Föderalismus. Beide schlossen immer wieder taktische Allianzen miteinander, gerichtet hauptsächlich gegen Zentralisierungsbestrebungen.

Föderalistisch geprägt war auch das hochentwickelte Bildungswesen. Zwar wurde die Schulpflicht erst 1874 landesweit eingeführt. Aber schon Jahrzehnte vorher war sie in vielen Kantonen weitgehend durchgesetzt. Das Parlament lehnte zwar 1854 eine eidgenössische Universität ab. Aber das förderte nur den Wettbewerb zwischen den Kantonen.

Das Fehlen scharfer Klassenauseinandersetzungen äußerte sich am deutlichsten darin, dass lange Zeit keine geschlossene Arbeiterbewegung entstand, obwohl die Schweiz zu den am stärksten industrialisierten Ländern Europas gehörte. Wenn sich im Prinzip jede Änderung der Staatseinrichtungen und sogar der Besitzverhältnisse mittels Volksabstimmung durchsetzen ließ, dann hatten Doktrinen, die an der Notwendigkeit der Revolution festhielten, einen schweren Stand. Bis zur Jahrhundertwende war ein erheblicher Teil der Arbeiterschaft mit den demokratisch-reformistischen Teilen des Kleinbürgertums verbunden. Die reformistischen Tendenzen wurden durch die Staatsangehörigkeitsverhältnisse begünstigt. Die Schweiz war traditionell ein Auswanderungsland. Zwischen 1849 und 1913 wanderten über 370.000 Personen aus, hauptsächlich in die USA.[16] Die Bevölkerung nahm 1850–1914 von 2,4 auf 3,9 Millionen zu.[17] Das entsprach einer im europäischen Vergleich unterdurchschnitt-

13 Grundlegende Darstellung bei A. Tanner, Patrioten.
14 Umfassender Überblick bei P. Stadler, Kulturkampf.
15 Breit abgestützt dargestellt bei U. Altermatt, Ghetto.
16 H. Ritzmann-Blickenstorfer, Neue Welt, 623.
17 J.-F. Bergier, Wirtschaftsgeschichte, 31.

lichen Wachstumsrate, obwohl die Schweiz nun zunehmend zum Einwanderungsland wurde. Seit 1888 war die Wanderungsbilanz positiv. Lebten 1850 lediglich 3% Ausländer in der Schweiz, so hatte das Land 1914 mit 15,4% (ca. 600.000 Personen) neben Luxemburg den weitaus höchsten Ausländeranteil in ganz Europa.[18] Die Immigranten kamen hauptsächlich aus den Nachbarstaaten. Die städtische Industriearbeiterschaft war zu guten Teilen ausländisch.[19] Das wirkte sich auch auf die Arbeiterbewegung aus, die sehr stark von der deutschen Sozialdemokratie geprägt wurde und zunächst vor allem unter Ausländern Fuß fasste, was ihr politisches Gewicht mangels Wahlrecht begrenzte.

Seit etwa der Jahrhundertwende traten die Auseinandersetzungen zwischen den Klassen stärker in den Vordergrund. Das Bürgertum begann sich sozial zunehmend abzuschließen. In einer Reihe von Arbeitskämpfen bezog der Staat eindeutig Stellung zugunsten der Unternehmer,[20] und die Fabrikarbeiterschaft wurde absolut und relativ immer größer. Die erst 1888 endgültig gegründete Sozialdemokratische Partei bekannte sich seit 1904 zu einem marxistischen Programm. Ihr Wähleranteil erreichte 1911 immerhin 20%.[21]

Auch die Sozialpolitik trug den Stempel der direkten Demokratie. Da der Staat keine starke Arbeiterpartei auf seine Seite zu ziehen versuchen musste und die Arbeiterbewegung ihrerseits einer vom Staat bestimmten Sozialversicherung skeptisch gegenüberstand, kam es bis 1914 nur zur Einführung einer bescheidenen Kranken- und Unfallversicherung (1912). Hingegen wurde schon 1877 ein Fabrikgesetz verabschiedet (und in einer Volksabstimmung gebilligt), das recht weitreichende Schutzmaßnahmen vorsah.

2.12.4 Nationalitäten ohne Nationalitätenstaat

In der Volkszählung von 1880 gaben 71,3% der Bevölkerung Deutsch als Muttersprache an, 21,4% Französisch, 5,7% Italienisch und 1,4% Rätoromanisch.[22] Die Nationalitäten – in der Schweiz in der Regel als Sprachgruppen bezeichnet – lebten in geschlossenen Siedlungsgebieten. Dennoch konnte man die Schweiz nach den Maßstäben der Zeit nicht als Nationalitätenstaat bezeichnen, denn die Sprache diente zwar weitgehend der kulturellen, nicht aber der politischen und noch weniger der sozialen Abgrenzung. Sicherlich war die Verfassungsbestimmung, die Deutsch, Französisch und Italienisch als Amtssprachen gleichstellte, in einem europäischen Rahmen vorbildlich. Aber man kann in ihr kaum die Ursache für den Frieden zwischen den Sprachgruppen sehen. In der Praxis hatte das Italienische auf Bundesebene eine klar untergeordnete Stellung, und auch das Französische erlangte erst im letzten Viertel des 19. Jahrhunderts volle Gleichstellung.[23] Viel wichtiger war der Föderalismus. Es ging

---

18 J.-F. Bergier, Wirtschaftsgeschichte, 62; E. Gruner, Arbeiterschaft 1, 34.
19 Vgl. die Tabelle bei J.-.F. Bergier, Wirtschaftsgeschichte, 230.
20 Zu Streiks ausführlich E. Gruner, Arbeiterschaft 2, 837–1140.
21 E. Gruner, Wahlen 3, 398.
22 W. Bickel, Bevölkerungsgeschichte, 139. 1910 lauteten die Ergebnisse: 69,1% Deutsch, 21,1% Französisch, 8,1% Italienisch, 1,1% Rätoromanisch.
23 Vgl. U. Im Hof, Viersprachigkeit, 63.

weniger um Gleichbehandlung auf der Ebene des Zentralstaats als darum, dass möglichst wenig auf dieser Ebene behandelt wurde, wodurch Konflikte gar nicht erst entstehen konnten. Während in den europäischen Nationalitätenstaaten die Minderheiten den Zentralismus zu lockern versuchten, wurden in der Schweiz nach 1848 überhaupt erst stärkere Gemeinsamkeiten zwischen den Nationalitäten geschaffen. Insofern konnte die Schweiz kaum ein Vorbild abgeben für die Lösung von Problemen, die sie nicht hatte. Symptomatisch ist etwa, dass Minderheitenschutz weder ein Thema der schweizerischen Politik noch ein Gegenstand der Verfassung war.

Die schleichende Zentralisierung des Bundesstaates und die Konsolidierung großer Nationalstaaten in der Nachbarschaft bewirkten in den letzten Jahrzehnten vor dem Krieg eine stärkere Anlehnung der verschiedenen Sprachgruppen an den jeweiligen Nationalstaat. Das führte zu Spannungen, aber zu keinen gravierenden Auseinandersetzungen.

2.12.5 Die Konsolidierung nach außen

Der Bundesstaat war weniger das Ergebnis einer Revolution als eines Bürgerkrieges. In diesem hatte indessen eine Bewegung mit zeitgenössisch durchaus revolutionären Zielen gesiegt. Vor allem aber verdankte der Bundesstaat sein Überleben ganz wesentlich der europäischen Revolution von 1848, die die Großmächte am Eingreifen gehindert hatte. Diese Nicht-Intervention war das entscheidende außenpolitische Ereignis für den neuen Staat. Danach ging es nur noch um Konsolidierung.

Vordergründig betrachtet, und besonders aus der Sicht der Zeitgenossen, verschlechterte sich die strategische Lage der Schweiz 1859–1871 durch die Schaffung großer Nationalstaaten im Norden und im Süden. Andererseits wurden die Verhältnisse infolge der kleineren Zahl von Nachbarn stabiler, und deren Rivalität wiederum sicherte dem neutralen Kleinstaat einen gewissen Spielraum. Die Neutralität wurde zunehmend zur zentralen außenpolitischen Maxime, wobei der besondere Aspekt der bewaffneten Neutralität, und damit der Rüstung, allerdings erst in den letzten Jahrzehnten vor 1914 stärker betont wurde, vor allem unter dem Eindruck der deutschen Militärmacht.

Die Beziehungen zu den Nachbarstaaten erforderten zunächst einige Flurbereinigungen. Dabei war die Schweiz 1856 erfolgreich, als es gelang, den König von Preußen mit Hilfe französischer Vermittlung zum Verzicht auf seine Rechte auf den Kanton Neuenburg (der zum Bundesstaat gehörte) zu bewegen, während sie 1860 ihrerseits in Savoyen Rechte an Frankreich abtreten musste. Periodische Friktionen ergaben sich aus der Anwesenheit politischer Emigranten in der Schweiz, ohne dass daraus ernsthafte Konflikte entstanden wären. Mit ihrem zunächst beinahe inexistenten diplomatischen Apparat konzentrierte sich die Schweiz zunehmend auf die Arbeit internationaler Organisationen, um auf diese Weise ihren Status in der Staatengemeinschaft aufzuwerten. Sie ergriff die Initiative bei der Gründung solcher Organisationen, prominent etwa beim Roten Kreuz 1864, und bemühte sich, zum Sitz möglichst vieler von ihnen zu werden.

2.13 Italien

Italien bildete bis zum Jahre 1861 nie eine politische Einheit. War es in der Antike Teil des Römischen Reiches gewesen, so war es seither staatlich zersplittert, wobei außeritalienischer Einfluss meistens sehr stark war. Das Interesse fremder Mächte wurde noch durch die Tatsache verstärkt, dass Rom der Mittelpunkt der katholischen Christenheit war.

Politisch gesehen bildet somit die Einigung das zentrale Ereignis der neueren italienischen Geschichte. Nur sollte man sich dabei vor einer teleologischen Betrachtungsweise hüten, als sei die Einigung das seit jeher vorgegebene Ziel gewesen. Eine Kontinuität, die so nie bestand, suggeriert auch die allgemein üblich gewordene Redeweise vom *Risorgimento* ('Wiedergeburt', 'Auferstehung'). 1861 gab es kaum etwas, was alle Italiener verband.[1] Die Nation musste erst geschaffen werden.

2.13.1 Die Einigung 1849–1871: Zusammenschluss oder Eroberung?

Die im Zusammenhang der Revolution von 1848/49 durchgeführten Feldzüge werden in Italien als *Erster Unabhängigkeitskrieg* bezeichnet. Dieser scheiterte, ebenso wie die Revolution, auf der ganzen Linie. Österreich konnte seinen Besitzstand im Norden mit Lombardo-Venetien wiederherstellen. Den Rest Italiens nahmen sechs Staaten ein: das Königreich Sardinien-Piemont (im Folgenden als Piemont bezeichnet) im Norden, das bourbonische Königreich beider Sizilien im Süden sowie der Kirchenstaat, die Toskana, Parma und Modena im Zentrum. Bedeutsam wurde die Beibehaltung der liberalen Verfassung von 1848 in Piemont, das zum Hoffnungsträger für die allmählich zahlreicher werdenden Anhänger der Einigung wurde.

Die wichtigste Lehre von 1848/49 stand kaum zur Debatte. Der damals von König Karl Albert von Piemont stolz verkündete Anspruch *L'Italia farà da se* (Italien wird es allein schaffen, also sich selbst befreien), war gescheitert. Einige erfolglose Aufstandsversuche gegen die Habsburger und die Bourbonen in den fünfziger Jahren bekräftigten diese Schlussfolgerung. Es kam gerade darauf an, Unterstützung zu finden. Dabei waren zwei unterschiedliche Strategien möglich, eine außenpolitische und eine innenpolitische. Am einfachsten schien es, sich mit einer Großmacht zu verbünden, um mit deren Hilfe – die freilich nicht kostenlos sein würde – die der Einigung entgegenstehenden Hindernisse zu überwinden. Man konnte aber auch auf die Mobilisierung der Massen setzen, deren Abseitsstehen ein Grund für das Scheitern der Revolution von 1848/49 gewesen war. Dieses Vorgehen war allerdings für die Führungsschichten mit Risiken behaftet, denn die Massen interessierten sich weniger für den Nationalismus, der zu dieser Zeit eine überwiegend elitäre Angelegenheit war, als für soziale Veränderungen.

Auf diese Weise entstanden zwei rivalisierende Strömungen, deren Konkurrenz die Erlangung der Einheit manchmal förderte und manchmal behinderte. Auf der einen Seite stand die liberal-monarchistische, sozial konservative, von Piemont getragene

---

1 Vgl. etwa R. Romanelli, Italia, 13.

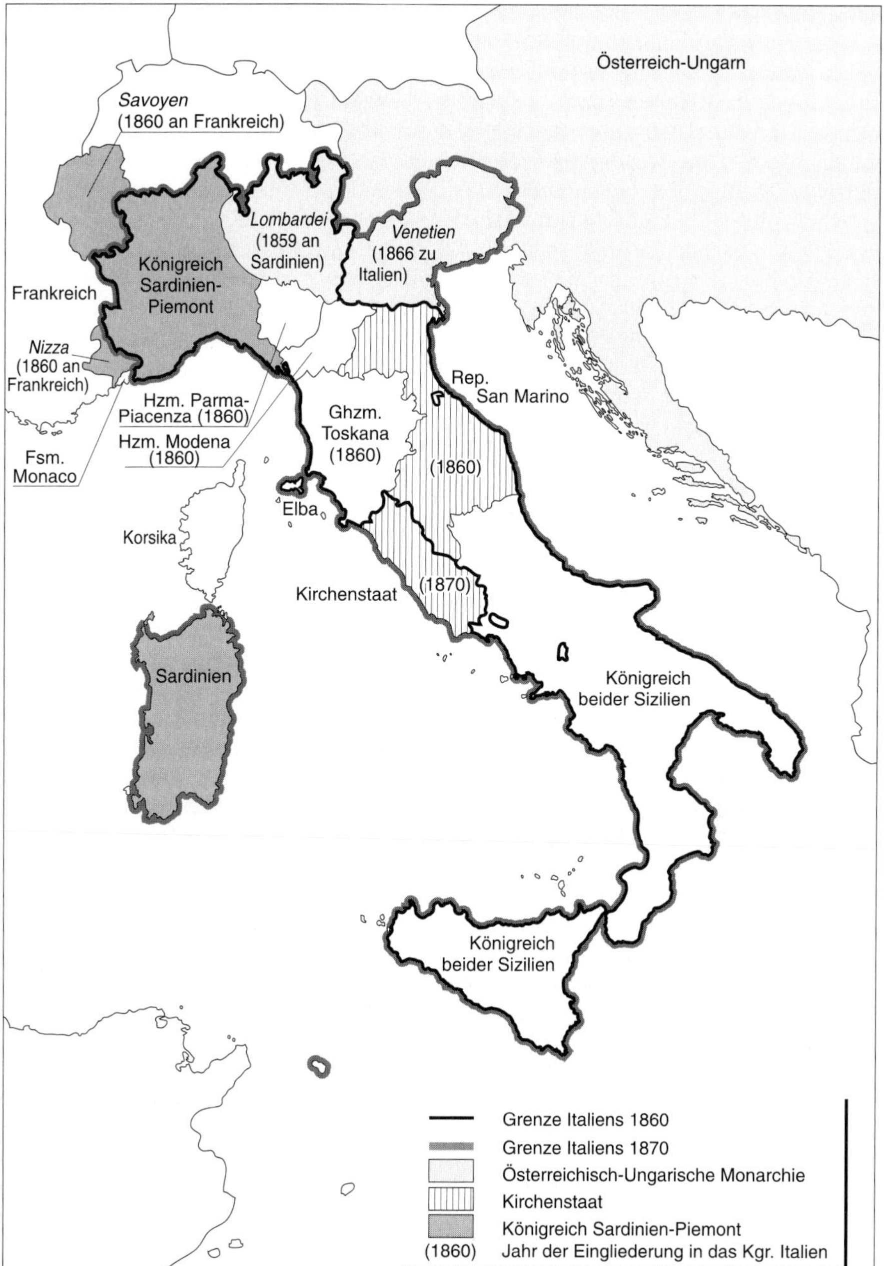

Abb. 6: *Die italienische Einigung 1859–1870*

Bewegung, die lediglich die politische Einigung wollte, bei sozialem Status quo. Ihr Konkurrent war die demokratisch-republikanische Bewegung, deren linker Flügel zugleich soziale Umwälzungen forderte. Die in diesem Gegensatz angelegte Dramatik wurde noch dadurch verschärft, dass an der Spitze der ersten Richtung mit Camillo Benso di Cavour (1810–1861) Italiens größtes politisches Talent des 19. Jahrhunderts stand, während die wichtigsten – freilich durchaus gemäßigten – Exponenten der zweiten Richtung der bedeutendste Verkünder des Einheitsgedankens, Giuseppe Mazzini (1805–1872) und, wenn auch mit Vorbehalten, Italiens größte militärische Begabung, Giuseppe Garibaldi (1807–1882) waren. Cavour trug den Sieg davon, weil er die Haltung der Großmächte besser einzukalkulieren vermochte und weil er den stärksten italienischen Staat hinter sich hatte.

In der Schlussphase des Krimkrieges entsandte Piemont ein Expeditionskorps von 15.000 Mann nach Russland, zur Unterstützung der Westmächte. Damit erwarb es sich einen Anspruch auf deren Wohlwollen. Doch Cavour, seit 1852 Ministerpräsident von Piemont, benötigte darüber hinaus einen wirklichen Bundesgenossen. Er fand ihn in Napoleon III., der Frankreichs 1815 erfolgte Schwächung und Demütigung überwinden wollte. Das Ergebnis war im Dezember 1858 eine geheime Offensivabsprache. Frankreich versprach, Piemont bei der Eroberung der Lombardei und Venetiens von Österreich zu unterstützen. Es sollte dafür von Piemont Savoyen und Nizza erhalten. Nord-, Mittel- und Süditalien sollten in je einen selbständigen Staat zusammengefasst werden und einen lockeren Bund unter dem Vorsitz des Papstes bilden. Während Napoleon noch zögerte, brach der Krieg im April 1859 aus, da Österreich sich von Piemont provozieren ließ. Die französischen Truppen trugen die Hauptlast der Kämpfe. Österreich wurde in zwei überaus blutigen Schlachten besiegt, am 4. Juni bei Magenta und am 24. Juni bei Solferino. Das Erlebnis von Solferino inspirierte Henry Dunant zur Gründung des Roten Kreuzes, während Napoleon danach, unter Umgehung seines Bundesgenossen, den Frieden mit Österreich suchte. Er begnügte sich darin mit dem Erwerb der Lombardei, die er an Piemont weitergab. Doch er konnte die von ihm ausgelöste Bewegung nicht mehr aufhalten. In den zentralitalienischen Staaten waren die Fürsten verjagt worden, von Gruppierungen aus dem Bürgertum, die einen Anschluss an Piemont propagierten und insgeheim von Cavour unterstützt wurden. Eine Restauration wäre nur mit Waffengewalt möglich gewesen. Cavour rettete die Lage, indem er Napoleon – gegen starke Widerstände in Italien – am 24. März 1860 Savoyen und Nizza abtrat, obwohl Napoleon die Eroberung Venetiens schuldig geblieben war. Dafür stimmte Frankreich dem Anschluss Mittelitaliens an Piemont zu.

Die Einigungsbewegung war damit nördlich des Kirchenstaates fürs erste zum Abschluss gelangt. Mehr schien mit Cavours diplomatischen Methoden vorläufig nicht erreichbar. Nun aber trat Garibaldi auf den Plan. Er versammelte im Mai 1860 in Genua einen Heerhaufen von 1067 Freischärlern. Cavour ließ ihn wohlwollend gewähren, um nicht die Volksstimmung gegen sich aufzubringen. Der später legendär gewordene Zug der Tausend schiffte sich nach Sizilien ein, schlug dort, von einem im April ausgebrochenen Aufstand gegen die Bourbonen profitierend, das in jeder Hinsicht überlegene königliche Heer, eroberte die Insel innerhalb weniger Wochen, setzte auf das Festland über und marschierte am 7. September in Neapel ein. Garibaldis

Ziel war Rom. Ein Angriff auf den Kirchenstaat aber musste zum Konflikt mit Frankreich führen. Da Napoleon mit Hilfe katholischer Wählerstimmen an die Macht gekommen war und weiter auf Unterstützung durch den Klerus angewiesen blieb, hatte er sich schon 1849 zum Verteidiger des Kirchenstaates aufgeworfen und dort Truppen stationiert. Cavour bot Napoleon an, in den Kirchenstaat einzumarschieren, um Garibaldi zu stoppen, ohne dabei Rom zu berühren. Garibaldi stand nun vor der Alternative, sich Piemont zu unterwerfen oder einen Bürgerkrieg zu beginnen. Er gab im November auf, mit der Folge, dass sich auch das Königreich beider Sizilien und der größere Teil des Kirchenstaates Piemont anschlossen. Der piemontesische König Viktor Emanuel II. wurde am 14. März 1861 zum König von Italien ausgerufen.

Damit war, nach dem – diesmal erfolgreichen – *Zweiten Unabhängigkeitskrieg*, der größte Teil Italiens in einem zusammenhängenden Staat vereint. Doch fehlten noch das wirtschaftlich wichtige österreichische Venetien und das symbolisch überaus bedeutsame Rom. Cavour, der 1861 starb, und seine Nachfolger betrieben keine tollkühne Politik, sondern waren bereit, günstige Gelegenheiten abzuwarten. Die erste kam 1866, als sich der Endkampf zwischen Preußen und Österreich um die Vorherrschaft in Deutschland abzeichnete. Italien schloss am 8. April mit Preußen ein geheimes Angriffsbündnis. Es versprach, im Falle eines preussisch-österreichischen Krieges Österreich anzugreifen und erhielt dafür Venetien zugesagt. Kurz danach schloss Österreich mit Frankreich ein Abkommen, in dem es diesem als Preis für seine Neutralität Venetien zuhanden Italiens zusagte. Obwohl man in Italien von diesem Abkommen wusste, erfolgte im Juni der Angriff auf Österreich im Bunde mit Preußen. Das eigene Selbstbewusstsein hätte kein Abseitsstehen geduldet. Dieser *Dritte Unabhängigkeitskrieg* endete in zwei bitteren Niederlagen, zu Lande, bei Custozza, und zur See, bei Lissa. Doch sicherte der preußische Sieg trotzdem die Abtretung Venetiens – freilich um den Preis eines angeschlagenen italienischen Selbstbewusstseins.

Preußen wurde auch zum Geburtshelfer des Abschlusses der Einigung. Nach der Niederlage von Sedan am 2. September 1870 im Krieg gegen Deutschland zog Frankreich seine Truppen aus Rom ab. Italien rückte nach. Da der Papst zu keinem Kompromiss bereit war, erfolgte eine, wenn auch eher symbolische, Eroberung der Stadt. Italien war endgültig geeint. Nur kleinere italienischsprachige Randgebiete im Trentino und in Triest waren noch österreichisch. Sie schienen zunächst von geringer Bedeutung, wurden aber seit den späten siebziger Jahren zunehmend zu Objekten neuer nationalistischer Agitation. Sie galten als *terra irredenta*, als unerlöstes Land.

Die italienische Einigung war auf diese Weise im Gleichklang mit der europäischen Politik erreicht worden, jeweils mit Hilfe von Mächtekoalitionen, in denen Piemont beziehungsweise Italien der schwächere Partner gewesen war. Das machte den Vorgang aus der Sicht der Großmächte leichter akzeptierbar als die mit voller militärischer Überlegenheit durchgesetzte deutsche Einigung. Hier lag der Vorteil von Italiens relativer Schwäche. Der Nachteil lag eher im psychologischen Bereich: Während Preußen die Einigung aus eigener Kraft erkämpfte, kam Italien hauptsächlich dank fremden Siegen zustande.

Die Einigung hatte indessen auch in Italien Gegner. Im Süden des Festlandes führte der Anschluss an Piemont zu einem bis Ende 1864 mit großer Intensität, danach bis 1870 zumindest noch sporadisch geführten Bürgerkrieg. Die ländlichen Unterschichten hatten eine Verbesserung ihres Loses, insbesondere eine Landverteilung erwartet (Garibaldi hatte entsprechende Erwartungen geweckt), während die lokalen Notabeln angesichts einer rigorosen Zentralisierung um ihre Stellung fürchteten. Die Folge war ein Guerillakrieg, der zwar offiziell lediglich als Unwesen von Räuberbanden *(Brigantaggio)* bezeichnet wurde, tatsächlich aber, obwohl die Rebellen ihre Aktionen kaum koordinierten und über kein klares Programm verfügten, einen großen Teil der regulären Armee band. 1864, auf dem Höhepunkt, setzte der Staat 116.000 Soldaten ein.[2] Beide Seiten kämpften mit ausgesuchter Brutalität. Die Armee tötete 1861–1865 nach offiziellen Angaben 5.212 Menschen, davon über 2.000 durch Erschießungen.[3] In Sizilien wurde bewaffneter Widerstand gegen die neu eingeführte Wehrpflicht geleistet.

Diese Tatsachen werfen Licht auf sonstige Äußerungen des Volkswillens. In allen Gebieten wurde der Anschluss an Piemont durch Volksabstimmungen mit allgemeinem Stimmrecht der Männer besiegelt. Die Ergebnisse waren überwältigend. In Sizilien etwa stimmten am 21. Oktober 1860 432.053 Personen für und 667 gegen den Anschluss.[4] Dass hier manipuliert wurde, braucht angesichts der späteren Kämpfe nicht betont zu werden. Im Übrigen kamen in Savoyen und im (überwiegend italienischsprachigen) Nizza ähnlich überwältigende Mehrheiten zugunsten des Anschlusses an Frankreich zustande.[5]

Die Einigung Italiens wurde nach dem Prinzip des Anschlusses oder Beitritts, nicht nach dem des Zusammenschlusses durchgeführt, indem die Verfassung, die politischen Institutionen, die Verwaltung und die Gesetze einfach mit geringfügige Änderungen und kurzen Übergangsfristen von Piemont auf ganz Italien ausgedehnt wurden und nicht etwa ein neuer Staat durch Zusammenwirken aller Beteiligten gegründet wurde.

2.13.2 Die Wirtschaft: Industrialisierung und Nord-Süd-Gefälle

Italiens Wirtschaft war um die Mitte des 19. Jahrhunderts überwiegend durch die Landwirtschaft geprägt. Im Süden und im Kirchenstaat dominierte, mit etwa drei Vierteln der Fläche, der Großgrundbesitz sehr deutlich.[6] Die Besitzer lebten meist fern von ihren Gütern; eine mit traditionellen Methoden arbeitende extensive Bewirtschaftung durch Landarbeiter und Tagelöhner brachte nur geringe Erträge. Immerhin hatten sich, begünstigt durch Schutzzölle, auch Anfänge einer Industrie gebildet. Im Zentrum und im Norden des Landes spielte der Großgrundbesitz ebenfalls eine bedeutende Rolle. Insgesamt aber war die Besitzstruktur uneinheitlicher; mittlere und kleinere Besitzer sowie Pächter und Halbpächter waren zahlreich vertreten. Dank ihnen entwickelte die Landwirtschaft größere Innovationskraft als im Süden, und die Verarbeitung ihrer Produkte führte zur – häufig ländlichen – Bildung von Industrie. Am wichtigsten war dabei die

2 G. Sabbatucci/V. Vidotto, Storia 2, 50. Vgl. auch C. Duggan, Italy, 139 und J. Whittam, Army.
3 F. Molfese, Brigantaggio, 362f.
4 P.L. Ballini, Elezioni, 243. Ebd., 243f. und bei C. Ghisalberti, Storia costituzionale, Tabelle I auch die (durchweg ähnlichen) Ergebnisse der übrigen Plebiszite.
5 Savoyen: 130.583 Ja, 235 Nein; Nizza: 24.448 Ja, 160 Nein. H. Hearder, Italy, 230.
6 H. Hearder, Italy, 149.

Seideherstellung, gefolgt von der Wollverarbeitung. Piemont und die Toskana führten in den fünfziger Jahren den Freihandel ein.

Die Bildung des Einheitsstaates hatte für Nord und Süd höchst unterschiedliche Wirkungen.[7] Die Schutzzölle entfielen, und die bislang im Süden sehr niedrigen Steuern wurden auf das hohe nördliche Niveau gebracht. Piemonts ausgreifende Politik hatte die Staatsausgaben belastet; dazu nahm der neue Staat in verstärktem Maße Infrastrukturprojekte an die Hand, insbesondere die Förderung des Eisenbahnbaus. 1859 verfügte der Norden erst über 1.372 km, der Süden über ganze 99 km,[8] während es 1876 im ganzen Land 7.686 km und 1914 17.649 km waren.[9] Doch die Auswirkungen einer verbesserten Infrastruktur machten sich erst längerfristig bemerkbar, wobei auch hier der Süden benachteiligt war. Denn das Bahnnetz diente hauptsächlich, durch Nord-Süd-Linien, der Erschließung des Landes für den Norden, nicht der Verbindung der lokalen Zentren untereinander.[10] Einstweilen erlitt die Industrie im Süden einen Rückschlag, wurde der Markt doch, dank dem Freihandel, von nördlichen und ausländischen Anbietern erobert. Dazu wurden die archaischen Verhältnisse in der Landwirtschaft zementiert. Der neue Staat war für die Integration des Südens auf die Mitarbeit der dortigen lokalen grundbesitzenden Eliten angewiesen. Die Alternative dazu hätte in einem Bündnis mit den Unterschichten und damit in einer sozialen Revolution gelegen. Der Verkauf von Kirchen- und Gemeindeland, der in den sechziger und siebziger Jahren in beträchtlichem Umfang erfolgte,[11] verstärkte die ungleichen Besitzstrukturen noch. Ärmere vermochten sich kein Land zu leisten, oder sie mussten einmal erworbenes Land infolge Verschuldung bald an Reichere verkaufen. Angesichts der sich immer weiter öffnenden Schere zwischen Nord und Süd wurden seit der Jahrhundertwende zunehmend Förderungsprogramme für den Süden durchgeführt. Doch die Mittel flossen hauptsächlich in die Taschen derer, die Wirtschaft und Gesellschaft beherrschten, dienten also nur wieder zur Festigung der bestehenden Strukturen. Die Frage, ob eine Landreform im Süden überhaupt möglich gewesen wäre und, wenn ja, ob sie das „Südproblem“ hätte entschärfen können, ist in der italienischen Geschichtswissenschaft bis heute umstritten.[12]

---

7 Während in der Regel nur vom Nord-Süd-Gegensatz oder -Gefälle die Rede ist, wird Italien bei konkreten Analysen meist in die drei Gebiete Norden, Mitte und Süden eingeteilt. Dabei nimmt Mittelitalien vielfach eine Zwischenstellung ein. Hier wird die Mitte je nach Bedarf separat erwähnt. Der Süden entspricht jeweils dem früheren Königreich beider Sizilien zusammen mit Sardinien.

8 Zentrum: 358 km. V. Zamagni, Economic history, 14.

9 Ebd., 162.

10 Ebd., 164f.

11 Nach V. Zamagni, Economic history, 66f. wurden insgesamt etwa 30.000 km^2 verkauft, nach M. Clark, Modern Italy, 17 über 20.000 km^2, was über 10% bzw. etwa 7% der gesamten Landesfläche ausmacht.

12 Die meistdiskutierte These bei A. Gramsci, Risorgimento, 69–104. Gegenposition: R. Romeo, Risorgimento, 17–52, besonders 21f. Überblicke über die Historiographie bei R. De Felice, Storia 1, 37–46; G. Toniolo, History, 133–150 und H. Hearder, Italy, 1–14. Vgl. auch V. Zamagni, Economic history, 61 und A. Gerschenkron, Rosario Romeo. Grundlegend zur Geschichte der „Südfrage“ ist noch immer F. Vöchting, Südfrage.

1861–1880 erfolgte nur eine sehr langsame Ausweitung der Industrie, wobei die Textilindustrie im Mittelpunkt stand.[13] Die Landwirtschaft stagnierte. In den achtziger Jahren erreichte die europäische Agrarkrise Italien. Dafür erlebte die Industrie 1881–1888 einen bedeutenden Aufschwung.[14] Seit 1878 griff die Regierung zunehmend zu protektionistischen Maßnahmen, die 1887 in einem neuen Zolltarif gipfelten, der 1888–1898 zu einem kostspieligen Wirtschaftskrieg mit dem wichtigsten Handelspartner, Frankreich, führte, dafür aber den Vorteil einer stärkeren Diversifizierung des Außenhandels mit sich brachte. Hauptopfer des Protektionismus war die für den Export (Wein, Getreide, Olivenöl) produzierende Landwirtschaft im Süden, Hauptprofiteur die Textilindustrie.

1889–1895 geriet die gesamte italienische Wirtschaft in eine tiefe Krise, die verbunden war mit dem Zusammenbruch großer Teile des Bankensystems. Der Aufschwung kam weniger dank den Zöllen als dank der gesamteuropäischen Hochkonjunktur ab 1896. Er hielt, mit einer gewissen Abschwächung nach einer Krise 1907/08, bis 1914 an. Diese Zeit wurde zur eigentlichen Durchbruchsphase der Industrialisierung in Italien. Die Industrieproduktion erreichte äußerst beachtliche Zuwachsraten von 4–7% im Jahr, und zugleich stiegen die Reallöhne.[15] Die traditionell dominierende Textilindustrie blieb zwar die größte Branche, vor allem auch als Exporteur. Doch die Dynamik ging nun von neuen Sektoren aus. Manche von ihnen gediehen allerdings nur dank andauerndem Protektionismus. Das galt etwa für den Schiffbau und insbesondere für die Schwerindustrie, die beide vor allem dank Rüstungsaufträgen rasch expandierten. Andere Sektoren hingegen wurden international konkurrenzfähig, insbesondere der Motorfahrzeugbau, aber auch die Maschinen-, die chemische und die Elektroindustrie. Die Expansion der letzteren wurde mangels Kohle und dank verbreiteter Wasserkraft zur Erfolgsgeschichte par excellence: Die Stromerzeugung wuchs 1894–1913 mit 22% pro Jahr.[16] Auch die Produktivität der Landwirtschaft nahm nun stärker zu.

Bis 1914 war auf diese Weise eine solide industrielle Grundlage entstanden, die durchaus eine weitere Expansion zu tragen vermochte. Gesamtwirtschaftlich war sie freilich nach wie vor relativ schmal. Dazu hatte sich die Industrialisierung auf den Norden konzentriert. Das Nord-Süd-Gefälle war noch größer geworden. Das Bruttosozialprodukt pro Kopf lag im Jahre 1911 im Zentrum und im Nordosten um 33% über dem des Südens, im Nordwesten sogar um 81%.[17] 1911 waren 64% der in der Industrie Beschäftigten im Norden tätig, obwohl dieser nur ca. 45% der Bevölkerung umfasste; für den Süden waren die entsprechenden Anteile 21% und 37%.[18] Auch in der Land-

---

13 Für eine Aufschlüsselung nach Branchen siehe V. Zamagni, Economic history, 86f. und P. Hertner, in W. Fischer, Handbuch 5, 732.

14 Die Zahlen sind allerdings höchst unsicher: siehe V. Zamagni, Economic history, 79.

15 L. Cafagna, Italien, 320–322; V. Zamagni, Economic history, 79. Die Einteilung der Konjunkturphasen ist in der Literatur uneinheitlich. Vgl. etwa L. Cafagna, Italien, 314ff.; G. Toniolo, History und A. Gerschenkron, Industrial growth.

16 G. Federico, Italy, 773. Die Zahlenangaben in der Literatur schwanken, wie generell für die italienische Wirtschaftsgeschichte dieser Zeit, erheblich.

17 Berechnet nach V. Zamagni, Economic history, 39.

18 P. Hertner, in W. Fischer, Handbuch 5, 720; 756; vgl. ebd., 761.

wirtschaft hatte die Produktivität im Norden wesentlich rascher zugenommen als im Süden. 1909 wurden in verschiedenen nördlichen Provinzen mindestens 1,5 Tonnen Weizen pro Hektar geerntet – in Sizilien waren es weniger als 600 Kilo.[19]

Phasenweise spielte ausländisches Kapital bei der wirtschaftlichen Expansion eine beträchtliche Rolle. Doch nahm seine Bedeutung in den Jahren vor dem Ersten Weltkrieg ab, und es wurde nie zu einem entscheidenden Faktor.[20] Ausländer trugen auch durch den Tourismus zur Kapitalbildung bei. Am wichtigsten aber war der Beitrag des Südens zur Industrialisierung – des Nordens. Aus dem Süden wanderten, insbesondere seit dem späten 19. Jahrhundert, anteilsmäßig sehr viel mehr Personen aus als aus dem Norden.[21] Sie lieferten durch ihre Überweisungen in die Heimat ein bedeutendes Kapital. Außerdem trug der Süden durch Binnenwanderung nach dem Norden zu dessen Industrialisierung bei. Insgesamt war die italienische Wirtschaft zwischen 1861 und 1913 jährlich um ca. 1,5% gewachsen; die Zunahme des Sozialprodukts pro Kopf hatte etwa 0,8% ausgemacht.[22]

2.13.3 Die Gesellschaft zwischen Vatikan und Mafia

Die italienische Bevölkerung nahm zwischen 1840 und 1911 von 23,30 auf 37,06 Millionen zu. Das bedeutete eine Wachstumsrate, die um ein knappes Drittel unter dem europäischen Durchschnitt lag. Die natürliche Vermehrung allerdings war stärker, mit bis zum Ende der Periode steigender Tendenz.[23] Die Differenz entstand durch Auswanderung. Diese nahm einigermaßen kontinuierlich zu und erreichte zwischen 1901 und 1914 Rekordwerte. Im Schnitt dieser Jahre wanderten 615.981 Personen aus; 1913 waren es sogar 872.598.[24] Die Emigration richtete sich sowohl in die europäischen Nachbarländer als auch nach Amerika, insbesondere in die USA. In dieser Zeit hatte Italien in ganz Europa den höchsten jährlichen Auswandereranteil an der Bevölkerung.[25]

Der Adel spielte in der italienischen Gesellschaft nur eine geringe Rolle.[26] Die eigentliche Führungsschicht bildete die Großbourgeoisie, ergänzt durch eine schmale Gruppe von Freiberuflern. Die Grundlage für ihre Stellung bildete der Grundbesitz, im Norden mehr und mehr ergänzt durch Handels-, Finanz- und Industriekapital. In der Politik spielten Freiberufler, vor allem Anwälte, eine besondere Rolle. Der aus dem Sü-

19 M. Clark, Modern Italy, 127f. Dabei ist freilich die höhere Bodenqualität im Norden zu berücksichtigen.

20 V. Zamagni, Economic history, 127–131; L. Cafagna, Italien, 325; 337f.; G. Toniolo, History, 119–127.

21 G. Sabbatucci/V. Vidotto, Storia 3, 580f.

22 G. Toniolo, History, 4. Freilich sind die Zahlen höchst unsicher. Laut Bairoch, (siehe Tabelle 11, S. 237) lagen die Werte lediglich bei 1,05 und 0,39%, bei einem europäischen Durchschnitt von 1,88 und 0,96%. Doch dürften Bairochs Angaben für Italien zu niedrig sein.

23 P. Hertner, in W. Fischer, Handbuch 5, 718f. Vgl. Tabelle 13, S. 252.

24 Berechnet nach D. Demarco, Emigrazione, 60. Die Zahlen auch bei M. Romani, Storia economica 2, 214.

25 P. Hertner, in W. Fischer, Handbuch 5, 721; E. Sori, Emigrazione, 20–23; D. Baines, Emigration, 4.

26 Zum Aufbau der Gesellschaft siehe die Übersicht bei P. S. Labini, Classi sociali, 153–161. Vgl. P. Hertner, in W. Fischer, Handbuch 5, 724f.

den stammende Advokat wurde geradezu zur typischen Figur der italienischen Politik.[27] 1892 waren 40% der Abgeordneten im Parlament Juristen, 1913 sogar 49%.[28]

Unter dieser Führungsschicht von 1–2% der Bevölkerung stand ein zahlenmäßig starker, allerdings sehr heterogener Mittelstand aus Beamten, Angestellten, mittleren und kleinen Grundbesitzern, Bauern, Pächtern, Handwerkern und Händlern. Die Unterschicht bestand auf dem Lande hauptsächlich aus Landlosen, in den Städten in wachsendem Maße aus Arbeitern, von den Gelegenheits- bis zu den Facharbeitern, sowie aus Dienstboten. Die Verschlechterung der Lage der unterbäuerlichen Schichten auf dem Lande trug zur Verschärfung der Klassengegensätze bei. Die Arbeiterbewegung war in Italien stets in beträchtlichem Maße auch eine solche der Landarbeiter und der Tagelöhner. Dadurch wird verständlich, dass, obwohl von Industrialisierung noch kaum die Rede sein konnte, schon in den sechziger und siebziger Jahren eine kleine, aber militante Arbeiterbewegung entstand. Darin dominierte der Anarchismus (dessen Vorkämpfer Michail Bakunin lebte 1865–1867 in Neapel), vielfach verbunden mit Terrorismus.[29] Die Militanz zeitigte geringe Ergebnisse, so dass sich in den achtziger Jahren allmählich stärker die marxistische Richtung durchsetzte, mit revolutionärem Programm, aber weitgehend reformistischer Praxis. Nach verschiedenen Vorläuferorganisationen wurde 1892 eine Arbeiterpartei nach dem Vorbild der Sozialdemokratischen Partei Deutschlands gegründet, die sich seit 1895 *Partito Socialista Italiano* nannte. Sie blieb nicht von Flügelkämpfen verschont, erzielte aber kontinuierlich bessere Wahlresultate.[30] Insgesamt blieb die Arbeiterbewegung zersplittert.

Der anarchistische Einfluss blieb stärker in der Gewerkschaftsbewegung, die gegen vielfältige Verbote (vor allem von Streiks) aufgebaut wurde. 1906 entstand die Dachorganisation *Confederazione Generale del Lavoro* (CGL), deren Mitglieder etwa zu 30–50% Landarbeiter waren.[31] Streiks waren verbreitet; sie endeten immer wieder in blutigen Konfrontationen mit den Ordnungskräften. In den neunziger Jahren verschärfte sich die staatliche Repression. Sie erreichte ihren Höhepunkt im Süden 1892–1894 in Sizilien, in der Bekämpfung der sogenannten *Fasci*, heterogen zusammengesetzter, in Land und Stadt vertretener Arbeiterorganisationen, und im Norden im Mai 1898 in der Niederschlagung eines Arbeiteraufstands in Mailand, die weit über hundert Tote forderte. Bürgerkriegsähnliche Zustände drohten, als Ministerpräsident Giolitti seit 1903 eine neutrale Haltung des Staates gegenüber Arbeitskämpfen einführte. Er brachte auch die Arbeits- und Sozialgesetzgebung, deren Anfänge in die achtziger Jahre zurückgingen, voran. Dazu entstand ein – freilich noch sehr lückenhaftes – Sozialversicherungssystem.[32] Das stärkte, zusammen mit der Hochkonjunktur, die Stellung der Arbeiter und führte wenigstens in Ansätzen zu einer Verbesserung ihrer Lage, ohne dass sich die Klassengegensätze bis 1914 wesentlich abgemildert hätten.

---

27 P. Hertner, in W. Fischer, Handbuch 5, 735.

28 M. Clark, Modern Italy, 63.

29 Vgl. N. Pernicone, Anarchism.

30 Zahlen bei P. Fritzsche, Kultur, 51 und bei C. Ghisalberti, Storia costituzionale, Tabelle III. Generell zu den Wahlen P.L. Ballini, Elezioni.

31 J.A. Davis, Socialism, 213.

32 Knappe Übersicht bei V. Zamagni, Economic history, 189–191; M. Clark, Modern Italy, 137; P. Hertner, in W. Fischer, Handbuch 5, 775f.

Der neue Staat war mit einer in Europa einmaligen Hypothek belastet. Kein Nationalstaat konnte es sich im 19. Jahrhundert leisten, auf Dauer auf seine traditionelle Hauptstadt zu verzichten. Die Vollendung der Einheit durch die Einverleibung Roms war aber ohne Konflikt mit der Kirche nicht zu haben, und dieser Konflikt musste Italien die Gegnerschaft nicht nur des Papsttums, sondern des gesamten Katholizismus im In- und Ausland bringen. Staatliche Maßnahmen verschärften ihn noch. Piemont enteignete in den 1850er Jahren das Kirchenland und hob viele Orden auf – eine Politik, die seit 1861 auf den Rest des Landes ausgedehnt wurde. Nach der Eroberung Roms allerdings gab sich der Staat kompromissbereit. Er war 1871 bereit, den Papst zwar nicht als Territorialherrscher, wohl aber als persönlich souverän, einem Staatsoberhaupt gleich, anzuerkennen und bot ihm eine jährliche finanzielle Unterstützung in der Höhe seiner bisherigen Einkünfte an. Doch Pius IX. wies das Ansinnen von sich, erklärte sich zum „Gefangenen im Vatikan", exkommunizierte alle, die die staatliche Politik unterstützten und verbot 1874 den italienischen Katholiken die Beteiligung an der nationalen (nicht an der regionalen und lokalen) Politik. Die Folge war eine im Vergleich zu anderen Staaten bis zum Ersten Weltkrieg niedrige Wahlbeteiligung.[33]

Auf diese Weise geriet der Katholizismus – und mit ihm vor allem wesentliche Teile des Mittelstandes – ins Ghetto. Sein unmittelbarer Einfluss blieb gering. Die Verweigerungshaltung begünstigte die Machtstellung des liberalen Bürgertums, auch wenn sie längerfristig deren Legitimität schwächte. Der Katholizismus bildete weniger einen Faktor im politischen Kräftespiel, als eine Subkultur, die nun aber allmählich organisiert wurde.[34]

Auch nach 1870 ergriff der Staat phasenweise antiklerikale Maßnahmen, so mit der Aufhebung weiterer Mönchsorden und der Einführung der Zivilehe. Er vermied jedoch eine scharfe Konfrontation. So kam es zu keinen Priesterverfolgungen; die Frauenorden wurden nicht angetastet, und man verzichtete auf die Einführung der Ehescheidung. Die tatsächlich beschlossenen Maßnahmen wurden ohne allzu große Strenge und Konsequenz durchgeführt.

Seit etwa der Jahrhundertwende schwächte sich die Konfrontation ab. Das Verbot der Teilnahme an der Politik wurde zunehmend gelockert. 1904 erlaubte der Papst die Stimmabgabe gegen die Sozialisten, die jetzt als Hauptfeind erschienen; 1909 hob er das Verbot in etwa 150 Wahlkreisen auf. 1913 errang die katholische Bewegung einen bedeutenden Erfolg, als viele Kandidaten der Regierung, die die Unterstützung katholischer Forderungen versprachen, nur dank ihren Stimmen gewählt wurden.

Auch in Italien war das Schulsystem ein wichtiges Streitobjekt zwischen Staat und Kirche, wobei der staatliche Einfluss insgesamt stärker war, die Kirche aber wichtige Teilbereiche mehr oder weniger zu kontrollieren vermochte, besonders die Mädchen-

33 Die Wahlbeteiligung lag in der Zeit von 1861 bis 1900 zwischen 45,5% (1870) und 60,7% (1882); nach der Jahrhundertwende fing sie an zu steigen. Sie war im Süden bis 1909 stets höher als im Norden, wo die Kirche einflussreicher war. Allerdings lag die Beteiligung auch zwischen 1848 und 1860 in Piemont nur zwischen 48,0% (Januar 1849) und 65,5% (1848). Insofern sollte die Bedeutung des päpstlichen Verbots wohl doch nicht zu hoch veranschlagt werden. Die Zahlen bei C. Ghisalberti, Storia costituzionale, Tabelle I; M. Romani, Storia economica 1, 213 und P.L. Ballini, Elezioni, 305f.

34 R. Lill, Geschichte Italiens, 233. Vgl. D.L. Horowitz, Labour movement, 95–126.

bildung auf der Sekundarstufe. Insgesamt widerspiegelte das Bildungswesen sowohl die Klassenverhältnisse als auch den Nord-Süd-Gegensatz. Für die Universitäten wurde viel mehr ausgegeben als für die Primar- und die Sekundarstufe.[35] Die Volksbildung lag im Argen, mit einem enormen Nord-Süd-Gefälle. 1861 betrug die Analphabetenrate in ganz Italien 75%, 1871 noch 68,8% (Frauen: 76,7%; Männer: 57,7%). Den höchsten Anteil hatte 1871 mit 88,0% die Basilicata; der ganze Süden wies Werte von über 80% auf, während Piemont nur 42,3%, die Lombardei 45,2% Analphabeten hatte.[36] Nach der Einigung wurden zumindest auf dem Papier größere Anstrengungen unternommen. Doch die Verwirklichung erfolgte nur stockend; insbesondere im Süden waren die Hindernisse groß. Hier musste der Widerstand des Klerus und der Grundbesitzer überwunden werden. Die Volksschule war Gemeindesache. Sie wurde in armen Gegenden verständlicherweise oft vernachlässigt, mangels Geld und mangels Interesse. Erst 1911 ging die Betreuung der Schule an den Staat über. Die Analphabetenrate war noch immer beträchtlich. Der italienische Durchschnitt war auf 37,9% gesunken, mit 11,0% in Piemont und 13,4% in der Lombardei, aber immer noch über 50% im gesamten Süden, mit Kalabrien an der Spitze (69,6%).[37] Die Differenz zwischen der fortgeschrittensten und der rückständigsten Region hatte sich zwischen 1871 und 1911 von 45,7% auf 58,6% erhöht.

Das Nord-Süd-Gefälle schlug sich nicht nur im Bildungsniveau nieder. 1879–1884 wurden im Norden nur 6,7% der Stellungspflichtigen wegen zu geringer Körpergröße nicht rekrutiert. Im Süden waren es 16,2%, auf den Inseln 16,8%.[38]

Der neue Staat sicherte seine Herrschaft über den Süden, indem er die dortigen herrschenden Gruppen kooptierte. Zwar war der Verwaltungsaufbau strikt zentralistisch. Aber die vom Zentrum eingesetzten Beamten konnten sich nur durchsetzen, wenn sie die Interessen der lokalen Größen vertraten. Der Kompromiss ging auf Kosten der Unterschichten. Unruhe und Gewalt waren verbreitet. Zur Sicherung der Machtverhältnisse wurde auf besonders gewaltsame Strukturen zurückgegriffen, die schon vor 1860 bestanden hatten, sich jetzt aber noch ausweiteten und intensivierten: die *Camorra* (auf dem Festland) und die *Mafia* (in Sizilien). Darin verbanden sich ältere Formen der Feme und der Blutrache mit der Erzwingung von Loyalität und der Umverteilung von Besitz durch die Erpressung von Schutzgeldern. Die Folge war eine Aufrechterhaltung der bestehenden Sozialverhältnisse unter Umgehung der rechtsstaatlichen Mechanismen.

2.13.4 Das Politische System: Eine Oligarchie zwischen Liberalismus und Demokratie

Die piemontesische Verfassung von 1848, die 1861 zur Verfassung Italiens wurde und es bis 1946 blieb, schuf eine konstitutionelle Monarchie mit starker Stellung des Herr-

---

35 Bildungsausgaben 1873 (in Millionen Lire): Primarstufe: 2,7; Sekundarstufe: 4,5; Universitäten: 6,2. M. Clark, Modern Italy, 40.

36 V. Zamagni, Economic history, 14; M. Clark, Modern Italy, 35f.

37 V. Zamagni, Economic history, 195; M. Clark, Modern Italy, 36.

38 G. Sabbatucci/V. Vidotto, Storia 2, 572.

schers. Die Minister waren dem König verantwortlich, der auch das (neben einem vom Herrscher ernannten Senat stehende) gewählte Abgeordnetenhaus auflösen konnte. Dieses vermochte indessen mit der Zeit eine deutliche Machtverschiebung zu seinen Gunsten durchzusetzen, vor allem dank seinem ausschließlichen Recht der Steuer- und Haushaltsbewilligung. Die Regierung wurde von einer parlamentarischen Mehrheit abhängig.

Die Verfassung band das Wahlrecht an einen hohen Zensus und die Fähigkeit zu lesen und zu schreiben. Bestimmte Kategorien von Gebildeten und Beamten waren auch dann wahlberechtigt, wenn sie den Zensus nicht erfüllten.[39] Bis 1882 waren lediglich etwa 2% der Bevölkerung beziehungsweise 8% der Männer wahlberechtigt.[40] Politik war eine Angelegenheit kleiner Cliquen. Dabei bildeten sich zwei Richtungen heraus. Zunächst war die damals so genannte „Rechte" an der Macht. Darin gab die nördliche, insbesondere die piemontesische Oberschicht den Ton an. Sie vermochte vom Prestige der Einigung zu profitieren. 1876 verlor sie die Macht an die „Linke", die sich stärker auf das mittlere Bürgertum und regional gesehen auf den Süden stützte. Der oligarchische Charakter der Politik war hier noch ausgeprägter als im Norden: Da die Wahlkreise nach Bevölkerungs-, nicht nach Wählerzahlen eingeteilt wurden und im Süden der Anteil der Wahlberechtigten an der Gesamtbevölkerung mangels Besitz und Bildung geringer war als im Norden,[41] reichten im Süden zur Wahl eines Abgeordneten weniger Stimmen als im Norden.

Diese Situation einer in zwei Fraktionen gespaltenen oligarchischen Herrschaftselite erinnert an die Verhältnisse in Portugal und Spanien. Dort wurde Stabilität durch regelmäßigen, von manipulierten Wahlen abgesegneten Machtwechsel erreicht. In Italien fand man eine flexiblere Lösung, den sogenannten Transformismus *(trasformismo)*. Der Ministerpräsident sicherte sich eine parlamentarische Mehrheit, indem er Abgeordnete einzeln oder in Gruppen mittels Versprechungen und Zugeständnissen, vom Bau einer Eisenbahnlinie bis zur Verteilung von Posten, auf seine Seite zog. Ein solches System förderte Opportunismus und Korruption, Cliquen- und Klientelwesen. Es verhinderte die Entstehung wirklicher Parteien und führte zu großer Instabilität der Regierungen. Der Rahmen für diese Instabilität war indessen recht stabil. Während das Personal rotierte und Regierungen andauernd neu- und umgebildet wurden, blieb die Zahl der für solche Posten verwendeten Personen gering. Das System hatte im Vergleich zu den iberischen Staaten erhebliche Vorteile. Obwohl auch in Italien Wahlen vielfältig manipuliert wurden, verkamen sie nicht zur reinen Farce. Das Parlament hatte eine bedeutende Machtstellung, da es nicht zur Absegnung einer bereits eingesetzten Regierung bestellt wurde, sondern diese Regierung allererst bestimmte. Da keine abrupten Machtwechsel erfolgten, sondern die Machtverteilung stets im Fluss war, ließ sich eine Einmischung des Militärs schwer rechtfertigen. Und da festgefügte Parteien fehlten, fiel der Einbezug neuer, bislang nicht berücksichtigter Gruppierungen

---

39 P.L. Ballini, Elezioni, 43–47.

40 Zahlen bei P.L. Ballini, Elezioni, 245–254; C. Ghisalberti, Storia costituzionale, Tabelle II und P. Fritzsche, Kultur, 48.

41 Die Differenz nahm im Lauf der Zeit zu. P.L. Ballini, Elezioni, 252–254; M. Clark, Modern Italy, 64.

leichter. Denn der Druck von unten auf das oligarchische Machtkartell nahm mit der Zeit zu. Er führte 1882 zu einer vorsichtigen Wahlrechtsreform. Der Zensus wurde gesenkt, und wer zwei Jahre lang mit Erfolg die Schule besucht hatte, erhielt das Wahlrecht auf jeden Fall.[42] Dadurch wurden die Mittelschichten, insbesondere die städtischen, wahlberechtigt, nicht jedoch die ländlichen Massen. Nun waren etwa 7–8% der Bevölkerung beziehungsweise 30% der Männer wahlberechtigt.[43] Neue politische Gruppierungen entstanden oder vergrößerten sich, insbesondere links von den regierenden Cliquen. Das führte in den späten neunziger Jahren zu einer sich verschärfenden Konfrontation. Deren Höhepunkt war 1900 mit der Ermordung König Humberts erreicht. Es war das Verdienst Giovanni Giolittis (1842–1928), der die italienische Politik von 1901 bis 1914 wesentlich bestimmte und dieser Periode als *età giolittiana* sogar ihren geläufig gewordenen Namen verlieh, die Konfrontation abzubrechen und wieder stärker im Sinne des Transformismus zu regieren, der nun aber deutlich weiter gefasst (und häufig auch nicht mehr so bezeichnet) wurde. Giolitti bemühte sich, bisher außerhalb des Systems stehende Gruppen zu integrieren. Das gelang insbesondere mit den beiden bürgerlichen Parteien der Republikaner (in der Nachfolge Mazzinis) und der gemäßigteren, vor allem die städtische Mittelklasse vertretenden Radikalen, in geringerem Maße mit den Katholiken und den Sozialisten. Letztere lehnten zwar 1903 und 1911 Angebote, in die Regierung einzutreten, ab, waren aber zu begrenzter Kooperation bereit. 1912 schließlich führte Giolitti das praktisch allgemeine Wahlrecht ein. Wahlberechtigt waren alle Männer über 30 sowie die jüngeren, sofern sie Militärdienst geleistet hatten. Italien hatte damit den friedlichen Übergang vom oligarchischen zum demokratischen Parlamentarismus geschafft. Dass sich die gewonnene Stabilität doch nicht als dauerhaft erwies, war weniger Giolitti als dem Ersten Weltkrieg, den Giolitti nicht wollte, anzulasten.

Angesichts der tiefen Spaltungen, die die italienische Gesellschaft durchzogen, ist bemerkenswert, dass die politische Rolle des Militärs begrenzt blieb. Zwar gingen Generale häufig in die Politik und wurden zuweilen sogar Ministerpräsidenten. Aber das Militär blieb loyal. Dazu dürfte einerseits die Regenerationsfähigkeit des politischen Systems beigetragen haben, andererseits das geringe Prestige des Militärs, das bis zum Ersten Weltkrieg, und darüber hinaus, stets sehr viel mehr Niederlagen einstecken musste, als es Siege auf seine Fahnen heften konnte. Es wurde im Übrigen häufig bei inneren Unruhen, auf dem Lande wie in den Städten, eingesetzt.[44]

Die Schaffung des neuen Staates erzeugte einen Widerspruch, der bei der deutschen Einigung vermieden wurde. Obwohl die zusammengefügten Teile in vielfältiger Hinsicht äußerst heterogen waren, wurde Italien nach französischem Vorbild strikt zentralisiert; föderalistische Elemente fanden sich noch nicht einmal in Ansätzen. Dennoch entstanden keine nennenswerten regionalistischen oder separatistischen Bewegungen. Selbst der Bürgerkrieg im Süden hatte keinen solchen Charakter. Das hing wohl in erster Linie

---

42 P.L. Ballini, Elezioni, 93–100.

43 Ebd., 252–254; C. Ghisalberti, Storia costituzionale, Tabelle II; P. Fritzsche, Kultur, 48. Auf kommunaler und regionaler Ebene war die Wahlrechtsausweitung schon früher erfolgt; vgl. P.L. Ballini, Elezioni, 261–265.

44 Zu diesen Fragen vgl. J. Gooch, Army und J. Whittam, Army.

damit zusammen, dass die früheren politischen Einheiten ihrerseits weder historisch solide gewachsen noch im Bewusstsein der Bevölkerung fest verankert gewesen waren.

2.13.5 Äußeres und Kolonien: Die Kosten einer zeremoniellen Großmachtstellung

Spätestens 1871 konnte Italien von seiner Fläche, Lage und Bevölkerung sowie von seinem wirtschaftlichen Potential her durchaus als europäische Großmacht gelten – nicht jedoch von seiner Wirtschaftsleistung, aber auch nicht von seiner militärischen Stärke her. Die internationale Stellung des Landes widerspiegelte dieses Dilemma. Es wurde zwar im zeremoniellen Sinne in der Regel zum Kreis der Großmächte gezählt – wenn es hingegen wirklich auf die Macht ankam, stand Italien meistens am Rande oder außerhalb.

Die herrschenden Schichten waren keineswegs bereit, sich mit einer solchen Situation abzufinden und ihr Land im Windschatten der großen Politik einen neutralen Kurs segeln zu lassen. Vielmehr verstanden sie die Einigung, wie die deutschen Nationalisten die ihre, in Max Webers berühmter Formulierung als bloßen „Jugendstreich", auf den erst noch die eigentlichen Taten in Form einer „Weltmachtpolitik" zu folgen hätten.[45] Eine solche Politik erforderte zwei Schwerpunkte. Zunächst musste in Europa durch eine entsprechende Bündnispolitik Unterstützung und Absicherung gefunden werden. Danach musste Italien expandieren, vorzugsweise im Mittelmeerraum.

Das erste, kaum diskutierte Axiom italienischer Politik waren gute Beziehungen zu Großbritannien. Dessen Flotte beherrschte das Mittelmeer, und Italien war ihr mit seinen langen Küsten ausgeliefert. Großbritannien kam aber nicht als Bundesgenosse in Frage, hielt es sich doch lange Zeit aus allen Bindungen heraus. Frankreich hatte den Geburtshelfer der Einheit gespielt. Aber die Beziehungen hatten sich wegen der französischen Unterstützung des Papstes abgekühlt. Als Frankreich 1881 Tunis besetzte, ein Gebiet, das man in Rom als eine Art natürliches Hinterland betrachtete, und Italien noch nicht einmal Kompensationen anbot, vollzog dieses die Wende. Es schloss sich 1882 mit Deutschland und Österreich zum Dreibund zusammen. Österreich war zwar der alte Erzfeind, der noch immer von den italienischen Nationalisten beanspruchte Gebiete besetzt hielt. Die deutsche Rückendeckung gegen Frankreich aber war viel wert, und im Vergleich zu den großen imperialen Plänen spielten die paar umstrittenen Territorien im Nordosten für die meisten Politiker keine entscheidende Rolle.

Italien konzentrierte sich seit 1882 auf den Kolonialerwerb am Horn von Afrika, in Eritrea, Somalia und Äthiopien. Die Fortschritte waren langsam. 1887 erlitt es zum ersten Mal eine größere Niederlage, bei Dogali, gegen Äthiopien. Es vermochte diese Scharte in der Folgezeit einigermaßen auszuwetzen, geriet dann aber 1896 bei Adua in eine Katastrophe: Ein großes Heer wurde von äthiopischen Truppen vernichtend geschlagen. Von 16.000 Italienern fielen mehr als 4.000; 1.800 gerieten in Gefangenschaft.[46] Keine andere europäische Macht musste in den Jahrzehnten vor 1914 eine vergleichbare koloniale Demütigung einstecken. Immerhin gelang es danach, den Be-

45 M. WEBER, Nationalstaat, 23.
46 R. LILL, Geschichte Italiens, 230.

sitz in Eritrea und Somalia zu konsolidieren. Gleichzeitig erfolgte in Europa eine Umorientierung, im Hinblick auf die Absicherung im Mittelmeer. Sie führte 1902 zum Ausgleich mit Frankreich, mit dem eine geheime Neutralitätsabsprache getroffen wurde, die den Dreibund – der weiter bestehen blieb – verletzte, denn Italien hatte sich darin verpflichtet, seine Partner im Falle eines französischen Angriffs zu unterstützen. Die Abkühlung gegenüber Österreich hing auch mit dessen Balkanpolitik zusammen: Es weigerte sich, italienische Ansprüche ernsthaft ins Auge zu fassen. Nach der österreichischen Annexion Bosnien-Herzogowinas 1908 hoffte Italien vergeblich auf Kompensationen, die ihm laut Dreibund zustanden. Giolitti, der kein Imperialist war, glaubte angesichts der Stimmung im Lande etwas tun zu müssen: Als „Kompensation" für den Erwerb Marokkos durch Frankreich eroberte Italien 1911/12 Libyen. Der Krieg gegen das Osmanische Reich, dem das Gebiet formell noch gehörte, verlief für einmal relativ erfolgreich. Doch man hatte den Widerstand der wenig zahlreichen einheimischen Bevölkerung unterschätzt. Er zwang Italien zur Stationierung von etwa 50.000 Soldaten[47] und zu einem jahrzehntelangen Krieg, den es nie wirklich zu gewinnen vermochte. Imperialistische Politik erwies sich im Falle Italiens im Wesentlichen als eine wirtschaftliche Belastung. Dazu verschärfte sie die nationalistische Stimmung, die das Land schließlich in den Ersten Weltkrieg trieb. Bei dessen Ausbruch erklärte sich Italien neutral. Dazu war es nach dem Wortlaut des Dreibundes befugt, da Österreich von Serbien nicht angegriffen worden war. Die große Mehrheit des Volkes war für Neutralität. Doch lautstarke nationalistische Kreise vermochten das Land schon im Mai 1915 in den Krieg zu ziehen.

2.14 Spanien

Spanien ging in der zweiten Hälfte des 19. Jahrhunderts der Ruf voraus, sich seit Jahrhunderten im Niedergang zu befinden. Indem es sich verzweifelt und mit enormem Aufwand dagegen wehrte, durch Festhalten an den Resten seines Imperiums und Beteiligung an der Aufteilung Afrikas, beschleunigte es seinen weiteren Niedergang. Es erzielte zwar bemerkenswerte wirtschaftliche Erfolge. Aber das Wachstumstempo war geringer als in den europäischen Kerngebieten, so dass sich der Abstand auf sie zusehends vergrößerte. Ein langer Kampf gegen innenpolitische Instabilität zeitigte seit 1874 Erfolge, endete aber in einer Verhärtung und Polarisierung, die einen friedlichen Ausgleich zwischen den verschiedenen Kräften bis in die siebziger Jahre des 20. Jahrhunderts verhinderte.

2.14.1 Das politische System zwischen militärischer Intervention und geregeltem Machtwechsel

Spanien war, von einem kurzen republikanischen Zwischenspiel abgesehen, während der behandelten Zeit eine konstitutionelle Monarchie. Die verfassungsmäßige Stellung der Krone war aber wesentlich stärker als diejenige des Parlaments. Der Herrscher

47 M. Clark, Modern Italy, 154.

setzte die Regierung ein und konnte das Parlament auflösen. Vereinfacht gesprochen waren die Jahre bis 1874 eine Zeit der Auseinandersetzungen um die Macht im Staate, während danach, dank einem System des Ausgleichs innerhalb der Machtelite, weitgehende Stabilität herrschte.

Bis 1868 waren in der Regel die Konservativen *(moderados)* an der Macht. Die Krone weigerte sich, liberale *(progresistas)* Regierungen einzusetzen. Das entsprach den Machtverhältnissen bei Hofe, aber nicht im politischen System und hatte die Folge, dass die Liberalen wiederholt gewaltsam an die Macht gelangten. Ausgangspunkt war jeweils eine Militärrevolte *(pronunciamiento)* in einer größeren Garnison, die danach von zivilen Erhebungen unterstützt wurde. Das Militär erlangte dadurch eine politische Schlüsselrolle.

Im September 1868 hatte ein solcher liberaler, vom Militär getragener Umsturz weiterreichende Ziele. Die neuen Machthaber setzten nicht nur Königin Isabella II. (1843–1868), sondern die ganze Dynastie ab, wollten aber die Monarchie beibehalten. Die Suche nach einem neuen Herrscher bereitete indessen Schwierigkeiten. Sie schuf 1870 mit der Kandidatur eines Hohenzollern, der dann verzichtete, den Anlass für den deutsch-französischen Krieg und endete 1871 mit der Einsetzung des allseits unbeliebten zweiten Sohnes des italienischen Königs Viktor Emanuel II. als König Amadeus I., der schon 1873 wieder abdankte. Nun wurde, mehr aus Not als aus Überzeugung, die Republik ausgerufen, die schon nach 10 Monaten und dem Verschleiß von vier Präsidenten gescheitert war und nach einem Militärputsch im Januar 1874 in die Wiedereinsetzung der alten Dynastie mit König Alfons XII. (Dezember 1874) mündete. Die Republik hatte einen hoffnungslosen Vielfrontenkrieg führen müssen, und dies erst noch in einer Zeit der Rezession.

Die 1876 mit einer neuen Verfassung abgeschlossene Restauration war nicht vollständig. Ihr Architekt, Antonio Cánovas del Castillo (1828–1897), sorgte mit einem ingeniösen Zweiparteiensystem, das in ähnlicher Form schon seit der Jahrhundertmitte in Portugal entwickelt worden war, für Stabilität innerhalb des Systems. Konservative und Liberale lösten einander in regelmäßigen Abständen und in bestem Einvernehmen ab.[1] Der König setzte jeweils einen Ministerpräsidenten ein, auf den sich die Parteien zuvor geeinigt hatten, und löste danach das Parlament auf, damit Wahlen der betreffenden Partei die Mehrheit verschaffen konnten. Das Mittel dazu war der sogenannte Kazikismus. Lokale Machthaber *(caciques)* sorgten dafür, dass die Partei, die turnusgemäß an der Regierung war, ausreichend Stimmen erhielt, indem sie ihre Klientel mobilisierten. Die Regierung stellte Mittel und vor allem Posten und Pfründen zur Verfügung, die vom Kaziken verteilt wurden. Ein solches Vorgehen wurde durch einen hohen Zensus erleichtert. Vor dem Umsturz von 1868 war nur ca. 1% der Bevölkerung wahlberechtigt; nach einem Zwischenspiel mit dem allgemeinen Wahlrecht 1869–1876 waren es etwa 5%.[2] Selbstverständlich weckte ein solches

---

1 Siehe etwa das eindrucksvolle Schema mit den Wahlergebnissen 1869–1923 bei M. ARTOLA, Partidos 1, 128. Ähnlich D. NOHLEN, Parlamentarismus, 238; 244. Ebd., 245–259 zur Organisation der Wahlen.

2 D. NOHLEN, Parlamentarismus, Tabelle XI gibt eine genaue Übersicht für die Jahre 1834–1923, ebenso D. NOHLEN, in D. STERNBERGER/B. VOGEL, Wahl 1, 2, 1269–1274.

System auch Kritik. Ihr wurde 1890 mit der endgültigen Einführung des allgemeinen Wahlrechts der Wind aus den Segeln genommen. Das System funktionierte so gut, dass es selbst eine solche Ausweitung der Wählerschaft vertrug. Nur sehr langsam bildeten sich in manchen Städten von den Kaziken unabhängige Wahlorganisationen von Parteien, die von der Macht ausgeschlossen waren. Dieser Gefährdung des Systems wurde durch umfangreiche Wahlfälschungen, Betrug und Einschüchterung begegnet. Trotzdem zeigten sich im frühen 20. Jahrhundert allmählich Abnutzungserscheinungen, da die große Mehrheit der Bevölkerung noch nicht einmal in Ansätzen in das System integriert war. Immerhin hatte dieses den Einfluss des Militärs eingedämmt.

2.14.2 Staat und Gesellschaft: Polarisierung durch Besitzumschichtung

Spanien erlebte im 19. Jahrhundert, vor allem zwischen 1837 und 1895, eine als Desamortisation (*desamortización*) bezeichnete Umschichtung des Landbesitzes, die für die Gesellschaft weitreichende Konsequenzen hatte. Der Vorgang ist einerseits als Folge des Endes des Ancien Régime zu verstehen, andererseits besiegelte er dieses Ende und schuf den Rahmen für eine auf Besitz gegründete Klassengesellschaft. In seinem Verlauf trat an die Stelle der bisherigen komplizierten Feudalverhältnisse einfaches und uneingeschränktes Privateigentum.

Treibende Kraft war die Finanznot des Staates. Seit 1837 wurde zunächst der äußerst umfangreiche Kirchenbesitz (hauptsächlich in der Hand von Klöstern) enteignet und versteigert. Seit 1851 kamen beträchtliche Teile des Gemeindelandes hinzu. Schließlich wurde die Unveräußerbarkeit des adligen Grundbesitzes aufgehoben. In der Folge wechselten im Lauf des Jahrhunderts etwa 100.000 km^2 Land den Besitzer.[3] Das war immerhin ein Fünftel der Gesamtfläche Spaniens und sogar die Hälfte des kultivierten Landes. Der Wert lag zwischen einem Viertel und einem Drittel des gesamten Grundbesitzes. 68% der realisierten Erlöse stammten aus kirchlichem Besitz.[4]

Diese Besitzumschichtung kann keineswegs als Agrarreform bezeichnet werden. Nur ein geringer Teil des Bodens wurde von mittleren und kleineren Bauern erworben. Zu einer Verteilung von Land an Besitzlose kam es überhaupt nicht, wollte sich doch der Staat mit den Verkäufen sanieren. Die Käufer entstammten hauptsächlich dem – überwiegend städtischen – Bürgertum. So trat als wirtschaftlich führende Schicht an die Stelle des alten Adels eine neue, adelig-bürgerliche Gruppe von Grundbesitzern, die einige Tausend Familien umfasste. Dabei zeigten sich sowohl in wirtschaftlicher als auch in sozialer Hinsicht Tendenzen zur Polarisierung. Der Umfang des Großgrundbesitzes nahm zu, und die Besitzer lebten immer seltener auf ihren Gütern. In manchen Gebieten, vor allem im Norden, überwogen allerdings traditionell und auch weiterhin Klein- und Kleinstbetriebe. In Pachtverhältnissen verschlechterte sich die Stellung der Pächter: Die Ersetzung der Feudalrechte durch volle privatrechtliche Besitztitel erleichterte den Besitzern die Erhöhung der Pachtzinsen und die Vertrei-

3 F. Simón Segura, Desamortización, 50; 282.

4 W.L. Bernecker, in W.L. Bernecker/H. Pietschmann, Geschichte Spaniens, 215. Für weitere Zahlen zur Desamortisation vgl. A. Carreras, Estadisticas, 104.

bung der Pächter. Die eigentlichen Verlierer aber waren die unterbäuerlichen Schichten auf dem Lande. Sie büßten mit dem Gemeindeland eine wichtige Subsistenzgrundlage ein. Dazu hatten sie bislang von den wohltätigen Aktivitäten einer reichen Kirche profitiert. Der Staat übernahm diese Aufgaben, wenn überhaupt, nur in sehr eingeschränktem Maße.

Die Gesellschaft der zweiten Hälfte des 19. Jahrhunderts ließ sich, politisch gesehen, in ein Regierungslager sowie je eine – höchst unterschiedliche – Opposition zur Linken und zur Rechten aufteilen.

Das Regierungslager setzte sich aus zwei Gruppierungen zusammen. Im Mittelpunkt der Macht standen die Konservativen, die sich selbst zunächst als Gemäßigte *(moderados)* bezeichneten. Ihren Kern bildete die vornehmlich aus Grundbesitzern bestehende und durch Industrie-, Handels- und Finanzbourgeoisie ergänzte Oberschicht, in der die Werte des Adels dominierten. Aufstieg in sie war vor allem durch eine militärische oder politische Karriere möglich. Die zweite Gruppierung bildeten die Liberalen oder Fortschrittlichen *(progresistas)*, wie sie sich nannten. Sie vertraten das mittlere und kleinere Bürgertum.

Die rechte Opposition, die im eigentlichen Sinne des Wortes reaktionär war, bestand ihr Ziel doch in der Rückkehr zum Ancien Régime, umfasste nur einen kleinen Teil der führenden Schichten. Besonders stark vertreten war in ihr die Kirche. Dass die Karlisten, wie sie nach zwei von ihnen unterstützten bourbonischen Kronprätendenten namens Karl genannt wurden, imstande waren, drei mehrjährige Bürgerkriege zu führen (1834–1839, 1847–1849, 1872–1876), verdankten sie breiter Unterstützung durch die kleinen Bauern und Pächter vor allem im Norden, die unter den Folgen der Desamortisation zu leiden hatten.

Eine Sonderstellung nahmen die Bürokratie und vor allem die Armee ein. Beide sorgten, indem sie Aufstieg ermöglichten, für eine gewisse Durchlässigkeit der Gesellschaft. Die Streitkräfte hatten wesentlich innenpolitische und soziale Funktionen. Offiziere waren wichtiger als Mannschaften, die den Generälen oft fehlten. Die Armee war ein in Bürgerkriegen erstarktes, sehr teures Instrument des Staates, das große Eigenständigkeit erlangte, nach außen aber geringe Schlagkraft besaß.

Links vom herrschenden Block standen Demokraten und Republikaner, später auch unterschiedliche sozialistische Gruppierungen. Sie stützten sich auf die Ausgeschlossenen, insbesondere auf die städtischen und ländlichen Unterschichten, deren Lebensverhältnisse sich in vielen Gebieten des Landes eher verschlechterten.

Zu einer Arbeiterbewegung finden sich Ansätze schon in den 1840er Jahren in Katalonien. Größere Bedeutung erlangte sie aber erst seit den sechziger und siebziger Jahren, wobei Gewerkschaften bis 1887 verboten blieben.[5] Angesichts einer sehr starren Haltung der Regierung gerieten die Reformisten in der Bewegung rasch in die Minderheit gegenüber den Radikalen, denn die Hoffnung auf eine Beteiligung an der Macht oder gar auf eine Machtübernahme auf legalem Wege war auf absehbare Zeit illusorisch. Die großen regionalen Differenzen und die staatliche Repression verhinderten allerdings eine effiziente landesweite Organisation. Die Radikalen spalteten sich wieder

---

5 W.L. Bernecker, in W.L. Bernecker/H. Pietschmann, Geschichte Spaniens, 249.

in zwei Richtungen auf: die Anarchisten, als stärkste Gruppierung, und die gemäßigteren, marxistisch orientierten Sozialisten, die 1879 eine zumindest dem Anspruch nach gesamtspanische Arbeiterpartei gründeten. Da größere koordinierte Aktionen kaum möglich waren, nahmen insbesondere manche anarchistische Gruppierungen häufig Zuflucht zu Terrorakten, die das Land in Wellen erfassten, besonders 1893–1897 und 1904–1907, und denen eine Reihe bedeutender Politiker zum Opfer fielen.[6]

Diese Bewegungen, insbesondere der Anarchismus, fassten auch auf dem Lande Fuß, insbesondere in Gegenden mit verbreitetem Großgrundbesitz, vornehmlich in Andalusien. Die verarmten Landarbeiter und Tagelöhner machten sich durch vielerlei lokale Aufstände und Proteste bemerkbar,[7] mit der Folge, dass die Grundbesitzer die Schaffung eines immer dichteren Netzes der paramilitärischen Polizei (*Guardia Civil*, gegründet 1844) forcierten.

Bis 1914 hatte die nach wie vor schwache Arbeiterbewegung weder in der Stadt noch auf dem Land wesentliche Erfolge errungen. Im Parlament saß – trotz allgemeinem Wahlrecht – nur ein einziger sozialistischer Abgeordneter.[8] Eine Sozialgesetzgebung stand erst in den Anfängen. Die Bewegung war aber auch nicht zerschlagen. Eine zunehmende politische Polarisierung deutete auf künftige verschärfte Auseinandersetzungen.

2.14.3 Kirche, Schule und Religion: Der langsame Abschied von der Staatsreligion

Die Kirche hatte unter dem Ancien Régime enormen Besitz und ein Beinahe-Monopol auf das Bildungswesen und das Geistesleben gehabt, um den Preis politischer Kontrolle durch den Staat. In den Umwälzungen des 19. Jahrhunderts hielt sie mit aller Kraft an dieser Verbindung zum Staat fest, um so ihre Macht zu sichern, und sie verzichtete weitgehend darauf, ihre eigene Basis im Volk auszuweiten, so sehr der Katholizismus nach wie vor die Gesellschaft durchdrang. Infolgedessen stand sie in ihrer Mehrheit, oder jedenfalls mit ihren einflussreicheren Teilen, stets auf der konservativen, ja reaktionären Seite.

Nachdem die Kirche die Karlisten unterstützt hatte, musste sie mit der Desamortisation den Verlust eines großen Teiles ihres Besitzes hinnehmen. 1851 fand sie sich in einem Konkordat damit ab. Sie erhielt dafür eine bevorzugte Stellung im Staat zugesichert. Sie bekämpfte jede religiöse Aufweichung und vermochte sich auch über die revolutionären Wirren von 1868 bis 1874 mit deren antiklerikalen Maßnahmen hinwegzuretten. Als 1876 die neue Verfassung keine volle Restauration der bis 1868 geltenden Verhältnisse brachte und die private Ausübung anderer Bekenntnisse gestattete, ohne dass freilich der Katholizismus als Staatsreligion angetastet worden wäre, lief die Kirche dagegen Sturm, wenn auch ohne Erfolg.[9] Sie behielt die weitgehende Kon-

6 Nähere Angaben bei R. Nuñez Florencio, Terrorismo anarquista, 51–60; 70–82.
7 Für eine Fallstudie vgl. T. Kaplan, Anarchists of Andalusia.
8 P. Heywood, Labour movement, 231.
9 A. Shubert, Spain, 148f. Die viel liberalere Verfassung von 1869 hatte sogar volle Religionsfreiheit gewährt.

trolle des Bildungswesens, das sich qualitativ wie quantitativ auf niedrigem Niveau bewegte. Zwar wurde spätestens 1857 die Schulpflicht eingeführt.[10] Tatsächlich aber betrug die Analphabetenquote 1877 72%, 1887 71,6% und 1900 noch 63,8%.[11]

Die Allianz der Kirche mit den herrschenden Kräften begünstigte in den Unterschichten die Entstehung eines Antiklerikalismus, der zuweilen zu gewaltsamen Ausbrüchen führen konnte. Am bekanntesten wurde die sogenannte Tragische Woche vom Juli 1909 in Barcelona, als aufgebrachte Massen nicht nur kirchliche Einrichtungen zerstörten, sondern auch Kleriker und Nonnen ermordeten.

2.14.4 Die Wirtschaft: Landwirtschaftliche Stagnation und räumlich begrenzte Industrialisierung

Spanien galt seit dem 17. Jahrhundert als Inbegriff des wirtschaftlichen Niedergangs und der Rückständigkeit in Europa. Es wurde – nicht ganz zu Unrecht – diesen Ruf auch während der hier behandelten Zeit nicht los, obwohl es einen bemerkenswerten Strukturwandel erlebte. Arbeiteten 1877 erst 11% der Erwerbstätigen in der Industrie und im Bergbau,[12] so war dieser Anteil bis 1914 auf 18,5% gestiegen, die etwa 26% des Volkseinkommens erwirtschafteten.[13] Im Vergleich zu den industriellen Kerngebieten Europas war Spanien allerdings noch 1914 ein ausgesprochenes Agrarland. Nach wie vor arbeiteten 60–70% der Erwerbstätigen in der Landwirtschaft.[14] Das Wirtschaftswachstum pro Kopf war geringer als in Nordwesteuropa. Infolgedessen sank das Prokopfeinkommen von immerhin 90% des europäischen Durchschnitts im Jahre 1870 auf lediglich 70% im Jahre 1910.[15]

Die Landwirtschaft machte in der zweiten Hälfte des Jahrhunderts bedeutende Fortschritte. Aber man konnte nicht von einer Agrarrevolution sprechen. Die Desamortisation führte zu einer Ausweitung der bebauten Flächen und damit zu einer Produktionssteigerung – aber zu keiner großen Steigerung der Produktivität. Diese erreichte lediglich etwa die Hälfte der französischen und gar nur ein Drittel der britischen.[16] Die durchschnittlichen Flächenerträge gingen infolge der Nutzung schlechterer Böden teilweise sogar zurück. Immerhin vermochte die Landwirtschaft die wachsende Bevölkerung zu ernähren. Darüber hinaus konnte sie beträchtliche Exporterfolge mit hochwertigen Produkten erzielen. An der Spitze stand dabei Wein, gefolgt von Olivenöl und Zitrusfrüchten. Insgesamt aber war die Landwirtschaft unterkapita-

---

10 F. Lannon, Privilege, 119f.; A. Shubert, Spain, 182. In der Literatur werden auch frühere Daten genannt, so 1821 und 1838.

11 G. Tortella Casares u.a., Revolución, 324. Die Angaben schwanken in der Literatur um einige Prozentpunkte. Vgl. etwa noch C.-E. Nuñez, Literacy, 136: 1860: 73%; 1877: 67%; 1887: 62%; 1900: 55%; 1910: 48%.

12 A. Shubert, Spain, 119.

13 J. Nadal, Fehlschlag, 396. Abweichende Angaben bei A. Shubert, Spain, 11 und J. Harrison, Economic history, 69. Ganz andere Zahlen bei V. Pérez Moreda, in N. Sánchez Albornoz (Hg.), Modernización, 57.

14 Etwas voneinander abweichende Zahlen bei J. Nadal, Fehlschlag, 396, A. Shubert, Spain, 11 und J. Harrison, Spain, 69.

15 I.T. Berend/G. Ránki, European periphery, 154. Vgl. L. Prados de la Escosura, Imperio 51.

16 A. Shubert, Spain, 15.

lisiert und erst recht nicht imstande, Kapital für eine Industrialisierung zu bilden. Man hat dafür die Desamortisation und das Ausbleiben einer Agrarreform verantwortlich gemacht. Doch wurde die Stagnation auch in Gegenden mit Mittel- und Kleinbesitz nicht wirklich überwunden. Die – neben der Kapitalbildung – zweite wichtige Funktion ländlicher Gebiete für die Industrialisierung hingegen war in Spanien gegeben: Unterbeschäftigung war endemisch, so dass ein großes Reservoir an billigen Arbeitskräften bestand.

Eine moderne Industrie bildete sich, im europäischen Vergleich erstaunlich früh, erstmals in den 1830er und 1840er Jahren in Katalonien heraus, in Form einer Textilindustrie. Katalonien blieb über 1914 hinaus die weitaus am stärksten industrialisierte Region Spaniens. Doch erfolgte weder eine bedeutende Diversifizierung, noch eine Ausweitung in benachbarte Regionen hinein. Um die internationale Konkurrenzfähigkeit war es in der Regel prekär bestellt, so dass die katalanischen Unternehmer zu den entschiedensten Befürwortern von Schutzzöllen gehörten. Spanien schloss sich dem Freihandel nur zögernd und mit Einschränkungen an (1869) und kehrte seit den neunziger Jahren zu immer höheren Zöllen zurück.

Ein wichtiger Grund dafür, dass die katalanische Industrialisierung kaum Ausstrahlungen hatte, lag zunächst in nicht zuletzt topographisch bedingten schlechten Verkehrsverhältnissen. Dieser Mangel wurde seit 1848 langsam und ab 1855 sehr rasch durch den Eisenbahnbau behoben, nachdem schon vorher das Straßennetz ausgebaut worden war. 1855 erleichterte ein Gesetz die Beteiligung von ausländischem Kapital, das nun in großem Umfang ins Land strömte. Gegen Ende des 19. Jahrhunderts befanden sich 80% des spanischen Eisenbahnnetzes in ausländischer, hauptsächlich französischer Hand.[17] Die Netzlänge nahm von 440 km im Jahre 1855 über 4.750 km für 1865 auf 10.525 km für 1895 zu.[18] Die Auswirkungen des Bahnbaus auf die Wirtschaftsstruktur des Landes waren aber vergleichsweise gering, zumal die erforderlichen Kapitalgüter größtenteils importiert wurden. Das Netz war, vor allem als Folge des großen Einflusses ausländischer Investoren, stärker auf die Bedürfnisse des Außenhandels hin entworfen als auf die Förderung eines Binnenmarktes.[19] Manche Autoren sind sogar der Auffassung, der Eisenbahnbau habe die Industrialisierung eher behindert, indem er Kapital gebunden habe.

1868 erleichterte ein Gesetz die ausländische Beteiligung am Bergbau, der dadurch ebenfalls eine rasche Expansion erfuhr. Spanien wurde dank einer breiten Palette von Bodenschätzen zu einem der wichtigsten Bergbauländer Europas. Bergbauprodukte hatten 1914 den größten Anteil am Export. Neben Eisenerz standen Kohle, Blei, Quecksilber, Kupfer, Kobalt, Zinn und Silber.

Auch der Bergbau hatte geringe Entwicklungseffekte. Die Verarbeitung der geförderten Rohmaterialien erfolgte zum größten Teil im Ausland. Doch ist eine bedeutende Ausnahme zu nennen. Die reichen Eisenerzvorkommen ließen eine Schwerindustrie zuerst in Andalusien, ab den 1860er Jahren in Asturien und schließlich seit den 1880er Jahren im Baskenland entstehen. Die baskische Eisen- und Stahlindustrie ge-

17 A. Shubert, Spain, 17.
18 A. Gómez Mendoza, Ferrocarriles, 27.
19 J. Nadal, Fehlschlag, 374; W.L. Bernecker, Sozialgeschichte, 152.

wann vor dem Ersten Weltkrieg erhebliche Bedeutung. Freilich wurden lediglich 8,4% des zwischen 1881 und 1913 in Spanien geförderten Eisenerzes im Lande selbst verhüttet.[20] Die Stahlproduktion betrug 1914 356.000 Tonnen, gegenüber 8 Millionen Tonnen in Großbritannien und 13,8 Millionen in Deutschland.[21]

Über die Ursachen für die schleppende Industrialisierung und deren höchst ungleiche regionale Verteilung ist viel diskutiert und keine Einigung erzielt worden.[22] Eine wichtige Rolle spielte sicher der Kapitalmangel, bedingt nicht zuletzt durch die sehr hohen Militärausgaben. Dazu kamen die Topographie, ein schlechtes Bildungswesen und die Konzentration der Oberschicht auf Landbesitz.

2.14.5 Die Nationalitäten: Zentralisierung und Industrialisierung im Widerstreit

Spanien war im 18. Jahrhundert wie Frankreich ein Land, in dem viele Sprachen gesprochen wurden und viele regionale Sonderrechte bestanden. Beide Staaten versuchten im 19. Jahrhundert, diese Vielgestaltigkeit durch einen straffen Zentralismus zu überwinden, wobei die Schule durch die Ausbreitung der Nationalsprache eine zentrale Rolle spielte. Frankreich konnte dabei – aus zentralistischer Sicht – bedeutende Erfolge verbuchen, während die entsprechende Politik in Spanien scheiterte. Eine Ursache dafür lag sicher im Versagen der Schule, die den Analphabetismus nicht zu besiegen vermochte. Wichtiger aber war wohl, dass in Frankreich die zu vereinheitlichenden Regionen wirtschaftlich gesehen peripher lagen, während in Spanien Katalonien und das Baskenland als die beiden traditionell wichtigsten Gebiete mit einem Sonderstatus und entsprechendem Selbstbewusstsein zu den bedeutendsten Industrieregionen wurden. So ergab sich ein Paradox. Die Industrialisierungserfolge beruhten nicht zuletzt auf der Zentralisierung und Vereinheitlichung des Landes, dank der allererst ein einheitlicher Wirtschaftsraum entstand. Gleichzeitig gingen aber auch wesentliche Privilegien der Randprovinzen verloren, etwa in Steuer- und Militärangelegenheiten. Der wirtschaftliche Erfolg vermittelte Selbstbewusstsein, das sich in der Form eines vor allem auf die Sprache bezogenen Nationalismus äußerte. Ziel war nicht Eigenstaatlichkeit, sondern lediglich Autonomie, wobei diese angesichts der zunehmenden Zentralisierung durchaus als Wiederherstellung alter Rechte und Freiheiten dargestellt werden konnte.

In Katalonien handelte es sich seit den achtziger Jahren um eine primär bürgerliche, von den Unternehmern gestützte breite Volksbewegung, in der nur die Arbeiterschaft nicht mitmachte. Sie vermochte verschiedentlich Konzessionen durchzusetzen. Aber von einem wirklichen Autonomiestatut konnte nicht die Rede sein. Erst 1913 gestand Madrid wenigstens eine Art Regionalversammlung mit geringen Kompetenzen zu.

Die baskische Bewegung entstand erst seit den neunziger Jahren und wurde radikaler. Sie hatte stärker Abwehrcharakter, indem sie sich vor allem gegen nichtbaskische Einwanderer richtete, die im Zuge der Industrialisierung in die Region gekommen waren. Sie fand keinen Rückhalt im Bürgertum, schon gar nicht bei den Unterneh-

---

20 J. Nadal, Fehlschlag, 373; vgl. M. Tuñon de Lara, Historia 8, 54.
21 B.R. Mitchell, Statistics, 467.
22 Ein guter Überblick bei L. Prados de la Escosura, Imperio.

mern, und blieb auf eine Minderheit der Bevölkerung beschränkt. Während das Katalanische auch als Schriftsprache weit verbreitet war, spielte das Baskische eine viel geringere Rolle. Die Bewegung, in der ärmere Schichten und der Klerus ein besonderes Gewicht hatten, erreichte bis 1914 wenig.

Regionalismus war nicht auf diese beiden Gebiete beschränkt. Das zeigte sich 1873/74, als in verschiedenen Regionen sogenannte kantonalistische, auf Autonomie zielende Aufstände ausbrachen. Sie wurden niedergeschlagen. Die Gebiete waren zu arm für größere Aktionen. Aber das Problem blieb bestehen.

2.14.6 Äußeres und Kolonien: Der schwierige Abschied vom Imperium

Spanien gehörte innerhalb Europas zu den mittleren Mächten, wobei es im Lauf der Zeit weiter an Bedeutung verlor. Seine Außenpolitik schwankte zwischen dem Versuch, sich im europäischen Konzert einen möglichst guten Platz zu sichern, und einer Politik der Neutralität. Schließlich überwog die zweite Komponente, die es dem Lande erlaubte, sich aus dem Ersten Weltkrieg herauszuhalten. Der Entschluss kam allerdings nicht ganz freiwillig zustande. Bestrebungen, in den Dreibund aufgenommen zu werden, scheiterten 1887 an Bismarck, für den Spanien kein ausreichendes Gegengewicht gegen Frankreich darstellte, das sich durch eine solche Umklammerung, die an ähnliche Situationen seit dem 16. Jahrhundert erinnerte, bedroht gefühlt hätte. Zu Beginn des 20. Jahrhunderts versuchte Spanien eine Annäherung an die britisch-französische Entente, ebenfalls ohne Erfolg.

Während das Land auf diese Weise innerhalb Europas zu einer Politik weiser Beschränkung fand, geriet der Umgang mit dem imperialen Erbe angesichts ausgeprägter Selbstüberschätzung zur Katastrophe.

Erst seit 1836 erkannte das Mutterland die Unabhängigkeit der ehemaligen amerikanischen Kolonien allmählich an – obwohl diese sich größtenteils schon zwischen 1811 und 1825 selbständig gemacht hatten. Selbst danach verzichtete es noch nicht auf Wiedereroberungsversuche. Das führte zu ebenso kostspieligen wie erfolglosen Interventionen in Mexiko (1861/62, zusammen mit Frankreich und Großbritannien) und in Chile und Peru (1863–1865). Um so hartnäckiger klammerte sich Spanien an den Resten seines einstigen Weltreiches fest, an Kuba, Puerto Rico und den Philippinen, stellten die Kolonien für die auf dem Weltmarkt stets nur mit Mühe konkurrenzfähige spanische Industrie doch einen bedeutenden, zeitweise fast überlebensnotwendigen Markt dar. So gingen 1894 60% der katalanischen Exporte nach Kuba.[23] Eine solche Wirtschaftspolitik ging freilich auf Kosten der Kolonien. Sie trug 1868 zum Ausbruch eines Aufstandes auf Kuba bei, der erst 1878 unterdrückt war und 1895 erneut ausbrach. Spanien verhielt sich ebenso kompromisslos wie militärisch inkompetent. Zeitweise waren etwa 200.000 Mann auf Kuba stationiert, mehr als Großbritannien jemals an europäischen Truppen in ganz Indien stehen hatte. Die Kosten und die Verluste waren ungeheuer. 1896 kam ein Aufstand auf den Philippinen hinzu. 1898 griffen die USA ein und eroberten innerhalb weniger Wochen alle halbwegs bedeutenden spanischen Besitzungen. Die Niederlage wurde in Spanien als nationale Kata-

23 R. Carr, Spain, 357.

strophe empfunden. Doch das Land gab die imperialen Ziele noch immer nicht auf. Es beteiligte sich an der vor dem Ersten Weltkrieg vorgenommenen Aufteilung Marokkos, wenn auch nur als Juniorpartner Frankreichs. Als es 1906 die ihm zugesprochenen Gebiete besetzen wollte, wurde es erneut in einen aufwendigen Krieg verwickelt, der sich über Jahrzehnte hinziehen sollte und den es nie wirklich zu gewinnen vermochte. Schon 1859–1861 hatte Spanien in Marokko Krieg geführt, und seit 1885 hatte es die Westsahara besetzt.

Die ruinöse Politik hing mit der Stellung des Militärs im Lande zusammen: Es war innenpolitisch mächtig und versuchte, diese Stellung durch die Gewinnung äußeren Prestiges noch zu verstärken, hatte aber durch die Konzentration auf die innere Machtstellung nach außen kaum Kampfkraft.

2.15 Portugal

Portugal war um 1850 eines der ärmsten und zurückgebliebensten Länder Europas. Zugleich konnte es auf eine glanzvolle imperiale Vergangenheit zurückblicken. Während es gelang, im Inneren bis 1910 friedliche Verhältnisse zu wahren, trug der Versuch, an jene Vergangenheit anzuknüpfen, lediglich dazu bei, Portugal noch weiter von der europäischen Entwicklung abzukoppeln. Das Land war 1914 vollends zur bloßen Reminiszenz seiner einstigen Größe geworden.

2.15.1 Das politische System: Stabilität durch Rotation

In der ersten Hälfte des 19. Jahrhunderts wurde Portugal von Interventions- und Bürgerkriegen zerrissen. Konservative Absolutisten kämpften gegen liberale und radikale Konstitutionalisten. 1851/52, nach einem Staatsstreich, kam es zu einer bis 1910 dauernden relativen Beruhigung, dank einem Kompromiss zwischen den beiden politischen Hauptkräften. Portugal wurde zu einer gemäßigten konstitutionellen Monarchie. Das Parlament bestand aus einem vom König ernannten Oberhaus und einem vom Volk gewählten Abgeordnetenhaus. Das Wahlrecht wurde im europäischen Vergleich großzügig gehandhabt. Berechtigt waren Männer, die einen bescheidenen Zensus erfüllten oder einen höheren Schulabschluss hatten. Etwa 35–40% der Männer über 21, die ca. 10% der Bevölkerung ausmachten, erfüllten diese Voraussetzungen.[1] Andererseits behielt der König erhebliche Macht, vor allem das Recht zur Einberufung und Auflösung des Parlaments und zur Ernennung der Regierung.

Die relative Stabilität verdankte sich nicht zuletzt einer portugiesischen Sonderentwicklung, die sich später auch in Spanien und teilweise in Rumänien bewährte, dem *rotativismo*.[2] Die beiden einflussreichsten Parteien, die konservativen *Regeneradores* und die liberalen *Históricos*, welch letztere 1876 durch Zusammenschluss mit den *Reformistas* zu den *Progressistas* wurden, wechselten einander mit einer gewissen Regelmäßig-

1 L. Vidigal, Cidadania, 10; P.T. Almeida, Eleições, 33–35; 216.
2 Dazu vor allem P.T. Almeida, Eleições und F.F. Lopes, Poder político. Vgl. auch L. Vidigal, Cidadania und J. Tengarrinha, Estudos.

keit an der Macht ab. Der König ernannte jeweils den Führer einer Partei zum Ministerpräsidenten und löste das Parlament auf. Die Neuwahlen brachten dann der Regierung die erforderliche Mehrheit, mittels eines später in Spanien und dann auch in Portugal *caciquismo* genannten Phänomens, das auch als *clientelismo* bezeichnet wird. Lokale Notabeln, Beamte oder Grundbesitzer sorgten für das richtige Wahlergebnis, durch Bestechung und das Versprechen von Ämtern und Regierungsaufträgen. Auch direkte Wahlfälschung spielte eine bedeutende Rolle. Das System war dennoch keineswegs eine bloße Farce. Es ermöglichte es den rivalisierenden Parteien, an der Macht teilzuhaben, ohne zu einer direkten Zusammenarbeit gezwungen zu sein. Machtwechsel erfolgten häufig: zwischen 1834 und 1914 wurde das Abgeordnetenhaus nicht weniger als 43 mal gewählt.[3]

Voraussetzung für dieses System war die relative Bedeutungslosigkeit anderer politischer Kräfte. Diese blieben, als Folge langsamen gesellschaftlichen Wandels, in der Tat schwach, auch wenn sie keineswegs gänzlich fehlten. Schon 1875 wurde eine sozialistische Partei gegründet, die zwischen Reformismus, Marxismus und Anarchismus schwankte. Zur wichtigeren Oppositionskraft wurden die Republikaner, die vor allem im Kleinbürgertum verwurzelt waren und 1876 eine eigene Partei gründeten. Sie kompensierten ihre Ablehnung der Monarchie durch einen besonders intensiven Nationalismus und Imperialismus.

Das Aufkommen stärkerer Oppositionsbewegungen führte 1878 zu einer bedeutenden Ausweitung des Wahlrechts, die weiter ging als etwa die britische Reform von 1884. Neu waren alle männlichen Familienoberhäupter und alle, die lesen und schreiben konnten, wahlberechtigt. Die Zahl der Wähler verdoppelte sich beinahe; sie machte jetzt über 18% der Bevölkerung und fast 70% der Männer aus.[4] Dass die Neuerung indessen nicht allzu tief verankert war, zeigte sich 1895, als sie ohne großen Widerstand rückgängig gemacht wurde.[5]

Nach der Jahrhundertwende verschärften sich die Auseinandersetzungen zwischen den beiden großen Parteien. Der *rotativismo* funktionierte nicht mehr richtig. Außerdem setzten die Republikaner mehr und mehr auf außerkonstitutionelle Mittel. Nachdem 1908 König Karl I. und der Thronfolger einem Attentat zum Opfer gefallen waren, gelang ihnen im Oktober 1910, mit Hilfe der Armee, der Umsturz. König Manuel II. ging ins Exil; die Republik wurde ausgerufen, und 1911 wurde eine neue Verfassung verabschiedet. Das Parlament gewann auf Kosten der Exekutive an Macht. Das Streikrecht wurde gewährt (Gewerkschaften waren erst seit 1891 erlaubt), und das Wahlrecht wurde verändert, aber nur wenig ausgeweitet und 1913 sogar wieder eingeschränkt.[6] Zu grundlegenden sozialen Veränderungen kam es nicht. Zum wichtigsten Aktionsfeld wurde der Kampf gegen die katholische Kirche, der den neuen Machthabern einen Teil der Unterschichten entfremdete und zur Instabilität dieser Ersten Republik beitrug, die 1926 durch einen Staatsstreich des Militärs beseitigt wurde.

---

3 A.H.O. Marques, History 2, 49.
4 P.T. Almeida, Eleições, 35–39; 216.
5 F.F. Lopes, Poder político, 73f.; F. Catroga, Republicanismo 1, 96.
6 F.F. Lopes, Poder político, 73–84; J. Serrão/A.H.O. Marques, Nova historia 11, 414–422; A.H.O. Marques, History 2, 160.

2.15.2 Die Wirtschaft: Wachsender Abstand auf Europa

Von einer Industrie konnte um 1850 kaum die Rede sein. Der Urbanisierungsgrad war niedrig, die Produktivität der Landwirtschaft war gering, und große Flächen lagen brach. Die Exporte bestanden fast nur aus landwirtschaftlichen Erzeugnissen, hauptsächlich Wein. Das Land hatte keine Eisenbahnen.

Die Zeit von 1860 bis 1888 erlebte einen kräftigen Aufschwung, und auch danach expandierte die Wirtschaft.[7] Seit der Mitte der fünfziger Jahre entstand ein Eisenbahnnetz. Die Industrieproduktion wuchs zwischen 1850 und 1914 immerhin mit etwa 2,5–2,8% pro Jahr.[8] Auch die Landwirtschaft zeigte eine deutliche Produktionssteigerung. Das Bruttosozialprodukt pro Kopf nahm 1850–1910 um gut 45% zu.[9]

In einem anderen Licht erschien die portugiesische Wirtschaft im europäischen Vergleich. Ihre Wachstumsraten lagen unter dem europäischen Durchschnitt.[10] Machte das portugiesische Prokopfeinkommen 1850 noch 53% des britischen und 83% des deutschen aus, so waren es 1910 nur noch 39% und 53%.[11] Der Rückstand vergrößerte sich selbst gegenüber Spanien und Italien. Der Anteil der Landwirtschaft an der Beschäftigung nahm zwischen 1890 und 1910 lediglich von 61,5% auf 57,4% ab; derjenige der Industrie stieg von 17,8% auf 21,8%.[12] Auch die Verstädterung nahm zwischen 1864 und 1900 nur von 11% auf 16% zu.[13] Die Industrie umfasste so gut wie keine modernen Branchen. In der Landwirtschaft wurden vor allem die Flächen ausgeweitet, weniger die Methoden verbessert. Wein machte weiterhin etwa 40–50% der Exporte aus.[14]

Über die Ursachen dieses schlechten Abschneidens der portugiesischen Wirtschaft im europäischen Vergleich ist viel diskutiert worden, wobei die Uneinigkeit in der Forschung in den letzten Jahrzehnten eher größer geworden ist.[15] Besonders betont worden ist traditionell die Abhängigkeit von Großbritannien, das Portugal als Rohstoff- und Nahrungsmittellieferanten und als Abnehmer für Industrieprodukte benutzt und eine Industrialisierung verhindert habe.[16] Nun waren allerdings selbst in der Zeit relativen Freihandels, die in Portugal von 1852–1889 dauerte, die Zölle im europäischen Vergleich hoch. Dazu wuchs die portugiesische Wirtschaft jeweils dann besonders rasch, wenn das Ausmaß ihrer internationalen Verflechtung groß war.[17] So unbestreitbar die

---

7 A. B. Nunes u.a. (Hg.), Growth, 296.

8 J. Reis, Atraso, 160–164.

9 D. Justino, Portugal 2, 101; A.B. Nunes u.a. (Hg.), Growth, 292–295; A.H.O. Marques, History 2, 28; J. Serrão/G. Thomas, in W. Fischer, Handbuch 5, 694.

10 D. Justino, Portugal 2, 101–103.

11 Ebd., 104. Etwas andere Zahlen bei J. Reis, Atraso, 9f.: bezogen auf den Durchschnitt der entwickelten Staaten zwischen 1850 und 1913 Rückgang des Prokopfeinkommens von 86% auf 45%.

12 M.V. Cabral, Alvorada, 81.

13 J. Serrão/G. Thomas, in W. Fischer, Handbuch 5, 691.

14 Ebd., 699. 1886 waren es sogar 61%: M.V. Cabral, Alvorada, 36.

15 Zum Folgenden vgl. J. Reis, Atraso, 12ff.; 158ff.

16 Vgl. etwa M.H. Pereira, Livre câmbio.

17 A. B. Nunes u.a. (Hg.), Growth, 306. Der Anteil des Exports am Bruttosozialprodukt machte laut J. Reis, Atraso, 15 am Ende des Jahrhunderts nur 7,5% aus, gegenüber einem europäischen Durchschnitt von 13,2%.

Abhängigkeit von Großbritannien war,[18] so wird man darin keinesfalls die einzige und wohl noch nicht einmal die zentrale Ursache für Portugals Schwäche sehen können. Der Binnenmarkt war zu klein. Die Lage am Rande Europas erschwerte den Handel. Kohle und Eisenerz fehlten. Im Lande herrschte Kapitalmangel. Der Staat war hoch verschuldet; 1892 stellte er seine Zahlungen ein. Die Analphabetenrate war hoch. Portugals Kolonialpolitik war primär auf die Gewinnung von Rohstoffquellen und Absatzmärkten ausgerichtet. Sie hatte Erfolg: Der Anteil der Kolonien am Außenhandel war 1913 mit 13,5% höher als bei den meisten anderen Kolonialmächten.[19] Dafür aber litt Portugals Konkurrenzfähigkeit unter dieser merkantilistischen Politik.

2.15.3 Gesellschaft: Die geteilte Unterschicht

Die wichtigste Rahmenbedingung für die portugiesische Gesellschaftsstruktur bildete die Verteilung des Grundbesitzes, die sich durch einen scharfen Gegensatz zwischen dem Süden und dem Norden auszeichnete.

Im Süden herrschte Großgrundbesitz vor, mit überwiegend adligen, in der Regel in der Stadt lebenden Grundherren. Ihnen standen Landarbeiter, Tagelöhner und Kleinpächter gegenüber, die sich, ähnlich wie in Südspanien, wenn auch in etwas geringerem Maße, für anarchistische Strömungen empfänglich zeigten.

Im Norden überwog bäuerlicher Kleinbesitz, der durch Realteilungen immer weiter aufgesplittert wurde. Waren 1877 in Portugal gut 5 Millionen Grundstücke registriert, so waren es 1907 bereits 10 Millionen.[20] Diese Zersplitterung trug nicht weniger zur niedrigen Produktivität der Landwirtschaft bei als im Süden der Großgrundbesitz mit seiner extensiven Wirtschaft. Im Norden vermochte das Land einen wachsenden Teil der Bevölkerung nicht mehr zu ernähren. Zwischen 1855 und 1910 verließen mehr als eine Million Personen das Land, bei einer Gesamtbevölkerung, die zwischen 1850 und 1911 von 3,5 auf 5,5 Millionen zunahm.[21] Das Zielland war zu etwa 90% Brasilien, wo Portugiesen dank der gemeinsamen Sprache eine Vorzugsstellung genossen. Diese war so attraktiv, dass Versuche der Regierung im späten 19. und frühen 20. Jahrhundert, die Siedlung in den afrikanischen Kolonien zu fördern, kaum Erfolg hatten.

Aus dieser Verteilung des Bodens ergab sich eine relativ homogene Oberschicht auf der einen und eine zweigeteilte Unterschicht auf der anderen Seite: In ihr standen sich ein landloses Proletariat (sowohl im Süden als auch im Norden) und eine verarmte Kleinbauernschaft (nur im Norden) gegenüber. Diese war überwiegend konservativ und klerikal, jenes wurde zum Nährboden für radikale Bewegungen.

In den 1830er und 1840er Jahren hatte der Staat große Teile des kirchlichen Eigentums, insbesondere des Grundbesitzes, eingezogen und verkauft. Das Verhältnis zwischen Staat und Kirche hatte sich aber bald wieder verbessert. Die Kirche spielte

---

18 Die Angaben über den Anteil Großbritanniens am portugiesischen Außenhandel gehen in der Literatur weit auseinander.

19 M.V. Cabral, Alvorada, 224. Zur merkantilistischen Kolonialpolitik vgl. G. Clarence-Smith, Empire.

20 M.V. Cabral, Alvorada, 95. Vgl. J. Serrão/A.H.O. Marques, Nova historia 11, 41.

21 J. Serrão/G. Thomas, in W. Fischer, Handbuch 5, 692; A.H.O. Marques, History 2, 19.

nach wie vor eine wichtige Rolle im Bildungswesen und in der Gesellschaft. Die Opposition der Republikaner äußerte sich nicht zuletzt in einem radikalen Antiklerikalismus, der nach der Machtübernahme von 1910 besonders konsequent durchgesetzt wurde. Die neue Regierung löste sofort die Orden auf, führte Zivilehe, Ehescheidung und Religionsfreiheit ein und vollzog 1911 die Trennung von Kirche und Staat, was 1913–1918 den Bruch mit dem Vatikan nach sich zog.[22]

Noch deutlicher als in der Wirtschaft zeigte sich im Bildungswesen ein rasch wachsender Abstand gegenüber dem europäischen Durchschnitt. Die Analphabetenquote lag 1860 bei 88%, und sie war bis 1910 lediglich auf 75% gesunken.[23] Die höhere Bildung war auf eine äußerst schmale Schicht beschränkt; bis 1911 bestand nur eine einzige Universität im Lande, in Coimbra. Innerhalb der geistigen Elite bestand durchaus ein reges kulturelles Leben. Namentlich die Literatur wirkte dabei weit über die Grenzen des Landes hinaus, ohne dass sie zu einer Ausweitung der Bildung in Portugal selber geführt hätte.

2.15.4 Äußeres: Der lange Schatten einer großen Vergangenheit

Portugal war zwar in der ersten Jahrhunderthälfte ein Spielball der Großmächte gewesen, und es blieb auch danach in starker außenpolitischer Abhängigkeit vor allem von Großbritannien. Doch war seine formelle staatliche Existenz dadurch nicht gefährdet. Sie wurde auch eifersüchtig bewahrt. Als nach dem Umsturz von 1868 in Spanien die dortige Krone dem portugiesischen Prinzgemahl König Ferdinand II. und dem regierenden König Ludwig I. im Hinblick auf eine Personalunion angeboten wurde, lehnten beide ab. Zu lebendig noch war die Erinnerung an die Union mit Spanien in den Jahren 1580–1640, die Portugal klar in eine untergeordnete Position verwiesen hatte.

Portugals einstmals stolzes Weltreich war bis zur Mitte des 19. Jahrhunderts auf wenige unbedeutende Reste in Asien und einige Niederlassungen an der afrikanischen Küste geschrumpft. Seine Ansprüche reichten hier jedoch wesentlich weiter. Sie wurden wichtiger, als sich die imperialistische Aufteilung Afrikas seit den 1880er Jahren beschleunigte. Zum Ziel, oder wenigstens zum Ideal, wurde ein großes, von Küste zu Küste reichendes Herrschaftsgebiet zwischen Angola und Moçambique. Der Plan kollidierte jedoch mit britischen Interessen. Deshalb versuchte Portugal, auf der Berliner Afrika-Konferenz 1884/85 deutsche und französische Rückendeckung zu erlangen. Nachdem es seine Ansprüche 1887 durch die Veröffentlichung einer Karte publik gemacht hatte, reagierte Großbritannien am 11. Januar 1890 mit einem Ultimatum. Dieses stürzte das Land geradezu in eine Krise des nationalen Bewusstseins, beinahe vergleichbar der spanischen nationalen Verzweiflung nach der Niederlage gegen die USA 1898. Die Kräfteverhältnisse waren so eindeutig, dass Portugal nachgeben musste, wobei es freilich fast nur Gebiete aufgab, die es noch nie besessen hatte. Immerhin konnte es seine Herrschaft nicht nur in kleinen westafrikanischen Inseln und Territorien, sondern auch in den beiden großen Kolonien Angola und Moçambique konsolidieren.

---

22 Vgl. den Überblick bei J. Serrão/A.H.O. Marques, Nova historia 11, 491–512.
23 J. Reis, Atraso, 230–232; L. Vidigal, Cidadania, 17.

Die portugiesische Kolonialpolitik verfolgte primär, und mit einigem Erfolg, wirtschaftliche Ziele. Längerfristig allerdings trug die überdimensionierte imperiale Politik durch die relative Vernachlässigung des Mutterlandes zu dessen Schwächung bei.[24]

Einige Jahre nach dem Aufschrei, den das britische Ultimatum ausgelöst hatte, normalisierten sich die Beziehungen zu Großbritannien wieder. Das trug zur Sicherung der afrikanischen Kolonien gegen deutsche Begehrlichkeiten bei, auch wenn die Briten dabei ein Doppelspiel trieben. Einerseits einigten sie sich 1898 und 1913 mit Deutschland auf eine eventuelle Aufteilung der portugiesischen Kolonien; andererseits sorgten sie dafür, dass die von Deutschland erhoffte Eventualität nicht eintrat.

Portugal gehörte keinem der beiden europäischen Machtblöcke direkt an und blieb 1914 neutral. Die Allianz mit Großbritannien verlangte keinen Kriegseintritt. Doch die Briten übten auf das für die Seekriegführung wichtige Land zunehmend Druck aus, dem es je länger je weniger widerstehen konnte, vor allem unter dem Gesichtspunkt der Sicherung seiner Kolonien. Anfang 1916 beschlagnahmte es deutsche Schiffe. Das führte am 9. März 1916 zur deutschen Kriegserklärung.

2.16 Serbien

2.16.1 Äußeres: Konsolidierung zwischen Österreich-Ungarn und Russland

Das Fürstentum Serbien war das erste größere Gebiet in Südosteuropa, das sich im 19. Jahrhundert dauerhaft Autonomie von der Pforte erkämpfte, 1804–1817 in zwei Aufständen.[1] Seit 1830 war es im Inneren weitgehend selbständig, und seit dem Abzug der letzten türkischen Garnisonen im Jahre 1867 blieben nur noch die Flagge, ein bescheidener Tribut und einige außen- und handelspolitische Einschränkungen als Zeichen osmanischer Oberhoheit. Der Preis dafür war ein von 1829 bis 1856 währendes russisches Protektorat; danach machten sich die Großmächte bis 1878 kollektiv zu Garantiemächten.

Das Land hatte diese Pionierrolle trotz ungünstigen Voraussetzungen errungen. Auf seinem Gebiet kreuzten sich die vielfältigsten Interessen, sowohl der Großmächte als auch der regionalen Staaten und Völker. Die Zahl der möglichen Konflikte war groß, und so ist es auch kein Zufall, dass der Erste Weltkrieg in dieser Region ausbrach, weniger wegen einer besonders kriegstreibenden Politik Serbiens oder Österreich-Ungarns, als wegen der überaus komplizierten Interessenlage der Beteiligten.

Infolge dieser Situation waren die nationalen Ziele weniger klar vorgegeben als für andere Balkanstaaten, wenn man vom Wunsch nach vollständiger Unabhängigkeit von der Pforte einmal absieht. Der Nationalismus wurde teilweise eng gefasst, als serbischer, teilweise weiter als südslawischer, der dann auch die Kroaten und manchmal

---

24 Vgl. etwa M.H. Pereira, Política, 67–70.

1 Schon früher faktisch autonom war das kleine Fürstentum Montenegro. Doch lässt sich der Beginn seiner Autonomie nicht wirklich datieren, konnte es doch von den Osmanen gar nie vollständig unterworfen werden.

die Slowenen (kaum jedoch die Bulgaren) einbezog. Doch alle Kroaten und Slowenen und ein großer Teil der Serben lebten in der Habsburgermonarchie, gegen die auf absehbare Zeit kaum Expansionschancen bestanden. Besondere Bedeutung hatte schließlich der Wunsch nach einem Zugang zum Meer.

Nach Aufständen in Bosnien, der Herzegowina und Bulgarien (1875–1876) erklärten Serbien und Montenegro im Juni 1876 der Pforte den Krieg. Während Montenegro siegreich war, erlitt Serbien eine empfindliche Niederlage und musste im März 1877 Frieden schließen. Dennoch griff es, nach dem russischen Angriff auf das Osmanische Reich, schon im Dezember wieder in den Krieg ein, diesmal mit mehr Erfolg. Es gewann 1878 auf dem Berliner Kongress die volle Unabhängigkeit, die es 1882 dazu nutzte, sich als Königreich zu konstituieren. Es erhielt auch einen kleinen Gebietszuwachs im Süden. Doch seine Ansprüche wurden hier nicht wirklich befriedigt. Österreich-Ungarn besetzte, mit russischer Zustimmung, Bosnien-Herzegowina, das von Serbien als eine Art natürliches Expansionsgebiet betrachtet wurde, sowie den Sandschak von Novi Pazar, der einen Keil zwischen Serbien und Montenegro bildete. Makedonien, auf das Serbien ebenfalls ein Auge geworfen hatte, ging, auf russische Initiative, zunächst an Bulgarien, während die Großmächte es nachher dem Osmanischen Reich zurückgaben.

Die Verärgerung über Russland war noch größer als diejenige über die Donaumonarchie. Serbien, das sich, wollte es überleben, wenigstens mit einer dieser beiden direkt auf dem Balkan involvierten Großmächte arrangieren musste, schloss 1881 einen Handelsvertrag und 1882 ein Bündnis mit Österreich-Ungarn. Der Handelsvertrag begünstigte das Habsburgerreich sehr deutlich. Die Verbindung mit Wien war nie populär, schon gar nicht in nationalistischen Kreisen, so dass der Inhalt des vom serbischen König Milan abgeschlossenen Bündnisses geheimgehalten wurde. Serbien musste weitgehend auf eine eigenständige Außenpolitik verzichten. Immerhin konnte es schon bald auch vom Abkommen profitieren. Es griff 1885 Bulgarien nach dessen Vereinigung mit Ostrumelien an, um Kompensationen zu erzwingen, erlitt aber eine verheerende Niederlage, und nur das diplomatische Eingreifen Österreich-Ungarns rettete es vor Gebietsverlusten. Nun blieb als mögliche Expansionsrichtung einzig Makedonien, wo Serbien sich ähnlich wie die übrigen Nachbarstaaten in die inneren Wirren einmischte.

Seit den neunziger Jahren ging indessen das Ausmaß der Anlehnung an die Donaumonarchie zurück, und nach einem Umsturz im Inneren im Jahre 1903 wandte sich Serbien endgültig Russland zu. Der Seitenwechsel wurde 1908 besiegelt, als Österreich-Ungarn Bosnien-Herzegowina annektierte. Von der Sache her änderte die Annexion wenig – aber die serbische Verbitterung über den endgültigen, formellen Ausschluss aus einem Gebiet, das als zur eigenen Sphäre gehörig betrachtet wurde, war groß. Die Habsburgermonarchie erschien nun mehr denn je als Hauptfeind. Die südslawische Agitation wurde verstärkt. Dadurch wiederum fühlte sich Österreich-Ungarn bedroht.

Nach der diplomatischen Niederlage von 1908 gewann Serbien 1912/13 in den Balkankriegen Macht, Territorien und Selbstvertrauen, dank diplomatischen und militärischen Siegen, zuerst gegen das Osmanische Reich und danach gegen Bulgarien. Es konnte sein Territorium um 82% erweitern, und die Bevölkerung nahm um 55%

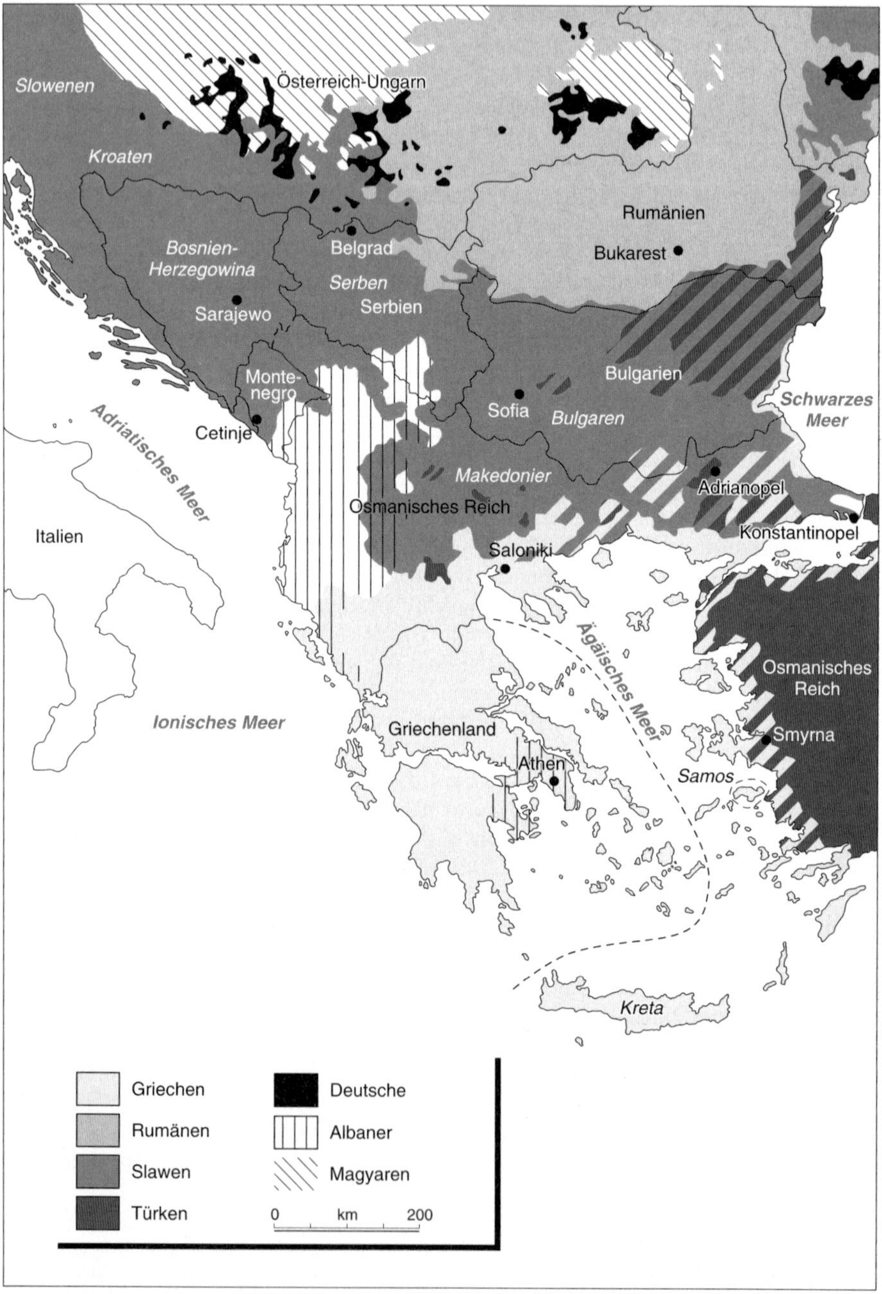

Abb. 7: *Nationalitäten in Südosteuropa um 1900*

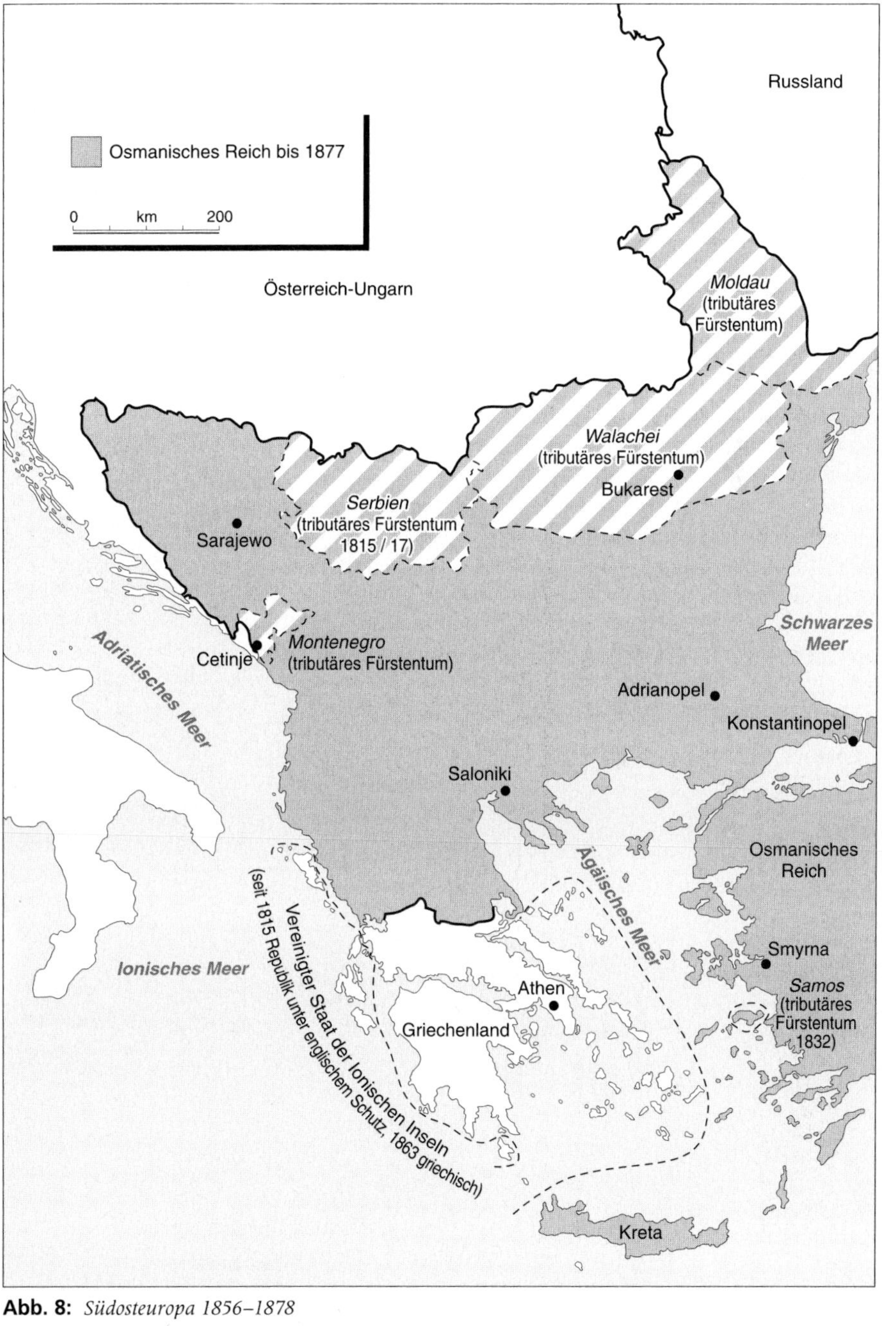

Abb. 8: *Südosteuropa 1856–1878*

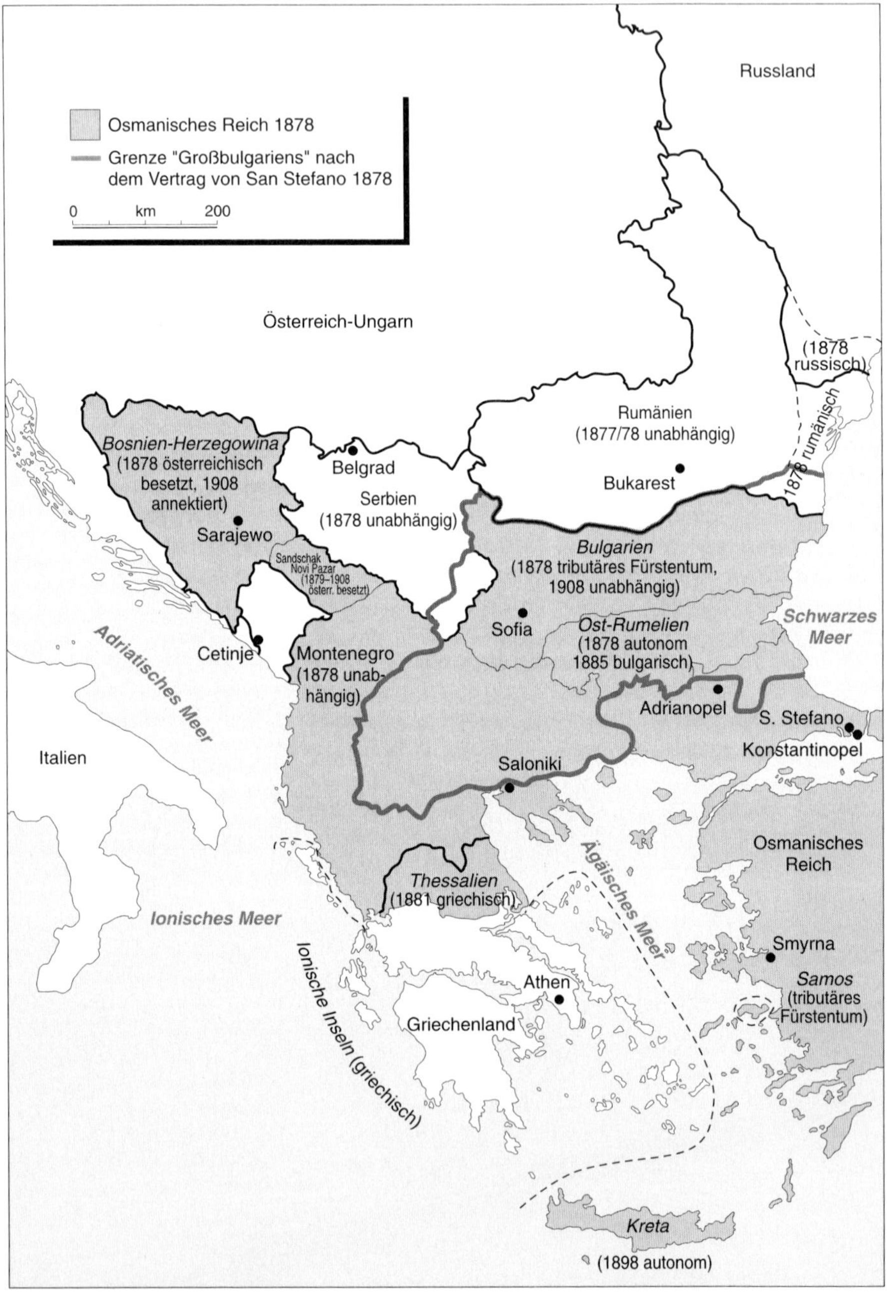

Abb. 9: *Südosteuropa 1878–1912*

Abb. 10: *Südosteuropa 1912–1914*

von 2,91 auf 4,53 Millionen zu (Montenegro: 62% und 100%).[2] Italienischer und besonders habsburgischer Einfluss verwehrte ihm indessen den begehrtesten Siegespreis, den Zugang zum Meer, von dem es infolge der 1913 erfolgten Gründung Albaniens abgeschnitten blieb.

Die Konstellation, die im Juli 1914 zur Konfrontation zwischen Serbien und der Donaumonarchie führte, war damit gegeben.

2.16.2 Inneres: Instabilität unter einheimischen Herrschern

Wie das kleine Montenegro, und im Gegensatz zu allen anderen Balkanstaaten, hatte Serbien nie eine fremde Dynastie. Das hing nicht zuletzt damit zusammen, dass schon in den frühesten Erhebungen einheimische Führer eine starke Stellung gehabt hatten. Während das ebenfalls 1878 unabhängig gewordene (und vorher autonome) Montenegro unter Nikolaus I., der sich 1910 zum König proklamierte, von 1860 bis 1918 große Stabilität genoss, war in Serbien der Preis für die eigene Dynastie besondere Instabilität an der Staatsspitze. Sie ergab sich sowohl aus der Rivalität zwischen zwei Dynastien als auch aus dem Regierungsstil und dem Privatleben einzelner Herrscher.

Serbien erhielt erstmals 1838 eine – von der Pforte gebilligte – Verfassung. Sie gewährte dem Fürsten eine bedeutende Machtfülle und wurde 1869 durch ein Dokument abgelöst, das eine Art konstitutionelle Monarchie einführte. 1888 schließlich trat eine vergleichsweise liberale und demokratische Verfassung mit sehr niedrigem Zensus für das Wahlrecht in Kraft. Sie wurde in den folgenden Jahren wiederholt verändert und zeitweise suspendiert. Das politische Leben gehorchte ohnehin anderen Gesetzen. Das Hauptproblem des Zentralstaates lag zunächst in seiner geringen Durchsetzungsfähigkeit gegenüber lokalen und regionalen Kräften. Der bedeutendste politische Faktor blieb der Herrscher. Neben ihm standen miteinander rivalisierende klientelistische Parteien sowie die Armee. Offiziere führten im Juni 1903 den wichtigsten Umschwung herbei, indem sie in einer für damalige europäische Verhältnisse ungewöhnlich blutigen Aktion König Alexander, Königin Draga, deren beide Brüder, den Premier- und den Kriegsminister ermordeten. Die Folge war ein Dynastiewechsel von den habsburgfreundlichen Obrenović zu den russlandfreundlichen Karadjordjević, vertreten durch den neuen König Peter I. Nun bildeten sich Anfänge zu einem parlamentarischen Regierungssystem heraus, besonders unter Nikola Pašić, der wiederholt Ministerpräsident war. Die grundlegende Instabilität konnte indessen auch jetzt nicht überwunden werden.[3]

2.16.3 Soziale Stabilität und wirtschaftliche Stagnation

Stärker als anderswo auf dem Balkan war der serbische Unabhängigkeitskampf zugleich ein Kampf gegen den türkischen Feudalismus. Und dieser Kampf war auch be-

---

2 L.S. Stavrianos, Balkans 1815–1914, 116.

3 Eine sehr ausführliche Schilderung der inneren Verhältnisse findet sich bei M.B. Petrovich, Serbia.

sonders erfolgreich. Serbien wurde zum Prototyp des Bauernstaates. Das Land der türkischen Grundbesitzer wurde teils vom Staat konfisziert und von ihm entweder behalten oder den Bauern zugeteilt, teils wurde es einfach von den Bauern besetzt. Die Führer der Unabhängigkeitsbewegung versuchten nicht, ihrerseits Großgrundbesitz zu akkumulieren. Vielmehr stützten sie sich politisch auf Gefolgschaften von freien Bauern. Nur langsam verschob sich der Schwerpunkt der Führungsschicht vom Land in die (kleinen und wenig zahlreichen) Städte. Das hing mit dem in jeder Hinsicht niedrigen Entwicklungsstand des Landes zusammen. Die Analphabetenrate war mit 95,8% 1866, 89% 1884 und 79,7% 1907 sehr hoch. Bei den Frauen lag der Anteil 1884 sogar bei 99,6%.[4] Für den Aufbau einer Verwaltung musste aus Mangel an ausgebildeten Einheimischen zunächst in starkem Maße auf Serben aus der Donaumonarchie zurückgegriffen werden.

Der Schutz der kleinen Bauern wurde sogar zur offiziellen Ideologie und Politik. Seit 1836 durfte Grund und Boden bis zur Größe des Existenzminimums einer Familie nicht beliehen werden, und diese Gesetzgebung wurde sukzessive verschärft.[5] Sie stand auch nicht nur auf dem Papier. Die Bodenverteilung war in der Tat ausgesprochen egalitär, wie Tabelle 10 zeigt:

Tabelle 10: Bodenverteilung in Serbien 1889[6]

Betriebsgröße in Hektar	prozentualer Anteil an der Gesamtfläche
0–1	13,39
1–2	19,26
2–3	17,23
3–4	12,98
4–5	9,74
5–10	20,31
10–20	6,03
20–50	0,99
über 50	0,06

Für den Unterhalt einer Familie waren mindestens zwei Hektar erforderlich.[7]

Der egalitären Bodenverteilung entsprach eine vergleichsweise egalitäre Gesellschaft, die einen stabilen Untergrund für das ausgesprochen instabile politische System bildete.

Der Preis der sozialen Stabilität war wirtschaftliche Stagnation.[8] Erbteilungen bewirkten eine immer weitergehende Zersplitterung des Bodens. Das Land war von Na-

4 M.B. Petrovich, Serbia 1, 349; 2, 508; H. Sundhaussen, Statistik, 537.
5 M.-J. Calic, Sozialgeschichte, 47–52; J. Tomasevich, Peasants, 42–47; vgl. V. Dedijer, Yugoslavia, 361. 6 H. Sundhaussen, Statistik, 223.
7 M.-J. Calic, Sozialgeschichte, 79.
8 Zum folgenden vor allem die sorgfältige Analyse bei M.-J. Calic, Sozialgeschichte, 43–85. Besonders betont werden die negativen Aspekte von M. Palairet, Balkan, der sogar eine Schrumpfung der Wirtschaft feststellt.

tur aus arm. Die kleinen Betriebe waren wenig leistungsfähig, meistens hoch verschuldet bei Geldverleihern und nicht imstande, in größerem Maße für den Markt zu produzieren. Dadurch fehlte ihnen das Kapital für eine Steigerung der Erträge. Die einzige wirklich bedeutsame Umstellung war diejenige von der Viehzucht auf Ackerbau, die nötig wurde, wenn die Ernährung der wachsenden Bevölkerung sichergestellt werden sollte. Insgesamt erfolgte in der Landwirtschaft eine Intensivierung auf Kosten der Produktivität. Auch wenn sich zunehmende Auflösungserscheinungen zeigten, so spielte die Großfamilie *(zadruga)* doch noch eine bedeutende Rolle als Produktions- und Versorgungseinheit. Sie vermochte eine wachsende Zahl von Mitgliedern zu integrieren und zu ernähren, um den Preis zunehmender Unterbeschäftigung und eines sinkenden Lebensstandards. Infolgedessen kam es, anders als etwa in Griechenland und in Teilen Ungarns, zu keiner nennenswerten Auswanderung. Die Wanderungsbilanz war sogar positiv.[9] Auch die Abwanderung in die Städte spielte keine bedeutende Rolle. Der Urbanisierungsgrad betrug 1859 8,1%. 1884 lag er bei 12,4%. Danach stagnierte er: 1910 machte er erst 13,1% aus.[10]

Die Landwirtschaft wurde also nicht zum Arbeitskräftereservoir für eine Industrialisierung. Von einer solchen konnte bis zu Beginn des 20. Jahrhunderts in der Tat so gut wie gar nicht die Rede sein. 1860 arbeiteten 90% der Bevölkerung in der Landwirtschaft, und 1900 waren es noch immer 84%. 1910 bestritt die Landwirtschaft 87,3% der Exporte.[11] Im Außenhandel war Serbien nahezu vollständig von Österreich-Ungarn abhängig, das 1901–1905 58% der Importe lieferte und 86% der Exporte bezog.[12] Serbische Versuche, nach dem Umsturz von 1903 eine stärkere Diversifizierung des Handels zu erreichen, beantwortete Österreich-Ungarn 1906 mit einem Einfuhrstopp, der sich zu einem regelrechten Handelskrieg, nach dem wichtigsten Exportprodukt Serbiens als Schweinekrieg bezeichnet, ausweitete und bis 1911 dauerte. In dessen Verlauf gelang es Serbien, nicht nur eine gleichmäßigere regionale Verteilung seines Außenhandels, sondern auch ein beträchtliches Wachstum seiner Industrie zu erreichen. Gesamthaft gesehen blieb diese jedoch von geringer Bedeutung, und noch weniger wurde sie international konkurrenzfähig.[13] Hier zeigte sich, dass das Scheitern einer Industrialisierung auf dem Balkan nicht einfach auf spezifische Abhängigkeiten im Außenhandel zurückgeführt werden konnte, sondern sich aus einer Vielzahl struktureller Schwächen ergab, die sich kaum kurzfristig beheben ließen.[14] Gravierend wirkte sich auch eine hohe Auslandsverschuldung aus, als Folge einer unproduktiven Verwendung von Anleihen für den Aufbau einer teuren und wenig effizienten Verwaltung und einer überdimensionierten, im Dienst einer ambitiösen Außenpolitik stehenden Armee. 1914 wurden 30% der Staatsausgaben für den Schuldendienst benötigt.[15]

---

9 M.B. Petrovich, Serbia 2, 524.
10 H. Sundhaussen, Statistik, 99.
11 I.T. Berend/G. Ránki, Economic development, 150.
12 J.R. Lampe/M.R. Jackson, Balkan economic history, 174; 181.
13 Ebd., 174; 181; M.-J. Calic, Sozialgeschichte, 170–177.
14 Darauf weist besonders M. Palairet, Balkan, 361ff. hin.
15 I.T. Berend/G. Ránki, Economic development, 108.

2.17 Rumänien

2.17.1 Äußeres: Der unvollendete Nationalstaat

Anders als die westlich und südlich von ihnen gelegenen Gebiete wurden die beiden Donaufürstentümer Moldau und Walachei, aus denen Rumänien später gebildet wurde, nie voll in das Osmanische Reich integriert. Sie waren lediglich tributpflichtige Vasallenstaaten. Im 19. Jahrhundert ging das Ausmaß ihrer Abhängigkeit von der Pforte kontinuierlich zurück. Die damit verbundene Hinwendung zu Europa brachte zunächst direkte politische und später vor allem wirtschaftliche Abhängigkeit von den Großmächten.

Vom Abschluss des russisch-türkischen Krieges von 1828/29 bis zum Jahre 1856 waren die Fürstentümer zwar weiterhin der Pforte tributpflichtig; gleichzeitig aber standen sie unter dem Protektorat Russlands, das die eigentliche Oberherrschaft ausübte. Als Folge des Krimkrieges wurde daraus 1856 eine Oberaufsicht der europäischen Großmächte. Eine solche Kollektivherrschaft hatte für die Beherrschten den Vorteil, dass sie sehr locker blieb, weil die Mächte in allen wichtigen Fragen stets unterschiedliche Interessen verfochten. Diese Uneinigkeit schloss radikale Veränderungen des bestehenden Zustandes aus, und Rumänien war angesichts der Machtverhältnisse zur Erreichung seiner Ziele auf friedliche, diplomatische Mittel verwiesen, die es mit bemerkenswertem Geschick einsetzte.[1]

Die rumänischen Ziele standen fest: die Vereinigung der beiden Fürstentümer und die volle Unabhängigkeit von der Pforte. Die Mächte ließen 1858 die angestrebte Vereinigung nicht zu. Daraufhin wählten 1859 sowohl die Moldau als auch die Walachei Alexander Cuza zum Fürsten. Die uneinigen Mächte schritten gegen diese Personalunion nicht ein, und ab 1861 unternahm Cuza, mit Billigung der Pforte, die verwaltungsmäßige Zentralisierung des Landes. 1862 war die Vereinigung abgeschlossen. Nachdem Cuza, der seit einem Staatsstreich von 1864 autokratisch regierte, 1866 von der Armee gestürzt worden war, ging das Land noch einen Schritt weiter. Rumänien berief, mit Billigung der Mächte, Karl von Hohenzollern-Sigmaringen, der sowohl mit dem französischen, als auch mit dem preußischen Herrscherhaus verwandt war, zum Fürsten. Diese Wahl verlieh dem Land einen höheren internationalen Status und zusätzliche Legitimität. 1877 schließlich nutzte es den russisch-türkischen Krieg, um dem Osmanischen Reich den Krieg zu erklären und gleichzeitig die volle Unabhängigkeit auszurufen. Diese wurde 1878 von der Pforte und den europäischen Mächten unter dem Vorbehalt der Änderung einer Verfassungsbestimmung, die die Einbürgerung an die christliche Religion band und de facto gegen die Juden gerichtet war, akzeptiert. Ein entsprechendes Gesetz, das allerdings dem Anliegen der Mächte nur dem Buchstaben nach entgegenkam, wurde 1879 verabschiedet, worauf 1880 die Anerkennung erfolgte.[2] Den Abschluss der Staatswerdung bildete 1881 die Konstituierung des Landes als Königreich.

---

1 Vgl. C. Jelavich/B. Jelavich, National states, 85; 114.

2 C. Iancu, Juifs, 175–180. 1876–1900 wurden nur gerade 85 Juden eingebürgert. Ebd., 186f.

Die nächsten Jahrzehnte, bis 1913, verbrachte Rumänien im Frieden. Das hatte nicht zuletzt siedlungsgeographische Gründe. Im Süden und im Westen lebten keine größeren Gruppen von Rumänen in geschlossenen Gebieten, deren Anschluss an den Nationalstaat hätte zum Ziel gemacht werden können. Rumänien hatte also keinen Grund, Subversion im Osmanischen Reich oder in anderen Balkanstaaten zu betreiben, und es nahm denn 1912 auch nicht am Ersten Balkankrieg teil. Erst 1913, im Zweiten Balkankrieg, nutzte es die Isolation Bulgariens, um ihm in den Rücken zu fallen und die – überwiegend bulgarisch besiedelte – Süd-Dobrudscha an sich zu reißen. Größere, mehrheitlich von Rumänen besiedelte Gebiete fanden sich hingegen im Norden, im ungarischen Siebenbürgen, und im Osten, im russischen Bessarabien. Jeder Versuch, Österreich-Ungarn oder gar Russland zu Gebietsabtretungen zu zwingen, wäre indessen selbstmörderisch gewesen. Hier konnte höchstens ein allgemeiner europäischer Krieg etwas ändern. Im Grunde betrachtete Rumänien beide Großmächte als Feinde. Doch es musste, wollte es überleben, wenigstens mit einer von ihnen gute Beziehungen pflegen. Nachdem es 1878 sogar das 1856 gewonnene südliche Bessarabien an Russland hatte abtreten müssen (dafür hatte es die nördliche Dobrudscha erhalten), schloss es 1883 mit Österreich-Ungarn ein geheimes Bündnis, dem auch Deutschland und 1888 Italien beitrat und das bis zum Ersten Weltkrieg immer wieder erneuert wurde, 1916 dann freilich den Kriegseintritt Rumäniens gegen die Mittelmächte nicht zu verhindern vermochte. Rumänien hatte sich während der Balkankriege von seinen Bundesgenossen im Stich gelassen gefühlt, und das Bündnis, das man der Öffentlichkeit nie zu präsentieren gewagt hatte, war selbst innerhalb der Führungsschicht umstritten; man hatte es bestenfalls als Notlösung akzeptiert, als Ausfluss bloßer Staatsräson.

2.17.2 Inneres: Stabilität durch Rotation in der Oligarchie

1831/32 oktroyierte Russland den beiden Fürstentümern sogenannte Organische Statute mit Verfassungsfunktion. Diese Grundgesetze sicherten, unter russischer Oberaufsicht, die Herrschaft einer schmalen grundbesitzenden Aristokratie. Aufgrund von Vorgaben der Großmächte entstanden 1858 neue Verfassungen, die dem Fürsten eine stärkere Machtstellung verliehen. Die endgültige Verfassung für ganz Rumänien wurde 1866 verabschiedet.[3] Sie blieb bis 1923 in Kraft und hielt sich stark an das belgische Vorbild von 1831. Sie schuf ein liberales, aber kein demokratisches, sondern ein oligarchisches parlamentarisches System. Die Grundrechte wurden nicht nur verkündet, sondern auch in erheblichem Maße eingehalten, zumal in den Städten. Das galt insbesondere von der Meinungs- und Pressefreiheit. Der Fürst, beziehungsweise später der König, hatte eine beträchtliche Machtfülle, besonders in der Außenpolitik. Er setzte die Regierung ein und konnte das Parlament auflösen. Ein höchst ungleiches Klassenwahlrecht verlieh den Grundbesitzern die Kontrolle über das Parlament. Innerhalb des engen, oligarchischen Rahmens bildete sich ein bemerkenswert stabiles, in manchem mit den iberischen Staaten vergleichbares Zweiparteiensystem mit relativ regelmäßiger Rotation der Regierungen. Die Konservativen vertraten vor allem die Interessen der Großgrundbesitzer, die Liberalen diejenigen der mittleren Grundbesitzer und der städ-

3 Ein Überblick bei K. Ziemer, in D. Sternberger/B. Vogel, Wahl 1, 2, 1035–1037; 1059f.

tischen Mittelschichten. Der König ernannte den Ministerpräsidenten, der eine Regierung bildete und die Spitzen der Verwaltung auswechselte, die danach für die Wahl eines „richtig" zusammengesetzten Parlaments verantwortlich waren. Auch wenn die große Mehrheit des Volkes ausgeschlossen blieb, so ließen sich auf diese Weise wenigstens gewaltsame Umstürze innerhalb der herrschenden Schicht vermeiden.[4]

2.17.3 Die Wirtschaft: Expansion ohne Strukturwandel

Dünne Besiedlung, schlechte verkehrstechnische Erschließung und osmanische Handelsbeschränkungen hatten dazu geführt, dass die Donaufürstentümer um die Mitte des 19. Jahrhunderts nicht nur ausgeprägte Agrarstaaten waren, sondern dass die Bauern trotz fruchtbaren Böden überwiegend Viehzucht für den Eigenbedarf betrieben. In der zweiten Jahrhunderthälfte nahm der Importbedarf für Getreide in den industrialisierten Staaten rasch zu. Die rumänischen Grundbesitzer vermochten ihre Chance zu nutzen. Sie konnten auf große Landreserven für den Ackerbau zurückgreifen, und Rumänien wurde bis zum Beginn des 20. Jahrhunderts zum drittgrößten Mais-, zum viertgrößten Weizen- und zum fünftgrößten Getreideexporteur der Welt.[5] Die Erlöse trugen zur Verbesserung der Infrastruktur, vor allem zum Eisenbahnbau bei. Der größere Reichtum des Landes erleichterte den Ausbau der Verwaltung und der Städte. Hingegen kam es zu keinem entscheidenden wirtschaftlichen Strukturwandel. Der Ackerbau konnte bis zu Beginn des 20. Jahrhunderts auf ungenutzte Flächen zurückgreifen. Die Anbaumethoden blieben traditionell. Sowohl Land als auch billige Arbeitskräfte waren reichlich vorhanden, so dass kaum Anreize zu produktivitätssteigernden Investitionen bestanden.

Im Gegensatz zur Landwirtschaft wurde die entstehende Industrie vom Staat in beträchtlichem Masse gefördert, durch Zölle (seit 1886) und vielfältige direkte Maßnahmen. Rumänien gelang es, die größte Industrie in Südosteuropa aufzubauen. Doch mit einem Anteil von ca. 10% an den Erwerbstätigen und 17% am Volkseinkommen war ihr Umfang noch 1914 ausgesprochen bescheiden.[6] 1913 arbeiteten noch 81% der Bevölkerung in der Landwirtschaft.[7] Einer wirklichen Industrialisierung standen vielerlei Hindernisse im Wege – in erster Linie freilich die Grundbesitzer. Denn sie setzten sich dafür ein, dass die Schutzzölle nicht zu hoch wurden. Freihandel sicherte den Getreideexport, der in der Regel etwa 70–80% der gesamten Ausfuhr ausmachte.[8]

Die nahezu monokulturelle Exportwirtschaft führte zu einer sehr starken Abhängigkeit des Landes von Preisschwankungen auf dem Weltmarkt für Getreide. Tendenziell sinkende Preise seit 1875 verschärften die Lage.[9]

---

4 Zu diesem System vgl. etwa V. Georgescu, Romanians, 137–139; K. Hitchins, Rumania, 16–21; 94; C. Jelavich/B. Jelavich, National states, 180–183; P.G. Eidelberg, Peasant revolt, 14f.

5 V. Georgescu, Romanians, 125; K. Hitchins, Rumania, 171; C. Jelavich/B. Jelavich, National states, 183.

6 K. Hitchins, Rumania, 163; 192.

7 C. Durandin, Roumains, 192. C. Iancu, Juifs, 181: 1914 noch 85%.

8 V. Georgescu, Romanians, 128: 1871–1875: 74%; 1914: 68,6%. K. Hitchins, Rumania, 171: Ende 19. Jh. fast 85%. Vgl. I.T. Berend/G. Ránki, Economic development, 150.

9 P.G. Eidelberg, Peasant revolt, 229f.

Erst im 20. Jahrhundert begann ein weiteres Exportprodukt zunehmende Bedeutung zu gewinnen. Erdöl machte 1912 immerhin 10,2% der Ausfuhren aus; 1914 war das Land mit einer Förderung von 1,8 Millionen Tonnen zum fünftgrößten Ölproduzenten der Welt geworden.[10] Der Aufbau der Ölindustrie deckte indessen andere Schwächen der rumänischen Wirtschaft auf. Die Anlagen waren zu 94% in ausländischem Besitz. Ähnliches galt für die meisten sonstigen modernen Branchen der Industrie. Darüber hinaus hatte sich der Staat bis 1914 in erheblichem Maße im Ausland verschuldet.[11] Immerhin gelang es Rumänien, im Gegensatz zu den übrigen Staaten Südosteuropas, wenigstens annähernd die durchschnittliche europäische Wachstumsrate des Sozialprodukts pro Kopf der Bevölkerung zu erreichen.[12] Das bedeutete freilich nur, dass sich der – ohnehin sehr große – Abstand zu den mittel- und westeuropäischen Staaten anders als im Falle der übrigen Balkanstaaten nicht noch weiter vergrößerte; von einem Aufholen konnte nicht die Rede sein.

2.17.4 Die Gesellschaft zwischen Großgrundbesitz und Bauernaufstand

Die Donaufürstentümer kannten unter osmanischer Oberherrschaft eine Art Feudalsystem, in dem sich ein kulturell meist griechisch geprägter, nichterblicher Amtsadel (Bojaren) und rumänische Bauern gegenüberstanden.[13] Die Eigentumsverhältnisse an Grund und Boden waren unter den Bedingungen der Viehzucht nicht eindeutig definiert. Die Bauern nutzten das reichlich vorhandene Land, auf das die Bojaren im Prinzip Anspruch erhoben, weitgehend ungestört. Im Zuge der Umstellung auf Ackerbau erhielt die Besitzfrage größeres Gewicht. Die Grundherren vermochten ihr Obereigentum über erhebliche Teile des Landes durchzusetzen. Sie gaben einen Teil davon an die Bauern aus, gegen die Verpflichtung zum Frondienst. Seit 1831/32 war ihre Stellung erblich und dadurch entschieden stärker. Cuza enteignete 1863 Teile des Klosterbesitzes, der etwa ein Viertel der Fläche des Landes ausmachte,[14] und führte 1864 gegen den Widerstand der Grundherren eine Agrarreform durch, indem er alle Feudallasten abschaffte und Land an die Bauern verteilte.[15] Doch die zugeteilte Fläche reichte in vielen Fällen nicht einmal für das Existenzminimum, und die Situation wurde durch die herrschende Realteilung immer wieder verschlechtert. Viele Bauern mussten Land gegen die Verpflichtung zur Arbeit für einen Grundherren hinzupachten. Die Einhaltung der dafür abgeschlossenen Verträge wurde vom Staat, der sich in dieser Sache ganz auf die Seite der Besitzer stellte, mittels Sonderrecht erzwungen. Das Resultat war eine scharfe Polarisierung der Bevölkerung. Einer schmalen, inzwischen weitgehend rumänischen Schicht von meist in der Stadt lebenden Grundbesitzern stand eine große

---

10 K. Hitchins, Rumania, 128; I.T. Berend/G. Ránki, Economic development, 142.

11 V. Georgescu, Romanians, 130; K. Hitchins, Rumania, 188.

12 I.T. Berend/G. Ránki, European Periphery, 156–159. Vgl. auch P. Bairoch, Product, 281 (siehe Tabelle 11, S. 237).

13 Zum Folgenden etwa P.G. Eidelberg, Peasant revolt; V. Georgescu, Romanians, 130ff.; K. Scheerer, Bauernaufstände und insbesondere L. Maier, Rumänien.

14 K. Hitchins, The Romanians, 313.

15 Zu diesen Reformen siehe V. Georgescu, Romanians, 138; L. Maier, Rumänien, 98–101; 112–117; K. Hitchins, Rumania, 157ff.; 166ff.; C. Durandin, Roumains, 164.

Masse von verarmten Bauern gegenüber, deren Lebensstandard sich, besonders was die Ernährung betraf, sogar verschlechterte. Etwa 2000 Besitzer von Gütern über 500 Hektar verfügten 1907 über 38% des Bodens; Güter mit 100–500 Hektar umfassten weitere 10% des Landes.[16] Ländliche Unruhen waren häufig. 1907 kam es zu einem landesweiten großen Bauernaufstand. Etwa 140.000–150.000 Soldaten schlugen ihn mit äußerster Härte nieder. Die Zahl der Opfer unter den Bauern ist nie festgestellt worden, dürfte aber in die Tausende gegangen sein.[17] Es war ein im damaligen Europa einmaliges Ereignis, vom Ausmaß der Gewalttätigkeit her noch am ehesten mit der Niederschlagung der Pariser Kommune 1871 und der russischen Revolution 1905–1907 vergleichbar. Auch wenn selbst unter den Herrschenden weitgehende Einigkeit über die Unhaltbarkeit der Zustände herrschte, so erfolgten bis zum Ersten Weltkrieg dennoch keine grundlegenden Reformen.

Die Verhältnisse auf dem Lande erfuhren auch keine Abmilderung durch eine rasche Urbanisierung. Die nur langsam vorankommende Industrialisierung ließ die Städte kaum schneller als die Gesamtbevölkerung wachsen. Der Verstädterungsgrad nahm von 1859 bis 1912 lediglich von 15% auf 17% zu.[18] Das auffälligste Merkmal der rumänischen Gesellschaft blieb der tiefe Graben zwischen den verarmten bäuerlichen Massen einerseits und einer sich stark an Westeuropa, vor allem an Frankreich orientierenden, vom Wirtschaftswachstum profitierenden städtischen Mittel- und Oberschicht. Tendenzen zur Einebnung des Grabens zeigten sich weniger im wirtschaftlichen als im Bildungsbereich. 1864 wurde eine vierjährige Schulpflicht eingeführt. Gegen Ende des Jahrhunderts begann auch in den ländlichen Gebieten ein rascher Ausbau des Schulwesens, so dass 1912 immerhin ein Drittel der Landbevölkerung alphabetisiert war, gegenüber zwei Dritteln in den Städten (40% für das ganze Land).[19]

2.18 Bulgarien

2.18.1 Äußeres: Von den „bulgarischen Greueln" zum Feind aller Balkanstaaten

Abgesehen von dem erst 1912/13 gegründeten (und deshalb hier nicht behandelten) Albanien war Bulgarien der letzte Staat, der sich in Europa vom Osmanischen Reich löste.

Nationalistische Regungen äußerten sich im 19. Jahrhundert zunächst vor allem im Rahmen einer kulturellen Erneuerungsbewegung, die der dominierenden Bildungssprache Griechisch das Bulgarische entgegensetzte. 1835 wurde die erste bulgarischsprachige Schule eröffnet.[1] 1860 sagte sich die bulgarische Kirche vom (griechischen)

16 V. Georgescu, Romanians, 133; K. Hitchins, Rumania, 158. I. Ilincioiu, Peasant revolt, 12: Um 1900 umfassen Güter über 100 Hektar 54,72% des Bodens.

17 Die zeitgenössischen (nicht belegten) Angaben lagen zwischen 419 (Regierung) und 15.000 (Opposition): K. Scheerer, Bauernaufstände, 87. In der Literatur ist am häufigsten von 11.000 Opfern die Rede; die Angaben reichen bis 20.000. P.G. Eidelberg, Peasant revolt, 1f.; C. Durandin, Roumains, 195; I. Ilincioiu, Peasant revolt, 178.

18 K. Hitchins, Rumania, 157. V. Georgescu, Romanians, 122 gibt für 1912 18,4% an.

19 K. Hitchins, Rumania, 171; V. Georgescu, Romanians, 177f.

1 R.J. Crampton, Modern Bulgaria, 12.

Patriarchen von Konstantinopel los. Die Regierung in Istanbul sanktionierte diesen Schritt erst 1870, und der Patriarch vollzog noch zwei Jahre später die Exkommunikation der bulgarischen Kirche. Diese Vorgänge zeigten, dass die Nationalbewegungen auf dem Balkan keineswegs ausschließlich gegen die „Türkenherrschaft" gerichtet waren, sondern sich oft auch gegen kirchliche und sprachlich-kulturelle Abhängigkeitsverhältnisse zwischen Christen wandten.

Seit den 1860er Jahren versuchten radikale bulgarische Gruppierungen aus den Nachbarstaaten Aufstände nach Bulgarien zu tragen. Sie hatten zunächst wenig Erfolg. 1876 hingegen kam es zu einer umfangreichen Erhebung. Die Pforte warf den Aufstand mit großer Härte nieder und brachte dadurch die öffentliche Meinung Europas gegen sich auf. Ein Pamphlet des britischen Oppositionsführers Gladstone über die „bulgarischen Greuel" *(Bulgarian horrors)* hatte in der westeuropäischen und insbesondere der britischen öffentlichen Meinung eine bedeutende Mobilisierungswirkung zugunsten der Bulgaren. Der starke bulgarische Widerstand gegen die Osmanen ließ Russland den militärischen Wert eines unabhängigen, verbündeten Bulgarien erkennen. Es setzte deshalb nach seinem Sieg über das Osmanische Reich im März 1878 im Vorfrieden von San Stefano die Bildung eines großbulgarischen Fürstentums unter der nominellen Oberhoheit des Sultans, in Wirklichkeit aber als russischen Klientelstaat durch. Dieses Staatswesen umfasste nahezu alle Gebiete, auf die die Bulgaren unter ethnisch-sprachlichen Gesichtspunkten mit einer gewissen Berechtigung Anspruch erheben konnten. Für einmal war ein nationaler Traum gleichsam über Nacht verwirklicht worden. Doch die übrigen Großmächte, an ihrer Spitze Österreich-Ungarn und noch mehr Großbritannien, setzten auf dem Berliner Kongress im Juni/Juli des gleichen Jahres eine radikale Beschneidung des neuen Staates von 172.000 auf 64.500 km^2 durch.[2] Die makedonischen Gebiete im Westen kamen wieder unter direkte osmanische Herrschaft, während die Territorien im Südosten zu einer autonomen Provinz Ostrumelien innerhalb des Osmanischen Reiches, aber mit christlichem Gouverneur, zusammengefasst wurden.

Diese Regelung sicherte aus der Sicht der Großmächte durch das Zurückstutzen Russlands das Gleichgewicht auf dem Balkan. Der Preis war regional gesehen ein Machtvakuum. Die osmanisch gebliebenen Gebiete wurden bis 1913 und darüber hinaus zum Zankapfel zwischen den Balkanstaaten, zumal das Osmanische Reich zu schwach war, um sie gegen vielfältige innere und äußere, auf Ablösung drängende Kräfte zu sichern.

Für Bulgarien standen die Ziele seiner Politik nach 1878 fest: die Vereinigung mit Ostrumelien, die volle Unabhängigkeit und die Gewinnung Makedoniens. Es erreichte die beiden ersten Ziele, während es am dritten nachhaltig scheiterte. Ein von Bulgarien aus inszenierter Aufstand brachte schon 1885 den Anschluss Ostrumeliens. Russland protestierte; doch die Großmächte unternahmen sonst nichts. Anders Serbien, dessen militärischer Angriff auf Bulgarien aber schmählich scheiterte.

Im Oktober 1908, einen Tag vor der Annexion Bosnien-Herzegowinas durch Österreich, proklamierte Bulgarien seine volle Unabhängigkeit, im Zuge der allgemeinen

---

2 R.J. Crampton, Bulgaria 1878–1918, 23. Nach H. Batowski, in R. Melville/H.-J. Schröder, Berliner Kongress, 60 umfasste Restbulgarien 63.200 km^2 und Ostrumelien 35.900 km^2.

Loslösungsbewegung der europäischen Randgebiete des Osmanischen Reiches. Gleichzeitig erklärte es sich zum Königreich.

Seit den 1890er Jahren wandte sich Bulgarien stärker Makedonien zu, einem Gebiet, das auch von Serbien und Griechenland beansprucht wurde. Die ethnischen, sprachlichen, religiösen und kulturellen Verhältnisse waren äußerst heterogen, und niemand versuchte je die Haltung der Bevölkerung zu ermitteln. Das Gebiet war wirtschaftlich wenig interessant, aber strategisch höchst bedeutsam: Wer Makedonien kontrollierte, kontrollierte den Balkan.[3] So wurde es zum Zankapfel der Region. Die Agitation aller drei interessierten Nachbarn sowie von einheimischen Autonomiebewegungen führte seit den neunziger Jahren zu einer kaum mehr abreißenden Kette von Terrorakten und Aufständen, ohne dass sich eine Seite durchzusetzen vermochte. Die Großmächte konnten sich nie auf ein entschiedenes Vorgehen einigen; ihre Interessen waren zu widersprüchlich.

Der 1912 mit Serbien, Montenegro und Griechenland gegen das Osmanische Reich geschlossene Balkanbund traf keine genauen Regelungen im Hinblick auf eine Aufteilung Makedoniens. Im ersten Balkankrieg (1912/13) erwies sich Bulgarien als stärkste Militärmacht in der Region. Es konnte glänzende Erfolge verzeichnen, gelangte bis vor Konstantinopel und eroberte auch im Westen und im Süden weite Gebiete. Im nachfolgenden Streit um die Aufteilung Makedoniens schlossen sich Serbien, Montenegro und Griechenland zusammen. Bulgarien griff diese Staaten an – und wurde innerhalb von 14 Tagen vernichtend geschlagen, da es nun seinerseits vom Osmanischen Reich und zusätzlich vom bislang neutralen Rumänien angegriffen wurde. Es verlor wichtige der im ersten Krieg eroberten Gebiete; dazu musste es die fruchtbare Süddobrudscha an Rumänien abtreten. Es war an der Überschätzung der eigenen Kräfte gescheitert.

2.18.2 Das politische System zwischen demokratischer Verfassung und monarchischer Diktatur

Zum Fürsten bestimmten die Mächte, wie inzwischen üblich auf dem Balkan, 1878 einen Prinzen aus einer mitteleuropäischen Dynastie, Alexander von Battenberg. Ein solcher Akt betonte jeweils die Einbindung des neuen Staates in das europäische Staatensystem. Eine verfassunggebende Versammlung verabschiedete 1879 eine auch im europäischen Vergleich ungewöhnlich liberale und demokratische Verfassung, mit Grundrechtskatalog, allgemeinem Wahlrecht und starkem Parlament, in der sogar die obligatorische und kostenlose Volksschule vorgesehen war.[4] In der Praxis allerdings hatten mächtige Einzelne, am häufigsten der Herrscher, eine überragende, oft diktatorische Stellung, und die Wahlen wurden regelmäßig manipuliert.[5] Fürst Alexander musste 1886 nach der Vereinigung mit Ostrumelien unter russischem Druck zurücktreten. An seine Stelle beriefen die Bulgaren im folgenden Jahr Ferdinand von Sachsen-Coburg-Gotha-Koháry (1887–1918) – eine Wahl, die von den Großmächten erst 1896 anerkannt wurde. Unter Ferdinand regierte bis 1894 Alexander Stambulov mit

---

3 Vgl. C. Jelavich/B. Jelavich, National states, 208.
4 H.-J. Härtel/R. Schönfeld, Bulgarien, 127.
5 Vgl. R.-O. Schultze, in D. Sternberger/B. Vogel, Wahl 1, 1, 125–133.

harter Hand; danach konzentrierte der Herrscher die Macht mehr und mehr bei sich selbst. Insgesamt war die innenpolitische Lage instabil. Nur zeitweise bildete sich so etwas wie ein System alternierend regierender Parteien nach rumänischem Vorbild heraus. Der Macht der herrschenden Gruppierungen und des Fürsten stellten sich seit dem späten 19. Jahrhundert eine Arbeiter- und vor allem eine rasch wachsende Bauernbewegung entgegen. Beide waren stärker als in anderen Balkanstaaten.

2.18.3 Stabile Gesellschaft und stagnierende Wirtschaft

Trotz erheblicher Instabilität des politischen Systems und Konzentration der Macht auf eine schmale Schicht hielt der Staat ohne größere Unruhen oder gar Bürgerkriege zusammen. Eine Agrarkrise am Ende des 19. Jahrhunderts führte nicht zu gewalttätigen Kämpfen, sonderen zur Bildung einer starken politischen Bauernbewegung, und Unruhen in den Städten zu Beginn des 20. Jahrhunderts hatten keine weiterreichenden Wirkungen. Der Staat zeigte sich sogar zu außerordentlichen Anstrengungen imstande, wie etwa 1912 zur Mobilisierung von 592.000 Mann (bei einer Gesamtbevölkerung von 4.338.000 Personen im Jahre 1910[6]) im ersten Balkankrieg,[7] in einer Armee, die nicht nur groß war, sondern auch bedeutende Erfolge erzielte. Das hing wesentlich mit den sozioökonomischen Verhältnissen zusammen. Schon vor 1878 hatte – meist muslimisch-türkischer – Großgrundbesitz eine vergleichsweise geringe und abnehmende Rolle gespielt und bäuerlicher Kleinbesitz überwogen. Im Gefolge der Wirren 1876–1878 wanderte ein großer Teil der Muslime, Türken und Nichttürken, und besonders der Grundbesitzer aus, floh oder wurde vertrieben. Sie verkauften ihr Land, oder es wurde später besetzt oder vom Staat konfisziert und verkauft. Etwa ein Viertel des Bodens wechselte die Hand und ging größtenteils an Bauern.[8] Einzig im Norden, in der Dobrudscha, bestand danach noch nennenswerter Großgrundbesitz. Betriebe mit über 50 Hektar nahmen 1897 lediglich 10,8% der gesamten landwirtschaftlichen Fläche ein; 1908 waren es sogar nur noch 8,7%; Besitz mit 20–50 Hektar umfasste 1897: 14,7% und 1908: 14,5% der Flächen.[9]

Damit war zugleich die alte, grundbesitzende Oberschicht verschwunden. Bulgarien hatte eine vergleichsweise egalitäre Gesellschaft, auch wenn sich eine neue Führungsschicht bildete, die aber keinerlei feudalen Charakter mehr aufwies. Sie war wesentlich städtisch und rekrutierte sich aus der Verwaltung, der Armee und dem Handel. Dabei spielte akademische Bildung eine wichtige Rolle. Diese Schicht verlor zwar rasch an Popularität – aber die sozialen Gräben waren doch weniger tief als anderswo. Zugleich führte die auch nach den Unabhängigkeitswirren anhaltende Abwanderung vor allem von Türken zu einer fortschreitenden Homogenisierung der Bevölkerung. So nahm der Anteil der Bulgaren an der Gesamtbevölkerung zwischen

---

6 B.R. Mitchell, Statistics, 3.

7 R.J. Crampton, Bulgaria 1878–1918, 411. Nach D. Djordjevic, in R. Melville/H.-J. Schröder, Berliner Kongress, 325 waren es im zweiten Krieg 492.000 Mann, im ersten weniger.

8 Detaillierte Darstellung bei R.J. Crampton, Bulgaria 1878–1918, 175–209.

9 J.R. Lampe, Bulgarian economy, 28. Etwas abweichende Zahlen bei J.R. Lampe/M.R. Jackson, Balkan economic history, 185. Vgl. auch J.D. Bell, Peasants, 13.

1880/81 und 1910 von 67,8% auf 81,2% zu, während derjenige der Türken von 24,9% auf 11,6% zurückging.[10] Die Homogenisierung wurde durch die Ausbreitung des Bulgarischen als Bildungssprache und durch erhebliche Bildungsanstrengungen noch verstärkt. Schon die Verfassung von 1879 hatte die allgemeine Schulpflicht eingeführt. Der Alphabetisierungsgrad bulgarischer Rekruten betrug 1912 immerhin 75%, im Vergleich zu 59% in Rumänien und 50% in Serbien.[11]

Wenn sich so der bäuerliche Kleinbesitz als stabile Grundlage für die Gesellschaft erwies, so waren seine wirtschaftlichen Folgen weniger positiv, wenngleich der Lebensstandard der bulgarischen Bauern höher gewesen sein dürfte als derjenige der rumänischen. Die meisten Bauern litten unter Kapitalmangel, und viele von ihnen waren bei Geldverleihern hoch verschuldet. Dadurch kam es kaum zu einer Modernisierung. Noch 1910 machte der Anteil der Holzpflüge 82% aus.[12] Der Anreiz zur Modernisierung wurde auch dadurch verringert, dass bis 1914 kaum Landmangel entstand; der Staat und die Gemeinden konnten immer wieder Boden an die Bauern verkaufen. Die wichtigste Umstellung war, wie anderswo auf dem Balkan, der Wechsel von der Viehzucht zum Getreideanbau. Bulgarien wurde zu einem wichtigen Getreideexporteur. 1906–1911 machte Getreide 78% der landwirtschaftlichen Produktion und ca. 65% der Exporte aus.[13] Bulgarien blieb bis 1914 ein ausgeprägtes Agrarland. Noch 1905 waren 82% der Beschäftigten in der Landwirtschaft tätig und nur 7% in der Industrie.[14] Eine Abwanderung in die Städte fand kaum statt. Der Urbanisierungsgrad blieb zwischen 1880 und 1920 unverändert bei etwa 20%.[15] Für eine Industrialisierung fehlte also das Arbeitskräftereservoir. Dennoch hatte die Industrie theoretisch eine hohe Priorität und erfuhr beträchtliche staatliche Förderung. Sie blieb indessen unbedeutend. Zunächst büßte sie sogar an Gewicht ein. Denn mit der Unabhängigkeit verlor das Land nicht nur den großen osmanischen Markt, sondern auch viele türkische Handwerker. Die Eisenbahnen, die in den folgenden Jahrzehnten gebaut wurden, setzten das traditionelle Handwerk und die Kleinindustrie der ruinösen Konkurrenz des Weltmarktes aus, und da Bulgarien bis gegen Ende des Jahrhunderts die Außenhandelspolitik der Pforte übernehmen musste, hatte es den Industriestaaten nahezu zollfreie Einfuhr zu gewähren. Strukturelle Verbesserungen bahnten sich vor 1914 am ehesten in der Landwirtschaft an, mit einer rasch wachsenden Genossenschaftsbewegung, die insbesondere auch den Kredit verbilligte.

Die Wirtschaft wuchs langsamer als die Aufgaben und Bedürfnisse des Staates, der eine große, wenig effiziente Bürokratie aufbaute. Die Lücken wurden durch höhere Steuern, vor allem für die Bauern, und Auslandsanleihen gedeckt, die überwiegend unproduktiv eingesetzt wurden, nicht zuletzt für Rüstungszwecke. Die wachsende

---

10 R.J. Crampton, Bulgaria 1878–1918, 176.

11 R.J. Crampton, Modern Bulgaria, 78. Andere Zahlen bei I.T. Berend/G. Ránki, Economic development, 26. Laut diesen Autoren lag die allgemeine Analphabetenquote in Bulgarien 1910 bei 66%, in Rumänien 1912 bei 61%.

12 J.R. Lampe/M.R. Jackson, Balkan economic history, 185.

13 R.J. Crampton, Bulgaria 1878–1918, 192; 354–360; J.R. Lampe/M.R. Jackson, Balkan economic history, 169.

14 I.T. Berend/G. Ránki, Economic development, 140.

15 R.J. Crampton, Bulgaria 1878–1918, 211.

Verschuldung brachte das Land in zunehmende Abhängigkeit von den westeuropäischen Gläubigerstaaten. Um 1900 mussten etwa 30% der Staatseinnahmen für den Schuldendienst eingesetzt werden.[16]

2.19 Griechenland

2.19.1 Äußeres: Die Große Idee und die bescheidenere Wirklichkeit

Griechenland war das erste (seit 1830) und bis 1878 das einzige Gebiet des Osmanischen Reiches in Europa, das im 19. Jahrhundert volle staatliche Unabhängigkeit zu erringen vermochte (die kirchliche Unabhängigkeit vom griechisch-orthodoxen Patriarchen von Konstantinopel erhielt es 1850). Neben dem hartnäckigen Unabhängigkeitskampf und der geographischen Lage spielte dabei nicht zuletzt die in Europa weit verbreitete Begeisterung für das klassische Griechentum eine Rolle. Sie wirkte sich in der Unterstützung durch die Großmächte, vor allem durch Großbritannien, Frankreich und Russland aus. Der Preis dafür war eine beträchtliche Abhängigkeit von diesen drei Staaten, die bis 1923 offizielle Schutzmächte blieben.

Das 1830 unabhängig gewordene Gebiet erfasste nur etwa ein Drittel der in den Territorien des Osmanischen Reiches lebenden Griechen,[1] und noch nicht einmal alle geschlossenen griechischen Siedlungsgebiete. Damit war das allen politischen Lagern gemeinsame Ziel der Politik der kommenden Jahrzehnte vorgegeben: die Vereinigung möglichst aller Griechen in einem Nationalstaat, verkörpert im Konzept der *Megali Idea*, der Großen Idee.[2] Angesichts der weiten Streuung der griechischen Siedlungsgebiete ließ es bei konkreten Forderungen einen weiten Spielraum. Üblich war die Anknüpfung an byzantinische Vorbilder, und Traumziel war Konstantinopel als Hauptstadt. Doch einstweilen musste sich das Land mit bescheideneren Forderungen begnügen. Sie richteten sich vor allem auf die unmittelbar nördlich angrenzenden, überwiegend griechisch besiedelten Gebiete.

Die Schicksale der Großen Idee wurden noch durch zwei weitere Faktoren beeinflusst.

1. Ein Sonderfall war das größtenteils von Griechen bewohnte, aber religiös christlich-muslimisch gemischte Kreta, auf dem sich die Christen während des 19. Jahrhunderts immer wieder erhoben und jeweils mehrheitlich den Anschluss an Griechenland forderten. Die Großmächte ließen dies aber bis 1913 nicht zu. Trotzdem wurden die Vorgänge auf Kreta wiederholt zu Auslösern für Unruhe auch in der griechischen Politik.

2. Da bis 1923 viele Griechen im Osmanischen Reich lebten und darin eine vor allem wirtschaftlich starke Position einnahmen, wurden sie durch allzu aggressives Vor-

---

16 I.T. Berend/G. Ránki, Economic development, 109f. Ein noch düstereres Bild der bulgarischen Wirtschaft zeichnet M. Palairet, Balkan, 361–370. Er spricht von „evolution without development“ (172) und konstatiert nach 1878 sogar eine Schrumpfung der Wirtschaft, die er hauptsächlich auf die Auflösung des Großgrundbesitzes zurückführt (362).

1 R. Clogg, Greece, 47.

2 Vgl. etwa H. Korisis, Parteien, 128–130.

gehen Griechenlands leicht zu Opfern von Retorsionsmaßnahmen. Das musste der griechischen Politik eine gewisse Mäßigung nahelegen.

Ein griechischer Versuch, 1854 von der anderweitigen Inanspruchnahme des Osmanischen Reiches im Krimkrieg zu profitieren und es im Norden anzugreifen, endete mit einer Niederlage. Die Großmächte besetzten außerdem, in einer Art Strafmaßnahme, 1854–1857 den Hafen Piräus und lähmten dadurch den Außenhandel. Dem Land wurde deutlich gemacht, dass seine Macht nicht ausreichte für eine eigenständige Politik. Trotzdem unternahm es auch in der Folge immer wieder Alleingänge, die zwar von ihrer unmittelbaren Zielsetzung her stets scheiterten, es langfristig aber seinen Zielen doch näher brachten. 1864 überließ Großbritannien ihm die 1815 unter britisches Protektorat gestellten Ionischen Inseln. In der großen Orientkrise 1877–1878 konnte sich Griechenland erst am 2. Februar 1878 zu einem Angriff auf das Osmanische Reich entschließen, als der russisch-osmanische Waffenstillstand schon zwei Tage alt und damit der Krieg im Grunde vorbei war.[3] Der Berliner Kongress sprach ihm dennoch eine Gebietserweiterung im Norden zu (Thessalien und Teile von Epirus). 1885, in der bulgarischen Krise, blockierten die Großmächte einen neuerlichen griechischen Angriffsversuch im Norden. Im Gefolge eines kretischen Aufstandes von 1896/97 hingegen griff Griechenland tatsächlich an, erlitt aber eine vernichtende Niederlage und gab so der osmanischen Armee Gelegenheit zu zeigen, dass sie solchen Gegnern noch immer gewachsen war. Nur das Eingreifen der Großmächte rettete Griechenland vor einer Katastrophe. In den folgenden Jahren mischte es sich stark in die makedonischen Wirren ein.[4] In den Balkankriegen konnte es die Früchte dieser Politik ernten. Dank einer engen Allianz mit Serbien blieb es auch im Krieg von 1913 gegen Bulgarien siegreich. Es gewann 1912/13 einen Gebietszuwachs von ca. 68%; die Bevölkerungszahl vergrößerte sich um 67% von 2,67 auf 4,36 Millionen.[5] 1908 rief Kreta die Vereinigung mit Griechenland aus, die international allerdings erst 1913 anerkannt wurde. Das Land hatte damit nahezu seine heutige Ausdehnung erreicht. Der Preis für diese Erfolge war eine dauernde Überbeanspruchung der Kräfte.

2.19.2 Das politische System zwischen absoluter Monarchie, Demokratie und Militär

Der von den drei Schutzmächten 1832 eingesetzte König Otto, ein Sohn des bayrischen Königs Ludwig I., regierte nach seiner Volljährigkeit (1835) zunächst nahezu absolut, bis ihn ein Armeeputsch 1843 zwang, eine Verfassung zu akzeptieren. Diese, 1844 eingeführt und 1864 und 1911 revidiert, war wohl die liberalste und demokratischste Verfassung im damaligen Europa.[6] Sie gewährte sogar das allgemeine Wahlrecht. Die Verfassungswirklichkeit änderte sich indessen nicht über Nacht. Das politische Leben blieb von einer schmalen Schicht beherrscht. Bis 1875 wurden die Wahlen regelmäßig ma-

---

3 C. Jelavich/B. Jelavich, National states, 153.

4 Dazu vor allem D. Dakin, Makedonia.

5 L.S. Stavrianos, Balkans 1815–1914, 116. Unter Einschluss von Kreta vergrößerte sich die Fläche sogar um 90%. D.J. Delivanis/H. Sundhaussen, in W. Fischer, Handbuch 5, 651.

6 So D. Dakin, Unification, 79.

nipuliert. Danach setzte sich immerhin der Grundsatz durch, dass der König nur denjenigen zum Ministerpräsidenten ernannte, der imstande war, im Parlament eine Mehrheit hinter sich zu bringen, normalerweise den Führer der stärksten Fraktion.[7] Wirkliche Parteien bestanden zunächst nicht. Vielmehr wurde die Politik durch ein ausgeprägtes Klientelwesen bestimmt. Die Gefolgschaften konnten sich rasch verschieben. Seit 1882 hingegen entstand eine Art Zweiparteiensystem, wobei die Parteien freilich bezeichnenderweise keine Namen trugen. Die liberalere Richtung unter Charilaos Trikoupis wollte sich auf innere Reformen konzentrieren, um das Land den europäischen Vorbildern anzunähern, und dafür eine möglichst zurückhaltende Außenpolitik betreiben. Die eher konservative Richtung unter Theodor Delijannis setzte demgegenüber auf die rasche Verwirklichung der Großen Idee, während sie im Inneren die traditionellen Verhältnisse und Machtstrukturen erhalten wollte.[8]

Der König behielt eine beträchtliche Machtfülle. So konnte er die Minister ernennen und das Parlament auflösen. Die eigentlich entscheidende Kraft im Hintergrund aber war die Armee. Sie übernahm die Macht zwar nie direkt, führte aber mehrere Umstürze durch. So zwang sie 1862 König Otto zur Abdankung. An seine Stelle wurde 1863 ein dänischer Prinz berufen, der als Georg I. bis 1913 regierte. Er nannte sich, eingedenk der Großen Idee, nicht mehr wie sein Vorgänger König von Griechenland, sondern König der Griechen.[9] Noch wichtiger wurde ein Putsch von 1909. Er brachte, nach Wahlen im Jahre 1910, den ursprünglich kretischen Politiker Eleftherios Venizelos an die Macht. Venizelos führte bedeutende Reformen durch oder begann sie zumindest, so in der Verwaltung, in der Justiz, im Rechts- und im Bildungswesen sowie in der Landverteilung.[10] Die Stärkung des Landes im Inneren setzte er in einer expansionistischen Außenpolitik um, die in den Balkankriegen und im Ersten Weltkrieg ihre Früchte trug, schließlich aber in die Katastrophe von 1923 führte.

2.19.3 Neue gesellschaftliche Führungsschicht und alte wirtschaftliche Probleme

Der Unabhängigkeitskampf bedeutete für Griechenland nicht nur eine nationale, sondern auch eine soziale Revolution. Mit der osmanischen Herrschaft verschwand zugleich die überwiegend türkische Oberschicht, deren Angehörige auswanderten oder vertrieben wurden. Sie wurden nicht einfach durch eine gleichartige einheimische Schicht ersetzt. Vielmehr konfiszierte zunächst der Staat den bisherigen Großgrundbesitz. Eine individuelle Verteilung des Landes erfolgte nur sehr langsam, teilweise als Belohnung für Unabhängigkeitskämpfer und teilweise durch Verkauf an Bauern.[11] Die neue Führungsschicht bestand zunächst vor allem aus Männern, die sich im Unab-

---

7 Ebd., 125; C.M. Woodhouse, Greece, 172f.; M.W. Weithmann, Griechenland, 195f.

8 Zu den Parteien H. Korisis, Parteien; vgl. die Überblicke bei D. Dakin, Unification, 306–313, und C. Jelavich/B. Jelavich, National states, 173.

9 C.M. Woodhouse, Greece, 170; C. Jelavich/B. Jelavich, National states, 82.

10 Vgl. etwa den knappen Überblick bei P. Tzermias, Geschichte, 113.

11 Zu Landfragen: D.J. Delivanis/H. Sundhaussen, in W. Fischer, Handbuch 5, 653f.; H. Korisis, Parteien, 120–122; D. Dakin, Unification, 93; 250–252.

hängigkeitskampf verdient gemacht hatten und denen es gelang, eine größere Klientel um sich zu versammeln. Das war einer der Gründe, weshalb das Bandenwesen im ganzen 19. Jahrhundert eine wichtige Rolle spielte. Da viele Führer auf solche Gefolgschaften zurückgriffen, gelang es nie, das Übel dauerhaft zu beseitigen.[12]

In der zweiten Hälfte des Jahrhunderts rekrutierte sich die Führungsschicht allmählich stärker in den Städten, unter Beamten, Akademikern und Intellektuellen, aber auch im Militär und unter reichen Händlern.

Die Vorteile dieser nach 1830 erfolgten Umwälzungen waren eine gewisse soziale Mobilität und das Ende feudaler Unterdrückung; der Nachteil lag in erheblicher politischer Instabilität. Die Regierungen waren meist sehr kurzlebig.[13]

Während im Kerngebiet im Süden infolge der Vertreibung der türkischen Grundbesitzer bäuerlicher Kleinbesitz überwog,[14] musste sich Griechenland verpflichten, in den nach dem Berliner Kongress hinzugewonnenen Gebieten im Norden den Großgrundbesitz nicht anzutasten. Die große Masse der Landbevölkerung bestand hier aus Pächtern. Unter den Grundbesitzern fanden sich viele Griechen. Erst 1911 wurde eine Landreform begonnen; wirklich zum Tragen kam sie sogar erst nach 1923.

Auf das ganze Land bezogen, überwog indessen der bäuerliche Kleinbesitz. Das hatte sozial stabilisierende Folgen, war aber der Wirtschaft des Landes wenig förderlich. Seit den 1880er Jahren machte sich Landmangel bemerkbar. Der Besitz wurde durch Erbteilung weiter zersplittert. Ein großer Teil der Bauern war bei Geldverleihern verschuldet. Von einer Modernisierung der Landwirtschaft konnte kaum die Rede sein. Statt dessen setzte eine bedeutende Auswanderung ein. Zwischen 1890 und 1914 verließen etwa 350.000 Personen das Land, die meisten von ihnen in Richtung USA. Griechenland hatte seit ca. 1900 eine der höchsten Auswanderungsraten Europas.[15]

Selbst der auf dem Balkan verbreitetsten Methode zur Erhöhung der landwirtschaftlichen Produktion, der Ersetzung der Viehzucht durch Ackerbau, waren durch die Natur enge Grenzen gesetzt, und das Land wurde erst kurz vor dem Ersten Weltkrieg zum Selbstversorger in Getreide.

Während sich der Staat wenig um die Landwirtschaft kümmerte, förderte er die Industrie, freilich ohne durchschlagenden Erfolg. 1907 arbeiteten noch 66,3% der Beschäftigten in der Landwirtschaft und nur 12,8% in Industrie und Handwerk.[16] Dem wenig bedeutenden Strukturwandel entsprechend blieb das Ausmaß der Verstädterung gering: Es nahm zwischen 1879 und 1907 von 18% auf 24% zu.[17]

Zum Ausbleiben einer Industrialisierung trugen viele Faktoren bei. Griechenland war seit der Unabhängigkeit im Ausland hoch verschuldet. Die expansive Außenpoli-

---

12 Zum Brigantentum siehe J.S. Koliopoulos, Brigands.

13 Vgl. die Tabelle bei D. Dakin, Unification, 286–305.

14 Vgl. W.W. McGrew, Land and revolution.

15 R. Clogg, Greece, 71; J.R. Lampe/M.R. Jackson, Balkan economic history, 195f.

16 D. Dakin, Unification, 314. Dabei könnte der Prozentsatz der in der Landwirtschaft Beschäftigten zu niedrig sein, da er möglicherweise nach einer anderen Berechnungsmethode angegeben ist als bei den übrigen Balkanländern, in denen er um diese Zeit noch bei über 80% lag, ohne dass ihre Industrie weniger entwickelt gewesen wäre als die griechische.

17 H. Korisis, Parteien, 118.

tik, die für die Größe des Landes überdimensionierte Armee, aber auch die ausgedehnte und wenig effiziente Verwaltung hatten zur Folge, dass ein großer Teil des Auslandskapitals unproduktiv verwendet wurde. Die Schuldenlast stieg; der Schuldendienst beanspruchte gegen Ende des Jahrhunderts ein Drittel der Staatseinnahmen.[18] 1893 musste der Staat den Bankrott erklären, und 1897 wurde er einer internationalen Schuldenkommission mit weitreichenden Vollmachten über einen Teil der Staatseinnahmen unterstellt. Für unternehmende Griechen boten sich zudem im großen Wirtschaftsraum des Osmanischen Reiches viel lukrativere Betätigungsmöglichkeiten als im kleinen, rückständigen Griechenland. Immerhin gelang es, eine bedeutende Handelsflotte aufzubauen, die einen großen Teil des Zwischenhandels im Mittelmeer an sich zog. Der Staat führte zwar schon 1834 die Schulpflicht ein. Doch der Ausbau des Bildungswesens kam nur langsam voran. Die Analphabetenrate betrug 1870 82%; 1907 lag sie noch bei 66%.[19]

2.20 Das Osmanische Reich

Um die Mitte des 19. Jahrhunderts lagen die reichsten und entwickeltsten Gebiete des Osmanischen Reiches in Europa. Hier lebte etwa die Hälfte der Bevölkerung.[1] 1914 hatte sich dieser Besitz auf ein kleines Stück in Ostthrakien reduziert. Doch mit Konstantinopel, wie die amtliche Bezeichnung nach außen noch immer lautete, lag die Hauptstadt nach wie vor in Europa, und die Kontrolle des Zugangs zum Schwarzen Meer verschaffte dem Land weiterhin eine erhebliche Bedeutung in der europäischen Politik.

2.20.1 Der kranke Mann am Bosporus

Das geflügelte Wort vom kranken Mann am Bosporus soll auf einen Ausspruch des russischen Zaren Nikolaus I. im Jahre 1853 zurückgehen.[2] Dass die Jahrzehnte danach eine Zeit des fortdauernden Rückgangs der Bedeutung des Reiches waren, schien bereits den Zeitgenossen fraglos. Umstritten ist hingegen, ob dafür in erster Linie äußere oder innere Faktoren verantwortlich zu machen sind. Das Reich geriet in zunehmende Abhängigkeit von den europäischen Großmächten, ja es wurde zu ihrem Spielball, blieb es doch vor allem wirtschaftlich immer weiter hinter ihnen zurück. Andererseits garantierte die Rivalität der Mächte angesichts der strategischen Bedeutung des Landes auch wieder dessen Überleben. Keine Großmacht war imstande, das Osmanische Reich gegen den Willen der andern Mächte zu erobern, und keine war bereit, es einer einzigen ganz zu überlassen. Eine Aufteilung hätte zu kaum lösbaren Auseinandersetzungen der Großmächte untereinander geführt.

Der Niedergang lässt sich indessen nicht allein auf äußere Einwirkungen und insbesondere den Imperialismus zurückführen. Er hatte schon im späten 17. und erst

18 C.M. Woodhouse, Greece, 175.
19 D.J. Delivanis/H. Sundhaussen, in W. Fischer, Handbuch 5, 663; 656.
1 D. Quataert, in H. Inalcik/D. Quataert (Hg.), History, 767.
2 Vgl. P. Dumont, in R. Mantran (Hg.), Empire ottoman, 501.

recht im 18. Jahrhundert eingesetzt. Was einst die Macht und Überlegenheit des Reiches begründet hatte, wurde im 19. Jahrhundert mehr und mehr zum Hemmschuh. Das Osmanische Reich hatte Mittel und Wege gefunden, das Zusammenleben einer religiös und ethnisch sehr heterogenen Bevölkerung einigermaßen friedlich und kooperativ zu regeln. Von Rechtsgleichheit hatte dabei zwar nicht die Rede sein können. Die Muslime waren vielfältig privilegiert gewesen. Aber die Nichtmuslime waren immerhin toleriert worden und hatten im sogenannten *millet*-System eine gewisse Autonomie genossen, die in manchen Fällen sogar zu einer Art faktischer Privilegierung geworden war.

Eine solche Aufsplitterung der Bevölkerung in Gruppierungen unterschiedlichen Rechts widersprach dem Prinzip der einheitlichen Staatsbürgergesellschaft, wie es sich in Europa seit dem 18. Jahrhundert und besonders seit der Französischen Revolution zunehmend durchsetzte. Dieses Prinzip ließ sich, wie zu zeigen sein wird, im Osmanischen Reich nicht verwirklichen. Insgesamt wurde die Krankheit des Mannes am Bosporus von den Großmächten eher ausgenutzt als verursacht.

Es wäre jedoch verfehlt, die osmanische Geschichte dieser Zeit nur als eine solche des Niedergangs zu betrachten. Der Bedeutungsverlust erfolgte relativ zu den wichtigsten europäischen Staaten, während die inneren Reformen absolut gesehen durchaus eine Stärkung bewirkten.

2.20.2 Der Schrumpfungsprozess eines Weltreiches

1848/49 schlug das Osmanische Reich gemeinsam mit Russland die Revolution in den beiden Donaufürstentümern Walachei und Moldau nieder. Sonst allerdings war Russland mit großer Konstanz der Hauptfeind, musste es doch aufgrund seiner Lage die Kontrolle der Meerengen und des Weges vom Kaukasus zum Persischen Golf anstreben. Das wiederum wollten die übrigen Mächte, insbesondere Großbritannien, unter keinen Umständen dulden, so dass es dem Osmanischen Reich in der Regel nicht an Verbündeten fehlte. Deren Hilfe war freilich alles andere als uneigennützig. Die Situation wurde durch kleinere Figuren auf dem Schachbrett noch komplizierter. Immer wieder rebellierten die nichtmuslimischen Untertanen des Sultans, insbesondere auf dem Balkan, aber auch in Armenien. Das war in der Regel eine Folge ungleicher Landverteilung und schlechter Lebensverhältnisse, wobei aufkommender Nationalismus verstärkend wirkte. Selbst wenn die Großmächte es gewollt hätten, hätten sie den osmanischen Besitz auf dem Balkan kaum auf Dauer zu sichern vermocht. In Wirklichkeit nutzten sie die Situation, um sich nach Belieben einmischen zu können. Seit dem späten 18. Jahrhundert beanspruchten sie in immer stärkerem Maße die Rolle von Schutzmächten für die christliche Bevölkerung. Sie konnten durchsetzen, dass sich osmanische Christen direkt unter ihren Schutz stellen durften, wodurch sie dem Zugriff ihres eigenen Staates weitgehend entzogen waren.[3]

Typisch für die Konstellation des 19. Jahrhunderts war der Krimkrieg. Russland provozierte 1853 unter dem Vorwand des Schutzes der Orthodoxen einen Krieg und rück-

3 Zu diesem Komplex das Werk von B. BRAUDE/B. LEWIS (Hg.), Christians and Jews.

te siegreich vor, worauf sich 1854 Großbritannien, Frankreich und später Sardinien mit dem Osmanischen Reich verbündeten und den Sieg errangen. Im Friedensschluss von Paris (1856) garantierten die Westmächte zwar den Besitzstand des Osmanischen Reiches. Dennoch verlor es weitgehend die Kontrolle über die Donaufürstentümer, das spätere Rumänien, auf das es 1878 endgültig verzichten musste. Wie schon früher, gingen auch künftig die europäischen Gebiete meistens in Raten verloren, indem noch einige Zeit die Fassade der osmanischen Oberherrschaft aufrechterhalten wurde.[4]

Nachdem 1866 ein Aufstand in Kreta erfolgreich niedergeschlagen worden war, kam es 1875–1878 zur ersten großen Katastrophe. Verschiedene Erhebungen auf dem Balkan brachten die Regierung in Bedrängnis. 1877 griff Russland ein. Es drang bis vor die Mauern von Konstantinopel vor und setzte am 3. März 1878 im Vorfrieden von San Stefano enorme Gebietsabtretungen auf dem Balkan und in Transkaukasien durch. Diesmal griffen die Westmächte erst nachträglich und nur diplomatisch ein. Auf dem Berliner Kongress des gleichen Jahres wurden die russischen Erfolge beschnitten, aber keineswegs zur Gänze rückgängig gemacht. Der Sultan musste die vollständige Unabhängigkeit der Gebiete anerkennen, die bereits de facto selbständig gewesen waren: Serbien, Montenegro und Rumänien, während er weitere große Territorien neu de facto freigeben musste, insbesondere Bulgarien mit Ostrumelien sowie das von Österreich-Ungarn besetzte Bosnien-Herzegowina. Die Briten ließen sich ihre Hilfe mit der faktischen Abtretung Zyperns honorieren. Damit hatte das Reich etwa 210.000 km^2 und 5,5 Millionen oder 20% seiner Bevölkerung verloren.[5]

Während der folgenden Jahrzehnte ließ sich der Besitzstand in Europa in etwa wahren. 1897 konnten die Osmanen dem angreifenden Griechenland sogar eine vernichtende Niederlage zufügen. Die 1878 de facto verlorenen Gebiete allerdings lösten sich mit der Zeit vollständig vom Reich.

1911 wurde eine neuerliche Katastrophe ausgelöst. Sie hing mit dem jungtürkischen Umsturz von 1908 zusammen. Er schwächte das Reich vorübergehend und weckte dadurch die Begehrlichkeiten anderer Staaten. Außerdem wirkte sich der Wandel des europäischen Bündnissystems aus, insbesondere der britisch-russische Interessenausgleich von 1905. Die Briten zogen sich aus der Rolle des Beschützers des Osmanischen Reiches zurück, während Deutschland in ihre Fußstapfen zu treten versuchte. 1911 eroberte Italien mit dem Einverständnis der Großmächte Tripolis. Die dadurch bewirkte Schwächung des Reiches provozierte im Oktober 1912 den Ersten Balkankrieg, in dem Griechenland, Bulgarien, Serbien und Montenegro rasche und entscheidende Siege errangen, so dass sie dem Osmanischen Reich am 30. Mai 1913 im Frieden von London bis auf einen kleinen Streifen entlang den Meerengen alle europäischen Gebiete abzunehmen vermochten. Immerhin konnte das Reich 1913 nach dem Zweiten Balkankrieg, in dem die Sieger sich um die Beute stritten, im Frieden von Bukarest vom 10. August 1913 wenigstens Ostthrakien zurückgewinnen. Dennoch hatte es wieder ähnlich große Verluste erlitten wie 1878. Es war damit im Wesentlichen auf seine asiatischen Gebiete reduziert.

---

4 Infolgedessen werden in der Literatur häufig unterschiedliche Daten für die Unabhängigkeit genannt, je nachdem, ob man sich stärker an die Situation de facto oder an diejenige de jure hält.

5 F. GEORGEON, in R. MANTRAN (Hg.), Empire ottoman, 523.

2.20.3 Der Kampf gegen den Verfall: Erfolge und Grenzen der Reformen

Der anhaltende Schrumpfungsprozess des Reiches wurde zum unwiderlegbaren Beweis für dessen Reformbedürftigkeit, auch wenn die Art der erforderlichen Reformen umstritten sein mochte. Dabei wurde der Umgang mit diesem Thema sehr stark durch außenpolitische Faktoren bestimmt. Die Großmächte rechtfertigten ihre Eingriffe zugunsten einzelner Gruppen im Reich mit fehlenden Reformen, die sie vordergründig forderten, ohne dass sie übermäßig an ihrer Verwirklichung interessiert gewesen wären, da sie sonst keine Vorwände für Einmischungen mehr gehabt hätten. Die osmanische Seite pflegte ihren Reformwillen dann am lautesten zu bekunden, wenn die äußere Bedrängnis am größten war. Doch fehlte es keineswegs an genuinem Willen zur Veränderung, wenn vielleicht auch die Prioritäten nicht denen der Großmächte entsprachen. Insgesamt handelte es sich um eine Reformbewegung von oben, aus einem Teil der herrschenden Schicht heraus. Daraus ergaben sich ihre Grenzen. Je stärker sie die gesellschaftlichen Verhältnisse berührte, um so weniger ließen sich ihre Ziele verwirklichen.

Unter dem Gesichtspunkt des schieren Überlebens stand das Bedürfnis nach militärischen Reformen zuvorderst. Die Bemühungen um eine Verbesserung der Bewaffnung, Ausrüstung, Ausbildung und Organisation der Armee prägten die Jahrzehnte vor dem Ersten Weltkrieg. Man kaufte Waffen bei den Großmächten und stellte Militärberater ein.

Die Erfolge dieser Politik blieben begrenzt. Es gelang nicht, das Heer oder gar die Flotte zu einem den Militärapparaten der Großmächte ebenbürtigen Instrument zu machen. Andererseits blieb die osmanische Armee doch eine Kraft, mit der man rechnen musste, wie etwa der heftige und lange Zeit erfolgreiche Widerstand gegen Russland im Kriege von 1877/78 zeigte. Aufstände im Innern konnten in der Regel ohne größere Schwierigkeiten unterdrückt werden, und gegen kleinere Nachbarn bestanden durchaus Erfolgschancen, solange sich die Großmächte nicht einmischten.

Die allen Reformanstrengungen zum Trotz anhaltende militärische Schwäche verwies auf die fehlende Wirtschaftskraft. Die Diskrepanz zur Wirtschaftskraft der mittel- und westeuropäischen Staaten wurde immer größer, nicht infolge eines Schrumpfungsprozesses im Osmanischen Reich, sondern infolge einer geringeren Wachstumsrate. Das Prokopfeinkommen soll 1913 nur gerade 5% des britischen, 10% des gesamteuropäischen und 20% des bulgarischen, serbischen und griechischen ausgemacht haben.[6] Die Frage, inwieweit eine Industrialisierung und damit ein rasches Wirtschaftswachstum durch die europäischen Mächte verhindert wurde und inwieweit sich die Schwäche aus internen Faktoren ergab, ist umstritten. Die Großmächte vermochten sich jedenfalls zahlreiche Privilegien zu sichern, insbesondere niedrige Zölle, was den Aufbau einer einheimischen Industrie erschwerte. Andererseits war das Osmanische Reich nicht imstande, seine Einnahmen so zu steigern, dass eine moderne Infrastruktur aufgebaut werden konnte. Es griff deshalb seit der Jahrhundertmitte zunehmend auf Auslandskapital zurück. Dieses wurde nur teilweise produktiv ver-

---

6 D. Quataert, in H. Inalcik/D. Quataert (Hg.), History, 775. Es kann sich dabei allerdings nur um grobe Tendenzen handeln; wahrscheinlich sind die Unterschiede zu groß angesetzt.

wendet. Als im Gefolge der weltweiten Wirtschaftskrise von 1873 keine neuen Kredite mehr gewährt wurden, musste das Land seine Zahlungen Anfang 1876 einstellen und 1879 den Bankrott erklären. Die Hauptgläubigerstaaten setzten eine Lösung durch, die ihnen enorme Einflussgewinne brachte. Sie gründeten 1881 die Osmanische Schuldenverwaltung *(Administration de la Dette publique ottomane)*. Diese erhielt etwa ein Viertel bis ein Drittel der Staatseinnahmen, die sie direkt einzog, und zwar unter Aufsicht der Gläubiger, nicht der Regierung in Konstantinopel. Sie beschäftigte in den achtziger Jahren über 3.000, vor dem Ersten Weltkrieg über 5.000 einheimische Personen.[7] Sie erhielt auch ein Tabakmonopol, das sie separat in einer schließlich über 9.000 Beschäftigte zählenden Organisation verwaltete.[8] Das war ein klarer Souveränitätsverlust. Andererseits entstand wenigstens in diesem Bereich eine geregelte Finanzverwaltung. Außerdem wurde dadurch sichergestellt, dass bis 1914 in erheblichem Ausmaß ausländisches Kapital ins Land floss.[9] Damit wurden vor allem Eisenbahnen und Häfen finanziert. Der Außenhandel wuchs sehr rasch, wobei das Land freilich ganz überwiegend Agrarprodukte lieferte und Industrieprodukte bezog. Deren Einfuhr ruinierte große Teile des traditionellen Handwerks. Andererseits kam es seit dem späten 19. Jahrhundert immerhin auch zu ersten Industrialisierungserfolgen. Die Infrastruktur war zunächst ganz auf die Bedürfnisse des Außenhandels und fremder Anleger und Händler ausgerichtet. So wurden fast nur Stichbahnen zu Häfen gebaut, um deren Hinterland für die landwirtschaftliche Exportproduktion zu erschließen. Später aber wurde in Asien ein zusammenhängendes Eisenbahnnetz konzipiert und teilweise auch verwirklicht. Ziel war die unter dem Namen der Bagdadbahn bekannt gewordene Verbindung zwischen Bosporus und Persischem Golf, die neben der wirtschaftlichen auch politische, administrative und strategische Bedeutung hatte.

Das Osmanische Reich gehörte 1914 zu den ärmsten Staaten Europas, und es befand sich in weitgehender wirtschaftlicher Abhängigkeit von den Industrieländern. Dennoch hatte es eine gewisse eigenständige wirtschaftliche Basis aufzubauen vermocht, war es nicht nur Ausbeutungsobjekt geblieben.

Als Reformen im prägnanten Sinne werden indessen in der Regel die Versuche verstanden, grundlegende Änderungen in Staat und Gesellschaft durchzusetzen.

Ein erstes weitreichendes Reformversprechen im Sinne einer Verwestlichung des Staates wurde 1839 verkündet. 1856, am Ende des Krimkrieges, wurde diese Erklärung bekräftigt und ausgeweitet und danach auch in vielen Punkten verwirklicht. Die Konsequenz aus der *Tanzimat-* (Reformen-)Periode (1839–1878) war 1876 der Erlass einer Verfassung. Diese beließ zwar dem Sultan erhebliche Macht, sah aber immerhin ein Zweikammerparlament vor, wobei eine Kammer vom Sultan ernannt und

---

7 R. Kasaba, Ottoman Empire, 110f.

8 F. Georgeon, in R. Mantran (Hg.), Empire ottoman, 538. Vgl. D. Quataert, Disintegration, 9ff. und besonders Z.Y. Hershlag, in O. Okyar/H. Inalcik (Hg.), Turkey, 305–307 sowie J. Thobie, ebd., 311–322.

9 Vgl. S. Pamuk, Ottoman Empire, 58–65. Laut Pamuk, 58 erfolgte 1854–1914 ein Nettoabfluss von 15 Millionen Pfund, bei einem Zufluss von insgesamt 180 Millionen, woraus sich aber nicht ableiten lässt, dass die Investitionen dem Lande nichts brachten. Vgl. Ç. Keyder, in O. Okyar/H. Inalcik (Hg.), Turkey, 323–328.

die zweite von regionalen Körperschaften beschickt werden sollte, sowie ein Kabinett mit Ministerverantwortlichkeit und einen Grundrechtskatalog.[10]

Der Sultan, Abdulhamit II. (1876–1909), vermochte die Verfassung nicht zu verhindern, suspendierte sie aber schon nach wenigen Monaten und sistierte auch das Parlament. Er regierte bis 1908 mit despotischen Methoden, führte indessen die Reformen auf der Ebene der Verwaltung fort. 1908 gelang es der vor allem im Ausland wirkenden Opposition der sogenannten Jungtürken, seit 1889 im *Komitee für Einheit und Fortschritt* organisiert, mit Hilfe einer Militärrevolte den Sultan zur Wiederinkraftsetzung der Verfassung zu zwingen. Nach einem gescheiterten Gegenputsch im folgenden Jahr wurde der Sultan durch einen anderen ersetzt, und die Jungtürken führten den Reformkurs nun auf breiter Front weiter. Nach einem weiteren Staatsstreich herrschten sie seit 1913 weitgehend diktatorisch.

Betrachtet man die Reformen insgesamt, so waren die Veränderungen und die Erfolge im Bereich der Verwaltung am größten. Diese erfasste und durchdrang allmählich das ganze Land und stärkte dadurch den Staat. Bedeutende Erfolge waren auch in der Kodifizierung des Rechts zu verzeichnen, wodurch etwa die Grundlagen für moderne wirtschaftliche Aktivitäten gelegt wurden. Viel größer waren die Widerstände da, wo die grundlegenden gesellschaftlichen Machtverhältnisse berührt wurden. Symptomatisch dafür ist etwa, dass es nie gelang, die Steuerpacht abzuschaffen, die zur Ausplünderung der kleinen Steuerzahler führte und nur einen geringen Teil der Einnahmen in die Staatskasse fließen ließ. Der Staat war nicht imstande, die Macht lokaler und regionaler Notabeln zu brechen.

Die Erfolge der Reformen blieben vor allem deswegen prekär, weil es nicht gelang, die eigentliche Grundlage des modernen Staates zu schaffen, die einheitliche Staatsbürgergesellschaft. Das Ziel einer vollständigen Rechtsgleichheit aller Staatsangehörigen wurde zwar immer wieder verkündet.[11] Doch der Widerstand bei den bislang Privilegierten, den Muslimen, war groß und letztlich unüberwindbar. Im traditionellen islamischen Staatsverständnis waren die Andersgläubigen minderberechtigte Schutzbefohlene, keine gleichberechtigten Partner. Das Projekt scheiterte aber auch an den Nichtmuslimen (ganz überwiegend Christen und Juden). Sie forderten zwar die Gleichberechtigung, waren aber nicht bereit, auf bestimmte Privilegien zu verzichten, die sie ihrerseits hatten. Das betraf etwa eine erhebliche Autonomie ihrer Gemeinschaften sowie den (ursprünglich als Diskriminierung gedachten) Ausschluss von der Wehrpflicht gegen Bezahlung einer Steuer. Während die Nichtmuslime politisch machtlos waren, waren sie wirtschaftlich und vom Bildungsstand her den Muslimen deutlich überlegen. Sie kontrollierten, mit Rückendeckung durch die Großmächte, Handel und Industrie zu guten Teilen und hatten mehr und bessere Schulen. Unmittelbar vor dem Ersten Weltkrieg verfügten Griechen über 50% des Kapitals der Industrie von Konstantinopel, Armenier über 20%, Juden über 5%, Ausländer über 10% und Türken über die restlichen 15%.[12]

---

10 Dazu R.H. Davison, Reform, 386f. und ders., Essays, 96–132.

11 Vgl. zu diesem Komplex etwa B. Lewis, Tanzimat.

12 F. Georgeon, in R. Mantran (Hg.), Histoire, 552f.

Selbst diese Schwierigkeiten hätten sich indessen möglicherweise überwinden lassen, hätte nicht der Nationalismus im Verlauf des 19. Jahrhunderts ein Gegenmodell propagiert. Ziel war dabei nicht die Staatsbürgergesellschaft aus allen Untertanen des Sultans, sondern der ethnisch, sprachlich und religiös möglichst homogene Nationalstaat. Die Nichtmuslime sahen je länger je weniger die individuelle Gleichberechtigung innerhalb des Reiches und stattdessen die souveräne Gleichberechtigung der Nationen in eigenen Staaten als Ziel. Und jedesmal, wenn ein Teil eines Volkes die staatliche Unabhängigkeit erlangte, gewannen die nationalistischen Kräfte unter den unter osmanischer Herrschaft verbliebenen Angehörigen dieses Volkes an Gewicht. Das galt besonders auf dem Balkan.

Solche Entwicklungen verschärften auch wieder die Gegensätze innerhalb des Reiches und die Ablehnung der Gleichberechtigung seitens der Muslime. Der Schutz und die Privilegierung der Nichtmuslime durch die Großmächte sowie die häufigen Aufstände und Sezessionsversuche der Nationalitäten bewirkten die Auffassung, diese bildeten lediglich Fünfte Kolonnen, deren Loyalitäten nach außen gerichtet seien. Das Zusammenleben war zwar noch nicht generell gefährdet. Aber die Auseinandersetzungen verschärften sich und konnten zuweilen zu großer Gewalttätigkeit eskalieren, insbesondere 1894–1896 in Armenien. Seit 1908 versuchten die Jungtürken mit einer dezidiert türkisch-nationalistischen Politik ihren Zugriff auf das Land zu verstärken, provozierten damit aber nur neuen Widerstand und schließlich die Katastrophe des Balkankrieges.

Bis 1914 hatte sich eine Entwicklung vollzogen, die in vielen Punkten das 20. Jahrhundert vorwegnahm.[13] Der Versuch, eine Art dynastische Staatsidee, den sogenannten Osmanismus aufzubauen, war gescheitert. Die meisten Bewohner des Reiches wollten nicht Osmanen sein, sondern Muslime oder Christen, Bulgaren oder Türken oder Armenier. Und die Entwicklung ging in Richtung auf eine räumliche Trennung dieser Gruppen, auf eine zunehmende nationale, ethnische, sprachliche und religiöse, durch Entflechtung herbeizuführende Homogenisierung. Durch den Verlust der meisten europäischen (und überwiegend christlichen) Gebiete ging der Anteil der Nichtmuslime deutlich zurück.[14] Bei jeder Gebietsabtretung kam es überdies in größerem oder geringerem Maße zu Fluchtbewegungen und Vertreibungen von Muslimen, die meistens in Anatolien angesiedelt wurden. Zwischen 1854 und 1908 sollen es etwa 5 Millionen Personen gewesen sein.[15] 1914 lebten von den christlichen Völkern nur

---

13 Vgl. K.H. Karpat, Ottoman population, 75.

14 Die Zahlenangaben in der Literatur gehen sehr weit auseinander; nur der Trend ist unbestritten. Laut C.V. Findley, Officialdom, 103 war das Verhältnis zwischen Muslimen und Nichtmuslimen 1857 47:53 und 1914 62:38. Laut D. Quataert, in H. Inalcik/D. Quataert (Hg.), History, 782 betrug er um 1850 60:40 und 1906 74:26, laut F. Georgeon, in R. Mantran (Hg.), Histoire, 525 und 552 stieg der Anteil der Muslime durch die Gebietsverluste von 1878 von 68% auf 76% und nahm bis Ende des Jahrhunderts auf 80% zu. Nach K.H. Karpat, Ottoman population, 72 machten die Muslime um 1870 68%, um 1890 76% der Bevölkerung aus. Bis 1914 stieg ihr Anteil auf 81% (ebd., 188f., sowie J. McCarthy, Arab world, 64). Über die ethnische Zusammensetzung der Bevölkerung, insbesondere über den Anteil der Türken, fehlen halbwegs brauchbare Zahlenangaben. Sicher scheint nur, dass der türkische Anteil zunahm.

15 K.H. Karpat, Ottoman population, 11.

noch Griechen und Armenier in größerer Zahl im Reich. Neben den Türken waren die Araber und die Kurden zu den einzigen geschlossen im Staat siedelnden Nationalitäten geworden. Zwar war der türkische Nationalstaat noch nicht als zwingende Lösung vorgezeichnet. Aber er war ein wesentliches Stück nähergerückt. Es war der Nationalstaat durch Amputationen – eine vom Westen ungewollt geförderte schleichende Entwicklung. Die osmanische Staatsidee war am Nationalismus gescheitert; die Berufung auf den Islam provozierte den Widerstand der Nichtmuslime; die Versuche, einen panturanischen Staat aller Turkvölker zu propagieren, übergingen die anderen Völker und versetzten die Nachbarstaaten im Osten, auf deren Gebiet die übrigen Turkvölker lebten, in Alarm.

3 Die Lebensbereiche

3.1 Wirtschaft und Gesellschaft

Die beiden im einleitenden Kapitel skizzierten grundlegenden Tendenzen der Zeit, das Wachstum der Arbeitsproduktivität und die Ausbreitung der Gleichheit, äußerten sich am unmittelbarsten und stärksten in Wirtschaft und Gesellschaft.

Die Steigerung der Arbeitsproduktivität war mit einem Wachstum der Wirtschaft in bislang unbekanntem Maße verbunden. Voraussetzung dafür war ein permanenter wirtschaftlicher Strukturwandel, der seinerseits gesellschaftlichen Wandel erzwang.

Die Ausbreitung der rechtlichen Gleichheit bedeutete den Übergang von der Stände- zur Klassengesellschaft, indem sie zwar nicht die sozialen Unterschiede beseitigte, wohl aber ihre rechtliche Fixierung auflöste. Der rasche wirtschaftliche Strukturwandel trug dazu bei, indem er neue soziale Verfestigungen gar nicht erst aufkommen ließ.

Die Frage, ob ursprünglich eher die industrielle Revolution die Ausbreitung der Gleichheit bewirkt oder ob diese zur Dynamisierung der Wirtschaft geführt habe, betrifft die vor der hier behandelten Epoche liegende Zeit.[1] Immerhin spricht einiges dafür, dass zuerst gesellschaftliche Veränderungen die treibende Kraft für die Freisetzung des technisch-wirtschaftlichen Wandels waren. Zwischen 1848 und 1914 hingegen lagen die Verhältnisse umgekehrt. Der wirtschaftliche Wandel erzwang den sozialen Wandel, der sich oft genug gegen vielfältige Widerstände durchsetzen musste. Die einzige bedeutende Ausnahme, bei der zumindest auch, wenngleich keineswegs ausschließlich, versucht wurde, mittels gesellschaftlicher Reformen die Bewegungskräfte der Wirtschaft zu entfesseln (wobei der Erfolg gering war), war die russische Bauernbefreiung von 1861. Es war der Nachvollzug einer zwischen dem späten 18. Jahrhundert und 1848 in ganz Europa durchgeführten Reform.[2] Der nächste, sehr viel ehrgeizigere Anlauf, wirtschaftlichen Wandel aus dem Umbau der Gesellschaft heraus freizusetzen, erfolgte erst wieder 1917, in der Russischen Revolution. Auch dabei handelte es sich um eine Ausnahmeerscheinung: die Epoche ging nicht im Strudel einer großen sozialen Revolution unter, sondern in einem klassischen kontinentalen Staatenkrieg, dem Ersten Weltkrieg, der angesichts seiner langen Dauer und der ungeheuren mit ihm verbundenen Anstrengungen und Opfer gerade die Stabilität der beteiligten Gesellschaften unter Beweis stellte. Die gesellschaftlichen Umwälzungen waren erst eine Folge der Belastungen des Krieges und vor allem der Niederlage. Selbst so wurde die russische nicht zu einer europäischen Revolution.

---

1 Für einen breitangelegten, universalgeschichtlichen Überblick siehe D.S. Landes, Wohlstand.
2 Dazu die chronologische Tabelle bei J. Blum, Old order, 356.

Hier wird deshalb die Wirtschaft als der eigentlich dynamische, den Wandel auslösende Faktor zuerst behandelt.

3.1.1 Die Wirtschaft

Zwischen 1848 und 1914 erlebte Europa einen bis dahin in der Weltgeschichte einmaligen Vorgang. In einem ganzen Kontinent wuchs die Wirtschaft über Jahrzehnte hinweg einigermaßen kontinuierlich und in einem noch nie dagewesenen Tempo. Die durchschnittliche jährliche Wachstumsrate ist für 1830–1910 auf 1,74%, für 1860–1910 auf 1,88% berechnet worden (siehe Tabelle 11).

Tabelle 11: Wachstumsraten des Bruttosozialprodukts und der Bevölkerung in Europa 1830–1910, in Prozent[3]

Land	Gesamtes BSP		Bevölkerung		BSP pro Kopf	
	1830–1910	1860–1910	1830–1910	1860–1910	1830–1910	1860–1910
Belgien	2.21	2.04	0.86	0.91	1.34	1.12
Bulgarien	–	(1.38)	–	0.87	–	(0.50)
Dänemark	2.62	2.94	1.01	1.06	1.60	1.86
Deutschland	2.33	2.57	0.98	1.17	1.33	1.39
Finnland	(2.14)	(2.43)	1.03	1.16	(1.10)	(1.26)
Frankreich	1.44	1.41	0.25	0.16	1.18	1.25
Griechenland	(1.98)	(2.62)	(1.30)	1.92	(0.67)	(0.69)
Großbritannien	(2.01)	1.87	0.80	0.89	1.21	0.97
Italien	1.03	1.05	0.62	0.66	0.40	0.39
Niederlande	1.91	2.05	1.01	1.15	0.89	0.89
Norwegen	2.05	1.84	0.94	0.80	1.10	1.04
Österreich-Ungarn	(1.51)	(1.76)	0.72	0.78	(0.79)	(0.98)
Portugal	(0.86)	(0.89)	0.67	0.77	(0.19)	(0.11)
Rumänien	–	(1.88)	–	1.02	–	(0.86)
Russland	(1.80)	2.25	(1.13)	1.27	(0.66)	0.96
Schweden	2.23	2.70	0.82	0.73	1.40	1.96
Schweiz	(2.22)	2.08	0.73	0.81	(1.48)	1.25
Serbien	–	1.58	–	1.08	–	0.50
Spanien	(0.89)	(0.61)	(0.46)	0.48	(0.43)	(0.13)
Europa	1.74	1.88	0.82	0.92	0.92	0.96

Bei Zahlen in Klammern sind die Fehlerquellen besonders groß.

---

3 P. Bairoch, Product, 283. Bairochs Daten zum Sozialprodukt sind allerdings unsicher und umstritten und können bestenfalls als grobe Nährungswerte genommen werden. Doch fehlen bislang präzisere Berechnungen für ganz Europa. Bairochs Zahlen werden revidiert bei N.F.R. Crafts, Product, 389–395. Neuere Berechnungen jeweils für einen Teil der europäischen Staaten bei L.A. Craig/D. Fisher, Integration, 44; 46 und A. Maddison, Économie mondiale, 20f.; 64; ders., Dynamic forces, 49f., 206–211.

Das Bruttosozialprodukt Europas war nach diesen Angaben 1913 3,3-mal größer als 1850.[4] Freilich war auch die Bevölkerung erheblich gewachsen, 1830–1910 im Schnitt mit 0,82% pro Jahr und 1860–1910 sogar mit 0,92%. Doch auch pro Kopf lag das durchschnittliche Wirtschaftswachstum noch bei 0,92% und 0,96%: 1913 wurden beinahe 90% mehr Güter und Dienstleistungen erzeugt als 1850 (siehe Tabelle 12).

Tabelle 12: Bruttosozialprodukt pro Kopf der Bevölkerung in Europa 1850–1913, in US Dollar (1960)[5]

Land	1850	1860	1870	1880	1890	1900	1910	1913
Belgien	411	490	571	589	630	721	854	894
Bulgarien	–	(210)	(220)	(210)	(250)	(260)	(270)	(263)
Dänemark	(256)	294	340	396	502	633	739	862
Deutschland	308	354	426	443	537	639	705	743
Finnland	(227)	(241)	(313)	(327)	(368)	(425)	(451)	(520)
Frankreich	333	365	(437)	464	515	604	680	689
Griechenland	(215)	(230)	(250)	(260)	(290)	(300)	(325)	(322)
Großbritannien	458	558	628	680	785	881	904	965
Italien	(277)	301	312	311	311	335	366	441
Niederlande	427	452	506	542	586	614	705	754
Norwegen	(350)	401	421	464	523	577	673	749
Österreich-Ungarn	(283)	(288)	(305)	(315)	(361)	(414)	(469)	(498)
Portugal	(260)	(275)	(270)	(270)	(270)	(287)	(290)	(292)
Rumänien	(190)	(200)	(210)	(230)	(246)	(275)	(307)	(336)
Russland	(175)	178	250	224	182	248	287	326
Schweden	(211)	225	246	303	356	454	593	680
Schweiz	(391)	(480)	(549)	(676)	(705)	785	895	964
Serbien	–	(220)	(230)	(240)	(250)	(260)	(282)	(284)
Spanien	(313)	(346)	(329)	(323)	(321)	(351)	370	367
Europa	283	310	359	366	388	455	499	534

Bei Zahlen in Klammern sind die Fehlerquellen besonders groß.

In seinem Kern allerdings war der Vorgang nicht neu. In England, dem Ausgangsgebiet der industriellen Revolution, waren seit dem späten 18. Jahrhundert kontinuierliche und wahrscheinlich vergleichbar hohe Wachstumsraten erzielt worden, und ähnlich verhielt es sich in einigen kontinentalen Ländern, in denen die Industrialisierung schon vor 1848 vorangekommen war, insbesondere in Teilen Belgiens, der Schweiz, Frankreichs und Deutschlands. Doch erst nach der Jahrhundertmitte wurde daraus mehr und mehr eine gesamteuropäische Bewegung.

Dank diesem Wachstum errang Europa ein globales wirtschaftliches Übergewicht, wie es noch nie ein einzelner Kontinent gehabt hatte. Sein Anteil an der weltweiten

---

4 P. Bairoch, Product, 281. Hier gelten die gleichen Einschränkungen wie in der vorangehenden Anmerkung.

5 P. Bairoch, Product, 286. Auch hier gelten die gleichen Einschränkungen wie in Anm. 3.

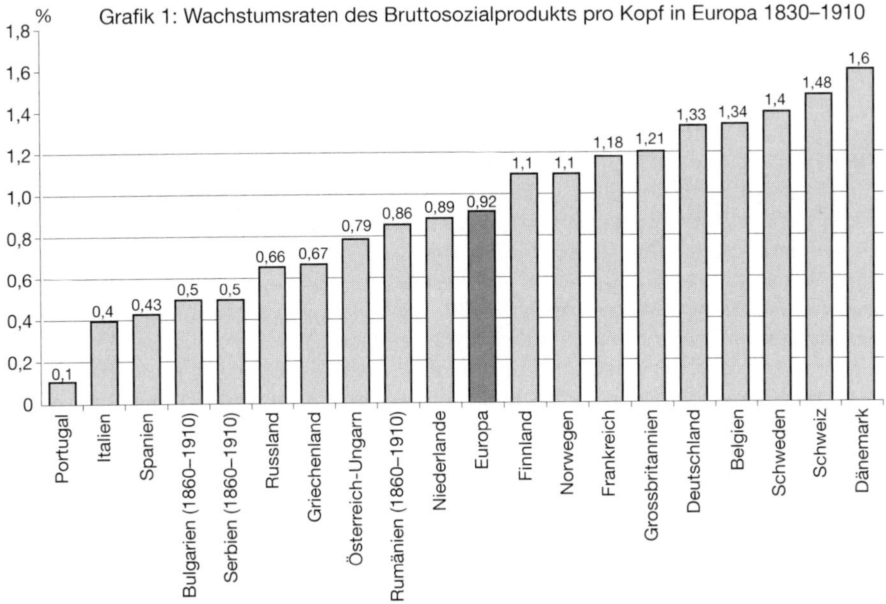

Quelle: Tabelle 12

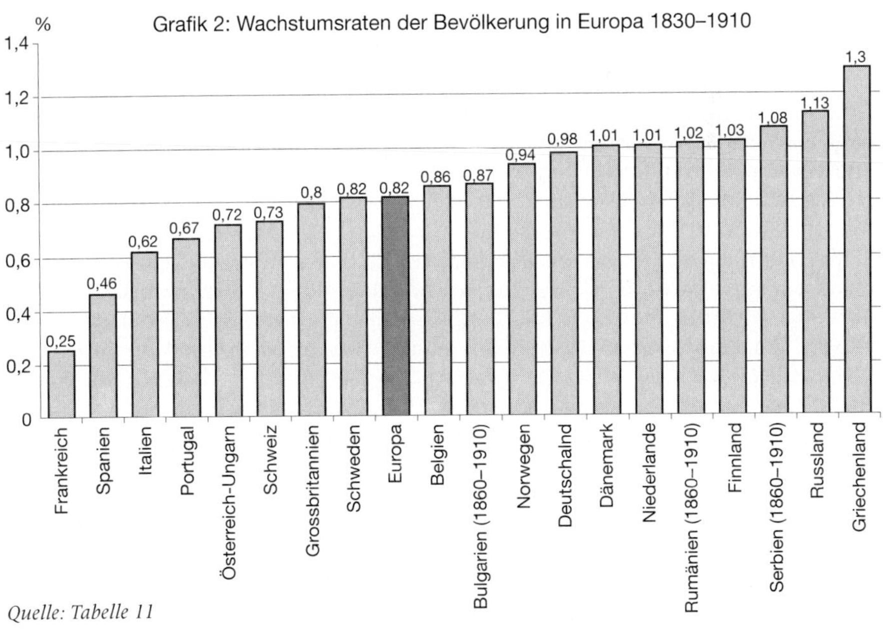

Quelle: Tabelle 11

Erzeugung von Gütern und Dienstleistungen betrug 1910 42,6%, derjenige an der Weltindustrieproduktion lag sogar bei 56,6%, während nur 26,5% der Weltbevölkerung in ihm wohnten.[6] Es bestritt 60–70% des Welthandels.[7]

So sehr das Wachstum ein gesamteuropäischer Vorgang war, so wenig erfolgte es räumlich und zeitlich gleichmäßig. Da Statistiken in der Regel für einzelne Staaten aufgestellt wurden, lassen sich die nationalen Differenzen am leichtesten bestimmen. Ihr Ausmaß geht aus Tabelle 12 und Grafik 1 hervor. So nahm das Prokopfeinkommen 1850–1913 in Portugal lediglich um 12% zu, in Dänemark hingegen um 227%.[8]

Bei diesen nationalen Unterschieden lassen sich keine Gesetzmäßigkeiten ausmachen. Weder fand eine allgemeine Homogenisierung noch eine konsequente Differenzierung statt. Einige Staaten, die um 1850 weit hinten lagen, konnten in den folgenden Jahrzehnten überdurchschnittliche Wachstumsraten verzeichnen, so dass sie um 1914 zur Spitzengruppe aufgeschlossen hatten, so etwa Dänemark, Deutschland oder Schweden. Andere wiederum, besonders im Süden und im Südosten des Kontinents, wuchsen weiterhin langsamer als der Durchschnitt, so dass ihr Abstand auf die Spitzenreiter am Ende der Periode noch grösser geworden war. So machte etwa das portugiesische Prokopfeinkommen 1850 92% des europäischen Durchschnitts aus – 1913 waren es nur noch 55%. Für Dänemark lauten die entsprechenden Zahlen 90% und 161%. Absolut vergrößerten sich die Unterschiede zwischen dem jeweils wohlhabendsten und dem ärmsten Staat deutlich: von 283 auf 702 Dollar. Doch auch relativ nahmen die Differenzen zu. Hatte das Prokopfeinkommen des reichsten Staates (Großbritannien) 1850 269% des Wertes des ärmsten Staates (Russland) ausgemacht, so kam Großbritannien 1913 auf 367% des Wertes von Bulgarien. Eine gegenläufige Tendenz zeigte sich einzig an der Spitze, wo – von den Zeitgenossen besonders beachtet – der Vorsprung Großbritanniens einigermaßen kontinuierlich schrumpfte.

So groß die Differenzen zwischen den einzelnen Staaten waren, so ist es aus zwei Gründen doch gerechtfertigt, von einem gesamteuropäischen Vorgang zu sprechen. Erstens wuchs die Wirtschaft und wuchs auch das Prokopfeinkommen selbst in den ärmsten und am wenigsten prosperierenden Staaten, langsam zwar, aber noch immer rascher und kontinuierlicher als früher. Zweitens erfolgte eine zunehmende Verflechtung und Integration der einzelnen Volkswirtschaften. Das äußerte sich vor allem darin, dass der Handel zwischen den europäischen Staaten über den ganzen Zeitraum betrachtet rascher zunahm als das europäische Sozialprodukt. Der Welthandel wuchs 1870–1914 jährlich um 3,4%, die Produktion lediglich um 2,1%.[9] Der Anteil der Exporte am europäischen Bruttosozialprodukt stieg zwischen 1860 und 1913 von 9,4% auf 12,3%.[10]

Unterschiede im Wachstumstempo bestanden nicht nur zwischen, sondern auch innerhalb der einzelnen Staaten. Die europäische Industrialisierung ist zu Recht als ein

---

6 P. Bairoch, Commerce, 18; ders., Industrialization levels, 296.
7 W. Fischer, Handbuch 5, 168.
8 Allerdings dürfte die Differenz in Wirklichkeit geringer gewesen sein.
9 A.G. Kenwood/A.L. Lougheed, Growth, 86.
10 P. Bairoch, Commerce, 20. Vgl. L.A. Craig/D. Fisher, Integration, 194.

primär regionaler, nicht nationaler Vorgang beschrieben worden.[11] Gebiete, die von günstiger Verkehrslage oder Rohstoffvorkommen profitierten, wurden zu Wachstumspolen, während andere verarmten. Besonders deutlich wurden solche Kontraste im Pionierland der industriellen Revolution, wo sich große Teile Irlands und Schottlands geradezu entvölkerten, zugunsten der Industriezentren in England und Wales und im Süden Schottlands. Dabei konnten Industrieregionen durchaus grenzüberspannend sein, etwa zwischen Nordwestdeutschland, Nordostfrankreich, Luxemburg, Belgien und den Niederlanden. Auf ganz Europa bezogen, erfolgte die stärkste Konzentration im Nordwesten, im Raum zwischen England und Norditalien.

Das wirtschaftliche Wachstum zeigte nicht nur große Unterschiede im Raum, sondern auch im Ablauf der Zeit. So sehr der Trend insgesamt nach oben wies, so waren die konjunkturellen Schwankungen doch erheblich. Auf den ganzen Kontinent bezogen, kann man von einer nur durch kürzere krisenhafte Einbrüche unterbrochenen Phase stärkeren Wachstums bis zu Beginn der siebziger Jahre sprechen. Darauf folgte ab 1873 ein mehrjähriger schärferer Einschnitt, an den sich eine Phase geringen Wachstums anschloss, das sich seit den neunziger Jahren wieder beschleunigte. Die gesamte Periode 1873–1896 wird oft, etwas missverständlich, als *Große Depression* bezeichnet. Sie war insgesamt eine Zeit verlangsamten Wachstums mit ausgeprägter Deflation und dadurch überdurchschnittlichen Reallohnsteigerungen, waren die Unternehmer doch nicht imstande, die Löhne im gleichen Ausmaß zu senken, in dem die Preise fielen: Diese gingen um etwa ein Drittel zurück.[12]

Solche Konjunkturangaben sind indessen nur sehr begrenzt aussagefähig angesichts bedeutender Unterschiede von Land zu Land, von Wirtschaftssektor zu Wirtschaftssektor und selbst von Industriebranche zu Industriebranche. Die Frage, ob sich in den vielfältigen Konjunkturverläufen bestimmte Regelmäßigkeiten feststellen lassen, ist umstritten, und jedenfalls findet sich bis heute kein allgemein akzeptiertes Erklärungsmodell. Hingegen ist im Zusammenhang der konjunkturellen Schwankungen auf drei andere Erscheinungen hinzuweisen.

1. Bis weit ins 19. Jahrhundert hinein waren Konjunkturschwankungen hauptsächlich eine Folge von Schwankungen in der landwirtschaftlichen Produktion und damit primär durch die Natur bedingt. Die verbesserten Transportmittel erlaubten hier zunehmend einen Ausgleich auch über größere Distanzen hinweg. In der Tat brachte die zweite Hälfte des Jahrhunderts für Europa das Ende zwar nicht des Hungers schlechthin, wohl aber der großen Hungerkrisen. Einzig in Teilen Russlands führte zu Beginn der neunziger Jahre eine Kombination ungünstiger Umstände noch zu einer deutlich erhöhten Sterblichkeit im Gefolge mehrerer Missernten.[13]

Damit verlor die Landwirtschaft ihren determinierenden Charakter für den Konjunkturverlauf, und dieser wurde zunehmend von Faktoren innerhalb der Industrie und des Handels bestimmt.

2. Indem aus natural bedingten und dadurch regional stark variierenden Konjunkturschwankungen solche einer Industrie wurden, die durch einen rascher als die Pro-

11 Besonders betont von S. POLLARD, Conquest.
12 D.S. LANDES, Prometheus, 231. Vgl. S.B. SAUL, Great Depression.
13 Dazu R.G. ROBBINS, Famine.

duktion wachsenden Handel großräumig integriert wurde, ergab sich bei den Konjunkturverläufen eine zunehmende Internationalisierung und Angleichung. Krisen und Aufschwungsphasen wurden immer stärker zu gesamteuropäischen, ja zu globalen Erscheinungen, was auch eine Tendenz zur Verstärkung der konjunkturellen Ausschläge mit sich brachte.

3. Kurzfristig waren die konjunkturellen Schwankungen in der Regel viel größer als die langfristigen Durchschnittwerte des Wachstums. Die kollektive Erfahrung der Zeitgenossen wurde deswegen meistens stärker durch die Krisen und Schwankungen als durch den säkularen Trend geprägt. Konjunktureinbrüche wurden von den Betroffenen im Vergleich zu Verbesserungen nicht nur subjektiv als gravierender empfunden, sondern sie hatten auch objektiv viel weiterreichende Folgen. Es war einfacher, den Lebensstil einem erhöhten Einkommen anzupassen, als in Krisenzeiten das Haus zu verkaufen oder die Kinder von höheren Schulen zu nehmen, ganz zu schweigen von Personen, die in unmittelbare Not gerieten.

Entscheidend am weltgeschichtlich neuartigen Vorgang des permanenten Wirtschaftswachstums war die unablässige Umstrukturierung der Produktion. Indem der technisch-wissenschaftliche Wandel dauernd neue Produkte und Dienstleistungen freisetzte, entstanden immer wieder neue Märkte, die zum ersten Mal ein nachhaltiges, scheinbar unbegrenztes Wachstum erlaubten.

Die Umstrukturierung zeigte sich zunächst im Verhältnis zwischen den Wirtschaftssektoren. Entscheidende Voraussetzung war die Steigerung der Produktivität in der Landwirtschaft, etwa durch neue Anbaumethoden, vermehrten Einsatz von Dünger, bessere Werkzeuge und schließlich Maschinen. Das führte zu einem kontinuierlichen Rückgang des Anteils der in der Landwirtschaft Beschäftigten. Um 1800 arbeiteten in ganz Europa 75% der Beschäftigten in der Landwirtschaft; 1900 waren es noch 61,2% oder, wenn man Russland nicht mitrechnete, 49,7%. Der Anteil der Industrie nahm von 14 auf 21 beziehungsweise 29% zu, derjenige der Dienstleistungen von 11 auf 18 beziehungsweise 22%.[14] Spitzenreiter war Großbritannien, wo 1851 23% und 1911 nur noch 9% der Beschäftigten in der Landwirtschaft tätig waren. In Frankreich sank der Wert zwischen 1856 und 1911 von 52 auf 41%, in Deutschland 1849–1907 von 56 auf 35%, in Schweden 1870–1910 von 72 auf 49% und in der Schweiz 1850–1910 von 57 auf 27%.[15]

Dem entsprach ein stetes Wachstum der Beschäftigung in der Industrie. Im bereits zu Beginn der Periode stark industrialisierten Großbritannien stieg der Anteil von Industrie und Bergbau 1851–1911 lediglich von 51 auf 54%; in Frankreich nahm er 1856–1911 sogar nur von 27 auf 30% zu, in der Schweiz hingegen 1850–1910 von 33 auf 46% und in Belgien 1856–1910 von 38 auf 47%.[16] Viel eindrücklicher war die Zunahme in absoluten Zahlen: Hatten in Deutschland 1849 3,5 Millionen Personen in Bergbau, Industrie und Handwerk gearbeitet, so waren es 1913 11,7 Millionen.[17]

Ähnlich rasch und in einer Reihe von Ländern sogar rascher wuchs der tertiäre

14 P. Bairoch, Commerce, 26.
15 W. Fischer, Handbuch 5, 126.
16 Ebd.
17 Ebd., 404.

Sektor. Das galt ganz besonders für Großbritannien, wo 1911 37% der Beschäftigten im dritten Sektor tätig waren, gleich viel wie in Dänemark. Der Wert wurde nur von den Niederlanden mit 38% knapp übertroffen, einem viel weniger stark industrialisierten Land.[18] Während spätestens nach 1945 der Zug zur Dienstleistungsgesellschaft als logische Folge aus der Industrialisierung erkannt wurde, herrschten vor 1914 in dieser Hinsicht Unsicherheit und Skepsis, die auch heute noch vielfach die historische Betrachtung prägen. Man sah im Wachstum des dritten Sektors eher eine Schwächung des eigentlich produktiven Sektors, der Industrie.

Die permanente Umstrukturierung erfolgte nicht nur zwischen den Sektoren, sondern auch innerhalb ihrer. Hier war die Landwirtschaft der Nachzügler. Mit zunehmendem (wenn auch bescheidenem) Wohlstand breiterer Bevölkerungsschichten konnten sich diese höherwertige und von der Produktion her aufwendigere (wenn auch nicht immer gesündere) Nahrungsmittel leisten. Der Anteil des Getreides, der Kartoffeln und anderer Grundnahrungsmittel ging zugunsten von Obst, Gemüse, Milch, Milchprodukten und Fleisch zurück; generell spielte tierische Nahrung im Vergleich zur pflanzlichen eine immer wichtigere Rolle. Der Strukturwandel verlief allerdings keinesfalls ohne Verwerfungen. Er wurde dadurch vorangetrieben, dass seit den siebziger Jahren der europäische Markt mehr und mehr durch Getreide aus Übersee und Osteuropa überschwemmt wurde, das dank reichlich zur Verfügung stehendem Land, günstigen Klima- und Umweltbedingungen und rasch sinkenden Transportkosten billiger war als das einheimische, wobei erst noch der Effekt der weitgehenden Abschaffung der Zölle in den meisten europäischen Staaten seit 1860 hinzukam.[19] Die Kombination dieser Faktoren bedeutete einen schweren Schlag für die traditionelle europäische Landwirtschaft, die seit etwa der Mitte der siebziger Jahre in eine tiefe Krise geriet. Die Produktion hatte schon vorher stagniert: Zwischen 1868 und 1890 nahm die landwirtschaftliche Produktion pro Kopf um 0,3% pro Jahr ab, während sie in den beiden Jahrzehnten danach jährlich um 1,0% wuchs.[20] In der Folge griffen die meisten Staaten zum Mittel der landwirtschaftlichen Schutzzölle. Nur Großbritannien, die Niederlande und Dänemark verzichteten schließlich noch auf den Schutz ihrer Landwirtschaft. Doch selbst in den protektionistischen Staaten war diese zu einem erheblichen Strukturwandel gezwungen.[21]

Die Landwirtschaft in Übersee belieferte Europa aber nicht nur mit billigem Getreide und trug so zur endgültigen Überwindung des Hungers bei. Sie veränderte auch die europäischen Konsumgewohnheiten mit verschiedenen, vornehmlich tropischen Nahrungs- und Genussmitteln, insbesondere mit Kaffee, Tee, Kakao und tropischen Früchten, die nun erstmals in großem Umfang eingeführt wurden.

Spektakulärer und geradezu zur Signatur des Zeitalters wurde der Wandel innerhalb der Industrie. Um 1848 hatte, europaweit gesehen, noch die Pionierbranche der industriellen Revolution, die Textilindustrie, das größte Gewicht. Zum eigentlichen Leitsektor aber wurde nun die Schwerindustrie und, mit ihr in Verbindung, der Eisenbahnbau (siehe Karten 11 und 12). Die ersten Jahrzehnte nach 1848 brachten in vielen Ländern

---

18 Ebd., 126.
19 Vgl. P. Bairoch, Commerce; K.H. O'Rourke, Grain invasion.
20 P. Bairoch, Commerce, 310.
21 Vgl. z.B. K.H. O'Rourke, Grain invasion.

ein rasches Wachstum der Eisen- und Stahlproduktion, und sie brachten in noch wesentlich mehr Ländern einen förmlichen Eisenbahnbauboom, der lediglich in den abgelegeneren Staaten etwas länger auf sich warten ließ. Zwischen 1850 und 1870 verdoppelte sich das europäische Schienennetz alle 10 Jahre, von 23.500 km auf 105.400 km, und bis 1890 erfolgte eine weitere Verdoppelung auf 225.800 km; 1913 waren 346.000 km in Betrieb.[22]

Seit etwa den 1880er Jahren allerdings verlor diese Innovation an Bedeutung. Die Hauptlinien waren gebaut; von Nebenlinien gingen keine allzugroßen Impulse mehr aus. Doch insgesamt begann sich der industrielle Wandel nun sogar noch zu beschleunigen. In den letzten Jahrzehnten des Jahrhunderts wurden eine ganze Reihe wichtiger Erfindungen gemacht, von denen viele noch vor 1914 zur Produktionsreife gelangten und teilweise sogar zu neuen Leitsektoren wurden: die Erzeugung von Elektrizität und damit verbunden die Elektrotechnik mit ihren Neuerungen von der Glühlampe bis zum Elektromotor, die auf der synthetischen Farbenherstellung (aus Teer, der überwiegend aus Kohle gewonnen wurde) aufbauende Chemie, der auf dem Verbrennungsmotor aufbauende Motorfahrzeugbau sowie Optik und Feinmechanik, um nur die wichtigsten Zweige zu nennen.

Nicht minder spektakulär war der Wandel im tertiären Sektor, vor allem bei den Kommunikationsmitteln. Hier stand zunächst die Eisenbahn im Zentrum, ermöglichte sie doch geradezu eine Revolution des Transports. Während etwa in Deutschland das Sozialprodukt 1851–1913 jährlich um 2,6% wuchs, nahm der Eisenbahnverkehr um 6,6% zu.[23]

Freilich war auch die Eisenbahn kein Wundermittel. Sie vermochte den bestehenden Verkehr zu intensivieren. Aber sie vermochte nur in begrenztem Maße Verkehr überhaupt erst zu schaffen. In abgelegenen Ländern und Regionen konnte sie geradezu zu einer Art Industrialisierungsfalle werden, indem sie zu viel Kapital absorbierte und mangels Verkehr unrentabel blieb. Die Folge waren Verschuldung und Kapitalmangel. Darüber hinaus ermöglichten die Bahnen eine Verbilligung der Importe, wodurch ausländische Industrieprodukte das einheimische Handwerk verdrängen konnten, zumal dann, wenn der betreffende Staat niedrige Zölle hatte, wozu ihn nicht selten der Druck der wirtschaftlich stärkeren Länder zwang. Solche Verhältnisse fanden sich vor allem auf dem Balkan.[24] Am wichtigsten war die Eisenbahn für die sich rasch industrialisierenden kontinentalen Staaten. Hier beschleunigte sie den Aufbau besonders stark, während sie in England erst zu einem Zeitpunkt gekommen war, zu dem die Industrialisierung bereits weit fortgeschritten gewesen war.

Weniger spektakulär war das Auftreten des Dampfschiffes, das das billigere Segelschiff nur langsam verdrängte, zumal während langer Zeit die Unterschiede in Größe und Geschwindigkeit sehr viel geringer waren als beim Landtransport zwischen Fuhrwerk und Eisenbahn. Frühestens in den achtziger Jahren wurde die weltweite Transportkapazität der Dampfschiffe größer als diejenige der Segelschiffe.[25]

---

22 W. Fischer, Handbuch 5, 157.
23 S. Pollard, Conquest, 136.
24 I.T. Berend/G. Ránki, European periphery, 71; 91; 99; S. Pollard, Conquest, 130.
25 W. Fischer, Handbuch 5, 163. Vgl. P. Bairoch, Commerce, 34; 70; I.T. Berend/G. Ránki, European periphery, 94.

Insgesamt sanken die Transportkosten in der behandelten Zeit mindestens um die Hälfte.[26]

Eine neue Transportrevolution bahnte sich mit dem Automobil an. Erstmals 1885/86 von den Deutschen Carl Benz und Gottlieb Daimler gebaut, verkehrten 1914 bereits 2 Millionen Fahrzeuge auf Europas Straßen.[27] 1903 schließlich gelang die besonders zukunftsträchtige Konstruktion eines Motorflugzeuges, das freilich bis 1914 noch keine große praktische Bedeutung gewann. Die Erfinder, die Gebrüder Wilbur und Orville Wright, waren Amerikaner, und sie nahmen so symbolisch das Ende des europäischen Zeitalters vorweg.

Zum tertiären Sektor gehörte auch die Ausbreitung des 1837 erfundenen Telegrafen, der seit den achtziger Jahren allmählich durch das 1876 erfundene Telefon ergänzt und dann verdrängt wurde. Nachrichten, die früher Monate gebraucht hatten, konnten nun innerhalb eines Tages rund um den Erdball übermittelt werden. Das rasche Wachstum des Binnen- wie des Außenhandels bedingte außerdem eine Expansion des Bankenwesens, die weiter vorangetrieben wurde durch den zunehmenden internationalen Kapitalverkehr, für den praktisch keine staatlichen Hindernisse bestanden. Insgesamt hatte die europäische Wirtschaft 1914 einen Verflechtungsgrad, den sie erst in den 1970er Jahren wieder erreichte.[28]

Die industrielle Revolution war zweifellos der eigentliche Motor des europäischen Wirtschaftswachstums. Das bedeutet aber nicht, dass Wachstum nur durch forcierte Industrialisierung erreichbar war. Großbritannien und die Niederlande entwickelten sich zu Dienstleistungsgesellschaften, während sich andere Staaten stärker auf die Landwirtschaft konzentrierten, in der sie überdurchschnittliche Wachstumsraten erreichten, insbesondere Dänemark, aber auch etwa Rumänien und teilweise Russland. Das bedeutete nicht notwendig einen Nachteil, sofern die Ausweitung der Produktion nach den Prinzipien der industriellen Revolution erfolgte, was hieß: nicht nur durch eine Vergrößerung der Anbauflächen, sondern in erster Linie durch Steigerung der Arbeitsproduktivität. Der europäische Wachstumsprozess erlaubte vielfältige Spezialisierungen.

Weshalb erfolgte dieser Übergang zu anhaltendem Wirtschaftswachstum gerade in Europa, und zunächst auch nur in Europa und in europäischen Siedlungskolonien? Diese Frage berührt die Grundlagen der europäischen Neuzeit und führt insofern über die hier zu behandelnde Thematik hinaus.[29] Aus deren Perspektive stellt sich hingegen die Frage nach den Ursachen für die großen Unterschiede zwischen den einzelnen europäischen Staaten. Wirklich zureichende Erklärungen fehlen bislang, und sie werden sich angesichts des diffusen Charakters der Frage wohl auch nicht finden lassen. Einige Hinweise müssen genügen.

Eine Rolle spielte zunächst die Lage eines Landes, in bezug auf Verkehr, Topographie und Klima. Doch konnten sich deren Auswirkungen im Lauf der Zeit ändern. Der

---

26 P. Bairoch, Commerce, 36.

27 M.S. Anderson, Ascendancy, 128.

28 Ebd., 20.

29 Vgl. etwa E.L. Jones, Europa; D.S. Landes, Prometheus; ders., Wohlstand; H. Kiesewetter, Europa und E. Weede, Sonderweg.

Großbritannien	9 797 km	Italien	620 km
Deutschland	5 856 km	Russland	501 km
Frankreich	2 915 km	Niederlande	176 km
Österreich-Ungarn	1 357 km	Dänemark	30 km
Irland	865 km	Spanien	28 km
Belgien	854 km	Schweiz	25 km

Abb. 11: *Das Europäische Eisenbahnnetz um 1850*

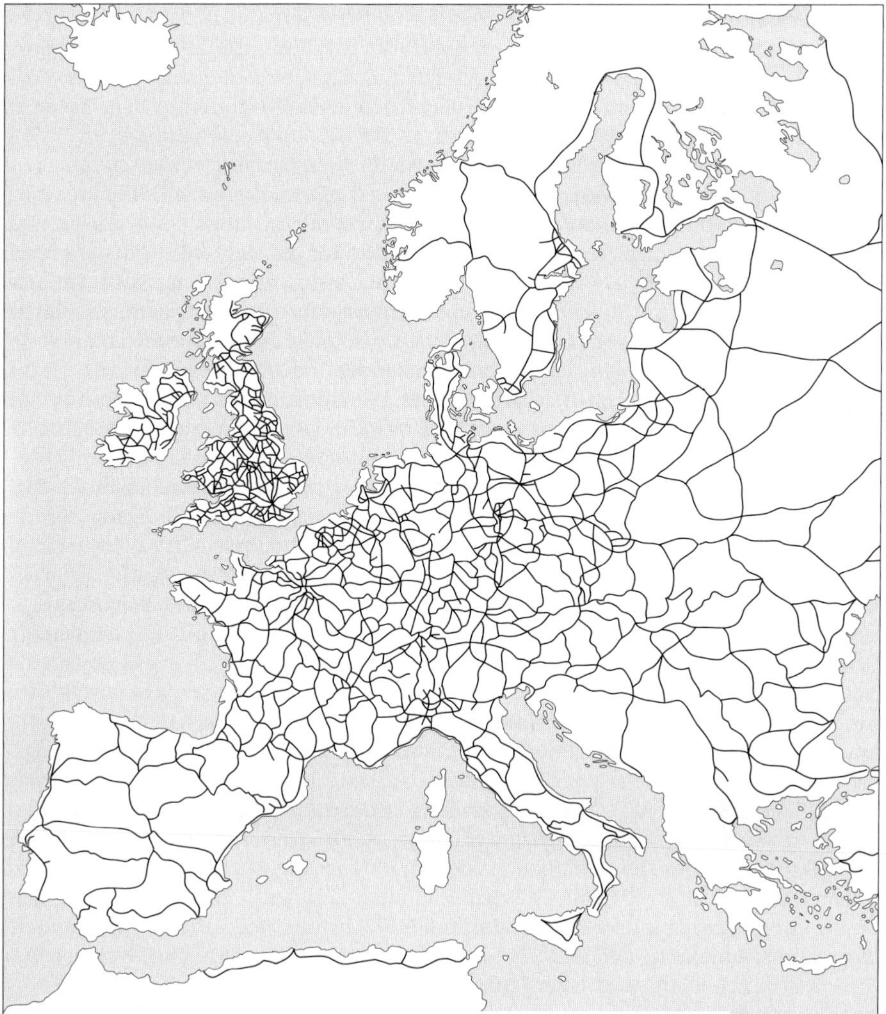

Russland	65 983 km	Belgien	4 676 km
Deutschland	61 749 km	Dänemark	3 951 km
Frankreich	37 400 km	Rumänien	3 588 km
Großbritannien	32 623 km	Niederlande	3 339 km
Österreich-Ungarn	22 981 km	Norwegen	3 165 km
Italien	18 873 km	Portugal	2 976 km
Spanien	15 256 km	Bulgarien	2 124 km
Schweden	14 360 km	Serbien	1 598 km
Irland	5 491 km	Griechenland	1 584 km
Schweiz	4 876 km		

Abb. 12: *Das Europäische Eisenbahnnetz um 1914*

Bau von Eisenbahnen etwa glich die Standortnachteile binnenländischer Gebiete ein Stück weit aus, besonders dann, wenn diese sich auf die Herstellung von Produkten mit hohem Preis pro Gewichtseinheit verlegten. Die traditionellen „natürlichen" Vorteile eines Landes in der Form hoher Bodenfruchtbarkeit verloren in dem Maße an Gewicht, in dem der Anteil der Landwirtschaft am Gesamtprodukt zurückging.

Für die Industrialisierung wurden Bodenschätze wichtiger. Die beiden entscheidenden Rohstoffe für die Schwerindustrie, Kohle und Eisenerz, waren in Europa reichlich vorhanden, und Regionen, die beides besaßen, sowie solche mit einem der beiden Bodenschätze und günstiger verkehrstechnischer Lage für die Heranführung des jeweils anderen, wurden zu den wichtigsten Zentren der Industrialisierung. Versuche, fern von den erforderlichen Bodenschätzen eine Schwerindustrie aufzubauen, scheiterten oder blieben defizitär, insbesondere in Italien. Doch auch dieser Standortfaktor verlor im Lauf der Zeit, zusammen mit den entsprechenden Industrien, an Gewicht. Bei den Neuentwicklungen der letzten Jahrzehnte des 19. Jahrhunderts war der Rohstoffanteil wertmäßig geringer, und viele der erforderlichen Materialien mussten zunehmend aus Übersee eingeführt werden, insbesondere Kautschuk und, freilich in deutlich geringerem Maße, Erdöl,[30] wodurch die Bedingungen für die verschiedenen europäischen Staaten sich einander anglichen. Andererseits machte der Übergang von der Kohle zur Elektrizität als am schnellsten expandierende, besonders in zukunftsträchtigen Branchen verwendete Energie durch die Verwendung von Wasserkraft zur Stromerzeugung aus bislang abgelegenen Regionen plötzlich Zentren des Wachstums, so etwa in Norwegen und in den Alpenländern. Doch blieb die Kohle der Energieträger schlechthin: Mit ihr wurden 1913 noch 88,5% des Weltenergieverbrauchs bestritten.[31]

Mindestens so wichtig wie natürliche Vorgaben, aber in ihrem Gewicht noch schwerer abzuschätzen, waren soziale Vorgaben, auf die bei der Gesellschaft zurückzukommen ist. So war ein gewisser Entwicklungsstand des Bildungswesens unumgänglich.

Bei den politischen Faktoren ist zunächst auf ein Element hinzuweisen, das keine ersichtliche Rolle spielte: Ein Zusammenhang zwischen politischem System und industriellem Wachstum ist nicht auszumachen. Die Industrialisierung war weder ein spezifisches Produkt der Demokratie noch der Autokratie. Die deutsche Wirtschaft wuchs rascher als die britische. Russland schaffte in einer Zeit der uneingeschränkten Autokratie ein in Europa unerreichtes industrielles Wachstum, und umgekehrt behinderte die direkte Demokratie den wirtschaftlichen Aufstieg der Schweiz keineswegs. Sowohl Italien als auch Spanien erlebten Phasen der Stagnation und solche raschen Wachstums.

Statt nach den Auswirkungen des politischen Systems ist deswegen allgemeiner nach der Rolle des Staates in der Wirtschaft zu fragen.[32] Er war nirgends der bloße liberale Nachtwächterstaat. Doch spielte er lediglich eine Nebenrolle. Diese war in der Regel um so wichtiger, je später die Industrialisierung einsetzte.

---

30 Der Anteil der Nichtindustriestaaten an der Weltproduktion betrug 1913 beim Rohöl 15%, beim Eisenerz 3% und beim Bauxit sogar nur 0,4%. P. Bairoch, Commerce, 87.

31 D.S. Landes, Prometheus, 291.

32 Zur Rolle des Staates noch immer anregend A. Gerschenkron, Backwardness, daneben I.T. Berend/G. Ránki, European periphery und S. Pollard, Conquest.

Das verbreitetste staatliche Eingriffsmittel waren die Zölle.[33] Großbritannien ging 1846, mit der Abschaffung der Getreidezölle, im Freihandel voran. Dieser breitete sich nach dem Abschluss eines freihändlerischen britisch-französischen Handelsvertrages im Jahre 1860 rasch über ganz Europa aus. Die Zölle verschwanden zwar nicht gänzlich. Aber sie wurden wiederholt gesenkt und dienten eher der staatlichen Geldbeschaffung als der Behinderung des Handels. Im Gefolge der 1873 ausgebrochenen Krise kam es seit 1878 zu einer Umkehrung des Trends, zuerst im Agrarbereich, später, und in geringerem Maße, auch bei der Industrie, wobei Höhe und Ausgestaltung der Schutzzölle allerdings sehr stark variierten. Insgesamt erwies sich der Freihandel keineswegs als dem Protektionismus uneingeschränkt überlegen. Großbritannien, das am konsequentesten am Freihandel festhielt, erzielte ein unterdurchschnittliches Wachstum, während der Staat mit den höchsten Zollmauern, die USA, die größten Erfolge verbuchen konnte. In Zeiten des Protektionismus wuchs der internationale Handel rascher als bei Freihandel.[34]

Im Rahmen der nationalen Wirtschaft beschränkte sich der Staat in der Regel auf ergänzende und Hilfsfunktionen. Während in der politischen Theorie die Vorstellung einer umfassenden Verstaatlichung der Wirtschaft eine wichtige Rolle spielte – im Sozialismus –, kam es nirgends auch nur in Ansätzen zur Verwirklichung dieser Lehre. Die verarbeitende Industrie und erst recht die Landwirtschaft blieben privat. Eine größere Rolle spielte der Staat im tertiären Sektor: durch den Bau und teilweise den Betrieb von Eisenbahnen, die in einzelnen Staaten, so in Preußen seit Ende der siebziger Jahre und in der Schweiz 1901, sogar nachträglich verstaatlicht wurden, und anderen Verkehrswegen und den Aufbau eines Fernmeldenetzes. Wichtiger noch wurden öffentliche Aktivitäten im kommunalen Bereich, vom Nahverkehr bis zur Wasser- und Stomversorgung. In alledem ging es nicht darum, den Staat an die Stelle der Privatwirtschaft zu setzen, sondern darum, der Privatwirtschaft eine optimale Infrastruktur zu sichern. Ähnliches gilt für eine staatliche Aktivität, die um so wichtiger wurde, je später die Industrialisierung einsetzte. Der Staat koordinierte und unterstützte im Inneren das Bankenwesen; teilweise entstanden auch staatliche Banken. Ein wichtiger Zweck war in der Regel die Beschaffung von Auslandskapital, was allerdings für die Schuldner häufig negative Folgen hatte: immer dann, wenn es nicht gelang, die zusätzlichen Mittel überwiegend produktiv einzusetzen. Der betreffende Staat geriet in die Schuldenfalle, und das Auslandskapital erwies sich als Entwicklungshemmnis, indem Kapital im betreffenden Staat verteuert wurde. Diese Erscheinung war vor allem auf dem Balkan verbreitet. Meistens war fremdes Kapital produktiver, wenn es als Privatkapital ins Land gelangte, wie etwa im späten 19. und im frühen 20. Jahrhundert in Norwegen. Generell war der internationale Kapitaltransfer im Hinblick auf eine Industrialisierung in West- und Mitteleuropa erfolgreicher als später im Süden und im Osten.[35]

---

33 Vgl. den Überblick bei S. Pollard, Integration, 117–120.

34 P. Bairoch, Commerce, 162. Vgl. ebd. 64f; 68. Die Vor- und Nachteile des Freihandels und der Schutzzölle sind bis heute umstritten. Für entgegengesetzte Positionen vgl. z.B. S. Pollard, Conquest und P. Bairoch, Commerce. Bei Pollard, 259 ein Überblick über die Zollsätze auf Industrieprodukte 1914. Sie lagen in Deutschland bei 13%, in Frankreich bei 20% und in Russland bei 38% (USA: 30%).

35 Vgl. etwa I.T. Berend/G. Ránki, European periphery und S. Pollard, Capital export.

Ein zunächst geglückter Versuch des Staates, mittels Beschaffung von Auslandskapital die Industrialisierung voranzutreiben, ist in Russland seit dem späten 19. Jahrhundert zu verzeichnen. Hier dürften die zusätzlichen Mittel das Wachstumstempo beschleunigt haben. Ob der Erfolg auch längerfristig angehalten hätte, lässt sich allerdings angesichts des Kriegsausbruchs 1914 nicht sagen. Jedenfalls trug das Land inzwischen eine beträchtliche Schuldenlast.[36] Als erfolgreich gelten auch Ungarn, Italien und Schweden.[37]

Neben den Eingriffen des Staates in die nationale Wirtschaft standen Bemühungen, durch Kooperation und Koordination die internationalen Rahmenbedingungen zu verbessern, wobei die Reichweite solcher Maßnahmen freilich begrenzt blieb. So erfolgte eine zunehmende Vereinheitlichung der Maße und Gewichte und des Eisenbahnwesens. Vielleicht am wichtigsten war die Koordination im Zahlungsverkehr. Hier stand auf der einen Seite die Gründung von Münzunionen, zu deren wichtigster die Lateinische Münzunion wurde, die 1865 von Frankreich, Italien, Belgien und der Schweiz gegründet wurde und der sich 1868 Griechenland anschloss. Sie diente der Vereinheitlichung der Zahlungsmittel. Als noch wichtiger erwies sich der Goldstandard, dem, von Großbritannien 1816 eingeführt, bis zum Ende des Jahrhunderts fast alle wichtigeren Wirtschaftsmächte beitraten, so 1871 Deutschland, 1873 Frankreich, 1875 Italien, 1892 Österreich-Ungarn und 1897 Russland.[38] Er garantierte insbesondere feste Wechselkurse und den freien Kapital- und Zahlungsverkehr.[39]

Die Reichtums- und Entwicklungsunterschiede zwischen den einzelnen Staaten waren während der ganzen Periode sehr deutlich. Daraus ergaben sich selbstredend auch Abhängigkeitsverhältnisse zwischen großen und kleinen, entwickelten und wenig entwickelten Staaten. Geradezu klassisch waren in dieser Hinsicht etwa die Wirtschaftsbeziehungen zwischen Großbritannien und Portugal oder zwischen Österreich-Ungarn und Serbien. Schwerer zu beantworten ist die Frage, ob solche Abhängigkeiten letztlich dauerhaft und unüberwindbar waren und in welchem Umfang die Rückständigkeit des einen Staates durch den hohen Entwicklungsstand des anderen bedingt war. Waren die hochindustrialisierten Staaten, das „Zentrum", auf die Existenz einer „Semiperipherie" in Europa und einer „Peripherie" in Übersee angewiesen? Die mannigfaltigen Entwicklungswege in Europa legen die Vermutung nahe, dass zumindest kein Automatismus bestand. Die inneren Entwicklungshemmnisse dürften wichtiger gewesen sein als Versuche, von außen Entwicklung zu verhindern oder zu bremsen, wie etwa ein Vergleich zwischen den peripher gelegenen, wirtschaftlich gesehen aber 1914 keineswegs peripheren skandinavischen Staaten und dem Balkan zeigt. Der Nachweis jedenfalls, dass die Industrialisierung in einzelnen Staaten eine solche in anderen Staaten geradezu ausschloss, ist bislang nicht erbracht worden. Eine gleichmäßige Industrialisierung des gesamten Kontinents war ausgeschlossen. Dazu hätten weder die menschlichen noch die materiellen Ressourcen ge-

---

36 Skeptisch: S. Pollard, European economy, 76f.

37 I.T. Berend/G. Ránki, European periphery, 135.

38 Siehe die Zusammenstellung bei H. Pohl, Weltwirtschaft, 247.

39 Für einen Überblick z.B. E. Dürr, Goldstandard und M. de Cecco, Money; A.G. Kenwood/A.L. Lougheed, Growth, 116–132.

reicht. Doch die Verteilung zwischen Gewinnern und Verlierern oder auch nur zwischen rascher und weniger rasch wachsenden Regionen war weder fest vorgegeben noch für alle Zeiten unveränderbar. Dass die bloße politische Macht dabei nicht ausschlaggebend war, ist unbestritten: Die Großmächte waren im Durchschnitt wirtschaftlich keineswegs erfolgreicher als Kleinstaaten. Zu den Ländern mit besonders hohem Prokopfeinkommen gehörten 1914 sogar überdurchschnittlich viele Kleinstaaten.

3.1.2 Die Gesellschaft

3.1.2.1 Die Bevölkerung

Wie Tabelle 13 auf Seite 252 zeigt, lebten 1850 in Europa etwa 268 Millionen Menschen; bis 1913 waren es etwa 464 Millionen geworden.[40]

Das bedeutete eine Zunahme um 73% oder 0,88% pro Jahr. Anders als im Falle des Wirtschaftswachstums kann dabei indessen nicht von einem weltgeschichtlichen Novum gesprochen werden. Innerhalb wie außerhalb Europas war es auch schon in früheren Zeiten und in großen Räumen zu langanhaltendem und ähnlich raschem Bevölkerungswachstum gekommen, wenn günstige Rahmenbedingungen geherrscht hatten, so etwa noch im 18. Jahrhundert in China. Das weltgeschichtliche Novum lag woanders. Solche Wachstumsphasen hatten bislang ihr – manchmal langsames, manchmal abruptes, katastrophenhaftes – Ende stets in einer malthusianischen Falle gefunden, indem das Wirtschaftswachstum sich früher oder später abgeschwächt hatte, vor allem wegen Überbeanspruchung der Umwelt, und vom konstant gebliebenen Bevölkerungswachstum überholt worden war, was schließlich einem Teil der Bevölkerung die Existenzgrundlage entzogen hatte. Jetzt hingegen zeigte sich langfristig kein Rückgang, sondern eher eine Beschleunigung des Wirtschaftswachstums. Es blieb auf jeden Fall rascher als das Bevölkerungswachstum, obwohl dieses sich noch beschleunigte: Hatte es zwischen 1850 und 1860 0,62% pro Jahr betragen, so lag es 1900–1910 bei 1,11%.[42] Zumindest auf absehbare Zeit schienen die traditionellen, häufig in Katastrophen ausmündenden Grenzen des Wachstums überwunden.

Das natürliche Bevölkerungswachstum war während der gesamten Zeit höher als das tatsächliche, erlebte Europa doch eine erhebliche Auswanderung nach Übersee, die im Jahrzehnt vor dem Ersten Weltkrieg ihren Höhepunkt erreichte, während nur eine geringe Einwanderung aus anderen Kontinenten nach Europa erfolgte. Zwischen 1851 und 1915 wanderten etwa 41,8 Millionen Menschen aus, davon allein zwischen 1900 und 1915 18,9 Millionen (45%). 61,5% zogen in die Vereinigten Staaten; wichtige andere Ziele waren Kanada, Australien, Argentinien und Brasilien (zusammen 31,4%).[43] Anfänglich kamen die Auswanderer hauptsächlich aus dem Nordwesten des Kontinents. Dieser stellte 1857–1880 91% der Personen, die Europa verließen. Zwi-

40 W. Fischer, Handbuch 5, 12. Leicht abweichend: P. Bairoch, Commerce, 24.

42 Leicht abweichende Zahlen, aber gleiche Tendenz, insbesondere Beschleunigung des Wachstums bis 1913, bei P. Bairoch, Commerce, 23.

43 W. Fischer, Handbuch, 29–32.

Tabelle 13: Die Bevölkerung der europäischen Staaten 1850–1910, in Millionen[41]

Staat	1850	1860	1870	1880	1890	1900	1910	Anteil an der Gesamtbevölkerung in%	
								1850	1910
Belgien	4,4	4,7	5,0	5,5	6,1	6,7	7,4	1,6	1,7
Bosnien und Herzegowina	1,2	1,2	1,3	1,3	1,4	1,6	1,9	0,4	0,4
Dänemark	1,4	1,6	1,8	2,0	2,2	2,4	2,8	0,5	0,6
Deutschland	33,7	36,0	39,2	45,3	49,5	56,4	64,9	12,6	14,5
Finnland	1,6	1,7	1,8	2,1	2,4	2,6	3,1	0,6	0,7
Frankreich	35,8	37,4	36,8	37,5	38,3	39,0	39,2	13,4	8,8
Griechenland	1,5	1,6	1,8	2,0	2,3	2,5	2,6	0,6	0,6
Großbritannien	20,8	23,2	26,1	29,8	33,1	37,0	40,9	7,8	9,2
Irland	6,7	5,8	5,4	5,2	4,7	4,5	4,4	2,5	1,0
Italien	23,9	25,0	26,7	28,2	30,0	32,4	34,7	9,0	7,7
Luxemburg	0,2	0,2	0,2	0,2	0,2	0,2	0,3	0,1	0,1
Montenegro	0,2	0,2	0,2	0,2	0,3	0,3	0,3	0,1	0,1
Niederlande	3,1	3,3	3,6	4,0	4,5	5,1	5,9	1,2	1,3
Norwegen	1,4	1,6	1,7	1,9	2,0	2,2	2,4	0,5	0,5
Österreich-Ungarn	31,1	33,5	36,2	37,8	41,5	45,5	49,5	11,7	11,1
Portugal	3,5	3,7	4,0	4,3	5,1	5,4	6,0	1,3	1,3
Rumänien	4,4	4,5	5,0	5,4	6,0	6,0	7,2	1,6	1,6
Russland	57,2	58,4	66,6	76,0	98,5	99,5	130,8	21,4	29,2
Polen	4,9	4,8	6,0	8,0		9,5		1,8	
Schweden	3,5	3,9	4,2	4,6	4,8	5,1	5,5	1,3	1,2
Schweiz	2,4	2,5	2,7	2,8	3,0	3,3	3,8	0,9	0,8
Serbien	1,3	1,4	1,6	1,7	2,2	2,5	2,9	0,5	0,6
Spanien	14,5	15,7	16,3	16,8	17,8	18,6	20,0	5,4	4,5
Türkei mit Bulgarien	8,5	8,5	8,8	9,0	9,2	9,9	10,5	3,2	2,3
Kleinere Staaten	0,4	0,4	0,4	0,4	0,5	0,5	0,8	0,1	0,2
Europa	267,6	305,1	303,4	332,0	365,6	398,7	447,8	100,0	100,0

41 W. Fischer, Handbuch 5, 14.

schen 1881 und 1915 hingegen waren es nur noch 43% – inzwischen war eine Schwerpunktverlagerung nach Osten und Süden erfolgt.[44]

So groß diese Menschenströme waren, so wird man die Auswanderung doch kaum als systemnotwendig in dem Sinne betrachten können, dass das nachhaltige wirtschaftliche Wachstum ohne sie gefährdet gewesen wäre. In Einzelfällen war die Bedeutung unbestreitbar, besonders dann, wenn die Auswanderung in Notzeiten eine Art Sicherheitsventil bot und zur Entschärfung sozialer Spannungen, ja zur Verhinderung von Unruhen beitrug. Zum klassischen Beispiel wurde die enorme Auswanderung aus Irland in den Jahren nach der Hungersnot von 1845 bis 1848. Irland behielt bis um die Jahrhundertwende, als es von Italien abgelöst wurde, die höchste Auswanderungsrate Europas.[45]

Selbst wenn niemand aus Europa ausgewandert wäre, so hätte die Wachstumsrate der Bevölkerung noch immer deutlich unter derjenigen der Wirtschaft gelegen. Dazu ist keineswegs ausgeschlossen, dass bei größerer Bevölkerung auch die Wirtschaft stärker gewachsen wäre – die Frage, ob die Abwanderung letztlich eher ein Verlust oder ein Gewinn für das von ihr betroffene Gebiet darstellt, ist umstritten und wird es auch bleiben müssen, sowohl auf der wirtschaftlichen als auch auf der sozialen Ebene. Die Menschenströme von Europa nach Übersee waren der Ausdruck von Not und Verzweiflung – zugleich aber auch von Hoffnung und Erfolg, und die Auswanderung konnte ebenso in der Verwirklichung von Träumen enden wie in bitteren Enttäuschungen.

Die Ursachen für das anhaltende Bevölkerungswachstum sind noch nicht völlig geklärt. Doch waren sowohl eine Erhöhung der Geburten- als auch eine Senkung der Sterbeziffer im Spiel, wobei letztere deutlich wichtiger gewesen sein dürfte. Eine höhere Geburtenziffer ergab sich vor allem da, wo letzte traditionelle Ehebeschränkungen aufgehoben wurden und das Heiratsalter zurückging, was häufig beim Wechsel vom Land in die Stadt der Fall war. Der Rückgang der Sterberate war zu guten Teilen eine Folge besserer Ernährung und Hygiene und des Ausbleibens von Hungerkrisen, daneben aber auch schon von Fortschritten in der Medizin, freilich mehr bei der Seuchenprävention als bei der Heilung von Krankheiten. Zumal in den stärker industrialisierten Staaten nahm die Lebenserwartung beträchtlich zu. Lag sie 1850 noch in keinem Land über 45 Jahren, so erreichte sie 1910 in den meisten Ländern Werte zwischen 45 und 55 Jahren.[46] An der Spitze stand Schweden mit 56,49 Jahren für Männer und 59,24 Jahren für Frauen, praktisch gleichauf gefolgt von Dänemark.[47]

Im späten 19. und im 20. Jahrhundert verlangsamte sich die Wachstumsrate der Bevölkerung in einigen stärker industrialisierten Staaten. Die Geburtenrate war in den meisten Ländern schon seit den siebziger, spätestens seit den achtziger Jahren gesunken.[48] Dies nicht im Gefolge wirtschaftlicher Schwierigkeiten, die die Ernährung einer wachsenden Bevölkerung erschwert oder verunmöglicht hätten, sondern in einer Zeit

---

44 S. Pollard, European economy, 91.
45 D. Baines, Emigration, 4; vgl. auch I. Ferenczi, Migrations 1, 200f.
46 W. Fischer, Handbuch 5, 26.
47 P. Flora, State 2, 98; 106.
48 Dazu ausführlich A.J. Coale/S.C. Watkins, Decline.

allgemeiner und wachsender Prosperität. Hier zeigte sich die Neuartigkeit des Vorganges besonders deutlich. Das, was später als demographischer Übergang bezeichnet wurde, die Angleichung der Geburtenrate an die gesunkene Sterberate, setzte ein. Zentrale Faktoren waren dabei der Wandel in der Arbeits- und Lebensweise, vor allem als Folge der Industrialisierung und der Urbanisierung, die zunehmende Bedeutung der Kernfamilie, der fortschreitende Einbezug der Frauen in die außerhäusliche Arbeitswelt, die Durchsetzung der Schulpflicht und die Unterdrückung der Kinderarbeit, wodurch die Erziehung von Kindern zu einem viel gravierenderen Einschnitt im Leben der Eltern wurde als früher.[49]

Die Schwankungen des Bevölkerungswachstums im Ablauf der Zeit waren deutlich geringer als diejenigen des Wirtschaftswachstums. Auffälliger und bedeutender waren die Unterschiede zwischen den sozialen Schichten, zwischen einzelnen Regionen innerhalb eines Staates sowie zwischen den Staaten. Selbst wenn man die beiden gleich zu besprechenden Sonderfälle Irland und Frankreich außer acht lässt, so zeigten die nationalen Wachstumsraten bemerkenswerte Differenzen, ohne dass sich dafür plausible oder gar zwingende Erklärungen geben ließen. In manchen hochindustrialisierten Ländern wuchs die Bevölkerung rasch, so in England und Deutschland, ebenso aber auch in Agrarländern wie Griechenland und Russland. Umgekehrt fand sich relativ langsames Wachstum sowohl in Industrieländern wie Schweden und der Schweiz, als auch in Agrarländern wie Spanien und Portugal. Ebensowenig gibt die Religion oder die Konfession einen Schlüssel an die Hand: Rasches Wachstum erfolgte im orthodoxen Russland ebenso wie im katholischen Belgien und im protestantischen Finnland, und langsames Wachstum war beispielsweise im katholischen Spanien und im protestantischen Schweden zu verzeichnen (siehe Tabelle 13, S. 252).

Die auffälligste Ausnahme bildete Irland, wo die Bevölkerung während der gesamten Periode schrumpfte, von 8,2 Millionen 1841 auf 4,4 Millionen 1911.[50] Das war wohl in erster Linie eine Nachwirkung der großen Hungersnot 1845–1848, die einerseits zu einer extrem hohen Auswanderung führte und andererseits das reproduktive Verhalten beeinflusste: Irland hatte zunächst die niedrigste und danach (hinter Frankreich) die zweitniedrigste Geburtenrate Europas.[51]

Die zweite Ausnahme war ebenfalls ein katholisches Land. Schon um die Jahrhundertmitte hatte Frankreich eine weit unterdurchschnittliche Zuwachsrate, und im späten 19. Jahrhundert hatte sich die Bevölkerung stabilisiert.

Die demographischen Veränderungen, und insbesondere das Bevölkerungswachstum, sind von den Zeitgenossen durchaus wahrgenommen und kommentiert worden.[52] Im Ganzen überwog die optimistische Sicht. Wachstum galt als Zeichen der Gesundheit und Vitalität eines Volkes, letztlich als Quelle der Macht. Dahinter stand das Wissen um die scheinbar unbegrenzten Siedlungsräume, die den Europäern in Übersee noch zur Verfügung standen. Eine stabile Bevölkerungszahl erschien demgegenüber als Zeichen der Schwäche und der Bedrohung; in Frankreich löste die Stagnati-

49 A.J. Coale/S.C. Watkins, Decline; J.R. Gillis, Declining fertility; W. Fischer, Handbuch 5, 17f.
50 P. Deane/W.A. Cole, Growth, 8.
51 B.R. Mitchell, Statistics, 97–102; W. Fischer, Handbuch 5, 17f.
52 Vgl. M.R. Reinhard u.a., Population.

on angesichts des raschen Wachstums der deutschen Bevölkerung sogar vielfältige Ängste aus. Pessimistische Stimmen, die längerfristig eine neue malthusianische Falle infolge Übervölkerung befürchteten, fehlten nicht; aber sie waren deutlich in der Minderzahl, zumal ein Vermehrungstempo, wie es dann außerhalb Europas in der zweiten Hälfte des 20. Jahrhunderts üblich wurde, noch undenkbar schien.

Eine der Folgen der räumlich gesehen höchst ungleichen Wirtschaftsentwicklung waren vielfältige innereuropäische sowohl zwischen- als auch innerstaatliche Wanderungsbewegungen.

Die internationale Wanderung innerhalb Europas spielte eine im Vergleich zur Zeit seit dem späten 20. Jahrhundert begrenzte Rolle. Sie erfolgte hauptsächlich zwischen benachbarten Staaten. So zogen beispielsweise italienische, belgische und spanische Arbeitskräfte nach Frankreich, österreichische nach Deutschland oder irische nach England. Relativ gesehen gewann der Vorgang für die Schweiz und Luxemburg die größte Bedeutung. Diese beiden Staaten hatten 1914 mit gut 15% den weitaus höchsten Ausländeranteil in Europa.[53] Wanderungsbewegungen konnten sich auch umkehren. Emigrierten zu Beginn der Periode viele Deutsche nach Russland, so kamen gegen ihr Ende zahlreiche Polen aus Russland nach Deutschland, teils in den Ruhrbergbau, teils als Saisonarbeiter in die ostdeutsche Landwirtschaft.

Zahlenmäßig weit bedeutender, wenn auch statistisch nicht genau erfassbar, war die Binnenwanderung in die Wachstumsregionen. Es war ein vielgestaltiger Prozess. Er begann in der Regel mit Wanderarbeit jüngerer Einzelpersonen, die zunächst noch häufig in ihre Heimat zurückkehrten und erst nach einiger Zeit entweder ihre inzwischen gegründete Familie nachzogen oder am neuen Aufenthaltsort eine Familie gründeten. Vielfach nahmen sie zuerst in kleineren, benachbarten Orten Aufenthalt und erst nach einigen Zwischenstufen in den größeren Städten. Die Menschen wechselten häufiger als früher im Verlauf ihres Lebens ihren Wohnort und ihre Tätigkeit. Die Verwurzelung in dem, was traditionell als Heimat betrachtet worden war, nahm ab. Neue, größere Bezugsräume, auf die sich Zugehörigkeitsgefühle richten konnten, wurden erforderlich – zum wichtigsten wurde die Nation.

Die Wanderungsbewegungen waren keine bloßen Bevölkerungsverschiebungen; sie bewirkten zugleich eine zunehmende Konzentration. Industrialisierung und Verstädterung hingen miteinander zusammen. Die Urbanisierungsrate nahm zwischen 1850 und 1910 in ganz Europa von 18,5% auf 35,8% zu (ohne Russland: 22% und 43,5%), allerdings mit enormen nationalen Unterschieden, wobei die am höchsten industrialisierten Staaten zugleich die am meisten verstädterten waren. So lebten 1910 75% der britischen, aber nur je 16% der portugiesischen und der rumänischen und gar nur 10% der serbischen Bevölkerung in Städten über 5.000 Einwohner.[54] Insgesamt stieg die Zahl der Städte, in denen über 100.000 Menschen lebten, zwischen 1850 und 1910 von 43 auf 156.[55]

Dennoch war Industrialisierung keinesfalls notwendig und ausschließlich ein städtisches Phänomen. Sie konnte durchaus auch dezentral und damit unter mehr oder

---

53 J.-F. Bergier, Wirtschaftsgeschichte, 62; H. Pohl, Grundzüge, 318.

54 W. Fischer, Handbuch 5, 41f.

55 Ebd., 5,42. P. Bairoch, Commerce, 25, hat 47 und 185.

weniger ländlichen Bedingungen erfolgen, etwa bei überwiegender Heimarbeit, oder wenn die Energiequellen weit gestreut waren, was vor allem für die Wasserkraft galt, die sowohl zu Beginn der Industrialisierung – als direkte Antriebskraft –, als auch seit dem späten 19. Jahrhundert – als Elektrizitätsquelle – eine wichtige Rolle spielte. Als sich die Verkehrsmittel verbesserten, ermöglichten sie selbst bei Konzentration der Produktionsanlagen der Arbeiterschaft ein dezentrales, wenigstens teilweise ländliches Wohnen, oft mit einer kleinen Landwirtschaft verbunden, so etwa in Belgien. Dennoch war der Trend eindeutig. Solche Phänomene führten bestenfalls zu einer Verzögerung der Urbanisierung, nie zu einer erneuten Dezentralisierung der Bevölkerung, wenngleich die – freilich meist nur zeitweilige – Rückwanderung von der Stadt auf das Land bei Arbeitslosigkeit und beruflichem Misserfolg eine wichtige Rolle spielte.

3.1.2.2 Der Aufbau der Gesellschaft: Wandel und Konflikte[56]

Das Wachstum und der damit verbundene Strukturwandel der Wirtschaft bewirkten auch einen immer rascheren Strukturwandel der Gesellschaft. Ausgangspunkt dafür waren die Verschiebungen zwischen den Wirtschaftssektoren, insbesondere der Rückgang des Anteils der in der Landwirtschaft Beschäftigten und die Zunahme der gewerblichen und der Fabrikarbeiterschaft. Ähnliche Verschiebungen erfolgten zwischen vielen anderen auf- und absteigenden gesellschaftlichen Gruppen. Sie bedeuteten zugleich gesellschaftliche Machtverschiebungen.

In den meisten europäischen Staaten hatte traditionell der Adel oder, wo dieser einen erheblichen Anteil an der Gesamtbevölkerung stellte, wie etwa in Polen oder in Ungarn, der höhere Adel die Oberschicht gestellt.[57] Seine wirtschaftliche Grundlage war der Grundbesitz; seine politische Stellung gründete in der Monopolisierung der Positionen im Zentrum der Macht: bei Hofe, in der hohen Beamtenschaft und im Offizierskorps, woraus sich dann auch seine gesellschaftliche Führungsstellung ergab. Diese wurde durch rechtliche Privilegien zusätzlich abgestützt, die aber schon bis 1850 weitgehend abgebaut worden waren. Bis 1914 waren sie in den meisten Staaten (die wichtigste Ausnahme war Russland) größtenteils verschwunden. Immerhin blieb in vielen Ländern eine dem Adel entweder ganz oder zumindest überproportional vorbehaltene Parlamentskammer erhalten, die zwar in der Regel nicht mit der das gesamte Volk oder jedenfalls breitere Schichten repräsentierenden Kammer gleichberechtigt, aber keineswegs bedeutungslos war.

Der Adel kam in dieser Periode unter Druck. Zu seinem wichtigsten Konkurrenten wurde die Bourgeoisie, das Großbürgertum, der eigentliche Träger der industriellen Revolution und des Wirtschaftswachstums. Die Bourgeoisie forderte Rechtsgleichheit, und ihre wirtschaftliche Grundlage waren die neuen, aufstrebenden Sektoren: Industrie, Handel und Finanzen, während die Basis des Adels, der Grundbesitz und dadurch die Landwirtschaft, an Bedeutung verlor. Der Kampf um die Vorherrschaft wurde mit Zurückhaltung ausgetragen, nicht als Verdrängungswettbewerb, und er endete mit einer Art Symbiose, in der sich der Adel fast überall als stärkerer Faktor zu be-

---

56 Für eine knappe Übersicht vgl. etwa Y. Lequin, in P. Léon, Histoire 4, 299–354.
57 Für vergleichende Studien zum europäischen Adel vgl. etwa A.J. Mayer, Adelsmacht und D. Lieven, Abschied.

haupten vermochte. Die Bourgeoisie hatte zwar überlegene materielle Ressourcen. Dafür aber fehlte ihr die Verankerung in etablierten Machtpositionen. Der Adel hatte zunächst den Vorteil, dass er weiterhin nahezu ein Monopol des Zugangs zum Hof besaß. Sein Anteil an der hohen Beamtenschaft und am Offizierskorps ging zwar zurück, aber in den unteren Rängen weit stärker als in den oberen, so dass man von einer Konzentration der Macht sprechen konnte. In vielen Ländern gelang es ihm, auch in den neuen Wirtschaftssektoren Fuß zu fassen, indem er in die Industrie, den Handel und den Finanzsektor investierte. Je mehr dies der Fall war, um so stärker blieb seine Stellung, mit Großbritannien als Musterbeispiel. Durch die Prägung des weithin sichtbaren Lebens bei Hofe vermochte der Adel zu guten Teilen die Maßstäbe für die Lebensführung zu setzen, der die Bourgeoisie nacheiferte, indem sie etwa Landsitze erwarb und einen ostentativen Lebensstil pflegte. In vielen Ländern wurden durch eine gezielte Nobilitierungspolitik die aktivsten und aufstrebendsten Angehörigen der Bourgeoisie in den Adel integriert, und die gleiche Wirkung hatten zahlreiche eheliche Verbindungen. Selbst im republikanischen Frankreich behielt der Adel, vor allem auf lokaler und regionaler Ebene sowie in der Gesellschaft, eine wichtige Position. So vollzog sich der Aufstieg der Bourgeoisie unter gleichzeitiger Abschwächung ihres Gegensatzes zum Adel, der im Zentrum der Macht blieb. Eine zwar nicht homogene, aber doch handlungsfähige, nicht von Konflikten zerrissene Oberschicht entstand.

Nur in wenigen Staaten, in denen nie ein starker Adel bestanden hatte, konnte die Bourgeoisie weitgehend unangefochten an die Spitze der Gesellschaft gelangen. Das galt etwa für die Niederlande und Norwegen, und noch mehr für die Schweiz.

Unterhalb dieser Oberschichten, aber noch über der eigentlichen Mittelschicht, stand eine zahlenmäßig kleine und wirtschaftlich schwache Gruppe, die dafür besonders einflussreich war im Hinblick auf die öffentliche Meinung und die politische Willensbildung. Zu ihr gehörten Freiberufler, vor allem Juristen, und nichtadlige höhere Beamte und Militärs sowie manche Künstler und Wissenschaftler. Zu einer wirklichen Konkurrenz für die Oberschicht wurde sie indessen erst im Rahmen der Demokratie. Je weiter das Wahlrecht ausgedehnt wurde, um so schwieriger wurde es, mit den traditionellen Methoden des politischen Klientelismus Stimmen zu gewinnen, und um so wichtiger wurde ein neuer Typ von Politiker, der eine breite Gefolgschaft um sich zu versammeln verstand. Und je mächtiger ein Parlament wurde, um so mächtiger wurde dieser Typ von Politiker. So sehr die Oberschicht die Stellungen in Politik, Verwaltung und Militär kontrollierte, so stammten die eigentlichen parlamentarisch-demokratischen Führer doch größtenteils aus jener Zwischenschicht, etwa Benjamin Disraeli und David Lloyd George in Großbritannien oder Jules Ferry und Georges Clemenceau in Frankreich und Giovanni Giolitti in Italien.

Weder zu einer Symbiose, noch zu einem offenen Konflikt, sondern eher zu einem parallelen Auf- und Absteigen kam es in der Mittelschicht. Aufstrebenden und aufsteigenden Gruppen, oft als neuer Mittelstand bezeichnet, standen absteigende gegenüber – der alte Mittelstand.[58] Zu diesem gehörten viele (wenngleich keineswegs alle) Handwerker, deren Produkte von der Industrie profitabler hergestellt wurden.

58 Als Überblick vgl. H.-G. Haupt/G. Crossick, Kleinbürger.

Insgesamt ging der Anteil des Handwerks an der Beschäftigung kaum zurück, entstanden doch im Umkreis der Industrie auch wieder neue Handwerke. Hingegen sank der Anteil der Selbständigen. Ähnliches galt für einen Teil der Kleinhändler, die ihre Konkurrenzfähigkeit gegenüber effizienteren Organisationsformen des Handels, etwa den Kauf- und Versandhäusern, einbüßten. Während das Handwerk die Konkurrenz der Industrie schon früh spürte, spielten diese neuen Formen des Einzelhandels erst seit dem späten 19. Jahrhundert eine größere Rolle. Am ausgeprägtesten war der Rückgang indessen in der Landwirtschaft. Zwar wirtschafteten viele mittelständische Bauern, also Hofbesitzer und größere Pächter, mit beträchtlichem Erfolg. In zahlreichen Ländern vermochten sie sich auch politisch wirkungsvoll in Szene zu setzen. Aber ihre Zahl ging – als Folge des Produktivitätswachstums – überall relativ und vielfach sogar absolut zurück. Als Gruppe mussten sie sich bedrängt und gefährdet vorkommen, ganz besonders im Zuge der seit der Mitte der siebziger Jahre ganz Europa erfassenden Agrarkrise.

Der neue Mittelstand rekrutierte sich teilweise aus dem alten, aber auch aus der Unterschicht. Zu ihm gehörten vor allem die Angestellten in der Privatwirtschaft, dazu das rasch wachsende Heer der öffentlichen Bediensteten, von den kleinen Beamten und Eisenbahnern bis zu den Polizisten und Lehrern. Ihr Anteil an der Gesamtgesellschaft nahm sichtbar zu. Gemeinsam war ihnen der unselbständige Status als Lohnabhängige, während der alte Mittelstand größtenteils selbständig gewesen war. Doch die beiden Gruppen empfanden einander selten als Konkurrenten; der alte Mittelstand sah sich vor allem durch die Oberschicht (Industrie und Kaufhäuser) sowie durch Angehörige der Unterschicht (Industriearbeiterschaft) bedroht.

Noch weniger konnte innerhalb der Unterschicht von einem Konkurrenzkampf zwischen aufsteigenden und absteigenden Gruppen die Rede sein. Vielmehr erfolgte hier eine Verschiebung vom Land in die Stadt. Die ländlichen Unterschichten, bestehend aus landlosen Tagelöhnern und Landarbeitern, aus Kleinpächtern, aber auch aus Klein- und Kleinstbesitzern vor allem in Gebieten mit Realteilung, blieben überall ein wesentliches Element der Bevölkerung; in stärker agrarischen Staaten machten sie teilweise sogar deren Mehrheit aus. Doch ihr Anteil an der Gesamtbevölkerung ging zurück, während die städtischen (oder jedenfalls die in industrialisierten Gebieten lebenden) Unterschichten überall rasch wuchsen, vor allem infolge starken Zuzugs vom Lande. Zu ihnen gehörten Gelegenheitsarbeiter und Personen, die im informellen Sektor tätig waren, dazu Dienstboten und ungelernte Arbeitskräfte, wobei diese oft auch in ländlichen Gebieten anzutreffen waren. So zogen in vielen Staaten während Jahrzehnten ganze Heere von Eisenbahnarbeitern durch die Lande.

Eine Sonderstellung innerhalb der städtischen Unterschicht nahm die ebenfalls rasch wachsende gelernte Arbeiterschaft ein. Nur ein geringer Teil von ihr entstammte direkt den ländlichen Unterschichten. In der Regel stiegen deren Angehörige erst in der zweiten oder dritten Generation in die städtische Arbeiterschaft auf. Diese Gruppe umfasste, vor allem in der Frühzeit, eher mehr soziale Absteiger als Aufsteiger, hauptsächlich Handwerker, die ihren Beruf nicht mehr ausüben konnten. In vielen Gesellschaften war deshalb die Trennungslinie zwischen gelernten und ungelernten Arbeitern von erheblicher Bedeutung, zumal sie auch oft die Grenze zwischen einer halbwegs gesicherten und einer gänzlich ungesicherten Existenz war.

Betrachtet man den skizzierten gesellschaftlichen Wandel insgesamt, so fällt vor allem eine zunehmende Differenzierung auf, in Parallele zu und als Folge der zunehmenden wirtschaftlichen Differenzierung. Die Zahl der gesellschaftlichen Gruppierungen, die einiges Gewicht für sich beanspruchen konnten, nahm zu.[59] Diese Feststellung läuft einer zeitgenössischen Erwartung und Prognose zuwider. Im Anschluss an Marx selbst ging vor allem der Marxismus von der Annahme einer wachsenden gesellschaftlichen Polarisierung aus, die dazu führen würde, dass sich schließlich nur noch ein riesiges Proletariat (im Sinne von Lohnabhängigen) und eine hauchdünne Bourgeoisie gegenüberstehen würden. Als Konsequenz daraus wurde die mehr oder weniger zwangsläufige Machtübernahme durch das Proletariat in einer Revolution erwartet.[60] Selbst wenn man den Begriff des Proletariers weit fasste, konnte von einer solchen Polarisierung nirgends die Rede sein, und noch weniger, wenn man nur von der Industriearbeiterschaft ausging: Diese machte in keinem Land zu irgendeinem Zeitpunkt die absolute Mehrheit der Bevölkerung aus.

Der beschriebene gesellschaftliche Wandel stellte zugleich den endgültigen Übergang von der Stände- zur Klassengesellschaft dar. Der gesellschaftliche Status wurde nicht mehr aufgrund der Geburt möglichst lebenslänglich festgelegt, sondern er war nun durch Einkommen, Besitz, Bildung und Tätigkeit bestimmt, durch grundsätzlich wandelbare Merkmale also. An die Stelle der rechtlichen Differenzierung der Gesellschaft trat die Rechtsgleichheit; gesellschaftlicher Auf- und Abstieg war im Prinzip beliebig möglich.

Rechtsgleichheit und gesamtgesellschaftlicher Wandel dürfen allerdings weder mit faktischer Gleichheit noch mit großer individueller sozialer Mobilität gleichgesetzt werden. Diese erfolgte in der Regel in kleinen Schritten, etwa durch die Wanderung eines Tagelöhners in die Stadt, wo er Gelegenheitsarbeiter wurde, während sein Sohn vielleicht zum Facharbeiter wurde, dessen Sohn zum kleinen Beamten avancierte, dessen Sohn das Gymnasium oder gar die Universität besuchen konnte. Die individuelle Mobilität war also kaum größer als das vom wirtschaftlichen Wandel erzwungene Maß. Dabei stand neben der Aufstiegs- durchaus auch Abstiegsmobilität: etwa Kleinpächter, die besitzlos in die Stadt zogen oder Handwerker, deren Qualifikationen nicht mehr gefragt waren.[61] Noch weniger war die sich wandelnde Gesellschaft im materiellen Sinne egalitär. Die soziale Ungleichheit und damit die Kluft zwischen Arm und Reich vertiefte sich zunächst und schwächte sich erst seit dem späten 19. Jahrhundert wieder etwas ab.[62] Es war ein auch äußerlich, im ganzen Habitus und Lebensstil sichtbarer Unterschied, der den Beteiligten bewusst war und bei den Privilegierten zu Ängsten, bei den Habenichtsen zu Aggressionen führte. Aggressionen und Ängste konnten sich in fürch-

---

59 Die Einteilungskriterien waren allerdings von Land zu Land höchst unterschiedlich, und sie sind es auch in der modernen Forschung geblieben. Deswegen sind halbwegs aussagekräftige vergleichende Prozentangaben nicht möglich.

60 Vgl. die klassische Darstellung im Kommunistischen Manifest von K. Marx und F. Engels (1848).

61 Zur sozialen Mobilität und insbesondere zur Frage, ob diese zugenommen hat, sind keine präzisen Angaben möglich. Vgl. H. Kaelble, Chancengleichheit und ders. Mobilitätsforschung, wo der Autor S. 21 davon ausgeht, dass in der industriellen Revolution eher die Abstiegs- als die Aufstiegsmobilität zugenommen hat.

62 H. Kaelble, Soziale Ungleichheit. Vgl. auch Y. Lequin, in P. Léon (Hg.), Histoire 4, 306f.

terlicher Schärfe äußern. Zum Fanal wurde 1871 die Pariser Kommune und vor allem deren überaus blutige Niederschlagung. Trotz allem fällt, über die ganze Periode hinweg betrachtet, letztlich die begrenzte Intensität der Auseinandersetzung auf, dass es nach 1871 zu keinen größeren Kämpfen entlang der skizzierten Konfliktlinie gekommen ist; die pausenlos beredete, befürchtete oder herbeigewünschte Revolution ist nirgends mit voller Kraft ausgebrochen. Die Ausnahmen waren atypisch: Die russische Revolution 1905–1907 erfolgte nach einem verlorenen Krieg und in einem industriell zurückgebliebenen Land; der große rumänische Bauernaufstand von 1907 hatte klar vorindustriellen Charakter und griff nicht auf die Städte über.

Für diese trotz aller Zunahme der psychologischen Spannungen relative Ruhe war zunächst sicherlich die schon erwähnte fortschreitende Differenzierung der Gesellschaft verantwortlich. An die Stelle der erwarteten Polarisierung trat eine zunehmende Auffächerung. Eine weitere für die marxistische Theorie zentrale Prognose erwies sich ebenfalls als falsch: Das Proletariat verelendete nicht, sondern längerfristig stiegen in ganz Europa die Reallöhne, langsam zwar, schließlich aber doch erheblich, im Umfang von vielleicht 50–100%.[63] Die Steigerung machte auch vor einer großen Mehrheit der Unterschichten nicht halt. Diese bildeten außerdem in den seltensten Fällen eine schlagkräftige Handlungseinheit. Besonders groß waren die Unterschiede zwischen städtischen und ländlichen Unterschichten. Die Interessen gingen hier objektiv auseinander, und die Trennung wurde durch die Doktrin noch verstärkt. In den meisten Revolutionslehren galt das städtische Proletariat als progressiv, das ländliche als konservativ. Am ehesten vermochte noch der Anarchismus die Kluft zu überbrücken: Er hatte Erfolge auch unter den Landarbeitern, vor allem in Südeuropa.

Abgesehen von dieser Spaltung innerhalb der Unterschicht war die geschilderte Konfliktlinie keineswegs die einzige in der Gesellschaft. Sie wurde vielmehr durch andere Parteiungen und Gegensätze abgeschwächt. In vielen Gesellschaften spielten religiöse Auseinandersetzungen eine wichtige Rolle: Katholische Arbeiter wählten in Deutschland überwiegend Zentrum und nicht Sozialdemokratie, und auch in Belgien, den Niederlanden und der Schweiz war die Arbeiterschaft konfessionell-politisch gespalten. Insgesamt ging die Konfliktträchtigkeit der europäischen Gesellschaften und vor allem das Ausmaß der gewaltsam ausgetragenen Konflikte in der behandelten Epoche zweifellos zurück, auch wenn die kämpferische Rhetorik eher zunahm.[64] Nicht innerstaatliche gesellschaftliche Konflikte, sondern ein bis zur Selbstvernichtung gesteigerter Staatenkrieg zerstörte diese Gesellschaften schließlich.

Eine zentrale Voraussetzung für den raschen gesellschaftlichen Wandel, die zugleich wenigstens ein Stück weit egalitäre Wirkungen hatte, war die beispiellose Ausbreitung der Schulbildung. Um die Jahrhundertmitte dürften noch etwa 45–50%, unter Einbezug Russlands sogar 60% der europäischen Erwachsenen Analphabeten gewesen sein.[65] Doch nun entstanden, seit den 1870er Jahren, erstmals in der Weltgeschichte

---

63 D.S. Landes, Prometheus, 242. Das gilt auch für die Landarbeiter: J.L. van Zanden, Green revolution, 215; 227. Vgl. P. Scholliers (Hg.), Real wages; P. Scholliers/V. Zamagni (Hg.), Labour's reward und K.H. O'Rourke/J.G. Williamson, Globalization.

64 Vgl. C. Tilly u.a., Rebellious century.

65 C.M. Cipolla, Literacy, 71.

Gesellschaften, in denen die allgemeine Schulpflicht voll und ganz durchgesetzt wurde. Dieser Zustand hatte sich bis 1914 über weite Teile Nordwesteuropas ausgedehnt: über Skandinavien, Großbritannien, Frankreich, die Benelux-Staaten, Deutschland, die Schweiz und die westlichen Teile der Habsburgermonarchie. In einer Reihe weiterer Staaten betrug die Alphabetisierungsrate zumindest mehr als 50%, und selbst in den noch weiter zurückgebliebenen Gebieten wurden rasche Fortschritte gemacht.[66] Freilich war das Bild noch immer sehr uneinheitlich, wie die folgende Tabelle zeigt:

Tabelle 14: Analphabetenraten um 1910, in Prozent[67]

Land	Zeitpunkt	Frauen	Männer
Belgien	31.12.1910	26,13	24,44
Bosnien-Herzegowina	10.10.1910	93,35	82,89
Bulgarien	31.12.1905	82,82	52,55
Finnland	31.12.1910	7,53	6,98
Frankreich	5.3.1911	14,36	10,88
Griechenland	27.10.1907	79,80	41,82
Irland	2.4.1911	12,24	12,14
Italien	10.6.1911	42,28	32,51
Österreich	31.12.1910	18,29	14,67
Portugal	1.12.1911	78,82	63,87
Rumänien	19.12.1912	76,81	45,17
Europäisches Russland	9.2.1897	83,11	62,50
Serbien	31.12.1900	92,90	67,31
Ungarn	31.12.1910	38,38	28,10

Zumal in den führenden Ländern war die Volksbildung obligatorisch und kostenlos und insofern egalitär. Doch auf einer anderen Ebene wirkte das Bildungswesen auch wieder differenzierend, indem es die Hauptkonfliktlinie betonte: Die mittlere und die höhere Bildung blieben kostenpflichtig und dadurch elitär. Immerhin erfuhren diese Stufen überall eine überproportionale Ausweitung, und in manchen Staaten wurde durch ein System von Stipendien eine zusätzliche Durchlässigkeit ermöglicht. Letztlich aber diente das Bildungswesen ebenfalls weniger der Förderung individueller sozialer Mobilität als der Reproduktion der gesellschaftlichen Unterschiede. Dieser Doppelcharakter zeigte sich auch in Bezug auf die Geschlechter. Die Volksschulpflicht wurde für beide Geschlechter durchgesetzt, während die mittlere und höhere Bildung zumindest

66 Genauere Angaben sind angesichts höchst unterschiedlicher Erhebungsmethoden in den einzelnen Ländern nicht möglich. Vgl. etwa C.M. Cipolla, Literacy; M.N. Kuz'min, Alphabetisierung; H. Sundhaussen, Statistik, 537–541.

67 Nach Annuaire I, 158–160.

de facto und vielfach auch de jure überwiegend für die Männer reserviert war. Erst im Verlauf der hier behandelten Zeit wurden Frauen zum Universitätsstudium überhaupt allmählich zugelassen.

Der rasche gesellschaftliche Wandel trug also letztlich dazu bei, dass auch die Auseinandersetzungen zwischen den Klassen sich tendenziell abschwächten.

3.1.2.3 Stellung des Individuums und Wandel der Lebensweise

Wanderungsbewegungen, soziale Mobilität und Urbanisierung bewirkten eine langsame, im Ergebnis aber radikale Veränderung in den Lebensbedingungen der Menschen, und zwar nicht nur derer, die sich aus den traditionellen Lebensumständen herauslösten, sondern auch, wenngleich in etwas geringerem Maße, bei den Zurückbleibenden. Die wichtigste und auffälligste Erscheinung war dabei eine zunehmende Individualisierung. Sie war eine Folge der Lockerung bisheriger Bindungen. Immer weniger Menschen verbrachten ihr gesamtes Leben oder den größten Teil davon am gleichen Ort oder innerhalb einer eng begrenzten Landschaft. In Deutschland etwa lebten 1907 immerhin 48% der Bevölkerung außerhalb ihrer Geburtsgemeinde. Von diesen wohnte ein Drittel außerhalb des Gliedstaates oder der Provinz ihrer Geburt.[68] Wer seine Heimat verließ, für den verloren die traditionellen sozialen Bindungen, etwa an die Familie, die weitere Verwandtschaft oder die Dorfgemeinschaft, ihre Kraft gänzlich oder zumindest teilweise. Die junge Generation konnte sich dem Zugriff der Älteren entziehen. Die Einzelnen wurden in ihrem privaten und beruflichen Leben autonomer. So wurden etwa Entscheidungen über die Schließung einer Ehe und die Gründung einer Familie immer mehr zu einer Angelegenheit allein der unmittelbar Betroffenen. Am wenigsten war dies bei den Besitzenden der Fall, also bei den größeren Bauern und in der begüterten Mittel- und Oberschicht. Hier war die Ehe mit wichtigen Strategien zur Besitzsicherung verbunden, die jeweils einen größeren Personenkreis betrafen.

Die Individualisierung und Autonomisierung war in den Städten und generell in den Regionen mit großer Zuwanderung stärker als in ländlichen und stagnierenden Gebieten. Doch diese blieben vom Wandel keineswegs verschont, rissen doch die Kontakte zwischen den Weggezogenen und ihrer Heimat in der Regel nicht sofort und vollständig ab. Wer als Wanderarbeiter ausgezogen war und mit Geld vorübergehend oder dauernd zurückkehrte, ließ sich nicht mehr in gleicher Weise wie zuvor in alte Bindungen einspannen.

Es wäre indessen falsch, nur eine ungebremste Tendenz zur Individualisierung sehen zu wollen. Diese hatte ihre Grenzen in der Überlebensfähigkeit des isolierten Individuums. Die Angehörigen der großen, besitzlosen Masse der Bevölkerung waren im Falle von Krankheit, Unfall, Invalidität, Alter oder Arbeitslosigkeit auf sich allein gestellt nicht überlebensfähig. Solange der Staat nicht für alle diese Notsituationen aufkam, war die Einordnung des Einzelnen in neue Solidargemeinschaften, in Nachbarschaften, Verwandtschaften und Selbsthilfeorganisationen auf klassenmäßiger, landsmannschaftlicher, religiöser oder sonstiger Grundlage unumgänglich – nur erreichten diese Gemeinschaften nicht die gleiche Festigkeit wie die traditionellen sozialen Gruppen, da man nicht in sie hineingeboren wurde und die Mitgliedschaft freiwillig und kündbar war. Ganz entziehen

---

68 H.-U. Wehler, Gesellschaftsgeschichte 3, 504.

aber konnte man sich ihnen nur um den Preis stark erhöhter Lebensrisiken. Wer sich nicht in eine Gemeinschaft einordnete, wurde auch nicht von ihr getragen.

Wichtiger noch war, dass nicht das Individuum, sondern die Kernfamilie als Funktionseinheit die Perspektive und Zielgröße der Gesellschaft war. Sie wurde nicht als Zusammenschluss autonomer Individuen, sondern als hierarchisch geordnete, arbeitsteilige Gruppe verstanden. Sie erhielt durch die Lockerung anderer sozialer Bindungen zusätzliches Gewicht und baute in starkem Maße auf einer neuen und verschärften Rollenteilung zwischen den Geschlechtern auf. Erwerbs- und häusliche Arbeit waren in der industrialisierten Gesellschaft stärker voneinander getrennt als in der agrarischen, und sie trugen deshalb zu einer sozialen Differenzierung zwischen den Geschlechtern bei, die im Zusammenhang des Rechts näher zu erörtern ist (siehe S. 269f.). Jedenfalls wurde das Individuum in der Praxis wesentlich von seiner Geschlechterrolle her definiert.

Freilich kam auch die Kernfamilie in der sozialen Wirklichkeit zunehmend unter Druck, vor allem durch die Erwerbsarbeit der Frauen. Der Prozentsatz der erwerbstätigen verheirateten Frauen, und vor allem von Frauen mit Kindern, war zwar deutlich niedriger als derjenige alleinstehender Frauen. Aber er nahm rasch zu.[69]

Industrialisierung und Urbanisierung bewirkten eine grundlegende Veränderung des Lebensrhythmus. Hatten bislang die natürlichen Vorgaben der Tages- und Jahreszeiten die entscheidende Rolle für die Ordnung des Lebens gespielt, ebenso wie natürliche Ereignisse, vor allem Naturkatastrophen, die wichtigsten außerordentlichen Einschnitte verursacht hatten, so wurden diese Rhythmen nun der Natur zunehmend entzogen und von anderen Faktoren abhängig. Der Rhythmus der Fabrikarbeit ergab sich zunächst aus den Erfordernissen der Produktion, die jahraus, jahrein dieselben blieben. Schwankungen wurden durch konjunkturelle, in der Industrie selber liegende Faktoren verursacht. Freilich sollte dabei der Aspekt der Disziplinierung, die zweifellos mit dem Übergang von der landwirtschaftlichen zur industriellen Arbeit verbunden war, nicht übertrieben werden. Nur wenige Fabrikarbeiter waren über Jahrzehnte hinweg der gleichen strengen Disziplin mit ihren endlosen Arbeitsstunden unterworfen. Das Leben der Unterschichten war in aller Regel vielgestaltiger.[70] Einerseits wechselten viele ihren Arbeitsplatz häufig und aus den unterschiedlichsten Gründen, andererseits war periodische Arbeitslosigkeit oder zumindest Kurzarbeit eine verbreitete Erfahrung. Die Betroffenen mussten sich immer wieder anpassen. Disziplin war dabei gefragt, ebenso aber auch Flexibilität.[71] Immerhin konnte man nicht von ausgedehnter struktureller Arbeitslosigkeit wie etwa zwischen den Weltkriegen sprechen. Viele Menschen waren häufig arbeitslos; aber nur wenige blieben es über lange Zeit hinweg. So betrug die durchschnittliche Arbeitslosenrate 1889–1913 in Deutschland 2,4%; in Großbritannien waren es 4,4%.[72]

---

69 Vgl. etwa zu Großbritannien E. Roberts, Women's work.

70 Vgl. etwa Y. Lequin, in P. Léon, Histoire 4, 343–349 und, für Deutschland, W. Conze/ U. Engelhardt, Arbeiter, sowie dies., Arbeiterexistenz.

71 Vgl. K. Canning, Languages, 232–253.

72 W.A. Lewis, Growth, 42f. Freilich ist davon auszugehen, dass die Zahlen nach heutigen Berechnungsmethoden höher wären.

Zunehmende Distanz zur Natur zeigte sich nicht nur in den Lebensrhythmen, sondern auch in den Lebensbedingungen der Unterschichten in den Industriegebieten. Vor allem in den großen Zentren waren die Wohnverhältnisse vielfach katastrophal. Es fehlte an Licht und Luft, und die Sterblichkeit war teilweise sehr hoch. Die Unterschiede zwischen den verarmten Massen und den besser situierten Klassen waren ungemein groß, was die Gesundheit und die Lebenserwartung anging. Angehörige der Unterschichten waren in Großbritannien und Frankreich etwa 10–20 Zentimeter kleiner als solche der Oberschichten, wobei die Differenz allerdings langsam zurückging.[73]

Die Entnaturalisierung des Lebensrhythmus wurde durch die technische Entwicklung noch verstärkt, sowohl im Arbeits- als auch im Privatleben. Am meisten trug dazu die rasche Verbesserung der Beleuchtungstechnik bei. Zunächst breitete sich die schon zu Beginn des 19. Jahrhunderts eingeführte Gasbeleuchtung rasch aus; seit den 1880er Jahren kam die elektrische Glühlampe hinzu.

Sowohl die Art als auch der Ort der Fabrikarbeit bewirkten eine viel schärfere Trennung zwischen Arbeitszeit und übriger Zeit als in der Agrargesellschaft. Zunächst musste man angesichts der extrem langen Arbeitszeiten, die vielerorts um die Mitte des Jahrhunderts ihren Höhepunkt erreichten, eher von Reproduktions- als von Freizeit sprechen. Die industrielle Arbeit bestimmte die Zeiteinteilung der ihr Unterworfenen so gut wie vollständig. Die wöchentliche Arbeitszeit betrug in Deutschland vielfach 80–85 Stunden, solange die Fabrik voll ausgelastet war. Im Verlauf der folgenden Jahrzehnte ging sie langsam zurück. 1914 lag sie um 55 Stunden;[74] in einer Reihe von Ländern stand nun der Kampf um den Achtstundentag auf der Tagesordnung.[75] Zwischen 1870 und 1913 ging die durchschnittliche jährliche Arbeitszeit in Europa um knapp 14% zurück.[76] Damit war so etwas wie eine Freizeit entstanden, als klarer, fest einplanbarer Gegenpol zur Arbeitszeit – eine Unterscheidung, die in solcher Schärfe in der agrarischen Gesellschaft unbekannt gewesen war. Die Gestaltung der Freizeit kontrastierte entsprechend stark mit der Arbeitszeit, und sie wurde zum Katalysator für viele neue, freiwillig eingegangene soziale Bindungen, von Sportvereinen über die Kleintierzucht bis zu Sängergruppen. Was die Menschen in ihrer Freizeit taten, wurde seinerseits wieder durch die technischen Errungenschaften beeinflusst. Dabei kam der Eisenbahn eine zentrale Funktion zu. Sie erlaubte es, vor allem die städtische Umgebung auch kurzfristig zu verlassen. Der Sonntagsausflug wurde für den unteren Mittelstand und die etwas besser gestellten Angehörigen der Unterschicht zu einem wichtigen Element der Lebensgestaltung, oft auch zu einer Art Statussymbol. Der Urlaub hingegen blieb noch ein Privileg der Wohlhabenden.[77] Nur sehr wenige Arbeiter erhielten bis 1914 überhaupt bezahlten Urlaub, und noch weniger konnten es sich leisten, ihn an einem fremden Ort zu verbringen. Der insgesamt gestiegene Wohlstand der Gesellschaft zeigte sich aber darin, dass in einzelnen Regionen, etwa in der Schweiz oder in Italien, sowie an vielen Küsten und in Thermalbädern, bereits ein er-

73 R. Floud/K. Wachter, Height, 182–185; Y. Lequin, in P. Léon, Histoire 4, 301.

74 W.H. Schröder, Arbeitszeit, 287. Vgl. R. Meinert, Arbeitszeit, 5–21.

75 Vgl. für Deutschland T. Nipperdey, Arbeitswelt, 302; für Großbritannien J. Walvin, Leisure, 5.

76 A. Maddison, Dynamic forces, 270f.

77 Vgl. etwa J. Reulecke, Arbeiterurlaub; J. Walvin, Leisure; H. Cunningham, Leisure.

heblicher internationaler Tourismus in Gang kam, ohne dass von Massentourismus die Rede sein konnte. So wurde die Natur aus einer Vorgabe für den Alltag zu einem Kontrastprogramm zu ihm; der Aufenthalt in ihr wurde zur Erholung von einer ihren Einflüssen entzogenen Lebensweise.

Der Wandel der Lebensweise betraf Kinder in vieler Hinsicht fast noch stärker als Erwachsene. Die Durchsetzung der Schulpflicht und die Unterdrückung der Kinderarbeit schieden die Lebenswelten der Kinder und der Erwachsenen in zunehmendem Maße voneinander. Kinder hatten dadurch zumindest rein physisch ein leichteres Leben. Da sie nicht mehr zum Erwerb der Familie beitrugen, hatten sie darin aber auch ein geringeres Gewicht. Sie wurden aus einem Einkommensfaktor zunehmend zu einer ökonomischen Bürde, andererseits aber auch wieder zu Hoffnungsträgern, gerade weil man in sie investieren musste.

3.1.2.4 Der Staat und die Gesellschaft

Der Preis der – von vielen durchaus als Befreiung erlebten – Individualisierung, die sich aus der Lockerung traditioneller sozialer Bindungen ergab, war, trotz zunehmendem gesamtgesellschaftlichem Wohlstand, größere existentielle Unsicherheit. Das galt besonders für die städtischen Unterschichten. Natürlich hatte auch die traditionale, überwiegend agrarische Gesellschaft keine volle Sicherheit geboten. Der Staat hatte nur in Fällen extremer Verarmung eingegriffen, durch Armenfürsorge, der dementsprechend ein Stigma angehaftet hatte. Die Risiken von Krankheit, Unfall, Invalidität, Alter und Arbeitslosigkeit wurden überwiegend von der Gesellschaft getragen.

Es ist nun bezeichnend für die damalige Sicht des Staates, dass die Übernahme der Existenzrisiken durch ihn nur sehr langsam und zögernd ins Auge gefasst wurde. Er hatte bislang keine solchen Aufgaben systematischer Daseinsvorsorge versehen, und er schien auch gar nicht dazu imstande. Die Wohlhabenden fürchteten sich vor zusätzlichen Steuern und Belastungen, während die Arbeiter, die am meisten profitiert hätten, dem Staat mit Misstrauen begegneten, weil sie ihn nicht als ihr eigenes Instrument, sondern als ein solches der Herrschenden und als Werkzeug der Disziplinierung und Unterdrückung sahen. Statt staatlicher erfolgten gesellschaftliche Anstrengungen: Von seiten der Wohlhabenden kam es zu vielfältigen wohltätigen Aktivitäten, von seiten der Betroffenen zu ebenso vielgestaltigen Formen der Selbsthilfe. Sie gründeten Hilfskassen und gegenseitige Unterstützungsvereine für den Krankheits- oder Todesfall, im Rahmen der Gewerkschaften auch für Arbeitslosigkeit; in einer Reihe von Ländern gewannen Konsumgenossenschaften zur Verbilligung der Nahrungsmittel eine wichtige Funktion.

Solche privaten Aktivitäten spielten in England die größte Rolle, zumal sie hier auch die längste Tradition hatten. Ungeachtet aller Erfolge, auch in der Mobilisierung des Bewusstseins der Arbeiter, lagen die Grenzen und Schwächen auf der Hand, erwiesen sich diese Formen der Selbsthilfe als unzureichend. Die jeweiligen Vereine und Organisationen hatten in aller Regel zu wenig Mitglieder. Dadurch konnten sie längere Notzeiten kaum überstehen. Die starke Fluktuation der Arbeiterschaft sorgte für Instabilität, und viele traten gar nicht erst in solche Vereine ein; da außerdem doch erhebliche Kosten in der Form von Beiträgen anfielen, blieben vorzugsweise die Ärmeren und Ärmsten und damit die Gefährdetsten draußen.

Dennoch kam der Ruf nach mehr staatlichem Engagement auch jetzt nicht von seiten der Betroffenen, sondern von seiten des Staates. Voran ging ein Land mit einer starken Tradition obrigkeitsstaatlicher Fürsorge, wobei das politische Ziel der Bekämpfung der Sozialdemokratie hinzukam. Auf Bismarcks Initiative entstand in Deutschland in den achtziger Jahren ein System staatlicher Sozialversicherung, zuerst für Krankheit und Unfall, später auch für das Alter und schließlich für Arbeitslosigkeit. In den folgenden Jahrzehnten führten die meisten europäischen Länder, zumal die stärker industrialisierten, solche Systeme ein. Die Rolle des Staates war unterschiedlich, aber er übernahm überall zumindest die oberste Aufsicht, Koordination und Garantie.

Insgesamt behielten die verschiedenen Systeme lange Zeit ihren vom Staat ausgehenden Charakter. In Ländern mit starker Gewerkschaftsbewegung wurden Versicherungen später eingeführt als in solchen mit schwacher, und autoritäre Staaten waren im Durchschnitt früher als parlamentarische. Es handelte sich also primär um ein von oben eingesetztes, nicht um ein von unten durchgesetztes Instrument.[78]

Beim Kreis der Beteiligten erfolgten die größten Ausweitungen 1891 in Dänemark und 1908 in Großbritannien, indem alle bedürftigen Alten Anspruch auf eine Rente erhielten, und 1913 in Schweden, wo sogar alle Alten ungeachtet ihrer Bedürftigkeit in den Genuss einer Pension kamen. Doch das waren Ausnahmen. Anderswo war bezugsberechtigt nur, wer vorher Beiträge geleistet hatte. Verglichen mit traditionellen Formen der Fürsorge bedeutete dies den Übergang vom Bedürftigkeits- zum Versicherungsprinzip: Die Versicherten erwarben sich einen Rechtsanspruch auf Leistungen. Freilich war das System noch alles andere als umfassend. 1910 waren im Schnitt der mittel- und westeuropäischen Staaten gut 30% der Erwerbstätigen gegen Unfall und gut 15% gegen Krankheit versichert. Rentenansprüche hatten erst gut 8%; in den Genuss einer Arbeitslosenversicherung kamen sogar erst 0,9%.[79] Die Landarbeiter blieben in den meisten Ländern lange Zeit ausgeschlossen, und Menschen ohne feste Beschäftigung wurden in der Regel nicht erfasst. Dazu waren die Leistungen bestenfalls so, dass sie ein knappes Überleben ermöglichten.

Dennoch überwogen die positiven Elemente aus der Sicht der Betroffenen bei weitem. Die Arbeiterschaft stand schließlich in ihrer großen Mehrheit hinter den Maßnahmen und forderte ihren weiteren Ausbau, während die Unternehmer zu bremsen versuchten. Dadurch gewann der Staat eine Stellung zwischen Arbeitern und Unternehmern; er war nicht mehr einfach nur der Staat der Kapitalisten. Dies weniger aus Sympathie mit den Arbeitern, als weil seine eigenen Machtinteressen es geboten. Das galt besonders für den Gesichtspunkt der Volksgesundheit, die zu erhalten und zu kräftigen ein zentrales Anliegen der Militärs war. Je mehr Aufgaben der Staat übernahm, um so weniger konnte er ausschließlich die Interessen einer einzigen Gruppe wahren.

Zurückhaltung und zum Teil Widerstand fand sich indessen nicht nur bei den Unternehmern und jenen, die nicht vom System profitierten. In der Arbeiterbewegung mussten die konsequenten Anhänger einer Revolution eine solche Politik der Reform ablehnen; das Proletariat konnte seine Lage, gemäß dieser Auffassung, nur im Kampf gegen die Bourgeoisie wirklich verbessern.

---

78 J. Alber, Armenhaus, 143–163; G.A. Ritter, Entstehung; ders., Sozialversicherung; ders., Sozialstaat.
79 J. Alber, Armenhaus, 236–239.

Wichtiger als diese ganz auf Konfrontation ausgerichtete Sicht wurden andere Bedenken gegenüber der Rolle des Staates. Er übernahm in der Sozialversicherung Aufgaben, die traditionell Sache der Gesellschaft gewesen waren. Er sprang in die Lücke, die durch die Schwächung und Auflösung gesellschaftlicher Bindungen entstanden war – und gleichzeitig schuf er damit auch wieder die Voraussetzungen für deren weitere Lockerung, für eine Fortsetzung der Individualisierung, wobei selbst die Kernfamilie nicht mehr ausgenommen war. Das Individuum wurde im Sinne der Existenzsicherung unmittelbar zum Staat und konnte sich dadurch innerhalb der Gesellschaft verselbständigen. Deshalb wandten sich alle, die traditionelle hierarchische und vor allem familiäre Bindungen wahren wollten, entweder grundsätzlich gegen den Sozialstaat, oder sie traten zumindest für dessen Beschränkung ein. Besonders wichtig wurde diese Haltung in der katholischen Kirche. Die katholische Soziallehre, seit der Mitte des Jahrhunderts entstanden und offiziell erstmals 1891 von Papst Leo XIII. in seiner Enzyklika *Rerum novarum* festgelegt, entwickelte das Prinzip der Subsidiarität. Dieses suchte den Staat auf solche Aufgaben zu beschränken, für die sich in der Gesellschaft (und insbesondere in der Familie und in der Kirche) keine Träger finden ließen. Dabei stand der Schutz der Familie (und damit auch der in ihr enthaltenen Abhängigkeitsverhältnisse) im Mittelpunkt. Dass solche Auffassungen nicht nur bei den Katholiken und bei den Reichen Anklang fanden, zeigte sich in der Schweiz: Die direkte Demokratie führte hier nicht etwa zu einem beschleunigten, sondern zu einem verzögerten Ausbau des Sozialstaats. Weiterreichende diesbezügliche Pläne und Forderungen wurden in Volksabstimmungen regelmäßig verworfen.

Der Staat griff noch in einem zweiten Bereich in die Gesellschaft ein, um auf Veränderungen zu reagieren, die sich aus der Industrialisierung ergeben hatten: in Form der Arbeitsgesetzgebung, oder, wie man zeitgenössisch häufig sagte, des Arbeiterschutzes. Es ging um die Beseitigung oder wenigstens Milderung von Exzessen hauptsächlich der industriellen Arbeit: um das Verbot der Kinderarbeit, Einschränkungen für die Frauen-, Sonntags- und Nachtarbeit, Höchstarbeitszeiten, Sicherheit am Arbeitsplatz und minimalen Kündigungsschutz, um nur einige der zentralen Themen zu nennen. In den stärker industrialisierten Staaten waren bis 1914 zumindest die schlimmsten Auswüchse in der Arbeitswelt einigermaßen eingedämmt. Hier stand der Staat noch deutlicher als bei der Sozialversicherung den Arbeitern näher als den Unternehmern, da er längerfristige Interessen vertrat als diese. Freilich war die Unterstützung durch die Arbeiterschaft keineswegs einhellig, wobei sich die damaligen Verhältnisse nicht grundlegend von den aktuellen unterschieden. Der gesetzliche Schutz, der bestimmten Gruppen zuteil wurde, etwa den Frauen, verschlechterte deren Position auf dem Arbeitsmarkt gegenüber den weniger gut oder gar nicht geschützten und dadurch billigeren Gruppen.

3.1.2.5 Der soziale Wandel und das Recht[80]

Sozialer Wandel verfestigt sich vielfach in rechtlichem Wandel. Die behandelte Zeit war in der Tat auch eine Periode der Kodifikationen, in denen teils bestehendes Recht

80 Für einen ersten Überblick W. Steinmetz (Hg.), Private law. Grundlegend nach wie vor H. Coing, Privatrecht.

zusammengefasst und systematisiert (und dadurch verändert), teils neues Recht geschaffen wurde. Gesellschaftlicher und rechtlicher Wandel beeinflussten sich gegenseitig, wobei allerdings die sozialen Veränderungen häufiger neues Recht erzwangen, als dass versucht wurde, durch Gesetzgebung bewusst die sozialen Verhältnisse zu ändern. Doch ließ sich beides nicht voneinander trennen. Wenn etwa die Zivilehe oder die Ehescheidung eingeführt wurde, so konnte dies selbst auf traditionelle Ehen Auswirkungen haben. Insgesamt aber galt, so wie beim Vorrang der wirtschaftlichen vor den sozialen Veränderungen, wenn auch in geringerem Maße, ein Vorrang des gesellschaftlichen vor dem rechtlichen und damit des spontanen vor dem geplanten, bewusst herbeigeführten Wandel. Der gesellschaftliche Wandel war in der Regel zu rasch, als dass er hätte vorweggenommen werden können.

Im Gegensatz zum späten 18. und zur ersten Hälfte des 19. Jahrhunderts war dessen zweite Hälfte weniger eine Zeit grundlegend neuer oder gar revolutionärer Auffassungen und stärker eine solche der Zusammenfassung und Systematisierung, der Anpassung an die gewandelten Verhältnisse. Dabei blieb auch der Unterschied zwischen dem überwiegend auf dem römischen Recht aufbauenden kontinentalen und dem englischen common law, das viel stärker Richterrecht war, bestehen.

Die Veränderungen sollen hier in vier Bereichen betrachtet werden.

1. Am entschiedensten und konsequentesten war die Anpassung des mit der Wirtschaft in Verbindung stehenden Rechts. Hier war der Druck aufgrund des raschen wirtschaftlichen Strukturwandels am stärksten. Zum Leitbild wurde der Einzelne als rechtsgleiches statt als ständisch gebundenes Wirtschaftssubjekt. Ungleichheiten und Einschränkungen verschwanden rasch. Im Zentrum standen Handels-, Gewerbe- und Niederlassungsfreiheit. Die wirtschaftliche Betätigung wurde frei; die letzten Privilegien der Zünfte verschwanden überall; niemand wurde, rechtlich gesehen, noch in einen Beruf hineingeboren, auch wenn die Wirklichkeit nach wie vor vielfältige Zwänge kannte. Die wirtschaftlichen Beziehungen wurden durchweg auf die Grundlage der privatrechtlichen Vertragsfreiheit zwischen gleichberechtigten Individuen gestellt. Hier zog sich der Staat zunehmend zurück, indem etwa die Einhaltung eines Arbeitsvertrages nicht mehr unter dem Strafrecht, sondern nur noch unter dem Zivilrecht stand. Vielfältige Rechtsformen mussten präzisiert oder allererst neu geschaffen werden, etwa das Aktienrecht, das Unternehmensrecht oder das Handelsrecht. Dabei erfolgte auch in erheblichem Maße eine internationale Koordination.

Rechtsgleichheit bedeutete freilich gerade im wirtschaftlichen Bereich keineswegs materielle Gleichheit. Vielmehr wirkte sich die materielle Ungleichheit im Rahmen der Rechtsgleichheit häufig überhaupt erst voll aus. Das konnte sich etwa im Arbeitsrecht zeigen, wenn die Unternehmer Arbeiter aufgrund der Vertragsfreiheit zu beliebigen Bedingungen einstellen und entlassen konnten. Hier setzte gerade die Rechtsgleichheit auch wieder Strömungen zur Einschränkung ihrer Folgen frei, in erster Linie zur Sicherung der Schwachen und Besitzlosen.

2. Komplizierter waren die Verhältnisse im Zivilrecht. Hier ging es primär um die endgültige Umwandlung der Stände- in eine aus rechtsgleichen Individuen bestehende Klassengesellschaft. Die eigentlichen Ständeunterschiede wurden, soweit sie 1848 noch existiert hatten, in den meisten Staaten aufgehoben; wo sie de jure bestehen blieben, wie in Russland, verloren sie in der Praxis an Bedeutung. Die endgültige Ab-

schaffung erfolgte spätestens in den großen zivilrechtlichen Kodifikationen, die in mehreren Staaten neu ausgearbeitet und eingeführt wurden, so 1856 in Griechenland, 1860 in Rumänien, 1865 in Italien, 1867 in Portugal, 1889 in Spanien, 1896 in Deutschland (Bürgerliches Gesetzbuch) und 1907 in der Schweiz (Zivilgesetzbuch).

Diese Gesetzbücher zeigten nun allerdings auch die Grenzen der Rechtsgleichheit. Ungleichheit hielt sich vor allem in zwei Bereichen: in der Religion und zwischen den Geschlechtern, wobei die Diskriminierung der Frau viel weiter ging, tiefer verankert war und gesellschaftlich weiterreichende Folgen hatte als diejenige aufgrund der Religionszugehörigkeit.

Das Ausmaß der zivilrechtlichen Diskriminierung der Frau war von Staat zu Staat unterschiedlich; aber in keinem einzigen Land herrschte 1914 völlige Gleichberechtigung.[81] Insbesondere war die Frau dem Manne in der Ehe untergeordnet. In der Regel war sie nur beschränkt besitz- und vertragsfähig. Konnte die Frau auch oft ihren Besitz behalten, so hatte in der Regel der Mann doch die Verfügung über den Ertrag. In Großbritannien erhielten verheiratete Frauen erst 1878 die freie Disposition über ihr Einkommen und 1882 über ihr Vermögen.[82] Häufig war die Frau im Erbgang benachteiligt. Dazu kamen Einschränkungen bei der Aufnahme und Ausübung bestimmter Tätigkeiten, bis hin zum Ausschluss vom Universitätsstudium. Der *Code Napoléon* von 1804 brachte in seinem bis 1938 geltenden Artikel 213 den zugrundeliegenden Geist prägnant zum Ausdruck: „Der Mann schuldet seiner Frau Schutz; die Frau schuldet ihrem Manne Gehorsam.“[83] Auch wenn die Auffassung, die Frau sei von Natur aus dem Manne unterlegen, ja ihm gegenüber als minderwertig einzustufen, keineswegs unbekannt war, so lag der Hauptgrund für die Diskriminierung doch nicht in solchen anthropologischen Sichtweisen. Entscheidend war, einmal abgesehen von der Macht der Tradition, vielmehr das Gesellschaftsideal. Da die Industrialisierung die angestammten sozialen Bindungen zunehmend auflöste, erhielt die Kernfamilie, faktisch und noch mehr normativ, immer größeres Gewicht, als eigentliche Kernzelle der Gesellschaft. Und diese Kernzelle wurde nicht analog zum Wirtschaftsrecht als freies Vertragsverhältnis, sondern als arbeitsteilige Hierarchie gesehen – eine Sichtweise, die durch die sich verschärfende Trennung zwischen überwiegend männlicher außerhäuslicher Erwerbsarbeit und größtenteils weiblicher Haushaltsarbeit noch an Gewicht gewann. Rechtsgleichheit erschien in diesem Bereich als Anarchie: Sie hätte die Grundlagen der Hierarchie zerstört.

Das war eine durchaus traditionelle Auffassung der Familie, die sich rein funktional einigermaßen begründen ließ und zeitgenössisch auch nur von Wenigen in Frage gestellt wurde.

Was sich hier noch halbwegs im Sinne einer hierarchischen Gesellschaftsordnung rechtfertigen ließ, verlor in bezug auf unverheiratete Frauen vollends seine Überzeu-

---

81 Vgl. etwa U. Vogel, Fictions; dies., Patriarchale Herrschaft; U. Gerhard (Hg.), Frauen; dies., Particularism; dies., Rechtsstellung; dies., Gleichheit, 142–167, und J.-L. Halpérin, Husbands; H. Coing, Privatrecht, Kap. 10–12.

82 B.S. Anderson/J.P. Zinsser, Frauen, 436.

83 „Le mari doit protection à sa femme, la femme obéisance à son mari.“ Zit. H. Dörner, Familienrecht, 142.

gungskraft. Zwar waren zumindest ledige und verwitwete Frauen vor allem in besitzrechtlichen Fragen oft besser gestellt als verheiratete; aber auch sie genossen keine volle Rechtsgleichheit mit den Männern. Es ist deshalb verständlich, dass der Widerstand der Frauen sich zuerst und vor allem gegen die auch im zeitgenössischen Denkhorizont viel schwerer zu rechtfertigende Diskriminierung außerhalb der Ehe richtete, gegen Hindernisse in der Ausbildung und faktische Berufsverbote und gegen zivilrechtliche Einschränkungen. Die Frauenbewegung erzielte bis 1914 in einer ganzen Reihe vor allem stärker industrialisierter Staaten erhebliche Fortschritte. Nirgends aber konnte von einer gänzlichen Gleichberechtigung die Rede sein, weder außerhalb noch, und viel weniger, innerhalb der Ehe, die dennoch als soziale Institution nahezu unangefochten blieb.

Während die Diskriminierung der Frauen ein zentrales Element der Gesellschaft war und blieb, hatte die Diskriminierung aufgrund der Religion eher den Charakter von Überresten, die nicht mehr im Zentrum der gesellschaftlichen Entwicklung standen. Sie fanden sich sowohl zwischen unterschiedlichen Religionen als auch zwischen christlichen Konfessionen.

Die Juden waren in den meisten Staaten Europas bis 1850 emanzipiert worden, hatten also rechtliche Gleichstellung erlangt.[84] Doch bestanden vielerorts nach wie vor bestimmte Einschränkungen. So erhielten Juden in der Schweiz erst 1866 volle Niederlassungsfreiheit. Auch die Zulassung zu öffentlichen Ämtern blieb in vielen Staaten beschränkt, während dem Kult in der Regel keine Hindernisse in den Weg gelegt wurden. Wichtiger wurde in dieser Zeit allerdings der im nächsten Kapitel zu behandelnde Antisemitismus, der sich gerade nicht auf rechtliche Grundlagen stützte, praktisch aber die Wirkungen der traditionellen Diskriminierung beibehielt oder noch verstärkte. Nur in Russland wurden nach 1881 neue rechtliche Diskriminierungen eingeführt.

Auf dem Balkan waren die Beziehungen zwischen Christen und Muslimen oft gespannt. Da dabei neben der Religion die Nationalität eine zunehmend wichtige Rolle spielte, verschärften sich die Auseinandersetzungen im Lauf der Zeit, und sie führten wiederholt zu Massakern und Vertreibungen.

Selbst die Diskriminierung zwischen den christlichen Konfessionen hielt sich mit beachtlicher Hartnäckigkeit. Insbesondere die katholische Kirche lehnte die volle Religionsfreiheit überall da, wo ihr die große Mehrheit der Bevölkerung angehörte, mit Entschiedenheit, und vielfach auch mit Erfolg, ab. So verwarf etwa der *Syllabus* von 1864 folgende Thesen:

„15. Es steht jedem Menschen frei, diejenige Religion zu wählen und zu bekennen, welche er, durch das Licht der bloßen Vernunft geleitet, für die wahre hält. [...]

79. Es ist falsch, wenn man behauptet, dass die staatliche Freiheit für einen jeden Cultus und ebenso dass die einem Jeden vollständig zugetheilte Freiheit, alle seine Gedanken und Meinungen zu veröffentlichen, dazu diene, die Sitten und die Gemüther des Volkes um so leichter zu verderben und um die Pest des Indifferentismus zu verbreiten."[85]

---

84 Vgl. P. Birnbaum/I. Katznelson (Hg.), Emancipation.
85 E.R. Huber/W. Huber, Staat, 402; 407.

Andere Konfessionen waren zwar nicht verboten, aber vielfältigen Einschränkungen unterworfen, nicht nur bei der Religionsausübung, sondern auch beim Zugang zu Ämtern. In Portugal beispielsweise führte erst die Republik 1910 Religionsfreiheit ein.

Die Grundlage für solche Diskriminierungen bildeten staatskirchliche Traditionen. Sie waren auch in protestantischen Ländern stark, besonders in England, wo die Privilegien der *Church of England* nur sehr langsam abgebaut wurden. So konnten Nichtanglikaner erst seit 1870 in Oxford und Cambridge Examen ablegen. In den Kulturkämpfen wurden zuweilen sogar neue Diskriminierungen eingeführt, so in der Schweiz 1848 und 1874 gegen die Katholiken. Die orthodoxe Kirche hatte ähnliche Traditionen; in Russland bestand bis 1914 nie volle Religionsfreiheit. Doch bei alledem handelte es sich mehr um Randerscheinungen und Rückzugsbewegungen, wenn nicht aus rechtlicher, dann zumindest aus gesellschaftlicher Sicht, während die Diskriminierung der Frau ein fester Bestandteil der gesellschaftlichen Ordnung war.

3. Keine Probleme ergaben sich hinsichtlich der Rechtsgleichheit im Bereich des Strafrechts – sie war hier schon zu Beginn der Periode größtenteils selbstverständlich. Nur in Russland hielten sich ständische Differenzierungen. Bei den Strafen setzten sich zunehmend die Freiheits- gegenüber den Körperstrafen durch. Stockhiebe und Auspeitschungen verschwanden aus den Strafgesetzbüchern der meisten Staaten; wo sie beibehalten wurden, verloren sie an Bedeutung, mit der Ausnahme vielleicht von Russland. Verstümmelungen und die Anwendung der Folter gehörten der Vergangenheit an. Weniger Verbrechen wurden als Kapitaldelikte eingestuft; verschiedene Staaten schafften sogar die Todesstrafe ab, wobei hier Russland seit dem 18. Jahrhundert eine Pionierrolle übernommen hatte. Dass solche Maßnahmen von begrenzter Popularität waren, zeigte sich in der Schweiz, wo die Todesstrafe 1874 im Rahmen einer vom Volk gebilligten Totalrevision der Verfassung abgeschafft, 1879 aber in einer speziellen Volksabstimmung mit 200.485 gegen 181.588 Stimmen wieder eingeführt wurde.[86]

4. Auch im Bereich der (bürgerlichen, nicht politischen) Grundrechte spielte die Frage der Rechtsgleichheit keine zentrale Rolle. Vielmehr ging es um das Ausmaß der Gewährung dieser Rechte.[87] Von einer generellen Durchsetzung konnte keineswegs die Rede sein. Hier bestand ein starkes Gefälle von West nach Ost. Während eine Reihe mittel- und westeuropäischer Staaten die meisten Grundrechte anerkannten und auch weitgehend einhielten, waren sie in Russland bis zur Revolution von 1905 und im Osmanischen Reich bis 1908 so gut wie unbekannt, vor allem, was die Freiheitsrechte wie Presse- und Meinungsfreiheit anging. Die einzelnen Rechte waren immer wieder Gegenstand von Auseinandersetzungen. Hingegen bestanden keine Bewegungen und Organisationen, die die Einhaltung aller Grundrechte systematisch überwachten.

86 S. Suter, Guillotine, 27; 45.

87 Ein guter Überblick bei E.N. und P.R. Anderson, Institutions, 238–286. Außerdem G. Dilcher u.a. (Hg.), Grundrechte, sowie R.J. Goldstein, Repression, Kap. 2.

3.2 Staat und Politik

Während der wirtschaftliche Strukturwandel die Gesellschaft veränderte, setzte der gesellschaftliche Wandel seinerseits Kräfte frei, die sich politisch artikulierten und eine Verschiebung der Machtverhältnisse zur Folge hatten. Das erfolgte im Rahmen des jeweiligen politischen Systems, in dem verschiedene politische Institutionen miteinander um die Macht im Staate konkurrierten. Die Grundlagen solcher Macht aber mussten allererst außerhalb der staatlichen Institutionen konstituiert und gebündelt werden. In diesem Kapitel werden deshalb zuerst die politischen Systeme und danach die ihnen zugrundeliegenden politischen Kräfte betrachtet.

3.2.1 Das politische System[1]

Nach dem Ende der Revolution von 1848/49 bestand in Europa nur noch eine einzige wirkliche Republik: die Schweiz, die auch nie eine andere Staatsform gehabt hatte. Frankreich besaß zwar noch eine republikanische Verfassung. Aber angesichts der Stellung ihres Präsidenten, Prinz Louis Napoleons, war eine monarchische Entwicklung, die dann 1852 auch vollzogen wurde, absehbar. 1870 wurde Frankreich nach dem Sturz Napoleons wieder zur Republik. Doch war diese während längerer Zeit mehr nur eine Verlegenheitslösung mangels eines geeigneten Kandidaten für den Thron. Noch mehr war sie das 1873 in Spanien, wo sie schon 1874 wieder von der Monarchie abgelöst wurde. Erst 1910 entstand noch eine weitere Republik, in Portugal.

Die Staatsformen erwiesen sich also als ausgesprochen stabil. Die Monarchie war so stark verankert, dass neugegründete Staaten jeweils eine eigene Dynastie erhielten, in der Regel aus dem Ausland. Solche importierte Herrscherhäuser konnten sich, wenn auch oft erst nach Anfangsschwierigkeiten, meistens stabilisieren. Belgien und Griechenland hatten 1831 und 1832 den Anfang gemacht. Ihnen folgten 1866 Rumänien, 1879 Bulgarien und 1905 Norwegen, und noch 1913/14 kam, wenn auch nur für kurze Zeit, Albanien hinzu.

Die Monarchie erschien so als wichtige Klammer des europäischen Staatensystems. Im Deutschen Reich erstreckte sie sich sogar über zwei Stufen: Auch in den Gliedstaaten regierten Monarchen.

Die Stabilität der Staatsform bedeutete indessen nicht, dass innerstaatlich allgemeine politische Harmonie herrschte. Konflikte schlugen sich statt auf der Ebene der Staats- auf jener der Regierungsform nieder, im Verhältnis der verschiedenen Machtträger innerhalb des Staates zueinander. Dabei sind in der behandelten Zeit drei Hauptkonkurrenten zu unterscheiden, die jeweils die ganze oder jedenfalls die oberste, letztinstanzliche Macht im Staate – die Souveränität – für sich zu behalten oder zu gewinnen suchten.

1. Dem Staatsoberhaupt kam traditionell die oberste Gewalt im Staate zu. In der Erbmonarchie, wie sie in Europa mit wenigen Ausnahmen bestand, war die Einsetzung des Staatsoberhaupts durch eine abstrakt definierte Erbfolge immer schon vor-

---

1 Als Einführung vgl. M. Kirsch, Monarch, und W. Reinhard, Staatsgewalt.

gegeben und dadurch den politischen Kräften entzogen. Die Macht war formell in einer einzigen Person konzentriert, auch wenn der Umfang dieser Macht und die Art ihrer Ausübung Gegenstand vielfältiger Auseinandersetzungen waren. Dies war das monarchische Element im Staate.

2. Das Parlament war eine Repräsentativkörperschaft, gewählt von einem von Land zu Land höchst unterschiedlich definierten Wahlkörper. Ihm kamen vor allem im Bereich der Finanzen und der Gesetzgebung, teilweise aber auch der Exekutive, Kompetenzen zu. Es verkörperte, nach den Maßstäben der klassischen Staatstheorie, das aristokratische Element im Staate, wobei die Gruppe der Herrschenden freilich nicht, wie früher üblich, aus einem auf Lebenszeit ernannten oder einem Erbadel bestand, sondern aus einer von einem größeren Wahlkörper auf Zeit bestimmten und dadurch auch abwählbaren Gruppe von Personen.

3. Das Volk wird hier nicht als die Gesamtheit der (erwachsenen) Bewohner oder Bürger eines Staates definiert, sondern als der Wahlkörper des Parlaments, als die Gesamtheit der zur Wahl eines Parlaments Berechtigten. Es geht also nicht um das Volk im empirischen, sondern um das Volk im politischen Sinne. Es verkörperte das demokratische Element im Staate.

Die hier gegebene Dreiteilung entspricht nicht der klassischen Dreiteilung der Staatsgewalt in Exekutive, Legislative und Judikative. Vielmehr bildet sie den Rahmen, innerhalb dessen allererst um die Machtverteilung gerungen wurde. Hier werden zuerst die Konfliktlinien allgemein skizziert; danach werden die konkreten Auseinandersetzungen und ihre Ergebnisse geschildert. Zunächst lassen sich vier Konfliktlinien unterscheiden.

1. Für die politische Machtverteilung war das Verhältnis zwischen Staatsoberhaupt und Parlament entscheidend. Hier spielten sich die grundlegenden Machtkämpfe ab. Das durch die europäische Geschichte vielfältig legitimierte Extrem war die Konzentration aller Macht im Staatsoberhaupt, was bedeutete, dass gar kein Parlament vorhanden war. Das war die absolutistische oder autokratische Regierungsform, in der der Herrscher sowohl Legislative als auch Exekutive war. Die Einführung eines Parlaments als einer nicht bloß beratenden, sondern in bestimmten Punkten beschließenden Körperschaft erforderte eine – in der Regel geschriebene – Verfassung, die die Kompetenzenverteilung zwischen Parlament und Herrscher regelte. Das Parlament erhielt jeweils Finanzbewilligungs- und legislative Kompetenzen, bald exklusiv, bald gemeinsam mit dem Herrscher, was leicht zu Konflikten führte. Doch gewann das Parlament, einmal konstituiert, in der Regel rasch in beiden Bereichen die Oberhand: Die Gesetzgebung erforderte einen Aufwand, den ein größeres Gremium leichter übernehmen konnte, und die Finanzbewilligung bedingte die Erhebung von Steuern, die eine vom Volk gewählte Körperschaft eher durchsetzen konnte. Zum zentralen und ausschlaggebenden Streitpunkt wurde indessen die Kontrolle der Exekutive. Wer setzte die Regierung ein, wer konnte sie absetzen, wem war sie verantwortlich? Behielt das Staatsoberhaupt die Kontrolle, so sprach man von einer konstitutionellen Monarchie; setzte sich das Parlament durch, so handelte es sich um eine parlamentarische Monarchie.

2. Während das Verhältnis zwischen Staatsoberhaupt und Parlament latent oder offen stets ein solches des Machtkampfes war, bestand zwischen Parlament und Volk

zunächst kein solcher Antagonismus. Das Parlament war ja gerade dadurch definiert, dass es vom – wie eng auch immer definierten – Volk gewählt wurde. Die beiden bekämpften sich nicht gegenseitig, sondern sie waren voneinander abhängig, ja untrennbar miteinander verbunden. Entsprach das Parlament nicht den Wünschen des Volkes, so veränderten die nächsten Wahlen seine Zusammensetzung. Umgekehrt standen alle Sachentscheidungen dem Parlament zu, nicht dem Volk. Anders verhielten sich die Dinge, wenn neben diese repräsentative Demokratie, in der die Rechte des Volkes strikt auf die Stimmabgabe bei Wahlen beschränkt blieben, Elemente der direkten Demokratie traten, in der das Volk über Gegenstände entschied, die sonst Sache des Parlaments waren. Jetzt entstand auch hier ein Konkurrenz- und damit ein Konfliktverhältnis. In diesem konnte es nur um die Frage gehen, ob und in welchem Umfang direktdemokratische Elemente eingeführt werden sollten. Waren sie einmal beschlossen, so stellte sich die Machtfrage gar nicht mehr, weil sich aus der Natur der Sache ergab, dass eine Entscheidung des Volkes über derjenigen des von ihm gewählten Parlaments stand. Allerdings spielte die direkte Demokratie nur in der Schweiz eine Rolle.

3. Noch geringeres Gewicht kam der dritten möglichen Konfliktkonstellation zu, zwischen Staatsoberhaupt und Volk. Die direkteste und gewichtigste Verbindung, die zwischen den beiden denkbar war, die Volkswahl des Staatsoberhaupts, war durch die Erbmonarchie, deren Umwandlung in eine Wahlmonarchie nie zur Debatte stand, ausgeschlossen. Die einzige Ausnahme war die Volkswahl des französischen Präsidenten 1848. Bezeichnenderweise wurde eben daraus binnen weniger Jahre eine Erbmonarchie. Wenn sich eine Verbindung zwischen Volk und Staatsoberhaupt ergab, dann war sie nicht konfliktiver Art, sondern sie nahm eher die Form eines vom Staatsoberhaupt initiierten Zusammenwirkens gegen das Parlament ein, das mittels Volksentscheiden überspielt oder gar ausgeschaltet werden konnte. In der hier behandelten Zeit spielte dieses Element aber nur im Frankreich Napoleons III. eine Rolle.

4. Strukturell etwas anders geartet war ein vierter, nun wieder ganz zentraler Konfliktpunkt. Er betraf das Volk allein, und zwar dessen Definition. Wer gehörte dazu, wer hatte das Wahlrecht für das Parlament? Es ging also nicht um die Macht des Parlaments, sondern um die Frage, wie diejenige Macht, die mit der Bestellung des Parlaments verbunden war, verteilt wurde. Sollten keinerlei Einschränkungen bestehen oder, falls solche galten, wie sollten sie beschaffen sein? Wer wurde nach welchen Kriterien vom Wahlrecht und damit von der elementaren politischen Macht ausgeschlossen? Das war letztlich ein Konflikt innerhalb des Volkes (hier im breiten, empirischen Sinne verstanden), zwischen Berechtigten und Ausgeschlossenen, der freilich von der Staatsspitze und dem Parlament geschürt oder abgemildert werden konnte. Voraussetzung dafür, dass solche Fragen überhaupt gestellt werden konnten, war die Existenz eines Parlaments.

Das politische Leben und die politischen Auseinandersetzungen konzentrierten sich während der hier behandelten Periode wesentlich auf das Verhältnis zwischen Parlament und Staatsoberhaupt sowie auf die Wahlrechtsfrage.[2] In beiden Fällen ging es um

---

2 Für die Wahlrechtsfrage ist noch immer D. Sternberger/B. Vogel, Wahl, die beste Überblicksdarstellung. Vgl. auch R.J. Goldstein, Repression, Kap. 1. Für das Verhältnis zwischen Parlament und Staatsoberhaupt fehlt ein vergleichendes Werk.

die Frage, wie die Macht verteilt, wie breit sie gestreut werden sollte. Parlamentarisierung bedeutete eine Verschiebung vom monarchischen auf das aristokratische Element. Die Ausweitung des Wahlrechts wiederum bedeutete eine Verschiebung vom aristokratischen auf das demokratische Element, oder, mit einem auch zeitgenössisch verwendeten Ausdruck, eine Demokratisierung, wobei diese die Zahl der Berechtigten betraf und nicht das Ausmaß ihrer Rechte im Sinne der direkten Demokratie. Dabei hatte die Demokratisierung auch wieder Auswirkungen auf das Parlament: Dieses blieb zwar selber eine zahlenmäßig begrenzte und insofern aristokratische Körperschaft, aber es wurde durch die Wahl demokratisch kontrolliert. Die repräsentative Demokratie schuf so eine Verbindung zwischen Aristokratie und Demokratie, während die direkte Demokratie die Aristokratie zurückdrängte.

Beide Vorgänge, Parlamentarisierung und Demokratisierung, führten also zu einer gleichmäßigeren Verteilung der politischen Macht. Beide waren voneinander unabhängig. Indirekt aber beeinflussten sie sich sehr wohl gegenseitig: Die Ausweitung der Macht des Parlaments stärkte die Macht des Volkes, während die Ausweitung des Wählerkreises wo nicht die Macht, so doch zumindest die Autorität des Parlaments vermehrte.

3.2.1.1 Die politischen Systeme Europas um die Mitte des 19. Jahrhunderts

Vor 1848 lebte die überwiegende Zahl der Europäer unter einem, wenn mittlerweile auch häufig etwas abgemilderten, absolutistischen Regierungssystem ohne Verfassung und ohne Parlament. Die Revolutionen von 1848 brachten hier zunächst einen großen Schub von Veränderungen. Praktisch überall wurden Verfassungen und relativ starke Parlamente eingeführt, auch wenn man in der Regel noch von einer konstitutionellen, nicht von einer parlamentarischen Monarchie zu sprechen hatte. In einer ganzen Reihe von Staaten galt das allgemeine Wahlrecht (darunter ist im Folgenden stets nur das allgemeine Männerwahlrecht zu verstehen); ansonsten wurde zumindest nach einem weiten Zensus gewählt, der in der Regel nur eine Minderheit der Männer ausschloss. Doch der Sieg der Gegenrevolution und der Reaktion machte einen großen Teil dieser Veränderungen wieder rückgängig. Danach sah die Lage wie folgt aus:[3]

Der Absolutismus herrschte nach wie vor in einer Reihe von Staaten, in erster Linie in Russland und im Osmanischen Reich, die beide von der Revolution nicht berührt worden waren und keinerlei gewählte Repräsentativorgane besaßen. Dazu kam Österreich, wo der Absolutismus, in der Regel als Neoabsolutismus bezeichnet, 1849 faktisch und 1852 formell wiedereingeführt wurde.

Die meisten Staaten Mittel- und Westeuropas waren konstitutionelle Monarchien geblieben. Doch das Parlament hatte im Vergleich zum Staatsoberhaupt sehr begrenzte Kompetenzen, und meistens war nur eine Minderheit der Bürger wahlberechtigt.

Daneben standen mit Belgien und Großbritannien zwei parlamentarische Monarchien, deren Entstehung weiter zurückreichte. Insbesondere die Stellung des britischen Parlaments war sehr stark. Andererseits blieb das Wahlrecht in beiden Ländern,

---

3 Den besten Überblick gibt D. Sternberger/B. Vogel, Wahl.

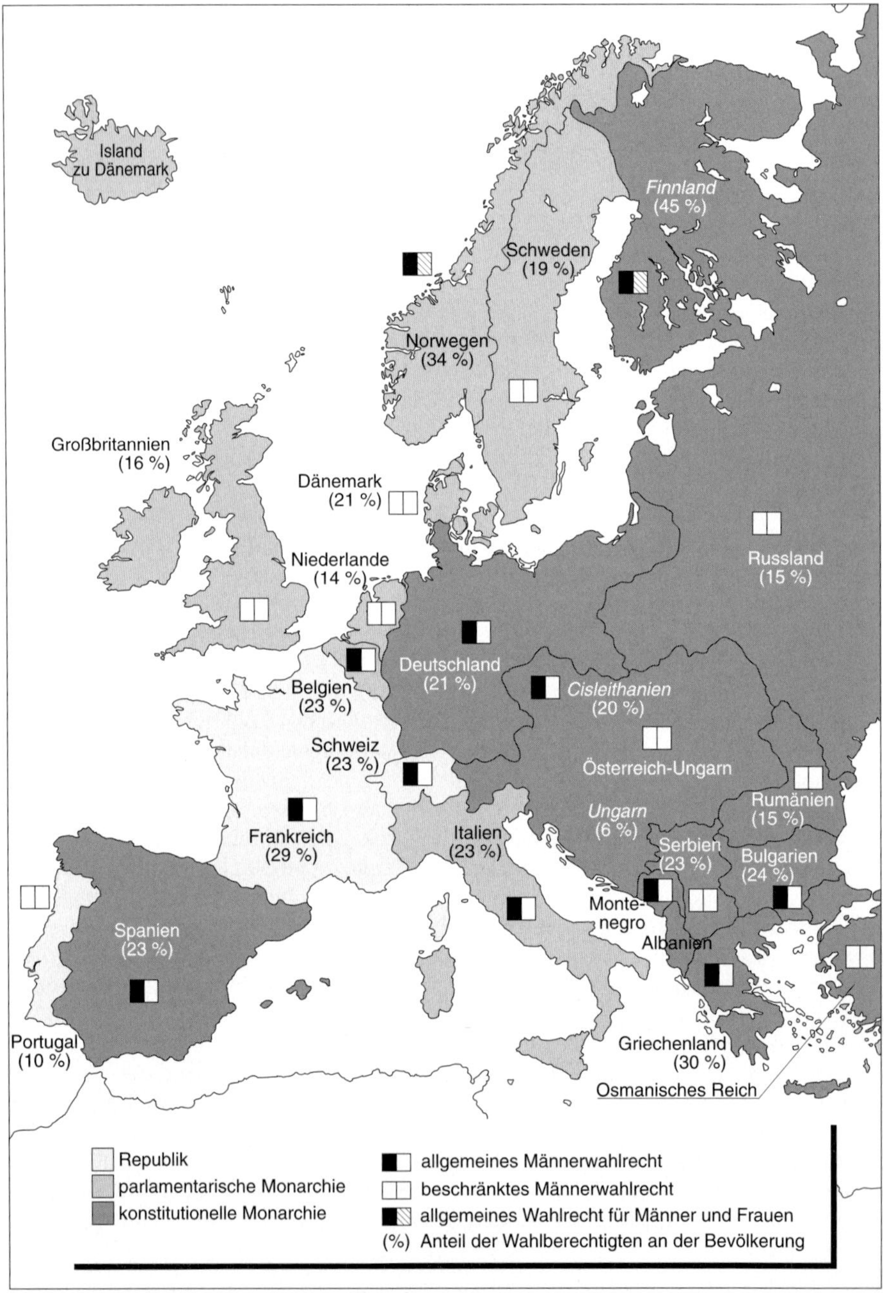

Abb. 13: *Staatsformen und Wahlrecht in Europa 1914*

und besonders in Großbritannien, auf einen schmalen Kreis von Berechtigten begrenzt. In Belgien waren es 1848 etwa 1,8%, in Großbritannien etwa 7,1% der Erwachsenen.[4] Von Demokratie konnte auch nicht entfernt die Rede sein.

Das 1848 vielerorts eingeführte allgemeine Wahlrecht war nur in zwei Staaten erhalten geblieben. In diesen verkörperte das Parlament die oberste Macht. In Frankreich wurde das Wahlrecht allerdings 1850–1851 vorübergehend eingeschränkt, und der Übergang von der Republik zur Monarchie unter Napoleon III. stärkte die Staatsspitze, so dass eher von einer konstitutionellen als von einer parlamentarischen Monarchie gesprochen werden musste. In der Schweiz hingegen wählte das Parlament die Regierung, und das Land hatte lediglich ein zeremonielles Staatsoberhaupt; zum allgemeinen Wahlrecht kamen sogar noch direktdemokratische Elemente hinzu. Nahezu allgemein war das Wahlrecht außerdem seit 1844 in Griechenland.

Die Geschichte der folgenden Jahrzehnte bis 1914 kann als Versuch gelesen werden, die Ziele und Errungenschaften von 1848 doch noch zu sichern. Die Auseinandersetzungen waren langwierig und hartnäckig.

3.2.1.2 Demokratisierung

Spätestens die Ereignisse von 1848/49 hatten gezeigt, dass das allgemeine Wahlrecht einer der zentralen, wenn nicht vielleicht sogar der entscheidende Fluchtpunkt der politischen Auseinandersetzungen in Europa geworden war. Darin äußerte sich die säkulare Tendenz zur Ausbreitung der Gleichheit. Anders als im wirtschaftlichen, im gesellschaftlichen und noch mehr im rechtlichen Bereich ging es hier nun aber nicht nur um Rechtsgleichheit und allenfalls noch Chancengleichheit, sondern es ging darüber hinaus auch um ein Stück substantielle Gleichheit: Wer im Besitz des Wahlrechts war, verfügte zunächst einmal über gleich viel politische Macht wie alle Anderen, auch wenn sich danach bei der Frage nach dem Einsatz dieser Macht, nach dem Gebrauch, der von ihr gemacht wurde, sofort wieder mannigfaltige Ungleichheiten ergaben. Dass diese Gleichheit trotzdem keine bloß abstrakte, in der Praxis wertlose Sache war, zeigte sich am besten im Umfang und in der Hartnäckigkeit und Nachhaltigkeit des Widerstandes, der den Versuchen zur Wahlrechtsausweitung überall entgegenschlug. Obwohl seit 1848 für alle weitsichtigen Beobachter außer Frage stand, dass sich die Einführung des allgemeinen Wahlrechts auf die Dauer nicht würde verhindern lassen, wurde sie mit allen Mitteln verzögert, wurde um das genaue Ausmaß jeder auch noch so beschränkten Ausweitung gekämpft. Den Beteiligten war bewusst, dass es um den Kern der Macht ging.

Voraussetzung für die Gewährung oder Erringung der im Wahlrecht verkörperten substantiellen Gleichheit war die Gewinnung der Rechtsgleichheit. Das war eine Folge der Priorität des gesellschaftlichen Wandels vor dem politischen. Eine Gruppe, die an der politischen Macht teilhaben wollte, musste zuerst ihre gesellschaftliche Stellung verbessern. Das ermöglichte ihr, Rechtsgleichheit zu erlangen, und damit erst konnte sie ernsthafte Ambitionen auf das Wahlrecht entwickeln. Das galt ganz besonders für die Frauen. Ihre eklatante rechtliche Diskriminierung ließ die Frage politischer Rech-

---

4 D. Nohlen/H. Opiela, in D. Sternberger/B. Vogel, Wahl 1, 1, 105; 611. Vgl. P. Flora, State 1, 101; 149.

te für sie lange Zeit gar nicht zu einem wirklichen politischen Thema werden. Die Forderung nach dem Frauenwahlrecht war nicht neu. Sie war vereinzelt schon vor 1848 und dann etwas häufiger in der Revolution erhoben worden. Im britischen Unterhaus kam es sogar zu Abstimmungen über entsprechende Vorschläge, die 1867 mit 194:73 und 1884 mit einer Mehrheit von 136 Stimmen abgelehnt wurden.[5] Letztlich blieb das Frauenwahlrecht aber eine intellektuelle Forderung ohne politisches Gewicht. Auch in der Frauenbewegung bildete es lange Zeit nur ein untergeordnetes Thema, besonders in der bürgerlichen. Die Arbeiterbewegung verfocht das Anliegen bestenfalls halbherzig. Linke und antiklerikale Parteien fürchteten, die Frauen würden konservativ und klerikal wählen, während konservative und klerikale Parteien um die Auflösung der traditionellen Familienstrukturen bangten. Erst seit etwa der Jahrhundertwende entstand hauptsächlich in England eine radikale Frauenstimmrechtsbewegung, die Suffragetten, die aber vom Staat mit harter Hand und ohne Konzessionsbereitschaft bekämpft wurden. Bis 1914 führten nur gerade zwei Länder das Frauenwahlrecht ein. Beide waren Sonderfälle. Finnland erhielt 1906 ein Autonomiestatut, ohne gänzlich unabhängig zu werden. Es ging darum, eine möglichst breite nationale Einheit zu schaffen. Ähnliches galt für Norwegen, das sich 1905 von Schweden löste, 1907 ein Zensuswahlrecht für Frauen einführte (während seit 1898 alle Männer wahlberechtigt waren) und 1913 die Einschränkungen auch für Frauen abschaffte. Hier sollte eine möglichst breite Abwehrfront gegen schwedische Revisionsversuche geschaffen werden.

Kaum minder hartnäckig war der Widerstand gegen Ausweitungen des Wahlrechts für Männer. Das ließ sich in bloßen Machtkategorien erklären. Eine legale verfassungskonforme Ausweitung musste vom Parlament beschlossen oder zumindest mitbeschlossen werden. Die Abgeordneten vertraten die Interessen ihrer Wähler, die mit jeder Wahlrechtsausweitung an Gewicht verloren und deswegen im Zweifel eher dagegen waren. Letztlich galt, dass die Entscheidung in der Hand der bisher Privilegierten lag, die ihre eigenen Privilegien abschaffen oder wenigstens abschwächen mussten. Deshalb ergaben sich Veränderungen am leichtesten im Rahmen eines allgemeinen, revolutionären Umsturzes. Dafür drohte im Falle einer erfolgreichen Gegenrevolution auch am ehesten ein Rückschlag. Die Zahl solcher grundstürzenden Vorgänge war in Europa nach 1848 indessen gering. Am gewichtigsten war zweifellos die russische Revolution 1905–1907, die das Ende der Autokratie herbeiführte und bewirkte, dass das Wahlrecht zunächst relativ weit definiert wurde. Freilich erfolgten schon 1907 wieder Einschränkungen. Andere, weniger gravierende politische Umwälzungen hatten zuweilen kaum Auswirkungen auf das Wahlrecht. So etwa, als 1910 in Portugal die Republik eingeführt wurde. Die Republikaner hatten das allgemeine Wahlrecht auf ihre Fahnen geschrieben, verwirklichten es aber nicht.

Dennoch bildete die Wahlrechtsfrage keinen unüberwindlichen Graben, dem entlang alle Berechtigten gegen alle Ausgeschlossenen gekämpft hätten.[6] In einer solchen Situation hätte sich wahrscheinlich kaum etwas bewegt. Das Wahlrecht war zwar

---

5 A. Bebel, Sozialismus, 281f.

6 Den insgesamt friedlichen Charakter der Auseinandersetzungen betont auch M. Mattmüller, Durchsetzung.

durchaus der Gegenstand von Kämpfen und Auseinandersetzungen.[7] Organisationen, in denen Ausgeschlossene eine wichtige Rolle spielten, übten entsprechenden Druck aus. Doch kamen ihnen überall in geringerem oder in stärkerem Maße bereits Privilegierte zu Hilfe, nicht nur aus Gerechtigkeits- und Überzeugungs-, sondern auch aus taktischen und politischen Gründen. Eine Gruppierung oder Partei, die damit rechnen konnte, einen überproportionalen Anteil an neuen Wahlberechtigten auf ihre Seite zu ziehen, machte sich eher für eine Ausweitung stark als eine solche, deren Stimmenanteil dadurch zurückzugehen drohte. Umgekehrt konnte, wer sich für eine Ausweitung des Wahlrechts aussprach, gerade dadurch bei künftigen Wählern populär werden. Freilich ließen sich die Ergebnisse nicht mit Sicherheit voraussagen. Zum prominentesten Opfer solcher Taktik wurde 1867/68 in Großbritannien Benjamin Disraeli, der Führer der Konservativen. Er brachte eine größere Wahlrechtsausweitung durch das Parlament, als seine Gegner von der liberalen Partei beabsichtigt hatten, verlor dann aber trotzdem die nächsten Wahlen.

Politische Motive hatten jedoch zuweilen auch weiterreichende Wirkungen. Die Hoffnung auf ein konservatives Wahlverhalten der Unterschichten konnte dazu führen, dass gleich das uneingeschränkte allgemeine Wahlrecht eingeführt wurde. Prinz Louis Napoleon, der spätere Napoleon III., hatte damit Erfolg, als er 1851 im Jahr zuvor vom Parlament vorgenommene Einschränkungen des allgemeinen Wahlrechts wieder aufhob und dafür im Dezember 1851 vom Volk mit der Absegnung seines Staatsstreichs durch ein Referendum belohnt wurde. Bismarck führte 1867 im Norddeutschen Bund (und dadurch 1871 im Deutschen Reich) das allgemeine Wahlrecht ein, in der Hoffnung, auf diese Weise dank der von ihm vermuteten konservativen Grundhaltung vor allem der ländlichen Massen die Liberalen schlagen zu können. Das misslang; aber Bismarck wagte es nicht, die Änderung rückgängig zu machen. In Russland erhielten die Bauern 1906 eine relativ starke Stellung, in der Hoffnung auf ihr staatstragendes Stimmverhalten. Sie enttäuschten diese Erwartung, und 1907 wurde ihnen ein Teil ihrer Stimmkraft wieder entzogen. In Österreich hofften die Regierung und der Kaiser 1907, mit dem allgemeinen Wahlrecht ein Parlament, das sich selbst lahmgelegt hatte, zu neuem Leben erwecken zu können. Der Versuch misslang, aber das Wahlrecht blieb. So ergaben sich einige der bedeutendsten Wahlrechtsausweitungen aus Fehlkalkulationen heraus.

Das bis 1914 erreichte Resultat war, europaweit betrachtet, alles andere als überwältigend.[8] Zwar war der Kreis der Wahlberechtigten deutlich größer als 1850. Das allgemeine Wahlrecht war außer in Frankreich, der Schweiz und – mit gewissen Besonderheiten – Griechenland unterdessen auch in Deutschland, Österreich, Bulgarien, Norwegen, Spanien und Serbien sowie, mit geringen Einschränkungen, in Schweden und Italien durchgesetzt. Die Staaten, in denen weiterhin deutliche Einschränkungen galten, vor allem solche aufgrund des Besitzes, teilweise aber auch aufgrund der Bildung, des Zivilstandes oder der Lebensweise, wurden von Großbritannien angeführt. Zu ihnen gehörten außerdem die Beneluxländer, Dänemark, Portugal, Ungarn, Rumä-

---

7 Besonders betont von R.J. Goldstein, Repression, Kap. 1.

8 Vgl. den knappen Überblick bei M. Mattmüller, Durchsetzung, sowie das Standardwerk von D. Sternberger/B. Vogel, Wahl, auf das sich die folgenden Ausführungen überwiegend stützen.

nien, Russland und das Osmanische Reich sowie, wenn man die Ebene der Gliedstaaten berücksichtigte, insbesondere Preußen. Rechnete man das Tempo der zwischen 1850 und 1914 erfolgten Veränderungen hoch, so war zu erwarten, dass bis zur vollen Durchsetzung des allgemeinen Männerwahlrechts in ganz Europa noch Jahrzehnte vergehen würden, vom Frauenwahlrecht ganz zu schweigen. Erst der Erste Weltkrieg brachte hier eine deutliche Änderung der Gangart, wodurch dann freilich auch wieder die faschistische Reaktion dagegen provoziert oder zumindest begünstigt wurde.

Der Ausbreitung wirklicher politischer Gleichheit stellten sich noch weitere Hindernisse entgegen. Das Wahlrecht war nicht nur nicht allgemein, es war vielfach auch nicht gleich, indem die einzelne Stimme ungleiches Gewicht hatte. Dafür bestanden unterschiedliche Verfahren. Am gravierendsten waren die Auswirkungen beim sogenannten Klassenwahlrecht. Notorisch wurde in dieser Hinsicht das preußische Dreiklassenwahlrecht von 1849, das bis 1918 galt und zwar allen Männern das Wahlrecht verlieh, den Reichsten aber ein Vielfaches des Gewichts der Stimme eines Armen gab. Ähnliche Verfahren fanden sich in Rumänien und in Russland und bis 1907 in Österreich.

Verzerrend, wenngleich in geringerem Maße, wirkten auch Mehrfachstimmen. In Belgien etwa wurde 1893 das allgemeine Wahlrecht eingeführt. Doch Gebildete, Besitzende, höhere Beamte und, insbesondere auf Wunsch der katholischen Kirche, Familienväter erhielten je eine weitere Stimme. Auch in Schweden spielten Mehrfachstimmen eine wichtige Rolle, und in Großbritannien hatte ein kleiner Kreis von Privilegierten bis 1948 mehrere Stimmen. Weniger gezielte, aber keineswegs weniger wichtige Ungleichheiten ergaben sich in vielen Ländern bei der Einteilung der Wahlkreise. In Deutschland etwa wurden die Wahlkreise nach 1871 nie mehr geändert, was bedeutete, dass das Gewicht städtischer Wähler immer geringer wurde, da die städtische Bevölkerung rascher wuchs als die ländliche. Das war durchaus im Sinne der Herrschenden. Doch konnten sich solche Versteinerungen auch gegen deren Interessen richten. So nahm der Anteil Irlands an der Bevölkerung des Vereinigten Königreichs zwischen 1840 und 1912 von 37,2% auf 9,9% ab,[9] während die irische Abgeordnetenzahl praktisch unverändert blieb.

Viele Länder kannten darüber hinaus ein indirektes Wahlverfahren, indem die Wahlberechtigten Wahlmänner wählten, die dann erst die Abgeordneten wählten. Solche Verfahren trugen dazu bei, dass die Gleichheit der Wähler nicht voll verwirklicht wurde.

Eine weitere Quelle der Ungleichheit lag in der Öffentlichkeit der Stimmabgabe. Sie war in der Mitte des Jahrhunderts noch die Regel und wurde nur sehr langsam beseitigt, so in Deutschland 1871, in Großbritannien 1872, in Italien 1895, in Österreich und Russland 1907 und in Ungarn und Frankreich 1913.[10] In Preußen blieb sie bis 1918 bestehen. Sie ermöglichte es vor allem Grundbesitzern und Unternehmern, im Rahmen von Klientelverhältnissen das Wahlverhalten ihrer Untergebenen zu kontrollieren. In einem solchen Zusammenhang bedeutete eine Ausweitung des Wahlrechts

---

9 E.M. Spiers, Army, 50.

10 Siehe die Liste bei H. Buchstein, Stimmabgabe, 387 f. Vgl. auch J. Kohl, Partizipation, 393, und P.L. Ballini, Elezioni, 373, wo teilweise abweichende Daten genannt werden.

lediglich die Zuteilung zusätzlicher Stimmen an die Mächtigen und damit eine Verschärfung der Ungleichheit. Wenn etwa die Belegschaft einer Fabrik ihre Stimme geschlossen unter den Augen des Besitzers abzugeben hatte, dann stand das Ergebnis von vornherein fest.

Die machtmäßige Gleichheit der Staatsbürger wurde aber nicht nur durch solche Besonderheiten des Wahlrechts in Frage gestellt. Reichten sie nicht aus, um das von den Mächtigen gewünschte Ergebnis zu bewirken, so konnten sich direktere Beeinflussungsmethoden hinzugesellen: Sie reichten von Bestechung und Bedrohung über Manipulation bis zum Betrug und zur Fälschung. Um die Jahrhundertmitte waren korrupte Wahlpraktiken weit verbreitet. Sie wurden bis 1914 nur langsam – und vielerorts keineswegs vollständig – zurückgedrängt. Selbst in Großbritannien spielten sie bis ins späte 19. Jahrhundert hinein eine wichtige Rolle. So war Stimmenkauf weit verbreitet – wobei geschickte Wähler es zuweilen verstanden, sich von beiden Parteien kaufen zu lassen oder sie zumindest gegeneinander auszuspielen.[11] In einigen Ländern bildeten solche Praktiken geradezu einen zentralen Bestandteil des Systems: In Spanien, Portugal und Rumänien einigten sich die Parteien *vor* den Wahlen über die Machtverteilung, die dann noch durch ihr entsprechende Wahlergebnisse bestätigt werden musste. Zu diesem Zwecke konnten die lokalen Parteibosse, die die Wahl kontrollierten, über erhebliche finanzielle Mittel und vor allem über zahlreiche Posten verfügen, mit denen sie für die Stimmbeschaffung wichtige Figuren an sich zogen. In den wachsenden Städten und bei zunehmender Ausweitung des Wahlrechts allerdings wurde es mit der Zeit schwieriger, solche Praktiken aufrechtzuerhalten.

Selbst wenn alle bislang genannten Elemente der Ungleichheit beseitigt waren, so bestand in den meisten Staaten noch ein weiteres, institutionelles Gegengewicht gegen die Demokratisierung. Es war die Existenz einer Zweiten Kammer (meistens offiziell als Erste Kammer bezeichnet), in der klare Ungleichheitsstrukturen erhalten blieben. Alle oder ein Teil der Abgeordneten wurden vom Staatsoberhaupt ernannt, oder sie waren qua Amt oder qua Geburt Mitglieder, oder das passive Wahlrecht war an einen sehr hohen Zensus gebunden.[12] In Belgien etwa waren noch 1910 nur etwa 1500 Personen für den Senat wählbar.[13]

Diese zweite Kammer war in allen Staaten schwächer als die erste, und sie verlor im Lauf der Zeit auch fast überall an Gewicht, wurde jedoch bis 1914 nirgends ausgeschaltet. Allerdings konnte an die Stelle ständischer föderalistische Ungleichheit treten. Das galt für den deutschen Bundesrat und insbesondere für den nach dem Vorbild des US-Senats gestalteten Schweizer Ständerat, der zwar mittels allgemeinem Wahlrecht gewählt wurde, in dem aber jeder Kanton ungeachtet seiner Bevölkerungszahl gleiches Gewicht hatte.

Ein Grundsatzproblem, das immer wieder neu angegangen werden musste, weil der Natur der Sache nach keine abschließende und überzeugende Lösung möglich war, er-

---

11 Siehe etwa den am 22. März 1881 eingereichten Bericht einer Untersuchungskommission über Korruption in der Parlamentswahl von 1880 im Wahlkreis Macclesfield, in: English Historical Documents, Bd. 12, 2 (1874–1914), Hg. W.D. Handcock, London 1977, 76–79.

12 Ein Überblick z.B. bei E.N. und P.R. Anderson, Institutions, 55ff.

13 D. Nohlen/H. Opiela, in D. Sternberger/B. Vogel, Wahl 1, 1, 87.

gab sich im Zusammenhang des Wahlverfahrens. Das Mehrheitswahlrecht in Wahlkreisen, die nur einen Abgeordneten stellten, brachte in der Regel andere Ergebnisse als das Verhältniswahlrecht. Bis 1914 überwog in den meisten Ländern das Mehrheitswahlrecht.

So heftig, langwierig und vielgestaltig die Auseinandersetzungen im Zusammenhang der Demokratisierung waren, so beschränkten sie sich mit erstaunlicher Konsequenz auf die repräsentative Demokratie. Es ging um die Gleichberechtigung im Rahmen des Wahlrechts, nicht um den Umfang der demokratisch gehandhabten Macht. Die Schweiz mit ihrem kontinuierlichen Ausbau direktdemokratischer Institutionen blieb hier ein isolierter Sonderfall, der nirgends als mögliches Vorbild wahrgenommen wurde, selbst nicht bei radikalen Bewegungen. Die direkte erschien nicht als die umfassende Demokratie, sondern eher als ein Kuriosum. Das mag damit zusammengehangen haben, dass die Radikalen (im Sinne extremer Zielsetzungen, nicht im Sinne zeitgenössischer Parteibezeichnungen) auf einen vollständigen Umsturz, auf eine revolutionäre Umgestaltung der Machtverhältnisse hinarbeiteten, während die direkte Demokratie im einzigen Lande, im dem sie erprobt wurde, viel eher stabilisierende als umstürzende Wirkungen hatte. Zur Skepsis trugen zumindest in den ersten Jahrzehnten auch der Missbrauch der Volksbefragung durch Napoleon III. und die manipulierten Plebiszite bei den Gebietsveränderungen in Italien und Frankreich 1859/60 bei – es waren Farcen mit beinahe einstimmigem Ergebnis (siehe S. 182). Trotzdem findet sich noch heute in vielen italienischen Orten eine *Via Plebiscito*.

3.2.1.3 Parlamentarisierung

In den Auseinandersetzungen zwischen Parlament und Staatsoberhaupt stand die Frage der Kontrolle über die Exekutive im Mittelpunkt. Auch hier war eine langsame, aber unwiderstehliche Bewegung festzustellen, im Sinne einer Gewichtsverlagerung vom Staatsoberhaupt auf das Parlament. Rückfälle waren indessen nicht ausgeschlossen. So gelang es Bismarck, sich im preußischen Verfassungskonflikt 1862–1866 gegenüber dem Landtag durchzusetzen (siehe S. 86), und 1907 wurde die ohnehin schon bescheidene Macht des russischen Parlaments beschnitten (siehe S. 132). Dennoch: Ein Parlament wurde zum Minimalerfordernis eines Staates. Absolutismus und Autokratie verschwanden allmählich. Österreich musste 1860 nach außenpolitischen Niederlagen zum Konstitutionalismus zurückkehren. Im Osmanischen Reich wurde 1876 eine Verfassung erlassen. Zwar suspendierte der Sultan sie schon nach wenigen Monaten. 1908 musste er aber gleichwohl ein, wenn auch schwaches, Parlament akzeptieren. In Russland wurde sogar bis zur Revolution von 1905 jeder Konstitutionalismus abgeblockt. Das danach geschaffene Parlament blieb wenig bedeutend. Doch selbst hier war der Weg zurück zur reinen Autokratie nicht mehr gangbar.

Die tendenziell überall wachsende Macht des Parlaments hing nicht zuletzt mit der ständigen Ausweitung der Staatstätigkeit zusammen. Je vielgestaltiger diese wurde, um so weniger ließ sie sich von einem eng begrenzten Kreis von Entscheidungsträgern erledigen.

Während das Parlament sich Finanz- und Gesetzgebungskompetenzen auf dem Papier oft noch mit dem Monarchen teilen musste, erhielt es in der Praxis ein klares Übergewicht. Insofern kann man in allen Staaten von einer Parlamentarisierung sprechen. In der Regel wird der Ausdruck aber reserviert für den Übergang zur Kontrolle der Regierung durch das Parlament. Hier gelang es der Staatsspitze in vielen Ländern, die Oberhand zu behalten, zumindest de jure: Nur selten wurde die Verfassung in dem Sinne geändert, dass die Regierung vom Parlament bestellt und von ihm auch wieder abgewählt werden konnte, etwa durch ein Misstrauensvotum. Freilich wurde sie in der Praxis doch ein Stück weit vom Parlament abhängig, konnte keine Regierung auf Dauer gegen ein ihr ganz und gar feindlich gesinntes Parlament im Amt bleiben. Diese unterschiedlichen Betrachtungsweisen haben dazu geführt, dass das Ausmaß der Parlamentarisierung innerhalb der konstitutionellen Monarchie in der Forschung umstritten geblieben ist, ebenso wie die Frage, ob in konstitutionellen Monarchien mit allgemeinem Wahlrecht wie Österreich oder Deutschland auch ohne Krieg eine Art Evolution zur Parlamentsherrschaft möglich gewesen wäre oder 1914 gar schon vor der Türe stand.[14]

Zu den Musterbeispielen parlamentarischer Staaten wurden Großbritannien und, nach 1870 und vollends seit 1879, Frankreich. In beiden Ländern hatte das Parlament einen klaren Vorrang vor der Staatsspitze. Es kontrollierte die Exekutive, während das Staatsoberhaupt weitgehend auf zeremonielle Funktionen reduziert wurde. Ähnliches galt für Belgien, Italien, die Niederlande und die Schweiz, und bis 1914 hatte sich der Parlamentarismus, in unterschiedlicher Form, in den meisten mittel- und westeuropäischen Staaten durchgesetzt. Präsidialsysteme nach dem Vorbild der Vereinigten Staaten waren im Rahmen der europäischen Erbmonarchie, die keine demokratische Legitimation des Staatsoberhaupts zuließ, ausgeschlossen.

3.2.1.4 Parlamentarisierung und Demokratisierung

Im Lichte der aktuellen Auffassungen, in der Parlamentarismus und Demokratie im Begriff der parlamentarischen Demokratie als zwei Seiten derselben Medaille erscheinen und als weltweite Norm gelten, scheint es sich zu empfehlen, von einer Parallelität der beiden Vorgänge der Parlamentarisierung und der Demokratisierung auszugehen. Dabei legt sich sogar die Vermutung einer Wechselwirkung nahe. Beide Prozesse wären nur Aspekte der allmählichen Durchsetzung der Macht des Volkes, direkt in der Ausweitung des Wahlrechts und indirekt in der Erweiterung der Macht des vom Volk gewählten Parlaments.

Diese Vermutung lässt sich bei genauerem Hinsehen nicht halten. Eher entsteht der Eindruck, dass der eine Vorgang jeweils den anderen behindert oder gar verhindert hat, wenn nicht beide gleichzeitig in einem revolutionären Akt durchgesetzt wurden, wie dies in Frankreich und in der Schweiz der Fall war. In Großbritannien war der Parlamentarismus schon 1848 fest etabliert. Doch das Wahlrecht war alles andere als demokratisch. Das andere Extrem war Deutschland. Hier wurde das allgemeine Wahlrecht bereits 1867/71 eingeführt. Hingegen verblieb das Parlament bis 1918 in einer relativ schwachen Stellung, kam es nicht zum Übergang von der konstitutionellen zur parlamentarischen Monarchie. Österreich kannte seit 1907 das allgemeine Wahlrecht, aber keinen Parlamentarismus. Italien hatte seit 1861 ein starkes Parlament, aber erst

---

14 Vgl. für Deutschland exemplarisch M. RAUH, Parlamentarisierung sowie die Kritik von D. LANGEWIESCHE, Kaiserreich.

1912 das (nahezu) allgemeine Wahlrecht. Im parlamentarischen Belgien fehlte bis 1914 ein gleiches Wahlrecht, und Ähnliches galt für die Niederlande. Die Vermutung, dass Demokratisierung und Parlamentarisierung sich gegenseitig tendenziell behinderten, lässt sich aus der Geschichte ableiten, vor allem anhand der beiden Prototypen Deutschland und Großbritannien. In letzterem erfolgte die Parlamentarisierung zu einem Zeitpunkt, als von Demokratie auch nicht entfernt die Rede sein konnte. Es war ein Machtkampf zwischen Monarchie und Oligarchie. Ein mächtiges Parlament gab dem Wahlrecht der wenigen Berechtigten großes Gewicht – entsprechend eifersüchtig wurde dieses Privileg verteidigt. In Deutschland wurde das allgemeine Wahlrecht zu einem Zeitpunkt eingeführt, als das Parlament schwach war, kurz nachdem sich in Preußen Herrscher und Regierung in einem heftigen Machtkampf gegen das Parlament durchgesetzt hatten. So gesehen war die individuelle Bedeutung des Wahlrechts relativ gering. Nachdem es aber einmal gewährt war, waren die Herrschenden um so stärker daran interessiert, die Macht des Parlaments zu begrenzen, denn diese war jetzt indirekt auch die Macht des ganzen Volkes: Eine Parlamentarisierung bedeutete nun eine Machtverschiebung zugunsten der breiten Massen und nicht nur zugunsten einer schmalen, staatstreuen Mittel- und Oberschicht wie in Großbritannien.

Die Abfolge Parlamentarisierung – Demokratisierung erwies sich nun aber als flexibler als die Vorwegnahme der vollen Demokratisierung. Diese ließ sich in beliebig kleinen Schritten durchführen. Die eigentliche politische Entscheidung betraf die Frage, ob überhaupt eine Repräsentativkörperschaft bestehen sollte oder nicht. Das war die Frage des Übergangs vom Absolutismus zum Konstitutionalismus. War der Übergang einmal erfolgt, dann stellte eine sukzessive Ausweitung des Wahlrechts keinen grundsätzlichen Bruch mehr dar. Jede Ausweitung bildete einen Machtverlust für die bislang Privilegierten – aber sie bedeutete nicht deren gänzliche Entmachtung. Das erleichterte Kompromisse und graduelle Verschiebungen. Bei einer Wahlrechtsausweitung konnte niemand im voraus mit Sicherheit sagen, zu wessen Gunsten sie sich auswirken würde. Anders bei einer Parlamentarisierung. Hier stand fest, welche Kompetenzen abgegeben werden mussten. Es ging dabei um einen klaren politischen Streitpunkt, um die Kontrolle der Exekutive, und damit um ein Entweder – Oder, nicht um eine allmähliche Verschiebung. Das erschwerte flexible, graduelle Lösungen. Dadurch wurde eine nachholende Parlamentarisierung schwieriger als eine nachholende Demokratisierung, bedeutete jene doch den direkten Sprung vom Absolutismus zur Demokratie.

Das war der Kern des Unterschiedes. Man sollte ihn nicht auf den Gegensatz von Obrigkeitsstaat und Demokratie reduzieren. Der britische Wähler konnte zwar, über ein stärkeres Parlament, mehr Macht ausüben als der deutsche. Aber der britische Tagelöhner, der kein Wahlrecht besaß, hatte weniger politisches Gewicht als sein wahlberechtigter deutscher Kollege.[15]

3.2.1.5 Föderalismus

Obwohl Europa ein geographisch, ethnisch, religiös und sprachlich äußerst vielgestaltiger Kontinent mit einer langen Tradition zahlloser kleiner und kleinster autonomer

---

15 M. Kirsch, Monarch, 398, hingegen glaubt keine grundlegenden Unterschiede zwischen einer Priorität der Demokratisierung und einer solchen der Parlamentarisierung ausmachen zu können.

Einheiten war, spielte der Föderalismus in der behandelten Zeit eine äußerst geringe Rolle. Von einer Föderalisierung des Kontinents konnte nicht die Rede sein. Statt dessen erfolgte sogar eine zunehmende Zentralisierung, und dies selbst im einzigen wirklich föderalistischen Staat dieser Epoche, der Schweiz, wo der Bund kontinuierlich auf Kosten der Kantone Kompetenzen an sich zog.

Daneben enthielt nur noch die Verfassung des Deutschen Reiches von 1867/71 eindeutig föderalistische Elemente. Doch war es ein Föderalismus mit Einschränkungen angesichts der erdrückenden Übermacht Preußens.[16]

So schwer Nationalitäten- und sonstige Minderheitenprobleme auf vielen Staaten lasteten, so wenig wurde irgendwo eine echte Föderalisierung bestehender Staatswesen ins Auge gefasst. Die einzige Ausnahme war nur scheinbar. Der Ausgleich von 1867 zwischen Österreich und Ungarn stellte eine Abgrenzung der Machtsphären der beiden staatstragenden Völker dar. Er schuf zwei weitgehend unabhängige Staaten, die handlungsfähiger wurden und dadurch um so leichter Konzessionen an die in ihnen lebenden Nationalitäten verweigern konnten. Italien, das bei der Einigung nicht weniger heterogen war als Deutschland, wurde nach französischem Vorbild zentralisiert, und der Zentralismus wurde dem Süden in einem jahrelangen Bürgerkrieg aufgezwungen. Die britische Politik erwies sich unfähig, für Irland eine föderalistische Lösung zu finden. Anderswo, etwa in Belgien, Frankreich und Spanien, wurde die Existenz entsprechender Probleme gar nicht erst zur Kenntnis genommen. Einzig der heterogenste aller Staaten, Russland, experimentierte zumindest mit einigen föderalistischen Ansätzen, insbesondere in Polen und in Finnland. Doch gelangen auch hier keine dauerhaften Lösungen.

Noch weniger Anklang fand ein anderes System, das während Jahrhunderten einen gewissen Ausgleich zwischen Bevölkerungsgruppen unterschiedlicher Nationalität, Sprache oder Religion ermöglicht hatte: das *millet*-System im Osmanischen Reich. Es verlor im Gegenteil im Zuge der Loslösung der europäischen Gebiete vom Reich seine Bedeutung. Es entsprach nicht den Grundprinzipien der Moderne, da es auf rechtlicher Ungleichheit zwischen den staatstragenden Muslimen und den Angehörigen anderer Religionen beruhte.

Weshalb diese mangelnde Stoßkraft des Föderalismus, eines Prinzips, das möglicherweise bei der Lösung vitaler Probleme vieler Staaten hätte helfen können? Eine geringe Rolle spielte wohl die Tatsache, dass der Föderalismus in Bezug auf die Machtverteilung im Staat undemokratisch ist, weil er ungleichen Gebietseinheiten gleiche Macht gibt und dadurch zu einem relativen Übergewicht der Kleinen führt. Wichtiger dürfte die Entstehungsgeschichte des modernen europäischen Staates gewesen sein. Er war das Produkt eines jahrhundertelangen permanenten Kampfes der Zentralgewalt gegen vielfältige Partikulargewalten, die nur sehr langsam und mit großem Aufwand hatten unterworfen werden können. Jede Umkehrung dieses Vorgangs musste als Gefährdung des Staates erscheinen. Je weniger zentralisiert ein Staat war, um so weniger modern und um so schwächer schien er. Das war nicht nur ein theoretischer Lehrsatz. Derjenige Staat, in dem Minderheiten, die hauptsächlich religiös definiert waren, die größte Autonomie hatten, das Osmanische Reich, erwies sich zugleich als

16 Für einen Vergleich mit Italien siehe O. Janz u.a. (Hg.), Centralismo.

der schwächste und unentwickeltste. Die neuen Staaten, die sich auf dem Balkan von ihm ablösten, beeilten sich, „moderneren" Vorbildern nachzueifern.

Auf die Dauer wirkte sich freilich gerade die mangelnde Flexibilität gefährdend aus, wie das Aufkommen des Nationalismus zeigen sollte. Trotzdem blieb die Botschaft des Föderalismus in Europa einstweilen – und weit über 1945 hinaus – ungehört, ja sie wurde noch nicht einmal verkündet.

3.2.2 Die politischen Kräfte

Demokratisierung bedeutete eine Ausweitung nicht nur rechtlicher, sondern auch substantieller Gleichheit: Jeder Wahlberechtigte verfügte über das gleiche Quantum Macht, das er in die Politik einbringen konnte. Freilich bildete diese Tatsache nicht die ganze politische Wirklichkeit. Es war mehr eine abstrakte und potentielle Macht – die konkret einsetzbare Macht hing weit stärker von anderen Faktoren ab und hatte andere Quellen, und jedenfalls konnte auch in Staaten mit allgemeinem Wahlrecht und starkem Parlament nicht entfernt von politischem Egalitarismus die Rede sein. Die – höchst ungleich verteilte – wirtschaftliche Macht hatte viel größere Bedeutung, und noch wichtiger war die bisherige Verankerung im politischen System: Die alten staatstragenden und zugleich herrschenden Schichten ließen sich nicht so leicht aus dem Zentrum der Macht verdrängen. Entscheidend war, in welcher Form die individuellen Machtquanten politisch wirksam gebündelt wurden.

3.2.2.1 Parteien

Die Demokratisierung war keine Revolution im Sinne eines raschen und grundlegenden politischen Umsturzes. Doch sie veränderte zumindest die Bedingungen für die Gewinnung, Sicherung und Ausübung der Macht, indem ein immer weiterer Kreis von Mitspracheberechtigten zu berücksichtigen und in irgendeiner Weise zufriedenzustellen war. Das konnte zu Machtverschiebungen führen. Schon der Übergang vom Absolutismus zur Parlamentsherrschaft bewirkte eine stärkere Aufspaltung der herrschenden Gruppe in rivalisierende Cliquen, die zu Vorformen von Parteien wurden. Sie mussten ja, wenn auch nur in einem engen Kreise, Wahlen gewinnen und sich dazu voneinander abgrenzen und eine Anhängerschaft mobilisieren. Dieses Geschäft wurde mit zunehmender Ausweitung des Wahlrechts immer anspruchsvoller. Auch wenn die effektive Macht sehr ungleich verteilt war, so musste diese Verteilung doch in regelmäßigen Abständen von einer Wählerschaft abgesegnet werden. Das erforderte zunehmenden organisatorischen Aufwand, der sich in der Entstehung moderner Parteien zwischen der Mitte des 19. Jahrhunderts und dem Ersten Weltkrieg niederschlug. Aus lockeren Verbänden, die meist nur im Vorfeld von Wahlen stärker aktiv wurden, wobei die Gewählten in den Parlamenten ebenso lockere Fraktionen bildeten, wurden straff geleitete Massenorganisationen, deren Aktivitäten auch in der Zeit zwischen den Wahlen weitergingen. Man konnte dabei drei Stufen der Beteiligung unterscheiden. An der Spitze stand der eigentliche Parteiapparat, aus zunächst ehrenamtlichen, später zunehmend professionellen Funktionären und Politikern, die den Kurs der Partei bestimmten und eine hierarchische Organisation bildeten. Unter ihnen standen die gewöhnlichen Parteimitglieder, zusammengehalten nicht nur durch die periodische Bezahlung von Mitgliederbeiträgen, sondern auch durch möglichst kontinuierliche Veranstaltungen und Parteitätigkeit. Auf der dritten Stufe standen die bloßen Sympathisanten, die zwar ihre Stimme für die betreffende Partei abgaben, sonst aber nicht mit ihr verbunden waren.

Solche modernen Organisationen entstanden in der Regel um so eher, je früher das allgemeine Wahlrecht eingeführt wurde, je größer ein Land war und je stärker eine Partei in den Unterschichten verankert war. Wohlhabende konnten sich leichter auf Honoratiorenbasis zusammenschließen als Personen, die kaum über freie Zeit und materielle Ressourcen verfügten. Hingegen hing das Ausmaß der Bildung moderner Massenparteien nicht vom Ausmaß der Macht des Parlaments ab: Zum Prototypen einer solchen Partei wurde die Sozialdemokratische Partei Deutschlands, die zwar mitglieder- und wählerstark war, aber in einem schwachen Parlament eine schwache Stellung hatte. Bis 1914 hatten jedenfalls bei weitem noch nicht alle Parteien in allen Ländern einen solchen Organisationsgrad erreicht.

Politische Macht musste also anders organisiert und gebündelt werden als früher. Sie ging aber nur in geringem Maße in andere Hände über. Immerhin bestanden hier zwei Ausnahmen: der gleich zu schildernde Aufstieg von Parteien, deren Wähler überwiegend der Unterschicht angehörten und, in den übrigen Parteien, das Aufkommen demokratischer Berufspolitiker. Die Fähigkeit, die Unterstützung der Massen zu gewinnen, erhielt selbst in den traditionellen, von den alten herrschenden Gruppen dominierten Parteien einen hohen Wert, ganz besonders in Staaten mit starkem Parlament. Wer über solche Fähigkeiten verfügte, hatte innerhalb seiner Partei eine starke Position, und dieser Typ von Politiker entstammte in der Regel nicht dem alten Adel oder der Bourgeoisie, sondern den aufstrebenden Mittelschichten. Er wurde Parteiführer, Parlamentarier und Minister und erzielte dadurch einen Einbruch in das traditionelle Machtgefüge, ohne dass sich dessen Strukturen radikal geändert hätten (vgl. S. 257).

Die Parteien wurden so zu den entscheidenden Gruppierungen, die die politische Macht in den Parlamenten und – teilweise – in den Regierungen ausübten. Dabei zeigten sich im Spektrum und im Gefüge der Parteien, in ihrer Zahl und in ihrer Ausrichtung von Land zu Land große Unterschiede. Durch die nationalen Besonderheiten hindurch lassen sich drei Hauptströmungen feststellen, die in den meisten Staaten in der einen oder anderen Form das Spektrum prägten, ohne dass überall jeweils eine Partei einer Strömung entsprochen hätte – hier kam es zu mannigfaltigen Überlappungen und Aufspaltungen. Die drei Strömungen werden hier in der Reihenfolge ihres Wirksamwerdens behandelt.

1. Der *Konservativismus* setzte sich, beim Wort genommen, die Erhaltung des Bestehenden zum Ziel.[17] Angesichts des raschen wirtschaftlichen und gesellschaftlichen Wandels war allerdings die Frage, was denn in diesem permanenten Fluss erhalten oder angehalten werden solle, nicht einfach zu beantworten. Das Spektrum der Antworten begann bei der reaktionären Zielsetzung, die weniger erhalten als wiederherstellen wollte, mit der Forderung nach einer Rückkehr des Staates zum Absolutismus.

---

17 Zum begriffsgeschichtlichen Hintergrund R. VIERHAUS, Konservativ.

Am anderen Ende des Spektrums fanden sich Konservative, die selbst dem allgemeinen Wahlrecht etwas abgewinnen konnten, in erster Linie aus der Hoffnung heraus, dass sich die Unterschichten, zumal die ländlichen, in Wahlen konservativer verhalten würden als die aufstrebenden Mittelschichten – eine Erwartung, die zuweilen erfüllt, häufiger aber enttäuscht wurde. Im Zentrum der konservativen Haltung aber stand die Ablehnung des modernen Gleichheitspostulats: Die Gesellschaft sollte ständisch gegliedert bleiben oder es wieder werden; die Geburt sollte einen bedeutenden Einfluss auf das Schicksal des Menschen haben. Auch hier mussten freilich angesichts der sich infolge der Industrialisierung rasch wandelnden Zusammensetzung der Gesellschaft Kompromisse geschlossen werden. Und es fehlte nicht an der Bereitschaft, gegen Missstände etwa im industriellen Sektor vorzugehen.

Die prädestinierten Anhänger solcher Auffassungen waren die alten Oberschichten und generell die Privilegierten, die durch die Ausbreitung der Rechtsgleichheit etwas zu verlieren hatten. Nur waren das zahlenmäßig lediglich sehr schmale Kreise, die in einem Staat mit breitem oder gar allgemeinem Wahlrecht wenig politisches Gewicht besaßen. Doch die konservativen Anschauungen waren für weit größere Kreise attraktiv: für alle, die durch den raschen wirtschaftlichen und gesellschaftlichen Wandel vom Abstieg bedroht waren oder sich auch nur bedroht wähnten. Das waren viele Handwerker und Händler; es war aber auch ein erheblicher Teil der ländlichen Bevölkerung: mittlere und kleinere Bauern und Pächter. Dabei genügte es, wenn ein relativer Abstieg erfolgte oder befürchtet wurde: Auch wenn man selber wohlhabender wurde, so war entscheidend, dass man es langsamer wurde als andere, mit denen man sich bislang verglichen hatte.

2. Der *Liberalismus* berief sich, seinem Namen entsprechend, auf die individuellen Freiheiten, die von der Aufklärung und der Französischen Revolution propagiert und teilweise auch schon durchgesetzt worden waren.[18] Es ging um die Veränderung der bestehenden Gesellschaftsstruktur im Sinne der Verwirklichung der Rechtsgleichheit, nicht jedoch der materiellen Gleichheit und bestenfalls in Ansätzen der Chancengleichheit. Ideal war häufig das freie Wirtschaftssubjekt. Auch hier fanden sich unterschiedliche Strömungen. Die Differenzen betrafen vor allem die Frage, in welchem Umfang die Emanzipation der Unterschichten zugelassen oder gar vorangetrieben werden sollte, inwieweit die Rechtsgleichheit durch materielle und politische Gleichheit zu ergänzen sei. Das allgemeine Wahlrecht gehörte zunächst keineswegs zu den liberalen Forderungen. Als wirklicher Staatsbürger, dem allein politische Rechte zustehen sollten, wurde lediglich das materiell unabhängige Individuum gesehen, was auf ein sehr begrenztes Wahlrecht hinauslief. Dieses sollte verhindern, dass die Trägerschichten des Liberalismus von den besitzlosen Massen verdrängt würden – eine Erfahrung, die vor allem 1848/49 gemacht worden war.

Die prädestinierte Anhängerschaft des Liberalismus war die Bourgeoisie, das Wirtschaftsbürgertum, das die eigentliche Trägerschicht der industriellen Revolution bildete und davon auch am meisten profitierte. Hierzu gehörten außerdem große Teile des neuen Mittelstands und viele Angestellte, Beamte und Selbständige: Sie alle hatten

18 Für die Begriffsgeschichte R. VIERHAUS, Liberalismus, und R. WALTHER, Wirtschaftlicher Liberalismus.

von der Freisetzung des Individuums aus der Ständegesellschaft heraus profitiert. Ambivalenter war das Verhältnis zur Industriearbeiterschaft. Diese war, zumindest quantitativ gesehen, das wichtigste soziale Produkt der Industrialisierung und zugleich ihr entscheidender Träger. Aber sie war nicht deren wichtigster Profiteur. Vielmehr trug sie die Hauptlast in Form schlechter Lebensbedingungen, was ihre zunehmende Abwendung vom Liberalismus bewirkte. Das hing mit dem Aufkommen der dritten Strömung zusammen.

3. Stellte sich der Konservativismus dem Wandel zumindest ein Stück weit entgegen, während der Liberalismus ihn aufgriff, wollte der *Sozialismus* ihn nicht nur beschleunigen, sondern ihm auch eine radikal andere Richtung geben.[19] Das Ziel schlug sich in einer gesellschaftlichen Utopie nieder, die in die erste Jahrhunderthälfte zurückging, aber erst seit den sechziger und siebziger Jahren größeres politisches Gewicht gewann. Zentral war dabei das Gleichheitspostulat, das nicht nur im Sinne von Rechts-, politischer und Chancengleichheit, sondern auch im Sinne weitgehender materieller Gleichheit gelesen wurde. Als Grundlage für deren Verwirklichung galt die Vergesellschaftung der Produktionsmittel; das Privateigentum, das insbesondere für den Liberalismus eine zentrale Stellung hatte, sollte als Vehikel der Ungleichheit so weit wie möglich verschwinden. Der genaue Umfang seiner Abschaffung und generell das Verhältnis zwischen individueller Differenzierung und kollektivem Egalitarismus blieb umstritten. Viel wichtiger war die Frage, wie dieses Ziel verwirklicht werden sollte. Dabei entspann sich eine permanente, sich im Lauf der Zeit verschärfende Auseinandersetzung zwischen Revolutionären, die den radikalen Wandel nur durch einen gewaltsamen Umsturz glaubten herbeiführen zu können, und den oft auch als Revisionisten bezeichneten Reformern, die einen evolutionären, friedlichen Wandel, vor allem mit Hilfe des allgemeinen Wahlrechts und des Parlamentarismus, für möglich hielten. In den theoretischen Auseinandersetzungen behielt die revolutionäre Richtung das größere Gewicht, während die praktische Politik überwiegend reformistisch war. Die einzige bedeutende Ausnahme war Russland, wo die Basis des Sozialismus angesichts geringer Industrialisierung besonders schmal und die Kompromissbereitschaft der herrschenden Autokratie besonders gering und dadurch die Radikalität und sogar Gewalttätigkeit eines Teils der Opposition besonders ausgeprägt war. Zum zumindest theoretisch einflussreichsten und umstrittensten Vertreter des Revisionismus wurde der Deutsche Eduard Bernstein (1850–1932), während der konsequenteste, und später auch erfolgreichste, Vorkämpfer der revolutionären Auffassung der Russe Wladimir Iljitsch Lenin (1870–1924) war. Beide Richtungen beriefen sich auf Marx.

Die prädestinierte Anhängerschaft des Sozialismus war die Industriearbeiterschaft, wobei freilich die Führung überwiegend der Mittelklasse entstammte. Auf die Arbeiterschaft hin waren Doktrin und Utopie ganz wesentlich ausgerichtet. Das Proletariat erschien darin als eigentliches Subjekt des historischen Fortschritts, als diejenige Klasse, die schließlich zur einzigen und damit zur Gesellschaft ganz allgemein werden würde. Insbesondere im Marxismus, der längerfristig einflussreichsten theoretischen Richtung, war diese Sichtweise zentral. Das hatte Folgen für die sonstigen Unterschichten.

---

19 Die Begriffsgeschichte bei W. SCHIEDER, Sozialismus.

Zwar verstand sich der Sozialismus durchaus als eine Lehre, deren Verwirklichung die Lebensverhältnisse aller Unterschichten verbessern würde. Doch nur die Industriearbeiterschaft erschien in ihm als wirkliches Subjekt der Geschichte. Die übrigen Unterschichten, insbesondere die ländlichen, waren nicht Subjekte der Emanzipation, sondern lediglich Überreste einer zum Untergang verurteilten Gesellschaftsformation und Stoff für die künftige Ausweitung der Industriearbeiterschaft. Diese theoretische Instrumentalisierung der nicht zur Industriearbeiterschaft gehörenden Unterschichten sowie die doktrinäre Konzentration auf die Arbeiterschaft und die Entwicklung des Kapitalismus machen verständlich, weshalb der Sozialismus und zumal der Marxismus zwar in der Arbeiterschaft die Überzeugung verbreiten konnte, der Motor des historischen Fortschritts zu sein, dafür aber in anderen unterprivilegierten Gruppierungen nur begrenzten Erfolg hatte. Am ehesten ließen sich solche Schranken in Gebieten mit ausgesprochener Proletarisierung der Landarbeiterschaft überwinden, und dies durch politische Strömungen, die dogmatisch weniger festgelegt waren als der Marxismus, insbesondere den Anarchosyndikalismus. Das war hauptsächlich im Süden von Spanien, Portugal und Italien der Fall.[20] Auf der anderen Seite fand der Sozialismus auch in Teilen der unteren Mittelschicht Anhänger, vor allem bei Gruppen, die zwar vom bisherigen Wandel profitiert hatten, nun aber in erster Linie Stabilität suchten, etwa kleinere Staatsbedienstete.

Die drei Strömungen waren ihrerseits Produkte des wirtschaftlich-sozialen Wandels und gewannen ihre politische Bedeutung nicht zur gleichen Zeit. Zunächst hatten nur der Konservativismus und der Liberalismus politisches Gewicht. Das galt besonders für die Revolution von 1848, die aber längerfristig gerade zu einer wichtigen Ursache für die weitere Aufspaltung wurde. Die Revolution stellte in erster Linie eine Auseinandersetzung zwischen Konservativen und Liberalen dar, wobei letztere auch Flügel hatten, die zumindest teilweise in den Unterschichten verankert waren, die Radikalen und die Demokraten. Der Liberalismus konnte sich auf wesentliche Teile der Arbeiterschaft stützen. Doch als deren Forderungen die Stellung der Bourgeoisie und des Mittelstandes bedrohten, schlossen diese eine Art stillschweigendes Bündnis mit den Konservativen und ermöglichten so die Niederschlagung der radikalen Strömungen. Dennoch blieb der Liberalismus zunächst die überwiegende (wenn auch mehr nur indirekte) Interessenvertretung der Arbeiterschaft. Erst zwischen den sechziger Jahren und dem frühen 20. Jahrhundert, als der Anteil der Industriearbeiterschaft an der Gesamtbevölkerung rasch zunahm, bildeten sich in den meisten Staaten sozialistische beziehungsweise Arbeiterparteien. Das hing nicht zuletzt mit der Ausweitung des Wahlrechts zusammen: Nur dank dem allgemeinen oder zumindest nahezu allgemeinen Wahlrecht hatten Parteien, die sich primär an die Unterschichten wandten, eine Chance.

Die Ausbreitung sozialistischer Parteien bedeutete zugleich eine Schwächung des Liberalismus. Zuerst, in den sechziger Jahren, erfolgte die Trennung in Deutschland, zuletzt, seit der Jahrhundertwende, in Großbritannien. Das Datum der Gründung sozialistischer Parteien wurde zum Indikator für die Schärfe des Gegensatzes zwischen Arbeiterschaft einerseits und Mittel- und Oberschicht andererseits: Je später die Tren-

---

20 Dazu die vergleichende Studie von A. ANDREASI, Anarco-sindacalismo.

nung erfolgte, um so schwächer war er in der Regel. Dabei hatten die Wähler- und erst recht die Machtverschiebungen klare Grenzen. Bis 1914 erreichte nie eine europäische sozialistische Partei in Wahlen die absolute Mehrheit der Stimmen oder der Mandate. Noch weniger stellte eine von ihnen irgendwo den Ministerpräsidenten oder gar die ganze Regierung. Lediglich in Frankreich war 1899–1904 ein Sozialist, Alexandre Millerand, Minister – mit der Folge, dass seine Partei ihn 1905 ausschloss. Immerhin erzielten die Sozialdemokraten 1914 in Schweden 36,8% der Stimmen, in Deutschland 1912 34,8%.[21] Andererseits ging die Vorherrschaft der Liberalen in den siebziger Jahren überall zu Ende. Künftig regierten Koalitionen, in denen neben Liberalen häufig konfessionelle Parteien vertreten waren.

Diese drei Strömungen bildeten überall die Grundstruktur des Parteienwesens. Die relative Stärke der Parteien hing hauptsächlich vom Ausmaß der bereits erfolgten Industrialisierung und des damit verbundenen sozialen Wandels ab. Die Zahl der Parteien variierte von Land zu Land, und sie konnte auch innerhalb eines Staates im Ablauf der Zeit stark schwanken. In Großbritannien prägte sich ein Zweiparteiensystem aus. In Deutschland gewannen auf die Dauer fünf Parteien eine wichtige Stellung; anderswo war ihre Zahl noch größer. Diese Variationsbreite des nationalen Parteiensytems hatte eine Reihe von Gründen. Zunächst waren die geschilderten drei Strömungen in sich keineswegs homogen. Innerhalb ihrer ergaben sich leicht Spaltungen, etwa zwischen restaurativ ausgerichteten Konservativen und solchen, die das allgemeine Wahlrecht akzeptierten oder, besonders prominent, zwischen Liberalen und Radikalen, deren Spaltung auch zur Gründung sozialistischer Parteien führen konnte. Bedeutende Auswirkungen hatte sodann das Wahlverfahren. Ein konsequentes Mehrheitswahlrecht erschwerte es neuen Parteien ungemein, politische Bedeutung zu gewinnen. Großbritannien war dafür das Musterbeispiel. Das Verhältniswahlrecht begünstigte demgegenüber eher die Parteienzersplitterung.

Wichtiger ist, dass die sozioökonomischen Kriterien, nach denen sich die drei skizzierten Richtungen hauptsächlich unterschieden, keineswegs die einzige relevante Einteilung der Gesellschaft bildeten. In den meisten Staaten bestanden weitere Differenzierungen und Konfliktlinien, die sich mit den sozioökonomischen überschnitten und dadurch zu Überlagerungen in der Parteienstruktur führten.

Das wichtigste dieser Einteilungskriterien war die Religion beziehungsweise die Konfession. Zu einer aus europäischer Perspektive wirklich relevanten politischen Kraft wurde allerdings nur der Katholizismus. Ihm gelang es, in einer ganzen Reihe von Staaten von ihm geprägte Parteien aufzubauen. Diese waren in erster Linie gegen den Laizismus, gegen die staatliche Regelung von Lebensbereichen, die bislang der Kirche unterstanden hatten, etwa Zivilstands- oder Bildungswesen, gerichtet, ganz besonders in Staaten, in denen der Katholizismus die dominante oder beinahe ausschließliche Konfession war. Zum Musterbeispiel wurde Belgien, wo die katholische Partei 1874–1878 und 1884–1919 die absolute Mehrheit im Parlament hatte und die Regierung stellte.[22] In konfessionell gemischten Staaten richteten sich solche Parteien

21 P. Flora, State 1, 119; 143. In Finnland – allerdings kein souveräner Staat – erhielten die Sozialdemokraten 1913 sogar 43,1% der Stimmen. Ebd., 111.

22 D. Nohlen/H. Opiela, in D. Sternberger/B. Vogel, Wahl 1, 1, 105f.

daneben auch gegen den Protestantismus, insbesondere in Deutschland, den Niederlanden und der Schweiz. Demgegenüber waren die parteipolitischen Aktivitäten des Protestantismus deutlich geringer, wohl in erster Linie infolge seiner landeskirchlichen Einbindung in den Staat. Die einzige wichtige Ausnahme bildeten hier die Niederlande.

Die Überlagerung erfolgte nun dergestalt, dass etwa die katholischen Arbeiter in Deutschland ganz überwiegend nicht sozialdemokratisch, sondern das katholische Zentrum wählten – eine Partei, in der auch die Mittel- und Oberschichten gut vertreten waren –, als Katholiken und nicht als Liberale oder Konservative.

Die zweitwichtigste nicht sozioökonomische Differenzierungslinie war die Nationalität, definiert in der Regel über die Sprache und zuweilen über die ethnische Zugehörigkeit. Sie spielte in Österreich die größte Rolle. Doch blieb ihre Integrationswirkung bis 1914 geringer als diejenige der Religion. Sie führte zwar zur Spaltung bestehender Parteien. So splitterten sich die österreichischen Sozialdemokraten 1911 als letzte größere Partei in nationale Einheiten auf. Hingegen entstanden keine national definierten, die verschiedenen sozioökonomischen Lager übergreifenden Parteien, also etwa eine tschechisch-nationale Partei, die Konservative, Liberale und Sozialisten umfasst hätte. Ein Rest von Gemeinsamkeiten war geblieben.

3.2.2.2 Interessenvertretungen

Die Parteien hatten jeweils eine sozial vergleichsweise heterogene Wählerschaft. Das galt selbst noch für die in dieser Sicht homogensten Parteien, die sozialistischen, die ja oft geradezu als Arbeiterparteien bezeichnet wurden und werden. Die Arbeiterschaft selber umfasste die unterschiedlichsten Berufe und Stellungen, und die Wähler bestanden nirgends ausschließlich aus Arbeitern.

Der rasche sozioökonomische Wandel, der immer wieder neue Gruppen entstehen ließ und bestehende gefährdete, ließ ein zunehmendes Bedürfnis entstehen, die spezifischen Interessen solcher Gruppen intensiver und wirksamer zu vertreten, durch eigens dafür gegründete Organisationen. Diese mussten versuchen, ihre Interessen in der Öffentlichkeit, in den Parteien, in den Parlamenten und Regierungen bekanntzumachen und durchzusetzen.

Die vielleicht wichtigste und auf jeden Fall auffälligste und bekannteste Form gewann diese Interessenvertretung in der Gewerkschaftsbewegung, die freilich stets mehr als nur Interessenvertretung im engen Sinne war. Sie war auch Selbsthilfeorganisation, und sie versuchte, die Interessen ihrer Mitglieder nicht nur in der Öffentlichkeit und im Staat, sondern auch, und vor allem direkt, gegen ihre Gegenspieler, die Unternehmer, durchzusetzen. Das trug dazu bei, dass ihr Aufstieg von vielfältigen Auseinandersetzungen begleitet war, zumal sie mit dem Streik auch eine Waffe entwickelte, mit der sie bewusst auf Konfrontation setzte. Die Durchsetzung der Koalitions- (Gewerkschafts-)freiheit und des Streikrechts erfolgte nur langsam, wobei das Streikrecht begreiflicherweise stärker umstritten und bis 1914 noch nicht in allen Ländern staatlich anerkannt war.[23] In der Regel setzten die Gewerkschaften beide Rechte

---

23 Vgl. die Tabelle bei R.J. GOLDSTEIN, Repression, 56.

zuerst de facto und einige Zeit später auch noch de jure durch. Insgesamt machte diese Bewegung in der behandelten Zeit bedeutende Fortschritte. Ihre Ursprünge lagen einerseits in gegenseitigen Unterstützungsvereinen und Hilfskassen, andererseits in Kooperativen und Konsumgenossenschaften. Beide Formen wurden zunächst vielfach auch von den Unternehmern unterstützt, bevor sich ein scharfer Gegensatz herausbildete. Gewerkschaften waren ein spezifisches Produkt der Industrialisierung. Sie entstanden deshalb zuerst – seit den 1840er Jahren – in Grossbritannien und spielten hier bis 1914 auch die größte Rolle. Aus unbedeutenden Vereinen wurden förmliche Massenorganisationen, die in ganz Europa viele Millionen Mitglieder hatten. Von einer allumfassenden Erfassung der Arbeiterschaft waren sie allerdings 1914 noch weit entfernt. Selbst in Großbritannien, das die größte Gewerkschaftsbewegung hatte, betrug der Organisationsgrad 1914 lediglich 28,5%.[24] Dennoch konnten die Gewerkschaften erhebliche Erfolge verbuchen sowohl gegenüber dem Staat, in der Form der Arbeits- und Sozialgesetzgebung, als auch gegenüber den Unternehmern. Dazu trug der starke Einfluss bei, den sie in den meisten Staaten in den sozialistischen Parteien hatten.

Die zunehmend effiziente Vertretung der Interessen der Arbeiter ließ ihre Gegenspieler, die Unternehmer, zum gleichen oder jedenfalls einem ähnlichen Mittel greifen, indem sie sich ebenfalls organisierten. Das war im Prinzip angesichts ihrer viel kleineren Zahl einfacher. Doch die höchst unterschiedliche Größe und Struktur der Unternehmen führte zu vielfältigen Interessendivergenzen, so dass eine Einigung in der Regel mindestens so schwer fiel wie bei den Gewerkschaften. Dabei betraf die Interessendurchsetzung nicht nur das Verhältnis zu den Arbeitern, sondern auch die staatliche Wirtschaftspolitik, etwa die Zölle oder die Arbeitsgesetzgebung.

Im Lauf der hier behandelten Jahrzehnte entstanden darüber hinaus vielfältige andere Formen der Interessenvertretung, für alle möglichen Berufs- und Funktionsgruppen.[25] Der Erfolg war nicht in erster Linie von der Größe des betreffenden Verbandes abhängig, sondern einerseits von seiner wirtschaftlichen Macht, andererseits von seiner Fähigkeit, direkt ins Zentrum der politischen Entscheidungen hineinzuwirken. Dadurch konnten kleine Gruppen großen Einfluss ausüben, während andere sich nicht bemerkbar zu machen verstanden. Solche Kontraste fanden sich insbesondere im ländlichen Bereich. Während die Landarbeiter und Tagelöhner kaum jemals eine politisch wirksame Stimme hatten, vermochten die Landwirte und größeren Pächter in vielen Ländern äußerst schlagkräftige Organisationen aufzubauen. Sie profitierten davon, dass nach wie vor in den meisten Staaten überdurchschnittlich viele Angehörige der Oberschichten Grundbesitzer waren.

3.2.2.3 Die Frauenbewegung

Die Ausbreitung politischer Organisation auf der Ebene der Parteien und der Interessenverbände war keine Folge fortschreitender Verelendung. Unter materiellen Gesichtspunkten wäre solche Selbstorganisation früher viel nötiger gewesen. Statt dessen erlebte sie ihren Höhepunkt in den Jahrzehnten vor dem Ersten Weltkrieg, einer Zeit beinahe allgemein wachsenden Wohlstands. Ihre wichtigste Ursache ist vielmehr in

---

24 E.H. Hunt, Labour history, 295; R. McKibbin, Ideologies, 2.
25 Als nationale Fallstudie siehe etwa H.P. Ullmann, Interessenverbände.

der Ausbreitung der Gleichheit und in den Forderungen danach zu sehen. Bislang in rechtlicher und materieller Hinsicht unterprivilegierte Gruppen schickten sich an, in organisierter Form mehr Rechte und einen größeren Anteil am gesellschaftlichen Reichtum zu verlangen. Dagegen schlossen sich dann auch wieder die bislang Privilegierten zusammen. Auf diese Weise war die politische Organisation einerseits eine Folge der Ausbreitung der Idee der Gleichheit; sie trug aber andererseits auch wieder zu deren Ausbreitung bei.

Die Einteilungskriterien für diese vielfältigen Organisationen waren überwiegend sozioökonomisch. Bei den Parteien war die Klasse das wichtigste Kriterium, daneben standen Religion und Nationalität; bei den Interessenvertretungen stand der Beruf oder ganz allgemein die Tätigkeit im Vordergrund. Das Geschlecht hingegen konnte unter sozioökonomischen Gesichtspunkten kein sinnvolles Einteilungskriterium abgeben, bildeten doch die Angehörigen beider Geschlechter jeweils einen Querschnitt durch das ganze diesbezügliche Spektrum, oder wenigstens durch einen großen Teil davon. Zwischen der Witwe eines Großunternehmers, der Ehefrau eines Hochadligen und einer unverheirateten ländlichen Tagelöhnerin bestanden sozioökonomisch gesehen wenig Gemeinsamkeiten. Demgegenüber betraf das Gleichheitspostulat angesichts der offenkundigen zivilrechtlichen und politischen Diskriminierung aller Frauen in allen Ländern auch das Verhältnis zwischen den Geschlechtern. Darüber hinaus ergaben sich auf der sozioökonomischen Ebene wachsende, der Tendenz zur Gleichheit zwischen den Geschlechtern widerstreitende schichtenspezifische Diskriminierungen. Ausgangspunkt war die sich im Zusammenhang der Industrialisierung verstärkende, nicht zuletzt räumliche Trennung von unbezahlter häuslicher und bezahlter ausserhäuslicher Arbeit, wobei letztere vorwiegend den Männern, erstere fast ausschließlich den Frauen zugeordnet wurde. In den Mittel- und Oberschichten führte dies tendenziell zum Ausschluss der Frauen von der Erwerbsarbeit, abgesichert durch die Fernhaltung von der höheren Bildung. In den Unterschichten hingegen ergab sich eine wachsende Doppelbelastung der Frauen durch häusliche und Erwerbsarbeit.

Diese Rahmenbedingungen machen verständlich, dass sich die Frauen, als das diskriminierte Geschlecht, in dieser Zeit im Zuge der allgemeinen Mobilisierung der Gesellschaft im Rahmen der Gleichheitsforderungen erstmals in der Geschichte politisch wirksam organisierten. Sie machen aber auch verständlich, weshalb weder eine einheitliche Interessenvertretung noch eine Partei entstand, sondern eine lockere, breite und heterogene Bewegung: Bei weitem nicht alle Interessen und Forderungen waren allen Frauen gemeinsam. Die größten Erfolge erreichte die Bewegung da, wo die Diskriminierung alle Frauen traf, insbesondere bei der zivilrechtlichen Stellung (siehe S. 269f.). Anders bei den politischen Rechten, da sich die weitgehende zivilrechtliche Gleichstellung als Voraussetzung dafür erwies, die Forderung nach politischen Rechten, und insbesondere nach dem Wahlrecht, überhaupt ernsthaft einbringen zu können. Im sozioökonomischen Bereich hingegen ergaben sich unterschiedliche Interessen und Forderungen, die sich in vielen Ländern in mehr oder weniger starken Differenzen zwischen bürgerlicher und proletarischer Frauenbewegung niederschlugen. Kämpfte erstere vor allem um den Zugang zur höheren Bildung und zu qualifizierten Berufen sowie gegen gesellschaftliche Vorbehalte gegenüber der Selbständigkeit der Frau und damit letztlich um die Befreiung von der häuslichen Einschließung, so ging es der letzteren in erster Linie um die Milderung der Doppelbelastung in Haus und Erwerbsleben, um den Schutz am Arbeitsplatz und die Verbesserung der Arbeitsbedingungen sowie um die Erhöhung der Einkünfte, um den Zwang zur Erwerbsarbeit zu verringern.

Hier zeigten sich auch die Grenzen der Frauenbewegung. Denn die Forderungen im Arbeitsbereich mussten letztlich stärker im Rahmen der Arbeiter- als der Frauenbewegung eingebracht werden, und sie waren keineswegs für alle Schichten gleich. Die Folge war, dass sich unterschiedliche Richtungen der Frauenbewegung unterschiedlichen Parteien annäherten oder gar anschlossen, ohne dass dabei freilich von Interessenidentität die Rede sein konnte. Anders als die Arbeiterbewegung konnte die Frauenbewegung nie zur zentralen Kraft innerhalb einer Partei werden: Dazu war sie sozial zu heterogen. Das mögliche Wirkungsfeld einer einheitlichen Frauenbewegung lag weiterhin eher im zivilrechtlich-politischen als im sozioökonomischen Feld. Ein anderer potentiell gemeinsamer, übergreifender Bereich für die Frauen waren gesellschaftliche Fragen wie der Aufbau und die Funktion der Familie und die Rollenverteilung in ihr. Hier kam es zu vielfältigen Debatten, Vorschlägen und Experimenten mit neuen Lebensformen,[26] aber noch nicht zu einer breiten, politisch wirksamen Bewegung.

Die Frauenbewegung war in der Regel erst eine Folge der stärkeren Ausbreitung der Gleichheit in Politik, Recht und Gesellschaft. Das zeigte sich am deutlichsten in Russland, wo zwar Frauen besonders aktiv in den entstehenden Parteien waren, vor allem den linken, aber keine nennenswerte Frauenbewegung entstand:[27] Die gesellschaftliche, insbesondere die ständische Ungleichheit war noch zu stark.

3.2.2.4 Politische Gewalt

Streiks waren häufig mit Gewaltanwendung verbunden, sowohl zwischen Streikenden und Streikbrechern, ob diese nun von den Unternehmern eingesetzt wurden oder auf eigene Faust handelten, als auch zwischen Streikenden und staatlichen Ordnungskräften.[28] So leicht solche Gewalt zum Ausbruch kam, ganz besonders da, wo kein Streikrecht bestand, so war die Anwendung von Gewalt dennoch kein Mittel, das die Gewerkschaften von vornherein zur Erreichung ihrer Ziele einplanten. Vielmehr hatten friedliche Mittel eindeutigen Vorrang. Das gilt selbst für die schärfste Waffe der Gewerkschaften, die allerdings meist nur diskutiert und nie in vollem Umfang eingesetzt wurde, den Generalstreik, der einen politischen Umsturz herbeiführen sollte, wobei damit zu rechnen war, dass der Staat nicht einfach kampflos aufgeben würde. In der Tat führten Generalstreiks verschiedentlich zu bürgerkriegsartigen Verhältnissen mit einer grösseren Zahl von Opfern, so 1886 in den Niederlanden, 1886 und 1893 in Belgien, 1898 in Mailand und 1909 in Barcelona. Friedlich und erfolglos verlief ein Generalstreik in Schweden 1909, während in der russischen Revolution 1905–1907 politische Streiks nur ein Kampfmittel unter anderen waren.

Noch fragloser galt grundsätzliche Gewaltlosigkeit für die übrigen politischen Kräfte, für Parteien und Interessenvertretungen aller Art. Zwar hatten die meisten sozialis-

26 Vgl. C. Hepp, Avantgarde.
27 Vgl. B. Fieseler, Social Democrats.
28 Dazu die international vergleichende Studie von C. Tilly u.a., Rebellious century.

tischen Strömungen die Vision einer Revolution, die auch gewaltsam verlaufen konnte. Doch daraus wurde in der politischen Praxis in aller Regel kein gewaltsames Vorgehen abgeleitet. Eine Ausnahme bildeten anarchistisch orientierte Splittergruppen, auf der Linken des politischen Spektrums, die Gewalt nicht nur propagierten, sondern sie auch gezielt einsetzten, als individuellen Terror, vor allem gegen hohe und höchste Würdenträger gerichtet. Europa wurde insbesondere zwischen den 1880er Jahren und dem Ersten Weltkrieg von verschiedenen Wellen terroristischer Gewalt heimgesucht.[29] Die Schwerpunkte lagen in Russland und in Südeuropa, doch wurden auch etwa in Deutschland, Frankreich und Österreich politische Terrorakte verübt. Solchen Anschlägen fielen zahlreiche Herrscher, sonstige Angehörige von Herrscherhäusern, Minister und andere Politiker zum Opfer. Die prominentesten unter ihnen waren 1881 der russische Zar Alexander II., 1894 der französische Präsident Carnot, 1897 der spanische Ministerpräsident Cánovas del Castillo, 1898 Kaiserin Elisabeth von Österreich und 1900 König Humbert I. von Italien.[30] Die ausgelösten Erschütterungen konnten beträchtlich sein. Doch Terrorakte wurden nie zum Fanal für allgemeine Aufstände und Bürgerkriege oder gar für einen Umsturz. Einzig die Ermordung des Herrschers und des Thronfolgers 1908 in Portugal mag den republikanischen Umsturz 1910 begünstigt haben (siehe S. 202). Häufiger führten Attentate zu Reaktionen in Form einer Verschärfung der Repression, zum Abbruch von Reformen und zur Verschlechterung des politischen Klimas. Besonders bekannt geworden ist in dieser Hinsicht die Ermordung Zar Alexanders II. von Russland im Jahre 1881, die zu einer Periode der Reaktion unter seinem Nachfolger Alexander III. führte.

So wurde die Bewältigung des Terrorismus indirekt zum Beweis für die innere Stabilität der europäischen Staaten. Deren Schwäche lag nicht im Inneren, sondern in ihren gegenseitigen Beziehungen, wie ebenfalls der Terrorismus offenbarte: Das Attentat von Sarajewo, dem am 28. Juni 1914 der österreichische Thronfolger zum Opfer fiel, stürzte nicht etwa die Donaumonarchie in einen Bürgerkrieg, sondern es wurde zum Auslöser des Ersten Weltkrieges.

Der Zusammenhang zwischen politischer Gewalt und außenpolitischen Verhältnissen zeigte sich noch in einem anderen Kontext. Große innerstaatliche Gewaltausbrüche mit Bürgerkriegscharakter waren nach 1848 in Europa selten. Die Ausnahmen lassen sich leicht erklären. Der Bürgerkrieg, der in den sechziger Jahren in Süditalien tobte (siehe S.182), war eine Art verspäteter Einigungskrieg als Folge der forcierten Eingliederung des Südens in den Staat des Nordens. Der große rumänische Bauernaufstand von 1907 (siehe S. 219) war eher eine Reminiszenz an vormoderne Revolten. Er war eine Folge sich verschlechternder Lebensbedingungen auf dem Lande, griff nicht auf die Städte über und konnte deshalb ohne Schwierigkeiten, wenn auch mit gewaltigen Opfern, niedergeschlagen werden. Die Pariser Kommune von 1871 und die Russische Revolution 1905–1907 wurden beide erst durch schwere äußere militärische Niederlagen ausgelöst, die den Staat in einer Weise geschwächt hatten, wie das in Friedenszeiten nie der Fall war. Beide wurden trotzdem vom Staat rasch und vollständig und mit äußerster Brutalität niedergeschlagen, was zeigte, dass solche Umsturzversuche unter normalen Bedin-

---

29 Vgl. den Überblick bei W. Laqueur, Terrorism.
30 Ebd., 16–18.

gungen erst recht keine Chancen hatten. Ebenso wurde deutlich, dass bei akuter Bedrohung jeder Staat hart zuschlug, unabhängig von seinem politischen System. Gemessen an der Gesamtzahl der Beteiligten war das Vorgehen der parlamentarisch-demokratischen französischen Republik gegen die Kommunarden von 1871 sogar sehr viel blutrünstiger als dasjenige der russischen Autokratie gegen die Revolutionäre 1905–1907.

So zeigten die europäischen Staaten eine erstaunliche innere Stabilität und Widerstandsfähigkeit, und zwar nicht nur die homogenen und demokratischen, sondern auch die heterogenen und autokratischen. Die in der Rückschau häufig als moribund geltende Donaumonarchie erlebte zwischen 1850 und 1914 keinen einzigen größeren Gewaltausbruch. Aus der Tatsache, dass am Ende des Ersten Weltkrieges mehrere Staaten zusammenbrachen und in vielen gewaltsame Umstürze erfolgten, sollte nicht auf innenpolitische Schwäche schon vor 1914 geschlossen werden. Die Belastung durch den Krieg war so ungeheuer, dass nur Siegerstaaten – und bei weitem nicht alle – ohne Umsturz zu überleben vermochten. Die westlichen parlamentarischen Demokratien mochten am Schluss ihren Sieg der im Vergleich zu den Kaiserreichen größeren inneren Belastbarkeit verdanken. Doch lässt sich das schwer beweisen, und daraus folgt jedenfalls nicht, dass die Verlierer nicht belastbar waren.

3.2.2.5 Der Nationalismus

Im Ancien Régime war der Kreis der politisch Mitspracheberechtigten sehr eng, und die Masse der Bevölkerung war von ihren Lebensumständen her weniger auf den Gesamtstaat als auf ihren engeren Lebensraum ausgerichtet. Der wirtschaftliche und der soziale Wandel brachten mehr räumliche Mobilität. Dadurch fühlten sich die Einzelnen eher größeren Territorien zugehörig. Die Demokratisierung ließ die Zahl der politisch Mitspracheberechtigten anschwellen und führte zur Ausbreitung von Parteien und Interessenverbänden. Diese argumentierten zwar oft mit dem Gesamtwohl, vertraten aber allesamt Partikularinteressen. Letztlich waren es, auf den Gesamtstaat bezogen, zentrifugale Kräfte. Daraus entstand das Bedürfnis nach einer Kraft, die den Gesamtstaat zusammenhielt. Diese Funktion gewann der Nationalismus, der in seiner modernen Form bezeichnenderweise seit dem Untergang des Ancien Régime in der Französischen Revolution aufkam. Sein Subjekt waren, zumindest dem Anspruch nach, nicht einzelne Parteien oder Gruppen, sondern es war die durch vielerlei Gemeinsamkeiten zusammengehaltene gesamte Bevölkerung des Staates. Dabei sollten seine Wirksamkeit und Anziehungskraft allerdings nicht überschätzt werden. Die beiden klassischen nationalistischen Ereignisse der behandelten Zeit, die italienische und die deutsche Einigung, waren keineswegs das Werk einer das ganze Volk erfassenden, unwiderstehlichen nationalen Grundstimmung. Ausgeprägter Nationalismus fand sich lediglich in Teilen einer relativ schmalen Mittelschicht. Die beiden Architekten der nationalen Einigungen, Cavour und Bismarck, waren alles andere als nationale Eiferer und vielmehr nüchterne Realpolitiker. Beide verzichteten auf Gebiete, die nach allgemeiner Auffassung durchaus zum Nationalstaat gehört hätten und deren Bevölkerung sich in einem Plebiszit wohl auch mit überwältigender Mehrheit für einen Anschluss an diesen ausgesprochen hätte.

In den folgenden Jahrzehnten allerdings, im Verein mit dem beschleunigten wirtschaftlichen und gesellschaftlichen Wandel, gewann der Nationalismus in ganz Euro-

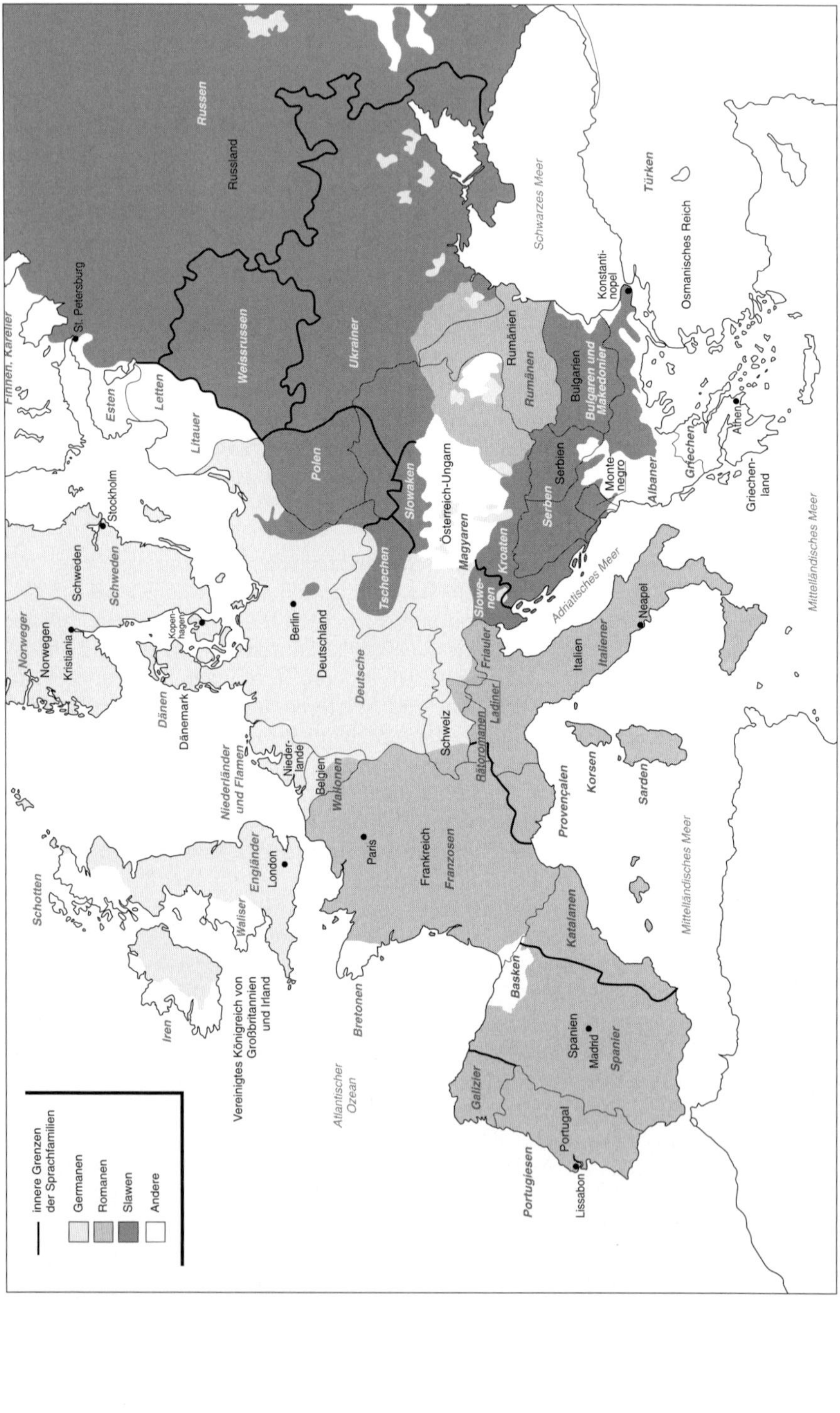

Abb. 14: *Nationalitäten in Europa um 1900*

pa rasch an Kraft, auch wenn die Oberschicht einen Rest ihrer alten kosmopolitischen Ausrichtung behielt und in den Unterschichten zumindest die Arbeiterbewegung internationalistische Ziele verfolgte. Insbesondere der Marxismus gab sich internationalistisch.[31] Die sogenannte Erste Internationale, die 1864 gegründete Internationale Arbeiterassoziation, scheiterte 1872 am Konflikt zwischen Marxisten und Anarchisten und löste sich 1876 auf. 1889 wurde die Zweite Internationale gebildet.

Die unwiderstehliche und zunehmend aggressive Kraft, die der Nationalismus mittlerweile gewonnen hatte, zeigte sich beim Ausbruch des Ersten Weltkrieges, als auch die Arbeiterbewegung, von wenigen kleineren Gruppen abgesehen, die nationale Sache loyal und häufig mit Begeisterung unterstützte und die Zweite Internationale unterging.

Der Nationalismus bezog sich strenggenommen nicht auf den Staat, sondern auf die Nation. Wie wurde diese definiert? Idealerweise fiel beides zusammen, galt die in einem Staat lebende Bevölkerung als Nation. Das war aber eine bloße Tautologie. Sollte die Nation eine wirklich verbindende Kraft gewinnen, so musste sie zusätzliche Merkmale erhalten. Am wichtigsten wurde dabei die Sprache; daneben standen gemeinsame Abstammung, Geschichte und Religion. Die Folge dieser Sichtweise war, dass manche Nationen mehrere Staaten und manche Staaten mehrere Nationen (oder, in zeitgenössischer Terminologie: Nationalitäten) umfassten, dass Staat und Nation in vielen Fällen nicht mehr deckungsgleich waren, obwohl eine Nation nur dann als verwirklicht galt, wenn sie zugleich einen Staat bildete. Die Nation fand ihr Ziel nur im eigenen Staat – aber nicht jede Nation hatte bereits einen eigenen Staat. Dadurch konnte der Nationalismus, statt die Bevölkerung eines Staates zusammenzuhalten, eine beträchtliche politische Sprengkraft entwickeln. Das Problem der Vereinigung mehrerer Staaten zu einer Nation wurde, wenn auch mit Einschränkungen, in der italienischen und der deutschen Einigung gelöst. Ähnliche Fragen blieben aber etwa bei den Polen, den Rumänen und den Albanern ungelöst, wobei im Falle der Albaner bis kurz vor dem Ersten Weltkrieg angesichts des wirtschaftlichen und gesellschaftlichen Entwicklungsstandes kaum von einem modernen Nationalismus die Rede sein konnte.

Zu einem viel größeren Problem wurde die Existenz zahlreicher Staaten mit mehreren Nationalitäten. Musterbeispiel und Extremfall war die Donaumonarchie mit 11 Hauptnationalitäten, von denen keine mehr als gut 25% Anteil an der Gesamtbevölkerung hatte. Doch auch Russland und das Osmanische Reich waren Vielvölkerreiche, und alle in Südosteuropa neu entstehenden Staaten hatten erhebliche nationale Minderheiten, deren Nationalismen in der behandelten Zeit an Virulenz gewannen. Über den mittel- und osteuropäischen Verhältnissen gingen die nationalen Minderheiten in Westeuropa leicht vergessen: in Spanien, Frankreich, Deutschland, Belgien und Großbritannien etwa. Abgesehen vom Sonderfall der Schweiz, die sich selber nicht als Nationalitätenstaat verstand, fand das Problem des Nationalitätenstaates bis 1914 keine Lösung. Vielmehr verschärfte es sich kontinuierlich.

Immerhin stellten die meisten Nationalbewegungen bis 1914 noch nicht die radikale Forderung nach Eigenstaatlichkeit, sondern sie verlangten einen kollektiven Min-

---

31 Zum Folgenden als Überblick P. Friedemann/L. Hölscher, Internationale.

derheitenstatus innerhalb des bestehenden Staates. Doch die Konfrontation war schon in diesem eingeschränkten Rahmen unvermeidlich, weil ein brauchbares föderalistisches Konzept fehlte, wobei kein ersichtlicher Zusammenhang mit dem politischen System bestand: Großbritannien hatte mit den Iren keine geringeren Schwierigkeiten als Österreich und Russland mit ihren Nationalitäten; Belgien fand keine befriedigende Lösung für die Flamen, und das Osmanische Reich stand den entstehenden Nationalismen hilflos gegenüber. Bei der Auflösung des Osmanischen Reiches in Europa wurden statt dessen bereits Formen entwickelt, die später im 20. Jahrhundert nachgeahmt und verschärft wurden: Die gewaltsame Schaffung homogener Nationalstaaten durch Bevölkerungstausch, Umsiedlungen, Vertreibungen oder gar Massenvernichtung.[32]

Hier zeigte sich die Ambivalenz des Nationalismus. Er hatte eine enorme einheitsstiftende Kraft. Um diese zu erreichen, musste er eine Reihe von gemeinschaftsbildenden Merkmalen postulieren, die – angeblich oder tatsächlich – allen Nationsangehörigen gemeinsam waren. Gerade durch die vorgestellte Einheit entstanden aber auch wieder Abgrenzungen zu denen, die nicht zur Nation gehörten, besonders dann, wenn sie sich im gleichen Gebiet wie diese aufhielten. Der Nation standen ihre – potentiellen oder aktuellen – Feinde gegenüber. Das waren zunächst andere Staaten; doch auch innerhalb des eigenen Staates konnten Gruppen ausgegrenzt und zu Feinden erklärt werden. Je stärker die Ausgrenzungen waren, um so leichter ließ sich Einheit nach innen erreichen. Ausländerfeindschaft spielte angesichts sehr begrenzter Wanderungsbewegungen und dadurch eines geringen Ausländeranteils von lediglich etwa 1–3% an der Bevölkerung in den meisten Staaten keine bedeutende Rolle.[33] Gravierender wurden Abgrenzungen zu traditionellen Minderheiten, insbesondere den Juden. Zu einer Art Korrelat des sich immer schärfer artikulierenden Nationalismus wurde der Antisemitismus. Er machte die Juden in erster Linie zu Sündenböcken und fand infolgedessen bei jenen Gruppen den größten Anklang, die sich zu den Verlierern des wirtschaftlichen und sozialen Wandels rechneten. Das war am meisten – wenn auch keineswegs ausschließlich – beim alten Mittelstand der Fall. Zu den eigentlichen Propagandisten und Protagonisten allerdings wurden Intellektuelle, so etwa 1879–1881 in Deutschland im Berliner Antisemitismusstreit[34] und 1894–1906 in Frankreich im Zusammenhang der Dreyfus-Affäre (siehe S. 72). Es ging hier um eine Funktion, die den Juden unabhängig von ihrem Anteil an der Bevölkerung zugesprochen wurde, auch wenn sich in Staaten mit einem größeren Anteil der Juden an der Gesamtbevölkerung leichter Volksbewegungen gegen sie inszenieren ließen, etwa in Teilen Russlands oder in Rumänien. Doch auch in Frankreich, in dem 1872 nur 0,14% Juden lebten, konnte der Antisemitismus zeitweise eine beträchtliche Virulenz gewinnen. Jedenfalls war er eine europäische und nicht etwa eine spezifisch deutsche Erscheinung. Er war keine zwangsläufige Folge des Nationalismus. Aber er wurde durch die Dialektik des Zusammenschlusses nach innen und der Abgrenzung nach außen begünstigt. In ähnlicher Weise konnten andere Gruppen ausgegrenzt und zu Sündenböcken oder Feinden abgestempelt werden: Katholiken oder Protestanten, Arbeiter

---

32 Dazu etwa K. Boeckh, Balkankriege, Kap. 5.
33 Ein Überblick bei P. Flora, State 1, 42–54.
34 Dazu W. Boehlich, Antisemitismusstreit.

oder Unternehmer, Polen oder Russen. Doch gewannen solche Strömungen nie die gleiche Kraft wie der Antisemitismus.

Der moderne Antisemitismus hing in schwer definierbarer Weise mit dem bereits früher aufgekommenen Rassismus zusammen.[35] Diese pseudowissenschaftliche Strömung hatte Wurzeln, die bis in das 18. Jahrhundert zurückreichten. Zum Ausgangspunkt für ihre breite Wirksamkeit wurde das 1853–1855 erschienene vierbändige Werk „Versuch über die Ungleichheit der Menschenrassen" des Franzosen Arthur de Gobineau.[36] Dieser und seine Nachfolger unternahmen es, in Parallele zu und Abhängigkeit von evidenten äußeren Unterschieden zwischen den Menschenrassen substantielle wertmäßige Differenzen zu behaupten, die jeweils auf eine naturgegebene angebliche Überlegenheit der Europäer oder der Weißen hinausliefen. Damit ließ sich die europäische Weltherrschaft erklären und zugleich rechtfertigen. Freilich diente der Rassismus nur in geringem Maße der rechtlichen Begründung europäischer Ansprüche in Übersee und viel stärker der Festigung des europäischen Überlegenheitsanspruchs.[37] Auch der Antisemitismus wurde teilweise rassistisch gefasst; doch spielten bei ihm angesichts des andersgearteten Erfahrungshintergrundes und der unterschiedlichen Tradition andere Elemente eine wichtigere Rolle, zumal die Juden in den üblichen Rassehierarchien auch schwer einzuordnen waren. Insofern war der Antisemitismus bis 1914 politisch deutlich stärker und auch unmittelbarer wirksam als der Rassismus.

So erwies sich der Nationalismus als äußerst ambivalent. Einerseits war er das Produkt der Demokratisierung oder zumindest der breiteren Streuung der politischen Macht, und er trug entscheidend zur Stabilisierung des Staates bei; andererseits gefährdete er diesen auch wieder von innen heraus und provozierte oder verstärkte Ausgrenzungsbewegungen gegen Minderheiten aller Art. Er verband und trennte zugleich, und beides gehörte zusammen. Zur Bewältigung seiner disruptiven Kraft hat Europa bis heute kein überall anwendbares Rezept gefunden.

3.3 Religion und Kultur

Der Kulturbegriff ist sowohl in der Wissenschafts- als auch in der Alltagssprache ebenso verbreitet wie inhaltlich unbestimmt.[1] In seinem weitesten Verständnis bezieht er sich auf alles, was der Mensch über das von Natur Gegebene hinaus vollbringt sowie auf die Ergebnisse dieser Anstrengungen. So gesehen gehören die meisten Gegenstände, mit denen sich die Historie befasst, zur Kultur, auch die Wirtschaft und die Technik, bis hin zur Agrikultur. In einem engen Verständnis hingegen bleibt Kultur auf solche menschliche Hervorbringungen beschränkt, die über das Lebensnotwendige und Nützliche hinausreichen, und damit auf die Künste und auf einen Teil der Wissenschaften.

---

35 Als einführende Überblicke vgl. etwa I. Geiss, Rassismus und G.L. Mosse, Rassismus.

36 J.A. de Gobineau, Essai.

37 Vgl. J. Fisch, Expansion.

1 Für einen Überblick über die Begriffsgeschichte vgl. J. Fisch, Zivilisation, Kultur.

Hier ist das Vorgehen pragmatisch. Es geht weniger um einen konsistenten Kulturbegriff als um eine sinnvolle Abgrenzung der behandelten Bereiche. Was bereits in einem anderen Kapitel Gegenstand war, wird hier außer Acht gelassen. Im Mittelpunkt stehen Kunst und Wissenschaft, die im Länderteil weitgehend ausgeklammert worden sind. Dabei kann es nicht um eine Geschichte der einzelnen Künste und Wissenschaftsdisziplinen oder der einzelnen sie Ausübenden gehen. Gegenstand sind hier lediglich die großen geistigen Strömungen, die sich gerade dadurch bemerkbar machen, dass sie die einzelnen Gebiete übergreifen, dass sie zu allgemeinen Merkmalen ihrer Zeit werden. Nach ähnlichen Gesichtspunkten wird die Rolle der Religion erörtert. Das Kapitel soll überdies zeigen, inwieweit die postulierten Grundströmungen der Zeit, die Ausbreitung der Gleichheit und die Steigerung der Arbeitsproduktivität, auch das geistig-religiöse Leben beeinflusst oder gar geprägt haben.

3.3.1 Die Religion

Die religiöse Landkarte änderte sich in der behandelten Zeit nur geringfügig. Europa war ein nahezu ausschließlich christlicher Kontinent. Zu Beginn des 20. Jahrhunderts waren von 409 Millionen Europäern etwa 392 Millionen Christen.[2] Der Intensitätsgrad der Christianisierung war individuell höchst unterschiedlich – aber nur ein winziger Bruchteil der Bevölkerung sagte sich formell von den Kirchen als organisierter Form des Christentums los. Dieses war konfessionell in drei Hauptgruppen eingeteilt, zwischen denen kaum Verschiebungen erfolgten, schon gar nicht durch Mission und Bekehrung. Die Orthodoxen, etwa 102 Millionen, nahmen ein weitgehend geschlossenes Gebiet im Osten ein, während überwiegend im Süden 173 Millionen Katholiken und hauptsächlich im Norden 90 Millionen Protestanten lebten. Dazu kamen etwa 10 Millionen Anhänger von Sekten. So sehr Animositäten und Rivalitäten das Verhältnis zwischen den Konfessionen bestimmten, so war die Konfession doch kein ernsthafter, politisch relevanter Konfliktpunkt mehr. Dies, obwohl Angehörige unterschiedlicher Religionsgemeinschaften, insbesondere Protestanten und Katholiken, vielerorts in Gemengelage lebten, zahlreiche Staaten religiös sehr heterogen waren und der Protestantismus in manchen Gegenden in sich vielfältig gespalten war. Die Zeit der Religionskriege und der konfessionellen Bürgerkriege schien endgültig vorbei.

Etwas anders sah das Verhältnis zu den nichtchristlichen Religionen aus. Auf dem Balkan lebten, vor allem im Osmanischen Reich, etwa 9 Millionen Muslime, die in manchen Regionen, so in Albanien, sogar die eindeutige Mehrheit bildeten.[3] Teilweise Jahrhunderte zurückreichende Animositäten führten bei der Unabhängigkeit dieser Gebiete zu Massakern, Umsiedlungen und Vertreibungen, die zwar auch ethnische Hintergründe hatten, sich jedoch in erster Linie aus dem religiösen Gegensatz ergaben.[4]

Die zweite in Europa vertretene nichtchristliche Religion war das Judentum, mit gut 8,5 Millionen Personen. Zwar fanden sich in praktisch allen Staaten kleine jüdi-

---

2 Meyers Konversationslexikon, 6. Aufl., Bd. 6, Leipzig 1906, 181–183, Art. Europa.
3 Ebd., 183.
4 Vgl. etwa K. Boeckh, Balkankriege, Kap. 5; 8; 9.

sche Minderheiten. Der Schwerpunkt aber lag im Osten, ganz besonders in den ehemals polnischen Gebieten unter russischer und österreichischer Herrschaft. Russland zählte zu Beginn des Jahrhunderts 5,1 Millionen, Österreich-Ungarn 2 Millionen Juden, gefolgt von Deutschland mit 590.000, Rumänien mit 269.000, Großbritannien mit 179.000, den Niederlanden mit 104.000 und Frankreich mit 86.000.[5] Die schlechte wirtschaftliche Lage und, in Russland, seit 1881 wiederholte staatlich zumindest geduldete Pogrome und sich verschärfende gesetzliche Diskriminierungen führten zu zunehmender Auswanderung nach Westeuropa und vor allem in die Vereinigten Staaten und seit dem späten 19. Jahrhundert zur Entstehung einer jüdischen Nationalbewegung, des Zionismus.

Mit 700.000 Personen, die fast ausschließlich in fernab gelegenen Randgebieten wohnten, spielten andere als die drei monotheistischen Religionen in Europa so gut wie keine Rolle.

Die Religion hat in der behandelten Zeit zwei deutlich voneinander unterscheidbare Aspekte. Auf der einen Seite hat sie eine organisierte, kollektive Form, in der sie eine gesellschaftliche und eine politische Kraft bildet, auf der andern prägt sie die individuellen Auffassungen und Handlungen – ein Aspekt, der hier als Glaube bezeichnet wird. In beiden Bereichen erfolgten bedeutende und zum Teil gegenläufige Veränderungen.

3.3.1.1 Die Kirchen

Die Religion war in Europa traditionell kirchlich-kollektiv organisiert. Und die meisten Kirchen standen ebenso traditionell in einer engen Verbindung, ja geradezu einer Symbiose mit dem Staat. Sie nahmen vielfältige Aufgaben und Funktionen wahr, die nicht spezifisch religiös, sondern eher gesellschaftlich und zum Teil sogar politisch und hoheitlich waren. Insbesondere hatten sie die Aufsicht über Ehe- und Zivilstandswesen, und sie bestimmten Bildungs- und Gesundheitswesen sowie viele Bereich der öffentlichen Moral, wofür sie über eine eigene Gerichtsbarkeit verfügten. Sie bildeten weniger eine Konkurrenz als eine Ergänzung zum Staat. Dafür wurden sie einerseits privilegiert, andererseits staatlich überwacht, waren sie in größerem oder geringerem Maße Staatskirchen, mit der Folge, dass Minderheitskirchen in der Regel eine diskriminierte Stellung einnahmen.

Seit dem 18. und vollends im 19. Jahrhundert begann der Staat im Zuge der allgemeinen Ausweitung seiner Tätigkeit solche nicht unmittelbar religiösen Aufgaben und Kompetenzen vermehrt an sich zu ziehen. Diese Verstaatlichung auf Kosten der Kirchen, die nach der Jahrhundertmitte an Bedeutung gewann, war überall mit Auseinandersetzungen verbunden. Außerhalb des katholischen Bereiches waren die traditionell landeskirchlich organisierten Kirchen indessen zu schwach, um mehr als hinhaltenden Widerstand leisten zu können. Da sie unter unbestrittener staatlicher Kontrolle blieben, erfolgte auch keine strenge Trennung von Staat und Kirche. Zu heftigeren Auseinandersetzungen kam es hingegen zwischen dem Staat und der katholischen Kirche, sowohl in den nahezu rein katholischen Staaten wie Frankreich, Spani-

5 Meyers Konversationslexikon, 6. Aufl., Bd. 10 (1907), 330, Art. Juden. Ebd., Bd. 6, 182 wird die Gesamtzahl der europäischen Juden mit ca. 7,4 Millionen angegeben.

en, Portugal, Italien, Belgien und Luxemburg, als auch in solchen, in denen die Katholiken die einfache Mehrheit oder auch nur eine substantielle Minderheit bildeten, wie in Deutschland, der Schweiz, Österreich-Ungarn und den Niederlanden. Die katholische Kirche, die dank ihrer übernationalen Organisation nirgends bloße Landeskirche war, wehrte sich in vielfältigen Kämpfen, die nach deutschem Vorbild oft als Kulturkämpfe bezeichnet werden und in der hier behandelten Zeit europaweit betrachtet ihren Höhepunkt erreichten. Umstritten waren jeweils die Kontrolle der traditionell der Kirche unterstellten Bereiche sowie die staatliche Aufsicht über die Kirche selber. Oft bildeten Konflikte über kirchlichen Besitz, vor allem Grundbesitz, den Ausgangspunkt.

Die Auseinandersetzung endete ohne eindeutige Sieger. Es kam nirgends zu einer vollständigen und konsequenten Trennung von Kirche und Staat, etwa nach dem Vorbild der Vereinigten Staaten, noch nicht einmal in Frankreich, das 1905 in dieser Hinsicht am weitesten ging. Der umfassendste Wandel erfolgte im materiellen Bereich. Der einst ausgedehnte Kirchenbesitz wurde überall ganz oder zu großen Teilen vom Staat konfisziert und verkauft, sofern das nicht schon im 18. und in der ersten Hälfte des 19. Jahrhunderts geschehen war. Hingegen behielt die Kirche gewisse Privilegien und Zuständigkeiten vor allem im Bildungs- und Gesundheitsbereich, indem sie weiterhin Schulen und Krankenhäuser führte oder wenigstens kontrollierte. Selbst die Zivilehe war 1914 noch lange nicht in allen europäischen Staaten die Norm. Noch weniger galt das für die Ehescheidung.[6] Insgesamt aber wurde die kirchliche Position hier doch eindeutig geschwächt, musste von einer Säkularisierung gesprochen werden. Der Staat hatte darüber hinaus auch versucht, die Kirche stärker in seinen Griff zu bekommen und ihre inneren Angelegenheiten zu überwachen, von der Verfügung über die Kirchengebäude bis zur Ausbildung des Klerus. Solche Versuche misslangen größtenteils. Der Rückgang der gesellschaftlich-politischen Machtstellung der Kirche führte im Gegenteil zu deren größerer Autonomie: sie löste sich allmählich aus ihrer Symbiose mit dem Staat. Allerdings wehrte sie sich heftig gegen diesen Ablösungsprozess. Die Weigerung des Papsttums, auf den Kirchenstaat, und damit auf eine weltliche Herrschaftsgrundlage zu verzichten, ist dafür der sinnfälligste Ausdruck: Von der Eroberung Roms durch italienische Truppen 1870 bis zu den Lateranverträgen des Jahres 1929 betrachteten sich die Päpste als Gefangene im Vatikan. In Wirklichkeit führten die Kulturkämpfe zu einer Stärkung der übernationalen Organisation der katholischen Kirche. Die Loyalitäten der Kirchenhierarchie zum jeweiligen Staat wurden schwächer, diejenigen zu Rom, das jenseits der Berge (und der Landesgrenzen) lag, weshalb man von Ultramontanismus sprach, wurden stärker. Das erlaubte eine im Vergleich zu früher sehr viel straffere und effizientere, zentralistische Organisation. Mit deren Hilfe hatte die Kirche die Möglichkeit, ihre Anhängerschaft in vom Staat nicht kontrollierten Bereichen und Aktivitäten besser zu erfassen und zu mobilisieren. Diese Tendenzen erreichten ihren Höhepunkt 1870 im Ersten Vatikanischen Konzil und darin wieder in der Erklärung der Unfehlbarkeit des Papstes, wenn er ex cathedra die kirchliche Lehrmeinung festlegte. Vorbereitet worden war dieser Schritt schon 1854 durch die päpst-

---

6 Vgl. den Überblick bei P. Flora, State 2, 146f., sowie unten, S. 309, Tabelle 15.

liche Verkündung des Dogmas von der Unbefleckten Empfängnis Mariä. Man konnte diese Dogmatisierung freilich auch als Schwäche interpretieren: Wo die Kirche früher ihre Auffassungen in den einzelnen Staaten gerichtlich hatte durchsetzen können, konnte sie jetzt nur noch von Rom aus dogmatischen Druck ausüben.[7]

Die Zentralisierung bedeutete zugleich einen Sieg konservativer Positionen in gesellschaftlich-politischen Fragen, nicht zuletzt deshalb, weil sich die Kirche durch den expandierenden Staat bedrängt fühlte. Die ablehnende Haltung gegen alles Moderne erreichte ihren Höhepunkt 1864 im sogenannte *Syllabus* (vgl. S. 270f.), in dem Papst Pius IX. moderne Auffassungen aller Art verurteilte, nicht nur Toleranz, Religionsfreiheit und säkulare Schulen, sondern auch ganz pauschal etwa den Liberalismus und die moderne Zivilisation.[8]

In manchen rein katholischen Staaten manövrierte sich die Kirche durch ihre uneingeschränkt konservative gesellschaftlich-politische Haltung ins Abseits, indem sie nur noch von einer schmalen herrschenden Schicht als Verbündete akzeptiert wurde. Das war hauptsächlich in Spanien und Portugal der Fall. Anderswo, besonders in Gebieten, in denen die Katholiken in der Minderheit waren, gelang es zumindest Teilen der Kirche, eine breitere gesellschaftliche Allianz aufzubauen. Diese war zwar konsequent antiliberal, aber keineswegs überall antisozial. Die Kirche gehörte, nicht zuletzt in eigener Sicht, zu den Verlierern des Jahrhunderts und suchte nun Unterstützung bei anderen Verlierern, also etwa beim alten Mittelstand und den Frauen, aber auch bei den katholischen Arbeitern. Grundlage für solche Anstrengungen wurde die seit der Jahrhundertmitte entstandene und erstmals 1891 unter Papst Leo XIII. in der Enzyklika *Rerum novarum* wirksam zusammengefasste katholische Soziallehre, die eine Zwischenstellung zwischen Sozialismus und liberalem Kapitalismus einzunehmen versuchte.[9] In einigen Ländern waren die Mobilisierungserfolge in der Gestalt von Parteien und Massenorganisationen beträchtlich, insbesondere in Belgien, den Niederlanden, Deutschland und der Schweiz.

Im Protestantismus und in der Orthodoxie kam es zu keinen den Kulturkämpfen an Schärfe vergleichbaren Auseinandersetzungen. Die Richtung der Entwicklung war jedoch ähnlich: Der Staat gewann außerhalb des eigentlich religiösen Bereiches auf Kosten der Kirche, die sich als Landeskirche fügen musste, an Bedeutung. Die Verbindung der protestantischen Landeskirchen mit den konservativen Kreisen war eher noch enger als im Katholizismus. Abweichungen von dieser Regel ergaben sich nur zu einem geringen Teil aus Sozialbewegungen innerhalb der etablierten Kirchen und stärker aus Sekten und protestantischen Minderheitskirchen ohne direkte Verbindung zum Staat. Hier hatte Großbritannien traditionell eine führende Rolle gespielt, indem die Arbeiterschaft zu guten Teilen von solchen Kirchen und Sekten erfasst worden war, von den Methodisten (seit dem 18. Jahrhundert) bis zur 1878 gegründeten Heilsarmee. Die orthodoxen Kirchen waren unter so strenger Staatsaufsicht, dass sie wenig Spielraum für eigenständiges soziales Engagement hatten.

---

7 So K. Schatz, Vaticanum I, Bd. 1, 5f.

8 8.12.1864. Deutsch bei E.R. Huber/W. Huber, Staat 2, 400–407.

9 Vgl etwa den breit angelegten Sammelband „Rerum Novarum“ und P. Furlong/D. Curtis (Hg.), Modern World.

Insgesamt verloren die Kirchen in der behandelten Zeit also an Macht und Kompetenzen außerhalb des engeren religiösen Bereiches. Dafür wurden sie autonomer, wobei dies insbesondere für die katholische Kirche gilt. Die Säkularisierung hatte die Kirchen in dieser Hinsicht nicht in ihrem Kernbereich, sondern nur in ihren weiterreichenden gesellschaftlichen und politisch-hoheitlichen Kompetenzen getroffen.

Obwohl das keineswegs der primäre Aspekt war, kann man den Abbau der hoheitlichen Stellung der Kirchen auch im Rahmen der Ausbreitung der Gleichheit sehen (vgl. S. 30f.). Schon im 18. Jahrhundert hatte sich vielerorts das Prinzip der Toleranz durchgesetzt, dass andere Religionsgemeinschaften zugelassen wurden, ohne allerdings volle Rechtsgleichheit zu erlangen. Diese war erst bei Religionsfreiheit gewährleistet. Deren Durchsetzung bedeutete eine Zurückdrängung religiöser Wahrheitsansprüche durch den Staat im Namen einer säkularen Gleichheit der Individuen. Die privilegierte Staatskirche hatte sich an das Modell der ständischen Ungleichheit gehalten, indem der Einzelne je nach Konfession (statt nach Stand) unterschiedliche Rechte und Pflichten gehabt hatte, während sich jetzt die Rechtsgleichheit der Individuen durchsetzte. Insofern erfolgte gleichzeitig eine Individualisierung, die ihrerseits wieder religiöse Auswirkungen hatte: Religion wurde immer mehr zur Privatsache.

3.3.1.2 Individuelle Religiosität und Glaube[10]

Wie intensiv vor dem 19. Jahrhundert persönliche Religiosität war, wie verbreitet der Glaube an einzelne christliche Lehrsätze war und wie tief er ging, wird sich nie mit Sicherheit sagen lassen, richtete sich die Religionszugehörigkeit doch nicht nach solchen subjektiven Kriterien, sondern nach einem äußeren, mehr oder weniger erzwungenen Verhalten. Sicher aber kam christlichen Lehren eine wichtige Rolle bei der Welterklärung zu, und mehr oder weniger stark christlich geprägte Auffassungen und Glaubensformen prägten das tägliche Leben.

In dieser Hinsicht brachte die Zeit seit dem späten 18., und besonders seit der Mitte des 19. Jahrhunderts, einen allmählichen Wandel. Die Wissenschaften lieferten zunehmend Erklärungsmodelle für die Phänomene der Natur, die mit den biblisch-theologischen Auffassungen in Konkurrenz traten und, wenn sie weniger anschaulich waren, dafür den prestigereichen wissenschaftlichen Sachverstand auf ihrer Seite hatten, ob es sich nun um die Entstehung des Weltalls, diejenige der Arten oder speziell des Menschen handelte. Über die Schule, populäre Schriften und Vorträge erreichten solche Auffassungen mit der Zeit breitere Kreise. Dazu traten in immer mehr Bereichen wissenschaftlich fundierte Verfahren an die Stelle von Praktiken, die auf religiösem (wenn auch nicht unbedingt christlichem) Glauben beruhten: Bei Krankheiten wurde vermehrt der Arzt zuständig, für die Fruchtbarkeit der Felder die Chemie, bei materiellen Schicksalsschlägen eine staatliche Amtsstelle, in anderen Fällen das Gericht, um nur einige Bereiche zu nennen. Die schon zeitgenössisch vielfältig festgestellte Entzauberung und Säkularisierung der Welt, die zugleich eine Verwissenschaftlichung und Bürokratisierung war,[11] berührte die Religion nicht nur im institutionel-

---

10 Einen guten Überblick gibt H. McLeod, Piety; ders., England; ders., Western Europe.

len, sondern auch im persönlichen Bereich. Freilich blieben die letzten Dinge ebenso wie große Schicksalsschläge einer rationalen Erklärung oder gar Bewältigung weiterhin entzogen; das Religiöse wurde nicht einfach hinfällig.

Diese Rationalisierung mit ihrer zunehmenden Kontrolle der Welt durch den Menschen, der es mehr und mehr vermochte, was früher bloßes Schicksal gewesen war, selbst zu gestalten, war jedoch nur eine Seite eines komplexeren Vorgangs. Die Verwissenschaftlichung der Welt trug auf der anderen Seite zur Auslösung und Verstärkung einer der beiden Grundkräfte des Zeitalters bei, des Wachstums der Arbeitsproduktivität. Dessen Resultat aber war nicht etwa größere Berechenbarkeit, sondern eine fundamentale, unaufhebbare Unsicherheit, die sehr viel radikaler war als alles Vergleichbare in der vorindustriellen Zeit. An die Stelle existentieller Unsicherheiten des Einzelnen innerhalb eines stabilen Erfahrungsraumes trat eine größere Sicherheit in vielen konkreten Situationen des Lebens bei gänzlicher Unsicherheit des Gesamtrahmens: das Prinzip der Bewegung, die sich selber Ziel war, wurde zum Kennzeichen der Moderne. Die Unsicherheit der Stellung des Menschen in der Welt wurde dadurch nicht etwa behoben, sondern radikalisiert und unüberholbar. Die Wissenschaft vermochte immer mehr Einzelphänomene zu erklären – aber nur um den Preis eines zunehmenden Ausgeliefertseins des Menschen an eine Gesamtbewegung, über die er je länger je weniger die Kontrolle behielt. Dieses Gefühl des Ausgeliefertseins machte sich selbst bei den Gewinnern der Gesamtbewegung bemerkbar, ganz zu schweigen von den Verlierern.

Diese Hinweise genügen, um verständlich zu machen, dass in der behandelten Zeit keineswegs von einer kontinuierlichen Säkularisierung die Rede sein kann. Nun lässt sich individuelle Religiosität nicht wirklich messen. Insgesamt aber wird man eher von Verschiebungen als von einem entscheidenden Rückgang der Religiosität sprechen müssen. Während viele der bislang von der Kirche ausgeübten gesellschaftlich-politischen Funktionen vom Staat übernommen wurden, verstärkte sich die individuelle Bedeutung des Glaubens in vielen Gruppen eher, nahmen die religiösen Bedürfnisse im engeren Sinne zu. Freilich müssen Aussagen für ganz Europa weitgehend spekulativ bleiben, liegen doch keine umfassenden empirischen Untersuchungen vor. Einzig in Großbritannien wurde am 30. März 1851 ein Zensus über den Besuch des sonntäglichen Gottesdienstes durchgeführt. In England und Wales gingen 29,5% der Gesamtbevölkerung zur Kirche, in Schottland waren es sogar 48,3%.[12]

Vor allem im Katholizismus und in der Orthodoxie nahm die Volksfrömmigkeit einen bedeutenden Aufschwung, sowohl in traditonellen als auch in neuen Formen.[13] Im Katholizismus stand an erster Stelle der Marienkult. Immer wieder kam es zu Erscheinungen, aus denen heraus Wallfahrtsorte entstanden, die zum Teil enorme Pilgerströme anzogen.[14] Den größten Erfolg hatte, seit 1858, das französische Lourdes. Eine bedeutende Stellung gewann auch der Herz-Jesu-Kult. Daneben standen Heiligen- und Reliquienverehrung und Wunderglauben bis hin zu Zauberei und Magie.

11 Langfristig am einflussreichsten findet sich dieser Befund im Werk von Max Weber.
12 P. FLORA, State 1, 56.
13 Vgl. W. SCHIEDER (Hg.), Volksreligiosität, und A. BIRKE, Nation und Konfession.
14 Für eine Fallstudie siehe D. BLACKBOURN, Marpingen.

Diese Formen der Volksfrömmigkeit entstanden teilweise spontan und unkontrolliert von der Hierarchie; teilweise wurden sie auch bewusst von der Kirche eingeführt und propagiert. Oder die Kirche versuchte, sie nachträglich an sich zu ziehen – man hat geradezu von einer Vereinnahmung der Volksfrömmigkeit durch den Kirchenkult gesprochen.[15] Dabei kam der Kirche ihre verstärkte und effizientere Organisation und die höhere Qualität des Klerus, die sie den durch die Auseinandersetzung mit dem Staat provozierten Reformmaßnahmen verdankte, zustatten.

Solche Formen der Frömmigkeit spielten im Protestantismus kaum eine Rolle. Hier machte sich die religiöse Aufbruchstimmung, die die behandelte Zeit nicht weniger charakterisiert als die Säkularisierung und Rationalisierung, in anderer Weise bemerkbar: in der Bildung immer neuer Kirchen und Sekten, die ein sehr viel intensiveres religiöses Leben pflegten als die Amtskirchen und in denen gerade die persönliche Religiosität und Frömmigkeit häufig eine besondere Rolle spielten.

Ihren vielleicht deutlichsten Ausdruck fand die Stärke der religiösen Bewegung in der Mission. Das 19. Jahrhundert, und ganz besonders dessen zweite Hälfte war, zumindest im Katholizismus und im Protestantismus, die Zeit der Mission par excellence, einer Mission, die sich im wahrsten Sinne als Weltmission verstand und auch als solche agierte.[16] Dutzende von Missionsgesellschaften sandten Tausende von Missionaren in alle Teile der Welt, und selbst die russische orthodoxe Kirche versuchte die Völkerschaften in den entfernten Gebieten des Reiches zum Christentum zu bekehren. Insgesamt aber konzentrierten sich die Missionsanstrengungen auf Afrika, Ozeanien und diejenigen Gebiete Asiens, in denen die großen Religionen, insbesondere Islam und Hinduismus, keine oder nur eine geringe Rolle spielten. Immerhin gewannen auch China und Japan als Missionsfelder beträchtliche Bedeutung, und obwohl eine mehr als tausendjährige Erfahrung zeigte, dass christliche Mission unter Muslimen kaum Chancen hatte, fehlte es auch jetzt nicht an entsprechenden Versuchen, etwa seitens französischer Missionare in Algerien. Anders als in der Frühphase der europäischen Expansion, als die Mission im wesentlichen eine staatlich kontrollierte Angelegenheit einiger Orden gewesen war, wurde sie jetzt geradezu zu einer Volksbewegung. In beiden Konfessionen gelang es Missionsgesellschaften und -orden, breite Schichten zu mobilisieren, und dies nicht nur für moralische, sondern in erheblichem Masse auch für materielle Unterstützung. Sicherlich profitierte die Mission zumal im späten 19. Jahrhundert auch von der zunehmenden imperialistischen Begeisterung. Doch die primär oder ausschließlich imperialistisch Interessierten organisierten sich überwiegend in eigenen, nichtreligiösen (und noch weniger konfessionellen) Gruppierungen. Weltweit gesehen wurden die hier behandelten Jahrzehnte zur wichtigsten Expansionsphase des Christentums in seiner Geschichte überhaupt, und dies aufgrund einer populären Bewegung, nicht obrigkeitlicher oder rein innerkirchlicher Initiative. Die Anstrengungen wurden oft selbst dann aufrechterhalten, wenn erhebliche Opfer an Menschenleben gefordert wurden und so gut wie keine Erfolgsaussichten bestanden. Bis 1914 waren die Grundlagen für die Christianisierung weiter Teile Schwarzafrikas und Ozeaniens und einer ganzen Reihe von kleineren Gebieten in Asien gelegt.

---

15 G. Korff, in W. Schieder (Hg.), Volksreligiosität, 147.
16 Zusammenfassend etwa H. Gründer, Welteroberung, sowie S. Neill, Missions.

Diese gewaltige Aufbruchbewegung vermag allerdings nicht darüber hinwegzutäuschen, dass die Kirchen in Europa selbst in manchen Hinsichten dennoch Rückschläge erlitten – die Diskrepanz zwischen rascher Expansion in Übersee und Entkirchlichung in Europa ist ja seit der Mitte des 20. Jahrhunderts noch deutlicher geworden. Der Kirchenbesuch ging fast überall zurück – außer in einigen Städten aber nicht in besorgniserregendem Ausmaß. Ähnliches galt für die Spendung der Sakramente und die Vornahme der Amtshandlungen. In den meisten Gebieten wurde weiterhin der weitaus größte Teil der Kinder getauft und der Toten kirchlich bestattet, und die kirchliche Ehe blieb selbst in Ländern mit Zivilehe weit verbreitet. Ehescheidungen waren, obwohl ihre Zahl rasch anstieg, in Ländern aller Konfessionen noch am Ende der Periode äußerst selten, wie Tabelle 15 zeigt:

Tabelle 15: Ehescheidungen auf 100.000 geschlossene Ehen um 1910[17]

Land	Periode	Zahl
Belgien	1909–1912	80
Dänemark	1906–1915	153
Deutschland	1907–1914	133
England und Wales	1907–1914	10
Finnland	1906–1915	44
Frankreich	1908–1913	115
Irland	1896–1905	1
Luxemburg	1909–1912	41
Niederlande	1905–1914	91
Norwegen	1906–1915	61
Österreich	1906–1915	8
Rumänien	1896–1903	109
Schottland	1906–1915	31
Schweden	1908–1913	68
Schweiz	1906–1915	242
Serbien	1896–1905	65
Ungarn	1906–1915	152

Förmliche Kirchenaustritte spielten kaum eine Rolle. In Deutschland etwa scheiterten frühe Versuche, Massenaustritte zu initiieren. Erst ab 1906 hatten sie einigen Erfolg, mit etwa 10.000 Austritten pro Jahr, davon 6.000 in Berlin. Das war, auf ganz Deutschland bezogen, ein Kirchenaustritt auf 6.000 Personen.[18]

Nun führten gerade Kirchenbesuch, Verwaltung der Sakramente und Amtshandlungen traditionell den Geruch des Zwanges mit sich. Sie verloren in dieser Periode noch aus einem weiteren Grund an Bedeutung als Indikatoren für individuelle Reli-

17 Nach Annuaire II, 30f.
18 L. Hölscher, in H. McLeod, European religion, 280.

giosität: Das Ausmaß der sonstigen kirchlichen, kirchlich organisierten, inspirierten oder kontrollierten Aktivitäten nahm enorm zu, etwa im konfessionellen Vereinswesen bis hin zu Gewerkschaften und Parteien, oder in Jugendorganisationen und ähnlichen Bereichen.[19]

Außerhalb eines gesellschaftlich organisierten Rahmens ist die vor allem im Protestantismus anzutreffende Tendenz zu stärkerer individueller oder familieninterner Frömmigkeit zu beachten. Die Religiosität wurde im Hause, nicht unbedingt in der Kirche betont.

All dies bedeutet freilich nicht, dass von einer Zeit insgesamt zunehmender Religiosität zu sprechen ist. Existentielle Unsicherheit führte keineswegs automatisch zu einer Intensivierung des Glaubens und zur Verchristlichung, sondern bestenfalls da, wo sich eine Kirche intensiv um die betroffenen Gruppen bemühte. Dass insbesondere die Urbanisierung die Kirchen vor kaum lösbare Probleme stellte und häufig zu einem Rückgang zumindest der äußerlich sichtbaren Religiosität führte, ist weitgehend unbestritten. In den rasch wachsenden Städten fehlten die Mittel für die Schaffung neuer Kirchengemeinden, für den Bau von Kirchen und die Besoldung von Geistlichen. Die Gemeinden wuchsen, die Pfarrer hatten nur mit wenigen Gemeindegliedern Kontakt, und häufig erschwerten unterschiedliche Herkunft, Sprache und Konfession der neu Zugezogenen die Arbeit zusätzlich. Dazu waren die mentalen Differenzen zwischen dem in der Regel eher ländlich-bürgerlichen oder bäuerlichen Verhältnissen entstammenden Klerus und den Unterschichten oft so groß, dass kaum eine gemeinsame Verständigungsbasis bestand. Viele städtische Gebiete erfuhren dadurch von vornherein eine Vernachlässigung in der kirchlichen Arbeit. Die Industriearbeiterschaft war denn auch diejenige Bevölkerungsgruppe, in der die Entkirchlichung am schnellsten voranschritt. Diese Tendenzen wurden dadurch gefördert, dass insbesondere der Sozialismus eine dezidiert antireligiöse Weltsicht entwickelte, die so weit führte, dass er selber zu einer Art säkularer Ersatzreligion mit eschatologischen Zukunftshoffnungen wurde – was dann freilich wieder zeigte, dass zwar von einer Entchristlichung, aber nicht von einer vollen Säkularisierung und Rationalisierung gesprochen werden konnte, dass Glaubenselemente, die über die Erfahrung hinausgingen, erhalten blieben. Man konnte auch nicht sagen, die Arbeiterschaft sei dem Christentum grundsätzlich entfremdet. Vielmehr unternahmen die Kirchen in der Regel nicht allzu viel, um die Arbeiterschaft für sich zu gewinnen, und zwar um so weniger, je mehr sie die politisch konservativen Kräfte unterstützten. Wo sich hingegen politisch und vor allem sozial progressivere Richtungen der Geistlichkeit durchzusetzen vermochten, hatten sie in der Arbeiterschaft zum Teil bedeutende Erfolge, so das Zentrum in Deutschland, die katholische Partei in Belgien und die Konservativen in der Schweiz jeweils bei den katholischen und eine Reihe von nonkonformistischen Kirchen, mit den Methodisten an der Spitze, in England bei den protestantischen Arbeitern.

Die übrigen Klassen blieben den Kirchen zum größten Teil stärker verbunden als die Arbeiterschaft, wobei freilich je nach Land und Region große Unterschiede be-

---

19 Ebd., 280f.

standen. Vielerorts bestand auch ein deutlicher Unterschied im Ausmaß der äußerlich feststellbaren Religiosität zwischen den Geschlechtern. Frauen waren in der Regel intensiver an kirchlichen Aktivitäten beteiligt als Männer, nicht zuletzt deshalb, weil sich ihnen damit eine der wenigen Möglichkeiten bot, über den häuslichen Kreis hinaus gesellschaftlich aktiv zu werden.

Wichtig ist in all diesen Zusammenhängen die Unterscheidung zwischen einer allgemeinen, obwohl letztlich christlich fundierten Religiosität und einer spezifischen Kirchlichkeit. Sie ist vor allem beim weitverbreiteten Antiklerikalismus von Bedeutung. Dieser fand sich insbesondere in Ländern mit Staatskirche und richtete sich ganz überwiegend gegen deren spezifische Privilegien, gegen Eingriffsrechte in Bereichen, die nach verbreiteter Auffassung nicht mehr der Kirche, sondern dem modernen Staat zustanden. Wer antiklerikal und antikirchlich war, brauchte deswegen nicht irreligiös oder unchristlich zu sein. Der Antiklerikalismus stellte teilweise geradezu die Antwort auf den zunehmenden Klerikalismus dar.[20] In der Tat dürfte nur ein kleiner Teil der Antiklerikalen zu den bis 1914 zahlenmäßig wenig bedeutenden Gruppen entschiedener Freidenker und Agnostiker oder gar Atheisten gehört haben.

So bietet denn die betrachtete Epoche weniger das Bild eines Rückgangs der Bedeutung der Religion, als das einer Akzentverschiebung von der organisierten, staatlich sanktionierten zur primär als Angelegenheit des Individuums verstandenen Religion. Religion und Kirche waren einem doppelten Säkularisierungsprozess unterworfen: Der Staat okkupierte einen Teil der bislang kirchlichen, die Wissenschaft einen Teil der bislang religiös-theologischen Zuständigkeiten. Die Folge war eher eine Intensivierung und Konzentration im engeren religiösen Bereich als ein Bedeutungsrückgang der Religion insgesamt, zumal die Kirchen vielerorts auch neuen, parlamentarischen politischen Einfluss gewannen, als Folge ihres sozialen Engagements außerhalb der staatlichen Kanäle. Hatten sie früher vor allem dank staatlicher Hilfe Zugriff auf die Individuen gehabt, so gelang ihnen dies nun direkt über religiöse Praktiken und soziales Engagement, insgesamt freilich eher auf dem Lande als in der Stadt, bei den Frauen als bei den Männern und im Mittelstand als bei den Arbeitern.

3.3.2 Wissenschaften und Künste

Wissenschaften und Künste standen im christlichen Europa (und nicht nur hier) traditionell im Bannkreis der Religion, indem sie der Theologie und der Kirche untergeordnet waren. Die Theologie hatte die Maßstäbe der Wahrheit für die Wissenschaft festgelegt, während die Kirche als Auftraggeber einen großen Teil der künstlerischen Produktion direkt kontrolliert hatte.

Hier brachte die europäische Neuzeit einen langsamen, aber grundlegenden Wandel, eine Verselbständigung der Wissenschaften und Künste, die in der behandelten Zeit einen gewissen Abschluss erreichte. Zwar blieb der religiöse, kirchlich-theologische Wahrheitsanspruch uneingeschränkt bestehen, und insbesondere die immer straffer zentralisierte katholische Kirche versuchte ihn auch mit allen ihr zur Verfü-

20 So etwa laut Handbuch der Kirchengeschichte 6, 1, 658.

gung stehenden Mitteln durchzusetzen. Doch die Reichweite dieser Mittel wurde immer geringer. An die Stelle eines religiös-kirchlichen Monopols trat ein freier Wettbewerb der Meinungen, der Weltanschauungen und der Erklärungen und Deutungen der Welt. Die Kirchen spielten als Auftraggeber in der Kunst keine zentrale Rolle mehr, auch wenn der Kirchenbau rein quantitativ betrachtet bislang unbekannte Ausmaße annahm. Noch mehr galt dies für Malerei, Bildhauerei und Musik.

Man kann also von einer weitgehend abgeschlossenen Emanzipation der Wissenschaften und Künste von der Religion sprechen. Diese Emanzipation wiederum erhöhte die Ansprüche, die die Wissenschaften und die Künste an sich selber stellen mussten und die an sie herangetragen wurden. Sie mussten Eigenständigkeit zeigen, wo sie sich früher in den Dienst der Religion hatten stellen können oder in deren Dienst gezwungen worden waren. Das betraf vor allem die Erklärung der Welt. Hier übernahmen die Wissenschaften die Führungsrolle, indem sie ein immer umfassenderes Angebot von Deutungen zur Verfügung stellten, die ihre Evidenz nicht zuletzt durch die Erfolge gewannen, die sie in der Anwendung zu verzeichnen hatten. Die Tatsache, dass solche Angebote nie imstande waren, eine lückenlose und zwingende Deutung der Welt zu geben, führte nicht nur zu ihrer Konkurrenz untereinander und zu Auseinandersetzungen mit der Religion, sondern hier bot sich auch der Ansatzpunkt für die Künste, ihre eigene, gerade nicht wissenschaftliche Sicht der Welt und der Stellung des Menschen in ihr einzubringen. Die Krisen, in die die Wissenschaften die Welt stürzten, wurden zu Herausforderungen und Kristallisationspunkten für die Künste, die sich zunehmend als Schöpfer einer Gegenwelt verstanden.

3.3.2.1 Die Wissenschaften

Die zweite Hälfte des 19. Jahrhunderts wurde zum Zeitalter der Wissenschaften par excellence. Nie zuvor in der Geschichte hatten sie in einer Gesellschaft eine vergleichbare Rolle gespielt und ein ähnliches Ansehen genossen, auch wenn einzelne Wissenschaftler schon immer über großes Prestige verfügt hatten.

Der Grund für diesen Erfolg lag einmal in dem gewaltigen Gebäude der Welterklärung, das die Wissenschaften errichtet hatten, noch mehr aber in der Fähigkeit zunehmender Weltbeherrschung, die sie durch die Umsetzung ihrer Erkenntnisse in die Praxis gewonnen hatten und dadurch in der Tatsache, dass die Wissenschaften das Leben je länger je mehr in vielfältiger Weise zu erleichtern und sogar zu verlängern vermochten. Das galt in erster Linie für die Naturwissenschaften, die deshalb zu den Wissenschaften par excellence wurden.

Freilich war diese praktische Umsetzung schon älteren Datums. Die industrielle Revolution wäre ohne die Anwendung moderner naturwissenschaftlicher Erkenntnisse nicht denkbar gewesen. Doch war diese Anwendung nicht systematisch und in großem Stil erfolgt. Etwa seit der Mitte des Jahrhunderts kam es nun zu einer immer engeren Verbindung von wissenschaftlicher Forschung und technischer Entwicklung.[21] Den Rahmen bildete die Ausweitung des Bildungswesens, von der Durchsetzung der allgemeinen Schulpflicht bis zum Ausbau der Hochschulen. Dabei wurde die Förderung der

---

21 Vgl. M. Fichman, Science, 78ff.; D. Knight, Science, 209.

Naturwissenschaften und der Technik besonders wichtig. Da die traditionellen Universitäten oft betonte Zurückhaltung an den Tag legten, wurden vielfach neue technisch-naturwissenschaftliche Bildungsanstalten gegründet. An deren Spitze standen die Technischen Hochschulen, die zugleich zu wichtigen Forschungsplätzen wurden. Gegen Ende der Periode investierten manche Staaten auch in reine Forschungsinstitute. Wegweisend wurde die 1911 gegründete *Kaiser-Wilhelm-Gesellschaft zur Förderung der Wissenschaften* in Deutschland. Daneben begann die Industrie selber eigene, stärker anwendungsorientierte Forschungseinrichtungen aufzubauen. Die technische Entwicklung nutzte wissenschaftliche Erkenntnisse nicht mehr einfach nur beiläufig, sondern sie versuchte, sie systematisch umzusetzen. Die ersten Gebiete, auf denen dies mit großem Erfolg geschah, waren die Chemie und die Elektrotechnik. Mit der Zeit setzte sich die Überzeugung durch, dass sich der technische Fortschritt und über ihn das Wirtschaftswachstum mittels Förderung der Wissenschaften beschleunigen lasse. Als wichtigster Beleg dafür erschien Deutschland, das in der behandelten Zeit von den Großstaaten neben den USA den schnellsten industriellen Aufschwung erlebte und vor allem in vielen der modernsten Branchen führend war und zugleich die Wissenschaften mit großem Aufwand vorantrieb. In Großbritannien, das im Vergleich dazu zwar keinen absoluten, aber doch einen relativen wirtschaftlichen Niedergang erlebte, spielte demgegenüber die naturwissenschaftliche Forschung eine deutlich geringere Rolle.

Auch wenn das öffentliche Prestige der Naturwissenschaften primär auf ihren Anwendungserfolgen beruhte, so sahen sie ihren eigentlichen Zweck doch nicht darin. Sie verstanden sich vielmehr als reine, theoretische Disziplinen,[22] deren Ziel nicht die Praxis, sondern die Erkenntnis der Natur war, und zwar in einem doppelten Sinne: als Erfassung und Beschreibung der ganzen Welt, der gesamten Natur, sowie als Erklärung der Vorgänge in dieser Natur mittels Gesetzen.

Die Ergebnisse der Anwendung lagen in Form des technischen Fortschrittes geradezu auf der Hand, am beeindruckendsten vielleicht in der Elektrotechnik, die auf der Nutzung einer Kraft beruhte, die vor dem 19. Jahrhundert kaum mehr als Kuriositätswert besessen hatte. Doch die naturwissenschaftliche Forschung erleichterte das Leben nicht nur, und sie machte die Gesellschaft nicht nur, durch die Steigerung der Arbeitsproduktivität, reicher. Durch ihre Anwendung in der Medizin vermochte sie auch Schmerz zu lindern und das Leben zu verlängern, wobei eine deutliche Senkung der Sterberate allerdings erst seit den 1870er Jahren feststellbar war. Besonderes Gewicht gewannen dabei die Bakteriologie und die Mikrobiologie, zu deren wichtigsten Pionieren Louis Pasteur (1822–1895) in Frankreich und Robert Koch (1843–1910) in Deutschland wurden. Sie ermöglichten die Entdeckung der Erreger vieler verbreiteter Krankheiten, und in einer ganzen Reihe von Fällen konnte auch schon eine Impfung dagegen entwickelt werden. Verbesserungen wie in der Anästhesie und Neuerungen wie die Antisepsis (1867) brachten ebenfalls enorme und unmittelbar greifbare Fortschritte.

Diese und viele weitere Errungenschaften sind auf dem Hintergrund der breiteren, enzyklopädischen Erforschung der Natur zu sehen. Neben den erklärenden Diszipli-

---

22 Vgl. T. NIPPERDEY, Arbeitswelt, 624.

nen, an deren Spitze die Physik stand, spielten auch die beschreibenden, die die Welt inventarisieren wollten, eine wichtige Rolle. Die vollständige wissenschaftliche Erfassung der Welt wurde geradezu zu einer Obsession. Symbol dafür waren die „weißen Flecken" auf der Landkarte, die systematisch ausgemerzt wurden und bis 1914 auch zum größten Teil beseitigt waren. Solche Flecken hatten zwar auch früher, und in weit größerer Zahl, existiert – aber nur auf den Karten und zumindest nicht in gleichem Maße in den Köpfen der Europäer. Sie waren nicht vom Menschen, sondern von der Wissenschaft her definiert. Die Gebiete waren ihren Bewohnern ja durchaus bekannt – aber sie waren wissenschaftlich nicht erschlossen. Trotzdem gewann die Beschäftigung mit den weißen Flecken in der Praxis ethnozentrischen Charakter, war die Wissenschaft doch einstweilen eine fast ausschließliche Angelegenheit der Europäer und der Nordamerikaner.

Natürlich standen hinter diesem Entdeckungs- und Erforschungsdrang auch wirtschaftliche und politische, imperialistische und zuweilen religiös-missionarische Interessen. Doch er ließ sich nicht darauf reduzieren, erstreckte er sich doch auf Gebiete, aus denen sich zumindest unter den damaligen Umständen keinerlei Nutzen ziehen ließ. Trotzdem wurden zu ihrer wissenschaftlichen Durchdringung kostspielige Anstrengungen unternommen, die außerwissenschaftlich allenfalls noch mit nationalem Prestige gerechtfertigt werden konnten, so etwa die Erforschung von Wüsten und hohen Gebirgsmassiven und insbesondere der Polargegenden, die 1909 zur Erreichung des Nordpols durch den US-Amerikaner Robert E. Peary und 1911 des Südpols durch den Norweger Roald Amundsen, in einem dramatischen Wettlauf mit dem Briten Robert F. Scott, führte.

Der unbestreitbare Triumph der Naturwissenschaften bedeutete eine Herausforderung für die übrigen Wissenschaften, die traditionell größeres Prestige genossen und auch vielfach klare Führungsansprüche angemeldet hatten, für Theologie, Philosophie und Rechtswissenschaft und für die Geistes- und Sozialwissenschaften überhaupt. Die Herausforderung wurde auf zwei sehr unterschiedliche Weisen aufgegriffen.

1. Es musste nahe liegen, das Erfolgsrezept, die naturwissenschaftliche Methode, zu übernehmen und die eigene Wissenschaft, die sich vor allem dadurch von den Naturwissenschaften unterschied, dass der Mensch darin nicht nur als Naturobjekt, sondern auch als handelndes Wesen auftrat, wie eine Naturwissenschaft zu betreiben. Zum einflussreichsten Versuch in dieser Richtung wurde der Positivismus, schon 1830–1842 vom Franzosen Auguste Comte (1798–1857) konzipiert. Sein Ideal war die auf das empirisch Feststellbare konzentrierte naturgesetzliche Erkenntnis der Gesellschaft. Voraussetzung dafür war die Annahme, dass menschliche Gesellschaften grundsätzlich gleichen umfassenden und unwandelbaren Gesetzen gehorchten wie die Natur und infolgedessen mit der gleichen Methode erforscht werden konnten. Die formale, schematische Übertragung der Methode war in der Tat möglich. Anders verhielt es sich mit der Anwendung, bei der keine den Naturwissenschaften vergleichbaren Erfolge erzielt wurden, wodurch die Methode denn auch nie gleiches Prestige gewann. Der Positivismus und ähnliche Ansätze, die vor allem in Frankreich und teilweise in Großbritannien Interesse fanden, vermochten sich dadurch nicht als wirkliche Leitwissenschaften zu etablieren, und sie verloren in der zweiten Hälfte des Jahrhunderts an Bedeutung.

2. Alternativ dazu konnte gerade der Unterschied zwischen Natur- und Geisteswissenschaften betont werden. Der Akzent lag einerseits auf dem grundsätzlich anderen Charakter des menschlichen Handelns im Vergleich zu Naturvorgängen und andererseits in der Historisierung der Welt, indem der Wandel des Gegenstandes im Ablauf der Zeit untersucht wurde. Diese Betrachtungsweise lag in Bezug auf die Welt des menschlichen Handelns auf der Hand, während sie gegenüber einer statisch gesehenen Natur bedeutungslos erscheinen musste: Erst der Mensch brachte Dynamik und Wandel in die statische Natur. Solche und ähnliche Auffassungen wurden zur Grundlage des Historismus, der seit dem 18. und insbesondere in der ersten Hälfte des 19. Jahrhunderts eine spezifische historische Methode entwickelte, die auch in anderen Wissenschaften zur Anwendung und zu erheblichem Einfluss gelangte, so in der Philologie und in der Rechtswissenschaft. Zentral am Historismus war die Sicht des menschlichen Handelns als durch Freiheit bestimmt und dadurch einer kausal-naturwissenschaftlichen Erklärung entzogen. An deren Stelle hatte vielmehr das Verstehen des handelnden Menschen und seiner Akte aus ihren Umständen und Voraussetzungen heraus zu treten sowie die Einsicht in den Wandel, den die Grundlagen des menschlichen Handelns im Ablauf der Zeit erfuhren – das Handeln gehorchte also gerade keinen zeitenthobenen, allgemeingültigen Gesetzen.[23] Das Problem des wissenschaftlichen Charakters der Erkenntnis wurde dadurch freilich nicht gelöst. Die historische Methode, die den einmaligen, durch Freiheit gekennzeichneten Charakter des menschlichen Handelns betonte, konnte mit ihren Ergebnissen nie den stringenten gesetzmäßigen Charakter der naturwissenschaftlichen Erkenntnis gewinnen. Vielmehr bedeutete die konsequente Historisierung des zu erkennenden Gegenstandes dessen ebenso konsequente Relativierung. Das Ungenügen an dieser Tatsache führte immer wieder dazu, dass für die historische Methode dennoch naturwissenschaftlicher Charakter beansprucht wurde. Zum Musterbeispiel dafür wurde der Marxismus, erstmals in prägnanter Form präsentiert 1848 im Kommunistischen Manifest von Karl Marx (1818–1883) und Friedrich Engels (1820–1895). Seine Grundlage war, mit dem historischen Materialismus, eine ausgesprochen historistische Sicht der Abfolge von Gesellschaftsordnungen, von der Urgesellschaft über Sklavenhaltergesellschaft, Feudalismus und Kapitalismus bis zum Sozialismus und Kommunismus. Der materialistische Kern der Theorie besagte, dass die Veränderung der Produktivkräfte, also der materiellen Produktion, die die Basis der Gesellschaft bildete, in periodischen großen Umwälzungen zu entsprechenden Veränderungen der gesellschaftlichen Verhältnisse, des Überbaus, führen würde.[24] Relevant für die Zeit wurde verständlicherweise vor allem die Voraussage des anstehenden revolutionären Umschlags des Kapitalismus in den Sozialismus, wodurch der Besitz an den Produktionsmitteln durch Enteignung und Vergesellschaftung von der Bourgeoisie auf das Proletariat und damit an die Gesellschaft insgesamt übergehen würde. Diese historistische These wurde nun aber vorgetragen mit dem Anspruch, die Naturgesetze der Gesellschaft schlechthin entdeckt zu haben, woraus sich der weitere

---

23 Besonders großen Einfluss auf die Formulierung des Historismus übte der deutsche Historiker Johann Gustav Droysen (1808–1884) aus. Vgl. insbesondere J.G. Droysen, Historik.

24 Am prägnantesten und einflussreichsten – freilich auch durchaus widersprüchlich und obskur – formuliert in K. Marx, Zur Kritik der Politischen Ökonomie, 8f. (1859).

Anspruch einer Voraussage der Zukunft ergab. Als Selbstbezeichnung setzte sich zunehmend die Rede vom wissenschaftlichen Sozialismus durch. Auch in anderen Geschichtskonstruktionen bildete die naturwissenschaftliche Methode mit ihren scheinbar uneingeschränkt zuverlässigen Gesetzesaussagen den Maßstab, an dem man sich ausrichtete und an dem man letztlich scheiterte.

Das Verhältnis zwischen den beiden methodischen Ausrichtungen blieb nun aber nicht einseitig. Zum von der öffentlichen Bewusstseinswirkung her bedeutendsten wissenschaftlichen Ereignis des Jahrhunderts wurde das Übergreifen der historischen Betrachtungsweise auf die Naturwissenschaft. Eine evolutionäre Sicht der Natur war zwar um 1850 nichts grundsätzlich Neues. Doch war sie wenig verbreitet, und empirische Nachweise fehlten bislang. 1858/59 wurde die Frage erstmals empirisch und systematisch konsequent fast gleichzeitig von den beiden britischen Forschern Charles Darwin (1809–1882) und Alfred Russel Wallace (1823–1913) aufgegriffen.[25] Die wichtigste, empirisch vielfältig untermauerte These lautete, dass die Arten nicht konstant, sondern Ergebnis eines langen Entwicklungsprozesses seien, in dem sich die komplizierteren und besser angepassten Arten aus einfacheren herausgebildet hätten. Zum steuernden Mechanismus für diese Evolution wurde ein Prozess der natürlichen Auslese erklärt, dass jeweils die am besten angepassten Organismen die größten Überlebens- und Fortpflanzungschancen gehabt hätten. Erst später und nicht von Darwin, sondern vom Soziologen Herbert Spencer wurde die griffige Formel vom „Überleben des Tauglichsten" („survival of the fittest") geprägt.[26]

Das eigentlich Revolutionäre für das europäische Bewusstsein lag nicht in der Erklärung des Vorgangs, sondern im beschriebenen, hypothetisch rekonstruierten Vorgang selber, in der konsequenten Historisierung der Natur. Darwin befasste sich zwar erst 1871 mit der Stammesgeschichte des Menschen;[27] doch die Folgen für die Stellung des Menschen, der aus der Krone der Schöpfung zum Produkt einer ziel- und endlosen Evolution wurde, lagen schon 1859 auf der Hand. Damit war die gesamte Natur historisiert, zumal auch die Geologie zunehmend von langsamen Veränderungsprozessen in der Gestalt der Erde und die Astronomie von einem in konstanter Veränderung befindlichen Universum ausging.

Der Darwinismus wurde zu einer der großen Streitfragen der Zeit, die alle Lager spaltete, wobei sich die Grundaussage einer Evolution langsam, aber unaufhaltsam durchsetzte. Unmittelbar gesehen waren die Folgen vor allem für die Religion problematisch, war die evolutionäre Sicht der Welt doch nicht mit der Vorstellung eines Schöpfergottes und eines Zwecks der Schöpfung vereinbar. Doch so sehr die offiziellen Kirchen den Darwinismus ablehnten, so wurde er langfristig nicht zu einer ernsthaften Gefahr für die Religion, vermochte er doch die letzten Fragen nach Leben, Tod und Jenseits und nach dem Sinn des Daseins ebensowenig wie jede andere wissenschaftliche Doktrin zu beantworten. Den politischen Lagern ließ er sich nicht wirklich zuordnen. Die Linke, und insbesondere der Sozialismus, nahm ihn überwiegend positiv und

25 C. Darwin, Origins.
26 M. Fichman, Science, 95.
27 C. Darwin, Descent.

oft sogar mit Begeisterung auf. Er ließ sich gegen die Religion einsetzen, und dazu konnte man mit dem Hinweis auf die Evolution jede starre Sozialordnung mit festen Klassen- oder Ständeschranken ablehnen. Der Darwinismus erwies sich aber auch für die Liberalen und die Rechten als attraktiv, indem er etwa die Konkurrenz ebenso zu rechtfertigen vermochte wie gesellschaftliche Hierarchien. Man konnte noch weiter gehen (was zur Linken wie zur Rechten geschah), indem dem Menschen die Aufgabe zugesprochen wurde, die natürliche Auswahl zu unterstützen, bis hin zur systematischen Zucht „höherwertigen" Lebens einerseits und der Vernichtung oder zumindest der Verhinderung der Fortpflanzung von angeblich minderwertigem Leben andererseits. Das waren mögliche, aber keineswegs notwendige Konsequenzen aus dem Darwinismus. Dessen grundlegendes Element, der Übergang von einer statischen zu einer dynamischen Sicht der Natur, und damit deren Historisierung, hingegen ließ sich nicht mehr rückgängig machen.

Diese Verbindung der naturwissenschaftlichen mit der historischen Sichtweise begünstigte indirekt die Geistes- und Sozialwissenschaften. Zwar spielte bei Darwin das menschliche Handeln keine Rolle, hatte seine Welt der Evolution nichts mit Freiheit zu tun. Aber die Natur verlor ihre Statik und gewann einen grundsätzlich wandelbaren, historischen Charakter. Die Sozialwissenschaften, insbesondere die entstehende Soziologie und die Volkswirtschaftslehre, versuchten erneut, die historische und die systematische Betrachtungsweise miteinander zu verbinden.

Der Erfolg veränderte auch wieder die Wissenschaften selber. Sie erlebten eine sich kontinuierlich beschleunigende Ausdehnung und schufen dadurch eine immer größere Quantität von Wissen. Der Einzelne konnte davon nur noch einen immer kleiner werdenden Teil überblicken. Die Folge war eine zunehmende Spezialisierung. Die einzelnen Disziplinen spalteten sich in immer neue Unterdisziplinen auf. Die Spezialisierung erlaubte einerseits eine Verbesserung der Resultate der Arbeit, andererseits führte sie zu einer Verengung beim einzelnen Wissenschaftler – ein Vorgang, den, allgemein gefasst, um die Jahrhundertwende insbesondere der deutsche Soziologe Georg Simmel (1858–1914) vielfältig behandelte: Dem Menschen tritt die von ihm geschaffene objektive Kultur (zu der auch die Wissenschaft gehört) in stets größeren Dimensionen gegenüber, wodurch er sich immer hilfloser fühlt, denn seine Fähigkeit, diese Kultur zu überblicken oder gar sie zu beherrschen, wird immer geringer; sie erscheint ihm zusehends bedrohlicher.[28]

Mit der Spezialisierung ging eine Professionalisierung einher. Die Zahl der Wissenschaftler nahm deutlich rascher als die Bevölkerung zu. Wissenschaft wurde zu einem Beruf, bei dem sich Standesregeln und ein bestimmtes Selbstverständnis herausbildeten, mit festen Karrieremustern und Zukunftserwartungen. Spezialisierung und Professionalisierung zusammen verliehen zwar nicht dem einzelnen Wissenschaftler, wohl aber der Wissenschaft insgesamt ein größeres Gewicht in der Gesellschaft. Es kam nicht nur den Natur-, sondern auch den Geistes- und Sozialwissenschaften zugute.

---

28 Vgl. etwa G. Simmel, Philosophie des Geldes (1900). Ernst Troeltsch hat 1913 in einem Rückblick auf das 19. Jahrhundert das „Spezialistentum" als eines der zentralen Merkmale der Epoche bezeichnet. E. Troeltsch, Das Neunzehnte Jahrhundert, 625.

So entstand ein immer umfangreicherer, effizienterer und sich schneller bewegender Wissenschaftsapparat, organisiert bis in alle Verästelungen hinaus und gerechtfertigt durch den in Verbesserungen der Lebensbedingungen umsetzbaren, immer rascher voraneilenden Fortschritt, den er produzierte. Seine unbestreitbaren Erfolge veranlassten selbst Wissenschaftler zum Glauben, dass die großen Probleme begrenzt an der Zahl und alle lösbar seien, so dass zumindest die Naturwissenschaften in absehbarer Zeit zu einem gewissen Abschluss gelangen würden. Danach wären nur noch Detailfragen zu lösen.[29]

Dieser Optimismus stellte sich gegen Ende des Jahrhunderts als unbegründet heraus. In allen Sparten, nicht nur in den Naturwissenschaften, erwiesen sich die Wissenschaften nicht als Instrument zur Lösung einer vorgegebenen Zahl von Problemen, sondern als Auslöser eines unendlichen Fortschritts, indem jedes gelöste Problem den Blick auf neue, ungelöste Fragen freigab. Wichtiger noch wurde, dass selbst die vermeintlich unerschütterlichen Grundlagen der bestehenden Erkenntnis ins Wanken gerieten, sogar in der Grundlagenwissenschaft par excellence. Die Newtonsche Physik, das Fundament der modernen Physik, erwies sich als unvereinbar mit gewissen Beobachtungen. Ergebnis waren Theorien, die nicht mehr mit den Newtonschen Grundlagen übereinstimmten und bestimmte unüberschreitbare Grenzen der menschlichen Naturerkenntnis postulierten. Am bekanntesten wurden Max Plancks Quantenmechanik (1900) und Albert Einsteins Relativitätstheorie (1905).

Damit gewann die Wissenschaft als Prozess einen ähnlichen Charakter wie die von ihr vorangetriebene industrielle Revolution, deren entscheidendes Ergebnis die Steigerung der Arbeitsproduktivität war. Anders als diese Steigerung hatte sie zwar ein Ziel: die vollständige Erkenntnis der Natur. Doch jegliche Hoffnung auf Vollständigkeit und damit auf ein Erreichen des Ziels erwies sich als Illusion. Stattdessen erschien die Wissenschaft als offener, unendlicher Prozess. Dieser konnte zwar als Fortschritt gesehen werden. Aber er brachte noch nicht einmal die Annäherung an das Ziel, weil das Feld des noch zu Erforschenden immer größer wurde, sofern sich nicht geradezu ein Bereich des Unerkennbaren abzeichnete. So hatte die Bewegung ihr Ziel schließlich in sich selbst, und niemand konnte sagen, wohin sie führte. Auch hier wurde fundamentale Unsicherheit zum Signum der Moderne. Man konnte optimistisch oder pessimistisch in die Zukunft blicken – weder die eine noch die andere Haltung ließ sich wissenschaftlich begründen.

Jedenfalls lagen in einer solchen Situation Zweifel und Skepsis nahe. Die Diskrepanz zwischen den unbestreitbaren Einzelfortschritten und einem Gesamtvorgang, der nicht mehr nur als Fortschritt, sondern auch als Bedrohung erlebt wurde, weil niemand wusste, wohin er führen würde, nahm zu. Zweifel und Skepsis wurden noch durch die Folgen der Professionalisierung und Spezialisierung verstärkt: Das objektive Wissen wuchs dem subjektiven Wissen des einzelnen Wissenschaftlers über den Kopf. Die Wissenschaft wurde zur Herrin des Wissenschaftlers, statt dass er sie beherrschte.

Aus der Skepsis gegenüber und der Kritik an den Wissenschaften wurde zumal gegen das Ende des Jahrhunderts eine breitere, allgemeine Kulturkritik, die sich gegen

---

29 Vgl. etwa D. Knight, Science, 205–208.

vielfältige Veränderungen des Lebens richtete.[30] Was bislang als Fortschritt wahrgenommen oder gedeutet worden war, erschien nun immer häufiger als Gefährdung oder als Deformation des Menschen. Dem künstlichen Leben in der Stadt wurde das natürliche Leben auf dem Lande entgegengesetzt, der zivilisatorischen Verzärtelung die urtümliche Kraft, dem Massenmenschen das eigenständige Individuum, dem Spezialisten, wie er gerade in der Wissenschaft zu finden war, der allseitig gebildete, humane Mensch, der mechanischen Gesellschaft die organische Gemeinschaft. Die Entfremdung, wie sie seit langem für die Industriearbeiterschaft konstatiert worden war, erschien auch als Merkmal der Wissenschaft. Vielfältige Lebensreformbewegungen entstanden. Oft trug die gegen die Wissenschaft gerichtete Kritik auch mehr oder weniger irrationale Züge. Stärker, wirksamer und für das Bestehende gefährlicher wurde sie, wo sie sich gegen die Grundlagen der Wissenschaften und der bestehenden Moral und Gesellschaft richtete. Zur Leitfigur wurde hier Friedrich Nietzsche (1844–1900), seit den neunziger Jahren, als seine seit den siebziger Jahren zuerst ohne großes Echo vorgetragenen radikalen Auffassungen gewaltige Resonanz fanden. Nietzsches Kritik trat im Namen einer Steigerung des Lebens auf, die in den ebenso griffigen wie unbestimmten Formeln vom Übermenschen und vom Willen zur Macht ihren Ausdruck fand. Mit solchen Vorstellungen war die gesamte Entwicklung unvereinbar, wie sie durch die Steigerung der Arbeitsproduktivität, den in Technik umgesetzten wissenschaftlichen Fortschritt und die Ausbreitung der Gleichheit in Gang gekommen war. Das galt insbesondere auch für den politischen Bereich.

Sowohl die konkrete Kritik an der Wissenschaft als auch die umfassende, allgemeines Unbehagen an der Zeit artikulierende Kulturkritik, von den romantisch-naiven Wandervögeln (seit 1890) bis zu Nietzsches Generalangriff auf alle bisherige Moral, waren Produkte einer Situation, die sich nur als Dilemma beschreiben ließ. Skepsis und Kritik wurden durch Prozesse ausgelöst, die sich als ziellos erwiesen, die entweder von vornherein kein Ziel hatten – wie die Steigerung der Arbeitsproduktivität – oder deren mögliches Ziel sich als noch nicht einmal in einer Annäherungsbewegung erreichbar erwies wie die vollständige Erkenntnis der Natur. So wurde die Bewegung Selbstzweck. Sie konnte ebensogut ins Verderben wie in eine bessere Zukunft führen. Die Schwierigkeit lag nun darin, dass dieser Charakter der Moderne, ihr Charakter als Bewegung in eine unbekannte Zukunft erst wirklich deutlich und zum Gegenstand der Kritik wurde, als die Bewegung bereits in vollem Gange war. Man konnte zwar nicht sagen, dass sie sich nicht mehr rückgängig machen ließ – das 20. Jahrhundert kennt zahlreiche Beispiele für solche Umkehrbewegungen. Aber, wie diese zur Genüge gezeigt haben und wie schon vorher deutlich war, eine derartige Umkehr oder auch nur ein Anhalten der Bewegung brachte ungeheure Kosten mit sich. Wer die konkreten, erfahrbaren Fortschritte, die mit Hilfe der Wissenschaften gemacht worden waren, im Namen der möglichen künftigen Gefahren der Weiterentwicklung ebendieser Wissenschaften aufheben wollte, geriet ebenso in Begründungsnot wie diejenigen, die die Bewohner der Städte aufs Land senden wollten, um sie vor den Gefahren der Degeneration zu bewahren. Gerade die radikale Kritik von Wissenschaft, Technik und Kul-

30 Einführung und knapper Überblick bei C. HEPP, Avantgarde.

tur machte indirekt deutlich, dass eine vollständige Umkehrung der Bewegung im Grunde kein rationales Ziel mehr sein konnte, weil sie zur Selbstzerstörung führen würde. Vielleicht am deutlichsten kam diese skeptische, ja fatalistische Einsicht im Werk Max Webers (1864–1920) zum Ausdruck, der die neuzeitliche abendländische Geschichte als großen Rationalisierungs- und Entzauberungsvorgang deutete, für den er nur begrenzte Sympathie aufbrachte, den er aber für unumkehrbar hielt, so dass es nur noch darum gehen konnte, ihn zu verstehen und ein Stück weit zu kontrollieren. Am Ende der behandelten Epoche hatten jedenfalls auch die Naturwissenschaften den Charakter eines unzweideutigen Instruments des Fortschritts verloren und einen zutiefst ambivalenten Charakter gewonnen. Auch sie vermochten das Dilemma der Moderne nicht zu überwinden, der ziellosen Bewegung weder eine klar erkennbare Richtung noch einen Sinn zu geben. Gleichzeitig war die Wissenschaft zu einer Kraft geworden, die das Leben in einer kaum noch wegzudenkenden Weise bestimmte.

3.3.2.2 Die Künste

Die Ausbreitung der Gleichheit machte sich auch bei der Verbreitung und Zugänglichkeit der Kunst bemerkbar, und zwar nicht nur im Sinne der Rechts-, sondern auch der materiellen Gleichheit. 1914 wurden die traditionellen Künste von einem wesentlich größeren Prozentsatz der Bevölkerung bewusst wahrgenommen als 1850, und darüber hinaus waren Kunstformen im Entstehen begriffen, die eine noch viel weitere Verbreitung finden sollten.

Zunächst schufen die Durchsetzung der allgemeinen Volksbildung und noch mehr die starke Expansion des höheren Bildungswesens die Voraussetzungen dafür, dass immer mehr Menschen immer besser imstande waren, Kunst in ihren Lebenshorizont einzufügen. Am unmittelbarsten galt dies für die Literatur. Doch verbesserten sich auch die Voraussetzungen für das Verständnis von Schauspiel, Oper, Musik, Malerei, Bildhauerei und Architektur. Nicht minder wichtig war die kontinuierliche Erhöhung des Lebensstandards breiter Schichten. Erst dadurch wurde Kunst für Viele erschwinglich. Der gesteigerten Nachfrage entsprach durchaus eine Erhöhung des Angebots. In den rasch wachsenden Städten entstanden in großer Zahl neue Schauspiel- und Opernhäuser, Konzerthallen und Kunstmuseen, in der Regel von der öffentlichen Hand getragen; daneben spielte aber auch Privatinitiative eine Rolle, insbesondere im Theater. Die Zahl derer, die Werke der bildenden Kunst in Auftrag geben oder kaufen konnten, nahm zu, und noch mehr galt das für diejenigen, die selber Musik praktizierten. Der Buchmarkt expandierte. Waren in Frankreich und in Deutschland 1840 je 6.200 Bücher erschienen, so waren es 1914 32.800 und 35.000. Der durchschnittliche Preis eines Buches sank in Frankreich zwischen 1840 und 1870 um 48% und bis 1910 um weitere 23%.[31] Neue technische Verfahren konnten zu besonders rascher Expansion führen. Die Verbesserung der Drucktechnik, die das Aufkommen einer Massenpresse erlaubte und begünstigte, ermöglichte auch sehr billige Klassikerausgaben in hohen Auflagen, die tatsächlich Absatz fanden. Dass der Bedarf selbst jetzt noch größer

---

31 F. Barbier/C.B. Lavenir, Médias, 82f. Etwas andere Zahlen für Deutschland bei H.-U. Wehler, Gesellschaftsgeschichte 3, 1233 und bei T. Nipperdey, Arbeitswelt, 753.

war als der Käuferkreis, zeigte die weite Verbreitung von Lesezirkeln und kommerziellen Leihbibliotheken. Allein in Deutschland fanden sich Tausende davon, und man schätzt, dass sie gut 90% der regelmäßigen Leser erfassten, während weniger als 10% die Bücher kauften.[32]

Den Unterschichten allerdings blieb dieser Kulturbetrieb nach wie vor weitgehend verschlossen, nicht nur aus finanziellen, sondern auch aus bildungs- und mentalitätsmäßigen Gründen. Es war eine ganz überwiegend bürgerliche Kunst, zugeschnitten auf die Lebenswelt der Mittel- und Oberschicht. Hof, Adel und Kirche verloren zwar nicht jegliche Bedeutung für den Kunstbetrieb. Aber sie vermochten die Inhalte der Kunst immer weniger zu bestimmen. Die sakrale Kunst nahm gegenüber der weltlichen eine nachgeordnete Position ein. Die Höfe spielten zwar formell noch eine Rolle, indem wichtige Kulturstätten solche des Hofes blieben. Doch sie waren in gleicher Weise öffentlich wie staatliche oder kommunale Einrichtungen. Der Adel verlor seine Mäzenatsfunktion zu guten Teilen an die Bourgeoisie.

Eine Ausweitung der Wirkung der Kunst auf das ganze Volk zeichnete sich erst in Verbindung mit grundlegenden technischen Neuerungen ab, die nicht nur eine leichtere Verbreitung bestehender Kunstformen erlaubten, sondern darüber hinaus auch zum Kristallisationspunkt für neue wurden.[33] Die entscheidende Erfindung war hier die erstmals 1839 erfolgreich eingesetzte Fotografie, die ihre Wirkungen allerdings nur langsam entfaltete. Immerhin ermöglichte sie es schon bald einem sehr viel breiteren Kreis der Bevölkerung, sich porträtieren zu lassen.

Den nächsten Schritt bildete 1895 der Übergang von den festen Bildern der Fotografie zu den beweglichen des Films. Auch hier handelte es sich zunächst um eine technische Neuerung, die allererst die Möglichkeit für die Entstehung einer neuen Kunst schuf – anfänglich stand die Neuerung ganz im Zeichen der Unterhaltungsindustrie.[34] Hier aber war nun eine Form gefunden, die erstmals umfassende Breitenwirkung, den Einbezug der Massen in die Kunst erlaubte. Der Aufschwung des Kinos in den letzten Jahren vor dem Ersten Weltkrieg war ungeheuer: In Großbritannien zählte man 1914 wöchentlich 7–8 Millionen Kinobesucher; in Deutschland standen in diesem Jahr in 2.450 Kinos eine Million Sitze zur Verfügung.[35]

Der Erfolg des Films macht verständlicher, was sich schon bei der größeren Verbreitung der traditionellen Kunstformen andeutete. Die Ausbreitung der Gleichheit hatte in der Kunst einen besonderen Charakter. Sie veränderte auch das, was ausgebreitet wurde. Sie war nicht qualitätsneutral, sondern mit einer Popularisierung verbunden. Kunst war bislang stets elitär gewesen. Sie war nicht eigentlich popularisiert worden; vielmehr hatte neben ihr eine eigenständige Volkskunst gestanden. Jetzt musste sie den Bedürfnissen eines rasch wachsenden Publikums angepasst werden. An die Stelle der vom Volk betriebenen Volkskunst trat die von Künstlern für das Volk gemachte populäre Kunst. Dabei konnte die Popularisierung zwei Formen annehmen: Einerseits entstanden neue, populärere Werke, andererseits wurden „Klassiker" aus

32 H.-U. Wehler, Gesellschaftsgeschichte 3, 432.
33 Zur Massenkultur z.B. K. Maase, Grenzenloses Vergnügen.
34 F. Barbier/C.B. Lavenir, Médias, 171.
35 K. Ward, Mass communications, 50; T. Nipperdey, Arbeitswelt, 796.

ihrem jeweiligen spezifischen Zeithorizont herausgehoben und gewissermaßen kanonisiert. Dadurch erstarrten sie und konnten zu Gegenständen eines permanenten Massenbetriebes werden. Beide Formen der Popularisierung tendierten dazu, die Kunst in ihrer Entwicklung stillzustellen.

Solange sich die Kunstentwicklung innerhalb eines kleinen, mehr oder weniger geschlossenen Kreises von Produzenten und Konsumenten abgespielt hatte, war eine gewisse Einheitlichkeit gewahrt geblieben, und Wandel war meistens langsam und in kleineren Schritten erfolgt, auch wenn das Bestehende immer wieder durch neue Strömungen herausgefordert worden war. Jetzt mussten Neuerungen sich gegen eine immer weiter verbreitete, tief verankerte und zunehmend erstarrte Kunst durchsetzen. Um Erfolg zu haben, mussten sie weit stärker als früher radikale Gegenpositionen einnehmen, schockieren und provozieren. Hier zeigt sich das Gegenstück zur Ausbreitung der Gleichheit in der Kunst: Je verbreiteter und „demokratischer" diese wird, um so stärker tritt die eigentliche Kunstentwicklung zu ihr in Widerspruch und um so elitärer werden die neuen Strömungen.[36]

Die vielfältigeren Strömungen und deren heftigere Auseinandersetzungen untereinander hingen auch mit der größeren Autonomie und Autorität zusammen, die die Kunst inzwischen gewonnen hatte. Sie war nicht mehr der Religion untergeordnet, sondern ein unabhängiger Bereich geworden, der seine eigene Deutung der Welt und des Lebens gab und dadurch auch Sinn zu stiften vermochte oder wenigstens zu stiften beanspruchte. Der Kunst kam um so größere Bedeutung zu, je mehr sich, vor allem seit den neunziger Jahren, Kulturkritik und Kritik an den modernen Wissenschaften ausbreiteten. Dabei zeigten sich in der Kunst zwei unterschiedliche Reaktionen. Die eine war ausgesprochen elitär, indem ein unüberbrückbarer Gegensatz zwischen Kunst und modernem Leben, zwischen Künstler und Nichtkünstler proklamiert wurde. Der Künstler wurde zum Vertreter, ja zum Bannerträger des wahren Lebens, das er der vermassten, uniformierten, wirtschaftlichen Zwängen unterworfenen, verflachenden Welt gegenüber aufrechterhielt – Kunst wurde zur Gegenwelt des Bestehenden und so zugleich zur einzig wirklichen, authentischen Welt, wobei der Künstler an diesem Gegensatz auch zerbrechen konnte. Kunst wurde zum Selbstzweck – *l'art pour l'art*. Ein typisches Beispiel ist der Impressionismus. Die andere Richtung, die sich besonders im Expressionismus fand, war vom Ausgangspunkt her nicht minder elitär, hatte aber einen darüber hinausweisenden Anspruch: Für sie war der Gegensatz zwischen Kunst und Leben nicht unüberbrückbar; sie wollte ihre Auffassungen und Sichtweisen zu den herrschenden machen, also die „Demokratisierung" der Kunst vorantreiben, die Welt und die Gesellschaft durch Kunst verändern.

Im einzelnen zeigten sich große Unterschiede zwischen den verschiedenen Künsten.

1. Am stärksten betroffen von der Ausweitung des Kreises der Adressaten und auch der Interessenten und der Konsumenten war die *Literatur*. Das 19. Jahrhundert wurde zur großen Zeit des Romans. Die durchschlagendsten Erfolge hatten populäre, heute meist vergessene Schriftsteller. Doch erreichten auch bedeutende Autoren teilweise

36 Vgl. T. NIPPERDEY, Arbeitswelt, 695; 709f.; G.C. ARGAN, Kunst, 14; 23.

spektakulären Ruhm. Manche wurden zu national oder gar international bekannten Gestalten, so etwa Charles Dickens (1812–1870) in England oder Emile Zola (1840–1902) in Frankreich, während Fjodor Dostojewski (1821–1881) und Leo Tolstoi (1828–1910) weit über Russland hinaus zu geradezu europäischen Figuren wurden.

Diese Erfolge zeigen, dass die Literatur keineswegs eine esoterische Gegenwelt konstruierte. Man kann die zunächst herrschende Strömung in einem weiten Sinne als Realismus bezeichnen, der es unternimmt, die Welt – vor allem diejenige der bürgerlichen Gesellschaft – so darzustellen, wie sie der normalen Wahrnehmung erscheint, ihr gleichzeitig aber auch auf einer idealistischen Grundlage einen normativen Spiegel vorzuhalten. Die Gegenströmung, die sich gegen den Realismus erhob, der Naturalismus, mit Zola als europaweit einflussreichstem Vertreter, stellte eher eine Radikalisierung des Realismus als eine Gegenposition zu ihm dar. Auf einer materialistischen Grundlage erhielt die Darstellung des Gegebenen größeres Gewicht, indem nun auch die dunkeln Seiten des Lebens, die Konflikte und Ungerechtigkeiten in der Gesellschaft weit schonungsloser freigelegt wurden. Auch diese Richtung hatte, nach anfänglicher Ablehnung durch die Kritik, breite Wirkung.

Gegen Ende des 19. und im frühen 20. Jahrhundert traten Strömungen auf, die nun sehr viel grundsätzlichere Gegenpositionen gegen die Tradition aufbauten. Dazu gehörte insbesondere die Konstituierung der Sprache als eigene Realität, und damit als eigenständiger Gegenstand der Literatur, vor allem im Symbolismus, zu dessen Leitfigur der Franzose Charles Baudelaire (1821–1867) wurde. Blieb der Symbolismus weitgehend esoterisch, so zeigte etwa der Expressionismus im frühen 20. Jahrhundert eine gegenüber dem Naturalismus weiter radikalisierte Gesellschaftskritik. Diese gewann insgesamt in der Literatur seit dem späten 19. Jahrhundert an Gewicht und Schärfe, wobei der Schwerpunkt sich zunehmend auf das Drama verlagerte. Zensur und Skandale sorgten immer wieder für Werbewirkung. Zu einem geradezu europäischen Ereignis wurde der Norweger Henrik Ibsen (1828–1906) mit seiner radikalen Infragestellung der bürgerlichen Gesellschaft, während etwa der Russe Anton Tschechow (1860–1904) die Auswegs- und Hoffnungslosigkeit einer sich selbst überlebenden Gesellschaft darstellte. Die Distanz zwischen dem Autor und der Gesellschaft, mit der er sich auseinandersetzte, wuchs.

Bis 1914 hatten sich eine ganze Reihe unterschiedlicher Strömungen gebildet, populäre und esoterische, sich ganz auf das Ästhetische konzentrierende, so etwa um den deutschen Lyriker Stefan George (1868–1933). Von einer nationalen oder gar europäischen Einheitlichkeit konnte nicht mehr die Rede sein.

2. Die *bildende Kunst*, und insbesondere die *Malerei*, erlebte zwar ebenfalls eine Ausbreitung des Kreises der Konsumenten (und der Produzenten), aber nicht im gleichen Maße wie die Literatur. Sie war ganz unmittelbar von einer technischen Neuerung betroffen, von der Fotografie, auch wenn sich diese nur langsam ausbreitete, da ihr Verfahren bis zur Erfindung des Zelluloidfilms 1888 sehr schwerfällig blieb. Ihr bloßes Vorhandensein stellte für die bildende Kunst, und hier ganz besonders für die Malerei, eine gewaltige Herausforderung dar. Die Fotografie musste längerfristig das Verhältnis der Malerei zur Realität radikal verändern. Bestimmte Aufgaben, die die Malerei bislang wahrgenommen hatte, wurden obsolet, nämlich alle Aspekte, die mit der möglichst getreuen Wiedergabe der Wirklichkeit, wie sie den Sinnen unmittelbar erschien,

zusammenhingen. Soweit es in der Kunst nur darum ging, musste sie ihre Stellung an die Fotografie verlieren. Das machte sich am stärksten beim Porträt bemerkbar.

Wollte die Malerei die Herausforderung annehmen, so musste sie sich auf andere Aspekte der Wirklichkeit konzentrieren oder, noch radikaler, ein neues Wirklichkeitsverständnis entwickeln. Das war um so wichtiger, aber auch um so schwieriger, als um die Jahrhundertmitte die traditionelle, stark klassizistisch ausgerichtete Malerei in einem ausgedehnten offiziellen Kunstbetrieb mit Akademien und Ausstellungen fest etabliert war. Der Wandel der Wahrnehmung erwies sich als ausgesprochen schwierig und langwierig. Die erste erfolgreiche neue Konzeption bildete, ausgehend von Frankreich seit den sechziger Jahren, der Impressionismus, der von praktisch der gesamten etablierten Kunstkritik zunächst vehement abgelehnt wurde. Er baute zwar noch auf der unmittelbaren Wahrnehmung auf, konzentrierte sich aber statt auf Umrisse und Gestalten auf die Atmosphäre und die Farbwahrnehmung.

Nachdem sich diese Richtung seit ihrer ersten erfolgreichen Ausstellung 1874 einmal durchgesetzt hatte, wurden auch andere Elemente der bisherigen Wahrnehmung in Frage gestellt, so etwa, seit dem späten 19. Jahrhundert, im Expressionismus die Farben, die nicht mehr mit der Natur, sondern mit der Auffassung des Künstlers oder des Betrachters übereinstimmen sollten. In den letzten Jahren vor dem Ersten Weltkrieg schließlich wurde die logische Konsequenz aus dem sich wandelnden Verständnis der Wirklichkeit gezogen, in Form der abstrakten Malerei, aufbauend auf dem Kubismus (seit 1903) und dem Futurismus (seit 1910).

Die Kunst war nun nicht mehr Darstellung einer vorgegebenen Wirklichkeit, sondern sie schuf, ja sie war ihre eigene Wirklichkeit, die dadurch zum Gegenbild der gewohnten Wirklichkeit wurde. Die Kunst brachte nicht mehr die Welt zum Ausdruck, sondern sie setzte ihr eine Gegenwelt entgegen. Dadurch entfiel die Frage nach einer möglichen Übereinstimmung mit einer äußeren Wirklichkeit.[37] Das allerdings war eine Konsequenz von einer Radikalität, die schwer nachvollziehbar war und deswegen zunächst keineswegs allgemein akzeptiert wurde. Traditionellere Auffassungen hatten nach wie vor viel größeres Gewicht. Daneben bildeten sich auch in der Malerei eine Vielzahl weiterer neuer Richtungen.

3. Als konservativer (oder homogener) erwies sich zunächst die *Musik*. In ihr dominierte in den meisten Gebieten Europas bis gegen die Jahrhundertwende die (Spät-) Romantik. Veränderungen vollzogen sich nicht in radikalen Oppositionsbewegungen, sondern stärker in einer kontinuierlichen Weiterentwicklung des Bestehenden. Dafür lassen sich verschiedene Gründe anführen. Die große klassisch-romantische Tradition lag noch nicht weit zurück. In vielen ihrer Formen ist die Musik in der Aufführung ausgesprochen aufwendig und erfordert einen großen mitwirkenden Apparat, der sich nur mit erheblichen Anstrengungen in eine andere Richtung lenken lässt. Umgekehrt bot die Tradition durchaus noch Entwicklungsmöglichkeiten, die sehr wohl genutzt wurden, etwa bei der Zusammensetzung und der Größe des Orchesters. Daneben standen auch inhaltliche Neuerungen, die bedeutende Herausforderungen bildeten, wobei hier dem Musiktheater Richard Wagners (1813–1883) herausragende Bedeutung zukam. Schließlich zeigte sich die romantische Musik imstande, vielfältige nationale Tra-

37 Vgl. etwa G.H. Hamilton, Painting, 15f.; T. Nipperdey, Arbeitswelt, 692ff.

ditionen, die zunehmend erschlossen wurden, in sich aufzunehmen. Sie wurde so zum Vehikel nationaler Erneuerungsbewegungen, insbesondere in Böhmen-Mähren und Russland, aber auch etwa in Skandinavien.

Dennoch setzten mit der Zeit Gegenströmungen ein, zunächst in Frankreich, wo insbesondere Claude Debussy (1862–1918) und Maurice Ravel (1875–1937) anstelle der zur Überladung tendierenden spätromantischen Symphonik einen stark auf die Erzeugung von Stimmungsbildern ausgerichteten und die Klangfarben betonenden impressionistischen Stil begründeten. Spätestens nach der Jahrhundertwende kam rasche Bewegung in die Musik, die nun zunehmend mit der Tradition brach. Den logischen Endpunkt stellte hier die Aufhebung der bisherigen Tonalität in der Zwölftonmusik dar, wie sie seit etwa 1908 in der sogenannten Neuen Musik vor allem von Arnold Schönberg (1874–1951) entwickelt wurde. Das war eine revolutionäre Neuerung, die aber vor 1914 ein Extremfall blieb. Die Tradition behielt starken Einfluss. Daneben bildeten sich auch andere „oppositionelle" Richtungen, etwa im Rückgriff statt auf die ältere nationale Tradition auf neue Formen populärer Musik. Damit hatte die Pluralisierung, die Auflösung eines einheitlichen Kanons, auch die Musik voll erfasst.

4. Eine eigentümliche Stellung nahm bis gegen Ende des Jahrhunderts die *Architektur* ein. Für sie spielte die Ausweitung des Adressatenkreises kaum eine Rolle, war sie doch schon immer öffentlich gewesen, zumindest was das Äußere der Bauten anging. Auffällig ist ihr ausgesprochen imitativer, historisierender Charakter. Sie ahmte alle Stile der europäischen (und manche der außereuropäischen) Architekturgeschichte nach, während man vergeblich nach einem wirklich etablierten eigenständigen Stil, wie er in den anderen Künsten bestand, Ausschau hielt. In manchen Ländern bürgerten sich zumindest lockere Zuordnungen zwischen dem Typ der Bauten und dem verwendeten Stil ein. Doch kam es nie zu einem festen Kanon. In der Regel hielt man sich bei einem Gebäude an einen einzigen Stil. Doch es fehlte auch nicht an synkretistischen Versuchen, mit zuweilen durchaus originellen Ergebnissen.

Ein Grund für diese besondere Stellung der Architektur mag im sich rasch steigernden Bedürfnis nach Repräsentation gelegen haben. Diese war nicht vereinbar mit Opposition oder gar der Erzeugung von Schockwirkungen, sondern man musste an bekannte, historisch legitimierte Formen anknüpfen. Dabei wurde der Repräsentationscharakter noch durch Monumentalität gesteigert. Renaissance-Rathäuser, die um ein Vielfaches größer waren als solche aus der Renaissance, stellten in gewisser Weise doch wieder etwas Eigenständiges dar, und noch mehr galt dies von Gesamtanlagen, von denen die spektakulärste die Wiener Ringstraße wurde: Hier wurde mit lauter Bauten in imitierten Stilen eine Wirkung von einer Monumentalität erzielt, für die sich in den imitierten Vergangenheiten nichts Vergleichbares finden ließ. Ein weiterer Grund für die im Vergleich zu den anderen Künsten viel stärkere Anlehnung an die Tradition lag wohl in der Notwendigkeit des Umgangs mit gänzlich neuen Materialien, insbesondere bei Stahlkonstruktionen. Solange dafür keine eigenständigen Formen gefunden waren, mussten sie mit traditionellen Stilen eingefangen und darin versteckt werden. Es ist deswegen wohl kein Zufall, dass sich solche Formen zuerst in technischen Bauten, bei denen der Repräsentationsanspruch sekundär war, durchsetzten, besonders in Brücken. Einen spektakulären, nicht mehr nur funktionalen, sondern jetzt auch repräsentativen Durchbruch erzielte diese Bauweise 1889 im Pariser Eiffelturm.

Ein weiterer, besonders starker Impuls zur Überwindung der architektonischen Reduktion auf Imitation kam seit dem späten 19. Jahrhundert nicht aus der Architektur selber, sondern aus dem Kunsthandwerk, mit dem Jugendstil, im Französischen und Englischen als *Art Nouveau* bezeichnet. Ausgangspunkt war der Versuch, Übereinstimmung mit der Natur zu finden, woraus ein eigenständiger, stark ornamentaler Formenreichtum entstand. Erstmals wurden jetzt in größerem Umfang repräsentative Bauten in einem nicht mehr historisierenden Stil gebaut. Damit war der Weg frei für zahlreiche neue Strömungen, in denen zunächst der Versuch dominierte, Material, Form und Funktion in Übereinstimmung zu bringen, nun auch gegen die Ornamentik gerichtet. Berühmt dafür wurde 1910 das Haus am Michaelerplatz in Wien von Otto Loos.

Ungeachtet ihrer höchst unterschiedlichen Entwicklung in den vorangegangenen Jahrzehnten zeigten die Künste am Vorabend des Ersten Weltkrieges doch einige Gemeinsamkeiten. Überall war die Einheit zerbrochen. Man konnte nirgends mehr von einem herrschenden oder gar allgemein akzeptierten Stil sprechen, der der betreffenden Kunst eine einheitliche Erscheinungsform verliehen hätte. An seine Stelle war ein Pluralismus getreten, ein zum Teil heftig geführter Kampf zwischen höchst unterschiedlichen Richtungen und Strömungen, zwischen Konservativen und Progressiven, zwischen Avantgarde und Tradition, zwischen Esoterikern und solchen, die den Anspruch erhoben, Kunst für die Massen zu betreiben. Fremd- und Selbstbezeichnungen zeigten eine verwirrende Vielfalt. Die Kunst war zu einem Markt geworden, auf dem die unterschiedlichsten Auffassungen angeboten und propagiert wurden und miteinander konkurrierten. Dabei ist freilich zwischen Quantität und Qualität zu unterscheiden. Rein umfangmäßig spielten traditionelle, etablierte Richtungen überall die Hauptrolle. Die Opposition stellte meist nur kleine Gruppen, die erst aufgrund ihres späteren Erfolges bekannt geworden sind. Hier zeigte sich ein auffälliges Muster in Form einer zyklischen Figur von Aufstieg und Niedergang. Eine künstlerische Richtung musste zuerst als Opposition antreten, als elitäre Avantgarde, die sich gegen etablierte Auffassungen richtete. Ihre Rechtfertigung fand sie letztlich darin, dass sie sich durchzusetzen vermochte, zur weithin akzeptierten Strömung wurde. Gerade dadurch aber verlor sie ihren Oppositions- und Avantgardecharakter, der nach der neuen Auffassung zur zukunftsweisenden Kunst gehörte – mit der Folge, dass sie von neuen Avantgarden überholt wurde.

Diese Besonderheiten, wie sie sich im späten 19. und im frühen 20. Jahrhundert herausbildeten, und wie sie auch für den weiteren Verlauf des 20. Jahrhunderts gelten, sind ein Indiz dafür, dass auch die Künste durch die Grundkräfte dieser Zeit geprägt sind. Der Zusammenhang mit der Ausbreitung der Gleichheit ist bereits deutlich geworden. Die skizzierte Bewegung von der Opposition über die Avantgarde zur etablierten Kunst, die ihrerseits wieder überholt wird, verweist auf den Typ von Bewegung, wie er auch schon im Wachstum der Arbeitsproduktivität und in der Entwicklung der Wissenschaften sichtbar geworden ist. Zwar verkünden die neuen Richtungen in der Regel auch eigene, neue Ziele. Doch in der Pluralität der Richtungen werden diese Ziele beliebig, und zum einzigen wirklich gemeinsamen Merkmal wird die Bewegung, die schließlich ihr Ziel in sich selbst findet. Ob sie insgesamt positiv oder negativ zu bewerten ist, lässt sich ebensowenig entscheiden wie in der

Wirtschaft und in der Wissenschaft. Es geht nicht mehr darum, eine zumindest in ihren Grundzügen bekannte und festgefügte Welt kritisch oder affirmativ darzustellen und verständlich zu machen. Vielmehr muss sich die Kunst mit der Deutung einer in ziellose Bewegung geratenen Welt auseinandersetzen. Dadurch gewinnt sie selber diesen Charakter: Die festen Vorgegebenheiten lösen sich in der unendlichen Bewegung, die jede Gewissheit versagt, auf. Da die Richtung der Bewegung unbekannt ist, kann auch keine Richtung der Kunst mit Grund für sich beanspruchen, sie erfasst und wiedergegeben zu haben. Der Pluralismus wird zum notwendigen Merkmal der Moderne.

3.4 Die europäische Staatenwelt zwischen Weltherrschaft und Selbstzerstörung

Die europäischen Staaten erreichten in der behandelten Zeit zusammengenommen die größte Macht, die sie jemals besessen haben. Es war zugleich die größte Macht, die jemals von den Staaten eines Kontinents über die übrigen Kontinente ausgeübt worden ist. Wenn man für Amerika, das zum größten Teil statt von europäischen Staaten von Staaten europäischer Siedler beherrscht wurde, gewisse Präzisierungen anbringt, kann man durchaus von einer europäischen Weltherrschaft sprechen. Diese erreichte ihren Höhepunkt beim Ausbruch des Ersten Weltkrieges, der zum Ausgangspunkt für das Ende der Weltstellung Europas durch dessen Selbstzerstörung wurde. Von diesem Krieg hat sich Europa machtmäßig nie wieder erholt.

Weltherrschaft und Selbstzerstörung hängen eng miteinander zusammen, freilich nur für den nachträglichen Beobachter, nicht für die Zeitgenossen, die wohl den Glanz der Weltherrschaft bewundern, aber bestenfalls Ahnungen künftiger Selbstzerstörung haben konnten.

Die Grundlage für die europäische Überlegenheit bildete die industrielle Revolution. Sie verlieh Europa ein wirtschaftliches Übergewicht, das, über technische Neuerungen und Erfindungen und damit über verbesserte Waffen, allmählich auch in militärische Dominanz umgesetzt wurde. Die maritime Überlegenheit der Europäer war seit den großen Entdeckungen des 16. Jahrhunderts fraglos. Sie wurde im 19. Jahrhundert durch die Einführung des Dampfschiffes noch verstärkt, und das dampfbetriebene Flussboot, das dank geringerem Tiefgang viel weiter flussaufwärts vordringen konnte als das Segelschiff, erlaubte es, diese Überlegenheit ein Stück weit ins Binnenland hineinzutragen. Demgegenüber blieb die militärtechnische Überlegenheit der Europäer zu Lande bis weit ins 19. Jahrhundert hinein bescheiden und setzte dadurch auch ihrem Vordringen enge Grenzen. Sie blieben auf zahlenmäßige Übermacht angewiesen. Das erforderte gewaltige Expeditionsheere, deren Bereitstellung in der Regel die Mittel eines europäischen Staates überstieg. Billiger war die Rekrutierung einheimischer Truppen in Übersee. Aber auch sie mussten bezahlt werden, und sie ließen sich nicht überall ohne weiteres in ausreichender Zahl anwerben. Diese Verhältnisse zeigten sich besonders deutlich in der französischen Eroberung Algeriens zwischen 1830 und 1847. Auf dem Höhepunkt der Kämpfe hatte Frankreich 1846 108.000 Mann in Algerien stationiert. Das war immerhin ein Drittel seiner gesamten

Armee. Der Gegenseite standen, bei einer regulären Armee von knapp 10.000 Mann, zusammen mit Hilfstruppen maximal 50.000 Mann zur Verfügung.[1]

Diese Verhältnisse änderten sich nach der Jahrhundertmitte allmählich. Die Transportkosten, für Truppen und für Nachschub, sanken, und die Waffentechnik wurde im Sinne höherer Feuerkraft pro Soldat „verbessert". Eroberungen wurden billiger, weil eine immer kleinere Zahl europäischer (oder europäisch ausgebildeter und ausgerüsteter, jedoch vor Ort rekrutierter) Soldaten imstande war, eine immer größere Zahl einheimischer Kämpfer in Schach zu halten und zu besiegen. Medizinische Fortschritte, insbesondere die Malariaprophylaxe, ermöglichten überdies die Reduktion von Verlusten durch Krankheiten, die bislang meist viel höher gewesen waren als solche durch Kampfhandlungen. Der Höhepunkt dieser Überlegenheit wurde in der Eroberung Afrikas im späten 19. und im frühen 20. Jahrhundert erreicht. Der britische General Kitchener eroberte 1897–1898 mit 8.200 britischen und 17.600 ägyptischen Truppen sowie mit 44 Geschützen und 20 Maschinengewehren zu Lande und 36 Geschützen und 24 Maschinengewehren auf Flussbooten von Ägypten aus das Mahdi-Reich im Sudan. In der Schlacht von Omdurman stieß er am 2. September 1898 auf an die 60.000 Mann gegnerische Truppen. Das Ergebnis waren 48 Tote und ca. 430 Verwundete auf britischer Seite und 9.700 Tote und 10.000–16.000 Verwundete auf sudanesischer Seite.[2] Der vierundzwanzigjährige Winston Churchill, der die Schlacht miterlebte und sie ausführlich beschrieb, frohlockte über den „bemerkenswertesten Triumph, den die Waffen der Wissenschaft jemals über Barbaren errungen haben".[3] Zu den wichtigsten Instrumenten der europäischen Überlegenheit waren das Hinterlader- und das Maschinengewehr und die mobile Feldartillerie geworden. Mit deren Hilfe, aber auch etwa dank dem Telegrafen, konnten sehr kleine europäische Einheiten immer wieder große Gebiete erobern.

Diese militärische Überlegenheit der Europäer war freilich keineswegs auf Dauer gesichert. Es war nur eine Frage der Zeit, bis die Gegenseite die gleichen Waffen oder wirksame Abwehrwaffen haben würde, wie sich später im 20. Jahrhundert immer wieder zeigen sollte und wie sich auch schon früher gezeigt hatte. Wenn auf europäischer Seite noch krasse Führungsfehler hinzukamen, dann konnte selbst vor 1914 auf der Gegenseite schon eine nur mittelmäßige Ausstattung mit europäischen Waffen der zweitletzten Generation für einen Sieg genügen, wie der abessinische Kaiser Menelik am 1. März 1896 demonstrierte, als er bei Adua einem großen italienischen Heer eine vernichtende Niederlage beibrachte (siehe S. 192). Doch blieb ein solcher Großerfolg, der die üblichen Kräfteverhältnisse geradezu auf den Kopf stellte, eine Ausnahme. Hingegen zeigte der in einer ganzen Reihe von Schlachten errungene Sieg Japans über Russland 1904/05, dass die neue Waffentechnik nur so lange ein Monopol der Europäer sein würde, bis außereuropäische Staaten es schafften, die industrielle Revolution nachzuvollziehen – im Falle Japans war der Umschlag bereits erfolgt.

Japan war indessen eine Ausnahme. Anderswo war bis 1914 kein solcher Umschlag der Machtverhältnisse absehbar. Doch nun brachte der Erste Weltkrieg eine fast

---

1 C.-A. Julien, Algérie I, 179–182; 270.

2 W.S. Churchill, River War, 249; 259f.; 310f. Laut P.M. Holt, Sudan, 240, hatten die Mahdisten sogar fast 11.000 Tote.

3 W.S. Churchill, River War, 300.

schlagartige Zerstörung der europäischen Position, weil die Europäer ihre neuen, effizienter gewordenen Waffen gegeneinander statt nach Übersee richteten. Was im Gebrauch nach außen geholfen hatte, Soldaten zu sparen und Kriege abzukürzen, wurde nun, gegen gleichwertig gerüstete Gegner, zur Quelle massenhafter gegenseitiger Abschlachtung und damit europäischer Selbstzerstörung. Die Europäer waren nicht kriegerischer geworden. Im Gegenteil, vom 16. bis zum frühen 19. Jahrhundert hatten sie einander häufiger, länger, hartnäckiger und grausamer bekämpft als nach 1815. Doch nun fochten sie mit Waffen, die selbst bei weniger kriegerischem Geist innerhalb kurzer Zeit den Kontinent ruinieren mussten. Die Waffen, die es den Europäern ermöglicht hatten, sich die Welt zu unterwerfen, vernichteten ihre Urheber und deren Machtgrundlage.

Einen ersten Vorgeschmack davon gab der aufwendigste und blutigste Kolonialkrieg der behandelten Periode, der Burenkrieg, den Großbritannien 1899–1902 zur Unterwerfung der Burenrepubliken in Südafrika führte. Es war ein Krieg in Übersee, aber gegen eine aus Europa stammende und mit europäischen Waffen ausgerüstete Bevölkerung. Militärisch gesehen war es also gerade kein Kolonialkrieg, sondern ein Krieg zwischen Europäern. Die Briten benötigten zur Unterwerfung der Buren ein Vielfaches von deren Truppenstärke. Während die Buren insgesamt etwa 88.000 Mann mobilisierten, stellten die Briten fast 450.000 Mann ins Feld.[4] Es war klar, dass selbst die stärkste europäische Kolonialmacht unter solchen Umständen auf die Dauer nicht imstande sein würde, ihren Kolonialbesitz weltweit zu verteidigen.

Dass es zur Selbstzerstörung kommen konnte, hing noch mit einer anderen europäischen Besonderheit zusammen. Europa war politisch gesehen keine Einheit, sondern es bestand aus einer Vielzahl miteinander rivalisierender Staaten. Der Konkurrenzkampf begünstigte, nachdem die machtmäßigen Voraussetzungen dafür einmal geschaffen waren, die Expansion, indem die einzelnen Staaten sich bemühten, ihren Rivalen zuvorzukommen. Wer nichts unternahm, lief Gefahr, auch im europäischen Kräftespiel zurückzufallen. Eine solche Auseinandersetzung, ein solcher Wettlauf um überseeische Gebiete war mit dem Risiko behaftet, dass die Konkurrenten einander gegenseitig bekämpften und zerstörten. Dazu ist es indessen nicht gekommen. Die Machtkämpfe in Übersee haben in der behandelten Zeit nie zu Kriegen zwischen europäischen Staaten geführt. Hier wirkte sich aus, dass in bezug auf Übersee doch auch gewisse Gemeinsamkeiten bestanden. Machtentfaltung und Gebietsherrschaft in Übersee verliehen zwar in Europa Prestige und zumindest teilweise auch zusätzliche Macht. Aber der Besitz in Übersee war demjenigen in Europa klar nachgeordnet. Das äußerte sich einerseits in der untergeordneten Rechtsstellung, die die eingeborene Bevölkerung der überseeischen Gebiete im Vergleich zu den Europäern, von unbedeutenden Ausnahmen abgesehen, überall hatte, und andererseits darin, dass überseeische Territorien nie die gleiche Bedeutung für das internationale Prestige eines Staates gewannen wie europäische Gebiete. Sie konnten viel leichter ausgetauscht werden als diese. Das bedeutete aus der Sicht der Bewohner zwar einen unwürdigen Länderschacher. Dafür ergaben sich Möglichkeiten der Konfliktlösung, die in Europa nicht bestanden. So wurde etwa die zweite Marokkokrise 1911 dadurch gelöst, dass Frank-

4 J. Fisch, Geschichte Südafrikas, 213.

reich Deutschland Territorien in Zentralafrika überließ, als Kompensation für einen Verzicht auf Einfluss in Marokko. Es wäre völlig undenkbar gewesen, dass in diesem oder einem ähnlichen Fall auch nur ein einziges lothringisches Dorf den Besitzer gewechselt hätte.

3.4.1 Der Weg zur Weltherrschaft[5]

3.4.1.1 Europas Stellung in der Welt um 1850

Die europäische Stellung in den außereuropäischen Gebieten präsentierte sich um 1850 unter drei höchst unterschiedlichen Aspekten.

1. Seit den Tagen der großen Entdeckungen im 15./16. Jahrhundert beherrschten die Europäer die Weltmeere und damit auch den Welthandel, soweit er über See erfolgte. Ihre Überlegenheit beruhte einerseits auf der Technik von Schiffbau und Navigation, andererseits auf einem weltweiten Netz von Stützpunkten. Diese befanden sich teilweise an den Küsten des Festlands, bevorzugt aber auf Inseln, die sich, besonders wenn sie klein waren, mit geringem Aufwand beherrschen und dank der Überlegenheit zur See leicht verteidigen ließen. Stützpunkte auf dem Festland wurden teils direkt beherrscht, teils aber auch nur von den lokalen Machthabern gepachtet. Während den Europäern zur See militärisch keine ernsthafte Konkurrenz erwuchs, war die einheimische Schiffahrt zumindest in Asien, vor allem in der südostasiatischen Inselwelt mit ihren häufig kurzen Verbindungen, imstande, einen Teil des Binnenhandels für sich zu sichern.

Die europäische Seeherrschaft wiederum war um 1850 wesentlich eine britische. Großbritannien hatte die mit Abstand größte und stärkste Flotte der Welt. Das galt sowohl für die Kriegsmarine als auch für die Handelsflotte. Die übrigen Staaten konnten ihre Flotten in Übersee nur in dem Maße einsetzen, in dem es ihnen von den Briten, die auch die weitaus meisten Stützpunkte besaßen, gestattet wurde. In der Handelsschiffahrt bestanden in dieser Hinsicht seit der Aufhebung der Navigationsakte (1849) kaum noch Einschränkungen, während militärische Aktivitäten genauer überwacht wurden. Kein europäischer Staat konnte es wagen, eine Flotte auszusenden, um etwa eine Kolonie zu erobern, die Britisch-Indien hätte gefährlich werden können.

2. Im Vergleich zu dieser unangefochtenen maritimen Übermacht war die landgestützte Stellung der Europäer weder universal noch unangreifbar. Hier wirkte sich die geringe militärtechnische Überlegenheit in Verbindung mit den begrenzten Ressourcen aus.

Am komplexesten waren die Verhältnisse in *Asien*. Russland hatte den nördlichen Teil des Kontinents seit dem 16. Jahrhundert erobert. Allerdings auf dem Landweg, so dass man hier eher von einer traditionellen asiatischen Reichsbildung sprechen musste, von einem europäisch-asiatischen Großreich, das deswegen auch nicht die üblichen Schwächen maritimer Herrschaft über große Landgebiete zeigte. Die einzige wirkliche Ausnahme eines über See kontrollierten großen Festlandreiches war somit die briti-

---

5 Für allgemeine Überblicke für die Zeit bis 1914 vgl. etwa W. Reinhard, Expansion; D. Fieldhouse, Kolonialreiche; R. von Albertini, Kolonialherrschaft; Oxford History of the British Empire, Bd. 3.

sche Herrschaft über den indischen Subkontinent, die um 1850 unangefochten war und in einem großen Teil des Landes mittels direkter Verwaltung ausgeübt wurde, in anderen Gebieten durch die Oberaufsicht über einheimische Fürsten. Möglich geworden war diese Herrschaft hauptsächlich dank der starken politischen Zersplitterung der Region und dem konsequenten Einsatz einheimischer Truppen durch die Briten. Die beiden anderen größeren europäischen Kolonialbesitzungen befanden sich bezeichnenderweise zur Gänze auf Inseln. Spanien übte eine relativ lockere Kontrolle über Teile der Philippinen aus, während die Niederlande vom Zentrum Java aus den indonesischen Archipel teils direkt, teils indirekt beherrschten. Hier konnte die maritime Überlegenheit besser zur Geltung gebracht werden als auf dem Festland.

Außerhalb dieser Reiche beschränkten sich die europäischen Besitzungen auf wenige Punkte, hauptsächlich auf Inseln. Auch hier hatten die Briten den Löwenanteil, wobei Ceylon, Singapur und Hongkong die wichtigsten Territorien waren.

Zwischen den Besitzungen der Europäer im Norden und im Süden war die asiatische Kernzone, von Konstantinopel über Persien, Zentralasien und China bis Japan, weitgehend unangetastet geblieben. Hier bestanden unabhängige Reiche, die selbst nach militärischen Niederlagen noch imstande waren, sich einem regelmäßigen, auf dem Fuße der Gleichberechtigung erfolgenden Verkehr mit den Europäern zu entziehen, wie China nach der Niederlage im Opiumkrieg gegen England (1840–1842) unter Beweis stellte. Seine Abhängigkeit vom maritimen Außenhandel war gering.

In *Afrika* wirkten die schwere Zugänglichkeit des Kontinents und das geringe europäische Interesse an einer wirtschaftlich wenig ergiebig scheinenden Region zusammen. Um 1850 übten Europäer nur im Norden (die Franzosen in Algerien) und im äußersten Süden (die Briten und burische Siedler am Kap) eine nennenswerte Gebietsherrschaft aus. Anderswo bestanden lediglich einzelne Handelsniederlassungen an den Küsten, die meist von der Duldung durch die einheimischen Machthaber abhängig waren. Dadurch verstärkten sich zwar die Kontakte, ohne dass daraus jedoch eine wirkliche politische Kontrolle geworden wäre. Afrika wies nicht nur auf europäischen Entdeckungskarten weiße Flecken auf; es war auch auf der politischen Weltkarte der Europäer ein großer weißer Fleck.

Australien wurde zur Gänze von Großbritannien beansprucht. Dadurch konnten andere Staaten keine Kolonisationsversuche wagen. Doch dieser Kontinent schien so unwirtlich, dass die Versuchung dazu auch nicht groß war. Selbst die Briten beschränkten sich auf einige Küstenregionen. Neuseeland hingegen war attraktiver für europäische Siedlung und dank seinem Inselcharakter leicht zugänglich, so dass die Briten es zunehmend beherrschten. Die pazifische Inselwelt lieh sich vollends einer rein maritimen Kontrolle, die allerdings noch sehr locker war, beruhte sie doch nur auf wenigen Stützpunkten.

3. Eine Sonderstellung nahm *Amerika* ein. Um 1780 hatten die Europäer den gesamten Kontinent für sich beansprucht und große Teile von ihm mehr oder weniger intensiv beherrscht. Die meisten dieser Gebiete hatten sie seither verloren. Auf dem Festland stellte das britische Kanada die einzige wirkliche Ausnahme dar. Daneben standen nur noch Britisch-Honduras in Mittel- und das unter Frankreich, die Niederlande und Großbritannien aufgeteilte Guayana in Südamerika. Demgegenüber waren die karibischen Inseln fast vollständig unter europäischer Herrschaft geblieben, was er-

neut zeigte, dass die Kolonialmächte zur See stärker waren als zu Lande. Spanien besaß nach wie vor das wichtige Kuba sowie Puerto Rico, Großbritannien Jamaika und zahlreiche kleinere Inseln; auch Frankreich beherrschte eine Reihe kleinerer Inseln, und sogar die Niederlande und Dänemark waren noch vertreten. Einzig Haiti war seit den Revolutionswirren am Ende des 18. Jahrhunderts unabhängig geblieben. Neben ihm stand später die Dominikanische Republik.

Die Zurückdrängung der Europäer gehörte durchaus zum Programm der unabhängigen amerikanischen Staaten in Nord und Süd. Dieses Programm fand seinen deutlichsten Niederschlag in der 1823 von den USA verkündeten Monroe-Doktrin, die jeden neuen Kolonialerwerb durch Gebietsfremde – damit waren Europäer gemeint – ausschloss.[6] Der noch bestehende Besitz der Europäer in Amerika wurde zwar anerkannt. Dennoch lag in der Doktrin eine Herausforderung für einen Kontinent, der sich anschickte, sich den Rest der Welt zu unterwerfen.

In Amerika konnte man also keineswegs von einer Entwicklung zur europäischen Weltherrschaft sprechen. Vielmehr schrumpfte die europäische Stellung. Doch die Lage war komplizierter. An die Stelle der Kolonialmächte waren von den Bewohnern her gesehen keine genuin amerikanischen Staaten getreten, sondern Gründungen, die von europäischen oder europäischstämmigen Siedlern, welche häufig sogar die Mehrheit der Bevölkerung stellten, dominiert wurden. Es handelte sich also nicht um eine europäische, wohl aber um eine europäisch bestimmte Herrschaft. Formelle Macht und Herrschaft hatten sich als begrenzt erwiesen, während der Einfluss und die Prägekraft Europas nachwirkten.

3.4.1.2 Von der maritimen zur universalen Weltstellung, 1850–1914

In den folgenden Jahrzehnten erfuhr die europäische Macht in der Welt eine beispiellose Ausdehnung. Doch war dies keineswegs ein einheitlicher Vorgang. Vor allem zwischen den einzelnen Kontinenten bestanden bedeutende Unterschiede.

1. Ein Sonderfall blieb *Amerika*. Hier ging die Macht der Europäer weiter zurück. Die Monroe-Doktrin wurde konsequent durchgesetzt. Der einzige ernsthafte Versuch, sie nicht zu beachten, erfolgte bezeichnenderweise, als die USA 1861–1865 durch den Bürgerkrieg paralysiert waren (vgl. S. 73). Frankreich errichtete 1862–1864 in Mexiko mittels Militärintervention ein von ihm abhängiges Kaiserreich unter Maximilian, dem Bruder Kaiser Franz Josephs von Österreich. Gleich nach dem Ende des Bürgerkrieges drohten die USA mit einer Intervention, und Frankreich überließ Maximilian seinem Schicksal – der Erschießung (1867). Damit war europäischen Expansionsgelüsten endgültig ein Riegel vorgeschoben, wobei Frankreich wohl auch bei neutraler Haltung der USA nicht imstande gewesen wäre, seine Stellung in Mexiko zu wahren. Gegen Ende des Jahrhunderts wurden die USA aggressiver, als sie 1898 Spanien, ohne dass es die Monroe-Doktrin verletzt hätte, in einem kurzen Krieg vernichtend schlugen und ihm seine restlichen Kolonien abnahmen, wobei sie in die Fußstapfen der Kolonialmacht traten, indem sie Puerto Rico annektierten und Kuba völlig von sich abhängig machten. Der übrige europäische Kolonialbesitz in Amerika hingegen blieb bis

6 2.12.1823. Text bei D. Perkins, History, 391–393.

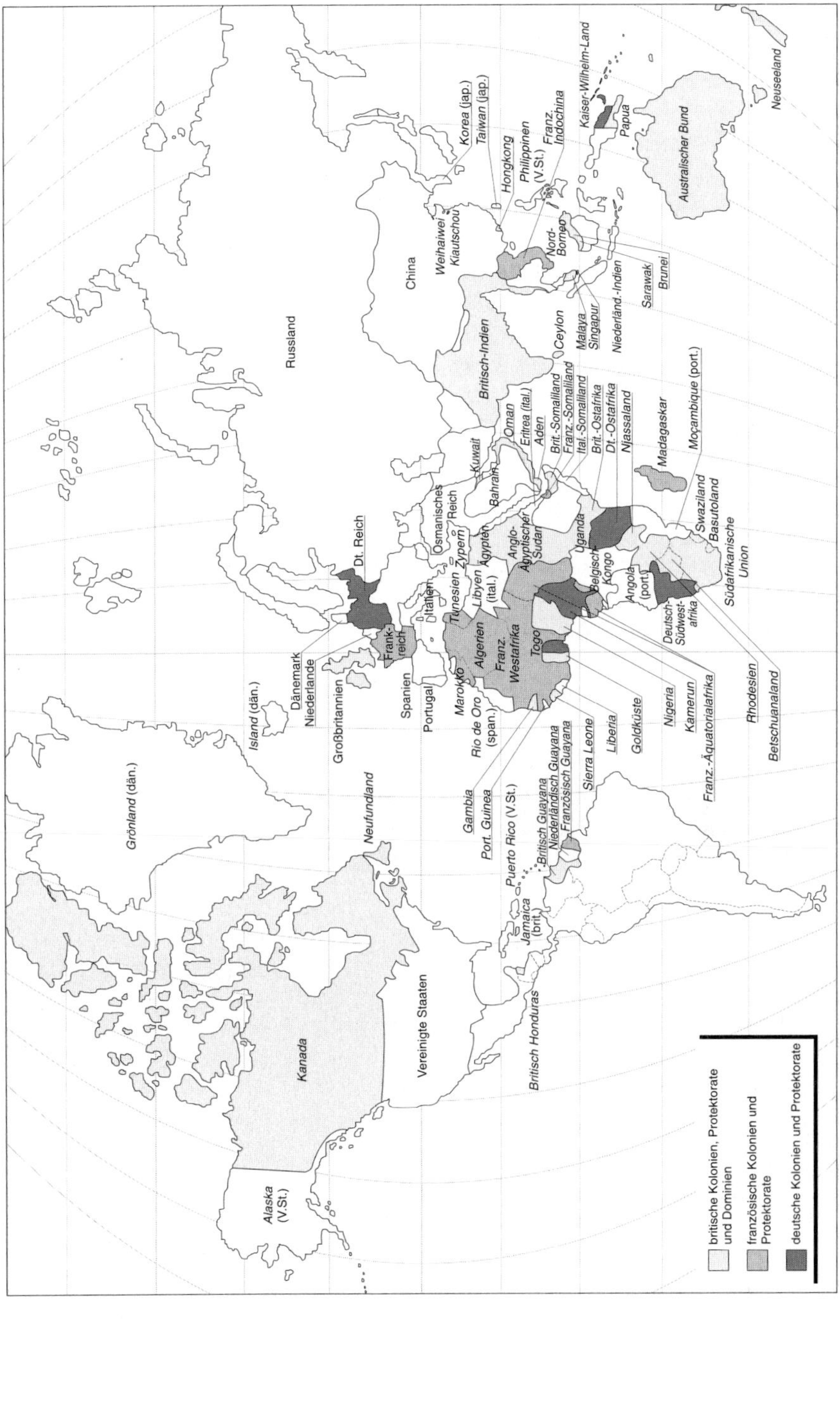

Abb. 15: *Die Welt 1914 – Kolonialreiche*

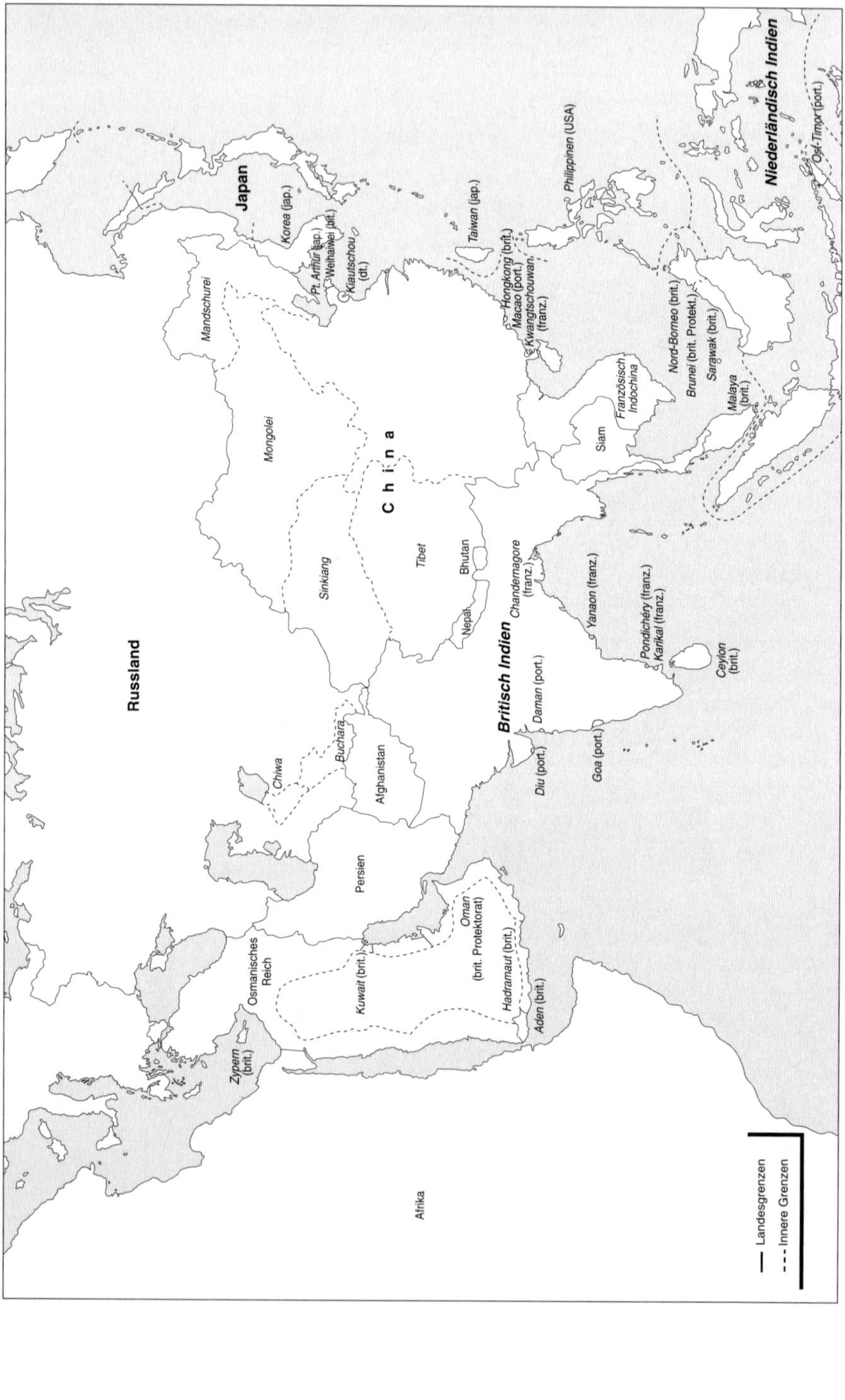

Abb. 16: *Asien 1914*

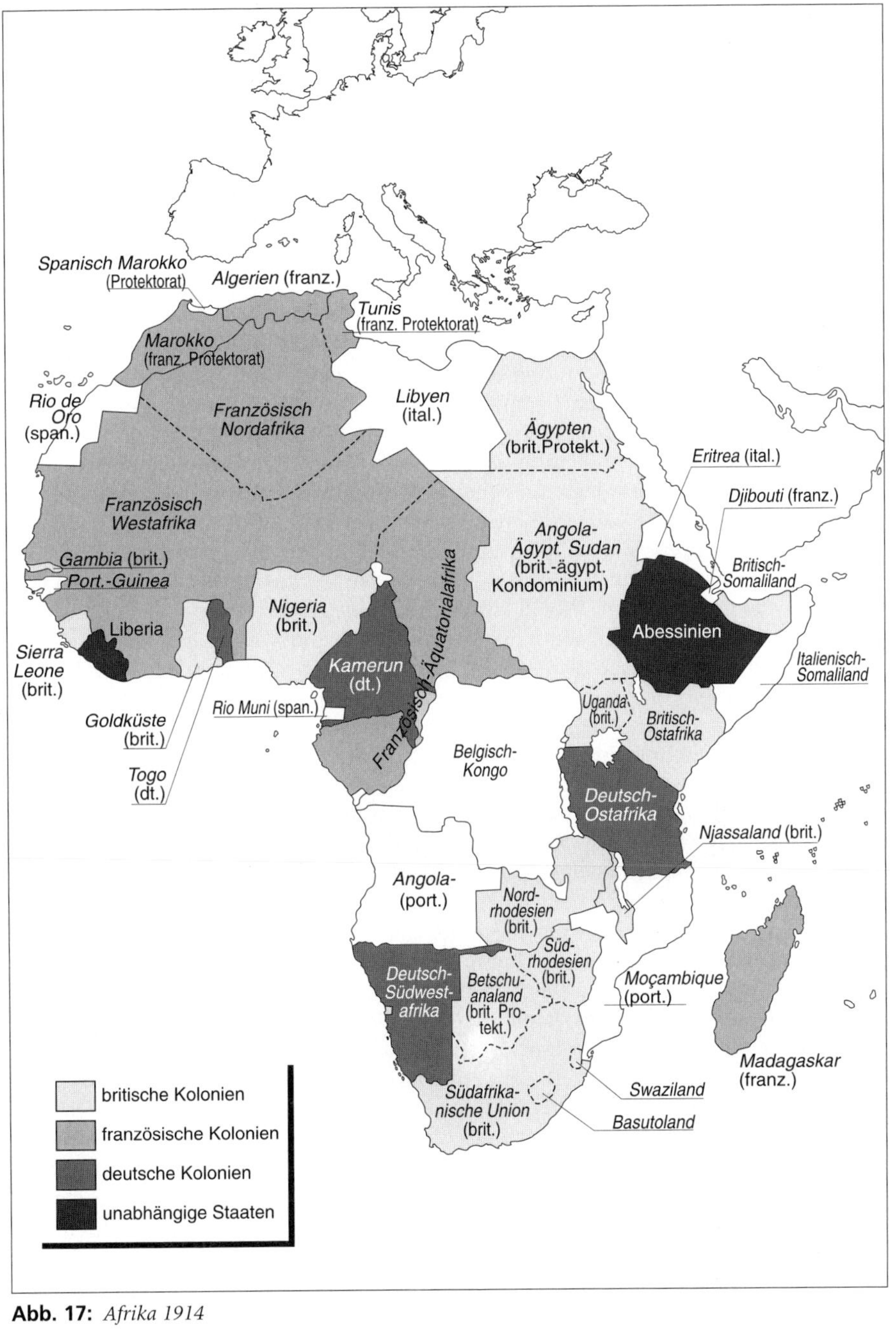

Abb. 17: *Afrika 1914*

über 1914 hinaus unangetastet. Dafür wurden die Europäer wirtschaftlich zurückgedrängt, ohne dass sie versucht hätten, sich mit Gewalt zu widersetzen. Insbesondere verlor Großbritannien seine führende Position in Lateinamerika allmählich an die USA. Das galt vollends unter strategischen Gesichtspunkten, wie das Schicksal des interozeanischen Kanals zeigte: Die USA setzten sich gegen Großbritannien, das auf eigene Pläne verzichtete, und gegen Frankreich, das 1889 in Panama gescheitert war, durch und eröffneten 1914 den Panamakanal in eigener Regie.

Man konnte also 1914 nicht einmal mehr von europäischen Ambitionen auf eine umfassende Herrschaft über Amerika sprechen. Andererseits war Amerika Teil einer von Europa ausgegangenen Weltstellung der Europäer: Es war zugleich Verdoppelung von und Gegenpol zu Europa.

2. In *Asien* konnte von keiner vergleichbaren Dialektik die Rede sein. Hier vermochten die Europäer ihre Position entschieden zu verbessern, auch wenn sie keine durchgängige Gebietsherrschaft erlangten. Die größte Eroberungsbewegung erfolgte erneut auf dem Landwege, durch Russland, das von Norden her auf breiter Front vorstieß, vom Kaspischen Meer bis zum Fernen Osten. Seine Gebietserwerbungen gingen vor allem auf Kosten der kleineren zentralasiatischen Staaten sowie Chinas. Die Briten unternahmen keine vergleichbaren Eroberungen. Das war hauptsächlich geographisch bedingt. Immerhin weiteten sie ihre Besitzungen in den Grenzgebieten im Nordwesten und im Osten von Indien, insbesondere in Burma, beträchtlich aus. Zuvor hatten sie ihre Position 1857/58 konsolidiert, indem sie einen großen Aufstand ihrer einheimischen Truppen, die teilweise vom Volk und von einigen lokalen Herrschern unterstützt worden waren, mit äußerster Härte niedergeschlagen hatten. Weniger dramatisch verlief die Geschichte in den europäischen Inselreichen. Die Niederlande verstärkten ihre Stellung kontinuierlich, wobei sie in einzelnen Gebieten auf hartnäckigen, jahrzehntelangen Widerstand stießen, insbesondere in Aceh in Nordsumatra. 1914 aber konnte man von einem großen, weitgehend pazifizierten und bis in entlegene Gebiete tatsächlich kontrollierten Reich sprechen. Das galt nicht in gleicher Weise für die Stellung der Spanier auf den Philippinen. Sie verloren ihre Besitzungen 1898 an die USA, die das Gebiet mit beträchtlichem Aufwand endgültig unterwarfen. Nur in einem Falle gelang es einer neu beziehungsweise wieder hinzugekommenen Kolonialmacht, ein bedeutendes Festlandgebiet zu erobern: Seit 1858 unterwarf Frankreich Indochina, während Großbritannien, zur maritimen Absicherung, sich eine lockere Kontrolle der malayischen Halbinsel sicherte.

Die Europäer beherrschten damit 1914 einen wesentlich größeren Teil des asiatischen Festlandes als 1850. Dennoch war das Kerngebiet aus unabhängigen Staaten noch keineswegs verschwunden, sondern nur schmaler geworden. Es umfasste das Osmanische Reich, Persien, Afghanistan, China, Siam und Japan. Dass diese Gebiete nicht erobert wurden, lag zunächst in der Rivalität der Kolonialmächte untereinander begründet. Doch hatte solche Konkurrenz in den früheren Jahrhunderten nie ausgereicht, um europäische Eroberungen dauerhaft auszuschließen. Wichtiger war die Tatsache, dass selbst jetzt, bei zunehmender europäischer militärischer Überlegenheit, ein förmlicher Eroberungszug gegen ein größeres asiatisches Festlandreich nach wie vor aufwendig und höchst riskant, im Falle Chinas wahrscheinlich sogar aussichtslos war. Angesichts der dauernden Rivalitäten war eine gemeinsame Expedition mehrerer europäischer Mächte von vornherein illusorisch. Noch weniger verheißungsvoll war die Aussicht, in einem solchen Reich nach einer Eroberung eine funktionierende europäische Verwaltung aufbauen zu müssen. Die Europäer konzentrierten sich deshalb auf eine indirekte Kontrolle, die ihnen möglichst viele wirtschaftliche Privilegien sicherte, ohne ihnen die Verantwortung für die Verwaltung aufzubürden. Ihre Rivalitäten untereinander führten dazu, dass die meisten verbleibenden asiatischen Staaten in der einen oder anderen Form in Einflusszonen aufgeteilt wurden. Russland und Großbritannien einigten sich 1895 über Afghanistan und 1907 über Persien, wo jede der beiden Mächte einen Teil des Landes besetzen durfte, während in der Mitte eine Art neutrale Zone bestehen bleiben sollte. Briten und Franzosen teilten sich 1896 Siam in zwei Sphären auf.

Zum Kerngebiet der europäischen Asienpolitik aber wurde mehr und mehr China. Es fiel wirtschaftlich und militärisch immer weiter hinter die europäischen Staaten zurück. Das führte bis 1914 dazu, dass die Großmächte das Land in Einflusszonen aufgeteilt hatten, in denen sie sich enorme wirtschaftliche Privilegien gewähren ließen. Darüber hinaus hatten sie einzelne kleine Gebiete in „Pacht" unter ihre direkte Kontrolle gebracht. Das Land, das sich aufgrund seines Anspruchs, die Mitte der Welt zu sein, bis zum späten 19. Jahrhundert geweigert hatte, die europäischen Staaten auf dem Fuß der Gleichberechtigung zu behandeln, war zu deren Spielball geworden, ohne dass freilich die Europäer imstande gewesen wären, es selber zu regieren oder auch nur politisch zu steuern. Auch die 1900–1901 durchgeführte gemeinsame militärische Expedition der europäischen Mächte, der USA und Japans gegen den sogenannten Boxeraufstand brachte hier keine wirkliche Änderung.

Mit China war das letzte größere Gebiet in die von den Europäern zwangsweise geschaffene weltweite Ordnung eingefügt.

Dass diese Einfügung auch auf andere Weise möglich war, zeigte zur gleichen Zeit Japan. Nachdem sich das Land seit dem 17. Jahrhundert fast vollständig von der Außenwelt abgeschottet hatte, wurde es 1853/54 durch die USA und Russland zur Öffnung gezwungen. Seit 1868 führte es mit größter Entschlossenheit Reformen durch, die es ihm ermöglichten, seine wirtschaftliche und militärische Kraft rasch zu steigern. Dadurch vermochte es sich dem europäischen Zugriff zu entziehen. Die äußeren Erfolge waren beeindruckend: Japan besiegte 1894–1895 China und 1904–1905 Russland. Damit hatte es Großmachtstatus erlangt. Dieser erlaubte es ihm, seinerseits Kolonien zu erwerben, indem es 1895 Taiwan und 1910 Korea eroberte, und er trug ihm schon 1902 das erste und einzige feste, förmliche Bündnis ein, das Großbritannien vor dem Ersten Weltkrieg schloss.

Hier waren die Europäer wieder, wie in Amerika, auf eine deutliche Grenze ihrer Macht gestoßen. Diesmal aber handelte es sich nicht mehr um einen Staat mit europäischen Wurzeln, sondern um ein in jeder Hinsicht asiatisches Land. Die überlegene Stellung der Europäer war somit kein spezifisch europäisches Phänomen; die Quellen europäischer Macht waren auch Nichteuropäern zugänglich.

3. Dramatischer noch waren die Veränderungen in *Afrika*, das zum Musterbeispiel für den Übergang von der maritimen zur landgestützten, universalen europäischen Herrschaft wurde. Zunächst allerdings nur langsam. Bis zu den späten siebziger Jahren wurden die europäischen Aktivitäten in Afrika zwar intensiviert, vor allem in der Form

von Forschungsreisen und missionarischen Anstrengungen, ohne dass indessen größere neue Gebiete unter europäische Kontrolle oder gar Herrschaft gebracht worden wären. Die überseeischen Aktivitäten der Europäer hatten ihren Schwerpunkt meistens in anderen Kontinenten. Zu Beginn der achtziger Jahre erfolgte ein Wandel. Einerseits traten mit Deutschland, Italien und dem belgischen König Leopold II. neue Bewerber um Einfluss in Afrika auf den Plan; andererseits machten sich die Auswirkungen des 1869 eröffneten Suezkanals bemerkbar. Er brachte eine Verlagerung des Seeweges nach Indien und damit ein spezifisches britisches Interesse an Ägypten, das 1882 besetzt wurde. Es blieb zwar formell dem Osmanischen Reich zugehörig, wurde aber faktisch von Großbritannien beherrscht. Schon 1881 hatte Frankreich Tunis besetzt.

Auch südlich der Sahara kamen die Verhältnisse jetzt rasch in Bewegung. Wer sich keine Gebiete oder wenigstens allgemein anerkannte Einflusssphären sicherte, kam in Gefahr, bald einmal jede Aussicht auf künftigen Besitz oder auch nur Betätigungsmöglichkeiten zu verlieren. Infolgedessen wurde der Kontinent innerhalb weniger Jahre zumindest auf dem Papier nahezu vollständig unter die europäischen Staaten aufgeteilt, und bis zum Ersten Weltkrieg waren fast alle afrikanischen Gebiete auch tatsächlich erobert und mehr oder weniger intensiv beherrscht. 1914 bestanden nur noch zwei formell unabhängige Staaten: das 1847 von den USA aus für befreite Sklaven gegründete Liberia, das dadurch einen Anspruch auf einen Sonderstatus erheben konnte, sowie Äthiopien, das 1896 Italien eine vernichtende Niederlage beigebracht hatte. Auch in anderen Gebieten waren die Europäer bei der Eroberung auf teilweise langwierigen und hartnäckigen Widerstand gestoßen, während die Aufteilung unter den Europäern zwar konfliktreich, letztlich aber doch friedlich verlaufen war. Den durchaus charakteristischen Höhepunkt solcher Auseinandersetzungen bildete 1898 die Faschoda-Krise. Am 10. Juli erreichte eine französische Kolonne von Westen her die sudanesische Stadt Faschoda. Am 21. September trafen von Norden her Briten unter Kitchener ein. Nach den üblichen Regeln hatte Frankreich die besseren Ansprüche. Doch Großbritannien legte solchen Wert auf den Besitz des Sudan, um Ägypten zu sichern, dass Frankreich im Dezember verzichtete, allerdings erst nach heftigen, mit großem Propagandaaufwand geführten Auseinandersetzungen, die die beiden Rivalen an den Rand des Krieges brachten. Letztlich aber bestätigte sich die Regel, dass man um afrikanische Gebiete zwischen Europäern keine Kriege führte. Dass die Kolonialmächte andererseits nicht bereit waren, in Afrika amerikanische Verhältnisse hinzunehmen, zeigte sich in der Härte, mit der Großbritannien 1899–1902 den Burenkrieg führte: Unabhängigkeit für europäische Siedler in einem wirtschaftlich und strategisch wichtigen Gebiet kam nicht in Frage.

Wie umfassend ihr Anspruch auf den Kontinent war, hatten die Europäer schon 1884/85 demonstriert, auf der internationalen Afrikakonferenz in Berlin, auf der die näheren Umstände und Bedingungen für den Gebietserwerb in Afrika festgelegt wurden. Konferenzteilnehmer waren fast alle europäischen Staaten und die USA – aber kein einziges afrikanisches Staatswesen. Afrika war Objekt, nicht Subjekt der Weltpolitik.[7]

---

7 Vgl. S. Förster u.a. (Hg.), Bismarck.

4. Angesichts der geographischen Verhältnisse und der extremen technischen Unterlegenheit der ursprünglichen Bewohner ergaben sich demgegenüber in *Australien* und *Ozeanien* keine grundlegenden Änderungen. Australien und Neuseeland blieben britische Domänen und wurden durch zunehmende Einwanderung immer stärker europäisiert. In der ozeanischen Inselwelt nahm die europäische Durchdringung ebenfalls zu. Die meisten Inseln fielen unter europäische Herrschaft. Großbritannien und Frankreich sicherten sich den größten Anteil; später kamen noch Deutschland und die Vereinigten Staaten hinzu.

3.4.1.3 Europas Stellung in der Welt um 1914

Aus der bloß maritimen Überlegenheit der Europäer war 1914 eine Land und Meer in gleicher Weise erfassende globale Herrschaft geworden. Es war eine Art kollektive Weltherrschaft der europäischen Staaten, die dauernd und heftig miteinander rivalisierten und doch auch wieder ein Minimum an Solidarität, die nicht zuletzt in einem gemeinsamen Überlegenheitsgefühl wurzelte, zeigten.

Ein wesentlicher Teil der Menschheit stand jetzt unter direkter europäischer Verwaltung, wurde also bis in den Alltag hinein unmittelbar von Europäern und deren Auffassungen über die verschiedensten Lebensbereiche, vom Familienrecht über die Impfung des Viehs bis zum Arbeitsethos, beeinflusst oder gar bestimmt. Anderswo übten die Europäer lediglich indirekte Herrschaft aus, indem sie angestammte Herrscher in ihrer Stellung beließen, sie aber bestimmten Auflagen unterwarfen. So war die europäische Weltherrschaft nicht nur Machtausübung, sondern auch in erheblichem Maße Europäisierung.

Von einer Europäisierung ohne Machtausübung musste man in weiten Teilen Amerikas sprechen, wo die Europäer ihre politische Macht zunehmend an Staaten verloren hatten, die ihrerseits Produkte europäischer Herrschaft waren und von europäischen Siedlern getragen und vor allem dominiert wurden. Noch deutlicher wurde der Kontrast im Falle Japans, in dem ein außereuropäischer Staat mit einer Bevölkerung, die nichts mit Europa zu tun hatte, die Macht der Europäer mittels konsequenter eigener Europäisierung in ihre Schranken wies.

Die europäische Weltstellung beruhte auf einer eigentümlichen Mischung von Gewaltanwendung und bloßer Einflussnahme in der Gestalt friedlicher Nötigung und Überzeugung. Die Herrschaft ließ sich in der Regel nur mit bewaffneter Hand durchsetzen. Die einmal errungene Stellung der Kolonialmacht musste später häufig mit noch größerer Waffengewalt gegen hartnäckigen (wenn auch letztlich stets erfolglosen) Widerstand verteidigt werden. Von einer bloßen friedlichen Durchdringung konnte in den wenigsten Fällen die Rede sein, und das war dann in erster Linie eine Folge der europäischen Übermacht, die Widerstand als sinnlos erscheinen ließ. Andererseits war die europäische Herrschaft keineswegs bloß Gewaltherrschaft. Einmal etabliert, wurde sie mit bemerkenswert geringem Aufwand an äußeren Machtmitteln aufrechterhalten, nicht zuletzt dank der Kooperation (die aus späterer nationalistischer Perspektive als Kollaboration denunziert wurde) zahlreicher Einheimischen, die innerhalb des kolonialen Systems eigene Wege fanden.[8] Die Europäer hatten nicht nur

8 Vgl. R. Robinson, Foundations.

relativ friedliche Verhältnisse und eine einigermaßen geordnete Verwaltung geschaffen, sondern auch wirtschaftliche, gesellschaftliche und kulturelle Veränderungen vorgenommen, die zumindest für einen Teil der Bevölkerung neue Entfaltungsmöglichkeiten mit sich führten. Sie waren viel zu schwach, um ihre Herrschaft gegen eine geschlossene Widerstandsfront durchsetzen zu können. Ihre Ordnung wurde zwar selten begrüßt, aber sie wurde zumindest akzeptiert. Nirgends jedoch gelang ihnen der letzte Sprung von der außerhalb des beherrschten Gebietes verankerten Fremdherrschaft zu einem ganz und gar im Lande selbst verwurzelten System, zumal das auch gar nicht ihre Absicht war, selbst dann nicht, wenn sie von ihrem subjektiven Verständnis her die Kolonien nicht ausbeuten, sondern fördern wollten. Deutlichsten Ausdruck fand diese Tatsache darin, dass die Kolonialherrschaft stets auf eine europäische Machtgrundlage angewiesen blieb oder jedenfalls angewiesen zu sein glaubte. Hier war eine volle Indigenisierung schlechterdings nicht denkbar. Eine indische Armee etwa, die nur aus Indern bestand und vor allem nur von Indern befehligt wurde, war noch nicht einmal eine Utopie. Die genuine europäische Macht bildete stets den Schlussstein des kolonialen Gebäudes. Nie beruhte die europäische Herrschaft in letzter Instanz auf der Zustimmung der Beherrschten.

3.4.1.4 Voraussetzungen und Ursachen

Die rasche Ausdehnung der europäischen Herrschaft über weite Teile der Welt im späten 19. und frühen 20. Jahrhundert hat immer wieder, und zwar schon unter den Zeitgenossen, nach Erklärungen gerufen. Im Verlauf dieser Debatten sind vielfältige, häufig als Imperialismustheorien bezeichnete Erklärungsmodelle aufgestellt worden.[9] Sie können hier nur kurz erwähnt werden. Dabei ist zu betonen, dass sie in der Regel zumindest in ihrem Kern durchaus miteinander vereinbar sind. Gerade bei einem so komplexen Phänomen wie der Etablierung der europäischen Weltherrschaft liegt die Annahme nahe, dass es sich nicht auf eine einzige Ursache zurückführen lässt.

Zunächst aber ist nicht auf eine Ursache, sondern auf die zentrale Voraussetzung des ganzen Vorgangs hinzuweisen, auf die in der zweiten Jahrhunderthälfte immer augenfälliger werdende europäische wirtschaftliche und noch mehr militärische Überlegenheit. Mit ihr war die Bedingung der Möglichkeit europäischer Herrschaft, die bislang in Asien und Afrika in der Regel nicht erfüllt gewesen war, gegeben. Ihr Gewicht kann kaum überschätzt werden, und sie bildet ihrerseits eine Ursache: Wo die Europäer eine Möglichkeit sahen, mit vergleichsweise geringem Aufwand große außereuropäische Gebiete zu erobern, haben sie es in der Regel auch getan. Das zeigte sich in der Eroberung Amerikas im 16.–18. Jahrhundert, zu deren Erklärung keine Imperialismustheorien aufgestellt werden.

Bei den eigentlichen Ursachen ist zuerst auf einen bereits erwähnten politischen Faktor hinzuweisen, der zur Folge hatte, dass sich der Vorgang zunehmend beschleunigte. Im späten 19. Jahrhundert nahm die Zahl der an überseeischen Aktivitäten und Besitzungen interessierten Staaten zu. Das vervielfältigte die möglichen Reibungs- und Konfliktpunkte und reduzierte umgekehrt den Umfang der Pufferzonen zwischen den Tätigkeitsgebieten unterschiedlicher Staaten. Wo sich bislang ein Staat abwartend mit

---

9 Als erste Einführung W.J. Mommsen, Imperialismustheorien.

einer Stellung lockeren Einflusses begnügt hatte, weil vielleicht der Wert des betreffenden Gebiets zweifelhaft schien, stand er nun infolge europäischer Konkurrenz plötzlich vor der Alternative, entweder klar definierte Ansprüche anzumelden und innerhalb absehbarer Zeit auch durchzusetzen, oder aber gänzlich ausgeschlossen zu werden. Gebiete wurden weniger deswegen erworben, weil man sie dringend begehrte, als weil man europäische Konkurrenten daran hindern wollte, sich ihrer zu bemächtigen. Das führte zu einer Art Gebietserwerb auf Vorrat, der im Falle Frankreichs besonders auffällig war: Es eroberte nach 1880 zumal in Afrika ein großes, aber wirtschaftlich wenig attraktives Kolonialreich.

Von solchem fast beiläufigen Gebietserwerb im Rahmen sich verschärfender Konkurrenz sind die – freilich seltenen – Eroberungen aufgrund klar erkennbarer strategischer Interessen zu unterscheiden. Sie führten zu viel entschiedenerem Auftreten, etwa bei der britischen Besetzung von Ägypten zwecks Kontrolle des Suezkanals 1882 und der Unterwerfung der Burenrepubliken 1899–1902.

Dennoch handelte es sich selbst bei routinehaft wirkenden Besetzungen nicht einfach um einen Automatismus ohne klar erkennbare Akteure. Zentrale Bedeutung erhielten oft die europäischen Agenten vor Ort, die *men on the spot*.[10] Das waren vor allem Beamte und Militärs, konnten aber auch Abenteurer, Händler oder Missionare sein. Die Ausdehnung der Einfluss- oder Herrschaftssphäre ihres Staates selbst über Gebiete, die aus europäischer wirtschaftlicher und strategischer Sicht wertlos waren, konnte für sie vielfältige Vorteile bringen, von der Beförderung über den Ruhm und Handelsgewinne bis zu Bekehrungsmöglichkeiten. Die in abgelegenen Gebieten meist schwierige Kommunikation erleichterte Eigenmächtigkeiten. Wenn die Expansion einmal erfolgt war, ganz besonders, wenn militärische Mittel im Spiel waren, dann war es für eine Zentralregierung schwer, erobertes Gebiet wieder aufzugeben, selbst wenn es ihr wertlos schien, weil damit stets ein Prestigeverlust verbunden war. Dabei wurde der Druck auf die Regierung im Mutterland oft noch durch nationalistische Organisationen und wirtschaftliche Interessenvertretungen verstärkt.

Umstrittener und schwerer nachprüfbar ist die These, dass eine Regierung in Europa zuweilen Kolonialbesitz erstrebte und tatsächlich erwarb, obwohl sie materiell nicht wirklich daran interessiert war, weil sie hoffte, dadurch von innenpolitischen Problemen ablenken zu können. Dieser häufig als Sozialimperialismus bezeichnete Faktor kommt am ehesten bei wirtschaftlich und strategisch-politisch unattraktiven Gebieten in Frage und ist vor allem für Deutschland diskutiert worden.[11]

Eine zentrale Rolle haben in den Erklärungsversuchen stets wirtschaftliche Motive eingenommen. Solche lassen sich vor allem in drei Bereichen ausmachen: Kolonialgebiete konnten zu Rohstofflieferanten, zu Absatzmärkten für europäische Produkte und zu Aufnahmegebieten für europäisches Kapital werden. Dabei konnte Kolonialbesitz nur dann attraktiv erscheinen, wenn er auf Dauer höhere Gewinne versprach, als sich mit wirtschaftlichen Aktivitäten in einem unabhängigen oder in einem von einer anderen Kolonialmacht beherrschten Gebiet erzielen ließen. Solche Hoffnungen oder gar Überzeugungen dürften bei den europäischen Regierungen und ihren Agenten in

---

10 Grundlegend: R. Robinson/J. Gallagher, Africa.

11 Diese These wird prominent vertreten von H.-U. Wehler, Bismarck.

Übersee im Normalfall keine allzu große Rolle gespielt haben. Das zeigte sich nicht zuletzt auch negativ: Wenn einmal große und konkrete wirtschaftliche Interessen (und nicht nur vage Hoffnungen) auf dem Spiele standen, dann setzte ein Staat notfalls ganz andere Mittel ein, wie der Burenkrieg zeigte, der zumindest auch um nicht nur vermutete, sondern bereits bekannte gewaltige Bodenschätze in Südafrika geführt wurde. Natürlich richteten sich partikulare wirtschaftliche Interessen auf jedes auch noch so arme und abgelegene Gebiet der Welt. Doch handelte es sich dabei in der Regel um eher marginale Gruppen von Händlern – wobei der Übergang zu Abenteurern fließend war –, nicht um die auch politisch einflussreichen mächtigeren Wirtschaftskreise in Großhandel, Industrie, Bergbau und Banken. Bei ihnen überwog in der Regel Skepsis und Zurückhaltung gegenüber dem Zweckoptimismus der Kolonialpropagandisten, die meist mehr mit Hoffnungen und Erwartungen als mit gesichertem Wissen arbeiteten. Man wird das materielle Gewinnstreben als Ursache für politisch-militärische Expansion wahrscheinlich geringer einstufen müssen als etwa für die Spanier im 16. Jahrhundert. Waren damals in Amerika umfangreichere wirtschaftliche Aktivitäten fast nur auf der Grundlage europäischer Herrschaft möglich, so galt das in der zweiten Hälfte des 19. Jahrhunderts lange nicht mehr in dem Ausmaß. In Asien hatten die Europäer seit Jahrhunderten lukrativen Handel ohne Gebietsherrschaft betrieben.

In der zeitgenössischen Kolonialpropaganda spielte auch die Bedeutung von überseeischen Gebieten für die europäische Siedlung eine wichtige Rolle. Schließlich meinte der Ausdruck 'Kolonie' ursprünglich eine Ansiedlung oder Pflanzung. In der Praxis kam diesem Gesichtspunkt allerdings geringe Bedeutung zu. Die Gebiete, die seit etwa 1880 erobert wurden, eigneten sich aus verschiedenen Gründen wenig oder gar nicht für europäische Siedlung. Die meisten asiatischen Territorien waren bereits dicht besiedelt, sah man einmal von den russischen Kolonien ab – Russland aber hatte bereits mehr als ausreichend Siedlungsland. In Afrika hatte sich seit jeher das Klima als Haupthindernis erwiesen, und daran änderte sich auch jetzt wenig. Vor allem aber standen auswanderungswilligen Europäern schon um die Jahrhundertmitte riesige und höchst attraktive Siedlungsgebiete zur Verfügung, hauptsächlich in Amerika, wo die Vereinigten Staaten den weitaus größten Teil der Kolonisten anzogen. In Afrika waren Algerien und Südafrika seit längerem europäisch besetzt, und dasselbe galt für Australien und Neuseeland. Ein Bedarf an Auswanderungskolonien ließ sich so nur noch politisch begründen, mit dem Argument, bei Auswanderung in andere Staaten oder fremde Kolonien verliere ein Land einen Teil seiner Bevölkerung – Argumente, die etwa in Deutschland, Portugal und Italien vorgebracht wurden. Doch die Auswanderung in die Kolonien dieser Länder blieb angesichts mangelnder Attraktivität nahezu bedeutungslos: Die Deutschen zog es in die Vereinigten Staaten, die Portugiesen nach Brasilien und die Italiener in die USA und nach Argentinien.

3.4.1.5 Gewinne und Verluste

Kaum minder intensiv als die Imperialismusproblematik ist die Frage diskutiert worden, ob und in welchem Umfang die Europäer, rückblickend betrachtet, von ihren Kolonien und damit, global gesehen, von ihrer Weltherrschaft profitiert haben. Dabei sind kaum abschließende Antworten möglich. Hier können lediglich einige Hinweise zu wirtschaftlichen und politischen Aspekten gegeben werden.

Die Bedeutung der überseeischen Besitzungen für die Volkswirtschaft der Kolonialmächte und erst recht der übrigen europäischen Staaten sowie für die europäisch dominierte Weltwirtschaft insgesamt war in der behandelten Zeit bescheiden. Die beiden folgenden Tabellen vermitteln eine Vorstellung vom Umfang des Handels:

Tabelle 16: Zielgebiete der europäischen Exporte 1850–1910, in Prozent[12]

Jahr	Europa	Nord-amerika	Süd amerika	Asien	Afrika	Ozeanien	Total
1850	67,6	12,2	8,9	7,9	2,6	0,8	100,0
1860	67,5	9,1	7,7	10,0	3,2	2,5	100,0
1870	70,6	9,2	6,8	9,6	2,1	1,7	100,0
1880	72,2	8,4	6,0	8,6	2,5	2,3	100,0
1890	69,5	8,5	7,2	9,1	3,0	2,8	100,0
1900	71,1	6,7	5,3	9,8	4,4	2,7	100,0
1910	67,8	7,6	7,5	9,8	4,8	2,4	100,0

Tabelle 17: Herkunftsgebiete der europäischen Importe 1850–1910, in Prozent[13]

Jahr	Europa	Nord-amerika	Süd-amerika	Asien	Afrika	Ozeanien	Total
1850	62,4	13,3	8,2	12,3	2,3	1,4	100,0
1860	61,0	14,3	7,8	12,1	3,2	1,7	100,0
1870	68,1	10,5	7,6	9,3	2,6	1,9	100,0
1880	64,7	16,2	6,1	8,1	2,7	2,2	100,0
1890	64,7	14,5	6,1	9,1	3,0	2,5	100,0
1900	60,7	18,4	6,5	8,6	3,1	2,7	100,0
1910	60,0	14,0	8,2	10,0	4,5	3,4	100,0

Der Handel der Industrieländer untereinander war also weit umfangreicher als derjenige mit den Kolonialgebieten.

Im einzelnen bestanden erhebliche Unterschiede zwischen den verschiedenen Kolonialmächten. Insbesondere für die erst spät in das imperialistische Rennen eingestiegenen Staaten war die wirtschaftliche Bedeutung ihrer Kolonien äußerst gering, am auffälligsten im Falle Deutschlands, das 1910/13 gerade 0,6% seiner Exporte und 0,5% seiner Importe mit seinen Kolonien abwickelte und nur etwa 2% seines Auslandskapitals dort investiert hatte.[14] Die größte Bedeutung hatte der Austausch mit den

12 P. Bairoch, Trade balance, 560.
13 Ebd., 577.
14 H. Gründer, Kolonien, 238f.

Kolonien für Großbritannien: 1910 gingen 24,5% seiner Exporte nach Asien, 7,4% nach Afrika und 8,6% nach Ozeanien. Während der Anteil der Exporte nach Afrika zwischen 1860 und 1910 von 3,2% auf 7,4% gestiegen war, waren die Anteile der beiden anderen Kontinente in etwa konstant geblieben. Die entsprechenden Sätze für die Exporte der kontinentaleuropäischen Staaten nach den drei Kontinenten lauteten 5,2%, 3,9% und 0,5%.[15] Dabei fiel der Löwenanteil des britischen Handels mit den Kolonien, von Indien abgesehen, allerdings auf die weißen Siedlungskolonien Kanada, Australien, Neuseeland und Südafrika. Der Anteil der Gebiete, die später als „Dritte Welt" bezeichnet wurden, am europäischen Export lag zwischen 1850 und 1910 zwischen 15,7% und 20,7%, im Schnitt also unter 20%; für den Import der europäischen Staaten lag der Anteil zwischen 15,8% und 22,7% und damit ebenfalls unter 20%. Die – nach damaligem Maßstab – entwickelteren Länder wickelten also über 80% ihres Handels untereinander ab.[16] Ein Sonderfall war auch hier wieder Großbritannien: In der Mitte des 19. Jahrhunderts gingen etwa 40% seiner Exporte in die „Dritte Welt" und lediglich 35% nach dem europäischen Kontinent, während die entsprechenden Zahlen für diesen bei 10% und 80% lagen.[17]

Nicht nur die quantitative, auch die qualitative Bedeutung der Kolonialwirtschaft für die europäischen Staaten war bescheiden. 1913 waren etwa 80% der Exporte der späteren „Dritten Welt" – hauptsächlich tropische – Nahrungsmittel und nur 11% Erze und Metalle.[18] Und die tropischen Produkte waren keineswegs überlebensnotwendig. Sie erhöhten zwar den Lebensstandard in Europa, wenn auch häufig um den Preis einer Verschlechterung der Volksgesundheit. Denn es waren vor allem Genussmittel wie Kaffee, Tabak, Kakao und Tee. Das für das Überleben der Europäer entscheidende importierte Getreide hingegen kam ganz überwiegend aus Amerika und Russland.

Die beiden für die industrielle Revolution zentralen Rohstoffe Kohle und Eisenerz fanden sich bis 1914 in ausreichender Menge in Europa. Der Anteil der späteren „Dritten Welt" an der Weltproduktion betrug 1913 lediglich 3%.[19] Mit fortschreitender Entwicklung neuer Branchen gewannen indessen auch manche aus Übersee stammende Rohstoffe große Bedeutung, beispielsweise Kautschuk oder – freilich erst in geringem Maße – Öl, sowie, für das Währungssystem, Gold. Ohne diese Güter hätte die weitere industrielle Entwicklung möglicherweise eine Verzögerung erfahren. Doch ist keineswegs gesagt, dass sie den Europäern ohne Kolonialherrschaft nicht zur Verfügung gestanden hätten. Dazu ging die allgemeine Entwicklung in Richtung Schaffung von Ersatzstoffen.

Während der Beitrag Übersees zur Kapitalbildung in Europa im späten 18. Jahrhundert umstritten ist, kann kein Zweifel daran bestehen, dass er in der hier behandelten Zeit unbedeutend war.

Auch die Bedeutung der Kolonien als Aufnahmegebiete für europäisches Kapital war gering. 1881 lagen nur 4% des französischen Auslandskapitals in den französi-

---

15 P. Bairoch, Trade balance, 572–575. Ebd., 582 die entsprechenden Sätze für die Importe.
16 Ebd., 566; 579.
17 Ebd., 592f.
18 Ebd., 580f.
19 P. Bairoch, Commerce, 87.

schen Kolonien; 1902 waren es 5% und 1914 10%.[20] Ein Sonderfall war erneut Großbritannien, dessen Auslandskapital 1914 zu 55% in den Kolonien investiert war – freilich waren 37% in den Dominien Kanada, Australien, Neuseeland und Südafrika und 9% in Indien, so dass für den Rest des Imperiums nur 9% blieben.[21] Während die französischen Auslandsinvestitionen 1851 zu 96% und 1914 immerhin noch zu 60% in Europa lagen, lautete der Wert für Großbritannien 1854 55% und 1914 nur noch 5%.[22]

Aus der Sicht der Staaten oder, genauer, aus der Sicht der europäischen Steuerzahler waren die Kolonien Verlustgeschäfte. Die Kosten für Verwaltung, Armee und Polizei waren höher als die zusätzlichen Steuereinnahmen. Immerhin ist auf zwei Ausnahmen hinzuweisen, die freilich nur wieder die Regel bestätigten. Die niederländischen Kolonien lieferten bis weit über die Mitte des Jahrhunderts hinaus erhebliche Gewinne an die Staatskasse ab, und König Leopold II. verschönerte mit den Gewinnen aus seiner Kongokolonie die belgischen Städte. In beiden Fällen aber wurde dem Gewinntransfer durch Skandale ein Ende gemacht, die sich aus der fortschreitenden Verarmung der Kolonien ergaben. Sie erbrachten somit gerade den Beweis, dass die Kolonien keine unversieglichen Goldgruben waren, dass hohe Gewinne über längere Zeit hinweg auf Kosten der Substanz gingen. Der Staat sah sich zu einer Änderung seiner Politik gezwungen, wenn er die Kolonien nicht ruinieren wollte, was wiederum ihren Besitz gefährdet hätte. So erwiesen sich Kolonien längerfristig aus der Sicht der Staaten als finanzielle Belastung. Auch hier zeigten die deutschen Kolonien das krasseste Missverhältnis: Ihr Eigendeckungsgrad erreichte 1893–1913 gerade 36,2% der insgesamt über 1,5 Milliarden Mark Ausgaben. Der Rest musste über Reichszuschüsse (47,6%) und Anleihen (16,2%) aufgebracht werden.[23]

Dies bedeutete keineswegs, dass die Kolonien für alle Europäer ein Verlustgeschäft waren. Überall wurden erhebliche private Gewinne gemacht. Einerseits durch bestimmte Industriezweige, Plantagen und Handelsunternehmen, andererseits durch Beamte und Militärs, die auf diese Weise Beschäftigung erhielten und in der Regel wesentlich besser bezahlt waren als in der Heimat. Handelsgewinne hätten natürlich auch ohne Kolonialherrschaft gemacht werden können. Aber sie wären wahrscheinlich geringer gewesen.

Der Staat hatte somit in den Kolonien eine deutliche Umverteilungsfunktion, indem er einzelne Gruppen über Steuergelder, die sowohl in Europa als auch in Übersee eingezogen wurden, finanzierte oder subventionierte.[24]

Die relativ geringe Bedeutung der Kolonien für Europa gilt nicht nur für den wirtschaftlichen, sondern auch für den politischen Bereich. Überspitzt ausgedrückt: Kolonien waren für die europäischen Staaten nicht Kraftquellen, sondern Statussymbole.

20 I.T. Berend/G. Ránki, European periphery, 78.

21 A.G. Kenwood/A.L. Lougheed, Growth, 43.

22 S. Pollard, European economy, 71.

23 E. Schremmer, Steuern, 206. Die Gesamtausgaben des Reiches betrugen 1907 gut 3 Milliarden Mark. Ebd., 188.

24 Dieses Argument findet sich schon 1902 bei J.A. Hobson, Imperialismus. Vgl. auch L.E. Davis/R.A. Huttenback, Mammon.

Die Europäer stellten viel eher ihre Macht durch ihre Weltherrschaft unter Beweis, als dass die Weltherrschaft die Quelle ihrer Macht war. Die Statussymbole erforderten Aufwand und mussten gepflegt werden und konnten dadurch für arme, unterentwickelte Staaten sogar zum Hemmschuh werden, wie sich bei Portugal zeigte, das zwar seinen Status als Kolonialmacht halten konnte, wirtschaftlich aber innerhalb Europas immer weiter zurückfiel.

Die wichtigste Ausnahme von dieser Regel des Statussymbols war die britische Armee in Indien. Mit ihr verfügte Großbritannien über ein Instrument, das es ihm erlaubte, in Asien eine Großmachtpolitik zu betreiben, zu der das Land von Europa aus nicht imstande gewesen wäre. Selbst nach der Niederwerfung des großen Aufstands von 1857/58, nach dem der Anteil der europäischen Truppen deutlich erhöht worden war, kamen noch mehr als zwei indische auf einen europäischen Soldaten, und vor allem wurde die Armee aus der indischen Staatskasse finanziert. Großbritannien ist im Hinblick auf die politisch-machtmäßige Bedeutung der Kolonien generell ein Sonderfall. Ohne Kolonien hätte es seine Weltstellung noch nicht einmal in Ansätzen aufrechterhalten können, und dadurch wäre es auch in Europa politisch viel schwächer gewesen. Andererseits zeigte gerade die hier behandelte Periode, dass der eigentliche Kern der Macht eben doch in Europa lag: Der relative Niedergang der britischen Weltstellung war keine Folge des Mangels an überseeischen Besitzungen oder von deren Verlust, sondern eine Folge des im Vergleich zu den Konkurrenten langsameren Wachstums in Europa. Niedergang in Europa ließ sich, wie sich nach 1914 noch häufig zeigen sollte, zuletzt und am deutlichsten im Falle Portugals, und zuvor schon bei Frankreich, nicht von Übersee her aufhalten. Die Europäer blieben hier Fremde.

3.4.1.6 Auswirkungen

Geht man vom Wissen um das rasche Ende der europäischen Weltherrschaft im 20. Jahrhundert aus, so legt sich die Vermutung nahe, dass ihre Auswirkungen, besonders wenn man nur die Jahre bis 1914 berücksichtigt, gering waren. Nirgends entstanden dauerhafte, stabile Reiche. Doch eine solche Perspektive führt in die Irre. Aufschlussreicher sind in dieser Hinsicht die Bedingungen, unter denen ein Staat direkte oder indirekte europäische Herrschaft vermeiden konnte. Einzig Japan hat sich jeglicher solchen Herrschaft erfolgreich zu entziehen vermocht. Dafür musste es zwar nicht in allen, aber doch in vielen Bereichen weitreichende Reformen und damit eine Europäisierung vornehmen: Diese bildete die Voraussetzung für das politische Überleben. Wer dazu nicht imstande war oder sich weigerte, wurde mehr oder weniger zwangsweise einer solchen Europäisierung unterzogen. So gesehen war die europäische Weltherrschaft zwar ein vorübergehendes, ja ein flüchtiges Phänomen. Aber sie bedeutete zugleich eine radikale Umwälzung in politischer, gesellschaftlicher und wirtschaftlicher Hinsicht: Die Integration in die Weltwirtschaft war für die Kolonialgebiete bereits 1914 ebenso unwiderruflich wie ihre Einfügung in moderne Territorialstaaten. Die Kolonien konnten später selber zu unabhängigen Territorialstaaten werden; aber sie konnten nicht ihre Staatlichkeit rückgängig machen. Die rasche Entkolonisierung wurde dadurch zum Ausdruck der raschen Europäisierung der Welt. So gesehen begann mit der europäischen Weltherrschaft im späten 19. Jahrhundert weniger eine kolonialistische Episode als die moderne Welt.

3.4.2 Der Weg zur Selbstzerstörung: Das europäische Staatensystem

Das Grundmuster der Beziehungen zwischen den europäischen Staaten folgte der Tradition der vorangegangenen Jahrhunderte.[25] Die Staaten erkannten sich gegenseitig formell als gleich an, während sie in materieller Hinsicht, in bezug auf die von ihnen ausgeübte Macht, in einem dauernden Konkurrenzkampf miteinander standen. Die entscheidende Rolle fiel einer Handvoll Großmächte zu. Ihr Kreis umfasste die Seemacht Großbritannien sowie die Kontinentalmächte Frankreich, Preußen (das nach der deutschen Einigung 1871 zum Deutschen Reich wurde), Österreich (das nach dem Ausgleich mit Ungarn 1867 zu Österreich-Ungarn wurde) und Russland. Italien erhob nach der Einigung von 1860 ebenfalls Anspruch auf Großmachtstatus. Doch es erlangte ihn bestenfalls zeremoniell und protokollarisch, nie substantiell. Früher hatte das Osmanische Reich eine umgekehrte Rolle gespielt: Es hatte formell nicht dazugehört, de facto aber eine Großmachtrolle gespielt. Diese Zeit war nun vorbei.

Die Großmächte, mit unterschiedlichem Anhang unter den Mittel- und Kleinstaaten, rivalisierten in wechselnden Konstellationen, Kombinationen und Allianzen, in denen sie sich jeweils in etwa die Waage hielten, wobei man von einem Gleichgewicht sprach, das freilich höchst unterschiedlich definiert wurde, indem jeder Beteiligte darunter denjenigen Zustand verstehen wollte, der ihn am meisten begünstigte. Zu den geläufigen und anerkannten Mitteln der Auseinandersetzung gehörte auch der Krieg. Drohte eine Macht stärker als alle anderen zu werden, so schlossen sich diese naturgemäß zusammen. Eine Sonderstellung nahm aufgrund seiner Insellage und seiner Seemacht Großbritannien ein: Da es praktisch unangreifbar war, hielt es sich in Friedenszeiten normalerweise von engeren Bindungen fern. Dadurch war es imstande, sich in Kriegen gegen jede mögliche Hegemonialmacht zu engagieren und so für das europäische Gleichgewicht das Zünglein an der Waage zu spielen.

In der hier behandelten Zeit kamen zwei neue Faktoren hinzu, die das traditionelle System zwar nicht aus den Angeln hoben, wohl aber seine Funktionsweise beeinflussten.

1. Bislang waren Gebietsveränderungen meistens bloße Reflexe von Machtverschiebungen gewesen. Der Sieger nahm dem Besiegten nach Maßgabe seiner Übermacht Gebiete ab. Der aufkommende Nationalismus hatte ein ganz anderes Verständnis von Grenzen und staatlichen Einheiten: Staat und Nation sollten möglichst zur Deckung gebracht werden; Staatsgrenzen, die nicht zugleich Nationsgrenzen waren, galten als illegitim. Staaten sollten nicht nach Belieben zusammengefügt und zerstückelt werden können. Die bestehenden Grenzen in Europa entsprachen diesem Ideal freilich überhaupt nicht, weder 1848 noch 1914. Dennoch ließ sich der Nationalismus je länger je weniger ignorieren. Je nach den Vorgegebenheiten, auf die er traf, hatte er unterschiedliche Wirkungen. Im Westen des Kontinents entfernten sich die Staatsgrenzen nicht allzu sehr von den Nationalitätengrenzen (die hier in der Regel durch die Sprachgrenzen definiert wurden), so dass der Nationalismus überwiegend stabilisierende Wirkungen hatte. Die innerhalb der Staatsgrenzen lebenden kleineren

---

25 Vgl. die klassische Analyse bei L. Dehio, Gleichgewicht.

Nationalitäten, mit den Iren an der Spitze, aber auch etwa die Katalanen oder die Basken, allerdings zeigten zunehmende Selbständigkeitsregungen. Im Zentrum Europas wirkte der Nationalismus gegen die staatliche Zersplitterung. Er hatte hier – freilich nicht wirklich aus eigener Kraft – große Erfolge, indem er jeweils eine ganze Reihe von kleineren Staaten zu zwei neuen Staaten, Italien und Deutschland, zusammenschloss. Demgegenüber musste er im Osten, im Bereich der drei großen Nationalitätenstaaten Russland, Österreich-Ungarn und des Osmanischen Reiches, zersplitternde, die Existenz dieser Reiche gefährdende Wirkungen haben. Sie waren um so stärker, je schwächer der betreffende Staat war; doch führten sie nur im Osmanischen Reich bereits zu Abspaltungen.

2. Der zweite neue Faktor war eine Folge der industriellen Revolution. Die höhere Produktivität der Landwirtschaft und vor allem die leistungsfähigeren Transportmittel, an ihrer Spitze die Eisenbahn, erlaubten es zum ersten Mal in der Geschichte, Millionenheere über längere Zeit hinweg zu versorgen. Gleichzeitig blieb die Bewaffnung des einzelnen Soldaten relativ einfach und billig, so dass die Millionen auch wirksam ausgerüstet werden konnten. Das war spätestens nach der Mitte des 20. Jahrhunderts nicht mehr der Fall und führte dazu, dass Millionenheere militärisch unsinnig wurden: Hatten sie früher nicht ernährt werden können, so konnten sie jetzt mit den vorhandenen Finanzmitteln nicht mehr adäquat bewaffnet werden. Die Zeit zwischen 1848 und 1945 stellt also als Jahrhundert der Millionenheere eine weltgeschichtliche Besonderheit dar. Solche Heere konnten nicht über Nacht aus dem Boden gestampft werden, sondern erforderten jahrelange Vorbereitungen auf allen Ebenen. Die allgemeine Wehrpflicht, die bislang meist nur auf dem Papier bestanden hatte, wurde in fast allen Staaten nicht nur eingeführt, sondern, da militärisch sinnvoll, auch weitgehend durchgesetzt. Unter den größeren Staaten blieb lediglich Großbritannien bei einer Freiwilligenarmee. Auch die Bewaffnung musste von langer Hand vorbereitet werden. Rüstungsprogramme wurden oft eingebracht, um echte oder vermeintliche Vorsprünge eines anderen Staates auszugleichen, führten aber, konsequent verwirklicht, leicht zu einem Vorsprung, den ihrerseits auszugleichen sich danach die Gegenseite anschickte. Einmal in Gang gesetzt, konnte ein solches Wettrüsten nicht mehr so leicht gestoppt werden.

Allerdings war der Wettlauf zumindest finanziell gesehen nicht ruinös. Dank dem Wirtschaftswachstum war der Anteil der Militärausgaben an den gesamten Staatsausgaben in der behandelten Zeit im Rahmen gewisser Schwankungen (und außerhalb von Kriegszeiten) einigermaßen konstant. So lag er in Großbritannien zwischen 1853 und 1913 zwischen 30% und 40%, wobei zwischen 1893 (37,0%) und 1913 (38,9%) kaum eine Steigerung erfolgte (während die Zunahme in absoluten Zahlen gewaltig war: von 33,423 auf 77,179 Millionen Pfund). In Frankreich oszillierte der Anteil der Rüstungsausgaben am Staatshaushalt zwischen 1815 und 1914 um 30% herum, während in Deutschland der Anteil der Militärausgaben an den gesamten Ausgaben der öffentlichen Hand 1907 lediglich 26,9% betrug – das Land war also zumindest von seinem finanziellen Potential her 1914 noch keineswegs am Ende, was die Fähigkeit anbelangte, einen Rüstungswettlauf durchzustehen.[26] Das galt im übrigen auch für die Mobilisierung der Bevölkerung: Standen in Frankreich im Jahre 1910 1,53% der Be-

---

26 E. Schremmer, Steuern, 46–49; 100f.; 188.

völkerung unter Waffen, so waren es in Deutschland lediglich 0,79%.[27] Der Anteil der Militärausgaben am Volkseinkommen hatte zwar eine steigende Tendenz, aber er war auch 1914 noch deutlich niedriger als später im 20. Jahrhundert. Dabei waren die Unterschiede zwischen den einzelnen Staaten erheblich, wie Tabelle 18 zeigt:

Tabelle 18: Anteil der Militärausgaben am Volkseinkommen 1914[28]

Land	Prozentsatz
Britisches Empire (1910)	3,6
Frankreich	4,8
Deutschland	4,6
Italien	3,5
Russland	6,3
USA	0,8
Japan	4,8

Die konsequente Durchführung der Wehrpflicht bedeutete eine Militarisierung der Gesellschaft, die zunehmend weitere Kreise zog, am auffälligsten in Deutschland, ohne dass andere Länder davon verschont geblieben wären. Dadurch, dass praktisch alle Männer während längerer Zeit mit dem Militär in Berührung kamen, gewannen militärische Werte, Lebens- und Umgangsformen außerhalb des Militärs an Bedeutung; militärischer Rang verschaffte gesellschaftliches Prestige. Darüber hinaus entstanden vielerlei Organisationen, die nicht nur militärische Werte und Traditionen pflegten, sondern auch politischen Druck in Richtung auf weitere Rüstungsanstrengungen ausübten und oft eine aggressivere Politik forderten.[29] Prototyp dafür war der 1898 gegründete Deutsche Flottenverein, der bis 1913 auf mehr als 1,1 Millionen Mitglieder kam.[30]

Es wäre nun aber falsch, aus dieser Militarisierung einen kriegerischen Geist der europäischen Politik, der den Kontinent schließlich unvermeidlicherweise in den allgemeinen Krieg stürzte, ableiten zu wollen, als hätten 1914 militarisierte Massen und skrupellose Politiker den Krieg, den sie unbedingt haben wollten, provoziert. Vergleicht man die hier behandelte Zeit mit den beiden vorangegangenen Jahrhunderten, so fällt auf, dass die Hemmschwelle zumindest für allgemeine europäische Kriege viel höher geworden war. Die Leichtfertigkeit, ja Frivolität, mit der bis 1815 europäische Kriege vom Zaun gebrochen wurden, findet danach, und zumal nach 1871, bis 1939 keine Entsprechung mehr und kontrastiert auf das schärfste mit der Ende Juli/Anfang August 1914 in ganz Europa entfalteten fieberhaften Betriebsamkeit, den Frieden doch noch zu retten. Das Wachstum des Militarismus widerspricht dem nur scheinbar.

27 M.S. Anderson, Ascendancy, 317.

28 Q. Wright, A study of war, 670f. Weitere Angaben zu Staatshaushalt und Rüstungsausgaben bei P. Flora, State 1, 361–449.

29 Für Deutschland und Frankreich vgl. T. Rohkrämer, Militarismus, und J. Vogel, Nationen im Gleichschritt.

30 H.-U. Wehler, Gesellschaftsgeschichte, 3, 107f., mit weiterer Literatur.

Er hatte weniger die Aufgabe, und noch weniger die Funktion, eine Atmosphäre der leichtfertigen Auslösung von Kriegen zu schaffen, als dass er die breiten Massen, die bislang nur als Zivilisten in den Krieg einbezogen worden waren, dazu animieren musste, militärische Aufgaben zu übernehmen. Gerade auch der spektakuläre Erfolg des Deutschen Flottenvereins bestätigt diese Interpretation: Was die Phantasie seiner Anhänger beflügelte, war die dank forciertem Flottenbau stolz auf allen Weltmeeren wehende deutsche Flagge, nicht die gegenseitige Abschlachtung von Massen in Europa – es ist bezeichnend, dass sich in Deutschland viel mehr Unterstützung finden ließ für das, was man nicht kannte und mit dem man im Normalfall nicht konkret zu tun hatte, nämlich das Marinewesen, als für das viel prosaischere und alle erfassende Heer.

An dieser Grundtatsache vermag auch die Begeisterung, mit der die europäischen Wehrpflichtigen 1914 in den Krieg zogen, nichts zu ändern. Sie scheint nach neueren Forschungen ohnehin keineswegs so allgemein gewesen zu sein, wie die Propaganda aller Staaten glauben zu machen versuchte.[31] Dazu ist sie bislang noch viel zu wenig als massenpsychologisches Phänomen, dem keineswegs dieselbe individuelle Auffassung zu entsprechen braucht, untersucht worden. Und es war jedenfalls keine Begeisterung, die von der Politik gebieterisch den Krieg verlangte. Vielmehr entstand sie erst nach Ausbruch des Krieges.

Die Problematik der Jahrzehnte vor 1914 liegt also nicht in einem im Vergleich zu früheren Zeiten allzu leichtfertigen Umgang mit dem Krieg. Europa wurde nicht zum Opfer eines ungezügelten Militarismus. Das Problem, ja die Tragik lag vielmehr darin, dass die Entwicklung der Waffentechnik dazu geführt hatte, dass jeder europäische Krieg mit Millionenheeren den Kontinent zerstören konnte, selbst wenn er aus einem weniger kriegerischen Geist heraus geführt wurde als früher. Das Risiko eines Kriegsausbruchs war geringer geworden – aber das mit einem Krieg verbundene Risiko war ungleich größer geworden. Die einzige konsequente Antwort darauf wäre gewesen, den Krieg als Mittel der europäischen Politik überhaupt aufzugeben. Daran dachten nur kleine, politisch bedeutungslose pazifistische Gruppen.[32] Man suchte den Krieg zwar zu vermeiden, wie die friedliche Lösung zahlreicher diplomatischen Krisen zeigte. Aber er blieb trotzdem ein legitimes Mittel der Politik, nicht zuletzt, weil nur die wenigsten Menschen seine mögliche Destruktivität ahnten. Wie schwer sich die Europäer mit dieser Einsicht taten, zeigte am deutlichsten die Tatsache, dass sie sich erst nach einem zweiten Weltkrieg durchsetzte.

Auf diesem Hintergrund sind nun die europäischen Staatenbeziehungen zu skizzieren. Dabei legt sich eine chronologische Zweiteilung nahe. Zwischen 1848 und 1871 wurde das Staatensystem grundlegend umgestaltet, vor allem in Mitteleuropa. Danach waren die Grenzen, wenn man vom Balkan absieht, fixiert, und Machtverschiebungen innerhalb des Systems konnten nicht mit territorialen Veränderungen in Europa ausgeglichen oder aufgefangen werden.

Während in der ersten Phase zahlreiche, auch größere Kriege geführt wurden, verlief die zweite Phase außer auf dem Balkan bis zum Ausbruch des Weltkrieges ganz und gar friedlich.

---

31 Vgl. z.B. C. GEINITZ, Kriegsfurcht, und J. VERHEY, Geist von 1914.
32 Zum Pazifismus vgl. etwa V. GROSSI, Pacifisme; P. BROCK, Pacifism und, speziell für Deutschland, K. HOLL, Pazifismus.

3.4.2.1 Die Umgestaltung Mitteleuropas, 1848–1871

Die Revolution von 1848/49 hatte die Kräfteverhältnisse zwischen den Großmächten deutlich beeinflusst, nicht durch Auseinandersetzungen zwischen ihnen, sondern durch die Schwächung der von ihr erfassten Staaten, die zunächst einmal mit sich selbst beschäftigt waren. Österreich war sogar beinahe auseinandergebrochen. Die Mitte des Kontinents war nach dem Scheitern der Versuche zur Gründung eines deutschen und eines italienischen Nationalstaats geradezu zu einem Machtvakuum geworden. Das hatte eine ungewohnte Situation bewirkt: Die beiden Randmächte Großbritannien und Russland, die von der Revolution nicht direkt betroffen gewesen waren, dominierten Europa. Ihre Interessengegensätze lagen nicht in der Mitte des Kontinents, sondern eher an dessen Rand, insbesondere im Mittelmeerraum. Während Russland das Osmanische Reich zu schwächen und mittels Kontrolle der Meerengen ins Mittelmeer vorzustoßen versuchte, wollte Großbritannien es daran hindern. Das führte zum Zusammenstoß im Krimkrieg von 1853 bis 1856, dem weitaus verlustreichsten Waffengang in Europa zwischen 1815 und 1914, der etwa 640.000 Tote hauptsächlich durch Krankheiten forderte[33] und mit einer katastrophalen russischen Niederlage endete. Gleichzeitig konnte sich Frankreich, indem es Großbritannien unterstützte, wieder konsolidieren. Dieser Erfolg wurde zum Ausgangspunkt für Napoleons III. Versuch, die traditionelle französische Vormachtstellung in Mitteleuropa zurückzugewinnen. Dabei geriet er in ein Dilemma. Ein zersplittertes Mitteleuropa war immer in Frankreichs Interesse. Die stärkste Oppositionskraft, die sich Frankreich in Mitteleuropa als Bundesgenosse anbot, aber war der Nationalismus, der die Zersplitterung gerade beseitigen wollte. In Italien unterstützte Napoleon zunächst den Nationalismus, wenn auch nur zögernd, und ermöglichte dadurch 1859/60 die Einigung, die er freilich gleich wieder ein Stück weit hintertrieb, durch seine Hilfe für den Kirchenstaat. Komplizierter waren die Verhältnisse in Deutschland, wo die nationale Frage mit dem Hegemonialkampf zwischen den beiden Großmächten Preußen und Österreich verbunden war. Eine Einigung war für Frankreich auf jeden Fall gefährlich. Deshalb versuchte es die Schaffung eines starken deutschen Staates zu verhindern, schließlich, im deutsch-französischen Krieg von 1870/71, sogar mit Waffengewalt, was zu einer vernichtenden Niederlage und dem Ende des französischen Traumes von der dominanten Kontinentalmacht führte. Frankreichs ablehnende Haltung trug sogar dazu bei, dass Großbritannien und Russland die Schaffung des preußisch-deutschen Nationalstaats akzeptierten, um so einer möglichen französischen Hegemonie vorzubeugen. Denn historisch gesehen war die Gefahr einer französischen Vormachtstellung auf dem Kontinent viel größer als diejenige einer deutschen Übermacht.

3.4.2.2 Erfolg und Scheitern des Mächtesystems, 1871–1914

Die einzige Region, in der die Grenzen weiterhin ohne unmittelbare Gefahr eines europäischen Krieges zur Disposition standen, war in den folgenden Jahrzehnten der Balkan. Einerseits waren hier nationalistische Strömungen besonders stark, anderer-

---

33 W. Baumgart, Crimean War, 215f. Vgl. D.M. Goldfrank, Crimean War, 289.

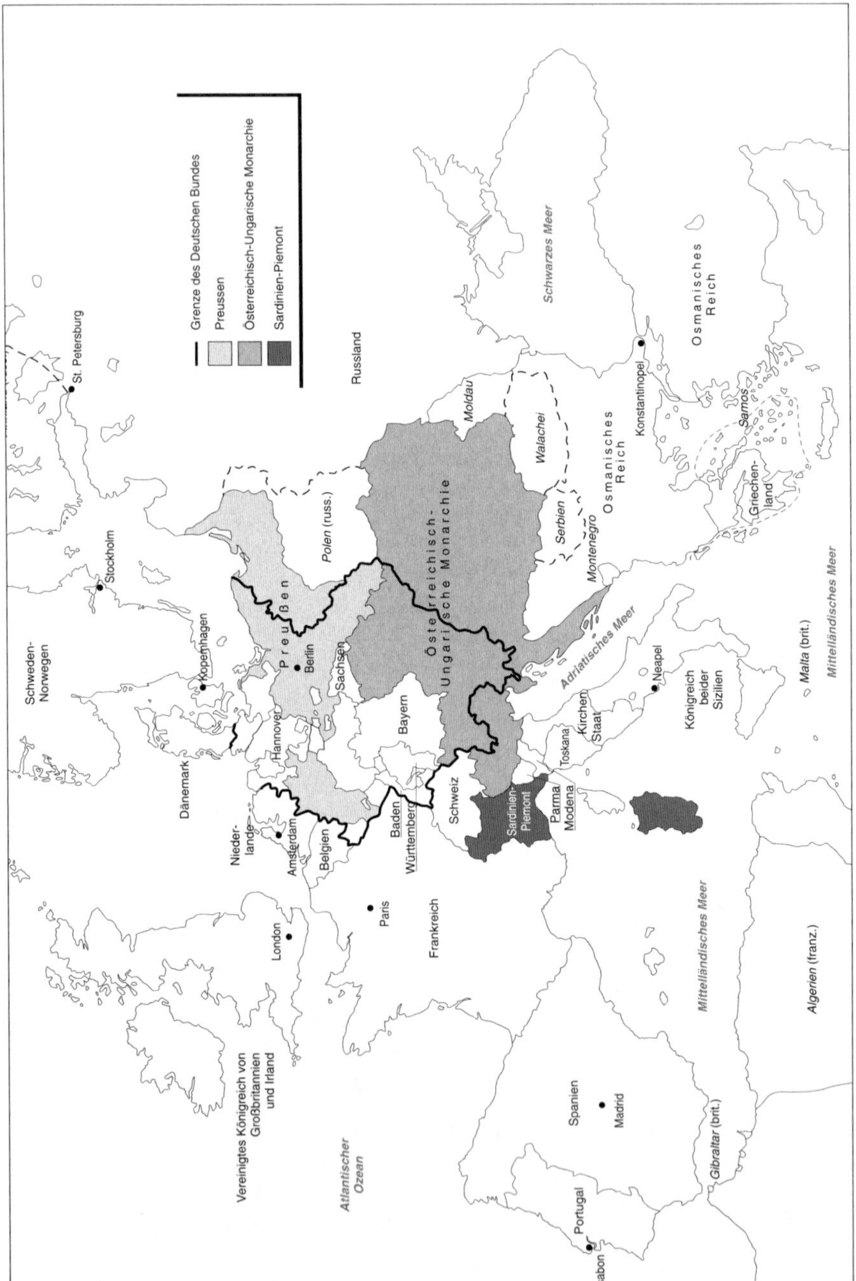

Abb. 18: *Europa 1848*

Abb. 19: *Europa 1914*

seits war das Osmanische Reich zu schwach, um seinen Besitzstand wahren zu können. Der Balkan, oder, wie man zeitgenössisch oft sagte, die Orientalische Frage, gewann dadurch eine merkwürdige Doppelfunktion in der europäischen Politik: Er war sowohl Blitzableiter als auch Pulverfass. Die Konflikte der Großmächte konnten hier ausgetragen werden, indem die sukzessive Auflösung des Osmanischen Reiches in Europa Spielräume für Neuregelungen und damit für Machtverschiebungen und Kompensationsgeschäfte schuf. Andererseits drohten sich an den Konflikten immer auch große europäische Kriege zu entzünden, wie es dann 1914 tatsächlich geschah. Als unlösbar erwies sich schließlich der Interessengegensatz zwischen Russland und Österreich. Russland drängte zum Mittelmeer, wofür es den Balkan kontrollieren musste, während Österreich ein ihm freundlich gesonnenes Hinterland zu benötigen glaubte, um die Nationalitäten im eigenen Land im Zaum halten zu können.

Zum eigentlichen Merkmal und schließlich zum Schicksal Europas aber wurden die Großmachtkonstellationen, die mit der Zeit zu immer festeren Blöcken gerannen. Den Ausgangs- und Kristallisationspunkt dafür bildete der deutsch-französische Krieg von 1870/71. Er bedeutete für Frankreich, das jahrhundertelang eine Vormachtstellung in Mitteleuropa eingenommen hatte, nicht nur eine verheerende materielle Niederlage, sondern auch eine extreme Demütigung. Zwischen ihm und dem neugegründeten Deutschen Reich schien auf absehbare Zeit nur Feindschaft möglich. Bismarck zog daraus die Konsequenz, dass er versuchte, alle anderen Großmächte locker um Deutschland herum zu gruppieren und auf diese Weise Frankreich zu isolieren. Doch die Interessen der verschiedenen Mächte waren zu heterogen, als dass sie sich auf Dauer hätten auf einen Nenner bringen lassen. Solche Solidarität war allenfalls dann möglich, wenn eine einzige Macht die Hegemonie in Europa zu gewinnen drohte. Aber eine solche Gefahr bestand von seiten des geschwächten Frankreich nach 1871 nicht im geringsten. Insbesondere Russland und Österreich-Ungarn ließen sich kaum im gleichen Boot halten. Bismarck zog daraus 1879 die Konsequenz, indem er ein Bündnis mit Österreich-Ungarn schloss.

So war die künftige Konstellation vorgezeichnet, auch wenn die Verschiebungen nur langsam erfolgten. 1882 schloss sich Italien dem deutsch-österreichisch-ungarischen Zweibund an, der dadurch zum Dreibund wurde. 1883 und 1888 folgten Geheimverträge Rumäniens mit den Mitgliedern des Dreibunds. Auf der anderen Seite kam es 1892 zur logischen Konsequenz eines russisch-französischen Bündnisses, das 1894 in Kraft trat.

So war in Europa eine geradezu klassische Gleichgewichtssituation entstanden. Die vier kontinentalen Großmächte waren paarweise miteinander verbündet. Keine der beiden Gruppierungen war der anderen so unterlegen, dass sie sie zu einem Angriff hätte verlocken können. Italien und Rumänien waren zwar formell mit Deutschland und der Habsburgermonarchie verbündet. Doch hatten beide Staaten Gebietsforderungen gegenüber Österreich-Ungarn, so dass man sie kaum als wirkliche Verstärkung dieser Seite betrachten konnte. Wichtiger war die Stellung Großbritanniens, das sich in traditioneller Weise draußen hielt und dadurch bei möglichen Ungleichgewichten sein Gewicht in die Waagschale werfen konnte.

Die Konstellation war also traditionell. Neu war hingegen, dass sie sich in förmlichen, mitten im Frieden geschlossenen und längerfristig angelegten Bündnissen niedergeschlagen hatte. Ob das ein Vorteil war, indem die Politik berechenbarer wurde, oder ein Nachteil, indem jeder lokale Konflikt automatisch zu einem europäischen eskalierte, konnte nur die Zukunft zeigen.

Der auch und vor allem für die Zeitgenossen auffälligste außenpolitisch relevante Vorgang seit 1871 war der Aufstieg Deutschlands. Seine innere Macht wuchs rascher als die aller anderen Großmächte. Das galt insbesondere für seine Wirtschaftskraft, aber auch für die Effizienz vieler Institutionen, vom Bildungswesen bis zur Kommunalverwaltung. Nur die russische Bevölkerung war zahlreicher und wuchs schneller. Eine solche Entwicklung gab den Konkurrenten Anlass zu Besorgnis, während sie für Deutschland einen Anreiz zum Versuch bilden musste, die eigene Macht nach außen zu verstärken. Bismarcks Außenpolitik war in dieser Hinsicht sehr zurückhaltend. Er konzentrierte sich auf die Isolierung Frankreichs, ohne Verschiebungen im Status quo anzustreben. Das änderte sich unter seinen Nachfolgern, indem sie immer offener auf eine Weltmachtstellung hinarbeiteten, unter der Flagge der Weltpolitik oder, populärer ausgedrückt, der Forderung nach einem Platz an der Sonne. Diese, seit 1898 vor allem durch die Flottenrüstung unterstrichene, Politik musste Deutschland in Gegensatz zu Großbritannien bringen, der einzigen wirklichen Weltmacht, die von solchen Absichten deshalb auch am meisten gefährdet wurde. Deutschland konnte nicht erwarten, dass die Briten sich einer solchen Herausforderung kampflos unterwerfen würden. In klarer Selbstüberschätzung verzichtete es dennoch darauf, sich durch eine Ausweitung seiner Bündnisbasis abzusichern. Dadurch provozierte es eine Gewichtsverschiebung zwischen den Allianzsystemen. Obwohl Großbritannien sehr viel mehr und gravierendere Interessenkollisionen mit Russland und Frankreich als mit Deutschland oder gar Österreich-Ungarn hatte, insbesondere in Übersee, schloss es sich sukzessive der russisch-französischen Allianz an. Zwar blieb es seiner Tradition wenigstens äußerlich treu, indem es keine förmlichen Bündnisse mit Kontinentalstaaten schloss. Doch nach der informellen, mit einem Kolonialausgleich verbundenen *Entente Cordiale* mit Frankreich 1904, einem Abkommen mit Russland über die Abgrenzung der Einflusssphären in Asien 1907 und Generalstabsabsprachen mit Frankreich 1906–1911 war aus der Zweierallianz für alle praktischen Zwecke eine Tripelallianz geworden. England hatte seine abgehobene Sonderstellung aufgegeben und war zu einem gewöhnlichen Spieler im europäischen Konzert geworden.

Zumindest vom Gesamtpotential her war die Tripelallianz dem Dreibund überlegen, nicht unbedingt jedoch in der militärischen Stärke in Europa. Auch die neue Konstellation musste keineswegs notwendig in einen Krieg führen. Keines der beiden Bündnisse war eine Offensivallianz, nur darauf angelegt, die Gegenseite bei nächster Gelegenheit anzugreifen. Das ergab sich schon deswegen, weil die Interessen innerhalb der beiden Lager zu stark divergierten. Eine gewisse Gefahr konnte allenfalls in einem teilweise psychologischen Faktor liegen. Seit 1907 öffnete sich eine Schere zwischen den beiden Blöcken. In militärischer Hinsicht erholte sich Russland nach dem Krieg mit Japan und der Revolution, während Österreich-Ungarn stagnierte und Italien ein je länger je unsicherer Bundesgenosse war. Das konnte für den Zweibund die Versuchung eines Präventivkrieges im Sinne eines Befreiungsschlages erzeugen, zumal man in Deutschland die Isolation, in die sich das Land durch seine forcierte Weltpolitik gebracht hatte, gerne als eine bewusste Einkreisung, und damit sich selbst nicht als Handelnden, sondern als Opfer sah. Doch kam es zu keinen systematischen, auf eine bewusste Änderung des Status quo zielenden Angriffsplanungen, wie die politische Konzeptionslosigkeit zeigte, die 1914 zunächst alle Großmächte an den Tag legten.

Solche Überlegungen und Argumente reichen also keineswegs aus, um den Kriegsausbruch von 1914 als mehr oder weniger unumgängliche Folge aus den Mechanismen des europäischen Staatensystems oder auch speziell aus der Bildung zweier Blöcke abzuleiten. Die Perspektive auf 1914 verzerrt hier die Proportionen. Im Lichte des Wissens um das Spätere erscheint jede Krise als ein Schritt auf dem Weg in den Krieg. Aus zeitgenössischer Sicht aber war jede gelöste Krise ein neuer Erfolg des Systems. Man muss in der Tat zunächst einmal die nach 1871 erreichte Leistungsfähigkeit des Systems im Hinblick auf die Bewältigung von Krisen und die Sicherung des Friedens hervorheben. Ein allgemeiner Krieg konnte stets vermieden werden. In der großen Mehrzahl der Fälle gelang eine friedliche Lösung, während sonst bewaffnete Konflikte zumindest so begrenzt werden konnten, dass nie zwei Großmächte gegeneinander kämpften.

Insgesamt nahm die Zahl der Krisen, die das europäische Staatensystem beschäftigten und seine Problemlösungsfähigkeit herausforderten, nach der Jahrhundertwende zu, wobei der Balkan als Krisenregion einen deutlichen Schwerpunkt bildete. Doch auch hier wäre es falsch, aus dem nachträglichen Wissen, dass der Krieg anlässlich einer Krise auf dem Balkan ausbrach, auf eine unvermeidliche Entwicklung schließen zu wollen.

Dass der Kriegsausbruch 1914 nicht einfach die mehr oder weniger logische Folge aus der europäischen Politik der vorangegangenen Jahre und Jahrzehnte war, sondern sich in erster Linie aus einer ganz spezifischen und einmaligen Situation ergab, zeigten schließlich auch die Vorgänge des Sommers 1914. Als am 28. Juni der serbische Student Gavrilo Princip in Sarajewo das österreichische Thronfolgerehepaar ermordete, brach keineswegs Panik aus in Europa. Es handelte sich um einen Akt des politischen Terrorismus, wie er in den vergangenen Jahrzehnten in zahlreichen Ländern immer wieder vorgekommen war. Sowohl die einzelnen Staaten als auch die internationale Politik waren damit noch immer fertig geworden. Zu einer wirklichen internationalen Krise wurde der Vorfall erst am 23. Juli, als Österreich-Ungarn Serbien ein Ultimatum überreichte, dessen Erfüllung die serbische Souveränität gravierend beeinträchtigt hätte und deswegen als Kriegsankündigung verstanden werden musste. Nachdem Serbien die betreffenden Forderungen zurückgewiesen hatte, erklärte Österreich ihm am 28. Juli tatsächlich den Krieg. Russland, das mit Serbien zwar nicht formell verbündet war, sich aber seit etwa der Jahrhundertwende zunehmend als dessen Schutzmacht betrachtete, und ihm am 25. Juli Hilfe zugesagt hatte, begann daraufhin am 29. Juli mit der Mobilisierung seiner Truppen. Dadurch fühlten sich Deutschland und Österreich bedroht, zumal der deutsche Kriegsplan für einen Zweifrontenkrieg auf der Schnelligkeit eines Angriffs im Westen beruhte, solange die schwerfällige russische Kriegsmaschinerie noch nicht in Gang gekommen war. Das führte am 31. Juli zu einem Ultimatum Deutschlands an Russland, die Mobilisierung zu stoppen, und, nach dessen Weigerung am 1. August, zur deutschen Kriegserklärung an Russland. Die Bündnismechanismen lösten sich nun vollends vom ursprünglichen Anlass. Am 3. August erklärte Deutschland auch noch Frankreich den Krieg, weil die militärische

Führung einen Zweifrontenkrieg, den sie nun, angesichts der französischen Bündnispflichten gegenüber Russland, für unvermeidbar hielt, nur im Westen glaubte beginnen zu können. Deutschland marschierte noch gleichentags in Belgien ein, worauf ihm Großbritannien am 4. August den Krieg erklärte. Damit waren innerhalb von vier Tagen alle fünf Großmächte in einen Krieg miteinander verwickelt; die über Jahrzehnte entwickelten und bewährten Krisenlösungsmechanismen waren vollständig zusammengebrochen. Am Schluss hatten insbesondere auf deutscher Seite rein militärstrategische Überlegungen das Geschehen weitgehend diktiert: Die deutschen Planungen beruhten wesentlich auf dem überlegenen Tempo der eigenen Kriegsmaschinerie – ein Vorteil, der bei einer Verzögerung des Kriegsausbruchs bei weiterhin erfolgender Mobilmachung verloren gegangen wäre.

Die Diskussion über die Ursachen des Ersten Weltkrieges ist so alt wie der Krieg selbst und gehört zu den umfangreichsten und strittigsten in der gesamten Geschichtswissenschaft. Sie kann hier nicht umfassend behandelt werden. Zu fragen ist lediglich, unter der bereits begründeten Voraussetzung, dass der Krieg nicht einfach eine logische Konsequenz aus den Gegebenheiten des europäischen Staatensystems war, welche Faktoren dazu beigetragen haben. Besonders zu betonen ist, dass die sonst durchaus vorhandene Flexibilität und Kompromissfähigkeit der Mächte bei den Hauptbeteiligten so gut wie völlig fehlte, wohl zu guten Teilen als Folge einer wenig begründeten, aber psychologisch verständlichen panikartigen Einschätzung der Lage. Das von Nationalitätenkämpfen erschütterte Österreich-Ungarn glaubte, die innere Stabilität nur wahren zu können, wenn es Serbien zerschlug oder wenigstens demütigte. Wie der weitere Verlauf des Krieges zeigte, war dies freilich alles andere als eine langfristig geplante Strategie, sondern eine Eingebung des Augenblicks, brauchte das Land doch fast vier Wochen bis zur Übergabe des Ultimatums. Trotzdem geriet der Angriff gegen Serbien, der sich bis zum Herbst verzögerte, zur militärischen Blamage. Das 1908/09 von Österreich und Deutschland in der Bosnienkrise gedemütigte Russland, war inzwischen erstarkt und glaubte sich keine Nachgiebigkeit mehr leisten zu können. Am problematischsten war die Haltung Deutschlands. Seine direkten Interessen waren durch den Vorfall nicht berührt. Dennoch unterstützte es Österreich in seiner harten Haltung, indem es ihm am 5. Juli den berühmten „Blankoscheck" ausstellte, in der Form eines Versprechens bedingungsloser Unterstützung gegen Serbien und Russland (nicht nur im Verteidigungsfalle, wie es das Bündnis vorsah). Hinter dieser Haltung, durch die Österreich-Ungarn geradezu in den Krieg gedrängt wurde, stand in erster Linie die Furcht, dass die Kräfteverhältnisse zwischen den beiden Machtblöcken sich in den nächsten Jahren zuungunsten des Dreibunds verschieben würden, vor allem wegen der raschen russischen Aufrüstung. Dadurch schien es günstiger, wenn es denn schon zu einem Krieg kommen musste, wie viele glaubten, ihn jetzt und nicht erst in einigen Jahren zu führen. Es handelte sich dabei nicht eigentlich um einen Präventivkrieg, sondern um durch politische Unfähigkeit verstärkten Fatalismus. Denn so sehr Deutschlands Haltung zum Ausbruch des Krieges beitrug, so wenig konnte man von einem von langer Hand vorbereiteten Krieg zur Schwächung oder gar Vernichtung der Gegner sprechen. Anders als 1939 wollte keiner der beteiligten Staaten unter allen Umständen den Krieg, denn keiner hatte Ziele, die er konsequent verfolgte und die sich nur durch einen Krieg erreichen ließen.

Die Konzeptionslosigkeit der wichtigsten Beteiligten verweist auf die große Bedeutung situativer Umstände. Insbesondere Deutschland gehorchte statt einem politischen Plan lediglich den scheinbaren Notwendigkeiten militärischer Planungen.

All diese Faktoren ergaben sich aus der spezifischen Situation des Sommers 1914, eingebunden freilich in das Netz der über die vorangegangenen Jahrzehnte entstandenen Bündnispflichten. Die Art und Weise, wie in den letzten Tagen der Krise die Kriegserklärungen aufeinander folgten, legt die These nahe, dass die starren Bündnismechanismen, die einen Staat nach dem anderen in einen Krieg zogen, mit dessen Anlass und ursprünglichem Streitpunkt er nicht das geringste zu tun hatte, den Krieg wenn nicht ausgelöst, so doch zumindest erst zum europäischen Krieg ausgeweitet haben. So gesehen würde sich der Krieg doch wieder als eine Art logische Konsequenz aus der Entwicklung der vorangegangenen Jahrzehnte ergeben. Doch das Argument ist keineswegs zwingend. Man könnte ebensogut die umgekehrte These aufstellen, dass der Krieg schließlich dadurch zwar vielleicht nicht geradezu ausgelöst, aber doch wesentlich begünstigt worden ist, dass die Blockbildung nicht weit genug fortgeschritten war. Diese These ist nach den Erfahrungen mit den äußerst starren und disziplinierten Blöcken zwischen 1945 und 1989 nicht ohne weiteres von der Hand zu weisen. Hätte Österreich gewusst, dass Russland Serbien im Falle eines Angriffs auf jeden Fall unterstützen würde, so hätte es möglicherweise mit der Kriegserklärung am 28. Juli gezögert oder darauf verzichtet und wahrscheinlich das an Serbien gerichtete Ultimatum versöhnlicher gehalten. Hätte sich Großbritannien schon vor 1914 öffentlich verpflichtet, der Zweierallianz bei jedem Angriff zu Hilfe zu kommen, so hätte sich Deutschland seine Kriegserklärungen gründlicher überlegt. Die Situation insgesamt wäre wesentlich berechenbarer gewesen. Dies war freilich nicht nur eine Frage förmlicher Bündnisverpflichtungen, sondern auch der Bereitschaft, sie einzuhalten, wie Rumänien und Italien zeigten, die zwar formelle Verpflichtungen eingegangen waren, ihnen aber unter Begründungen, die eher als Vorwände zu betrachten waren, nicht nachkamen. Letztlich gilt, dass Bündnissysteme sowohl der Krisenbewältigung dienen als auch die Auslösung und Ausweitung eines Krieges zur Folge haben können.

Wenn die These zutrifft, dass der Kriegsausbruch überwiegend aus der spezifischen Situation des Sommers 1914 zu erklären ist, dann hätte eine erfolgreiche Bewältigung der Julikrise nicht unbedingt nur einen kurzen Aufschub für den ohnehin unvermeidbar gewordenen Krieg bedeutet. Vielmehr wäre völlig offen gewesen, in welche Richtung sich künftige Rivalitäten zwischen den Mächten entwickeln würden. Die Konstellation von 1914 war in der Tat kriegsträchtig. Aber sie brauchte es keineswegs zu bleiben. Nur wer unterstellt, dass Deutschland weiterhin um jeden Preis eine aggressive Weltpolitik verfolgt hätte, muss einen Krieg als unvermeidlich annehmen. Selbst die Tatsache, dass gerade in Deutschland ein gewisser Fatalismus in bezug auf die Unvermeidlichkeit eines Krieges verbreitet war, besagt noch nicht, dass sich diese Einstellung in den kommenden Jahren nicht hätte ändern können, insbesondere unter dem Eindruck eines weiteren Erstarkens der Tripelallianz: Die damit verbundene Verschiebung der Kräfteverhältnisse hätte die verzweifelt-offensive auch in eine eher resigniert-defensive Haltung umwandeln können.

Sucht man dennoch nach strukturellen Ursachen für den Krieg, so liegen sie auf einer allgemeineren Ebene. Das System benötigte zu seinem Funktionieren keinen tatsächlich geführten Krieg – aber es benötigte den Krieg der Möglichkeit nach. Die Souveränität der Staaten war das oberste Prinzip, und zu ihr gehörte, innerhalb gewisser Schranken, das Recht, und sogar die Bereitschaft, den Krieg als Mittel der Politik einzusetzen. Das Risiko, ja die Möglichkeit und zuweilen sogar die Wahrscheinlichkeit eines Krieges wurde von allen Beteiligten in Kauf genommen, nicht zuletzt deshalb, weil die möglichen Folgen eines Krieges zu wenig erwogen wurden. So gesehen war der Weltkrieg kein unentrinnbares Verhängnis der Epoche; er war nicht die unvermeidliche Auflösung eines in den vorangegangenen Jahrzehnten geschürzten Knotens, auch wenn gerade in dieser Zeit die Auffassung, der Krieg gehöre gewissermaßen zum moralischen Haushalt der Menschheit, die ohne ihn degenerieren würde, weit verbreitet war[34] – freilich nicht bei den Massen, die ihn schließlich auskämpften und in ihm starben. Aber man hatte andererseits auch nicht wirklich versucht, diese Möglichkeit zu bannen. Hierin äußerte sich die Unfähigkeit Europas, die potentiell destruktiven Wirkungen der industriellen Revolution zu bändigen – eine Unfähigkeit, die 1939 noch bekräftigt wurde.

So gesehen ist der Erste Weltkrieg in der Tat, mit dem berühmten Wort George F. Kennans, die „Urkatastrophe des 20. Jahrhunderts",[35] weil der Krieg inzwischen eine solche Zerstörungsgewalt gewonnen hatte, dass er alle früheren Kämpfe in den Schatten stellen musste. Aber er war nicht der notwendige Abschluss einer zum Untergang verurteilten Epoche. Daran ändert auch die Tatsache nichts, dass Prophezeiungen eines großen und verheerenden Krieges gerade in den letzten Jahren vor 1914 verbreitet waren. Wäre zwischen 1945 und 1989 ein Krieg zwischen Ost und West ausgebrochen, so wären zweifellos nachträglich ebenfalls zahllose Voraussagen gerade dieses Krieges zum Vorschein gekommen, sofern Menschen überlebt hätten, die sie hätten ausgraben können.

---

34 Vgl. etwa W. Janssen, Krieg, 596ff.
35 G.F. Kennan, Decline, 3: „The great seminal catastrophe of the twentieth century."

4 Die Epoche in der Forschung

4.1 Der Charakter der Epoche

So aufgeklärt unsere eigene Zeit ist und erst recht sich gibt, so ist sie, und zumal in der historischen Zunft, noch keineswegs unempfänglich für Magie, in diesem Falle für die Magie der Jahrhunderte, die, um nur den Säkularanspruch nicht zu verlieren, je nach Bedarf als kurze Jahrhunderte gestreckt oder als lange zusammengedrückt werden. Das 19. Jahrhundert leiht sich einer säkularen Periodisierung besonders leicht, mit den Eckdaten 1815 und 1914, die zuweilen ausgedehnt werden, rückwärts bis höchstens 1789 und vorwärts bis allenfalls 1945. Eine Verkürzung hingegen ist unüblich. Die zusätzliche Aufteilung in zwei durch das Jahr 1848 getrennte Hälften, wie sie hier vorgenommen wird, hat schon angesichts der angedeuteten Säkularmagie wenig Chancen auf Erfolg. Doch auch wenn man nur die Sache betrachtet, wird man dem Einschnitt von 1848 eher nachgeordneten Charakter zusprechen. Er lässt sich als eine Art Wende des Blicks verstehen. War dieser bis 1848, und oft auch noch bis in die fünfziger Jahre hinein, eher rückwärtsgerichtet (obwohl die Veränderungen, die Europa unwiderruflich umgestalten sollten, bereits in vollem Gange waren), so war er danach in der Regel nach vorn, in die Zukunft gewandt, ob nun in hoffnungsvoller Erwartung oder in Abwehr und Angst: Für die meisten Zeitgenossen war deutlich geworden, dass Vergangenheit und Zukunft immer weiter auseinandertraten. Hatte 1815 noch eine scheinbar erfolgreiche Restauration gebracht, so erwies sich die Reaktion, die nach 1848 überall da initiiert wurde, wo die Revolution gescheitert war (und das war die Regel), als aussichtsloses Unterfangen.

Dieser Sachlage entspricht, dass viele Gesamtdarstellungen, und insbesondere umfassende Deutungsversuche, sich häufiger auf das ganze 19. Jahrhundert beziehen als nur auf dessen zweite Hälfte. Sie werden hier, neben Werken, die sich auf die zweite Jahrhunderthälfte konzentrieren, mitberücksichtigt. Die Frage nach dem Deutungsmuster, nach dem zentralen Merkmal des 19. Jahrhunderts als Epoche, ist indessen, wie vor allem Lothar Gall, *Europa*, gezeigt hat, seit jeher umstritten. Das ist sicher zunächst einmal eine Folge der noch immer geringen zeitlichen Distanz, die unsere Gegenwart vom 19. Jahrhundert trennt. Noch wichtiger aber dürfte sein, dass diese Zeit in vieler Hinsicht als Beginn der Moderne erscheint, weniger im Sinne von deren geistiger Konzeption, die weiter zurückreicht, als von ihrer lebensweltlichen Ausbreitung und Durchsetzung her. Insofern fällt insbesondere die Absetzung von unserer eigenen Zeit schwerer als bei früheren Epochen. Das hat dazu geführt, dass höchst unterschiedliche Kräfte und Strömungen als zentrale Merkmale gedeutet worden sind, vom Nationalismus über den Imperialismus, den Rationalismus und die Demokratie bis zur industriellen Revolution, in einer Diskussion, die oft eher den Charakter tastender Deutungsversuche als des Austausches scharfer Thesen hat.

Schon 1913 hat ERNST TROELTSCH, *Das Neunzehnte Jahrhundert*, in einer konzisen Skizze versucht, den Charakter des abgelaufenen Jahrhunderts zu fassen. Er betonte das Gewicht wirtschaftlicher und naturwissenschaftlicher Faktoren auf der einen Seite und des Protestantismus und Rationalismus auf der anderen und sah die Zukunft noch ungebrochen in einem europäischen Licht. Andere Deutungsversuche der eigenen Zeit kamen eher aus der Soziologie, etwa von MAX WEBER, *Wirtschaft und Gesellschaft*, der die Ausbreitung der Rationalisierung betonte, und von WERNER SOMBART, *Der moderne Kapitalismus*, der, aufbauend auf den Analysen von Karl Marx, die Rolle des modernen Kapitalismus in den Mittelpunkt stellte.

Der Erste Weltkrieg bedeutete auch für die Sicht des 19. Jahrhunderts eine Zäsur. Eine neue Skepsis prägte etwa die *Weltgeschichte* von EDUARD FUETER (1921), ein Werk, das bewusst, und im Gegensatz zu den Tendenzen der Zeit, universalgeschichtlich angelegt war, aber gerade dadurch die europäische Weltstellung herausarbeitete. Auf Europa konzentriert war demgegenüber BENEDETTO CROCE, *Geschichte Europas im neunzehnten Jahrhundert*, von 1932. Croce stand noch weitgehend im Banne des optimistischen, antiklerikalen Liberalismus des 19. Jahrhunderts.

Von den nach 1945 entstandenen Werken der modernen Forschung ist zunächst eines zu nennen, dessen Bekanntheitsgrad umgekehrt proportional zu seiner Originalität ist: JAN ROMEIN, *Watershed*, das den Schwerpunkt auf die Kulturgeschichte um 1900 legt, aber zeitlich und thematisch einen viel umfassenderen Horizont hat.

Bei den konventioneller aufgebauten Gesamtdarstellungen sind zuerst ERIC J. HOBSBAWM, *Blütezeit des Kapitals*, und *Das imperiale Zeitalter 1875–1914* zu nennen, zwei universal angelegte, aber Europa in den Mittelpunkt stellende Synthesen. Hobsbawm betont insbesondere die Wirtschafts- und die Sozialgeschichte, und sein marxistischer Ansatz führt zur Perspektive einer kontinuierlichen Stärkung des Gewichts der Arbeiterbewegung, die nach 1989 nicht mehr ohne weiteres als selbstverständlich erscheint. Stärker politisch ausgerichtet ist der kürzere, das ganze Jahrhundert umfassende Überblick von GORDON A. CRAIG, *Geschichte Europas*.

In der deutschen Tradition ist die wichtigste neuere Zusammenfassung THEODOR SCHIEDER, *Staatensystem*. Im traditionellen additiven Handbuchstil gehalten ist THEODOR SCHIEDER, *Handbuch*. Mehr nur skizzenhafte Umrisse geben LOTHAR GALL, *Europa*, und GREGOR SCHÖLLGEN, *Zeitalter des Imperialismus*. Beide haben dafür einen umfangreichen Forschungsteil mit reichhaltiger Bibliographie, wobei insbesondere Gall einen perspektivenreichen Überblick über bisherige Deutungen gibt.

Relativ zahlreich sind ältere Sammelwerke in verschiedenen Sprachgebieten, während neuere kollektiv verfasste Handbücher fehlen. Hinzuweisen ist etwa auf den breit angelegten Überblick von MAX BELOFF u.a., *L'Europe*. In Großbritannien hingegen besteht eine bis in die Gegenwart reichende Tradition solcher Gesamtdarstellungen aus der Feder eines einzigen Autors. Neben Hobsbawm und Craig bietet NORMAN STONE, *Europe transformed*, einen nicht sehr systematisch aufgebauten, aber gut und verständlich geschriebenen Überblick. Stark kultur- und ideengeschichtlich orientiert ist JAMES

Joll, *Europe since 1870*. Klare, konsequent gestaltete Überblicke bieten außerdem etwa noch Matthew S. Anderson, *Ascendancy*, und Robert Gildea, *Barricades*.

4.2 Die souveränen Staaten

4.2.1 Großbritannien

Großbritannien hat weder in der hier behandelten Periode noch seither Revolutionen oder Diktaturen erlebt oder Weltkriege vom Zaun gebrochen. Vielmehr gilt der Verlauf seiner Geschichte in vieler Hinsicht, und weit über die Landesgrenzen hinaus, ja dort oft sogar noch in stärkerem Maße als unter den Betroffenen selbst, als geradezu vorbildlich für die Bewältigung der Probleme der Moderne, insbesondere im politischen, aber auch im sozialen, wenngleich etwas weniger im wirtschaftlichen Bereich. Infolgedessen fehlen große Kontroversen über Erscheinungen, die allgemein als Fehlentwicklungen gelten, und deren Ursachen. Die einzige Ausnahme bildet das Phänomen des politischen und wirtschaftlichen Niedergangs, oder jedenfalls des Bedeutungsverlusts, den Großbritannien sowohl im europäischen als auch, und noch stärker, im weltweiten Rahmen im 20. Jahrhundert erlebt hat und dessen Wurzeln gemeinhin schon im 19. Jahrhundert gesucht werden. Die Diskussion, die schon damals einsetzte und noch andauert, dreht sich einerseits um das Ausmaß, das der Niedergang bis 1914 bereits erreicht hatte und andererseits um seine Ursachen. Die Antwort auf die erste Frage hängt hauptsächlich von den gewählten Vergleichsmaßstäben ab, ob etwa der Anteil an der Wirtschaftskraft der ganzen Welt oder der Umfang der beherrschten Gebiete oder der politische Einfluss betrachtet wird. Die Ursachen werden überwiegend im gesellschaftlichen Bereich gesucht, in der Sozialstruktur, im Bildungswesen, im Verhältnis der Klassen zueinander, in der Stellung der Gewerkschaften oder in der mangelnden Innovationsbereitschaft der Unternehmer, aber auch etwa in der schlechten Ausstattung des Landes mit Rohstoffen, nachdem Kohle und Eisen an Bedeutung verloren hatten, oder in der Vernachlässigung der Industrie zugunsten von Handel und Finanzen. Einen guten Überblick über die vielfältigen Argumente gibt Sidney Pollard, *Prime*, ergänzt durch Michael Dintenfass, *Decline*. Sozialpsychologische und kulturelle Faktoren betont Martin J. Wiener, *Culture*, während William D. Rubinstein, *Capitalism*, die Tatsache eines Niedergangs weitgehend in Abrede stellt.

Die relativ ungebrochene Sicht auf die eigene Geschichte hat zur Folge gehabt, dass etwa im Vergleich zu Deutschland weniger Gesamtdarstellungen der hier behandelten Zeit entstanden sind. Dabei sind die zeitlichen Einteilungen höchst unterschiedlich. Am häufigsten werden Einschnitte zwischen 1865 und 1870 gemacht. Während 1815 ein geläufiger Anfangspunkt ist, spielt 1914 als Endpunkt für Gesamtdarstellungen eine erstaunlich geringe Rolle. Einen Überblick über die gesamte hier behandelte Periode und darüber hinaus gibt Robert K. Webb, *England*, während Norman McCord, *History*, auffälligerweise die letzten Jahre vor 1914 nicht berücksichtigt. Breit angelegt sind die einschlägigen Bände von Reihenwerken mit unterschiedlichen Autoren, so Norman Gash, *Aristocracy*, für 1815–1865 und Edgar J. Feuchtwanger, *Democracy*, für 1865–1914. An Überblickswerken zu einzelnen Abschnitten der behandelten Zeit sind etwa zu nennen

Geoffrey Best, *Mid-Victorian Britain* (stark sozial- und kulturgeschichtlich ausgerichtet), Donald Read, *England 1868–1914*, John F.C. Harrison, *Late Victorian Britain*, Donald Read, *Edwardian England 1901–1915* (alle drei überwiegend sozialgeschichtlich), und Martin Pugh, *State*. In deutscher Sprache existiert für die betreffende Periode weder ein Originalwerk noch eine Übersetzung. Einen groben Überblick gibt Gottfried Niedhart, *Geschichte Englands*. Noch allgemeiner sind Peter Wende, *Geschichte Englands*, und Kurt Kluxen, *Geschichte Englands*. Für Irland, das in den allgemeinen britischen Geschichten meist nur am Rande behandelt wird, liegt eine neuere deutschsprachige Gesamtdarstellung vor: Jürgen Elvert, *Irland*, ergänzt durch die Übersetzung des allerdings schon älteren Werks eines irischen Autors: James Camlin Beckett, *Irland*.

Eine wirklich umfassende Geschichte der britischen Außenbeziehungen, verknüpft mit der Geschichte des Empire, fehlt erstaunlicherweise. Eine traditionelle Darstellung der Rolle Großbritanniens in der Vorgeschichte des Ersten Weltkrieges gibt Zara S. Steiner, *Britain*. In der Regel werden eher die Beziehungen zu einzelnen Staaten behandelt. Beispielhaft ist hier für das Verhältnis zu Deutschland zu nennen Paul M. Kennedy, *Antagonism*, dessen Niveau vom populären Werk von Robert K. Massie, *Schalen des Zorns*, nicht erreicht wird. Zu den Beziehungen zum Hauptantagonisten, der Russland bis mindestens zur Jahrhundertwende war, Keith Neilson, *Britain and the last Tsar*. Die umfassendste Darstellung der Geschichte des Empire ist jetzt die *Oxford History of the British Empire;* die *Cambridge History of the British Empire* ist für Einzelheiten noch immer hilfreich, in der Gesamtkonzeption aber veraltet. Speziell unter dem Gesichtspunkt der Imperialismustheorien ist ungemein einflussreich geworden Ronald Robinson/John Gallagher, *Africa* – ein Werk, in dem insbesondere die Rolle der „men on the spot" betont wird. In der neuesten umfassenden Darstellung, Peter J. Cain/Anthony G. Hopkins, *Imperialism*, liegt der Schwerpunkt demgegenüber auf dem Finanzkapitalismus, den die Autoren als „gentlemanly capitalism" bezeichnen. Zur Frage der Rentabilität des Empire insbesondere Lance E. Davis/Robert A. Huttenback, *Mammon*.

Den besten aktuellen Überblick über die einzelnen Bereiche der Wirtschaft gibt Roderick Floud/Donald McCloskey, *Economic history;* von Floud liegt außerdem eine Art Zusammenfassung für die hier behandelte Periode vor: *The People and the British economy*. Eine Wirtschaftsgeschichte unter dem Aspekt des Freihandels bietet Anthony Howe, *Free trade*. Den Begriff der „Großen Depression" hat für die britische Wirtschaft schon 1969 Samuel B. Saul, *Myth*, verworfen. Besonders intensiv sind Fragen des Wirtschaftswachstums untersucht worden, so von Phyllis Deane/W.A. Cole, *Growth*, Robert C.O. Matthews u.a., *Growth*, und Nicholas F.R. Crafts, *Growth*. Die Auslandsinvestitionen behandeln Sidney Pollard, *Exports*, und, sehr ausführlich, Michael Edelstein, *Investment*. Das Standardwerk zur Geschichte der Landwirtschaft ist die *Agrarian History of England and Wales;* eine konzisere Darstellung bietet Gordon E. Mingay, *Land*. Aufschlussreiche Vergleiche zwischen dem britischen und dem französischen Weg der Industrialisierung bei Patrick O'Brien/Caglar Keyder, *Growth*, und speziell bei Patrick O'Brien, *Dependency*.

Eine gute Verfassungsgeschichte ist Brian Harrison, *Transformation*; zur Stellung Schottlands im politischen System Christopher Harvie, *Scotland*. Wichtig für die Herausbildung des Parteienstaates ist Jonathan Parry, *Rise*. Zusammenfassende Darstellungen zu den einzelnen Parteien bieten etwa Bruce Coleman, *Conservatism*, Ewen H.H. Green, *Crisis*, Michael Bentley, *Liberal politics*, und Keith Laybourn, *Labour*.

Das Standardwerk zur Sozialgeschichte ist FRANCIS M.L. THOMPSON (Hg.), *Cambridge Social History of Britain*. Stärker interpretierend und besonders anregend ist JOSÉ HARRIS, *Private lives*. Zusammenfassend über die Sozialbeziehungen auch ROSS MCKIBBIN, *Ideologies*. Zu einzelnen sozialen Schichten ist auf das monumentale Werk von DAVID CANNADINE, *Decline*, hinzuweisen. Den Forschungsstand zum Bürgertum fasst GEOFFREY CROSSICK, *Bourgeoisie*, zusammen.

Reich ist die Literatur zur britischen Arbeiterbewegung, auch im Rahmen der Geschichte der Arbeiterklasse, der ersten der Welt. Ein Literaturbericht zu den neueren Strömungen bei DETLEV MARES, *Abschied*. Einen breiten Überblick gibt KENNETH D. BROWN, *Movement*. Das Werk ist zu ergänzen durch E.H. HUNT, *Labour History*, und JAMES HINTON, *Labour*. Das Standardwerk zu den Gewerkschaften ist HUGH A. CLEGG u.a., *Trade unions*. Spezieller zum Leben der Arbeiterklasse etwa STANDISH MEACHAM, *A life apart* (1914); in einem breiteren kulturellen Kontext steht PATRICK JOYCE, *Visions*.

Zur Geschichte der Frauen und der Frauenbewegung ist hinzuweisen auf SONYA O. ROSE, *Livelihoods*, und die stark alltagsgeschichtlich orientierte Darstellung von JOAN PERKIN, *Victorian women*. Speziell zur Wahlrechtsfrage (Suffragetten) SANDRA HOLTON, *Feminism*, zur Berufstätigkeit ELIZABETH ROBERTS, *Women's work*.

Die Geschichte der britischen Sozialpolitik und Sozialversicherung ist auch von deutscher Seite erforscht worden, zuerst knapp und vergleichend von GERHARD A. RITTER, *Sozialversicherung*, danach umfassend von KARL HEINZ METZ, *Industrialisierung*. Für britische Überblicke vgl. die beiden breit angelegten Werke GEOFFREY FINLAYSON, *Citizen*, sowie KEITH LAYBOURN, *Evolution*.

Eine reiche Tradition hat in Großbritannien die Kirchen- und Religionsgeschichte. Ein maßgebender Überblick mit ausgezeichnetem Forschungsbericht bei HUGH MCLEOD, *England*. Ähnlich ALAN D. GILBERT, *Religion*. Traditioneller ist das Standardwerk von OWEN CHADWICK, *Church*, zu ergänzen durch das allerdings etwas heterogene Sammelwerk von GERALD PARSONS, *Religion*. Zum sozialen Engagement der Kirchen EDWARD R. NORMAN, *Church*, zum Verhältnis zur Politik die beiden Bände von GEORGE I.T. MACHIN, *Politics*.

4.2.2 Frankreich

Zusammen mit Großbritannien gehört Frankreich zu jenen großen europäischen Staaten, denen zumindest von Außenstehenden am ehesten ein vorbildhafter Übergang in die Moderne zugeschrieben wird. Doch die Entwicklung verlief keineswegs ohne Brüche und heftige Kämpfe, auch zwischen 1848 und 1914. Das Ergebnis war eine tief gespaltene Gesellschaft, zwischen Monarchisten und Republikanern, Klerikalen und Laizisten, Bourgeoisie und Proletariat, Stadt und Land – Spaltungen, die auch in der Geschichtsschreibung immer wieder ihren Niederschlag finden, ohne dass der Verlauf der Geschichte des Landes als grundsätzliche Fehlentwicklung gesehen würde. Dennoch ergeben sich in der behandelten Zeit zwei Perspektiven des Scheiterns, ausgelöst jeweils durch äußere Niederlagen: der Untergang des Zweiten Kaiserreichs 1870 und der Dritten Republik 1940. Während das zweite Ereignis in der hier behandelten Zeit durch den Ersten Weltkrieg überschattet wird und keineswegs den üblichen Fluchtpunkt der Betrachtung bildet, erscheint 1870 zumindest in republikanischer Sicht auch als ein Fortschritt, als Überwindung eines autoritären Regimes.

Der reichen historiographischen Tradition des Nationalstaates entsprechend, herrscht kein Mangel an Überblickswerken der unterschiedlichsten Art. Darin finden sich verschiedene zeitliche Einteilungskriterien. Primär innenpolitisch orientiert ist die Behandlung der Dritten Republik (1870–1940) als Einheit. Häufiger jedoch wird der Ausbruch oder das Ende des Ersten Weltkrieges als Zielpunkt genommen. Als Ausgangspunkt dienen die Jahre 1815, 1848, 1851 (als Ende der Zweiten Republik) oder 1870/71, was zeigt, dass, spiegelbildlich zu Deutschland, die Jahre zwischen 1871 und 1914 in der Geschichtsbetrachtung zu einer Art Kernbereich des 19. Jahrhunderts geworden sind.

Die beste in deutscher Sprache verfügbare Gesamtdarstellung der Periode ist FRANÇOIS CARON, *Frankreich*, mit einer speziell auf deutschsprachige Werke ausgerichteten Bibliographie. Vergleichbare ursprünglich deutsch geschriebene Darstellungen fehlen. Für die erste Phase ist MICHAEL ERBE, *Geschichte Frankreichs*, beizuziehen, als allgemeine Einführung kann etwa PETER SCHUNCK, *Geschichte Frankreichs*, dienen. Ansonsten ist für detailliertere Darstellungen auf französische und englische Werke zurückzugreifen. Eine gute Einführung in die Geschichte des Zweiten Kaiserreiches ist ALAIN PLESSIS, *Second Empire*, optisch ergänzt durch den Bildband von PIERRE MIQUEL, *Le second empire*. Die ausführlichste, freilich in vielem veraltete und ganz auf die politischen Vorgänge konzentrierte Schilderung der Dritten Republik findet sich bei GEORGES und ÉDOUARD BONNEFOUS, *Histoire politique*. Eine modernere Darstellung, mit ausgezeichneter Bibliographie, bieten JEAN-YVES MOLLIER/JOCELYNE GEORGE, *La plus longue des Républiques*. Knappere, hilfreiche Überblicke außerdem bei JEAN-MARIE MAYEUR/MADELEINE REBÉRIOUX, *Third Republic*, und ROBERT ANDERSON, *France 1870–1914*. Daneben existiert eine lange Tradition der Produktion umfangreicher, meist illustrierter Werke ohne wissenschaftlichen Apparat. An neueren sind etwa zu nennen MAURICE AGULHON, *République*, GABRIEL DE BROGLIE, *XIXe siècle*, und YVES LEQUIN, *Français*.

Was die Geschichte des politischen Systems betrifft, präsentieren FRÉDÉRIC BON, *Élections*, und ALISTAIR COLE/PETER CAMPBELL, *Elections*, nützliche Zusammenfassungen und Analysen der Wahlresultate. Schwerpunkte der Diskussion bilden die Rolle des allgemeinen Wahlrechts im System Napoleons III. und die Herausbildung und Konsolidierung der parlamentarischen Republik in einem noch stark monarchisch geprägten Umfeld 1870–1879. Einen detaillierten, handbuchmäßigen Überblick gibt JEAN-JACQUES CHEVALLIER, *Institutions*. Moderner ist JEAN-MARIE MAYEUR, *Vie politique*. PHILIP NORD, *Republican movement*, verfolgt einen breiten, das gesamte öffentliche Leben einbeziehenden Ansatz.

Der klassische Augenzeugenbericht zur Geschichte der Commune ist PROSPER LISSAGARAY, *Commune;* breit erzählend auf dem neuesten Stand ist ROBERT TOMBS, *Commune*; stärker revolutionstheoretisch ausgerichtet: HEINZ-GERHARD HAUPT/KARIN HAUSEN, *Kommune*. Reich illustriert und umfassend angelegt ist das sechsbändige Werk von GEORGES SORIA, *Grande histoire de la Commune*.

Besonderes Interesse hat seit längerem die französische Bevölkerungsgeschichte gefunden, bei der sich die Redeweise von einem Sonderweg im Vergleich zum übrigen Europa näher legt als für andere Staaten in anderen Zusammenhängen, auch wenn der Ausdruck dafür nicht geläufig ist. Im Mittelpunkt steht seit jeher die Frage nach dem frühen Rückgang des Bevölkerungswachstums, das zeitgenössisch häufig als Niedergang und Gefährdung wahrgenommen wurde, ohne dass sich das Verhalten der

Bevölkerung dadurch verändert hätte. Gute Zusammenfassungen der Debatten bieten vor allem die Überblickswerke von ANDRÉ ARMENGAUD, *Population*, und JACQUES DUPÂQUIER (Hg.), *Population*.

Eine breit angelegte und allgemein verständliche Einführung in die Wirtschaftsgeschichte findet sich bei FRANÇOIS CARON, *Histoire économique*. Überblicke auch bei JEAN-CHARLES ASSELAIN, *Histoire économique*, ALAIN BELTRAN/PASCAL GRISET, *Croissance*, und COLIN HEYWOOD, *French economy*. Zentral für die makroökonomische Analyse ist MAURICE LÉVY-LEBOYER/FRANÇOIS BOURGUIGNON, *L'économie française*. Als Handbuch, das auch die Sozialgeschichte berücksichtigt, ist auf FERNAND BRAUDEL/ERNEST LABROUSSE (Hg.), *Histoire économique*, hinzuweisen, das wenigstens in gekürzter Fassung auch auf deutsch erschienen ist. Die meisten Debatten der letzten Jahrzehnte haben sich um die Frage des relativen Erfolges der französischen Industrialisierung im europäischen Rahmen gedreht. Ist Frankreich im Vergleich zu anderen Staaten zurückgefallen, oder vermochte es seinen Platz zu wahren? Während dieses Problem im Verhältnis zu anderen kontinentalen Staaten sich meist nur in der Diskussion von Statistiken niederschlägt, wird der Vergleich zu Großbritannien wesentlich intensiver betrieben, indem die gesamte Wirtschafts- und Sozialstruktur berücksichtigt wird. Insgesamt ist im Verlauf der letzten Jahre eher Frankreichs relative Fortschrittlichkeit betont worden. Spezielle vergleichende Untersuchungen finden sich etwa bei CHARLES P. KINDLEBERGER, *Growth*, vor allem aber bei PATRICK O'BRIEN/CAGLAR KEYDER, *Growth*, fortgesetzt von O'BRIEN, *Path dependency*. Einen breiten Überblick gibt FRANÇOIS CROUZET, *Development*.

Eine materialreiche deutschsprachige Sozialgeschichte ist HEINZ-GERHARD HAUPT, *Sozialgeschichte Frankreichs*. Ein englischsprachiges Pendant dazu bildet ROGER PRICE, *Social history*. Als Einführung geeignet ist die bereits erwähnte Sozial- und Wirtschaftsgeschichte von Braudel und Labrousse. Einen lehrbuchmäßigen Abriss bieten DANIELLE und ANDRÉ CABANIS, *Société*. Ein guter allgemeiner Überblick bei CHRISTOPHE CHARLE, *Histoire sociale*. Spezieller und vor allem demographisch und geschlechtergeschichtlich orientiert ist JACQUES DUPÂQUIER/DENIS KESSLER, *Société française*. Besonders eindrucksvoll und anschaulich ist das breite Panorama der französischen Gesellschaft, das THEODORE ZELDIN, *Passions*, gibt.

Die Bedeutung der Landwirtschaft für die französische Wirtschaft und der ländlichen Bevölkerung für Gesellschaft und Politik hat sich auch in der Forschung niedergeschlagen. Ein guter Überblick ist ANNIE MOULIN, *Paysans*, während ÉTIENNE JUILLARD (Hg.), *Civilisation paysanne*, sehr viel breiter angelegt ist. EUGEN WEBER, *Peasants*, untersucht speziell die „Nationalisierung" der ländlichen Bevölkerung. Das städtische Gegenstück bildet MAURICE AGULHON (Hg.), *Ville*. Als Einführung in die Geschichte der französischen Arbeiterbewegung existiert zumindest die deutsche Übersetzung eines französischen Werkes, von CLAUDE WILLARD, *Arbeiterbewegung*. Äußerst knapp ist JEAN-PAUL BRUNET, *Socialisme*; ausführlicher behandeln die gesellschaftliche Stellung der Arbeiter und die Arbeiterbewegung GÉRARD NOIRIEL, *Ouvriers*, ALAIN DEWERPE, *Travail* und GEORGES LEFRANC, *Mouvement socialiste*. In besonderer Weise hat sich die Forschung der Streiks angenommen, in zwei 1974 erschienenen Werken: MICHELLE PERROT, *Ouvriers*, und EDWARD SHORTER/CHARLES TILLY, *Strikes*. Den weniger in den Parteien als in den Gewerkschaften mächtigen Anarchismus behandelt JEAN MAITRON, *Mouvement anarchiste*.

Die Geschichte der Sozialversicherung findet sich u.a. bei HENRI HATZFELD,

Paupérisme. Neuerdings sind auch die spezifischen Differenzen zwischen der deutschen und der französischen Sozialpolitik untersucht worden: Heinz-Gerhard Haupt, *Sozialpolitik,* und Sandrine Kott, *Gemeinschaft,* wobei der Unterschied vor allem in der – in Deutschland wichtigeren – Rolle des Staates gesehen wird.

Klerikalismus, Antiklerikalismus und die Auseinandersetzung zwischen Kirche und Staat haben in der historischen Forschung tiefe Spuren hinterlassen, zumal, weit stärker als etwa im Bereich der Arbeiterbewegung, beide Seiten den Kampf auch mit historischen Werken führten. Eine ganze Reihe größerer Überblickswerke vermittelt ein gutes Bild. Zu nennen ist zunächst Jacques Le Goff/René Rémond (Hg.), *Histoire de la France religieuse.* Das Werk ist zu ergänzen durch Gérard Cholvy/Yves-Marie Hilaire, *Histoire religieuse,* wobei Cholvy, *Religion,* auch einen knapperen, durch Dokumente ergänzten Abriss gegeben hat, und Jean-Marie Mayeur, *Histoire religieuse.* Speziell zum Katholizismus der sozialgeschichtlich orientierte Überblick von Ralph Gibson, *Catholicism,* und ausführlicher, katholisch orientiert, André Latreille/René Rémond, *Catholicisme.* Die Gegenseite beschreibt ebenfalls René Rémond, *Anticléricalisme;* das Verhältnis zwischen Kirche und Schule ist etwa dargestellt bei Mona Ozouf, *École.*

In der behandelten Zeit sind die zentralen Grundlagen des modernen französischen Bildungswesens gelegt worden, nicht zuletzt in der Auseinandersetzung zwischen Kirche und Staat. An Überblickswerken sind etwa zu erwähnen Françoise Mayeur, *Enseignement,* und Pierre Albertini, *École,* sowie die detaillierte und durch Dokumente ergänzte Darstellung von Antoine Prost, *Enseignement.* Speziell zu den Auswirkungen der Trennung von Kirche und Staat auf die Schule Pierre Chevallier, *Séparation.*

Zu den rechten politischen Bewegungen geben Jean-François Sirinelli (Hg.), *Droites,* und René Rémond, *Droites,* einen guten Überblick. Er wird ergänzt durch Michel Winock, *Nationalisme.* Die beiden großen, das Selbstverständnis der Nation erschütternden Staatskrisen um Boulanger und Dreyfus haben seit jeher im Mittelpunkt eines breiten historischen Interesses gestanden, das sich nicht nur auf die Affären selbst konzentriert, sondern stets auch deren grundsätzliche Bedeutung für Staat und Gesellschaft berücksichtigt hat. Zu Boulanger existiert kein neueres deutschsprachiges Werk. Englischsprachige Überblicke bei Frederic H. Seager, *Boulanger Affair,* und William D. Irvine, *Boulanger Affair.* Eine kurze Einführung findet sich bei Jean Garrigues, *Boulangisme,* ausführlicher ist Philippe Levillain, *Boulanger.* Zum noch wichtigeren Fall Dreyfus, der in mancher Hinsicht geradezu als Wendepunkt in der französischen Geschichte gilt, die populäre deutsche Übersicht von Eckhardt und Günther Fuchs, *„J'accuse",* und der Sammelband von Siegfried Thalheimer (Hg.), *Dreyfus,* sowie auf französisch insbesondere das Standardwerk von Jean-Denis Bredin, *L'affaire,* und der Sammelband von Pierre Birnbaum (Hg.), *Dreyfus.*

Zur Außenpolitik fehlen interessanterweise neuere Überblickswerke. Speziell zur Vorgeschichte des Ersten Weltkrieges sind die beiden Werke von George F. Kennan zu nennen: *Decline* und *Alliance.* Größere Aufmerksamkeit hat in letzter Zeit, im Rahmen imperialismustheoretischer Debatten, die Geschichte des französischen Kolonialreiches gefunden. Neuere Einführungen und Überblicke finden sich bei Denis Bouche, *Colonisation française,* Robert Aldrich, *Greater France;* ausführlichere Darstellungen bei Pierre Pluchon, *Colonisation française,* und in der *Histoire de la France coloniale.*

4.2.3 Deutschland

Spätestens seit 1945 steht die Betrachtung der deutschen Geschichte des 19. Jahrhunderts, und damit auch der hier behandelten Periode, unter der alle anderen Themen überschattenden Frage, wie es zur nationalsozialistischen Gewaltherrschaft 1933–1945 kommen konnte. An ihr muss sich jede Geschichtsschreibung abarbeiten, auch wenn sie nicht explizit darauf eingeht. Zugleich handelt es sich der Struktur nach um eine nie abschließend beantwortbare Frage. Man kann auf das Handeln einzelner Personen, auf das politische System, den Militarismus, die fehlende Tradition einer erfolgreichen Revolution, obrigkeitsstaatliches Denken in der Tradition der Reformation, die geographische Mittellage und viele andere Faktoren hinweisen: Sie schließen einander in der Regel zumindest nicht vollständig aus, was aber auch bedeutet, dass Erklärungen nicht über das Niveau einer relativen Plausibilität und Wahrscheinlichkeit hinauskommen.

In der Forschung der letzten Jahrzehnte hat ein Erklärungsansatz besonderes Gewicht gewonnen und zugleich besonders heftigen Widerspruch ausgelöst, dessen Besonderheit eher in seiner logischen Struktur als in seinen konkreten Ursachenangaben liegt: die These vom Deutschen Sonderweg, der das zentrale Merkmal der hier behandelten Periode sein soll. Die Rede von einem Sonderweg setzt das Vorhandensein eines Normalweges voraus. Als solcher gilt, ob explizit genannt oder nicht, die Geschichte der westeuropäischen parlamentarischen Demokratien, insbesondere Großbritanniens und Frankreichs, und vielleicht noch der Beneluxstaaten und Skandinaviens, obwohl diese in den Titanenkämpfen der großmachtorientierten Forschung in der Regel untergehen. Die deutsche Mängelliste im Vergleich mit den beiden westlichen Demokratien ließ sich leicht aufstellen. Sie reichte vom fehlenden Parlamentarismus bis zur obrigkeitsstaatlichen Prägung und dem Militarismus. Sie fand ihren wohl schärfsten Ausdruck 1973 in Hans-Ulrich Wehlers kurzer Monographie über das deutsche Kaiserreich.

Gegen eine solche Position ließen sich von zwei Seiten her Einwände einbringen. Einerseits tendierte die Sonderwegsthese dazu, den „Normalweg" zu idealisieren. Sowohl die deutsche Forschung, mit Thomas Nipperdey an der Spitze, als auch die angelsächsische, mit David Blackbourn und Geoff Eley als prominentesten Vertretern, wies in zunehmendem Maße darauf hin, dass das Kaiserreich in vielen Hinsichten, vom Bildungswesen und der Klassenstruktur der Gesellschaft bis zur Kommunalverwaltung und dem Sozialversicherungswesen keineswegs so viel rückständiger und manchmal sogar „fortschrittlicher" war als die westlichen Demokratien, mit der Folge, dass an die Stelle des deutschen Sonderweges vermehrt wieder ein gemeinsamer europäischer Weg trat. Eine geringere Rolle hat der Hinweis auf die Enge der Sonderwegsdiskussion insgesamt gespielt. Sie tendierte dazu, Europa auf drei Staaten zu reduzieren. Berücksichtigte man alle oder wenigstens alle größeren Staaten, so ließ sich eine Unterscheidung zwischen Normal- und Sonderweg vollends nicht mehr aufrechterhalten: Jedes Land hatte seinen eigenen Weg. Und Deutschland erwies sich dabei keineswegs als im europäischen Rahmen besonders rückständig.

Der Begriff des Sonderweges ist heute in der Forschung selten geworden. Selbst Wehler verwendet ihn in seiner voluminösen *Deutschen Gesellschaftsgeschichte*

1849–1914 von 1995 nur noch in Anführungszeichen. Die diskutierten Fragen aber sind keineswegs obsolet geworden. Am häufigsten wird die deutsche Besonderheit mittlerweile gerade in der Kombination von relativer Modernität mit Rückständigkeit in jeweils unterschiedlichen Bereichen gesehen: Die rasche Industrialisierung erzwang einen gesellschaftlichen Modernisierungsschub, der zu extremen gesellschaftlich-politischen Verwerfungen führte. Freilich hat eine solche Erklärung den typischen Charakter einer Rationalisierung ex post, die vermeintliche Gewissheiten da schafft, wo sie nicht möglich sind. Sie verweist darauf, dass die Frage, weshalb es gerade in Deutschland und gerade in dieser Form zum Nationalsozialismus kam, ebenso nötig ist, wie sie eine permanente Überforderung der Geschichtswissenschaft darstellt. Neuerdings tendieren Gesamtdarstellungen denn auch wieder stärker dazu, die Phase des Kaiserreichs als eigenständige Epoche zu behandeln, nicht als Vorgeschichte des Dritten Reiches.

Die Historiographie zu Deutschland im 19. Jahrhundert, insbesondere zum Kaiserreich, ist in letzter Zeit verschiedentlich Gegenstand spezieller Untersuchungen gewesen. Einen breiten Überblick gibt Hans-Peter Ullmann, *Politik*. Eine gute Einführung ist Roger Chickering (Hg.), *Imperial Germany*, zu ergänzen durch Chris Lorenz, *Good and evil*. Speziell zur Sonderwegsdebatte und zur angelsächsischen Kritik am betreffenden Konzept David Blackbourn/Geoff Eley, *Peculiarities*, und Richard J. Evans, *German history*.

Das 19. Jahrhundert wird in der Geschichtsschreibung zu Deutschland sehr häufig in zwei Hälften gegliedert. Doch zeigt sich schon in den sehr unterschiedlichen Einteilungen die Vielgestaltigkeit der Interpretationen. Der Einschnitt wird in der Regel zwischen 1848 und 1871 angesetzt. In jüngster Zeit beginnt daneben das Jahr 1890 eine wichtigere Rolle zu spielen, als Beginn der sogenannten Wilhelminischen Ära, die nicht etwa mit der Thronbesteigung Wilhelms II. (1888), sondern mit Bismarcks Entlassung (1890) angesetzt wird und damit nicht nur auf eine gewisse Personalisierung der Sichtweise verweist, sondern vor allem auch auf den langen Schatten, den Bismarck über das 19. Jahrhundert wirft.

Bei den Gesamtdarstellungen sind zuerst drei neuere Monumentalwerke zur Deutschen Geschichte der zweiten Hälfte des 19. Jahrhunderts zu nennen, von Thomas Nipperdey, *Deutsche Geschichte*, Wolfgang J. Mommsen, *Ringen*, sowie ders., *Bürgerstolz*, und Hans-Ulrich Wehler, *Gesellschaftsgeschichte*. Obwohl alle drei das Volumen großer Handbücher haben, sind sie als Lesebücher konzipiert, und nur Wehler bietet einen wissenschaftlichen Apparat, der, mit zahlreichen Zensuren durchsetzt, ebenso gelehrt wie schwer benutzbar ist. Die drei Werke, von denen sich dasjenige von Nipperdey am ehesten als wirkliches Lesewerk eignet, geben zusammengenommen einen Einblick in die Hauptströmungen der Forschung der letzten Jahrzehnte. Während sich Wehler auf Wirtschaft und Gesellschaft konzentriert und Mommsen die Politik betont, liegt Nipperdeys Schwerpunkt auf der Kultur. Daneben herrscht auch an knapperen übersichtlichen Gesamtdarstellungen für die gesamte Epoche oder Teile von ihr kein Mangel, wobei das Kaiserreich in letzter Zeit immer eindeutiger in das Zentrum der Aufmerksamkeit gerückt ist. Für die Jahre vor 1871 bilden zwei Werke von Wolfram Siemann, *Staatenbund*, sowie *Gesellschaft im Aufbruch*, nützliche Überblicke, zu ergänzen durch die Österreich stärker berücksichtigende Perspektive von Heinrich Lutz, *Habsburg*. Knapp und forschungsorientiert ist Elisabeth Fehrenbach, *Verfassungsstaat*. Ein wirkliches Handbuch neueren Datums hingegen fehlt erstaunlicherweise. An knappen Überblicken über die Geschichte des Kaiserreichs aus den letzten Jahren sind etwa zu nennen MICHAEL STÜRMER, *Reich*, VOLKER R. BERGHAHN, *Imperial Germany*, mit stärker auf angelsächsische Leser ausgerichteter Perspektive, HANS-PETER ULLMANN, *Kaiserreich* (1995), mit reichen Literaturangaben, WILFRIED LOTH, *Kaiserreich* (1996), wesentlich auf die Innenpolitik konzentriert, sowie, im guten Sinne popularisierend, VOLKER ULLRICH, *Großmacht*.

Die Zeit zwischen 1848 und 1871 ist in letzter Zeit seltener zum Gegenstand der Forschung geworden – die Gründung des Nationalstaates vermag weniger Interesse zu erwecken als seine krisenhafte Existenz. Hinzuweisen ist etwa auf die außenpolitisch orientierte Darstellung von ANSELM DOERING-MANTEUFFEL, *Deutsche Frage*, und auf das die politische Geschichte betonende ausführliche Werk von HARM-HINRICH BRANDT, *Deutsche Geschichte 1850–1870*, sowei die primär wirtschaftlich ausgerichtete Untersuchung von HELMUT BÖHME, *Großmacht*, zu ergänzen durch HELMUT BÖHME (Hg.), *Reichsgründungszeit*. Die österreichische Perspektive vermittelt HEINRICH LUTZ, *Österreich-Ungarn*. Für umfangreichere Darstellungen der Reichsgründung selber aber ist auf ältere Werke zurückzugreifen, bis hin zur besonders erfolgreichen Schilderung von HEINRICH VON SYBEL, *Begründung*. Ein nützlicher neuerer Sammelband ist THEODOR SCHIEDER/ERNST DEUERLEIN (Hg.), *Reichsgründung*.

Zur Wirtschaftsgeschichte findet sich, oft in Verbindung mit der Sozialgeschichte, eine Reihe von mehr oder weniger spezialisierten Überblicken. Zur ersten Orientierung dient HERMAN AUBIN/WOLFGANG ZORN (Hg.), *Handbuch*. Eine elegante, knappe, auf das Wesentliche orientierte Darstellung ist KNUT BORCHARDT, *Industrielle Revolution*. Konventionellere Übersichten bieten FRIEDRICH-WILHELM HENNING, *Industrialisierung*, und HUBERT KIESEWETTER, *Industrielle Revolution*. Einen guten Literaturbericht enthält neben der allgemeinen Darstellung RICHARD TILLY, *Zollverein*. Besonders materialreich, aber weniger übersichtlich ist FRIEDRICH-WILHELM HENNINGS monumentale *Wirtschafts- und Sozialgeschichte*. Knapper und präziser ist KARL ERICH BORN, *Wirtschafts- und Sozialgeschichte*. Fundamental für alle quantitativen Aspekte ist nach wie vor WALTER G. HOFFMANN, *Wachstum*, für Konjunkturfragen zu ergänzen durch REINHARD SPREE, *Wachstumstrends*. Speziell zum Zollverein die Monographie von HANS-WERNER HAHN, *Geschichte*. Sehr ausführlich wird die Wirtschaft auch von HANS-ULRICH WEHLER, *Gesellschaftsgeschichte*, behandelt.

Wehlers Werk bildet zugleich, wie schon der Titel besagt, die umfangreichste Analyse der Gesellschaft. Freilich handelt es sich nicht um eine Gesellschaftsgeschichte im normalen Sinne des Wortes, werden doch auch die Wirtschaft, die Politik und die Kultur behandelt. Im Grunde ist von einer pars pro toto-Bezeichnung für eine späte Auflage der Konzeption einer *histoire totale* auszugehen, mit der implizit ein Primat der Gesellschaft über andere Teilbereiche der Geschichte behauptet wird. Hingegen fehlt eine umfassende, übergreifende Behandlung der Gesellschaft im engeren Sinne, während vielfältige Untersuchungen zu Einzelbereichen vorliegen, wobei der Schwerpunkt jeweils eher in der Zeit seit 1871 liegt. Überblicke bieten zunächst die bereits angeführten Handbücher und handbuchähnlichen Werke zur Wirtschafts- und Sozialgeschichte. Vielfältiges empirisches Material, auch zur Wirtschaftsgeschichte, enthalten die beiden sozialgeschichtlichen Arbeitsbücher von WOLFRAM FISCHER u.a. und GERD

HOHORST u.a. Die im Vergleich zu Frankreich viel eher den europäischen Durchschnitt repräsentierende Bevölkerungsgeschichte ist in zwei Werken von PETER MARSCHALCK übersichtlich zusammengefasst: *Deutsche Überseewanderung* und *Bevölkerungsgeschichte*. Einen Schwerpunkt der Forschung bildete in den letzten Jahrzehnten die Geschichte der Arbeiterbewegung, bis 1989 stimuliert durch den Systemgegensatz zwischen Ost und West. Standardwerk ist dabei die im Erscheinen begriffene, von GERHARD A. RITTER herausgegebene Reihe *Geschichte der Arbeiter und der Arbeiterbewegung*. Als erster Überblick etwa HELGA GREBING, *Arbeiterbewegung* (1985), oder, noch knapper, HELGA GREBING, *Arbeiterbewegung* (1993). Speziell zur Arbeiterschaft GERHARD A. RITTER/KLAUS TENFELDE, *Arbeiter*. Interessanterweise fehlt eine umfassende Geschichte des Herzstücks des staatlichen Kampfes gegen die Arbeiterbewegung, des Sozialistengesetzes. Eine Einführung in die Geschichte der Streiks vermittelt KLAUS TENFELDE/HEINRICH VOLKMANN (Hg.), *Streik*.

Breit angelegte Werke zur Geschichte anderer Klassen und sozialer Gruppen liegen bisher nicht vor. Allerdings ist vor etwa 15–20 Jahren, nach der Abschwächung des Booms der Geschichte der Arbeiterbewegung, ein besonderes Interesse an der Geschichte des Bürgertums erwacht, das sich in vielfältigen Einzelstudien niedergeschlagen hat. Einen guten Überblick vermittelt JÜRGEN KOCKA (Hg.), *Bürgertum*.

Eine vergleichbare Hinwendung zur Geschichte des Adels ist einstweilen noch nicht zu beobachten.

Die Geschichte der Frauenbewegung und der Frauen im weitesten Sinne hat in den letzten beiden Jahrzehnten einen großen Aufschwung genommen. Doch sind wirklich umfassende Werke noch selten. Eine knappe Einführung bietet etwa UTE GERHARD, *Unerhört*. Ausgesprochen anschaulich und quellennah ist INGEBORG WEBER-KELLERMANN, *Frauenleben*.

Stark zugenommen haben in letzter Zeit die Forschungen zur Geschichte der Konfessionen und zum Verhältnis von Kirche und Staat. Eine neue Gesamtdarstellung des Kulturkampfes von RONALD J. ROSS, *Failure of Bismarck's Kulturkampf*, betont die Schwäche des Staates. Ein knapper Überblick mit Dokumenten ist RUDOLF LILL (Hg.), *Kulturkampf*, zu ergänzen durch MARGARET LAVINIA ANDERSON, *Kulturkampf*. Zur Religionsgeschichte allgemein vermittelt der Literaturbericht von JONATHAN SPERBER, *Kirchengeschichte*, einen Einstieg; der noch relativ fragmentarische Charakter der Forschung schlägt sich im Übergewicht von Sammelbänden nieder, z.B. WOLFGANG SCHIEDER (Hg.), *Religion und Gesellschaft*; ders. (Hg.), *Volksreligiosität*, und OLAF BLASCHKE/FRANK-MICHAEL KUHLEMANN (Hg.), *Religion*. Den Konfessionskonflikt behandelt HELMUT W. SMITH, *Nationalism*, den politischen Katholizismus WILFRIED LOTH, *Katholiken*.

In einen breiteren Zusammenhang als denjenigen der Religionsgeschichte gehört die Geschichte der Juden, die in letzter Zeit wiederholt in der Zusammenschau behandelt worden ist, so etwa forschungsorientiert von SHULAMIT VOLKOV, *Juden*, TRUDE MAURER, *Entwicklung*, und, stärker erzählend, in der *Deutsch-jüdischen Geschichte*. Speziell zum Antisemitismus bietet HELMUT BERDING, *Antisemitismus*, einen guten Überblick, zu ergänzen durch HERMANN GREIVE, *Antisemitismus*. Demgegenüber ist die Geschichte der nationalen Minderheiten in Deutschland seit jeher weitgehend vernachlässigt worden. Gute, modernen Forschungsstandards genügende Überblicke fehlen. Als Fallstudie vgl. etwa BRIGITTE BALZER, *Polenpolitik*. Die reichhaltige Literatur zur Frage des

Nationalismus allgemein vermag diesem Mangel nicht abzuhelfen. Hierzu als Überblick etwa OTTO DANN, *Nation*, und REINHART KOSELLECK u.a., *Volk*.

Von den politischen Strömungen ist der Liberalismus am besten untersucht. Überblicke finden sich bei JAMES SHEEHAN, *Liberalismus*, und DIETER LANGEWIESCHE, *Liberalismus in Deutschland*. Zum Konservativismus existieren keine vergleichbaren Studien, während der Sozialismus stärker im Rahmen der Geschichte der Arbeiterbewegung behandelt wird.

Einen deutlichen Schwerpunkt der Forschung bildet, dem Gewicht des Gegenstandes in Politik und Gesellschaft entsprechend, die Geschichte des Sozialversicherungswesens und des Sozialstaats ganz allgemein. Dabei steht häufig die politische Frage im Mittelpunkt, inwieweit die Sozialpolitik lediglich ein Mittel des Kampfes gegen die Arbeiterbewegung war und inwieweit ihm eine eigenständige, zukunftsträchtige Rolle zukam. Sehr kritisch etwa LOTHAR MACHTAN (Hg.), *Sozialstaat*. Allgemeine Überblicke bei FLORIAN TENNSTEDT, *Sozialpolitik*, VOLKER HENTSCHEL, *Sozialpolitik*, ECKART REIDEGELD, *Sozialpolitik*, und, vergleichend, GERHARD A. RITTER, *Sozialversicherung*.

Zur Geschichte des Bildungswesens liegt das umfassende *Handbuch der deutschen Bildungsgeschichte* vor; einen knappen Überblick vermittelt PETER LUNDGREEN, *Sozialgeschichte*.

Die Interessenverbände, insbesondere die wirtschaftlichen, behandelt HANS-PETER ULLMANN, *Interessenverbände*.

Ausgangspunkt für die Geschichte des politischen Systems ist die Verfassungsgeschichte, die in Deutschland eine lange Tradition hat. Dabei ist an erster Stelle das monumentale Werk von ERNST RUDOLF HUBER, *Verfassungsgeschichte*, zu nennen, mit zugehöriger Dokumentensammlung. Daneben steht eine Reihe kürzerer neuer Überblickswerke, so etwa HANS BOLDT, *Verfassungsgeschichte*, und DIETER GRIMM, *Verfassungsgeschichte*. HARTWIG BRANDT, *Moderne*, ist stärker als Geschichte des politischen Systems konzipiert. Ergänzend zur Verfassungsgeschichte ist die Verwaltungsgeschichte zu nennen, die über ein umfangreiches Handbuch von KURT G.A. JESERICH u.a. (Hg.) verfügt. Den mit Abstand am gründlichsten bearbeiteten Bereich des politischen Systems bilden die Wahlen, die in immer wieder neuen und detaillierten Untersuchungen behandelt werden. Als Standardwerke können JÜRGEN SCHMÄDEKE, *Wählerbewegung*, und MARGARET LAVINIA ANDERSON, *Practicing democracy*, gelten. Anderson betont die zunehmende „Reife" der deutschen Wähler. Eine nützliche Materialsammlung bietet GERHARD A. RITTER, *Arbeitsbuch*. An weiteren allgemeinen Werken sind etwa noch KARL ROHE, *Wahlen*, und JONATHAN SPERBER, *Voters*, zu nennen, speziell zu Preußen THOMAS KÜHNE, *Dreiklassenwahlrecht*. Im Vergleich zur Wahlforschung ist die Parteienforschung eher etwas zurückgeblieben; zusammenfassend: GERHARD A. RITTER, *Parteien*, sowie HANS FENSKE, *Parteiengeschichte*. Einen zentralen Streitpunkt in der Forschung bildet seit langem, im Anschluss an die Sonderwegsdiskussion, die Frage, in welchem Umfang im Deutschen Reich von einer Parlamentarisierung gesprochen werden kann. Doch spielt sich die Debatte eher in den allgemeinen Werken ab. Eine Ausnahme bilden die beiden Bände von MANFRED RAUH, *Föderalismus*, sowie ders., *Parlamentarisierung*. Rauh vertritt die Ansicht, dass sich das Reich 1914 am Vorabend einer weitgehenden Parlamentarisierung befunden habe – eine Auffassung, die sich nicht allgemein durchgesetzt hat. Eine kritische, auf dem stark obrigkeitsstaatlichen Charakter des Wilhelminischen Deutschland beharrende Auseinandersetzung mit Rauh findet sich bei DIETER LANGEWIESCHE, *Kaiserreich*.

Die Geschichtsschreibung zur Außenpolitik hat in den letzten Jahrzehnten in Deutschland noch stärker als in anderen Staaten den Vorwurf der Unzeitgemäßheit einstecken müssen, der mit der These vom Primat der Innenpolitik verbunden war. Erst in jüngster Zeit ist eine gewisse Renaissance zu beobachten, häufig unter angelsächsischem Einfluss, als *International History*. Immerhin sind auch die deutschen Traditionen nicht gänzlich verschwunden. In ihnen steht das breit angelegte Werk von Klaus Hildebrand, *Reich*, das als das eigentliche Standardwerk bezeichnet werden kann. Eine forschungsorientierte Zusammenfassung bietet Klaus Hildebrand, *Deutsche Außenpolitik 1871–1918*. Grundlegend, wenn auch auf das deutsch-britische Verhältnis konzentriert, ist Paul M. Kennedy, *Antagonism*. Insgesamt dominiert in der Forschung die Periode nach 1871, wobei insbesondere Bismarck eine unverkennbare Attraktion ausübt. Einen ersten Überblick über die komplizierten außenpolitischen Verhältnisse der Zeit des Deutschen Bundes gibt Anselm Doering-Manteuffel, *Deutsche Frage*. Die Kolonialpolitik behandelt Michael Fröhlich, *Imperialismus*, die Geschichte der Kolonien Horst Gründer, *Kolonien*. Trotz ihrer geringen Popularität in der Historikerzunft hat hingegen die Geschichte der Außenpolitik in der Form der sogenannten Fischer-Kontroverse über den Ausbruch des Ersten Weltkrieges über längere Zeit hinweg allergrößte Aufmerksamkeit auf sich gezogen. In seinem Buch *Griff nach der Weltmacht* vertrat Fritz Fischer 1961 die – von ihm 1969 in *Krieg der Illusionen* bekräftigte – These, die Hauptverantwortung für den Ersten Weltkrieg falle auf Deutschland. Er löste damit eine langanhaltende und heftige, nicht selten auch emotional geführte Debatte aus, die bis heute nicht gänzlich zum Abschluss gekommen ist. Eine frühe, dezidierte Gegenposition, in der an der Sicht einer Art kollektiven Verstrickung der europäischen Mächte festgehalten wird, findet sich bei Gerhard Ritter, *Staatskunst*, ein Überblick über die Kontroverse bei Gregor Schöllgen, *Weltmacht*.

Stärker als in anderen Staaten haben in der behandelten Zeit einzelne Persönlichkeiten die Öffentlichkeit in der einen oder anderen Weise in ihren bis in die Gegenwart wirkenden Bann gezogen. Bismarck etwa hat in den achtziger Jahren in beiden deutschen Staaten ihm durchaus gewogene Biographen gefunden, mit Lothar Gall und Ernst Engelberg; noch umfassender jetzt Otto Pflanze. Die beiden grundlegenden neueren Biographien Wilhelms II. stammen aus dem englischen Sprachraum, von John C.G. Röhl und Lamar Cecil.

4.2.4 Österreich-Ungarn

Für keinen anderen Staat Europas bildet die hier behandelte Zeit eine so eindeutig und unbestritten in sich abgeschlossene Periode wie für Österreich-Ungarn, freilich mit der wichtigen Präzisierung, dass nicht der Ausbruch des Weltkrieges 1914, sondern die Auflösung des Staates 1918 den Endpunkt bildet. Die Jahre von 1848 bis 1918, symbolisch zusammengehalten durch die lange Regierungszeit Kaiser Franz Josephs (1848–1916), werden allgemein als Schlussphase der Habsburgermonarchie betrachtet. Daraus ergibt sich auch eine besondere Perspektive für die Hauptfragen und -debatten in der Geschichtswissenschaft, die vor allem im Vergleich zu Deutschland auffällt. Während in der deutschen Geschichte der Kriegsausbruch von 1914 den Fluchtpunkt bildet, von dem aus dann wieder die Suche nach Ursachen für den Nationalsozialismus und den Zweiten Weltkrieg beginnt, da ja der Staat nicht unterging, erscheint der Erste Weltkrieg als eigentlicher Abschluss der österreichisch-ungarischen Geschichte. Dadurch ist die Bedeutung des Krieges für die Betrachtung dieser Geschichte wesentlich geringer als im Falle Deutschlands, obwohl Österreich-Ungarn beim Kriegsausbruch 1914 eine mindestens so wichtige Rolle gespielt hat wie Deutschland. Aus der Perspektive des Untergangs ergeben sich andere Themen als aus derjenigen der historischen Kontinuität bis 1945. Die in der historiographischen Debatte hauptsächlich diskutierten Aspekte laufen vor allem auf die Frage hinaus, ob der Untergang der Donaumonarchie unvermeidlich war, oder ob diese ohne den Krieg eine echte Überlebenschance hatte, ja sogar ein Vorbild für die Zukunft abgeben konnte, insbesondere im Hinblick auf ein vereintes Europa. Die Antwort hängt primär von der Einschätzung des modernen Nationalismus ab. Gilt dieser als unwiderstehliche Kraft, als zentrales, sich fortlaufend verwirklichendes Merkmal der Moderne, so war die Donaumonarchie ein Anachronismus. Sie musste früher oder später untergehen, und der Krieg gab ihr nur noch den Gnadenstoß. Es versteht sich von selbst, dass dies die überwiegende Perspektive aller Nachfolgestaaten mit Ausnahme des „staatstragenden" Österreich und allenfalls noch eines Teils der ungarischen Historiographie war. Gilt der Nationalismus hingegen als disruptive Kraft, die zu bändigen und zu der Alternativen zu entwickeln die wichtigste Aufgabe der Politik in Ostmitteleuropa ist, so erscheint die Donaumonarchie als ein Gebilde mit erheblichem Modernitätspotential, als eine echte Alternative, die keineswegs von der Zeit überholt war. Es ist kein Zufall, dass solche Betrachtungsweisen nach dem Zerfall der sowjetischen Hegemonie in Osteuropa und erst recht nach den anschließenden Exzessen des Nationalismus wieder an Gewicht gewonnen haben. Der Kontrast zu den Hauptkontroversen über die deutsche Geschichte ist aufschlussreich: Dreht sich die Debatte in Bezug auf Deutschland wesentlich um die Ursachen für Deutschlands bedeutenden Anteil an den großen Katastrophen des 20. Jahrhunderts, so interessiert bei der Donaumonarchie der mögliche Beitrag, den sie leistete oder hätte leisten können, um andere, nicht direkt mit ihr zusammenhängende Verhängnisse abzuwenden oder abzumildern. Das verleiht der Debatte über Deutschland eine große Dramatik, derjenigen über Österreich-Ungarn hingegen eine gewisse Beschaulichkeit.

Unter den Gesamtdarstellungen ist zunächst auf ein einmaliges Standardwerk hinzuweisen, die von Adam Wandruszka und Peter Urbanitsch herausgegebene Geschichte der Habsburgermonarchie (bisher 7 Bände). Sie ist von der Stofffülle und der Breite des thematischen Zugriffs her unerreicht, zeigt freilich auch die üblichen Schwächen von Sammelwerken, vor allem in Form einer erheblichen Heterogenität. Im Grunde ist es keine Gesamtdarstellung, sondern eine Sammlung von Monographien zu einzelnen Sachbereichen.

Bei den eigentlichen Gesamtdarstellungen besteht die Schwierigkeit, dass praktisch nur in der (deutsch-)österreichischen Tradition eine wirkliche Historiographie der Gesamtmonarchie existiert, während in allen anderen Nachfolgestaaten verständlicherweise die Nationalhistoriographie gepflegt und ins 19. Jahrhundert und noch weiter zurückprojiziert worden ist. Den neuesten breiten Überblick gibt Helmut Rumpler, *Mitteleuropa*. Er ist für die Zeit ab 1890 zu ergänzen durch Ernst Hanisch, *Schatten*, ein originelles, freilich weitgehend auf Deutsch-Österreich konzentriertes Werk. Ältere, jeweils einen größeren Zeitraum als den hier behandelten umfassende Darstellungen sind Erich Zöllner, *Geschichte Österreichs*, und Hugo Hantsch, *Geschichte Österreichs*. Daneben fehlt es auch nicht an Werken, die die Außenperspektive vermitteln. Eine gelungene Synthese ist noch immer Robert A. Kann, *Geschichte des Habsburgerreiches*, mit einem ausgezeichneten Führer durch die Literatur bis 1977. Einen neuen Überblick gibt Jean Bérenger, *L'Autriche-Hongrie*; populärer sind Alan Sked, *Habsburg*, und Alan Palmer, *Twilight*. Aus der Perspektive der späteren österreichischen Republik geschrieben ist Barbara Jelavich, *Modern Austria*, während die gesamtdeutschen Zusammenhänge bis 1866 durch Heinrich Lutz, *Habsburg und Preußen*, höchst kompetent behandelt werden – in der Tradition einer alten historiographischen Konkurrenz zwischen Großdeutschen, die die Möglichkeit einer Lösung der Deutschen Frage unter Einbezug Österreichs und der ganzen Donaumonarchie betonen, und Kleindeutschen, für die in der damaligen Zeit nur die preußische Lösung verwirklichbar war.

Die Historiographie der einzelnen Territorien, aus denen später die Nachfolgestaaten wurden oder die an andere Staaten gelangten, kann hier nicht besprochen werden. Einzig für den Sonderfall Ungarn sei noch hingewiesen auf den Überblick von Jörg K. Hoensch, *Geschichte Ungarns*.

Die Geschichte der Außenpolitik wird sehr ausführlich behandelt in Band 6 des Sammelwerkes von Wandruszka/Urbanitsch. Ein älterer Überblick ist Francis R. Bridge, *Sadowa*, zu ergänzen durch Francis R. Bridge, *The Habsburg Monarchy*. Die europäischen Zusammenhänge der entscheidenden Jahre 1867–1871 sind dargestellt bei Heinrich Lutz, *Österreich-Ungarn*. Die letzten Jahre vor 1914 behandelt ausführlich Samuel R. Williamson, *Origins*.

Speziell zum politischen System in Cisleithanien Karl Ucakar, *Demokratie*. Breiter angelegt ist F. Glatz/Ralph Melville (Hg.), *Gesellschaft*. Das in Wien überaus wichtige Phänomen der christlichsozialen Bewegung behandelt sehr ausführlich John W. Boyer, *Culture*.

Besonders reich und kontrovers ist seit jeher die Literatur zur Nationalitätenfrage. Die beiden Standardwerke sind Robert A. Kann, *Nationalitätenproblem*, sowie Band 3 von Wandruszka/Urbanitsch. Ein älterer kurzer Überblick bei Hugo Hantsch, *Nationalitätenfrage*. Einen hilfreichen Abriss der Geschichte einer Reihe einzelner Nationalitäten enthält Robert A. Kann/Zdenek V. David, *Peoples*. Neuere Perspektiven finden sich bei Ritchie Robertson/Edward Timms (Hg.), *Habsburg legacy*. Spezieller ist der Sammelband von Adam Wandruszka (Hg.), *Südslawische Frage*. Die ungarische Perspektive findet sich etwa bei Peter Hanák (Hg.), *Nationale Frage*. Ein Klassiker ist das Ungarn von innen scharf kritisierende Werk von Oscar Jászi, *Dissolution*. Besonders intensiv hat sich die österreichische Sozialdemokratie mit der Nationalitätenfrage befasst, zuerst Otto Bauer, *Nationalitätenfrage*, danach Karl Renner, *Selbstbestimmungsrecht*; zusammenfassend dazu Hans Mommsen, *Sozialdemokratie*. Zur Schulpolitik Hannelore Burger, *Sprachenrecht*. Den Sonderfall der fast überall als gesonderte Gruppe betrachteten, aber nicht förmlich als Nationalität behandelten Juden stellt z.B. William O. McCagg, *Habsburg Jews*, dar; speziell für Wien etwa Marsha L. Rozenblit, *Jews of Vienna*, und Steven Beller, *Wien und die Juden*.

Besondere Beachtung im Hinblick auf die Überlebenschancen des Reiches hat seit jeher der Ausgleich von 1867 gefunden. Darauf konzentrieren sich die Sammelbände von Peter Berger (Hg.), *Ausgleich*, Anton Vantuch/Ludovit Holotík (Hg.), *Ausgleich*, und Theodor Mayer (Hg.), *Ausgleich*. Einen detaillierten, bis 1918 reichenden Überblick gibt József Galántai, *Dualismus*.

Im Vergleich zur Nationalitätenfrage hat auch die Wirtschaft bislang weniger Beachtung gefunden. Immerhin sind in den letzten Jahrzehnten einige wichtige, zusammenfassende Überblicke erschienen. Neben Band 1 von Wandruszka/Urbanitsch ist vor allem Herbert Matis, *Österreichs Wirtschaft*, zu nennen, daneben David F. Good, *Economic rise*, und John Komlos, *Customs union*. Freilich sind viele zentrale Fragen noch keineswegs abschließend geklärt. Das betrifft insbesondere die relative wirtschaftliche Rückständigkeit des Landes gegenüber den weiter westlich gelegenen Staaten.

Die Geschichte der Gesellschaft ist im Habsburgerreich eng mit derjenigen der Nationalitäten verbunden; infolgedessen sind stets auch die dort genannten Werke zu konsultieren. Eine Sozialgeschichte des Offizierskorps liefert István Deák, *Beyond nationalism*. Zum Kulturkampf (soweit man von einem solchen sprechen kann) Rudolf Lill/Francesco Traniello (Hg.), *Kulturkampf*, sowie Rudolf Lill (Hg.), *Kulturkampf*. Die Frage der Auswanderung behandeln im größeren Zusammenhang Traude Horvath/Gerda Neyer (Hg.), *Auswanderungen*. Einen Überblick über die Geschichte der Arbeiterbewegung vermittelt Helmut Konrad, *Nationalismus*. Eine allgemeine Kulturgeschichte ist William M. Johnston, *Kultur- und Geistesgeschichte*.

Um die Symbolfigur der Epoche schlechthin, Kaiser Franz Joseph, rankt sich begreiflicherweise eine reiche biographische Literatur. Die neueste wissenschaftliche Beschreibung seines Lebens ist Steven Beller, *Franz Joseph*. Eine breite, etwas popularisierende Darstellung gibt Jean Paul Bled, *Franz Joseph*.

4.2.5 Russland

So wie das Jahr 1933 den Fluchtpunkt aller Perspektiven auf die neuere deutsche Geschichte bildet, so ist das Jahr 1917, das Jahr der Revolutionen, der Fixpunkt, auf den die Betrachtung der neueren russischen (und sowjetischen) Geschichte seit Jahrzehnten ausgerichtet ist. Anders als das Jahr 1933 in der deutschen Geschichte ist aber die Bewertung von 1917 und damit der Oktoberrevolution und ihrer Folgen seit jeher umstritten, in weit stärkerem Maße als etwa die französische oder gar die amerikanische Revolution. War die Oktoberrevolution der Ausgangspunkt allen Fortschritts, oder war sie der Punkt, von dem aus das Verhängnis seinen Lauf nahm, indem Russland den Anschluss an die (durch den Westen geprägte) weltweite Entwicklung verlor und zur Despotie mit einer letztlich zum Wachstum unfähigen Wirtschaft wurde? Diese Fragen, haben seit 1989 neue Virulenz gewonnen; die Debatten sind heftiger als zuvor aufgelebt, insbesondere innerhalb Russlands. Es geht auch hier um einen Sonderweg.

Auf die behandelte Zeit bezogen, ergibt sich folgende in der Forschungsdiskussion zentrale Frage: Enthielt insbesondere die wirtschaftliche und die gesellschaftliche Entwicklung Russlands zwischen 1848 und 1914 das Potential in sich, das dem Land einen Anschluss an die gesamteuropäische Bewegung ermöglicht hätte, wenn 1914 der Krieg nicht ausgebrochen wäre? Hat die Revolution von 1917 diese Möglichkeit zerstört? Oder geriet Russland schon vor 1914 mehr und mehr in die Sackgasse, so dass auf jeden Fall nur noch ein revolutionärer Ausweg möglich war, weil die traditionellen herrschenden Kräfte, geprägt durch die Autokratie, den Absolutismus des Zaren, nicht mehr reformfähig waren und gewaltsam beseitigt werden mussten? Die sowjetmarxistische Geschichtsschreibung, bis 1989 die einzige offiziell geduldete im Land, hat begreiflicherweise die zweite These betont, während außerhalb des Landes seit jeher auch die erste Anhänger gefunden hat, wenngleich sie nie zur Alleinherrschaft gelangte. Seit 1989 gehen die Auffassungen über die Reformfähigkeit oder -unfähigkeit des spätzaristischen Russland auch in Russland selber auseinander.

Von der intensiven russischen Forschung ist vor 1989 kaum etwas und auch seither nur wenig in westlichen Sprachen veröffentlicht worden. Immerhin hat sich die westliche Forschung seit langem intensiv mit dem Gegenstand beschäftigt. Dabei stehen die englisch- und die deutschsprachigen Publikationen mit deutlichem Abstand an der Spitze; auch wenn die deutschsprachige Forschung von der englischsprachigen je länger je weniger zur Kenntnis genommen wird, so ist sie doch in manchen Bereichen, etwa in der Rechts- und Agrargeschichte, durchaus führend.

Das gilt auch für die Gesamtdarstellungen. Den derzeit besten Überblick bietet GOTTFRIED SCHRAMM (Hg.), *Handbuch der Geschichte Rußlands*, Bd. 3, das die meisten Themenbereiche kompetent und auf dem neuesten Stand behandelt. Daneben stehen einige Überblicke über die gesamte Geschichte Russlands, in denen die einschlägige Periode eine wichtige Rolle spielt. Eine Art Klassiker ist dabei GÜNTHER STÖKL, *Russische Geschichte*; ausführlicher und neuer sind HEIKO HAUMANN, *Geschichte Rußlands*, und EDGAR HÖSCH, *Geschichte Rußlands*. Auf das 19. und 20. Jahrhundert konzentriert sind zwei eher traditionelle, erzählende Werke: HUGH SETON-WATSON, *Decline*, und EDWARD C. THADEN, *Russia since 1801*. Knapper ist neuerdings PETER WALDRON, *Imperial Russia*. Im Rahmen einer Reihe teilen sich die hier behandelte Zeit zwei Werke auf: DAVID SAUNDERS, *Reaction*, und HANS ROGGER, *Modernisation*. Speziell die sibirischen Verhältnisse haben zum Gegenstand JAMES FORSYTH, *Siberia*, und ALAN WOOD (Hg.), *Siberia*. Besonders intensiv diskutierte Forschungsprobleme kommen zur Sprache in Sammelbänden von HEIKO HAUMANN/STEFAN PLAGGENBORG (Hg.), *Aufbruch*, und von DIETRICH GEYER (Hg.) *Wirtschaft*; mit einer alten Interpretationsfigur befasst sich MANFRED HILDERMEIER, *Rückständigkeit*.

Moderne Gesamtüberblicke über die Außenpolitik sind selten. Eine traditionelle Darstellung gibt BARBARA JELAVICH, *St. Petersburg*. Unter dem Gesichtspunkt der Imperialismustheorien steht DIETRICH GEYER, *Imperialismus*. Ein neuerer Forschungsbericht zur Außenpolitik findet sich bei ALFRED J. RIEBER, *Historiography*.

Zu Einzelbereichen der Außenbeziehungen soll nur auf wenige Werke verwiesen werden. Die Balkanfrage behandelt im Überblick BARBARA JELAVICH, *Entanglements*. Zum Krimkrieg jetzt grundlegend WINFRIED BAUMGART, *Crimean War*. Konventioneller sind DAVID M. GOLDFRANK, *Crimean War*, und DAVID WETZEL, *Crimean War*; populär ist GERMAN WERTH, *Krimkrieg*. Für Sibirien liegt W. BRUCE LINCOLN, *Conquest*, vor. Besonders intensiv hat sich die Forschung der Vorgeschichte des Ersten Weltkrieges gewidmet. Als neuer, stark von geographischen Gesichtspunkten geprägter Überblick ist zu nennen JOHN P. LE DONNE, *Empire*. Daneben steht DOMINIC C.B. LIEVEN, *Origins*. Intensiv hat sich auch GEORGE F. KENNAN mit der Problematik befasst in seinen Werken *Decline*, sowie *Alliance*; die Rolle Russlands in der britischen Politik betont KEITH NEILSON, *Britain*.

Die großen Reformen der 1860er und 1870er Jahre haben seit jeher einen zentralen Gegenstand des wissenschaftlichen Interesses gebildet. Neuere Überblicke geben etwa W. Bruce Lincoln, *Great reforms,* und die Sammelbände von Dietrich Beyrau (Hg.), *Reformen,* und Ben Eklof u.a. (Hg.), *Great reforms.* Über die wichtige Rolle des Militärs hat Dietrich Beyrau, *Militär,* ein grundlegendes Werk geschrieben. Es ist zu ergänzen durch William C. Fuller, *Conflict in imperial Russia 1881–1914,* und, von demselben, *Strategy,* sowie John L.H. Keep, *Soldiers.* Für das Justizsystem ist das Standardwerk Jörg Baberowski, *Autokratie,* in wichtigen Punkten ergänzt durch Friedhelm B. Kaiser, *Justizreform.* Speziell zur Todesstrafe Donald Rawson, *Death penalty in late Tsarist Russia,* und Peter Liessem, *Todesstrafe;* zur Frage der Bürgerrechte allgemein Olga Crisp/Linda Edmondson (Hg.), *Civil rights.* Das Wechselspiel zwischen Justiz und gesellschaftlichen Verhältnissen behandelt Stephen P. Frank, *Crime.*

Bei den Reformen steht die Agrarfrage im Mittelpunkt der Aufmerksamkeit. Ein klassisches Werk ist Geroid T. Robinson, *Rural Russia.* Eine gründliche Übersicht über die Reform von 1861 vermittelt Peter Scheibert, *Agrarreform.* Die ländlichen Verhältnisse ganz allgemein untersuchen etwa Wayne S. Vucinich (Hg.), *Peasant,* Christine D. Worobec, *Peasant Russia,* David A. Macey, *Peasant,* und Esther Kingston-Mann/Timothy Mixter (Hg.), *Peasant economy.* Ganz besonderes Interesse haben die Stolypinschen Reformen von 1906 gefunden, etwa bei Leopold H. Haimson (Hg.), *Rural Russia,* Richard Hennessy, *Agrarian question,* und George Yaney, *Urge to mobilize.*

Daneben ist auch die Geschichte der Stadt relativ intensiv untersucht worden. Überblicke geben etwa Thomas S. Fedor, *Urban growth,* Daniel R. Brower, *City,* und Michael F. Hamm (Hg.), *City.*

Für die Geschichte von Regierung und Verwaltung ist zunächst auf zwei ältere Überblicke zu verweisen: Erik Amburger, *Behördenorganisation,* und Jacob Walkin, *Democracy.* Im Mittelpunkt des Interesses steht hier die Frage der lokalen Selbstverwaltung, so z.B. bei Neil B. Weissmann, *Reform,* Terence Emmons/Wayne S. Vucinich (Hg.), *Zemstvo,* Francis W. Wcislo, *Rural Russia,* und Thomas S. Pearson, *Officialdom.* Vor allem die höheren Ränge behandelt George L. Yaney, *Government.* Für die Rolle der Duma ist Geoffrey A. Hosking, *Constitutional experiment,* für die Perspektive von oben Dominic Lieven, *Rulers,* zu konsultieren.

Lievens Werk bildet den Übergang zur Behandlung einzelner sozialer Gruppen. Die Bauern werden in der Regel im Zusammenhang der Agrarreform mitberücksichtigt. Zum Gegenstand eigener Monographien ist demgegenüber vor allem der Adel geworden. Das erfolgt in einem sehr weiten Rahmen bei Roberta T. Manning, *Crisis,* und spezieller bei Gary M. Hamburg, *Nobility,* und Seymour Becker, *Nobility.* Standardwerk zur Landfrage ist Andreas Grenzer, *Adel und Landbesitz.* Einen knappen deutschsprachigen Überblick gibt Manfred Hildermeier, *Adel;* europäische Perspektiven finden sich bei Dominic Lieven, *Abschied.* Aus der reichen Literatur zu revolutionären Bewegungen seien nur erwähnt Manfred Hildermeier, *Sozialrevolutionäre Partei,* und Anna Geifman, *Thou shalt kill.* Die Revolution von 1905 behandelt umfassend Theodor Shanin, *Russia;* auf das Jahr 1905 konzentriert ist Abraham Ascher, *Revolution;* die Rolle des Militärs untersucht Jan Kusber, *Krieg und Revolution.* Eine Einbettung in größere Zusammenhänge leistet Manfred Hildermeier, *Revolution.*

Überblicke über die Sozialgeschichte und das Verhältnis von Staat und Gesellschaft finden sich etwa bei Richard Pipes, *Rußland vor der Revolution,* Bernd Bonwetsch, *Revolution,* Theodor Shanin, *Developing society,* und bei John Gooding, *Rulers and subjects.*

Zur Wirtschaftsgeschichte liegen zwei vorzügliche neuere Überblicke vor: PAUL R. GREGORY, *Before command*, und PETER GATRELL, *Tsarist economy*, zu ergänzen durch die grundlegenden Berechnungen von PAUL R. GREGORY, *National income*. Für die Beurteilung des Erfolges beziehungsweise Misserfolges der russischen Wirtschaft stehen Landwirtschaft und Industrialisierung im Mittelpunkt. Zu letzterer vgl. den Überblick von MALCOLM E. FALKUS, *Industrialisation*, sowie die noch immer sehr einflussreichen Studien von ALEXANDER GERSCHENKRON. Den eigenen hohen Ansprüchen nicht zu genügen vermag HEINRICH SCHERER, *Mangelgesellschaft*. Den Zusammenhang zwischen Rüstung und Konjunktur behandelt PETER GATRELL, *Government*. Für die Landwirtschaft ist zentral HEINZ-DIETRICH LÖWE, *Lage der Bauern*. Löwe versucht den Nachweis, dass in der Landwirtschaft vor 1914 insgesamt eine Aufwärtsbewegung zu verzeichnen ist. Vgl. ergänzend, zu den Stolypinschen Reformen, ANDREAS MORITSCH, *Landwirtschaft*, und den Forschungsbericht von BEN EKLOF, *Ways of seeing*. Speziell zur Frage des Hungers RICHARD G. ROBBINS, *Famine*, und STEPHEN G. WHEATCROFT, *Famine*.

Zur Kirche ist das Standardwerk IGOR SMOLITSCH, *Kirche*. Das Bildungswesen behandeln etwa PATRICK L. ALSTON, *Education*, und JAMES C. MCCLELLAND, *Autocrats and academics*. Speziell zur Alphabetisierung JEFFREY BROOKS, *Russia*.

Für die Geschichte der Nationalitäten und allgemein für Russland als ethnisch heterogenen Staat liegt das Standardwerk von ANDREAS KAPPELER, *Vielvölkerstaat*, vor, zu ergänzen durch THEODORE R. WEEKS, *Nation*. Speziell zu den Juden und zum Antisemitismus: ZVI GITELMAN, *Ambivalence*, und ERICH HABERER, *Jews*, sowie HEINZ-DIETRICH LÖWE, *Antisemitismus*.

Das Gebiet mit der weitaus größten Autonomie innerhalb des Reiches war Finnland. Das rechtfertigt einen Hinweis auf einige Gesamtdarstellungen, die die finnische Geschichte nicht im Rahmen der russischen, sondern als selbständige Nationalgeschichte behandeln. In deutscher Sprache liegt vor: EINO JUTIKKALA/KAUKO PIRINEN, *Geschichte Finnlands*. Auf Fragen der Politik konzentriert sich LAURI A. PUNTILA, *Finland*. Einen neueren allgemeinen Überblick bietet RISTO ALAPURO, *State*, während sich JOHN H. WUORINEN, *Finland*, auf Nationalismus und Sprachenfrage konzentriert.

4.2.6 Skandinavien

Skandinavien stand zwischen 1848 und 1914 meist nur am Rande der Großen Politik. Lediglich der deutsch-dänische Krieg 1864 und die Loslösung Norwegens von Schweden 1905 bildeten – nicht allzu bedeutende – Ausnahmen von dieser Regel. Entsprechend bescheiden war das Interesse, auch wissenschaftlicher Art, das der Region im übrigen Europa entgegengebracht wurde. Diese Feststellung gilt bis heute. Kursorische Aufmerksamkeit bezog sich häufig auf ganz Skandinavien, obwohl auf der einen Seite eher der größere Ostseeraum als zu betrachtende historische Region zu bezeichnen wäre, während auf der anderen Seite die Unterschiede zwischen den zu Skandinavien gerechneten Staaten erheblich sind. Das gilt besonders für die hier behandelte Zeit, in der Finnland zwar autonom, aber doch Bestandteil von Russland war.

Das begrenzte Interesse der außerskandinavischen historischen Forschung hat dazu geführt, dass diese sich relativ häufig nicht mit einem einzelnen Land, sondern mit ganz Skandinavien oder noch größeren Räumen befasst.

In deutscher Sprache liegen an Gesamtdarstellungen nur sehr knappe, ältere Einführungen vor, in denen die hier interessierende Periode wenig Raum einnimmt. Sehr konventionell ist Ulrich Bracher, *Geschichte*, etwas moderner Arthur E. Imhof, *Grundzüge*. Ausführlicher, aber ebenfalls konventionell ist Thomas K. Derry, *Scandinavia*. Eine der besten Darstellungen in einer nichtskandinavischen Sprache ist Jean-Jacques Fol, *Pays nordiques*. Das Buch ist zu ergänzen durch das stärker regional, auf den Ostseeraum ausgerichtete Werk von David Kirby, *Baltic world*, sowie Byron J. Nordstrom (Hg.), *Dictionary*. Einen ausführlichen Überblick über die verschiedenen Lebensbereiche gibt William R. Mead, *Historical geography*.

An Einzelbereichen hat bislang noch am ehesten die Außenpolitik die Aufmerksamkeit der nichtskandinavischen Forschung auf sich gezogen. Zusammenfassend jetzt Patrick Salmon, *Scandinavia*. Speziell die deutsch-skandinavischen Beziehungen behandeln Martin Gerhardt/Walther Hubatsch, *Deutschland und Skandinavien*. Ausführliche Überblicke über die Wirtschaftsgeschichte geben Lennart Jörberg, *Revolution*, und Ove Hornby, *Dänemark*. Eine aufschlussreiche vergleichende Studie zur Agrargeschichte ist Øyvind Østerud, *Agrarian structure*.

4.2.7 Dänemark

Dänemark hat, vor allem aufgrund seiner geographischen Lage, von allen skandinavischen Staaten im Lauf der Jahrhunderte die engsten politischen und kulturellen Beziehungen zu Mittel- und Westeuropa unterhalten. Das gilt gerade auch für die hier behandelte Zeit, mit dem Höhepunkt in den Auseinandersetzungen um Schleswig-Holstein. Um so mehr fällt auf, dass das Interesse an der dänischen Geschichte in der mittel- und westeuropäischen Forschung äußerst gering war und ist. Im Wesentlichen liegen nur einige Gesamtdarstellungen vor, die aber nie das Niveau erreichen, das die Geschichtswissenschaft im Herkunftsland der Autoren hat. Auf deutsch bietet Jörg-Peter Findeisen, *Dänemark*, einen konzisen und anschaulichen Überblick mit begrenztem wissenschaftlichen Apparat, während Palle Lauring, *Geschichte Dänemarks*, nicht sehr informativ und ohne wissenschaftlichen Anspruch ist. Konventionell, aber präzise und konzentriert und auf einen breiten Überblick angelegt ist Stewart Oakley, *Denmark*, primär kultur- und politikgeschichtlich Walton Glyn Jones, *Denmark*. Dazu kommen vereinzelte deutschsprachige Monographien zu speziellen Themen. Jegliche weiterführende Beschäftigung mit der dänischen Geschichte aber verlangt den Rückgriff auf die dänischsprachige Forschung.

4.2.8 Schweden

Schweden hat zwar, infolge seiner geographischen Lage, weniger konstante und weniger enge kulturelle Beziehungen zu Mittel- und Westeuropa gehabt als Dänemark. Dafür kann es auf eine während längerer Zeit innegehabte europäische Großmachtposition zurückblicken. Freilich konnte im 19. Jahrhundert nicht mehr von einer solchen Stellung die Rede sein. Dennoch dürfte die große Vergangenheit dazu beigetragen haben, dass das Interesse der mittel- und westeuropäischen Geschichtsforschung etwas intensiver war als im Falle Dänemarks, allerdings ohne dass die Resultate über sporadische Beiträge hinausreichen würden. Für eine intensivere Beschäftigung mit der Geschichte des Landes ist auch hier der Rückgriff auf die einheimische Forschung unverzichtbar.

Bei den Gesamtdarstellungen vermittelt Jörg-Peter Findeisen, *Schweden,* einen guten, knappen Überblick, ist aber wissenschaftlich nicht sehr ergiebig. Das Werk ist nach wie vor zu ergänzen durch Ingvar Andersson, *Schwedische Geschichte,* das eine ausführliche, traditionell gehaltene Erzählung bietet. Nur als allererste Einführung vermag zu dienen Wolfram Dufner, *Geschichte Schwedens.* Das englischsprachige Standardwerk von Franklin D. Scott, *Sweden,* ist detailliert und weitgehend traditionell. Einen guten Überblick über die Spätphase der hier behandelten Zeit gibt noch immer O. Fritiof Ander, *Modern Sweden.*

Zur Außenpolitik hat die nichtschwedische Forschung nur wenige Beiträge geliefert. Eine Ausnahme ist Detlef Grell, *Auflösung.*

Einige wichtige englischsprachige Werke behandeln innenpolitische Fragen, insbesondere die Geschichte des Parlamentarismus. Als Überblick empfiehlt sich Leif Lewin, *Ideology and strategy.*

Die neueste Gesamtdarstellung zur Wirtschaftsgeschichte ist Lars Magnusson, *Economic history.* Daneben steht der, obwohl in manchen Einzelheiten veraltete, noch immer vorzügliche Überblick von Eli F. Heckscher, *Sweden.* Er ist zu ergänzen durch die Studien in Lars Jonung/Rolf Ohlsson, *Economic development.*

4.2.9 Norwegen

Norwegen hatte weder durch die Geographie begünstigte enge Beziehungen zu Mitteleuropa, noch war es jemals eine Großmacht, ja es war seit dem Mittelalter bis 1905 noch nicht einmal ein souveräner Staat. Trotzdem hat seine Geschichte das Interesse der mittel- und westeuropäischen Forschung eher stärker auf sich gezogen als diejenige Schwedens oder gar Dänemarks. Doch gilt auch hier, dass jede intensivere Beschäftigung den Rückgriff auf die Forschung in der Landessprache verlangt.

In deutscher Sprache liegt zwar nur eine schon etwas ältere und in manchem veraltete, aber gute und ausführliche, die Kulturgeschichte in starkem Maße berücksichtigende Gesamtdarstellung vor: Martin Gerhardt, *Norwegische Geschichte.* Sie ist zu ergänzen durch englische Werke. Sehr viel knapper und etwas offiziös ist John Midgaard, *Norway.* Traditionell, aber stark auf kulturelle Aspekte ausgerichtet ist Ronald G. Popperwell, *Norway.* Die umfassendste und sorgfältigste englischsprachige Geschichte Norwegens im 19. und 20. Jahrhundert ist Thomas K. Derry, *Modern Norway,* mit ausgezeichnetem bibliographischen Führer, freilich noch wenig beeinflusst von neueren historiographischen Strömungen. Sehr traditionell ist Rolf Danielsen u.a., *Norway.*

Für die Sozialgeschichte und die Innenpolitik liegt mit Edvard Bull, *Sozialgeschichte,* ein hervorragender, konziser und doch umfassender, auch modernen Ansprüchen genügender Überblick vor.

Relativ viel Aufmerksamkeit hat die norwegische Wirtschaftsgeschichte auf sich gezogen. Dabei besteht auch eine deutschsprachige Tradition, mit Oscar A. Johnsen, *Wirtschaftsgeschichte.* Grundlegend ist Fritz Hodne, *Economic history,* zu ergänzen durch Sima Lieberman, *Industrialization.*

4.2.10 Die Beneluxstaaten

Der Wiener Kongress konstituierte 1815 mit dem Königreich der Vereinigten Niederlande einen Staat in einem Raum, der so noch nie eine politische Einheit gebildet hatte. Diese zerfiel schon 1830–1839 wieder, zunächst in zwei und später in drei Kleinstaaten. Doch die Region hatte politisch-strategisch und wirtschaftlich seit Jahrhunderten im Herzen Europas gelegen und dadurch ein im Vergleich zu ihrer Größe überdurchschnittliches Interesse auf sich gezogen. Das gilt auch für ihre Geschichte. Neben den engen wirtschaftlichen Verflechtungen, die den Raum seit langem tendenziell vereinheitlichten, stand die besondere Verbindung der (nördlichen) Niederlande mit dem nördlichen Belgien durch die gemeinsame Sprache. Das hat dazu geführt, dass im 19. und 20. Jahrhundert neben der nationalen Geschichtsschreibung stets auch eine alle drei Staaten verbindende Betrachtung der Geschichte des ganzen Raumes stand, wobei freilich Luxemburg in der Regel mehr nur am Rande berücksichtigt wurde.

Diese Tradition hat sich vor allem in Gesamtdarstellungen niedergeschlagen, am stärksten und repräsentativsten in den beiden großen Sammelwerken, die in der zweiten Hälfte des 20. Jahrhunderts unter demselben Titel erschienen sind, als *Algemene Geschiedenis der Nederlanden*. Die derzeit beste einbändige Gesamtdarstellung, Ernst H. Kossmann, *Lage Landen,* behandelt den Raum ebenfalls als Einheit. Ihr folgen das knappere Werk J.C.H. Blom/E. Lamberts (Hg.), *Geschiedenis van de Nederlanden,* sowie Michael Erbe, *Belgien, Niederlande, Luxemburg*. Die Einzelforschung hingegen ist in der Regel national ausgerichtet. Vergleiche erfolgen darin eher punktuell und mit dritten Staaten.

4.2.11 Die Niederlande

Von allen europäischen Kleinstaaten konnten und können sicherlich die Niederlande außerhalb ihrer Grenzen mit dem größten Interesse für ihre Geschichte rechnen, aufgrund ihrer früheren Stellung als Großmacht, Kolonialmacht, führende Wirtschaftsmacht und Vorbild für viele innenpolitische Entwicklungen. Dennoch hält sich die außerhalb des Landes betriebene historische Forschung ebenso in Grenzen wie Publikationen in anderen Sprachen. Immerhin ist eine der ausführlichsten und besten Gesamtdarstellungen ein deutschsprachiges Werk: Horst Lademacher, *Niederlande*. Daneben steht vom selben Autor ein älterer, knapperer Überblick: *Geschichte der Niederlande,* ergänzt durch einen ausführlichen *Literaturbericht*. Ein besonders anregendes, teils stärker historisch, teils stärker soziologisch ausgerichtetes, die Unterschiede zwischen Deutschland und den Niederlanden herausarbeitendes Werk ist Ernest Zahn, *Holland.*

Erstaunlich wenig Aufmerksamkeit hat in letzter Zeit die Wirtschaftsgeschichte auf sich gezogen, zumal in Gesamtdarstellungen. Einstweilen ist dafür auf zwei ältere Werke zurückzugreifen, insbesondere auf Jan A. de Jonge, *Industrialisatie* und, allgemeiner, Izaak J. Brugmans, *Paardenkracht*. Wichtige Ergänzungen finden sich in der Aufsatzsammlung von Jan L. van Zanden (Hg.), *Development*.

Eine populär gehaltene Sozialgeschichte ist Izaak J. Brugmans, *Stapvoets voorwaarts*. Ausführlich untersucht ist die Gewerkschaftsbewegung. Dazu etwa Marinus Ruppert,

Vakbeweging, und F. DE JONG EDZ., *Arbeid.* Die Geschichte des Parlaments findet sich bei ERNST VAN RAALTE, *Parliament.*

Ein neuer allgemeiner Überblick über die Außenpolitik fehlt; vgl. einstweilen JORIS J.C. VOORHOEVE, *Peace,* und AMRY VANDENBOSCH, *Foreign policy.* Hingegen ist die in den letzten Jahrzehnten wieder stärker ins Licht gerückte Kolonialgeschichte kompetent und umfassend behandelt bei JURRIEN VAN GOOR, *Nederlandse Koloniën.*

4.2.12 Belgien

Belgien war zwischen 1830 und 1914 unter den europäischen Kleinstaaten in mancher Hinsicht ein Sonderfall, der dadurch auch besondere Aufmerksamkeit auf sich zu ziehen vermochte: Es gehörte zu den wirtschaftlich führenden Ländern, hatte eine international garantierte Neutralität und eine lange Zeit von breiten Kreisen in ganz Europa als Vorbild betrachtete Verfassung und verwickelte sich schließlich tief in Kolonialfragen. Dazu war die Wissenschaftssprache Französisch. Dennoch blieb die Kenntnis der belgischen Geschichte außerhalb des Landes auch im 20. Jahrhundert sehr begrenzt.

Eine moderne, alle Bereiche umfassende Gesamtdarstellung fehlt. HENRI PIRENNE, *Belgique,* ist auf die Politik konzentriert und in vielem veraltet. Den besten neueren Überblick über die (weit verstandene) politische Geschichte gibt ELS WITTE/JAN CRAEYBECKX, *La Belgique politique,* ergänzt durch zwei ältere Werke: BEN-SERGE CHLEPNER, *Histoire sociale,* und THEO LUYKX, *Politieke geschiedenis.* Auch eine umfassende moderne Wirtschaftsgeschichte fehlt. Einzelne Aspekte enthält HERMAN VAN DER WEE/JAN BLOMME (Hg.), *Economic development.* Etwas mehr Interesse hat das politische System, insbesondere der Parlamentarismus, gefunden: JOHN GILISSEN, *Régime représentatif,* und ROMAIN VAN EENOO, *Kieswetgeving,* behandeln die Wahlen; CARL STRIKWERDA, *A house divided,* untersucht die Entstehung von Massenbewegungen und -parteien. Einen wichtigen Aspekt der Sozialgeschichte, die zentrale Rolle der Frauen in der Industrialisierung, rückt PATRICIA PENN HILDEN, *Women,* ins Zentrum. Speziell die – zeitweise sehr verbreitete – politische Gewalt behandelt GINETTE KURGAN-VAN HENTENRYK, *Pays.*

Vergleichsweise die meiste Aufmerksamkeit hat, wie angesichts des seit Jahrzehnten andauernden Sprachenstreits nicht weiter überrascht, die „Flämische Frage" auf sich gezogen. Als knapper Überblick in englischer Sprache eignet sich ARISTIDE R. ZOLBERG, *Flemings.* Umfassend ist HENDRIK J. ELIAS, *Vlaamse gedachte;* konzentrierter sind HARRY VELTHOVEN, *Vlaamse kwestie,* und ARIE W. WILLEMSEN, *Vlaamse beweging.*

Während Belgien sonst für die deutschsprachige Forschung weitgehend terra incognita ist, hat HORST LADEMACHER, *Neutralität,* ein besonders wichtiges Werk zur Außenpolitik vorgelegt. Zur Kolonialpolitik und zur Geschichte des Kongo fehlt trotz vielfältigen Einzelstudien eine neuere Gesamtdarstellung.

4.2.13 Luxemburg

Während es der Staat Luxemburg geschafft hat, zuerst seine volle Souveränität zu gewinnen und sich danach in prominenter Rolle in das entstehende Europa zu integrieren, kann in Bezug auf die Geschichtsschreibung noch nicht wirklich davon die Rede sein, dass die europäischen Standards erreicht sind. Die nationale hat viele Züge der Landesgeschichtsschreibung bewahrt. Auch der Blick von außen ändert daran mangels luxemburgischer Vorbilder wenig.

In einem sehr knappen, aber informativen Rahmen behandelt MICHAEL ERBE, *Belgien, Niederlande, Luxemburg,* das Land. Kaum mehr als ein einfacher Abriss, nicht sehr präzise und etwas nationalistisch ausgerichtet ist JAMES NEWCOMER, *Luxembourg.* Ausführlicher ist GILBERT TRAUSCH, *Luxembourg.* Einen kompetenten Überblick gibt CHRISTIAN CALMES, *Gründung.* Zur Wirtschaft, mit weiteren bibliographischen Hinweisen, liegt jetzt HANS POHL, *Grundzüge,* vor.

4.2.14 Die Schweiz

Die Jahrzehnte der Konsolidierung des Bundesstaats zwischen 1848 und 1914 bilden zwar unbestrittenermaßen eine entscheidende Phase in der Geschichte der Herausbildung der modernen Schweiz. Weil sie mehr nur eine Konsolidierung brachten und nicht von heftigen Kämpfen und Umstürzen begleitet waren, sind sie kaum zum Gegenstand wissenschaftlicher Kontroversen geworden, und die Forschung hat ihnen bislang nur begrenzte Aufmerksamkeit gewidmet.

Dem entspricht, dass die klassische Gesamtdarstellung, die alle seither erschienenen Werke weit übertrifft, was Reflexionsniveau, Weite des Blicks, Modernität der Themenstellung und Sicherheit des Urteils angeht, bereits 1928 erschienen ist: EDUARD FUETER, *Die Schweiz seit 1848.* Dieser glänzende Wurf ist im Übrigen auch im Vergleich mit der Geschichtsschreibung anderer europäischer Staaten einmalig.

Den Stand der Forschung vermitteln zwei größere Handbuchbeiträge, ganz auf die politische Seite konzentriert: HANS VON GREYERZ, *Bundesstaat,* und, etwas breiter angelegt, ROLAND RUFFIEUX, *Schweiz.* Einen knappen, stärker die Perspektive von außen berücksichtigenden Überblick gibt ULRICH IM HOF, *Geschichte der Schweiz.* Eine aktuellen wissenschaftlichen Interessen und Methoden genügende Gesamtdarstellung der Epoche hingegen fehlt. Als gut lesbare Zusammenfassung für einige wichtige Aspekte ist TOBIAS KÄSTLI, *Schweiz,* geeignet. Besonders nützlich für weitere Forschungen ist die umfangreiche *Historische Statistik der Schweiz.*

Für die Beschäftigung mit Wahlen und Parteien bilden zwei monumentale Werke von ERICH GRUNER den Ausgangspunkt: *Wahlen,* sowie *Parteien.* Die Ausbreitung der direkten Demokratie untersucht MARTIN SCHAFFNER, *Demokratische Bewegung.*

Eine modernen Standards genügende Wirtschaftsgeschichte der behandelten Epoche fehlt. Eine gute Zusammenfassung bietet HANSJÖRG SIEGENTHALER, in WOLFRAM FISCHER, *Handbuch,* Bd. 5. Ein weniger spezialisierter, nützlicher allgemeiner Überblick bei JEAN-FRANÇOIS BERGIER, *Wirtschaftsgeschichte.* Von der modernen Forschung völlig ausgeklammert sind bislang die Auslandsinvestitionen, obwohl sie pro Kopf der Bevölkerung die höchsten der Welt waren. Einstweilen ist auf ältere Untersuchungen zurückzugreifen: JULIUS LANDMANN, *Kapitalexport,* ERNST HIMMEL, *Kapitalanlagen,* und, mit aufschlussreichem Titel, RICHARD BEHRENDT, *Die Schweiz und der Imperialismus.*

Wesentlich intensiver erforscht als die Wirtschaftsgeschichte ist die Sozialgeschichte, wenngleich keine Überblicksdarstellung vorliegt. Zur Auswanderung jetzt neben GÉRALD ARLETTAZ, *Émigration,* vor allem HEINER RITZMANN-BLICKENSTORFER, *Neue Welt;* zur

Urbanisierung François Walter, *Suisse urbaine*. Die Erforschung der Geschichte der Arbeiterbewegung wird durch die voluminösen Arbeiten von Erich Gruner, *Arbeiter*, sowie *Arbeiterschaft und Wirtschaft* geprägt. Das Standardwerk zur politisch führenden Schicht, dem Bürgertum, ist Albert Tanner, *Patrioten*, während Beatrix Mesmer, *Ausgeklammert*, eine Einführung in die Geschichte der Frauen ist. Überdurchschnittlich gut erforscht ist die Geschichte der Kirchen und Konfessionen. Eine knappe handbuchmäßige Einführung gibt Lukas Vischer u.a., *Kirchengeschichte*, zu ergänzen durch das ausführlichere Werk von Rudolf Pfister, *Kirchengeschichte*, Bd. 3. Die Rolle der Katholiken im Bundesstaat hat insbesondere Urs Altermatt in verschiedenen Publikationen behandelt, zentral: *Ghetto*. Anders als etwa für Deutschland liegt eine breit angelegte wissenschaftliche Gesamtdarstellung des Kulturkampfes vor, von Peter Stadler, *Kulturkampf*.

Im Vergleich zur Gesellschaft ist die Außenpolitik des neutralen Kleinstaates weitgehend vernachlässigt worden; eine zusammenfassende Darstellung fehlt. Zu den internationalistischen Aspekten jetzt Madeleine Herren, *Hintertüren*.

Auffälliger ist, dass derjenige Aspekt der Schweizer Geschichte, der neben dem politischen System das größte internationale Interesse beanspruchen könnte, das Zusammenleben der Nationalitäten beziehungsweise Sprachgruppen, weder außerhalb noch innerhalb des Landes besondere Aufmerksamkeit gefunden hat – ein Indiz dafür, dass die Schweiz kaum mit den klassischen europäischen Nationalitätenproblemen geplagt war. Eine Einführung gibt Ulrich Im Hof, *Viersprachigkeit*. Allgemein zur Frage der Nationsbildung jetzt auch Urs Altermatt u.a., *Konstruktion*.

4.2.15 Italien

Die Auffassung, dass der italienische Faschismus nicht mit dem deutschen Nationalsozialismus gleichzusetzen ist, schlägt sich, wohl überwiegend unbewusst, auch in der Geschichtsschreibung über Italien nieder. Selbstverständlich werden die Spuren des Faschismus auch in der Zeit vor dem Ersten Weltkrieg gesucht. Schließlich war Mussolini, anders als Hitler, schon vor 1914 politisch aktiv. Dennoch ist der Faschismus, anders als der Nationalsozialismus, bislang nicht als konsequentes Ergebnis einer hundert- oder mehrhundertjährigen Geschichte dargestellt worden, und ebensowenig ist versucht worden, einen italienischen Sonderweg zu konstruieren. Die Ursachen und Auslöser werden in der Regel kürzerfristig in den spezifischen Verhältnissen des Ersten Weltkrieges und der unmittelbaren Nachkriegszeit gesehen. Das bedeutet eine Entlastung für die Behandlung des Risorgimento und der ersten Phase der verwirklichten nationalen Einheit. Das Risorgimento hat auch in der Geschichtsschreibung den zentralen Platz zu wahren vermocht, den es im italienischen Geschichtsbewusstsein von Anfang an hatte, wenngleich die Frage nach Vor- und Nachteilen offener diskutiert wird als früher, vor allem am Beispiel des sogenannten Südproblems.

Eine Gesamtdarstellung des 19. Jahrhunderts in deutscher Sprache fehlt. Statt dessen ist auf den Überblick von Rudolf Lill, *Geschichte Italiens*, zurückzugreifen. Benedetto Croce, *Geschichte Italiens*, ist zwar nach wie vor ein Klassiker, ersetzt aber nicht die Beschäftigung mit der modernen Forschung. Etwas befriedigender ist die Lage bei englischsprachigen Werken. Harry Hearder, *Italy*, und Martin Clark, *Modern*

Italy, ergeben zusammen eine gute Einführung, zu ergänzen durch den soliden Überblick von Christopher Seton-Watson, *Italy*. Eine neuere Zusammenfassung bietet Christopher Duggan, *Italy.*

Demgegenüber besteht in Italien bis in die Gegenwart hinein eine reiche Tradition ausführlicher Gesamtdarstellungen, die immer wieder das von der Spezialforschung erarbeitete Wissen in eine geordnete (wenn auch meistens nicht sehr leicht erschließbare), voluminöse Form bringen, wobei kollektive Werke die Regel sind. Die wichtigste Ausnahme eines von einem einzigen Autor geschriebenen vielbändigen Werkes ist Giorgio Candeloro, *Italia moderna,* Bd. 3–7, stark auf politische Geschichte konzentriert und marxistisch ausgerichtet. Von den großen Reihenwerken sind etwa zu nennen als eigentliches Standardwerk die vom Verlag Einaudi herausgegebene *Storia d'Italia,* sowie der neuere Überblick Giovanni Sabbatucci/Vittorio Vidotto (Hg.), *Storia d'Italia.* Für ein breiteres Publikum gedacht ist Renzo de Felice (Hg.), *Storia dell'Italia;* stärker wissenschaftlich orientiert ist Franco Gaeta, *Crisi.* Knapper sind Giampiero Carocci, *Storia d'Italia,* ein sich stark an Gramsci orientierendes Werk, und Raffaele Romanelli, *L'Italia liberale.*

Das Risorgimento wird in den Gesamtdarstellungen jeweils ausführlich mitbehandelt. Sein wichtigstes Folgeproblem, die Nord-Süd-Problematik oder die „Südfrage", ist bis zum heutigen Tage nicht nur ein politischer, sondern auch ein historiographischer Streitpunkt geblieben. Den Bürgerkrieg im Süden nach der Einigung behandelt ausführlich Franco Molfese, *Brigantaggio.* Die Rolle der Armee insgesamt, auch nach dem Ende der Kämpfe, ist insbesondere von angelsächsischen Forschern untersucht worden: John Whittam, *Italian Army,* John A. Davis, *Conflict,* und John Gooch, *Army.* Das grundlegende Werk unter wirtschaftlichen Gesichtspunkten ist Friedrich Vöchting, *Südfrage,* zu ergänzen durch die Anthologie von Rosario Villari (Hg.), *Il Sud,* und den Überblick von Alfredo del Monte/Adriano Giannola, *Mezzogiorno.* Die Debatte über die Vermeidbarkeit oder Unvermeidbarkeit des Grabens und des Konflikts zwischen Nord und Süd, der sich nicht nur in einem bedeutenden wirtschaftlichen, sondern etwa auch in einem Bildungsgefälle niedergeschlagen hat, orientiert sich hauptsächlich an zwei Autoren. Antonio Gramsci, *Il Risorgimento,* hielt eine mit einer Landreform verbundene soziale Revolution, die im Süden einen Entwicklungsschub ausgelöst hätte, für möglich. Ihm widersprach Rosario Romeo, *Risorgimento e capitalismo,* indem er auf strukturelle Hindernisse und auf die ablehnende Haltung des Auslands, das keine soziale Revolution zugelassen hätte, verwies. Diese Auffassung prägt auch Romeos große Cavour-Biographie. Eine aktuelle historiographische Debatte über den Süden findet sich in der Zeitschrift Società e Storia 18 (1995), 341–389. Zu erwähnen sind auch Alexander Gerschenkrons Beiträge zur Diskussion.

Zur Wirtschaftsgeschichte liegen zwei ausgezeichnete Überblickswerke italienischer Autoren auf englisch vor: Vera Zamagni, *Economic history,* und Gianni Toniolo, *Economic history.* Traditioneller ist Valerio Castronovo, *Storia economica.* In der Konzeption eher veraltet, aber mit einer reichhaltigen Dokumentation versehen ist Mario Romani, *Storia economica.* Umstritten ist die Frage, ab wann von einer wirklichen Industrialisierung gesprochen werden kann: War Italien bis zum großen Aufschwung ab 1896 noch ein Agrarland, oder war es, in Anknüpfung an alte städtische Traditionen, schon vorher ein industrialisiertes Land, wenn auch mit niedrigem Prokopfeinkommen und geringer Produktivität? Solche und ähnliche Fragen bespricht GIOVANNI FEDERICO, *Italy*, konzis und mit einer umfassenden Analyse der neueren Literatur. Den Zusammenhang zwischen Industrie und Stadt behandelt LUIGI DE ROSA, *Urbanization*. In den letzten Jahrzehnten wird die italienische Wirtschaftsgeschichte häufiger in einen vergleichenden Rahmen gestellt, wobei insbesondere der Vergleich mit dem in mancher Hinsicht ähnlichen, schließlich dann aber von Italien doch deutlich überholten Spanien interessiert. Neben ROSA VACCARO, *Industrialization*, ist hier der Sammelband von LEANDRO PRADOS DE LA ESCOSURA/VERA ZAMAGNI (Hg.), *Desarrollo*, zu erwähnen.

Eine Sozialgeschichte, die die gesamte Gesellschaft mit ihren verschiedenen Schichten und Gruppierungen behandeln würde, fehlt. Einen knappen Überblick über die soziale Schichtung gibt PAOLO S. LABINI, *Classi sociali*. Zur Auswanderung ist grundlegend ERCOLE SORI, *Emigrazione*, zu ergänzen durch FRANCA ASSANTE (Hg.), *Movimento migratorio*. Überblicke zur Parteiengeschichte vermitteln etwa ALFREDO CAPONE, *Destra e Sinistra*, GIORGIO GALLI, *Partiti politici*, und CARLO MORANDI, *Partiti politici*. Besonders intensiv hat sich die Forschung der Geschichte der Arbeiterbewegung angenommen, mit dem Schwerpunkt auf dem Anarchismus. Ein neuerer Überblick findet sich bei NUNZIO PERNICONE, *Anarchism*. Dazu liegen allgemeinere Übersichten auf englisch vor, so JOHN A. DAVIS, *Socialism*, und das ältere, auf die Gewerkschaften konzentrierte Werk von DANIEL L. HOROWITZ, *Labour movement*. Ausführlich über den Sozialismus handelt ALDO ROMANO, *Movimento socialista*, während ALFREDO GRADILONE, *Sindacalismo*, die Gewerkschaften behandelt. Zum Verhältnis zwischen Kirche und Staat bildet der Sammelband von RUDOLF LILL/F. TRANIELLO (Hg.), *Kulturkampf*, eine gute Einführung; ein Klassiker zum Thema ist GAETANO SALVEMINI, *Stato e Chiesa*.

Beim politischen System ist zunächst auf die Verfassungsgeschichte hinzuweisen. Ein sehr guter Überblick ist CARLO GHISALBERTI, *Storia costituzionale*; ausführlicher, aber weniger historisch orientiert ist UMBERTO ALLEGRETTI, *Storia costituzionale*, zu ergänzen durch GIUSEPPE MARANINI, *Storia del potere*, und insbesondere durch den breiten Überblick in RAFFAELE ROMANELLI (Hg.), *Storia*. Ein wichtiger Beitrag zur Wahlgeschichte ist PIER L. BALLINI, *Elezioni;* zur Geschichte des Parlaments die *Storia del parlamento*. Einen zentralen Aspekt des Systems behandelt LUIGI GRAZIANO, *Clientelismo*. Die Rolle der Monarchie bei DENIS M. SMITH, *Monarchy*, während ANTONIO BENENATI, *Politique*, auf den gesellschaftlichen Hintergrund eingeht.

Zur Außenpolitik nach der Einigung ist auf den Klassiker von GAETANO SALVEMINI, *Politica estera*, zu verweisen. Während dieses Themenfeld in der italienischen Forschung eher vernachlässigt worden ist, liegen zwei englischsprachige Werke vor, die sich auf die Zeit vor dem Ersten Weltkrieg konzentrieren, von RICHARD BOSWORTH, *Great Powers*, sowie *Approach of the First World War*.

Die politische Zentralfigur des Risorgimento behandelt prägnant zusammenfassend auf deutsch PETER STADLER, *Cavour*. Umfassend ist die dreibändige Biographie von ROSARIO ROMEO, *Cavour*.

4.2.16 Spanien

Spanien war im 16./17. Jahrhundert die europäische Führungsmacht gewesen. Diese Tradition war im 19. und 20. Jahrhundert noch nicht vergessen und trug dazu bei, dass ein Interesse für spanische Geschichte über die Grenzen des Landes hinaus wach blieb. Im Lichte der lange vergangenen Blütezeit erhielt die Beschäftigung mit späteren Phasen eine besondere Note. Spanien galt im Rahmen der europäischen Geschichte als klassisches Beispiel eines langanhaltenden, geradezu unaufhaltsamen Niedergangs. Dieses Thema bestimmt noch immer die Debatten über die spanische Geschichte auch des 19. und 20. Jahrhunderts. Im Mittelpunkt steht allerdings nicht mehr der Abstieg von der klassischen Größe, sondern eher die scheinbare Unfähigkeit, den Anschluss an die moderne Entwicklung zu finden. Das schlägt sich vor allem in zwei Themenbereichen nieder.

1. Weshalb ist Spanien in der wirtschaftlichen Entwicklung im 19. und weit in das 20. Jahrhundert hinein immer weiter hinter anderen europäische Staaten zurückgeblieben? Welche Faktoren haben eine Industrialisierung behindert? Waren es der Einfluss der Kirche und das schlechte Bildungswesen oder die Verteilung von Grund und Boden oder die geographisch-klimatischen Rahmenbedingungen? Die Debatte wird in letzter Zeit noch dadurch belebt, dass mittlerweile auch die These vertreten wird, Spanien habe in dieser Zeit wirtschaftlich viel besser abgeschnitten, als gemeinhin behauptet werde.

2. Auch Spanien hat einen Fixpunkt seiner Geschichte im 20. Jahrhundert, auf den alle Perspektiven zulaufen: den Bürgerkrieg 1936–1939. Er markiert einen Zustand extremer Zerrissenheit der Gesellschaft, der sich in einem der blutigsten innerstaatlichen Konflikte des Jahrhunderts entlud. Welches sind die Ursachen dafür? Woran scheiterte eine wirkungsvolle Demokratisierung, weshalb führte die politische Entwicklung immer wieder zu Diktaturen, weshalb konnten das Militär und eine intransigente Kirche eine solche Macht gewinnen, und weshalb erlangte ein militanter Anarchismus solches Gewicht?

Die historische Forschung über die hier behandelte Zeit erfolgt schwergewichtig in Spanien und auf spanisch; doch steht daneben auch ein bedeutender Strang von Publikationen in anderen europäischen Sprachen. Auf deutsch liegen zur Zeit vom selben Autor zwei unterschiedlich konzipierte neuere Gesamtdarstellungen vor: Ganz allgemein gehalten ist Berneckers Beitrag in Walther L. Bernecker/Horst Pietschmann, *Geschichte Spaniens*; recht weit angelegt ist aber auch Walther L. Bernecker, *Sozialgeschichte Spaniens*. Eine Art englische Parallele dazu, aber stärker auf die einzelnen Lebensbereiche ausgerichtet, ist Adrian Shubert, *Social history*. Eine ausführliche, etwas traditionellere Gesamtdarstellung bringt Raymond Carr, *Spain*. Sein Werk ist jetzt teilweise überholt durch Charles J. Esdaile, *Spain*, ein stark erzählendes, sich überwiegend auf die politische Geschichte konzentrierendes Buch. Als deutschsprachige Einführung kann auch der Literaturbericht von Jesús Millán, *Revolution*, dienen. In Spanien besteht eine Tradition umfangreicher Gesamtdarstellungen in der Form von Sammelwerken. Allen voran steht dabei Ramón Menéndez Pidal (Hg.), *Historia*. Daneben ist etwa noch hinzuweisen auf Javier Paredes (Hg.), *Historia contemporanea*, Manuel Tuñon de Lara, *Historia*, José L. García Delgado (Hg.), *Restauración*, Gabriel Tortella Casares u.a., *Revolución*, und noch immer Jaime Vicens Vives (Hg.), *Historia*. Eine gute, von einem einzelnen Autor geschriebene Einführung ist Vicente Palacio Atard, *España*. Ein besonders nützliches Hilfsmittel ist Albert Carreras (Hg.), *Estadisticas*.

Die Desamortisation behandelt ausführlich Francisco Simón Segura, *Desamortización*, demographische Fragen Jorge Nadal, *Población española*, zu ergänzen durch

Vicente Pérez Moreda, *Modernización demográfica*. Einen Schwerpunkt der Forschung bildet seit längerem die Arbeiterbewegung und noch mehr der Anarchismus. Eine knappe Einführung gibt Paul Heywood, *Labour movement*; eine breite Darstellung findet sich bei Manuel Núñez de Arenas/Manuel Tuñon de Lara, *Movimiento obrero*. Zum Anarchismus als Überblick etwa Clara E. Lida, *Anarquismo*; speziell zu Andalusien Temma Kaplan, *Anarchists*, und zum Terrorismus Rafael Núñez Florencio, *Terrorismo anarquista*. Die Rolle des Militärs untersucht Manuel Ballbé, *Militarismo*.

Das politische System und inbesondere das eigentümliche System der Wahlen, des Kazikismus und des Parlamentarismus behandeln ausführlich Dieter Nohlen, *Parlamentarismus*, und Miguel J. Cuadrado, *Elecciones*; speziell zu den Parteien: Miguel Artola, *Partidos*.

Die größte Aufmerksamkeit hat indessen in letzter Zeit die Wirtschaftsgeschichte auf sich gezogen, wobei die Frage im Mittelpunkt steht, wie gut oder schlecht Spanien hier im internationalen Wettbewerb abgeschnitten hat und welches die Gründe für das (in der Regel postulierte) schlechte Abschneiden waren. Einen Überblick über die neuere Literatur gibt James Simpson, *Economic development*. Allgemeine Übersichten bieten Joseph Harrison, *Economic history*, Gabriel Tortella, *Development*, Jaime Vicens Vives, *Historia económica*, Nicolás Sánchez-Albornoz (Hg.), *Modernización*, und Leandro Prados de la Escosura, *Imperio*. Speziell zur Frage der Rückständigkeit Jordi Nadal, *Fehlschlag*. Viel positiver ist die Sicht von David R. Ringrose, *Spain*. Speziell die Landwirtschaft behandelt James Simpson, *Agriculture*, während Antonio Gómez Mendoza, *Ferrocarriles*, auf die Rolle der Eisenbahnen eingeht. Interessant sind Vergleiche mit Italien, die hin und wieder angestellt werden, so bei Rosa Vaccaro, *Industrialization*, und Leandro Prados de la Escosura/Vera Zamagni (Hg.), *Desarrollo*.

Die Stellung einer traditionell ebenso mächtigen wie konservativen Kirche, die im 19. Jahrhundert einiges von ihrer Macht, aber nichts von ihrem Konservatismus einbüßte, hat neuerdings nicht zuletzt die englischsprachige Forschung beschäftigt. Ein traditioneller detaillierter Überblick ist Vicente Cárcel Ortí (Hg.), *Iglesia*. Aus der Perspektive der Katholiken schreibt Cristóbal Robles Muñoz, *Insurrección*. Grundlegend ist William J. Callahan, *Church*, zu ergänzen durch Frances Lannon, *Privilege*.

Auf weniger Interesse ist in letzter Zeit die Außenpolitik gestoßen. Eine neue Monographie liegt vor zur wichtigsten Episode der hier behandelten Zeit, zur Niederlage von 1898: Sebastian Balfour, *Empire*.

4.2.17 Portugal

Sieht man von der ruhmreichen Entdeckungs- und frühen Kolonialzeit ab, so erschließt sich portugiesische Geschichte in fremden Sprachen nur in begrenztem Maße. Das gilt auch und erst recht für das Deutsche. Eine deutschsprachige wissenschaftliche Überblicksdarstellung fehlt; Ernst G. Jacob, *Grundzüge*, ist gänzlich veraltet. Nicht ganz in gleichem Maße gilt das für Harold V. Livermore, *Portugal*. Immerhin liegt auf Englisch auch der neue – freilich nicht sehr präzise – knappe Überblick von David Birmingham, *A concise history of Portugal*, vor. Ergiebiger ist die Übersetzung der ersten modernen Geschichte Portugals, von Antonio H. de Oliveira Marques. Das eigentliche Standardwerk ist noch im Erscheinen begriffen: Joel Serrão/Antonio H. de Oliveira Marques (Hg.),

Nova história. Ein gut lesbarer Überblick bei José H. Saraiva, *História concisa*. Primär politisch orientiert ist José Tengarrinha, *Estudos*, während Manuel V. Cabral, *Alvorada*, stärker von wirtschafts- und sozialgeschichtlichen Zusammenhängen ausgeht.

Was das politische System betrifft, so hat sich die Forschung vor allem auf die Wahlen und das damit verbundene System des *caciquismo* sowie auf den Republikanismus und damit die Vorgeschichte des Umsturzes von 1910 konzentriert. Für letztere ist das Standardwerk Fernando Catroga, *Republicanismo*, für erstere ist hinzuweisen etwa auf Fernando F. Lopes, *Poder politico*, Pedro T. de Almeida, *Eleicões* und Luis Vidigal, *Cidadania*.

Den wichtigsten Schwerpunkt der Forschung hat in den letzten Jahrzehnten die Wirtschaft gebildet. Haupttriebkraft ist dabei eine Frage, die in ähnlicher Weise auch für andere südeuropäische Staaten gestellt wird, insbesondere für Italien und noch mehr für Spanien: Was sind die Ursachen für den wirtschaftlichen Rückstand des Landes gegenüber den hochindustrialisierten Staaten; weshalb hat sich der Abstand in der behandelten Zeit noch vergrößert? Eine erste Einführung in deutscher Sprache geben Joel Serrão/Georg Thomas, in Wolfram Fischer, *Handbuch*, Bd. 5. Eine umfassende Wirtschaftsgeschichte ist David Justino, *Formação*. Konzentrierter ist das Werk von Manuel V. Cabral, *Capitalismo*. Speziell auf die Frage der Rückständigkeit richtet sich Jaime Reis, *Atraso*, aus; seine Hauptthesen finden sich auch auf englisch in Pedro Lains/Jaime Reis, *Growth*, in Auseinandersetzung mit Ana B. Nunes u.a., *Growth*. Wichtig für die Debatte sind auch die Beiträge von Miriam H. Pereira.

Einen Abriss der Geschichte der Außenpolitik gibt José C. de Magalhães, *História diplomática*. Gervase Clarence-Smith, *Empire*, ist das Standardwerk für die portugiesische Kolonialgeschichte dieser Periode, mit dem Schwerpunkt auf Wirtschaftsfragen.

4.2.18 Südosteuropa

Aus der Perspektive Mittel- und Westeuropas war der Südosten des Kontinents seit jeher das Stiefkind, was Interesse und konkretes Wissen betrifft, wie die Vorgänge in der Region seit 1989 einmal mehr gezeigt haben. Das hängt sicher nicht zuletzt mit der langen osmanischen Herrschaft über weite Teile der Region zusammen. Dazu kommt die geringe politische und noch geringere wirtschaftliche Bedeutung der neu entstandenen Staaten. Findet die Gegend überhaupt Beachtung, so richtet sich diese eher auf die ganze Region als auf die Einzelstaaten, vor allem deswegen, weil, zumal in der hier behandelten Zeit, immer wieder neue Staaten entstanden und bestehende in rascher Abfolge vergrößert oder verkleinert wurden oder gänzlich untergingen, also kaum als Subjekte über eine längere Zeit hinweg greifbar sind.

Dieses geringe Interesse, das sich indirekt nicht zuletzt in der oft eher abschätzig gebrauchten Bezeichnung der Region als „Balkan" niederschlägt, gilt auch für die historische Forschung in westlichen Sprachen, die hier allein vorgestellt werden kann.

Unter Südosteuropa wird hier das Gebiet zwischen Österreich-Ungarn, Russland und dem Osmanischen Reich verstanden; letzteres wird nicht dazugerechnet, obwohl es zu Beginn der Epoche noch den größten Teil der Region direkt oder indirekt beherrschte.

In deutscher Sprache existiert nur eine einzige, sehr knappe, aber präzise neuere wissenschaftliche Gesamtdarstellung: Edgar Hösch, *Balkanländer*. Michael W. Weithmann, *Balkan-Chronik*, ist ein populärer Überblick, der aus wissenschaftlicher

Sicht kaum weiterführt. Insbesondere unter dem Gesichtspunkt der politischen Geschichte sind zur Zeit zwei englische Bücher als Standardwerke zu betrachten: CHARLES JELAVICH/BARBARA JELAVICH, *National states*, sowie, ausführlicher noch, BARBARA JELAVICH, *Balkans*. Insbesondere für Fragen der Wirtschaft bildet IVAN T. BEREND/GYÖRGY RÁNKI, *East Central Europe*, eine ausgezeichnete Ergänzung dazu. Traditionellere Geschichtsschreibung bieten zwei etwas ältere Werke von LEFTEN S. STAVRIANOS: breit erzählend in *The Balkans since 1453*, stärker zusammenfassend in *The Balkans 1815–1914*. Ähnlich auf die politische Geschichte konzentriert ist GEORGES CASTELLAN, *Balkans*.

Aus mittel- und westeuropäischer Sicht kam Südosteuropa seit jeher vornehmlich außenpolitisches Interesse zu, nicht zuletzt unter dem Gesichtspunkt, dass von der Region immer wieder Gefährdungen des europäischen Friedens ausgingen. Eine klassische Darstellung dieses unter der Bezeichnung „Orientalische Frage" bekannt gewordenen Themenkomplexes bietet MATTHEW S. ANDERSON, *Eastern Question*. Das Werk wird ergänzt durch GREGOR SCHÖLLGEN, *Imperialismus und Gleichgewicht*. Speziell die russische Perspektive behandelt BARBARA JELAVICH, *Russia's Balkan entanglements*. Ein ausgezeichnetes, breitangelegtes Werk zur Geschichte der Balkankriege ist KATRIN BOECKH, *Balkankriege*. Stärker diplomatie- und militärgeschichtlich ausgerichtet ist RICHARD C. HALL, *Balkan Wars*. Mit den besonders komplexen und ebenso heftigen Auseinandersetzungen über Makedonien befasst sich FIKRET ADANIR, *Makedonische Frage*.

In das für Südosteuropa überaus vielschichtige und häufig behandelte Thema des Nationalismus führen zwei neuere Sammelbände ein: NORBERT REITER (Hg.), *Nationalbewegungen*, und CHRISTO CHOLIOLCEV u.a. (Hg.), *Südosteuropa*, wobei bei letzterem der Schwerpunkt auf Bulgarien liegt. Die Religionsgeschichte spielt in der historischen Forschung zu Südosteuropa eine erstaunlich geringe Rolle und hat weder in größeren Monographien noch in einschlägigen Sammelbänden Niederschlag gefunden. Hier widerspiegelt die Forschung lediglich einen Mangel der aktuellen Debatten. Kaum erforscht worden sind in letzter Zeit auch die Gesellschaften der südosteuropäischen Staaten, schon gar nicht auf vergleichender Basis.

Demgegenüber ist die Wirtschaftsgeschichte in den vergangenen Jahrzehnten stärker ins Blickfeld gerückt, wobei verständlicherweise die Frage nach dem Umfang und den Ursachen der Rückständigkeit der südosteuropäischen Staaten im Mittelpunkt steht, zumal sich der Abstand dieser Staaten auf Westeuropa bis 1914 nahezu kontinuierlich vergrößerte. Pioniercharakter hatte IVAN T. BEREND/GYÖRGY RÁNKI, *East-Central Europe*, in dem die Autoren auch Ungarn behandeln und auf dependenztheoretische Ansätze eingehen, ohne sie zu übernehmen. Ein allgemeiner Überblick bei JOHN R. LAMPE/MARVIN R. JACKSON, *Balkan economic history*. Ein viel düstereres Bild von der balkanischen Rückständigkeit zeichnet das neueste Werk: MICHAEL PALAIRET, *Balkan economies*. Nicht zuletzt im Hinblick auf Entwicklungsdiskussionen, wie sie etwa im Gefolge von WALT WHITMAN ROSTOW und ALEXANDER GERSCHENKRON ausgelöst worden sind, bietet die südosteuropäische Wirtschaftsgeschichte noch ein weites Arbeitsfeld.

4.2.19 Serbien (und Montenegro)

Serbien spielte in der hier behandelten Zeit zwar eine Pionierrolle bei der Zurückdrängung des Osmanischen Reiches aus Südosteuropa. Doch ungeachtet oder vielleicht gerade wegen seiner Erfolge blieb es bis 1918 einer der kleinsten, schwächsten und zurückgebliebensten Staaten Europas. Entsprechend gering war außerhalb seiner Grenzen das Interesse an seiner Geschichte.

Zunächst fällt auf, dass in der westlichen Forschung keine neueren wissenschaftlichen Gesamtdarstellungen entstanden sind. Dafür liegen zwei, allerdings schon etwas ältere, englische Übersetzungen umfangreicher jugoslawischer Werke vor, die beide einem nationalistischen Grundmuster folgen und sich auf den Ablauf der politischen Ereignisse konzentrieren, immerhin aber einen breiten Überblick über die zum Teil schwer durchschaubaren Vorgänge geben: sehr ausführlich Michael B. Petrovich, *Serbia*, und knapper Vladimir Dedijer, *Yugoslavia*.

Die westliche Forschung hat dafür in letzter Zeit einige grundlegende Monographien zu zentralen Einzelbereichen der serbischen Geschichte vorgelegt. Pioniercharakter hat ein Werk, das auch in der Historiographie vieler größerer und gewichtigerer Staaten seinesgleichen sucht: Holm Sundhaussen, *Historische Statistik Serbiens*. Stärker interpretierend ausgerichtet ist die hervorragende *Sozialgeschichte Serbiens* von Marie-Janine Calic, die ebenfalls für viele größere Staaten als Vorbild dienen könnte. Eine ausgezeichnete Darstellung ist Wolf D. Behschnitt, *Nationalismus*. Eine ältere Wirtschafts- und Sozialgeschichte primär aus der Perspektive der Landwirtschaft ist Jozo Tomasevich, *Peasants*; das politische System behandelt Alex N. Dragnich, *Parliamentary government*.

Für die Geschichte Montenegros bis 1914 existieren keine größeren, zusammenfassenden Darstellungen in westlichen Sprachen. Sie wird von Vladimir Dedijer, *Yugoslavia*, mitbehandelt. Ansonsten ist dafür auf die allgemeine Literatur zu Südosteuropa zurückzugreifen.

4.2.20 Rumänien

Von den bis 1914 entstandenen Balkanstaaten hat Rumänien die größte westliche Aufmerksamkeit auf sich ziehen können. Das gilt auch für die Geschichtsschreibung. Eine Ursache dafür dürfte sein, dass sich die gebildete Elite dezidiert als westlich verstand und dabei insbesondere den romanischen Charakter von Volk und Sprache betonte, wobei vor allem Wert auf eine enge Verbindung zur französischen Kultur gelegt wurde. Mindestens so wichtig aber war, dass Rumänien sowohl politisch als auch wirtschaftlich, insbesondere als Exporteur von Getreide und später von Erdöl, aus westlicher Sicht der wichtigste Balkanstaat war.

An Gesamtdarstellungen liegen in deutscher Sprache lediglich zwei sehr knappe Überblicke vor, geeignet als erste Einführung, ohne weiterreichenden wissenschaftlichen Anspruch: Manfred Huber, *Grundzüge*, und Ekkehard Völkl, *Rumänien*. Die beste Gesamtdarstellung in einer westlichen Sprache stammt von Vlad Georgescu, *Romanians*. Ausführlicher und zugleich traditioneller, ereignisorientiert und auf die politische Geschichte konzentriert ist das viel weiter verbreitete Werk von Keith Hitchins, *Rumania 1866–1947*, zu ergänzen durch Keith Hitchins, *The Romanians, 1774–1886*. Einen breiten, guten Überblick gibt auch Catherine Durandin, *Roumains*; die Entstehungsgeschichte des Staates bis 1866 behandelt ausführlich Gerald J. Bobango, *National state*. Eine Einführung in unterschiedliche Themen der rumänischen Geschichte bietet der Sammelband von Albert P. van Goudoever (Hg.), *Romanian history*.

Relativ häufig hat sich die Forschung in westlichen Sprachen mit der rumänischen Außenpolitik befasst. Einen Überblick geben die beiden Bände von Viorel Roman, *Spannungsfeld*, wobei Wirtschaftsfragen besonderes Interesse zuteil wird. Russlands Rolle behandelt Barbara Jelavich, *Russia;* die Phase 1866–1880 ist Gegenstand von Frederic Kellogg, *Independence*, während das Verhältnis zum Dreibund untersucht wird von Gheorge N. Căzan/Serban Rădulescu-Zoner, *Dreibund.*

Für die inneren Verhältnisse ist in vieler Hinsicht grundlegend ein Werk, dessen Titel eher irreführend wirkt: Lothar Maier, *Rumänien auf dem Weg zur Unabhängigkeitserklärung 1866–1877*, das auch Wirtschaft und Gesellschaft in breiter Perspektive behandelt.

Dasjenige Ereignis, das während der behandelten Zeit am ehesten europäische Bedeutung beanspruchen kann, der große Bauernaufstand von 1907, hat auch in der westlichen Forschung einige Beachtung gefunden. Zu nennen sind in erster Linie zwei Monographien: Philip G. Eidelberg, *Peasant revolt*, mehr mit den Hintergründen befasst, und Karl Scheerer, *Bauernaufstände*, stärker auf den Aufstand selbst konzentriert. Weitere Aspekte finden sich im Sammelband von Ian Ilincioiu (Hg.), *Peasant revolt;* für die allgemeinen Rahmenbedingungen ist noch immer auf David Mitrany, *Land*, zu verweisen.

Eine Einführung in die Geschichte der Gesellschaft gibt der Sammelband von Kenneth Jowitt (Hg.), *Social change;* die auch im Hinblick auf die internationalen Beziehungen wichtige Geschichte der Juden behandelt Carol Iancu, *Juifs*. Zentrale Aspekte der Geschichte der Industrie finden sich bei Giacomo Zane, *Industrie.*

4.2.21 Bulgarien

Das moderne Bulgarien, das erst 1878 eine gewisse Eigenstaatlichkeit gewann und erst 1908 seine volle Unabhängigkeit durchzusetzen vermochte und das politisch schwach und wirtschaftlich rückständig blieb, hat begreiflicherweise nur in sehr begrenztem Maße die Aufmerksamkeit der ausländischen historischen Forschung auf sich zu ziehen vermocht.

In deutscher Sprache liegt neuerdings ein traditionell ausgerichtetes, gut lesbares Werk vor, das allerdings nur über einen sehr knappen wissenschaftlichen Apparat verfügt: Hans-Joachim Härtel/Roland Schönfeld, *Bulgarien.* In englischer Sprache hat sich vor allem Richard J. Crampton mit einschlägigen Arbeiten hervorgetan, die als Standardwerke in westlichen Sprachen gelten können. Über einen breiten Fächer von Einzelproblemen orientiert sowohl aus deutschsprachiger als auch aus bulgarischer Sicht Zwetana Todorova (Hg.), *Modernisierung.*

Speziell mit der Außenpolitik, hauptsächlich der Jahre 1911–1915, befasst sich Richard C. Hall, *Road.* Eine der zentralen politischen Figuren der Frühzeit des jungen Staates und deren Umfeld behandelt detailliert Duncan M. Perry, *Stambolov*, während sich John D. Bell, *Peasants*, mit der seit dem späten 19. Jahrhundert große politische Bedeutung gewinnenden Bauernbewegung auseinandersetzt. Die bulgarische Wirtschaft wird meistens eher im weiteren balkanischen Zusammenhang betrachtet. Anregend ist noch immer Alexander Gerschenkron, *Bulgaria.* Ein knappes Überblickskapitel über die Jahre 1878–1914 enthält John R. Lampe, *Bulgarian economy.*

4.2.22 Griechenland

Das Verhältnis Mittel- und Westeuropas zu Griechenland hatte im 19. Jahrhundert einen besonderen, sehr stark emotional und kulturell geprägten Charakter. Aus der Begeisterung für das klassische Griechenland, die seit dem späten 18. Jahrhundert um sich griff, erwuchs die Parteinahme für den Freiheitskampf der Griechen, der Philhellenismus, der mit zur Gewinnung der Unabhängigkeit und zur Schaffung eines modernen griechischen Staates beitrug. Danach freilich ließ das Interesse zeitweilig deutlich nach, zumal die innenpolitischen Verhältnisse nicht unbedingt geeignet waren, die Vorstellungen vom klassischen Griechenland für die Gegenwart aufrechtzuerhalten. Das Land war wirtschaftlich schwach und unbedeutend und betrieb eine Außenpolitik, die oft mit den Interessen der Großmächte in Konflikt geriet.

In deutscher Sprache liegen zwei neuere einführende Gesamtdarstellungen vor. Etwas ausführlicher und stärker wissenschaftlich orientiert ist PAVLOS TZERMIAS, *Neugriechische Geschichte*, knapper und anschaulich-populär MICHAEL W. WEITHMANN, *Griechenland*. Die spezielleren, vor allem bayerischen, Aspekte des deutsch-griechischen Verhältnisses behandelt der Sammelband von REINHARD HEYDENREUTHER u.a. (Hg.), *Die erträumte Nation*. Eine sehr ausführliche traditionelle, stark philhellenisch ausgerichtete Geschichte Griechenlands ist DOUGLAS DAKIN, *Unification*, zu ergänzen durch zwei neuere, kürzere Überblicke, die ebenfalls überwiegend auf politische Geschichte konzentriert und ereignisorientiert sind: RICHARD CLOGG, *Greece*, und CHRISTOPHER M. WOODHOUSE, *Modern Greece*.

Zur Außenpolitik der behandelten Periode existiert ein älteres, sehr ausführliches Werk: EDOUARD DRIAULT/MICHEL LHÉRITIER, *Histoire diplomatique*. Neuere Arbeiten gehen lediglich auf spezielle Aspekte ein, so etwa DOUGLAS DAKIN, *Makedonia*, und THEODORE G. TATSIOS, *Megali Idea*. Die im Hinblick auf Wirtschaft und Gesellschaft zentrale Landfrage behandelt äußerst kompetent WILLIAM W. MCGREW, *Land and revolution*, das damit verbundene Problem der bewaffneten Räuberbanden und der inneren Konflikte überhaupt JOHN S. KOLIOPOULOS, *Brigands*. Über Fragen der Wirtschaft, der Gesellschaft und des politischen Systems im Allgemeinen hingegen ist in westlichen Sprachen zumindest nicht in größerem Rahmen monographisch gearbeitet worden.

4.2.23 Das Osmanische Reich

Das Osmanische Reich war 1914 fast vollständig aus Europa verdrängt. Zuvor aber war es während Jahrhunderten eine gewichtige und manchmal eine entscheidende Figur auf dem europäischen Schachbrett gewesen. Das galt durchaus auch noch für die Zeit zwischen 1848 und 1914. Dementsprechend hatte es in Europa selten an Interesse für dieses Reich gemangelt, wohl aber an Kenntnissen, war entsprechendes Wissen doch stets nur schwer zugänglich gewesen. Die Umwandlung des Reiches in den kemalistischen türkischen, auf Kleinasien begrenzten Nationalstaat vergrößerte dessen Distanz zu und verringerte zugleich seine Bedeutung für Europa, wodurch auch das westliche Interesse an seiner Geschichte abnahm. Dabei ist es nach 1945 geblieben: Die Geschichte des Osmanischen Reiches wird zwar zu derjenigen Europas gerechnet, aber die Kenntnisse über sie sind gering. Nichtsdestoweniger ist die wissenschaftliche Erforschung und Darstellung der osmanischen Geschichte im Westen in den letzten Jahren so weit vorangekommen, dass in einigen Bereichen, vor allem in der Wirtschaftsgeschichte, durchaus akademische Debatten in Gang gekommen sind.

In deutscher Sprache liegt zur Zeit keine befriedigende wissenschaftliche Gesamtdarstellung vor. JOSEF MATUZ, *Das Osmanische Reich*, ist sehr kurz und ausgesprochen traditionell auf politische Geschichte orientiert. Eher episodisch-populär ist auch ALAN PALMER, *Verfall*. Eine präzise, übersichtliche Schilderung ist demgegenüber ERIK J. ZÜRCHER, *Turkey*, wobei freilich die großen Linien gegenüber den Details etwas zurücktreten. Einen älteren nützlichen Überblick bietet RODERIC H. DAVISON, *Essays*. Die wichtigsten größeren wissenschaftlichen Werke sind STANFORD J. SHAW/EZEL K. SHAW, *Ottoman Empire*, und das Kollektivwerk ROBERT MANTRAN (Hg.), *Empire ottoman*.

Das Osmanische Reich wird zwar in jeder Geschichte der europäischen Außenpolitik berücksichtigt. Hingegen fehlt eine wissenschaftliche Darstellung der osmanischen Außenpolitik, in der diese zum Mittelpunkt würde. Eine traditionelle und zugleich klassische Behandlung der „Orientalischen Frage" findet sich bei MATTHEW S. ANDERSON, *Eastern Question*; die beste Monographie zum Krimkrieg ist WINFRIED BAUMGART, *Crimean War*.

Relativ große Beachtung haben in der Forschung verständlicherweise die vielfältigen angekündigten und teilweise auch durchgeführten Reformen des 19. Jahrhunderts vor allem im Verwaltungsbereich gefunden. Einen allgemeinen Überblick gibt CARTER V. FINDLEY, *Bureaucratic reform*. Die Zeit nach dem Krimkrieg behandelt RODERIC H. DAVISON, *Reform*, während FEROZ AHMAD, *Young Turks*, sich mit der Rolle des Komitees für Einheit und Fortschritt 1908–1914 befasst. Von den Reformen ausgehend, hat CARTER V. FINDLEY, *Officialdom*, eine Sozialgeschichte der Beamtenschaft vorgelegt.

Besonderes Interesse hat in letzter Zeit die Sozial- und Wirtschaftsgeschichte gefunden. Sie ist vor allem durch Impulse befruchtet worden, die von Immanuel Wallersteins Theorie des Weltsystems ausgegangen sind. Das Osmanische Reich wird darin als Peripherie gesehen, freilich mit der Gefahr, dass ihm nahezu jede wirtschaftliche und dadurch letztlich auch politische Eigenständigkeit abgesprochen wird. Zunächst ist aber auf zwei statistische Hilfsmittel hinzuweisen, denen angesichts der schweren Zugänglichkeit der Quellen für Nichtspezialisten besondere Bedeutung zukommt: KEMAL H. KARPAT, *Ottoman population*, und JUSTIN MCCARTHY, *The Arab world, Turkey, and the Balkans*. Eine Quellensammlung zur Wirtschaftsgeschichte bietet CHARLES ISSAWI, *Turkey*. Den besten derzeitigen Überblick über die Wirtschafts- und Sozialgeschichte geben HALIL INALCIK/DONALD QUATAERT (Hg.), *Ottoman Empire*. Das Werk ist zu ergänzen durch OSMAN OKYAR/HALIL INALCIK, *Turkey*. Speziell vom Weltsystem-Ansatz gehen aus SEVKET PAMUK, *Ottoman Empire*, und RESAT KASABA, *Ottoman Empire*. Insbesondere mit dem Problem der Auslandsschulden befasst sich DONALD QUATAERT, *Disintegration*.

Für die Frage des Zusammenlebens der verschiedenen ethnischen und religiösen Gruppen ist BENJAMIN BRAUDE/BERNARD LEWIS, *Christians and Jews*, noch immer ein Standardwerk.

4.3 Sachbereiche

4.3.1 Wirtschaft und Gesellschaft

4.3.1.1 Die Wirtschaft

Kein Lebensbereich weist in der behandelten Zeit so viele grenzüberschreitende und sogar gemeineuropäische Merkmale auf wie die Wirtschaft. Eine ungemein stark integrierte europäische Wirtschaft bildete die Grundlage für die sich herausbildende Weltwirtschaft, in der der Handel über Luxusprodukte hinaus immer mehr Rohstoffe, Nahrungsmittel und Gegenstände des täglichen Bedarfs erfasste. Anders als nach 1917 standen einander keine nach völlig unterschiedlichen Prinzipien aufgebauten ökonomischen Systeme gegenüber. Vielmehr herrschte in ganz Europa der Kapitalismus. Der Verflechtungsgrad in Handel und Finanzen war 1914 so hoch, wie danach erst wieder seit den 1970er Jahren.

Dennoch bilden selbst in dieser Zeit die einzelnen Volkswirtschaften, auch als Nationalökonomien bezeichnet und dadurch auf den Staat verweisend, die empirisch weitaus am besten fassbaren Einheiten. Der Staat schuf zunächst einmal einen geschlossenen (wenn danach durch Austausch und Integration auch weit geöffneten) Wirtschaftsraum, der seine Einheit nicht zuletzt im Nachhinein durch die auf ihn bezogenen Daten erhält, insbesondere die Statistiken. Das empirische Material ist ganz überwiegend national und nicht kontinental oder selbst nur länderübergreifend regional. Infolgedessen bildet auch die Literatur zu den einzelnen Staaten den eigentlichen Grundstock für die Beschäftigung mit kontinentalen Fragen.

Für die statistischen Daten sind die nationalen Statistiken, die für diese Zeit noch einen sehr unterschiedlichen Vollständigkeits- und Genauigkeitsgrad aufweisen, der unabdingbare Ausgangspunkt. Die beste übergreifende Zusammenfassung, mit einem Überblick über den Stand der nationalen Statistiken, ist Brian R. Mitchell, *International historical statistics*.

Im Zentrum der wirtschaftsgeschichtlichen Forschung steht die Industrialisierung, die, von England ausgehend, in der behandelten Zeit ganz Europa – wenn auch in unterschiedlichem Ausmaß – erfasst. Dass hier eine ungeheure Expansion erfolgte, ist unbestritten, so dass sich die Debatten einerseits um die Ursachen für diesen weltgeschichtlich neuartigen Vorgang, aber auch für sein Stocken oder gar Ausbleiben in manchen Gebieten und Zeiten, und andererseits um den Verlauf im einzelnen drehen, also etwa um Konjunkturphasen und um Gewinner und Verlierer der industriellen Revolution.

An Überblicken über die europäische Wirtschaft der zweiten Hälfte des 19. Jahrhunderts besteht kein Mangel. Allerdings sind sie meistens überwiegend oder ausschließlich länderbezogen, indem sie einzelne Ländergeschichten aneinanderreihen und ein mehr oder weniger ausführliches länderübergreifendes Kapitel hinzufügen. Eine wirklich konsequent europäische Wirtschaftsgeschichte dieser Periode fehlt. Sie zu schreiben würde angesichts der weitgehend national ausgerichteten Quellen einen sehr großen Aufwand erfordern.

Dem Ideal einer wirklich umgreifenden, freilich dann nicht nur Europa, sondern den ganzen Globus behandelnden Wirtschaftsgeschichte der zweiten Hälfte des

19. Jahrhunderts kommt HANS POHL, *Weltwirtschaft*, am nächsten. Auf den atlantischen Raum konzentriert sich KEVIN H. O'ROURKE/JEFFREY G. WILLIAMSON, *Globalization*. Den umfassendsten und zugleich materialreichsten, sich auf Fakten konzentrierenden, leichte Vergleichbarkeit zwischen den einzelnen Staaten sichernden Überblick gibt WOLFRAM FISCHER (Hg.), *Handbuch*. Konziser ist PIERRE LÉON (Hg.), *Histoire économique*, in der eine stärkere Einbindung in weltweite Zusammenhänge erfolgt. Daneben stehen zwei weniger einheitliche und noch stärker von den Nationalgeschichten ausgehende Sammelwerke: CARLO M. CIPOLLA/KNUT BORCHARDT (Hg.), *Europäische Wirtschaftsgeschichte*, und die umfassende *Cambridge Economic History of Europe*. Dazu kommen einige außerhalb solcher Reihenwerke stehende, aber ähnlich aufgebaute Bücher, etwa die beiden Bände von ALAN S. MILWARD/SAMUEL B. SAUL zu Kontinentaleuropa. In einem weiteren Zusammenhang der Geschichte der europäischen Industrialisierung stehen DEREK H. ALDCROFT/SIMON P. VILLE, *European economy*, LEE A. CRAIG/DOUGLAS FISHER, *Integration*, ALBERT G. KENWOOD/ALAN L. LOUGHEED, *Growth*, und JORDAN GOODMAN/KATRINA HONEYMAN, *Gainful pursuits*.

Letztgenanntes Buch kann gleichzeitig als Einstieg in die Debatte über die Ursprünge der Industrialisierung in Europa dienen – eine Debatte freilich, die sich überwiegend auf die Zeit vor 1848 bezieht und sich in der Regel auf England konzentriert. Sie verbindet sich mit der weiterreichenden Frage nach den Ursachen für die europäische Sonderentwicklung, weshalb die industrielle Revolution ihren Ausgang von Europa nahm. Damit beschäftigen sich ERIC L. JONES, *Europa*, die beiden Werke von DAVID S. LANDES, *Prometheus* und *Wohlfahrt*, sowie HUBERT KIESEWETTER, *Europa*. Einen Überblick über die Debatte bietet ERICH WEEDE, *Sonderweg*.

Da die industrielle Revolution 1848 aber bereits eine Tatsache war, und dies nicht nur in Großbritannien, sondern auch in verschiedenen kontinentalen Regionen, ist für die hier behandelte Zeit die Frage nach den Ursachen für die Ausbreitung oder Nichtausbreitung dieser Revolution und vor allem für ihre unterschiedliche Ausbreitungsgeschwindigkeit wichtiger. Weshalb waren manche Staaten imstande, den Rückstand in der Wirtschaftsentwicklung, den sie auf andere Staaten, insbesondere Großbritannien, hatten, aufzuholen oder zumindest zu verringern, während andere immer weiter zurückfielen? Das große Interesse, das solche und ähnliche Fragen immer wieder finden, ist in den letzten Jahrzehnten zweifellos wesentlich durch den Einfluss von Modernisierungstheorien bedingt. Unabhängig davon war indessen diese Sichtweise schon zeitgenössisch weit verbreitet: In der Regel versuchte man eher, in Ländern mit geringerem diejenigen mit hohem Prokopfeinkommen einzuholen, als dass man eine vorindustrielle Idylle unter Verzicht auf die Errungenschaften der Moderne wiederzugewinnen trachtete. Ein Erklärungsmodell, das in bezug auf das Verhältnis zwischen Europa und Außereuropa eine wichtige Rolle spielt, hat sich für Europa selber nicht wirklich durchzusetzen vermocht: das Modell von Zentrum und Peripherie, mit dazwischengelagerter Semiperipherie. Zwar finden sich klare Abhängigkeitsverhältnisse, etwa zwischen Großbritannien und Portugal oder zwischen dem Balkan und dem Rest Europas. Insbesondere IVÁN T. BEREND und GYÖRGY RÁNKI haben indessen in verschiedenen Publikationen gezeigt, dass selbst auf dem Balkan Möglichkeiten zu einer eigenständigen Entwicklung bestanden. Vor allem aber ergibt die Forschung je länger je mehr das Bild einer permanenten Aufholbewegung, dass in der zweiten Hälfte des 19. Jahrhunderts immer wieder neue Staaten den Sprung in die Industrialisierung schafften. Nachdem in der Betrachtung dieses Vorgangs zuerst ein gewisser Schematismus im Anschluss an Walt W. Rostow, *Stadien*, vorherrschte, ist später zunehmend die Eigenständigkeit der jeweiligen nationalen Entwicklung betont worden. Als besonders anregend erwies sich dabei eine Hypothese von Alexander Gerschenkron, *Backwardness*, wonach die Rolle des Staates und der Banken um so wichtiger werde, je später die Industrialisierung erfolge. Speziellere Forschungen haben diese These teilweise modifiziert und gezeigt, dass jeder nationale Industrialisierungsvorgang ein komplizierter, historisch einmaliger Lernprozess ist. Zusammenfassend hat sich hierzu etwa Sidney Pollard, *Conquest*, geäußert. Gleichzeitig hat Pollard deutlich gemacht, dass Industrialisierungsvorgänge oft auch länderübergreifend sind, so wie sie nie ein ganzes Land gleichmäßig ergreifen, sondern regional verlaufen. Die nicht zuletzt im Hinblick auf die aktuellen Verhältnisse der Dritten Welt wichtige Frage nach den Voraussetzungen für eine nachholende Industrialisierung ist jedenfalls auch in Bezug auf Europa noch keineswegs abschließend geklärt.

Dies um so weniger, als auch die empirischen Grundlagen für eine Antwort nach wie vor höchst schwankend sind. Die Berechnung der Leistung der einzelnen Volkswirtschaften bereitet angesichts unterschiedlicher, oft kaum vergleichbarer und vielfach nur sehr unvollständiger statistischer Gundlagen große Schwierigkeiten. Die gängigen Zahlen sind häufig nicht mehr als grobe Schätzungen oder gar Vermutungen, und die üblichen „Ranglisten" von armen und reichen Ländern sind in ihrer Reihenfolge keineswegs wirklich verbürgt. Die ersten und, was die Zahl der erfassten Länder betrifft, noch immer vollständigsten Zahlen hat Paul Bairoch, *National Product*, vorgelegt. Auf ausgedehnteren Forschungen beruhen Angus Maddisons neuere Angaben; doch berücksichtigen sie nur einen Teil der europäischen Staaten, während Nicholas F.R. Crafts, *Gross National Product*, vor allem Bairoch ergänzt und korrigiert.

Die länderübergreifende Forschung konzentriert sich verständlicherweise auf Integrationsprozesse, zu denen vor allem der Handel und der Kapitalverkehr gehören. Freilich stellt sich auch hier wieder das Problem der empirischen Grundlagen, die in diesem Falle weniger national als bilateral, aber nicht multilateral sind. Der Handel erfolgte bilateral und schlug sich in nationalen Statistiken nieder, die oft kaum miteinander kompatibel sind. Die Folge ist, dass bis heute keine empirisch gesättigte Geschichte des europäischen Handels vorliegt. Als Vorarbeit dazu kann Paul Bairoch, *Commerce extérieur*, gelten.

Eher zum Gegenstand der Forschung werden die Grundfragen von Freihandel und Schutzzoll, von Liberalismus und Protektionismus. Die Streitfrage nach den Vor- und Nachteilen der beiden Systeme spaltet auch die moderne Geschichtswissenschaft. Während etwa für Sidney Pollard, *Conquest*, Schutzzölle in erster Linie Behinderungen und ungerechtfertigte Umverteilungen darstellen, kommt Paul Bairoch, *Commerce*, zum Ergebnis, dass die kontinentaleuropäische Wirtschaft in Phasen des Schutzzolls jeweils rascher gewachsen ist als in solchen des Freihandels. Auch hier ist eine einheitliche Auffassung in der Wissenschaft nicht in Sicht. Das dürfte nicht zuletzt damit zusammenhängen, dass pauschale Antworten, die nicht die konkreten Umstände berücksichtigen, unter denen die eine oder die andere Politik gewählt worden ist, den Verhältnissen von vornherein nicht gerecht zu werden vermögen.

Noch schwieriger zu schreiben als die Geschichte des Handels ist diejenige des internationalen Kapitalverkehrs und insbesondere der Auslandsinvestitionen. Das zeigt sich vielleicht am besten darin, dass das Thema seit Herbert Feis, *Europe the world's banker* (1930) nicht mehr umfassend behandelt worden ist. Mit der relativen Bedeutung der Auslandsinvestitionen beschäftigt sich etwa Paul Bairoch, *Commerce*, sowie ders., *Trade balance*. Erst recht bleiben Fragen nach den Vor- und Nachteilen solcher Investitionen offen. Überwiegend positiver Beurteilung, etwa bei Sidney Pollard, *Capital exports*, stehen skeptische Stimmen gegenüber, die vor allem die Gefahren einer Schuldenfalle betonen. Auch hier dürften Verallgemeinerungen in die Irre führen.

Ein forschungsmäßig besonders schwieriges Kapitel stellt im europäischen Rahmen die Konjunkturgeschichte dar. Denn trotz allmählicher Angleichung zeigten die nationalen Konjunkturverläufe noch erhebliche Unterschiede. Die Folge ist, dass bislang keine übergreifende Konjunkturgeschichte existiert. Die einzige halbwegs feste Größe, die sich für einige Zeit herauskristallisierte, war der Begriff der sogenannten Großen Depression, deren Dauer auf die Jahre 1873–1896 festgelegt wurde, mit einer 1967 von Hans Rosenberg, *Große Depression*, eingeführten Bezeichnung. Während die zeitliche Fixierung kaum angefochten worden ist, ist die inhaltliche Bestimmung seither so stark und vielfältig modifiziert worden, dass das Konzept weitgehend verwässert wirkt. Am ehesten herrscht noch über den deflationären Charakter der Zeit Übereinstimmung. Für einen groben Überblick über Konjunkturverläufe in Westeuropa und den USA vgl. etwa noch William A. Lewis, *Growth*.

Dass eine europäisch konzipierte wirtschaftsgeschichtliche Forschung, die mehr ist als eine Addition von Nationalgeschichten, noch vielfach in den Anfängen steckt, zeigt sich schließlich auch bei den einzelnen Wirtschaftszweigen: weder zur Landwirtschaft, noch zur Industrie (oder zu einzelnen Industriebranchen), noch zu bestimmten Sektoren von Dienstleistungen existieren grundlegende Monographien. Am ehesten macht hier noch das Verkehrswesen eine Ausnahme. So hat etwa Simon P. Ville, *Transport*, eine Geschichte der verschiedenen Verkehrsträger vorgelegt. Spezieller zur Geschichte der Eisenbahnen vgl. Patrick O'Brien (Hg.), *Railways*.

Einen hervorragenden Versuch, die Entwicklung der Wirtschaft in Verbindung mit derjenigen der Technik darzustellen, stellt David S. Landes, *Prometheus*, dar – ein Werk, das keine Nachfolge mit vergleichbar weiter Perspektive gefunden hat.

Noch ziemlich in den Anfängen steht die Forschung, die sich lange Zeit fast vollständig an das Paradigma der Modernisierung (und damit, wenn auch oft uneingestanden, an dasjenige des Fortschritts) gehalten hat, zu den Kehrseiten der Industrialisierung, insbesondere der erheblichen Umweltbelastung. Einen ersten Einblick vermittelt etwa der Sammelband von Franz-Josef Brüggemeier/Thomas Rommelspacher (Hg.), *Besiegte Natur*. Mehr auf Deutschland konzentriert ist Jürgen Büschenfeld, *Flüsse und Kloaken*. Zum weiteren Rahmen Joachim Radkau, *Natur*.

Die europäische Wirtschaft hat nicht nur einen Bezug zu ihren einzelnen Volkswirtschaften, sondern sie steht ihrerseits wieder im größeren Rahmen der Weltwirtschaft. Diese Perspektive wird von zwei schon etwas älteren Werken eingenommen: Anthony J.H. Latham, *International economy and the underdeveloped world*, und William Woodruff, *Impact of western man*, und neuerdings von David S. Landes, *Wohlstand und Armut der Nationen*.

4.3.1.2 Die Gesellschaft

Wenngleich die Wanderungsbewegungen zwischen europäischen Staaten in den Jahrzehnten vor 1914 einen erheblichen Umfang erreichten, so blieb das Ausmaß der sozialen Verflechtung in Europa doch viel geringer als dasjenige der wirtschaftlichen, und dies, obwohl der Personenverkehr weitgehend freizügig war. Doch war wohl die relativ geringe Inanspruchnahme dieser Freizügigkeit eine Voraussetzung für ihre großzügige Gewährung. Die weitaus wichtigste Wanderungsbewegung war diejenige nach Übersee. Die Rede von einer europäischen anstelle von nationalen Gesellschaften ist, trotz allen gemeinsamen Erscheinungen, mehr ein Wunschbild als eine Realität.

Diesem Sachverhalt entspricht, dass bislang keine einheitliche und umfassende europäische Sozialgeschichte des 19. Jahrhunderts geschrieben worden ist. Günstigstenfalls werden einige nationale Gesellschaften miteinander verglichen, oder der Vergleich ist räumlich breiter, dafür aber auf ein Segment der Gesellschaft begrenzt.

Die Darstellungen in den Handbüchern sind kein Ersatz für diesen Mangel, reihen sie doch, was die Gesellschaft anbelangt, in noch stärkerem Maße nationale Entwicklungen aneinander als die ihnen entsprechenden Teile über die Wirtschaft.

Am ehesten und am häufigsten als gesamteuropäisches Phänomen wahrgenommen worden sind die demographischen Bewegungen. Dabei steht an der Spitze die Auswanderung, bei der immer wieder die letztlich unentscheidbare Frage diskutiert wird, ob die Massenauswanderung, hauptsächlich nach Nordamerika, für die europäische wirtschaftliche und gesellschaftliche Entwicklung eher Vor- oder Nachteile mit sich gebracht hat. Grundlegend zur Auswanderung ist als Materialsammlung noch immer Imre Ferenczi/Walter F. Willcox, *International migrations*. Neuere Überblicke etwa bei Walter Nugent, *Crossings*, und Dudley Baines, *Emigration*. Eine umfassende Bevölkerungsgeschichte für Europa fehlt. Sie ist einstweilen im weltweiten Rahmen behandelt bei Marcel R. Reinhard u.a., *Population mondiale*. Gründlich untersucht ist hingegen der sogenannte demographische Übergang, der sich in sinkenden Sterbe- und Geburtenraten und steigender Lebenserwartung äußert. Letztere ist in weltweitem Zusammenhang behandelt bei Nathan Keyfitz/Wilhelm Flieger, *World population*, während der Rückgang der Fruchtbarkeit Thema von Ansley J. Coale/Susan C. Watkins (Hg.), *Decline of fertility*, und John R. Gillis u.a. (Hg.), *Declining fertility*, ist.

Einzelne Segmente der Gesellschaft sind in letzter Zeit auf vergleichender Basis erforscht und dargestellt worden, wobei sich der Vergleich allerdings aus verständlichen arbeitsökonomischen Gründen in der Regel auf einige ausgewählte (meist westeuropäische) Staaten beschränkt, während Sammelbände oft, statt wirklich zu vergleichen, einfach einzelne Länderkapitel nebeneinanderstellen. Zur Geschichte des Adels liegen zwei anregende vergleichende Studien mit pointierten Thesen vor, die beide den relativen Erfolg des Adels beim Übergang in die moderne Gesellschaft betonen, etwas weniger Dominic Lieven, *Abschied*, für Deutschland, Großbritannien und Russland, und in äußerster Zuspitzung Arno J. Mayer, *Adelsmacht und Bürgertum*. Die Oberschicht generell wird unter dem speziellen Aspekt des Grundbesitzes in David Spring (Hg.), *Landed elites*, betrachtet. Auch wenn es bei Mayer berücksichtigt wird, so ist das Bürgertum gleichwohl noch nicht ins Zentrum vergleichbarer Darstellungen gerückt. Als Überblick dient einstweilen das Sammelwerk von Jürgen Kocka (Hg.), *Bürgertum*.

Ähnliches gilt für andere soziale Gruppen und Klassen. Hingegen entstehen in letzter Zeit vermehrt länderübergreifende Untersuchungen zu spezielleren Gruppen, so etwa von CHRISTOPHE CHARLE, *Vordenker*, über die Intellektuellen, oder von HEINZ-GERHARD HAUPT/GEOFFREY CROSSICK, *Kleinbürger*. Zu den Angestellten vermittelt JÜRGEN KOCKA (Hg.), *Angestellte*, einen Überblick; allgemeiner zu den Mittelklassen PAMELA M. PILBEAM, *Middle class*.

Der große Aufschwung der Frauen- und Geschlechtergeschichte hat zwar noch zu keiner wirklich umfassenden Synthese geführt, aber doch in rasch wachsendem Maße zu länderübergreifenden Studien über die Lebensbedingungen der Frauen. Eine gute Einführung bieten GEORGES DUBY/MICHELLE PERROT (Hg.), *Geschichte der Frauen*, und BONNIE S. ANDERSON/JUDITH P. ZINSSER, *Frauen*; ein ganz knapper Überblick findet sich bei BONNIE G. SMITH, *Changing lives*. Doch überwiegen auch hier die auf einzelne Staaten konzentrierten Werke. Um so hervorhebenswerter ist deshalb der weite, sogar über Europa hinausreichende Ansatz des klassischen, zuerst 1879 erschienenen Buches von AUGUST BEBEL, *Die Frau und der Sozialismus*.

Ein Bereich, der etwas häufiger vergleichend behandelt wird, ist die Geschichte der Alphabetisierung. Einen nützlichen, wenn auch fragmentarischen Überblick gibt CARLO M. CIPOLLA, *Literacy*. Er ist zu ergänzen durch MICHAEL N. KUZ'MIN, *Alphabetisierung*, sowie HARVEY J. GRAFF, *Literacy*. Eine breite Darstellung des Bildungswesens hingegen fehlt.

Ein Aspekt, bei dem sich europäische Vergleiche nahelegen und auch ab und zu aufgegriffen worden sind, ist das Sozialversicherungswesen. Den besten empirischen Überblick gibt hier JENS ALBER, *Armenhaus*, zu ergänzen durch die Sammelbände PETER FLORA/ARNOLD J. HEIDENHEIMER (Hg.), *Welfare states*, und PETER A. KÖHLER/HANS F. ZACHER (Hg.), *Sozialversicherung*. Allgemeinere, zusammenfassende Ausführungen, die sich jeweils auf mehrere Staaten beziehen, finden sich außerdem bei GERHARD A. RITTER, *Sozialstaat*, und bei demselben, *Entstehung*. Die zentralen Diskussionen laufen indessen auch hier auf der nationalen Ebene, insbesondere zur Frage, ob die Sozialversicherung primär als staatliches Disziplinierungsmittel oder als soziale Errungenschaft zu sehen ist.

Die Rechtsgeschichte ist seit langem eher eine Spezialdisziplin der Rechtswissenschaft als ein voll integrierter Zweig der Geschichtswissenschaft, mit der Folge, dass ihre sozialgeschichtliche Komponente wenig erforscht worden ist. Nützliche Forschungsberichte finden sich in REINER SCHULZE (Hg.), *Rechts- und Verfassungsgeschichte*. Wirkliche Gesamtdarstellungen liegen nur von juristischer Seite vor: streng juristisch-systematisch HELMUT COING, *Europäisches Privatrecht*, stärker als allgemeine Geschichte konzipiert HANS HATTENHAUER, *Europäische Rechtsgeschichte*. Eine Einführung in eine Reihe von Einzelthemen bietet WILLIBALD STEINMETZ (Hg.), *Private Law*. Ein spezielles, aber für die Geschichte der Gleichheit zentrales Thema behandelt UTE GERHARD (Hg.), *Frauen in der Geschichte des Rechts*, wobei hauptsächlich der deutschsprachige Bereich untersucht wird. Das Werk macht zugleich deutlich, wie weit die Forschung noch von einer umfassenden Gesamtdarstellung solcher Gegenstände entfernt ist.

Ein Thema, das in vielfältigen Einzeldarstellungen für die Geschichte der Staaten behandelt wird, bildet schließlich noch den Gegenstand einer vergleichenden Studie mit ausgesprochenem Pioniercharakter: der Versuch, das Ausmaß politischer Unruhen in Frankreich, Deutschland und Italien zu bestimmen in CHARLES TILLY u.a., *The rebellious century*. Ergänzend dazu ROBERT J. GOLDSTEIN, *Repression*.

4.3.2 Staat und Politik

Der Staat war in der zweiten Hälfte des 19. Jahrhunderts der Inbegriff der souveränen, politisch gesehen autarken Einheit. Zwar bestanden vielerlei Gemeinsamkeiten in den politischen Systemen und bei den politischen Kräften. Ihnen entsprachen aber keine übergeordneten Institutionen. Sie ergaben sich aus parallelen Entwicklungen, aus unterschiedlichen Formen der Nachahmung und aus Konkurrenz, nicht aus übergreifender Planung oder gar Anordnung.

Dem entspricht, dass auch die Forschung ganz überwiegend national orientiert ist, mit Studien zu einzelnen Staaten, zuweilen ergänzt durch Vergleiche mit dem einen oder anderen weiteren Staat, aber weit entfernt von einem konsequent übergreifenden Ansatz, der sich angesichts der Quellenlage und des Sprachenproblems auch kaum durchhalten lässt. Dabei ist überdies zu berücksichtigen, dass ungeachtet einiger institutionellen Gemeinsamkeiten, deren auffälligste zweifellos die Monarchie war, die Unterschiede zumal auf der Ebene der alltäglichen politischen Praxis enorm waren, wenn man etwa das Osmanische Reich und Belgien, Russland und die Schweiz oder Österreich-Ungarn und Großbritannien miteinander vergleicht.

4.3.2.1 Das politische System

Den breitesten Ansatz zu einer vergleichenden europäischen Verfassungs- und Institutionengeschichte verfolgen EUGENE N./PAULINE R. ANDERSON, *Political institutions*, und jetzt vor allem MARTIN KIRSCH, *Monarch*, sowie WOLFGANG REINHARD, *Staatsgewalt*, bei dem das 19. Jahrhundert allerdings nicht im Zentrum steht. Kirsch versucht mit dem monarchischen Konstitutionalismus einen gesamteuropäischen Verfassungstyp aufzustellen. Auf die Verwaltung ausgerichtet ist LUTZ RAPHAEL, *Recht und Ordnung*. Auf einer spezielleren Ebene sind am häufigsten der Parlamentarismus und besonders Wahlsysteme und Wahlen zum Gegenstand vergleichender Untersuchungen geworden. Ein Pionierwerk ist KARL BRAUNIAS, *Wahlrecht*. Den allgemeinen Hintergrund skizzieren HANS-DIETRICH LOOCK/HAGEN SCHULZE (Hg.), *Parlamentarismus*, und KURT KLUXEN, *Geschichte und Problematik des Parlamentarismus*. Grundlegend ist nach wie vor DOLF STERNBERGER/BERNHARD VOGEL (Hg.), *Wahl der Parlamente*, zu ergänzen durch das stärker auf Hintergründe ausgerichtete Werk von KLAUS VON BEYME, *Regierungssysteme*, und durch ROBERT J. GOLDSTEIN, *Repression*. Einen fundierten und konzisen Überblick gibt MARKUS MATTMÜLLER, *Durchsetzung*. Dieser Strang der Forschung ist seither zumal in der Geschichtswissenschaft nur in geringem Maße weiterverfolgt worden. Speziell zu den Wahlsystemen vgl. etwa noch SERGE NOIRET (Hg.), *Strategies*; zur Wahlgeschichte OTTO BÜSCH/PETER STEINBACH (Hg.), *Wahlgeschichte*.

Während die Frage der zunehmenden politischen Partizipation auf der Ebene des Wahlrechts und der Wahlen und des Parlamentarismus allgemein immer wieder angegangen worden ist, fehlt eine Studie zur Geschichte der Demokratie (und der Demokratisierung) in Europa noch immer, ungeachtet des hohen, ja geradezu sakrosankten Werts, den die Demokratie inzwischen im europäischen Selbstverständis und

Selbstbild gewonnen hat. Noch weniger ist der Föderalismus bislang zu einem vergleichenden historischen Forschungsobjekt geworden – was in diesem Falle freilich auch an der weitgehenden Inexistenz des Gegenstandes liegen dürfte, an der Diskrepanz zwischen der Vielfalt der Vorgaben in ethnisch-sprachlich-religiös-historisch-geographischer Hinsicht und der relativen Uniformität der Lösung der sich daraus ergebenden politischen Aufgaben. So existiert beispielsweise keine vergleichende Geschichte der Minderheitenpolitik oder der Minderheitenkämpfe in wenigstens zwei europäischen Staaten. Wenigstens Ansätze zu einem Vergleich zwischen Deutschland und Italien bietet OLIVER JANZ u.a. (Hg.), *Centralismo*.

4.3.2.2 Die politischen Kräfte

Die Parteien waren zwar in vieler Hinsicht gesamteuropäische oder zumindest länderübergreifende Erscheinungen. Aber ihre politische Bedeutung hatten sie in den einzelnen Staaten, und von länderübergreifender Koordination oder gar Kooperation konnte kaum die Rede sein. Mit einer Ausnahme: der Sozialismus verstand sich in erheblichem Maße nicht nur als internationale, sondern auch als internationalistische Kraft. Das hat sich auch in der Forschung niedergeschlagen. Einen großangelegten Überblick, freilich noch in der Art eines nach Staaten gegliederten Handbuches, gibt JACQUES DROZ (Hg.), *Socialisme*; knappere neuere Übersichten für einzelne Staaten finden sich bei GARY P. STEENSON, *After Marx*, und DICK GEARY, *Movements*. Spezieller haben insbesondere die beiden Internationalen erhebliches Interesse gefunden. Einen Überblick gibt JAMES JOLL, *The Second International*; breit angelegt ist JULIUS BRAUNTHAL, *Internationale*; die Begriffsgeschichte behandeln PETER FRIEDEMANN/LUCIAN HÖLSCHER, *Internationale*. Den vor allem im Süden Europas wirksamen Anarcho-Syndikalismus hat ANNAMARIA ANDREASI, *Anarco-sindacalismo*, vergleichend untersucht.

Für die übrigen Parteien und politischen Strömungen fehlen breite Untersuchungen. Für den Liberalismus finden sich Ansätze in DIETER LANGEWIESCHE (Hg.), *Liberalismus im 19. Jahrhundert*, und LOTHAR GALL (Hg.), *Liberalismus*.

Erstaunlich gering ist bislang auch das systematische Interesse an der individuellen und kollektiven politischen Gewalt in Europa geblieben, so sehr sich die öffentliche und die wissenschaftliche Aufmerksamkeit immer wieder einmal auf einzelne spektakuläre Attentate gerichtet hat, mit der Ermordung des österreichischen Thronfolgerpaars 1914 in Sarajewo als berühmtestem und zugleich folgenreichstem Fall. So ist WALTER LAQUEUR, *Terrorism*, isoliert geblieben. Bei der Untersuchung der politischen Gewalt kommt CHARLES TILLY u.a., *Rebellious century*, sowie ROBERT J. GOLDSTEIN, *Repression*, Pioniercharakter zu. Das Aufkommen der modernen Polizei, mit Schwerpunkt Frankreich, behandelt CLIVE EMSLEY, *Gendarmes*.

Von allen übergreifenden politischen Strömungen der behandelten Zeit haben die vielleicht stärkste und folgenreichste, der Nationalismus und, mit ihm mehr oder weniger stark verbunden, der Antisemitismus und der Rassismus, nicht nur die umfangreichste wissenschaftliche Behandlung auf einer die Einzelstaaten übergreifenden Ebene gefunden, sondern auch die intensivsten Debatten und Kontroversen ausgelöst. Bei allen drei Strömungen ist umstritten, ob und inwiefern es sich um spezifisch moderne Erscheinungen handelt. Während manche Autoren in erster Linie Kontinuitäten von früheren Formen des Patriotismus, des Judenhasses und der Diskriminierung der Angehörigen anderer Hautfarben sehen, gehen andere von einem tiefen Bruch aus, der in all diesen Bereichen mit der Französischen Revolution einsetzt, wobei sie auch eine Kontinuität der Bezeichnungen ablehnen: Nationalismus, Antisemitismus und Rassismus wären dann Erscheinungen erst des 19. Jahrhunderts. Freilich tendieren solche terminologischen Auseinandersetzungen dazu, scharfe Einschnitte (mit dem Aufkommen einer neuen Bezeichnung) an die Stelle kontinuierlicher Übergänge zu setzen. Als fruchtbar haben sich deshalb Debatten über die Ursprünge und Entstehungsbedingungen der drei Strömungen erwiesen. Eine umfangreiche Begriffsgeschichte von 'Nation' gibt Reinhart Koselleck u.a., *Volk*. Eine gute Einführung ist Heinrich A. Winkler (Hg.), *Nationalismus;* Forschungsperspektiven gibt Dieter Langewiesche, *Nation*. Den umfassendsten Überblick über neuere Theorien des Nationalismus vermittelt Anthony D. Smith, *Nationalism and modernism*. Schwerpunkte der neueren Diskussion bilden Benedict Anderson, *Erfindung*; Eric J. Hobsbawm, *Nationen*, und Ernest Gellner, *Nationalismus*. Ein neuer Überblick über vielfältige Strömungen bei Heiner Timmermann (Hg.), *Nationalbewegungen*. Die Rechtsbewegungen, die im Zusammenhang mit dem Nationalismus entstanden, behandelt Hans Rogger/Eugen Weber (Hg.), *European Right*. Im Hinblick auf Rassismus und Antisemitismus sind keine ähnlich einflussreichen theoretischen Ansätze entwickelt worden. In letzter Zeit etwa ist mit Daniel J. Goldhagens Konzept eines spezifisch deutschen eliminatorischen Antisemitismus zumindest, was diese Strömung betrifft, sogar wieder eine Nationalisierung der Sichtweise erfolgt, die freilich heftige Kontroversen entfacht hat. Jedenfalls kann weder in bezug auf Nationalismus noch in bezug auf Antisemitismus und Rassismus bereits von einem wirklich umfassenden und allgemein akzeptierten Erklärungsmodell die Rede sein. Wohl aber von einer eigentlich europäischen, sich nicht mehr ausschließlich auf die einzelnen Staaten konzentrierenden Debatte, wobei freilich die kleineren Staaten in vergleichenden Betrachtungen noch kaum berücksichtigt werden. In die Geschichte des Antisemitismus führen ein Jacob Katz, *Vorurteil*, und, für Deutschland und Österreich, Peter G.J. Pulzer, *Entstehung*. Zur Geschichte des Rassismus vgl. Imanuel Geiss, *Rassismus*, und George L. Mosse, *Rassismus*.

4.3.3 Religion und Kultur

Bis in die achtziger Jahre hinein fristete die Kulturgeschichtsschreibung eine eher marginale Existenz. Sie galt weitherum als im Vergleich insbesondere zur Sozialgeschichte methodisch und thematisch veraltet. Inzwischen hat der Kulturbegriff in der Geschichtsschreibung neue Prominenz gewonnen, ja er ist fast zu einer Art Leitbegriff geworden. In diesem Prozess hat er gleichzeitig eine Ausweitung seines Umfangs erfahren, ohne dass er dabei schon feste Konturen gewonnen hätte. Insofern ist er mit dem ebenfalls sehr uneinheitlichen und teilweise sehr weiten Kulturverständnis des 19. Jahrhunderts vergleichbar. Die Begriffsgeschichte, mit dem Schwerpunkt auf dem 19. Jahrhundert, ist zusammengefasst bei Jörg Fisch, *Zivilisation, Kultur*.

Wenn hier trotzdem kaum Werke der sich als „Neue Kulturgeschichte" verstehenden Richtung aufgeführt werden, so hängt dies daran, dass über Gegenstandsbereich und Methode keineswegs Einigkeit herrscht, vor allem aber, dass größere, zusammenfassende Darstellungen für einzelne Staaten, und erst recht für ganz Europa, bislang fehlen. Die

Programmatik ist noch kaum in Historiographie umgesetzt worden. Für die Programmatik vgl. etwa Wolfgang Hardtwig/Hans-Ulrich Wehler (Hg.), *Kulturgeschichte*.

Für Darstellungen des – von den einzelnen Autoren unterschiedlich weit verstandenen – kulturellen Lebens ist auf ältere Werke zurückzugreifen. Die weiteste Perspektive einer Einordnung in die Geschichte der europäischen Neuzeit bieten Egon Friedell, *Kulturgeschichte*, mit oft überraschendem und anregendem Urteil, sowie, einem weit gefassten marxistischen Ansatz verpflichtet, Arnold Hauser, *Kunst und Literatur*. Für die hier behandelte Zeit ist die weitaus am breitesten angelegte Kulturgeschichte im Rahmen einer allgemeinen Gesamtdarstellung das leider zu wenig bekannt gewordene Panorama des niederländischen Historikers Jan Romein, *Watershed*, der einen undogmatischen marxistischen Ansatz ungemein fruchtbringend anwendet. Von einer ähnlichen Perspektive der Konzentration auf die Jahrhundertwende geht Edward R. Tannenbaum, *1900*, aus, doch erreicht er Romeins Weite des Ansatzes nicht. Thematisch von vornherein selektiver ist das große, vor allem Freud verpflichtete Gemälde der bürgerlichen Lebensweise von Peter Gay, *Bourgeois experience*. Originell, aber ausgesprochen punktuell angelegt ist Dolf Sternberger, *Panorama*, das dem 19. Jahrhundert letztlich eine wirkliche Eigenständigkeit abspricht. Eine konventionellere Gesamtdarstellung der allgemeinen Kulturgeschichte findet sich etwa bei George L. Mosse, *Culture*.

Weit über die Geschichte eines einzelnen Staates hinaus weist Thomas Nipperdey, *Arbeitswelt*. Das Werk zeichnet sich nicht nur durch ein sehr weites Verständnis von Kultur und ein selten umfassendes und fundiertes Urteil des Autors aus, sondern es wird im Spiegel der deutschen Entwicklung auch zu einem Panorama der gesamteuropäischen Kulturgeschichte. Nur von der Stofffülle, nicht von der Verarbeitung her ist daneben noch die große Darstellung von Richard Hamann/Jost Hermand, *Deutsche Kunst und Kultur*, zu nennen.

4.3.3.1 Religion

Die Religions- und Kirchengeschichte fristete bis in die achtziger Jahre hinein in den meisten europäischen Staaten ein eher isoliertes Dasein. Auf der einen Seite stand die spezialisierte, in der Regel von kirchlicher, vor allem katholischer Seite betriebene oder wenigstens angeregte Forschung, im Rahmen einer eigenen Disziplin, die andere Gegenstände nur am Rande berührte und umgekehrt von der allgemeinen Geschichtsforschung wenig wahrgenommen wurde. Das gewichtigste Ergebnis solcher Forschungen war das katholisch orientierte *Handbuch der Kirchengeschichte*, Hg. Hubert Jedin. Ein Äquivalent von protestantischer Seite fehlt. Zu nennen ist daneben, als neueres Ergebnis der Forschung, etwa noch Klaus Schatz, *Vaticanum I*.

Auf der andern Seite galt in der allgemeinen Geschichtsschreibung das 19. Jahrhundert lange als eine Zeit mehr oder weniger kontinuierlicher Säkularisation (vgl. etwa Owen Chadwick, *Secularization*). Das schien dann eine sehr knappe Behandlung zu rechtfertigen. In den beiden letzten Jahrzehnten sind indessen solche Gewissheiten zunehmend in Frage gestellt worden, nicht zuletzt aus der Erfahrung heraus, dass religiöse Strömungen auch in der Gegenwart wieder an Umfang und Kraft gewonnen haben. Dadurch ist ein neues, differenzierteres, wenn auch in vielen Punkten noch umstrittenes Bild entstanden. Weitgehende Einigkeit herrscht darüber, dass die Religion in der behandelten Zeit eine äußerst wichtige Kraft geblieben ist und dass auch die

Kirchen eher einen Wandel als einen Bedeutungsverlust erfahren haben. Indessen sind die einschlägigen Studien meist auf einzelne Länder begrenzt. Eine Art Pionierrolle bei vergleichenden, länderübergreifenden Forschungen hat sowohl im monographischen als auch im editorischen Bereich HUGH MCLEOD übernommen. Die beste Einführung bietet seine Einleitung zu dem von ihm herausgegebenen Sammelband *European religion*, während er seinen eigenen Ansatz in *Western Europe* entwickelt. Einen Überblick über die deutschsprachigen Forschungen vermitteln WOLFGANG SCHIEDER (Hg.), *Volksreligiosität*, und ders. (Hg.), *Religion und Gesellschaft*. Traditionellere Überblicke finden sich etwa bei LEIF GRANE, *Kirche*, und PAUL GERBOD, *Europe*. Ansätze zu einem Vergleich zwischen den Kulturkämpfen in verschiedenen Staaten bietet RUDOLF LILL/FRANCESCO TRANIELLO (Hg.), *Kulturkampf*. Zum politischen Katholizismus in Deutschland, Frankreich und Italien vgl. KARL-EGON LÖNNE, *Politischer Katholizismus*.

4.3.3.2 Wissenschaften und Künste

Die Wissenschaften und noch mehr die Künste haben seit langem ihre eigene, fest etablierte Geschichtsschreibung. Sie kann hier nicht adäquat vorgestellt werden. Die einschlägigen Handbücher, Überblicks- und Nachschlagewerke bieten jeweils leicht zugängliche Einführungen.

4.3.4 Die europäische Staatenwelt zwischen Weltherrschaft und Selbstzerstörung

Die beiden in diesem Kapitel behandelten Themenbereiche sind von der Sache her eng miteinander verbunden: die Errungenschaften, die den Europäern die Weltherrschaft sicherten, wurden schließlich auch zum Mittel ihrer Selbstzerstörung. Das wissenschaftliche Interesse indessen hat die beiden Bereiche stets voneinander getrennt; keine übergreifende Darstellung stellt das Wechselspiel zwischen ihnen in den Mittelpunkt. Deswegen werden sie auch hier gesondert behandelt. Das ist schon deswegen gerechtfertigt, weil Konflikte in Europa und in Übersee in dieser Zeit weitgehend voneinander geschieden werden konnten. Die Kriege in Europa hatten jeweils europäische, diejenigen in Übersee überseeische Ursachen und Anlässe, und sie griffen bis 1914 auch nicht vom einen auf den andern Bereich über.

4.3.4.1 Der Weg zur Weltherrschaft: Der Imperialismus

Auch die europäische Expansion im 19. Jahrhundert ist am häufigsten auf nationaler Basis dargestellt worden, als die Geschichte des Kolonialreiches eines Staates. Da aber in diesem Falle das Mit- und Gegeneinander mehrerer Staaten evident ist, sind übergreifende Werke doch etwas häufiger. Den besten Gesamtüberblick vermittelt WOLFGANG REINHARD, *Expansion*. Als Einstieg vermag auch noch DAVID K. FIELDHOUSE, *Kolonialreiche*, zu dienen. Auf Wirtschaftsfragen und die Zeit 1830–1914 konzentriert ist DAVID K. FIELDHOUSE, *Economics and Empire*. Unter dem Gesichtspunkt der Kolonialverwaltung ist die beste vergleichende Einführung RUDOLF VON ALBERTINI, *Kolonialherrschaft*. Die völkerrechtliche Legitimation behandelt JÖRG FISCH, *Expansion*.

Zwischen den allgemeinen Überblicken und den nationalen Kolonialgeschichten stehen Werke über einzelne größere Expansionsvorgänge, in die mehrere oder alle

Kolonialmächte verwickelt waren. Das wichtigste und für die Forschung fruchtbarste Thema ist die Aufteilung Afrikas im späten 19. Jahrhundert. Bei deren Behandlung konzentriert sich die wissenschaftliche Diskussion auf die Frage der Auslösung und der Ursachen. Besonders stimulierend wirkte das Buch von RONALD ROBINSON/JOHN GALLAGHER, *Africa*. Darin wird insbesondere die Rolle der Europäer vor Ort betont. Einen guten Überblick gibt HENDRIK L. WESSELING, *Teile und herrsche*. Für die Hintergründe ist die *Cambridge History of Africa* zentral. Einen Überblick über die Fülle der Themen, die noch lange nicht alle adäquat in ein übergreifendes Bild integriert sind, gibt der Sammelband von STIG FÖRSTER u.a. (Hg.), *Bismarck*.

Einen zweiten, geostrategisch nicht minder wichtigen, aber von der modernen Forschung weniger intensiv behandelten Gegenstand der Rivalität zwischen den Kolonialmächten bildet das „Great Game“ um Zentralasien, mit Afghanistan im Mittelpunkt. Hier steht vor allem die relative Aggressivität der beiden Kontrahenten zur Debatte. Einen Überblick gibt DAVID GILLARD, *Struggle*.

Den dritten Bereich intensiver kolonialer Rivalitäten bildete Ostasien, insbesondere China. Eine umfassende Einführung ist JÜRGEN OSTERHAMMEL, *China*.

Daneben beginnt sich die Forschung auch in stärkerem Maße einzelner Sachthemen im Gesamtbereich der europäischen Weltherrschaft anzunehmen, so etwa der Umweltfragen, bei ALFRED W. CROSBY, *Früchte*, und der „Werkzeuge des Imperialismus“, bei denen der Akzent je nachdem mehr auf technische, organisatorische oder medizinische Errungenschaften fällt. Eine Pionierstudie ist hier DANIEL HEADRICK, *Tools*.

Zu den Werkzeugen des Imperialismus gehört, zumindest in indirekter Form, auch die Wirtschaft. Im Umkreis dieses Themas ist es nun zu einer sowohl in der Geschichte der europäischen Expansion als auch in der allgemeinen europäischen Geschichte des 19. Jahrhunderts einmaligen Diskussion gekommen, die seit mindestens einem Jahrhundert anhält und nach den Ursachen des Imperialismus fragt, wobei häufig, mit einem etwas zu hochgestochenen Anspruch, von Imperialismustheorien die Rede ist. Das Phänomen ist deswegen interessant, weil keine vergleichbare Diskussion über den Gesamtprozess der europäischen Expansion geführt worden ist und wird. Die Eroberung Mexikos, Indiens oder Javas scheint nicht speziell erklärungsbedürftig und noch weniger theoriebedürftig oder -würdig zu sein, während die Aufteilung Afrikas und generell der Ausgriff der Europäer auf alle noch unverteilten Weltgegenden im späten 19. Jahrhundert Generationen von Gelehrten mit Theoriedisputen in Atem gehalten hat. Die Erklärung für diese Sonderstellung der Spätphase der europäischen Expansion, als die man die hier behandelte Zeit bezeichnen könnte, liegt weniger in der Wissenschaft als in der Politik, beginnt die Debatte doch mit Pamphleten, so wie die erste große Debatte im Zusammenhang der europäischen Expansion, der Streit um die spanischen Rechtstitel auf amerikanische Gebiete im 16. Jahrhundert, mit zeitgenössischen politischen Auseinandersetzungen begann. Am Ursprung der Imperialismusdebatte steht JOHN A. HOBSON, *Imperialismus*, ein 1902 aus der Opposition gegen den Burenkrieg heraus entstandenes Werk, das vor allem wirtschaftliche Zusammenhänge untersucht. Bis zum Ersten Weltkrieg blieb die Debatte eine politische Domäne, in der linke Kritik an kolonialem Abenteurertum dominierte. Den effektvollen Höhepunkt erreichte diese Richtung 1917 mit WLADIMIR I. LENINS berühmter Schrift *Der Imperialismus als höchstes Stadium des Kapitalismus*. Nach 1918 und vollends etwa seit den 1960er

Jahren nahm sich die historische Forschung des Themas an. Damit entstanden eine Fülle von Hypothesen, die die Hauptursachen bald stärker in der Wirtschaft oder in der Politik, bei den Europäern in Übersee oder in der Konkurrenz der europäischen Mächte oder im bonapartistischen Ziel der Ablenkung der Öffentlichkeit von heimischen Missständen sahen. Inzwischen existiert eine Reihe guter Einführungen in die vielfältigen Debatten, so etwa Wolfgang J. Mommsen, *Imperialismustheorien*, Hans-Ulrich Wehler (Hg.), *Imperialismus*; Roger Owen/Bob Sutcliffe (Hg.), *Imperialism*. Eine umfassende, bis 1972 reichende Bibliographie ist John P. Halstead/Serafino Porcari, *Imperialism*.

Der speziellere Aspekt der wirtschaftlichen Gesamtbilanz des Imperialismus und Kolonialismus ist ebenfalls seit Hobson diskutiert, in letzter Zeit aber vermehrt zum Gegenstand spezialisierter Untersuchung gemacht worden, freilich im wesentlichen nur für Großbritannien, das in Sachen Rentabilität der Kolonien eine Sonderrolle spielt. Auch hier wird der Natur der Sache nach nie ein endgültiges Ergebnis möglich sein. Einflussreich geworden ist Lance Davis/Robert Huttenback, *Mammon*; vgl. dazu auch Peter J. Cain/Anthony G. Hopkins, *Imperialism*, und, zusammenfassend, Avner Offner, *Costs*.

4.3.4.2 Der Weg zur Selbstzerstörung

Während die europäische Weltherrschaft zwar die Welt grundlegend umgestaltet hat, als eigentliche Herrschaft aber Episode geblieben ist, ist der Ausbruch des Ersten Weltkrieges für Europa ein traumatisches Erlebnis geblieben, bedeutet der Krieg doch bis heute den Beginn der europäischen Selbstzerstörung, die letztlich auch das Scheitern des Versuchs der Errichtung einer *Pax Europaea* in der Welt markiert. Es ist deswegen so gut wie unmöglich, die Geschichte der europäischen Staatenbeziehungen seit der Mitte des 19. Jahrhunderts nicht immer auch im Hinblick auf 1914 zu lesen. Diese Sichtweise ist durch die Kriegsschulddiskussion geprägt worden, die ihrerseits durch die Kriegsschuldzuschreibungen, die in den Friedensverträgen von 1919/20 enthalten waren, zwar nicht ausgelöst, aber intensiviert und verschärft wurde. Forschung zu außenpolitischen Fragen der hier behandelten Zeit ist also in der einen oder anderen Form stets auch, ob eingestanden oder nicht, ein Beitrag zur Kriegsschulddiskussion 1914. Ganz grob gesprochen war die Debatte in der Zwischenkriegszeit weitgehend national bestimmt, indem jeweils die Schuld des Gegners „nachgewiesen" wurde. Dem standen vereinzelt stärker ausgeglichene Positionen gegenüber, die sich auf Lloyd Georges berühmtes Wort, Europa sei in den Krieg „hineingeschlittert", stützten. Diese moderate, ausgleichende Sichtweise herrschte dann nach dem Zweiten Weltkrieg vor, als dessen „Entfesselung" durch Hitler mit dem „Ausbruch" des Krieges 1914 verglichen wurde. Um so größer war das Aufsehen, das Fritz Fischer 1962 erregte mit der These einer ganz überwiegenden deutschen Verantwortlichkeit, dass Deutschland den Krieg nicht nur in Kauf genommen, sondern bewusst ausgelöst habe. Diese These beschäftigte die deutsche Geschichtswissenschaft über Jahrzehnte (genauere Angaben bei Deutschland, S. 373), während sich die Geschichtsschreibung in anderen Ländern und Sprachen nur sporadisch an der Debatte beteiligte. Die Positionen glichen sich einander allmählich etwas an, ohne dass der Grundkonflikt über das Ausmaß der deutschen Verantwortlichkeit (über dem die komplexere Frage einer Politik mit einer Fülle von Akteuren etwas zugunsten der Konzentration auf eine Seite vernachlässigt wurde) wirklich gelöst worden wäre. Die Auffassungen und Meinungen schwanken auch heute noch zwischen dem allgemeinen Hineinschlittern und einer überwiegenden deutschen Verantwortlichkeit, aus der dann in vulgarisierter Form die Parallelisierung einer zweimaligen deutschen Auslösung eines Weltkrieges wird. Doch spielt sich die Diskussion heute nicht mehr, wie im unmittelbaren Anschluss an Fischers Thesen, in speziellen Untersuchungen ab, sondern sie erfolgt eher indirekt in größeren Werken, insbesondere zur deutschen Geschichte. Dabei lässt sich etwa auf die Differenzen zwischen HANS-ULRICH WEHLER, *Gesellschaftsgeschichte*, Bd. 3, und THOMAS NIPPERDEY, *Machtstaat*, hinweisen. Die Unterschiede zwischen diesen beiden Autoren verweisen außerdem auf eine Kontroverse, die die Geschichtsschreibung der internationalen Beziehungen in den letzten Jahrzehnten stark beeinflusst hat und in der Formel vom Primat der Außen- oder der Innenpolitik auf den Punkt gebracht worden ist. Der Streit war für die traditionelle außenpolitisch orientierte Geschichtsschreibung insofern nützlich, als er zu vermehrter Berücksichtigung der vielfältigen inneren Einflüsse auf die Außenpolitik führte, wobei nicht nur die Innenpolitik, sondern auch die Wirtschaft und die Kultur eine Rolle spielt, während die Grundsatzfrage nach dem Primat der einen oder der anderen Kraft dogmatischen Charakter hat, der dem pragmatischen Charakter der Geschichtswissenschaft, die sich an die Empirie zu halten hat, nicht gerecht wird. Welche Kräfte jeweils die entscheidenden sind, muss für jeden einzelnen Fall gesondert bestimmt werden.

Standardwerk zur Geschichte der internationalen Beziehungen ist das *Handbuch der Geschichte der internationalen Beziehungen*, von dem allerdings erst der erste für die hier behandelte Periode einschlägige Band erschienen ist: WINFRIED BAUMGART, *Europäisches Konzert und nationale Bewegung*. Übergreifende Gesamtdarstellungen der außenpolitischen Verhältnisse der Epoche umfassen häufig das gesamte Jahrhundert von 1815 bis 1914. IMANUEL GEISS, *Der lange Weg in die Katastrophe*, macht daraus explizit eine Vorgeschichte des Ersten Weltkriegs. Das ist weniger der Fall bei französischen und englischen Werken, etwa PIERRE RENOUVIN, *Relations internationales*, RENÉ GIRAULT, *Diplomatie*, oder FRANCIS R. BRIDGE/ROGER BULLEN, *Great Powers*. Ein, wenn auch eigenwilliger, Klassiker ist nach wie vor ALAN J.P. TAYLOR, *Struggle for mastery*. Einen nützlichen knappen Überblick über die großen Friedensschlüsse gibt WINFRIED BAUMGART, *Konzert*. Am ehesten vermögen sich von der Fixierung auf 1914 Werke mit allgemeinerer Fragestellung zu lösen. Besonders anregend sind hier PAUL KENNEDY, *Aufstieg und Fall*, sowie HENRY A. KISSINGER, *Vernunft*. Eine ausführliche Behandlung eines der beiden Hauptbündnisse bietet JÜRGEN ANGELOW, *Kalkül*. Einen guten Überblick über die kriegs- und militärgeschichtlichen Aspekte der europäischen Politik vermittelt GEOFFREY WAWRO, *Warfare and society*. Zum Rüstungswettlauf DAVID STEVENSON, *Armaments*.

Als ein im Grunde europäisch ausgerichtetes Werk hat auch KLAUS HILDEBRAND, *Das vergangene Reich*, zu gelten, das sich zwar auf Deutschland konzentriert, aber dessen Außenpolitik im europäischen Rahmen betrachtet.

5 Bibliographie

Die verzeichneten Werke werden in den allermeisten Fällen nur in einer Rubrik vermerkt. Dabei gelten folgende Kriterien:
- Werke, die einen Staat behandeln, sind grundsätzlich unter diesem eingereiht. In Ausnahmefällen werden sie außerdem bei einem der Sachkapitel genannt.
- Werke, die zwei Länder behandeln, werden in der Regel bei beiden genannt, vereinzelt außerdem bei einem Sachkapitel.
- Werke, die mehr als zwei Staaten behandeln, werden nur bei den Sachkapiteln eingereiht.

Spanisch schreibende Autoren sind mit dem ersten, portugiesisch schreibende mit dem letzten Nachnamen eingeordnet.

5.1 Gesamtdarstellungen

ANDERSON Matthew S.: The *ascendancy* of Europe 1815–1914. 2. Aufl., London 1985.

BELOFF Max u.a. (Hg.): *L'Europe* du XIXe et du XXe siècle (1870–1914). Problèmes et interprétations historiques. 2 Bde., Mailand 1962.

CRAIG Gordon A.: *Geschichte Europas* im 19. und 20. Jahrhundert. Bd. 1: Vom Wiener Kongreß bis zum Ausbruch des Ersten Weltkrieges 1815–1914. München 1978 (zuerst englisch 1974).

CROCE Benedetto: *Geschichte Europas im neunzehnten Jahrhundert*. O.O. [Frankfurt a.M] 1968 (Storia d'Europa nel secolo decimonono, 1932, deutsch von Karl Vossler und Richard Peters).

FUETER Eduard: *Weltgeschichte* der letzten hundert Jahre 1815–1920. Zürich 1921.

GALL Lothar: *Europa auf dem Weg in die Moderne* 1850–1890. 3. Aufl., München 1997.

GILDEA Robert: *Barricades* and borders. Europe 1800–1914. 2. Aufl., Oxford 1996.

HOBSBAWM Eric J.: Die *Blütezeit des Kapitals*. Eine Kulturgeschichte der Jahre 1848–1875. München 1977 (zuerst englisch 1975: The Age of Capital 1848–1875).

–: *Das imperiale Zeitalter 1875–1914*. Frankfurt a.M. 1995 (zuerst englisch 1987: The Age of Empire 1875–1914, deutsch von Udo Rennert).

JOLL James: *Europe since 1870*. An international history. 4. Aufl., London 1990.

NOLTE Paul: *1900*: Das Ende des 19. und der Beginn des 20. Jahrhunderts in sozialgeschichtlicher Perspektive. In: Geschichte in Wissenschaft und Unterricht 47 (1996), 281–300.

ROMEIN Jan: The *watershed* of two eras. Europe 1900. Aus dem Niederländischen von Arnold J. Pomerans. Middletown, Can. 1978 (zuerst 1962).
SCHIEDER Theodor (Hg.): *Handbuch* der europäischen Geschichte. Bd. 5–6, Stuttgart 1981 und 1968.
–: *Staatensystem* als Vormacht der Welt 1848–1918. Frankfurt a. M. 1977 (Propyläen Geschiche Europas Bd. 5).
SCHÖLLGEN Gregor: Das *Zeitalter des Imperialismus*. 4. Aufl., München 2000.
SOMBART Werner: *Der moderne Kapitalismus*. 2. Aufl., 3 Bde., Ndr. München 1981 (zuerst 1916–1927).
STONE Norman: *Europe transformed* 1878–1919. London 1983.
TOCQUEVILLE Alexis de: Über die *Demokratie* in Amerika. Aus dem Französischen v. Hans Zbinden. 2 Bde., Zürich 1987.
TROELTSCH Ernst: *Das Neunzehnte Jahrhundert*. In: Ders.: Aufsätze zur Geistesgeschichte und Religionssoziologie, Hg. Hans Baron, Tübingen 1925, 614–649 (zuerst 1913).

5.2 Hilfsmittel und Nachschlagewerke

Annuaire international de statistique, publié par l'office permanent de l'institut international de statistique. I. Etat de la population (Europe). Den Haag 1916. II. Mouvement de la population (Europe). Den Haag 1917.
BAUMGART Winfried: *Bücherverzeichnis* zur deutschen Geschichte. Hilfsmittel – Handbücher – Quellen. 12. Aufl., München 1997.
FLORA Peter u.a.: *State*, economy, and society in Western Europe 1815–1975. A data handbook. 2 Bde., Frankfurt a.M. 1983–1987.
Geschichtliche Grundbegriffe. Historisches Lexikon zur politisch-sozialen Sprache in Deutschland. Hg. Otto Brunner u.a. 8 Bde., Stuttgart 1972–1997.
MITCHELL Brian R.: International historical *statistics*. Europe 1750–1993. 4. Aufl., London 1998.
SUNDHAUSSEN Holm: Historische *Statistik* Serbiens 1834–1914. Mit europäischen Vergleichsdaten. München 1989.
The *Consolidated Treaty Series*. Hg. Clive Parry. 231 Bde., New York 1969–1981.

5.3 Großbritannien

The *agrarian history* of England and Wales. Hg. Joan Thirsk. Bd. VII: 1850–1914. Hg. E.J.T. Collins. Cambridge 2000.
BAINES Dudley: *Migration* in a mature economy. Emigration and internal migration in England and Wales, 1861–1900. Cambridge 1985.
BECKETT James Camlin: Geschichte *Irlands*. Dt. v. Behrend Finke. 4., erw. Aufl., bis zur Gegenwart fortgeführt von Karl H. Metz. Stuttgart 1997.
BENTLEY Michael: The climax of *liberal politics*. British liberalism in theory and practice 1868–1918. London 1987.
BERGHOFF Hartmut: *Vermögenseliten* in Deutschland und England vor 1914. Überlegungen zu einer vergleichenden Sozialgeschichte des Reichtums. In: Hartmut Berghoff/Dieter Ziegler (Hg.): Pionier und Nachzügler? Vergleichende Studien zur Ge-

schichte Großbritanniens und Deutschlands im Zeitalter der Industrialisierung. Festschrift für Sidney Pollard zum 70. Geburtstag, Bochum 1995, 281–308.

BEST Geoffrey: *Mid-Victorian Britain* 1851–1875. London 1971.

BROWN Kenneth D.: The English labour *movement* 1700–1951. Dublin 1982.

CAIN Peter J./HOPKINS Anthony G.: British *imperialism*: innovation and expansion 1688–1914. London 1993.

The *Cambridge History of the British Empire.* Hg. J. Holland Rose u.a. 8 Bde., Cambridge 1929–1959.

CANNADINE David: The *decline* and fall of the British aristocracy. New Haven 1990.

CHADWICK Owen: The Victorian *church.* 2 Bde., London 1966–1970.

CLEGG Hugh Armstrong u.a.: A history of British *trade unions* since 1889. Bd. 1: 1889–1910. Bd. 2: 1911–1933. Oxford 1964–1985.

COLEMAN Bruce: *Conservatism* and the Conservative Party in nineteenth-century Britain. London 1988.

CRAFTS Nicholas F.R.: British economic *growth* during the industrial revolution. Oxford 1985.

CROSSICK Geoffrey: La *bourgeoisie* britannique au 19e siècle. Recherches, approches, problématiques. In: Annales 53 (1998), 1089–1130.

DAVIS Lance E./HUTTENBACK Robert A.: *Mammon* and the pursuit of empire. The political economy of British imperialism, 1860–1912. Cambridge 1986.

DEANE Phyllis/COLE William A.: British economic *growth* 1688–1959. Trends and structure. Cambridge 1962.

DINTENFASS Michael: The *decline* of industrial Britain 1870–1980. London 1992.

EDELSTEIN Michael: *Overseas investment* in the age of high imperialism. The United Kingdom, 1850–1914. London 1982.

ELVERT Jürgen: Geschichte *Irlands.* München 1993.

FEUCHTWANGER Edgar J.: *Democracy and Empire.* Britain 1865–1914. London 1985 .

FINLAYSON Geoffrey: *Citizen,* state, and social welfare in Britain 1830–1990. Oxford 1994.

FLOUD Roderick: *The people and the British economy* 1830–1914. Oxford 1997.

FLOUD Roderick/MCCLOSKEY Donald (Hg.): The *economic history* of Britain. 2. Aufl., Bd. 1: 1700–1860. Bd. 2: 1860–1939. Cambridge 1994.

FLOUD Roderick/WACHTER Kenneth: *Height,* health and history. Nutritional status in the United Kingdom, 1750–1980. Cambridge 1990.

GADE Christel: *Gleichgewichtspolitik* oder Bündnispflege? Maximen britischer Außenpolitik (1909–1914). Göttingen 1997.

GASH Norman: *Aristocracy* and people. Britain 1815–1865. London 1979.

GILBERT Alan D.: *Religion* and society in industrial England. Church, Chapel and social change, 1740–1914. London 1976.

GREEN Ewen H.H.: The *crisis* of conservatism. The politics, economics and ideology of the British Conservative Party, 1880–1914. London 1995.

HARRIS José: Private *lives,* public spirit. A social history of Britain. Oxford 1993.

HARRISON Brian: The *transformation* of British politics 1860–1995. Oxford 1996.

HARRISON John F.C.: *Late Victorian Britain* 1870–1901. Glasgow 1990.

HARVIE Christopher: *Scotland* and nationalism. Scottish society and politics 1707–1994. 2. Aufl., New York 1994.

HINTON James: *Labour* and socialism. A history of the British labour movement 1867–1974. Amherst, Mass. 1983.

HOLTON Sandra: *Feminism* and democracy. Women's suffrage and reform politics in Britain. Cambridge 1986.

HOWE Anthony: *Free trade* and liberal England 1846–1946. Oxford 1997.

HUNT E.H.: British *labour history* 1815–1914. London 1981.

JOYCE Patrick: *Visions* of the people. Industrial England and the question of class 1848–1914. Cambridge 1991.

KENNEDY Paul M.: The rise of the Anglo-German *antagonism* 1860–1914. London 1980.

KINDLEBERGER, CHARLES P.: *Economic growth* in France and Britain 1851–1950. Cambridge, Mass. 1964.

KLUXEN Kurt: *Geschichte Englands.* Von den Anfängen bis zur Gegenwart. 2. Aufl., Stuttgart 1976.

LAYBOURN Keith: The rise of *Labour.* The British Labour Party 1890–1979. London 1988.

–: The *evolution* of British social policy and the welfare state c. 1800–1993. Keele 1995.

LUMMIS Trevor: The *Labour Aristocracy* 1851–1914. Aldershot 1994.

MCCORD Norman: British *History* 1815–1906. Oxford 1991.

MCKIBBIN Ross: The *ideologies* of class. Social relations in Britain 1880–1950. Oxford 1990.

MCLEOD Hugh: Religion and society in *England,* 1850–1914. New York 1996.

MACHIN George I.T.: *Politics* and the churches in Great Britain 1832 to 1868. Oxford 1977.

–: *Politics* and the churches in Great Britain 1869 to 1921. Oxford 1987.

MARES Detlev: *Abschied* vom Klassenbegriff? Viktorianische Arbeiterbewegung, politische Sozialgeschichte und linguistic turn in England. In: Neue Politische Literatur 42 (1997), 378–394.

MASSIE Robert K.: Die *Schalen des Zorns.* Großbritannien, Deutschland und das Heraufziehen des Ersten Weltkrieges. Deutsch von Walter Brumm. Frankfurt a.M. 1993.

MATTHEWS Robert C.O. u.a.: British economic *growth* 1856–1973. Oxford 1982.

MEACHAM Standish: *A life apart.* The English working class 1890–1914. London 1977.

METZ Karl Heinz: *Industrialisierung* und Sozialpolitik. Das Problem der sozialen Sicherheit in Großbritannien 1795–1911. Göttingen 1988.

MICHIE Ronald: The *finance* of innovation in late Victorian and Edwardian Britain: possibilities and constraints. In: Journal of European Economic History 17 (1988), 491–530.

MINGAY Gordon E.: *Land and society* in England 1750–1980. London 1994.

NEILSON Keith: *Britain and the last Tsar.* British policy and Russia 1894–1917. Oxford 1995.

NIEDHART Gottfried: Geschichte *England*s im 19. und 20. Jahrhundert. München 1987.

NORMAN Edward R.: *Church* and society in England 1770–1970. Oxford 1970.

O'BRIEN Patrick/KEYDER Caglar: Economic *growth* in Britain and France 1780–1914. Two paths to the twentieth century. London 1978.
O'BRIEN Patrick Karl: Path *dependency*, or why Britain became an industrialized and urbanized economy long before France. In: Economic History Review 49 (1996), 213–249.
The *Oxford History of the British Empire*. Hg. Wm. Roger Louis. Bd. 3–5, Oxford 1999.
PARRY Jonathan: The *rise* and fall of liberal government in Victorian Britain. New Haven 1993.
PARSONS Gerald (Hg.): *Religion* in Victorian Britain. 4 Bde., Manchester 1988.
PERKIN Joan: Women and marriage in nineteenth-century England. London 1989.
–: *Victorian women*. London 1993.
POLLARD Sidney: Capital *exports*, 1870–1914: harmful or beneficial? In: Economic History Review, Second Series 38 (1985), 489–514.
–: Britain's *prime* and Britain's decline. The British economy 1870–1914. London 1989.
PUGH Martin: *State* and society. British political and social history 1870–1992. London 1994.
READ Donald: *Edwardian England 1901–15*. Society and politics. London 1972.
–: England 1868–1914. The age of *urban democracy*. London 1979.
RITTER Gerhard A.: *Sozialversicherung* in Deutschland und England. Entstehung und Grundzüge im Vergleich. München 1983.
ROBERTS Elizabeth: *Women's work* 1840–1940. Basingstoke 1988.
ROSE Sonya O.: Limited *livelihoods*. Gender and class in nineteenth-century England. Berkeley 1992.
RUBINSTEIN William D.: *Capitalism*, culture, and decline in Britain 1750–1990. London 1993.
SAUL Samuel B.: The *myth* of the Great Depression, 1873–1896. London 1969.
SPIERS Edward M.: The *army* and society 1815–1914. London 1980.
STEINER Zara S.: *Britain* and the origins of the First World War. London 1977.
THOMAS Brinley: *Migration* and economic growth. A study of Great Britain and the Atlantic economy. Cambridge 1954.
THOMPSON Francis M.L. (Hg.): The Cambridge *social history* of Britain 1750–1950. 3 Bde., Cambridge 1990.
WEBB Robert K.: Modern *England*. From the eighteenth century to the present. 2. Aufl., London 1989.
WENDE Peter: Geschichte *Englands*. Stuttgart 1985.
WIENER Martin J.: English *culture* and the decline of the industrial spirit, 1850–1980. Cambridge 1981.

5.4 Frankreich

AGULHON Maurice: La *République*. L'élan fondateur et la grande blessure (1880–1932). Édition revue et augmentée, Paris 1990.
AGULHON Maurice (Hg.): La *ville* de l'âge industriel. Le cycle haussmannien. O.O. [Paris] 1983.

ALBERTINI Pierre: *L'École* en France XIXe – XXe siècle. De la maternelle à l'université. Paris 1992.
ALDRICH Robert: *Greater France*. A history of French overseas expansion. Basingstoke 1996.
ANDERSON Robert D.: *France* 1870–1914. Politics and society. London 1977.
ARMENGAUD André: La *population* française au XIXe siècle. 2. Aufl., Paris 1976.
ASSELAIN Jean-Charles: *Histoire économique* de la France du XVIIIe siècle à nos jours. Bd. 1, Paris 1984.
BELTRAN Alain/GRISET Pascal: La *croissance* économique de la France 1815–1914. Paris 1988.
BIRNBAUM Pierre (Hg.): La France de l'affaire *Dreyfus*. O.O. [Paris] 1994.
BON Frédéric: Les *élections* en France. Histoire et sociologie. Paris 1978.
BONNEFOUS Georges/BONNEFOUS Édouard: *Histoire politique* de la troisième République. 7 Bde., Paris 1956–1967.
BOUCHE Denis: Histoire de la *colonisation française*. Bd. 2: Flux et reflux (1815–1962). O.O. 1991.
BRAUDEL Fernand/LABROUSSE Ernest (Hg.): *Histoire économique* et sociale de la France. Tomes III-IV, Paris 1979.
–: *Wirtschaft* und Gesellschaft in Frankreich im Zeitalter der Industrialisierung. 1789–1880. 2 Bde, Frankfurt a.M. 1986–1988. (Gekürzte Übersetzung der Histoire économique et sociale de la France, Tome III.)
BREDIN Jean-Denis: *L'affaire*. Paris 1983.
BROGLIE Gabriel de: Le *XIXe siècle*. L'éclat et déclin de la France. Paris 1995.
BRUNET Jean-Paul: Histoire du *socialisme* en France (de 1871 à nos jours). Paris 1989.
CABANIS Danielle und André: La *société* française aux XIXe et XXe siècles. Histoire économique, sociale et politique. 2. Aufl., Toulouse 1991.
CARON François: *Histoire économique* de la France XIXe-XXe siècles. Paris 1981.
–: *Frankreich* im Zeitalter des Imperialismus 1851–1918. Stuttgart 1991. Aus dem Französischen von Renate Hack (La France des Patriotes de 1851 à 1918, Paris 1985).
CHARLE Christophe: *Histoire sociale* de la France au XIXe siècle. Paris 1991.
CHEVALLIER Jean-Jacques: Histoire des *institutions* et des régimes politiques de la France de 1789 à nos jours. 7. Aufl., Paris 1985.
CHEVALLIER Pierre: La *séparation* de l'église et de l'école. Jules Ferry et Léon XIII. Paris 1981.
CHOLVY Gérard: La *religion* en France de la fin du XVIIe à nos jours. Paris 1991.
CHOLVY Gérard/HILAIRE Yves-Marie: *Histoire religieuse* de la France contemporaine. Bd. 1: 1800–1880. Bd. 2: 1880–1930. Paris 1985–1986.
COLE Alistair/CAMPBELL Peter: French electoral systems and *elections* since 1789. Aldershot 1989.
CROUZET François (Hg.): The economic *development* of France since 1870. Aldershot 1993.
DEWERPE Alain: Le *monde du travail* en France 1800–1950. Paris 1989.
DUPÂQUIER Jacques (Hg.): Histoire de la *population* française. Bd. 3: De 1789 à 1914. Paris 1988.

DUPÂQUIER Jacques/KESSLER Denis (Hg.): La *société française* au XIXe siècle. Tradition, transition, transformations. Paris 1992 .

ERBE Michael: *Geschichte Frankreichs* von der Grossen Revolution bis zur Dritten Republik 1789–1884. Stuttgart 1982.

FUCHS Eckhardt/FUCHS Günther: „*J'accuse!*" Zur Affäre Dreyfus. Mainz 1994.

GARRIGUES Jean: Le *boulangisme*. Paris 1992.

GERHARD Ute: Die *Rechtsstellung* der Frauen in der bürgerlichen Gesellschaft des 19. Jahrhunderts. Frankreich und Deutschland im Vergleich. In: J. Kocka (Hg.), Bürgertum 1, 439–468.

GIBSON Ralph: A social history of French *Catholicism* 1789–1914. London 1989.

GODECHOT Jacques (Hg.): Les *constitutions* de la France depuis 1789. Paris 1970.

HALPÉRIN Jean-Louis: *Husbands*, wives, and judges in nineteenth-century France. In: W. Steinmetz (Hg.), Private law, 123–136.

HAUPT Heinz-Gerhard: *Sozialgeschichte* Frankreichs seit 1789. Frankfurt a.M. 1989.

–: Bemerkungen zum Vergleich staatlicher *Sozialpolitik* in Deutschland und Frankreich (1880–1920). In: Geschichte und Gesellschaft 22 (1996), 299–310.

HAUPT Heinz-Gerhard/HAUSEN Karin: Die Pariser *Kommune*. Erfolg und Scheitern einer Revolution. Frankfurt a.M. 1979.

HEYWOOD Colin: The development of the *French economy*, 1750–1914. Basingstoke 1992.

Histoire de la France coloniale. 3 Bde., Paris 1991.

IRVINE William D.: The *Boulanger Affair* reconsidered. Royalism, Boulangism, and the origins of the Radical Right in France. Oxford 1989.

JUILLARD Étienne (Hg.): Apogée et crise de la *civilisation paysanne* 1789–1914. O.O. [Paris] 1976 (=Georges Duby/Armand Wallon [Hg.]: Histoire de la France rurale, Bd. 3).

JULIEN Charles-André: Histoire de l'*Algérie* contemporaine. 2 Bde., Paris 1964–1979.

KENNAN George F.: Bismarcks europäisches System in der *Auflösung*. Die französisch-russische Annäherung. Frankfurt 1981 (zuerst englisch: The *decline* of Bismarck's European order. Franco-Russian relations 1875–1890, Princeton 1979).

–: The fateful *alliance*. France, Russia, and the coming of the First World War. New York 1984.

KINDLEBERGER Charles P.: Economic *growth* in France and Britain 1851–1950. Cambridge, Mass. 1964.

KOTT Sandrine: *Gemeinschaft* oder Solidarität? Unterschiedliche Modelle der französischen und deutschen Sozialpolitik am Ende des 19. Jahrhunderts. In: Geschichte und Gesellschaft 22 (1996), 311–330.

LATREILLE André/RÉMOND René: Histoire du *catholicisme* en France. Bd. 3: La période contemporaine. 2. Aufl., Paris 1964.

LE GOFF Jacques/RÉMOND René (Hg.): *Histoire de la France religieuse*. Bd. 3–4, Paris 1992.

LEFRANC Georges: Le *mouvement socialiste* sous la troisième république. 2 Bde., 2. Aufl., Paris 1977.

LEQUIN Yves u.a.: Histoire des *Français* XIXe-XXe siècles. 3 Bde., Paris 1983–1984.

LEVILLAIN Philippe: *Boulanger*, fossoyeur de la monarchie. O.O. [Paris] 1982.

Lévy-Leboyer Maurice/Bourguignon François: L'*économie* française au XIXe siècle: Analyse macroéconomique. Paris 1985 (auch englisch: The French economy in the nineteenth century: an essay in economic analysis, Cambridge 1990).
Lissagaray Prosper: Geschichte der Commune von 1871. Frankfurt a.M. 1971.
Maitron Jean: Le *mouvement anarchiste* en France. 2 Bde., O.O. 1975.
Marx Karl: Der achtzehnte *Brumaire* des Louis Bonaparte (1852). In: Karl Marx/Friedrich Engels: Werke, Bd. 8, Berlin 1969, 111–207.
Mayeur Françoise: Histoire générale de l'*enseignement* et de l'éducation en France. Bd. 3: De la Révolution à l'École républicaine. Paris 1981.
Mayeur Jean-Marie (Hg.): *L'histoire religieuse* de la France. 19e–20e siècles. Problèmes et méthodes. Paris 1975.
Mayeur Jean-Marie: La *vie politique* sous la troisième République 1870–1940. Paris 1984.
Mayeur Jean-Marie/Rebérioux Madeleine: The *Third Republic* from its origins to the Great War, 1871–1914. Cambridge 1984.
Miquel Pierre: *Le second empire*. Paris 1979.
–: La *troisième République*. O.O. [Paris] 1989.
Mollier Jean-Yves/George Jocelyne: *La plus longue des Républiques* 1870–1940. O.O. 1994.
Moulin Annie: Les *paysans* dans la société française de la Révolution à nos jours. 2., überarbeitete Aufl., o.O. [Paris] 1992.
Noiriel Gérard: Les *ouvriers* dans la société française XIXe-XXe siècle. Paris 1986.
Nord Philip: The *republican movement*. Struggles for democracy in nineteenth-century France. Cambridge, Mass. 1995.
O'Brien Patrick/Keyder Caglar: Economic *growth* in Britain and France 1780–1914. Two paths to the twentieth century. London 1978.
O'Brien Patrick Karl: *Path dependency*, or why Britain became an industrialized and urbanized economy long before France. In: Economic History Review 49 (1996), 213–249.
Ozouf Mona: *L'Ecole*, l'Eglise et la République 1871–1914. O.O. 1982.
Perrot Michelle: Les *ouvriers* en grève. France 1871–1890. 2 Bde., Paris 1974.
Plessis Alain: The rise and fall of the *Second Empire*, 1852–1871. Cambridge 1985 (aus dem Französischen von Jonathan Mandelbaum: De la fête impériale au mur des fédérés, Paris 1979).
Pluchon Pierre: Histoire de la *colonisation française*. 2 Bde., o.O. [Paris] 1991.
Price Roger: A *social history* of nineteenth-century France. New York 1987.
Prost Antoine: Histoire de l'*enseignement* en France 1800–1967. Paris 1968.
Rémond René: Les *droites* en France. Paris 1982.
–: L'*anticléricalisme* en France de 1815 à nos jours. Nouvelle édition, revue et augmentée. Paris 1999.
Schunck Peter: *Geschichte Frankreichs* von Heinrich IV. bis zur Gegenwart. München 1994.
Seager Frederic H.: The *Boulanger Affair*. Political crossroads of France 1886–1889. Ithaca N.Y. 1969.
Shorter Edward/Tilly Charles: *Strikes* in France 1830–1968. London 1974.

SIRINELLI Jean-François (Hg.): Histoire des *droites* en France. 3 Bde., o.O. [Paris] 1992.

SORIA Georges: *Grande histoire de la Commune*. 5 Bde. + Tafelbd., o.O. 1970.

THALHEIMER Siegfried (Hg.): Die Affäre *Dreyfus*. 2. Aufl., München 1986.

TOMBS Robert: The Paris *Commune* 1871. London 1991.

VERLEY Patrick: *L'industrialisation* 1830–1914. Paris 1989.

VOGEL Jakob: *Nationen im Gleichschritt*. Der Kult der „Nation in Waffen" in Deutschland und Frankreich, 1871–1914. Göttingen 1997.

WEBER Eugen: *Peasants* into Frenchmen. The modernization of rural France 1870–1914. London 1977.

WILLARD Claude: Geschichte der französischen *Arbeiterbewegung*. Eine Einführung. Frankfurt 1981 (Socialisme et communisme français, 1978, deutsch von Peter Schöffler).

WINOCK Michel: *Nationalisme*, antisémitisme et fascisme en France. Paris 1990.

ZELDIN Theodore: A history of French *passions* 1848–1945. 2 Bde., Oxford 1993 (zuerst 1973–1977).

5.5 Deutschland

ANDERSON Margaret Lavinia: The *Kulturkampf* and the course of German history. In: Central European History 19 (1986), 82–115.

–: *Practicing democracy*. Elections and political culture in imperial Germany. Princeton, N.J. 2000.

AUBIN Herman/ZORN Wolfgang (Hg.): *Handbuch* der deutschen Wirtschafts- und Sozialgeschichte. Bd. 2, Stuttgart 1976.

BALZER Brigitte: Die preußische *Polenpolitik* 1894–1908 und die Haltung der deutschen konservativen und liberalen Parteien (unter besonderer Berücksichtigung der Provinz Posen). Frankfurt a.M. 1990.

BERDING Helmut: Moderner *Antisemitismus* in Deutschland. Frankfurt a.M. 1988.

BERGHAHN Volker R.: *Imperial Germany*, 1871–1914. Economy, society, culture and politics. Providence, R.I. 1994.

BERGHOFF Hartmut: *Vermögenseliten* in Deutschland und England vor 1914. Überlegungen zu einer vergleichenden Sozialgeschichte des Reichtums. In: Hartmut BERGHOFF/Dieter ZIEGLER (Hg.): Pionier und Nachzügler? Vergleichende Studien zur Geschichte Großbritanniens und Deutschlands im Zeitalter der Industrialisierung. Festschrift für Sidney Pollard zum 70. Geburtstag, Bochum 1995, 281–308.

BLACKBOURN David: *Marpingen*. Apparitions of the Virgin Mary in Bismarckian Germany. Oxford 1993. Deutsch: Wenn ihr sie wieder seht, fragt wer sie sei. Marienerscheinungen in Marpingen. Aufstieg und Niedergang des deutschen Lourdes. Reinbek 1997.

BLACKBOURN David/ELEY Geoff: The *peculiarities* of German history. Bourgeois society and politics in nineteenth-century Germany. Oxford 1984.

BLASCHKE Olaf/KUHLEMANN Frank-Michael (Hg.): *Religion* im Kaiserreich. Milieus – Mentalitäten – Krisen. Gütersloh 1996.

BOEHLICH Walter (Hg.): Der Berliner *Antisemitismusstreit*. Frankfurt a.M. 1988.

BÖHME Helmut: Deutschlands Weg zur *Großmacht.* Studien zum Verhältnis von Wirtschaft und Staat während der Reichsgründungszeit. Köln 1966.

BÖHME Helmut (Hg.): Probleme der *Reichsgründungszeit* 1848–1879. Köln 1968.

BOLDT Hans: Deutsche *Verfassungsgeschichte.* Politische Strukturen und ihr Wandel. Bd. 2: Von 1806 bis zur Gegenwart. München 1990.

BORCHARDT Knut: Die *Industrielle Revolution* in Deutschland. München 1972.

BORN Karl Erich: *Wirtschafts- und Sozialgeschichte* des Deutschen Kaiserreichs (1867/71–1914). Stuttgart 1985.

BRANDT Harm-Hinrich: *Deutsche Geschichte 1850–1870.* Entscheidung über die Nation. Stuttgart 1999.

BRANDT Hartwig: Der lange Weg in die demokratische *Moderne.* Deutsche Verfassungsgeschichte von 1800 bis 1945. Darmstadt 1998.

BÜSCH Otto (Hg.): *Handbuch* der preußischen Geschichte. Bd. 2: Das 19. Jahrhundert und Große Themen der Geschichte Preußens. Berlin 1992.

CANNING Kathleen: *Language* of labour and gender. Female factory work in Germany, 1850–1914. Ithaca, N.Y. 1996.

CECIL Lamar: *Wilhelm II.* Bd. 1: Prince and Emperor, 1859–1900. Bd. 2: Emperor and Exile, 1900–1941. Chapel Hill 1989–1996.

CHICKERING Roger (Hg.): *Imperial Germany.* A historiographical companion. Westport, Conn. 1994.

CONZE Werner/ENGELHARDT Ulrich (Hg.): *Arbeiter* im Industrialisierungsprozess. Herkunft, Lage und Verhalten. Stuttgart 1979.

–: *Arbeiterexistenz* im 19. Jahrhundert. Lebensstandard und Lebensgestaltung deutscher Arbeiter und Handwerker. Stuttgart 1981.

DANN Otto: *Nation* und Nationalismus in Deutschland 1770–1990. München 1993.

Deutsch-jüdische Geschichte der Neuzeit. Hg. Michael A. Meyer. Bd. 2: Emanzipation und Akkulturation 1780–1870, von MICHAEL BRENNER u.a. München 1996. Bd. 3: Umstrittene Integration 1871–1918, von STEVEN M. LOWENSTEIN u.a., München 1997.

DOERING-MANTEUFFEL Anselm: Die *deutsche Frage* und das europäische Staatensystem 1815–1871. München 1993.

ENGELBERG Ernst: *Bismarck.* 2 Bde., Berlin 1985–1990.

EVANS Richard J.: Rethinking *German History.* Nineteenth-century Germany and the origins of the Third Reich. Boston 1987.

FEHRENBACH Elisabeth: *Verfassungsstaat* und Nationsbildung 1815–1871. München 1992.

FENSKE Hans: Deutsche *Parteiengeschichte.* Von den Anfängen bis zur Gegenwart. Paderborn 1994.

FISCHER Fritz: *Griff nach der Weltmacht.* Die Kriegszielpolitik des kaiserlichen Deutschland 1914/18. Düsseldorf 1961.

–: *Krieg der Illusionen.* Die deutsche Politik von 1911 bis 1914. Düsseldorf 1969.

FISCHER Wolfram u.a.: Sozialgeschichtliches *Arbeitsbuch.* Bd. 1. Materialien zur Statistik des Deutschen Bundes 1815–1870. München 1982.

FRÖHLICH Michael: *Imperialismus.* Deutsche Kolonial- und Weltpolitik 1880–1914. München 1994.

GALL Lothar: *Bismarck.* Der weisse Revolutionär. Frankfurt a.M. 1980.

GEINITZ Christian: *Kriegsfurcht* und Kampfbereitschaft. Das Augusterlebnis in Freiburg. Eine Studie zum Kriegsbeginn 1914. Essen 1998.

GERHARD Ute: Die *Rechtsstellung* der Frauen in der bürgerlichen Gesellschaft des 19. Jahrhunderts. Frankreich und Deutschland im Vergleich. In: J. Kocka (Hg.), Bürgertum 1, 439–468.

–: *Unerhört.* Die Geschichte der deutschen Frauenbewegung. Reinbek 1990.

–: Legal *particularism* and the complexity of women's rights in nineteenth-century Germany. In: W. STEINMETZ (Hg.), Private law 137–154.

GREBING Helga: *Arbeiterbewegung.* Sozialer Protest und kollektive Interessenvertretung bis 1914. München 1985.

–: Die deutsche *Arbeiterbewegung* zwischen Revolution, Reform und Etatismus. Mannheim 1993.

GREIVE Hermann: Geschichte des modernen *Antisemitismus* in Deutschland. Darmstadt 1983.

GRIMM Dieter: *Deutsche Verfassungsgeschichte* 1776–1866. Vom Beginn des modernen Verfassungsstaats bis zur Auflösung des Deutschen Bundes. Frankfurt a.M. 1988.

GRÜNDER Horst: Geschichte der deutschen *Kolonien.* Paderborn 1985.

HAHN Hans-Werner: Geschichte des Deutschen *Zollvereins.* Göttingen 1984.

HAMANN Richard/HERMAND Jost: *Deutsche Kunst und Kultur* von der Gründerzeit bis zum Expressionismus. 5 Bde., Berlin 1960–1975.

Handbuch der deutschen Bildungsgeschichte. Hg. Christa Berg u.a. Bd. 3–4, München 1987–1991.

HAUPT Heinz-Gerhard: *Bemerkungen* zum Vergleich staatlicher Sozialpolitik in Deutschland und Frankreich (1880–1920). In: Geschichte und Gesellschaft 22 (1996), 299–310.

HENNING Friedrich-Wilhelm: Die *Industrialisierung* in Deutschland 1800 bis 1914. 9. Aufl., Paderborn 1995.

–: Deutsche *Wirtschafts- und Sozialgeschichte* im 19. Jahrhundert. Paderborn 1996.

HENTSCHEL Volker: Geschichte der deutschen *Sozialpolitik* (1880–1980). Soziale Sicherung und kollektives Arbeitsrecht. Frankfurt a.M. 1983.

HILDEBRAND Klaus: *Deutsche Außenpolitik 1871–1918.* München 1989.

–: Das vergangene *Reich.* Deutsche Außenpolitik von Bismarck bis Hitler 1871–1945. Stuttgart 1995.

HOFFMANN Walther G.: Das *Wachstum* der deutschen Wirtschaft seit der Mitte des 19. Jahrhunderts. Berlin 1965.

HOHORST Gerd u.a.: Sozialgeschichtliches *Arbeitsbuch.* Materialien zur Geschichte des Kaiserreichs 1870–1914. München 1975.

HOLL Karl: *Pazifismus* in Deutschland. Frankfurt a.M. 1988.

HUBER Ernst Rudolf: Deutsche *Verfassungsgeschichte* seit 1789. Bd. 2–4, Stuttgart 1960–1969.

HUBER Ernst Rudolf (Hg.): *Dokumente* zur Deutschen Verfassungsgeschichte. Bd. 1–2, Stuttgart 1961–1964.

HUBER Ernst Rudolf/HUBER Wolfgang (Hg.): *Staat* und Kirche im 19. und 20. Jh. Dokumente zur Geschichte des deutschen Staatskirchenrechts. Bd. 2: Staat und Kirche im

Zeitalter des Hochkonstitutionalismus und des Kulturkampfs 1848–1890. Berlin 1976.

JANZ Oliver u.a. (Hg.): *Centralismo* e federalismo tra Otto e Novecento. Italia e Germania a confronto. Mailand 1997.

JESERICH Kurt G. A. u.a.: Deutsche *Verwaltungsgeschichte*. Bd. 2–3, Stuttgart 1983– 1984.

KAELBLE Hartmut: Soziale *Mobilität und Chancengleichheit* im 19. und 20. Jahrhundert. Deutschland im internationalen Vergleich. Göttingen 1983.

KENNEDY Paul M.: The rise of the Anglo-German *antagonism* 1860–1914. London 1980.

KIESEWETTER Hubert: *Industrielle Revolution* in Deutschland 1815–1914. Frankfurt a.M. 1989.

KOCKA Jürgen (Hg.): *Bürgertum* im 19. Jahrhundert. Deutschland im europäischen Vergleich. 3 Bde., München 1988.

KOTT Sandrine: *Gemeinschaft oder Solidarität?* Unterschiedliche Modelle der französischen und deutschen Sozialpolitik am Ende des 19. Jahrhunderts. In: Geschichte und Gesellschaft 22 (1996), 311–330.

KÜHNE Thomas: *Dreiklassenwahlrecht* und Wahlkultur in Preußen 1867–1914. Landtagswahlen zwischen korporativer Tradition und politischem Massenmarkt. Düsseldorf 1994.

LANGEWIESCHE Dieter: Das Deutsche *Kaiserreich* – Bemerkungen zur Diskussion über Parlamentarisierung und Demokratisierung Deutschlands. In: Archiv für Sozialgeschichte 19 (1979), 628–642.

–: *Liberalismus in Deutschland*. Frankfurt a.M. 1988.

LANGEWIESCHE Dieter (Hg.): *Liberalismus* im 19. Jahrhundert. Deutschland im europäischen Vergleich. Göttingen 1988.

LILL Rudolf (Hg.): Der *Kulturkampf*. Paderborn 1997.

LORENZ Chris: Beyond *good and evil?* The German Empire of 1871 and modern German historiography. In: Journal of Contemporary History 30 (1995), 729–765.

LOTH Wilfried: *Katholiken* im Kaiserreich. Der politische Katholizismus in der Krise des wilhelminischen Deutschlands. Düsseldorf 1984.

–: Das *Kaiserreich*. Obrigkeitsstaat und politische Mobilisierung. München 1996.

LUNDGREEN Peter: Sozialgeschichte der deutschen *Schule* im Überblick. Teil I: 1770–1918. Göttingen 1980.

LUTZ Heinrich: *Österreich-Ungarn* und die Gründung des Deutschen Reiches. Europäische Entscheidungen 1867–1871. Frankfurt a.M. 1979.

–: Zwischen *Habsburg* und Preußen. Deutschland 1815–1866. Berlin 1985.

MACHTAN Lothar (Hg.): Bismarcks *Sozialstaat*. Beiträge zur Geschichte der Sozialpolitik und zur sozialpolitischen Geschichtsschreibung. Frankfurt a.M. 1994.

MARSCHALCK Peter: Deutsche *Überseewanderung* im 19. Jahrhundert. Ein Beitrag zur soziologischen Theorie der Bevölkerung. Stuttgart 1973.

–: *Bevölkerungsgeschichte* Deutschlands im 19. und 20. Jahrhundert. Frankfurt a.M. 1984.

MASSIE Robert K.: Die *Schalen des Zorns*. Großbritannien, Deutschland und das Heraufziehen des Ersten Weltkrieges. Deutsch von Walter Brumm. Frankfurt a.M. 1993.

MAURER Trude: Die *Entwicklung* der jüdischen Minderheit in Deutschland (1780–1933). Neuere Forschungen und offene Fragen. Tübingen 1992.

MEINERT Ruth: Die *Entwicklung der Arbeitszeit* in der deutschen Industrie 1820–1956. Diss., Münster 1958.

MOMMSEN Wolfgang J.: Das *Ringen* um den nationalen Staat. Die Gründung und der innere Ausbau des Deutschen Reiches unter Otto von Bismarck 1850 bis 1890. Berlin 1993 (Propyläen Geschichte Deutschlands, Bd. 7,1).

–: *Bürgerstolz* und Weltmachtstreben. Deutschland unter Wilhelm II. Berlin 1995 (Propyläen Geschichte Deutschlands, Bd. 7,2).

NIPPERDEY Thomas: *Deutsche Geschichte* 1800–1866. Bürgerwelt und starker Staat. München 1983.

–: *Deutsche Geschichte* 1866–1918. Bd. 1: *Arbeitswelt* und Bürgergeist. München 1990. Bd. 2: *Machtstaat* vor der Demokratie. München 1992.

PFLANZE Otto: *Bismarck*. 2 Bde., München 1997–1998 (zuerst englisch: *Bismarck* and the development of Germany. 3 Bde., Princeton 1990), deutsch von Peter Hohlbrock.

PULZER Peter G.J.: Die *Entstehung* des politischen Antisemitismus in Deutschland und Österreich. Gütersloh 1966 (zuerst englisch, New York 1964).

RAUH Manfred: *Föderalismus* und Parlamentarismus im Wilhelminischen Reich. Düsseldorf 1973.

–: Die *Parlamentarisierung* des Deutschen Reiches. Düsseldorf 1977.

REIDEGELD Eckart: Staatliche *Sozialpolitik* in Deutschland. Historische Entwicklung und theoretische Analyse von den Ursprüngen bis 1918. Opladen 1996.

RITTER Gerhard: *Staatskunst* und Kriegshandwerk. Das Problem des „Militarismus" in Deutschland. 4 Bde., München 1954–1968.

RITTER Gerhard A.: Wahlgeschichtliches *Arbeitsbuch*. Materialien zur Statistik des Kaiserreiches 1871–1918. München 1980.

–: *Sozialversicherung* in Deutschland und England. Entstehung und Grundzüge im Vergleich. München 1983.

–: *Die* deutschen *Parteien* 1830–1914. Parteien und Gesellschaft im konstitutionellen Regierungssystem. Göttingen 1985.

RITTER Gerhard A. (Hg.): *Geschichte der Arbeiter und der Arbeiterbewegung* in Deutschland seit dem Ende des 18. Jahrhunderts. Bonn 1985–.

RITTER Gerhard A./TENFELDE Klaus: *Arbeiter* im Deutschen Kaiserreich 1871 bis 1914. Bonn 1992.

RÖHL John C.G.: *Wilhelm II*. Die Jugend des Kaisers 1859–1888. München 1993.

ROHE Karl: *Wahlen* und Wählertraditionen in Deutschland. Kulturelle Grundlagen deutscher Parteien und Parteiensysteme im 19. und 20. Jahrhundert. Frankfurt a.M. 1992.

ROHKRÄMER Thomas: Der *Militarismus* der „kleinen Leute". Die Kriegervereine im Deutschen Kaiserreich 1871–1914. München 1990.

ROSENBERG Hans: *Große Depression* und Bismarckzeit. Wirtschaftsablauf, Gesellschaft und Politik in Mitteleuropa. 3. Aufl., Berlin 1976 (zuerst 1967).

ROSS Ronald J.: The *failure of Bismarck's Kulturkampf*. Catholicism and state power in imperial Germany, 1871–1887. Washington 1998.

SCHIEDER Theodor/DEUERLEIN Ernst (Hg.): *Reichsgründung* 1870/71. Tatsachen – Kontroversen – Interpretationen. Stuttgart 1970.

SCHMÄDEKE Jürgen: *Wählerbewegung* im Wilhelminischen Deutschland. 2 Bde., Berlin 1995.
SCHÖLLGEN Gregor: Griff nach der *Weltmacht*? 25 Jahre Fischer-Kontroverse. In: Historisches Jahrbuch 106 (1986), 386–406.
SCHRÖDER Wilhelm Heinz: Die Entwicklung der *Arbeitszeit* im sekundären Sektor in Deutschland 1871 bis 1913. In: Technikgeschichte 47 (1980), 252–302.
SHEEHAN James J.: Der deutsche *Liberalismus*. Von den Anfängen im 18. Jahrhundert bis zum Ersten Weltkrieg 1770–1914. Aus dem Englischen von Karl Heinz Siber. München 1983.
SIEMANN Wolfram: *Gesellschaft* im Aufbruch. Deutschland 1849–1871. Frankfurt a.M. 1990.
–: Vom *Staatenbund* zum Nationalstaat. Deutschland 1806–1871. München 1995.
SMITH Helmut Walser: German *nationalism* and religious conflict. Culture, ideology, politics, 1870–1914. Princeton 1995.
SPERBER Jonathan: The Kaiser's *voters*. Electors and elections in Imperial Germany. Cambridge 1997.
–: *Kirchengeschichte* or the social and cultural history of religion. In: Neue Politische Literatur 43 (1998), 13–35.
SPREE Reinhard: *Wachstumstrends* und Konjunkturzyklen in der deutschen Wirtschaft von 1820 bis 1913. Quantitativer Rahmen für eine Konjunkturgeschichte des 19. Jahrhunderts. Göttingen 1978.
STÜRMER Michael: Das ruhelose *Reich*. Deutschland 1866–1918. Berlin 1983.
SYBEL Heinrich von: Die *Begründung* des Deutschen Reiches durch Wilhelm I. 3 Bde., Meersburg 1930 (zuerst 1889–1894).
TENFELDE Klaus/VOLKMANN Heinrich (Hg.): *Streik*. Zur Geschichte des Arbeitskampfes in Deutschland während der Industrialisierung. München 1981.
TENNSTEDT Florian: Sozialgeschichte der *Sozialpolitik* in Deutschland. Vom 18. Jahrhundert bis zum Ersten Weltkrieg. Göttingen 1981.
TILLY Richard H.: Vom *Zollverein* zum Industriestaat. Die wirtschaftlich-soziale Entwicklung Deutschlands 1834 bis 1914. München 1990.
ULLMANN Hans-Peter: *Interessenverbände* in Deutschland. Frankfurt a.M. 1988.
–: Das Deutsche *Kaiserreich* 1871–1918. Frankfurt a.M. 1995.
–: *Politik* im Deutschen Kaiserreich 1871–1918. München 1999.
ULLRICH Volker: Die nervöse *Großmacht*. Aufstieg und Untergang des deutschen Kaiserreichs 1871–1918. Frankfurt a.M. 1997.
VOGEL Jakob: *Nationen im Gleichschritt*. Der Kult der „Nation in Waffen" in Deutschland und Frankreich, 1871–1914. Göttingen 1997.
VOLKOV Shulamit: Die *Juden* in Deutschland 1780–1918. München 1994 .
WEBER, MAX: Der *Nationalstaat* und die Volkswirtschaftspolitik (1895). In: Ders., Politische Schriften, 1–25.
WEBER-KELLERMANN Ingeborg: *Frauenleben* im 19. Jahrhundert. Empire und Romantik, Biedermeier, Gründerzeit. München 1983.
WEHLER Hans-Ulrich: *Bismarck und der Imperialismus*. Köln 1969.
–: Das Deutsche *Kaiserreich* 1871–1918. 7. Aufl., Göttingen 1994 (zuerst 1973).
–: Deutsche *Gesellschaftsgeschichte*. Bd. 3: Von der „Deutschen Doppelrevolution" bis zum Beginn des Ersten Weltkriegs 1849–1914. München 1995.

ZORN Wolfgang: Wirtschafts- und sozialgeschichtliche Zusammenhänge der deutschen *Reichsgründungszeit* (1850–1879). In: Historische Zeitschrift 197 (1963), 318–342.

5.6 Österreich-Ungarn

BAUER Otto: Die *Nationalitätenfrage* und die Sozialdemokratie. [2. Aufl.,] Wien 1924 (1. Aufl. 1907).

BELLER Steven: Vienna and the Jews 1867–1938. A cultural history. Cambridge 1989. Deutsch von Marie Therese Pitner: *Wien und die Juden* 1867–1938. Wien 1993.

–: *Franz Joseph*. Eine Biographie. Übers. Ulrike Döcker. Wien 1997 (zuerst englisch 1996).

BÉRENGER Jean: L'*Autriche-Hongrie* 1815–1918. Paris 1994.

BERGER Peter (Hg.): Der österreichisch-ungarische *Ausgleich* von 1867. Vorgeschichte und Auswirkungen. Wien 1967.

BERNATZIK Edmund: Die österreichischen *Verfassungsgesetze* mit Erläuterungen. 2. Aufl., Wien 1911.

BLED Jean Paul: *Franz Joseph*. „Der letzte Monarch der alten Schule". Aus dem Französischen von Marie-Therese Pitner und Daniela Homan. Wien 1988.

BOYER John W.: *Culture* and political crisis in Vienna. Christian socialism in power, 1897–1918. Chicago 1995.

BRIDGE Francis R.: From *Sadowa* to Sarajevo. The foreign policy of Austria-Hungary, 1866–1914. London 1972.

–: The Habsburg Monarchy among the *Great Powers*, 1815–1918. New York 1990.

BURGER Hannelore: *Sprachenrecht* und Sprachgerechtigkeit im österreichischen Unterrichtswesen 1867–1918. Wien 1995.

DEÁK István: *Beyond nationalism*. A social and political history of the Habsburg officer corps, 1848–1918. New York 1990.

GALÁNTAI József: Der österreichisch-ungarische *Dualismus* 1867–1918. Wien 1990.

GLATZ Ferenc/MELVILLE Ralph (Hg.): *Gesellschaft*, Politik und Verwaltung in der Habsburgermonarchie 1830–1918. Stuttgart 1987.

GOOD David F: The *economic rise* of the Habsburg Empire, 1750–1914. Berkeley 1984.

HANÁK Peter (Hg.): Die *nationale Frage* in der Österreichisch-Ungarischen Monarchie 1900–1918. Budapest 1966.

HANÁK Peter: *Ungarn* in der Donaumonarchie. Probleme der bürgerlichen Umgestaltung eines Vielvölkerstaates. Wien 1984.

HANISCH Ernst: Der lange *Schatten* des Staates. Österreichische Gesellschaftsgeschichte im 20. Jahrhundert. Wien 1994.

HANTSCH Hugo: Die *Nationalitätenfrage* im alten Österreich. Das Problem der konstruktiven Reichsgestaltung. Wien 1953.

–: Die *Geschichte Österreichs*. Bd. 2 [1648–1918], 4. Aufl., Graz 1968.

HOENSCH Jörg K.: Geschichte *Ungarns* 1867–1983. Stuttgart 1984.

HORVATH Traude/NEYER Gerda (Hg.): *Auswanderungen* aus Österreich. Von der Mitte des 19. Jahrhunderts bis zur Gegenwart. Mit einer umfassenden Bibliographie zur österreichischen Migrationsgeschichte. Wien 1996.

JÁSZI Oscar: The *dissolution* of the Habsburg Monarchy. Chicago 1971 (zuerst 1929).

JELAVICH Barbara: *Modern Austria*. Empire and Republic, 1815–1986. Cambridge 1987.

JOHNSTON William M.: Österreichische *Kultur- und Geistesgeschichte*. Gesellschaft und Ideen im Donauraum 1848 bis 1938. 3. Aufl., Wien 1992 (zuerst englisch 1972).

KANN Robert A.: Das *Nationalitätenproblem* der Habsburgermonarchie. Geschichte und Ideengehalt der nationalen Bestrebungen vom Vormärz bis zur Auflösung im Jahre 1918. Aus dem Englischen von Marianne Schön. 2. Aufl., Graz 1964.

–: *Geschichte* des Habsburgerreiches 1526–1918. 3. Aufl., Wien 1993 (aus dem Englischen von Dorothea Winkler).

KANN Robert A./DAVID Zdenek V.: The *peoples* of the eastern Habsburg lands, 1526–1918. Seattle 1984.

KOMLOS John: The Habsburg Monarchy as a *customs union*. Economic development in Austria-Hungary in the nineteenth century. Princeton 1983.

KONRAD Helmut: *Nationalismus und Internationalismus*. Die österreichische Arbeiterbewegung vor dem Ersten Weltkrieg. Wien 1976.

LUTZ Heinrich: *Österreich-Ungarn* und die Gründung des Deutschen Reiches. Europäische Entscheidungen 1867–1871. Frankfurt a.M. 1979.

–: Zwischen *Habsburg und Preußen*. Deutschland 1815–1866. Berlin 1985.

MCCAGG JR. William O.: A history of *Habsburg Jews*, 1670–1918. Bloomington 1989.

MATIS Herbert: Österreichs *Wirtschaft* 1848–1913. Konjunkturelle Dynamik und gesellschaftlicher Wandel im Zeitalter Franz Josephs I. Berlin 1972.

MAYER Theodor (Hg.): Der österreichisch-ungarische *Ausgleich* von 1867. Seine Grundlagen und Auswirkungen. München 1968.

MOMMSEN Hans: Die *Sozialdemokratie und die Nationalitätenfrage* im habsburgischen Vielvölkerstaat. I. Das Ringen um die supranationale Integration der zisleithanischen Arbeiterbewegung (1867–1907). Wien 1963 [mehr nicht erschienen].

PALMER Alan: *Verfall und Untergang des Osmanischen Reiches*. München 1994 (zuerst englisch 1992).

–: *Twilight* of the Habsburgs. The life and times of Emperor Francis Joseph. London 1994.

POPOVICI Aurel C.: Die Vereinigten Staaten von Groß-Österreich. Wien 1906.

PULZER Peter G.J.: Die *Entstehung* des politischen Antisemitismus in Deutschland und Österreich. Gütersloh 1966 (zuerst englisch, New York 1964).

RENNER Karl: Das *Selbstbestimmungsrecht* der Nationen in besonderer Anwendung auf Österreich. Zugleich zweite, vollständig umgearbeitete Auflage von des Verfassers Buch „Der Kampf der österreichischen Nationen um den Staat. Erster Teil: Nation und Staat". Leipzig 1918.

ROBERTSON Ritchie/TIMMS Edward (Hg.): The *Habsburg legacy*. National identity in historial perspective. Edinburgh 1994.

ROZENBLIT Marsha L.: The *Jews of Vienna*, 1867–1914: assimilation and identity. Albany 1983.

RUMPLER Helmut: Eine Chance für *Mitteleuropa*. Bürgerliche Emanzipation und Staatsverfall in der Habsburgermonarchie. Wien 1997.

SKED Alan: The decline and fall of the *Habsburg* Empire 1815–1918. London 1989 (deutsch: Der Fall des Hauses Habsburg, Berlin 1993).

UCAKAR Karl: *Demokratie* und Wahlrecht in Österreich. Zur Entwicklung von politischer Partizipation und staatlicher Legitimationspolitik. Wien 1985.
VANTUCH Anton/HOLOTÍK L'udovít (Hg.): Der österreichisch-ungarische *Ausgleich* 1867. Bratislava 1971.
WANDRUSZKA Adam u.a. (Hg.): Die Donaumonarchie und die *südslawische Frage* von 1848 bis 1918. Wien 1978.
WANDRUSZKA Adam/URBANITSCH Peter (Hg.): Die *Habsburgermonarchie* 1848–1914. Bisher 7 Bde., Wien 1973–2000.
WILLIAMSON Samuel R., Jr.: Austria-Hungary and the *origins* of the First World War. New York 1991.
ZÖLLNER Erich: *Geschichte Österreichs.* Von den Anfängen bis zur Gegenwart. 4. Aufl., München 1970.

5.7 Russland

ALAPURO Risto: *State* and revolution *in Finland.* Berkeley 1988.
ALSTON Patrick L: *Education* and the State in Tsarist Russia. Stanford 1969.
AMBURGER Erik: Geschichte der *Behördenorganisation* Rußlands von Peter dem Großen bis 1917. Leiden 1966.
ASCHER Abraham: The *Revolution* of 1905. Russia in disarray. Stanford 1988.
BABEROWSKI Jörg: Das *Justizwesen* im späten Zarenreich 1864–1914. Zum Problem von Rechtsstaatlichkeit, politischer Justiz und Rückständigkeit in Rußland. In: Zeitschrift für Neuere Rechtsgeschichte 13 (1991), 156–172.
–: *Autokratie* und Justiz. Zum Verhältnis von Rechtsstaatlichkeit und Rückständigkeit im ausgehenden Zarenreich 1864–1914. Frankfurt a.M. 1996.
BECKER Seymour: *Nobility* and privilege in late imperial Russia. DeKalb 1985.
BEYRAU Dietrich: *Militär* und Gesellschaft im vorrevolutionären Rußland. Köln 1984.
BEYRAU Dietrich u.a. (Hg.): *Reformen* im Rußland des 19. und 20. Jahrhunderts. Westliche Modelle und russische Erfahrungen. Frankfurt a.M. 1996.
BONWETSCH Bernd: *Handelspolitik* und Industrialisierung. Zur außenwirtschaftlichen Abhängigkeit Rußlands 1890–1914. In: D. Geyer (Hg.): Wirtschaft und Gesellschaft, 277–299.
–: Die *russische Revolution* 1917. Eine Sozialgeschichte von der Bauernbefreiung 1861 bis zum Oktoberumsturz. Darmstadt 1991.
BROOKS Jeffrey: When *Russia* learned to read. Literacy and popular literature, 1861–1917. Princeton 1985.
BROWER Daniel R.: The Russian *city* between tradition and modernity, 1850–1900. Berkeley 1990.
CRISP Olga/EDMONDSON Linda (Hg.): *Civil rights* in imperial Russia. Oxford 1989.
EKLOF Ben: *Ways of seeing*: recent Anglo-American studies of the Russian peasant (1862–1914). In: Jahrbücher für Geschichte Osteuropas 36 (1988), 57–79.
EKLOF Ben u. a. (Hg.): Russia's *great reforms,* 1855–1881. Bloomington 1994.
EMMONS Terence/VUCINICH Wayne S. (Hg.): The *zemstvo* in Russia. An experiment in local self-government. Cambridge 1982.

FALKUS Malcolm E.: The *industrialisation* of Russia, 1700–1914. London 1972.
FEDOR Thomas Stanley: Patterns of *urban growth* in the Russian Empire during the nineteenth century. Chicago 1975.
FIESELER Beate: The making of Russian female *social democrats*, 1890–1917. In: International Review of Social History 34 (1989), 193–226.
FORSYTH James: A history of the peoples of *Siberia*. Cambridge 1992.
FRANK Stephen P.: *Crime*, cultural conflict, and justice in rural Russia, 1856–1914. Berkeley 1999.
FULLER William C., Jr.: Civil-military *conflict in imperial Russia* 1881–1914. Princeton 1985.
–: *Strategy* and power in Russia 1600–1914. New York 1992.
GATRELL Peter: The Tsarist *economy* 1850–1917. London 1986.
–: *Government*, industry and rearmament in Russia, 1900–1914. The last argument of Tsarism. Cambridge 1994.
GEIFMAN Anna: *Thou shalt kill*. Revolutionary terrorism in Russia, 1894–1917. Princeton 1993.
GERSCHENKRON Alexander: *Russia: patterns* and problems of economic development, 1861–1958. In: Ders.: Economic backwardness, 119–151.
–: *Agrarian policies* and industrialization, Russia 1861–1917. In: Cambridge Economic History of Europe, Bd. 6,2 (Cambridge 1966), 706–800.
GEYER Dietrich (Hg.): *Wirtschaft* und Gesellschaft im vorrevolutionären Rußland. Köln 1975.
GEYER Dietrich: Der russische *Imperialismus*. Studien über den Zusammenhang von innerer und auswärtiger Politik 1860–1914. Göttingen 1977.
GITELMAN Zvi: A century of *ambivalence*. The Jews of Russia and the Soviet Union, 1881 to the present. New York 1988.
GOODING John: *Rulers and subjects*. Government and people in Russia 1801–1991. London 1996.
GREGORY Paul R.: Russian *national income*, 1885–1913. Cambridge 1982.
–: Before *command*. An economic history of Russia from emancipation to the first five-year plan. Princeton 1994.
GRENZER Andreas: *Adel und Landbesitz* im ausgehenden Zarenreich. Der russische Landadel zwischen Selbstbehauptung und Anpassung nach Aufhebung der Leibeigenschaft. Stuttgart 1995.
GUROFF Gregory/STARR Frederick S.: Zum Abbau des *Analphabetismus* in den russischen Städten 1890–1914. In: Geyer, Dietrich (Hg.),: *Wirtschaft und Gesellschaft*, 333–346.
HABERER Erich: *Jews* and revolution in nineteenth-century Russia. Cambridge 1995.
HAIMSON Leopold H. (Hg.): The politics of *rural Russia* 1905–1914. Bloomington 1976.
HAMBURG Gary M.: Politics of the Russian *nobility*, 1881–1905. New Brunswick 1984.
HAMM Michael F. (Hg.): The *city* in late imperial Russia. Bloomington 1986.
HAUMANN Heiko: *Geschichte* Rußlands. München 1996.
HAUMANN Heiko/PLAGGENBORG Stefan (Hg.): *Aufbruch* der Gesellschaft im verordneten Staat. Rußland in der Spätphase des Zarenreiches. Frankfurt a.M. 1994.

Hennessy Richard: The *agrarian question* in Russia 1905–1907. The inception of the Stolypin reform. Gießen 1977.

Hildermeier Manfred: Die *Sozialrevolutionäre Partei* Rußlands. Agrarsozialismus und Modernisierung im Zarenreich (1900–1914). Köln 1978.

–: Das *Privileg der Rückständigkeit.* Anmerkungen zum Wandel einer Interpretationsfigur der neueren russischen Geschichte. In: Historische Zeitschrift 244 (1987), 557–603.

–: Die Russische *Revolution* 1905–1921. Frankfurt a.M. 1989.

–: Der russische *Adel* von 1700 bis 1917. In: Wehler, Hans-Ulrich (Hg.): Europäischer Adel 1750–1950, Göttingen 1990, 166–216.

Hösch Edgar: *Geschichte Rußlands.* Vom Kiever Reich bis zum Zerfall des Sowjetimperialismus. Stuttgart 1996.

Hosking Geoffrey A.: The Russian *constitutional experiment.* Government and Duma, 1907–1914. Cambridge 1973.

Jelavich Barbara: *St. Petersburg* and Moscow. Tsarist and Soviet foreign policy, 1814–1974. Bloomington 1974.

–: *Russia and the formation of the Romanian national state* 1821–1878. Cambridge 1984.

–: Russia's Balkan *entanglements,* 1806–1914. Cambridge 1991.

Jutikkala Eino/Pirinen Kauko: *Geschichte Finnlands.* 2. Aufl., Stuttgart 1976.

Kaiser Friedhelm Barthold: Die russische *Justizreform* von 1864. Zur Geschichte der russischen Justiz von Katharina II. bis 1917. Leiden 1972.

Kappeler Andreas: Rußland als *Vielvölkerreich.* Entstehung – Geschichte – Zerfall. 2. Aufl., München 1993.

Keep John L.H.: *Soldiers* of the Tsar. Army and society in Russia 1462–1874. Oxford 1985.

Kennan George F.: Bismarcks europäisches System in der Auflösung. Die französisch-russische Annäherung. Frankfurt 1981 (zuerst englisch: The *decline* of Bismarck's European order. Franco-Russian relations 1875–1890, Princeton 1979).

–: The fateful *alliance.* France, Russia, and the coming of the First World War. New York 1984.

Kingston-Mann Esther/Mixter Timothy (Hg.): *Peasant economy,* culture, and politics of European Russia, 1800–1921. Princeton 1991.

Kusber Jan: *Krieg und Revolution* in Rußland 1904–1906. Das Militär im Verhältnis zu Wirtschaft, Autokratie und Gesellschaft. Stuttgart 1997.

Le Donne John P.: The Russian *Empire* and the world, 1900–1917. The geopolitics of expansion and containment. New York 1997.

Liessem Peter: Die *Todesstrafe* im späten Zarenreich: Rechtslage, Realität und öffentliche Diskussion. In: Jahrbücher für Geschichte Osteuropas 37 (1989), 492–523.

Lieven Dominic: Russia and the *origins* of the First World War. London 1983.

–: Russia's *rulers* under the old regime. New Haven 1989.

Lincoln William Bruce: The *great reforms.* Autocracy, bureaucracy, and the politics of change in imperial Russia. DeKalb 1990.

–: The *conquest* of a continent. Siberia and the Russians. London 1994.

Löwe Heinz-Dietrich: *Antisemitismus* und reaktionäre Utopie. Russischer Konservatismus im Kampf gegen den Wandel von Staat und Gesellschaft, 1890–1917. Hamburg 1978.

–: Die Lage der *Bauern* in Rußland 1880–1905. Wirtschaftliche und soziale Veränderungen in der ländlichen Gesellschaft des Zarenreiches. St.Katharinen 1987.

McClelland James C.: *Autocrats* and academics. Education, culture and society in Tsarist Russia. Chicago 1979.

Macey David A.: Government and *peasant* in Russia, 1861–1906. The prehistory of the Stolypin Reforms. DeKalb 1987.

Manning Roberta Thompson: The *crisis* of the old order in Russia. Gentry and government. Princeton 1982.

Moritsch Andreas: *Landwirtschaft* und Agrarpolitik in Rußland vor der Revolution. Wien 1986.

Müller Eberhard: *Agrarfrage* und Industrialisierung in Rußland, 1890–1930. In: Geschichte und Gesellschaft 5 (1979), 297–312.

Neilson Keith: *Britain* and the last Tsar. British policy and Russia 1894–1917. Oxford 1995.

Nötzold Jürgen: *Agrarfrage* und Industrialisierung am Vorabend des Ersten Weltkrieges. In: D. Geyer (Hg.): Wirtschaft und Gesellschaft, 228–251.

Pearson Thomas S.: Russian *officialdom* in crisis. Autocracy and local self-government, 1861–1900. Cambridge 1989.

Pipes Richard: *Rußland vor der Revolution*. Staat und Gesellschaft im Zarenreich. München 1977 (zuerst englisch 1974: Russia under the old regime, deutsch von Christian Spiel).

Puntila Lauri A.: The political history of *Finland* 1809–1966. Aus dem Finnischen von David Miller. London 1975.

Rawson Donald: The *death penalty* in late Tsarist Russia: an investigation of judicial procedures. In: Russian History 11 (1984), 29–52.

Rieber Alfred J.: The *historiography* of Imperial Russian foreign policy: a critical survey. In: Hugh Ragsdale (Hg.): Imperial *Russian policy*, Cambridge 1993, 360–443.

Robbins Richard G.: *Famine* in Russia 1891–1892. The imperial government responds to a crisis. New York 1975.

Robinson Geroid Tanquary: *Rural Russia* under the old régime. A history of the landlord-peasant world and a prologue to the peasant revolution of 1917. 6. Aufl., New York 1967 (zuerst 1932).

Rogger Hans: Russia in the age of *modernisation* and revolution 1881–1917. London 1983.

Saunders David: Russia in the age of *reaction* and reform 1801–1881. London 1992.

Scheibert Peter: Die russische *Agrarreform* von 1861. Ihre Probleme und der Stand ihrer Erforschung. Köln 1973.

Scherer Heinrich: Der Aufbruch aus der *Mangelgesellschaft*. Die Industrialisierung Rußlands unter dem Zarismus (1860 bis 1914). Gießen 1985.

Schramm Gottfried (Hg.): *Handbuch* der Geschichte Rußlands. Bd. 3. 1856–1945. Von den autokratischen Reformen zum Sowjetstaat. 2 Halbbände, Stuttgart 1983–1992.

Seton-Watson Hugh: The *decline* of imperial Russia 1855–1914. O.O. 1964 (zuerst 1952).

SHANIN Theodor: Russia as a *developing society*. The roots of otherness: Russia's turn of century, Bd. 1. Basingstoke 1985.
–: *Russia*, 1905–07. Revolution as a moment of truth. The roots of otherness: Russia's turn of century, Bd. 2. Basingstoke 1986.
SMOLITSCH Igor: Geschichte der russischen *Kirche* 1700–1917. 2 Bde. Leiden 1964/Berlin 1991.
STÖKL Günther: *Russische Geschichte*. Von den Anfängen bis zur Gegenwart. 2. Aufl., Stuttgart 1965.
THADEN Edward C.: *Russia* since 1801. The making of a new society. New York 1971.
VUCINICH Wayne S. (Hg.): The *peasant* in nineteenth-century Russia. Stanford 1968.
WALDRON Peter: The end of *imperial Russia*, 1855–1917. New York 1997.
WALKIN Jacob: The rise of *democracy* in pre-revolutionary Russia. Political and social institutions under the last three Czars. New York 1962.
WCISLO Francis William: Reforming *rural Russia*. State, local society, and national politics, 1855–1914. Princeton, N.J. 1990.
WEBER Max: Zur Lage der bürgerlichen *Demokratie* in Rußland (1906). In: Ders., Politische Schriften, 33–68.
–: Rußlands Übergang zum *Scheinkonstitutionalismus* (1906). In: Ders., Politische Schriften, 69–111.
WEEKS Theodore R.: *Nation* and state in late imperial Russia. Nationalism and russification on the western frontier, 1863–1914. DeKalb 1996.
WEISSMANN Neil B.: *Reform* in Tsarist Russia. The state bureaucracy and local government, 1900–1914. New Brunswick 1981.
WERTH German: Der *Krimkrieg*. Geburtsstunde der Weltmacht Rußland. Erlangen 1989.
WHEATCROFT Stephen G.: The 1891–92 *famine* in Russia: towards a more detailed analysis of its scale and demographic significance. In: Linda Edmondson/Peter Waldron (Hg.): Economy and society in Russia and the Soviet Union, 1860–1930, Basingstoke 1992, 44–64.
WOOD Alan (Hg.): The history of *Siberia*. From Russian conquest to revolution. London 1991.
WOROBEC Christine D.: *Peasant Russia*. Family and community in the post-emancipation period. Princeton 1991.
WUORINEN John H.: A history of *Finland*. New York 1965.
YANEY George L.: The systematization of Russian *government*. Social evolution in the domestic administration of imperial Russia, 1711–1905. Urbana 1973.
–: The *urge* to mobilize. Agrarian reform in Russia, 1861–1930. Urbana 1982.

5.8 Skandinavien

BRACHER Ulrich: *Geschichte* Skandinaviens. Stuttgart 1968.
DERRY Thomas K.: A history of *Scandinavia*. Norway, Sweden, Denmark, Finland and Iceland. London 1979.
FOL Jean-Jacques: Les *pays nordiques* aux XIXe et XXe siècles. Paris 1978.

GERHARDT Martin/HUBATSCH Walther: Deutschland und *Skandinavien* im Wandel der Jahrhunderte. Bonn 1950.
GRELL Detlef: Die *Auflösung* der Schwedisch-Norwegischen Union – 1905 – im Spiegel der Europäischen Großmachtspolitik. Unter besonderer Berücksichtigung der Akten des Auswärtigen Amtes. Essen 1988.
HORNBY Ove: *Dänemark,* Norwegen und Schweden 1850–1914. In: W. Fischer, Handbuch 5, 209–260.
IMHOF Arthur Erwin: *Grundzüge* der nordischen Geschichte. Darmstadt 1970.
JÖRBERG Lennart: Die industrielle *Revolution* in den nordischen Ländern 1850–1914. In: Carlo M. Cipolla/Knut Borchardt (Hg.), Wirtschaftsgeschichte 4, 237–307.
KIRBY David: The *Baltic world* 1772–1993. Europe's northern periphery in an age of change. London 1995.
MEAD William R.: An *historical geography* of Scandinavia. London 1981.
NORDSTROM Byron J. (Hg.): *Dictionary* of Scandinavian history. Westport, Conn. 1986.
ØSTERUD Øyvind: *Agrarian structure* and peasant politics in Scandinavia. A comparative study of rural response to economic change. Oslo 1978.
SALMON Patrick: *Scandinavia* and the great powers 1890–1940. Cambridge 1997.

5.9 Dänemark

FINDEISEN Jörg-Peter: *Dänemark* von den Anfängen bis zur Gegenwart. Regensburg 1999.
JONES Walton Glyn: *Denmark.* London 1970.
LAHME Hans-Norbert: *Sozialdemokratie* und Landarbeiter in Dänemark (1871–1900). Odense 1982.
LAURING Palle: *Geschichte Dänemarks.* Aus dem Dänischen von Olaf Klose, Neumünster 1964.
OAKLEY Stewart: The story of *Denmark.* London 1972.

5.10 Schweden

ANDER O. Fritiof: The building of modern *Sweden.* The reign of Gustav V 1907–1950. Rock Island, Ill. 1958.
ANDERSSON Ingvar: *Schwedische Geschichte.* Von den Anfängen bis zur Gegenwart. Aus dem Schwedischen von Ahasver von Brandt. München 1950 (zuerst 1943).
DUFNER Wolfram: *Geschichte Schwedens.* Stockholm 1967.
FINDEISEN Jörg-Peter: *Schweden.* Von den Anfängen bis zur Gegenwart. Regensburg 1997.
HECKSCHER Eli F.: An economic history of *Sweden.* Aus dem Schwedischen von Göran Ohlin. Cambridge, Mass. 1954.
JONUNG Lars/OHLSSON Rolf (Hg.): The *economic development* of Sweden since 1870. Cheltenham 1997.
LEWIN Leif: *Ideology and strategy.* A century of Swedish politics. Aus dem Schwedischen von Victor Kayfetz. Cambridge 1988.

MAGNUSSON Lars: An *economic history* of Sweden. London 2000.
METCALF Michael F. (Hg.): The *Riksdag*: a history of the Swedish Parliament. Stockholm 1987.
SCOTT Franklin D.: *Sweden*. The nation's history. Minneapolis 1977.
VERNEY Douglas V.: Parliamentary *reform* in Sweden 1866–1921. Oxford 1957.

5.11 Norwegen

BULL Edvard: *Sozialgeschichte* der norwegischen Demokratie. Stuttgart 1969.
DANIELSEN Rolf u.a.: *Norway*: a history from the Vikings to our own times. Oslo 1995.
DERRY Thomas K.: *Modern Norway* 1814–1972. Oxford 1973.
GERHARDT Martin: *Norwegische Geschichte*. 2. Aufl., bearb. v. Walther Hubatsch, Bonn 1963.
HODNE Fritz: An *economic history* of Norway 1815–1970. O.O. 1975.
JOHNSEN Oscar Albert: Norwegische *Wirtschaftsgeschichte*. Jena 1939.
LIEBERMAN Sima: The *industrialization* of Norway 1800–1920. Oslo 1970.
MIDGAARD John: A brief history *of Norway*. Oslo 1963.
POPPERWELL Ronald G.: *Norway*. London 1972.

5.12 Die Beneluxstaaten

ERBE Michael: *Belgien*, Niederlande, Luxemburg. Geschichte des niederländischen Raumes. Stuttgart 1993.
KOSSMANN Ernst Heinrich: De *Lage Landen* 1780–1980. Twee eeuwen Nederland en België. Bd. 1: 1780–1914. Amsterdam 1986 (englisch: The Low Countries 1780–1940, Oxford 1978).

5.13 Die Niederlande

Algemene Geschiedenis der Nederlanden. Hg. Jan A. van Houtte. Bd. 10–11, Utrecht 1955–1956.
Algemene Geschiedenis der Nederlanden. Hg. Dirk P. Blok u.a. Bd. 12–13, Haarlem 1977–1978.
BLOM J.C.H/LAMBERTS E. (Hg.): *Geschiedenis van de Nederlanden*. Rijswijk o.J.
BOS, R.W.J.M.: *Industrialization* and economic growth in the Netherlands during the nineteenth century: an integration of recent studies. In: Jan L. van Zanden (Hg.), Economic development of The Netherlands, 41–78.
BRUGMANS Izaak J.: *Paardenkracht* en Mensenmacht. Sociaal-economische Geschiedenis van Nederland 1795–1940. 2. Aufl., Den Haag 1969.
–: *Stapvoets voorwaarts*. Sociale geschiedenis van Nederland in de negentiende eeuw. Bussum. o.J.
GOOR Jurrien van: De *Nederlandse Koloniën*. Geschiedenis von de Nederlandse expansie 1600–1975. Den Haag o.J. [ca. 1993/94].
JONG EDZ. Fr. de: Om de plaats van de *arbeid*. Een geschiedkundig overzicht van ont-

staan en ontwikkeling van het Nederlands Verbond van Vakverenigingen. Amsterdam 1956.
JONGE Jan A. de: De *industrialisatie* in Nederland tussen 1850 en 1914. Amsterdam 1968.
LADEMACHER Horst: *Literaturbericht* über die Geschichte der Niederlande (Allgemeines und Neuzeit). Veröffentlichungen 1945–1970. In: Historische Zeitschrift, Sonderheft 5 (München 1973), 9–117.
–: *Geschichte der Niederlande*. Politik – Verfassung – Wirtschaft. Darmstadt 1983.
–: Die *Niederlande*. Politische Kultur zwischen Individualität und Anpassung. Berlin 1993.
RAALTE Ernst van: Het Nederlandse Parlement. 4. Aufl., Den Haag 1966 (englisch: The *Parliament* of the Kingdom of the Netherlands, London 1959).
RUPPERT Marinus: De Nederlandse *Vakbeweging*. 2 Bde., Haarlem 1953.
VANDENBOSCH Amry: Dutch *foreign policy* since 1815. A study in small power politics. Den Haag 1959.
VOORHOEVE Joris J.C.: *Peace*, profits and principles. A study of Dutch foreign policy. Den Haag 1979.
WEDEMA Steven: *„Ethiek“* und Macht. Die niederländisch-indische Kolonialverwaltung und indonesische Emanzipationsbestrebungen 1901–1927. Stuttgart 1998.
ZAHN Ernest: Das unbekannte *Holland*. Regenten, Rebellen und Reformatoren. München 1993.
ZANDEN Jan Luiten van (Hg.): The economic *development* of the Netherlands since 1870. Cheltenham 1996.

5.14 Belgien

CHLEPNER Ben-Serge: Cent ans d'*histoire sociale* en Belgique. 4. Aufl., Brüssel o.J. [1972] (zuerst 1956).
EENOO Romain van: De evolutie van de *kieswetgeving* in België van 1830 tot 1919. In: Tijdschrift voor Geschiedenis 92 (1979), 333–352.
ELIAS Hendrik J.: Geschiedenis van de *vlaamse gedachte*. 2. Aufl., 4 Bde., Antwerpen 1970–1971.
GILISSEN John: Le *régime représentatif* en Belgique depuis 1790. Brüssel 1958.
HILDEN Patricia Penn: *Women, work, and politics*. Belgium, 1830–1914. Oxford 1993.
KURGAN-VAN HENTENRYK Ginette (Hg.): Un *pays* si tranquille. La violence en Belgique au XIXe siècle. Brüssel 1999.
LADEMACHER Horst: Die belgische *Neutralität* als Problem der europäischen Politik 1830–1914. Bonn 1971.
LUYKX Theo: *Politieke geschiedenis* van België van 1789 tot heden. Brüssel 1964.
PIRENNE Henri: Histoire de *Belgique*. Bd. 7: De la révolution de 1830 à la guerre de 1914. Brüssel 1932.
STRIKWERDA Carl: *A house divided*. Catholics, Socialists, and Flemish nationalists in nineteenth-century Belgium. Lanham 1997.
VAN DER WEE Herman/BLOMME Jan (Hg.): The *economic development* of Belgium since 1870. Cheltenham 1997.

VELTHOVEN Harry: De *vlaamse kwestie* 1830–1914. Macht en onmacht van de vlaamsgezindheden. Kortrijk 1982.

WILLEMSEN Arie W.: De *Vlaamse beweging*. Bd. I: Van 1830 tot 1914. Hasselt 1974.

WITTE Els/CRAEYBECKX Jan: La *Belgique* politique de 1830 à nos jours. Les tensions d'une démocratie bourgeoise. Aus dem Niederländischen von Serge Govaert. Brüssel 1987.

ZOLBERG Aristide R.: The making of *Flemings* and Walloons: Belgium: 1830–1914. In: Journal of Interdisciplinary History 5 (1974/75), 179–235.

5.15 Luxemburg

CALMES Christian: *Gründung* und Werden eines Landes. 1815 bis heute. Zeitgenössische Geschichte Luxemburgs Bd. XII. Deutsch von Ingeborg Kuhn-Régnier. Luxemburg 1989.

NEWCOMER James: The Grand Duchy of *Luxembourg*. The evolution of nationhood 963 A.D. to 1983. Lanham 1984.

POHL Hans: *Grundzüge* der Wirtschaftsgeschichte Luxemburgs von der zweiten Hälfte des 19. Jahrhunderts bis in die 1920er Jahre. In: Vierteljahrschrift für Sozial- und Wirtschaftsgeschichte 86 (1999), 309–342.

TRAUSCH Gilbert: Le *Luxembourg* à l'époque contemporaine (du partage de 1839 à nos jours). 2. Aufl., Luxemburg 1981.

TREITSCHKE Heinrich von: *Luxemburg* und das Deutsche Reich. In: Ders., Aufsätze, Reden und Briefe, Hg. Karl Martin Schiller, Bd. 3, Schriften und Reden zur Zeitgeschichte I, Meersburg 1929, 502–507 (zuerst 1870).

5.16 Die Schweiz

ALTERMATT Urs: Der Weg der Schweizer Katholiken ins *Ghetto*. Die Entstehungsgeschichte der nationalen Volksorganisationen im Schweizer Katholizismus 1848–1919. 3. Aufl., Zürich 1995.

ALTERMATT Urs u.a. (Hg.): Die *Konstruktion* einer Nation. Nation und Nationalisierung in der Schweiz, 18.–20. Jahrhundert. Zürich 1998.

ARLETTAZ Gérald: L'*émigration* suisse outre-mer de 1815 à 1920. In: Studien und Quellen 1 (Bern 1975), 31–95.

BAIROCH Paul: Le volume des *exportations* de la Suisse de 1851 à 1975. In: Schweizerische Zeitschrift für Geschichte 28 (1978), 29–50.

BEHRENDT Richard: Die Schweiz und der *Imperialismus*. Die Volkswirtschaft des hochkapitalistischen Kleinstaates im Zeitalter des politischen und ökonomischen Nationalismus. Phil. Diss. Basel, Zürich 1932.

BERGIER Jean-François: *Wirtschaftsgeschichte* der Schweiz. Von den Anfängen bis zur Gegenwart. 2. Aufl., Zürich 1990.

BICKEL Wilhelm: *Bevölkerungsgeschichte* und Bevölkerungspolitik der Schweiz seit dem Ausgang des Mittelalters. Zürich 1947.

FUETER Eduard: Die *Schweiz* seit 1848. Geschichte – Politik – Wirtschaft. Zürich 1928.

Greyerz Hans von: Der *Bundesstaat* seit 1848. In: Handbuch der Schweizer Geschichte, Bd. 2, Zürich 1977, 1019–1267.

Gruner Erich: Die *Arbeiter* in der Schweiz im 19. Jahrhundert. Soziale Lage, Organisation, Verhältnis zu Arbeitgeber und Staat. Bern 1968.

–: Die *Parteien* in der Schweiz. 2. Aufl., Bern 1977.

Gruner Erich u.a.: Die *Wahlen* in den schweizerischen Nationalrat 1848–1919. 3 Bde., Bern 1978.

–: *Arbeiterschaft* und Wirtschaft in der Schweiz 1880–1914. Soziale Lage, Organisation und Kämpfe von Arbeitern und Unternehmern, politische Organisation und Sozialpolitik. 3 Bde., Zürich 1987–1988.

Himmel Ernst: Industrielle *Kapitalanlagen* der Schweiz im Ausland. Diss. Zürich 1922, Langensalza 1922.

Historische Statistik der Schweiz. Unter der Leitung von Hansjörg Siegenthaler herausgegeben von Heiner Ritzmann-Blickenstorfer. Zürich 1996.

Im Hof Ulrich: Die *Viersprachigkeit* der Schweiz als Minoritätenproblem des 19. und 20. Jahrhunderts. In: Beat Junker u.a. (Hg.): Geschichte und Politische Wissenschaft. Festschrift für Erich Gruner zum 60. Geburtstag, Bern 1975, 57–76.

–: *Geschichte der Schweiz.* 5. verb. u. erw. Aufl., Stuttgart 1991.

Kästli Tobias: Die *Schweiz* – eine Republik in Europa. Geschichte des Nationalstaats seit 1798. Zürich 1998.

Landmann Julius: Der schweizerische *Kapitalexport.* In: Zeitschrift für schweizerische Statistik und Volkswirtschaft 52 (1916), 389–415.

Mesmer Beatrix: *Ausgeklammert* – Eingeklammert. Frauen und Frauenorganisationen in der Schweiz des 19. Jahrhunderts. Basel 1988.

Pfister Rudolf: *Kirchengeschichte* der Schweiz. Bd. 3, 1720–1950. Zürich 1985.

Ritzmann-Blickenstorfer Heiner: Alternative *Neue Welt.* Die Ursachen der schweizerischen Überseeauswanderung im 19. und frühen 20. Jahrhundert. Zürich 1997.

Ruffieux Roland: Die *Schweiz* des Freisinns (1848–1914). In: Geschichte der Schweiz und der Schweizer, Basel 1986, 639–730.

Schaffner Martin: Die *demokratische Bewegung* der 1860er Jahre. Beschreibung und Erklärung der Zürcher Volksbewegung von 1867. Basel 1982.

Stadler Peter: Der *Kulturkampf* in der Schweiz. Eidgenossenschaft und katholische Kirche im europäischen Umkreis 1848–1888. 2. Aufl., Zürich 1996.

Suter Stefan: *Guillotine* oder Zuchthaus? Die Abschaffung der Todesstrafe in der Schweiz. Basel 1997.

Tanner Albert: Arbeitsame *Patrioten* – wohlanständige Damen. Bürgertum und Bürgerlichkeit in der Schweiz 1830–1914. Zürich 1995.

Vischer Lukas u.a. (Hg.): Ökumenische *Kirchengeschichte* der Schweiz. Freiburg i.Ue. 1994.

Walter François: La *Suisse urbaine* 1750–1950. Genf 1994 .

5.17 Italien

Allegretti Umberto: Profilo di *storia costituzionale* italiana. Individualismo e assolutismo nello stato liberale. Bologna 1989.

Assante Franca (Hg.): Il *movimento migratorio* italiano dall'unità nazionale ai giorni nostri. 2 Bde., Genf 1978.
Ballini Pier Luigi: Le *elezioni* nella storia d'Italia dall'unità al fascismo. Profilo storico-statistico. Mailand 1988.
Benenati Antonio: *Politique* et société civile dans l'Italie contemporaine (1860–1960). Paris 1987.
Bosworth Richard J.B.: Italy, the least of the *Great Powers*: Italian foreign policy before the First World War. London 1979.
–: Italy and the *approach of the First World War*. London 1983.
Cafagna Luciano: Die industrielle Revolution in *Italien* 1830–1914. In: Carlo M. Cipolla/Knut Borchardt (Hg.), Wirtschaftsgeschichte 4, 309–339.
Candeloro Giorgio: Storia dell'*Italia moderna*. Bd. 3–7, Mailand 1960–1974.
Capone Alfredo: *Destra e Sinistra* da Cavour a Crispi. Turin 1981.
Carocci Giampiero: *Storia d'Italia* dall'unità ad oggi. Mailand 1975.
Castronovo Valerio: *Storia economica* d'Italia. Dall'Ottocento ai giorni nostri. Turin 1995.
Clark Martin: *Modern Italy* 1871–1982. London 1984.
Croce Benedetto: *Geschichte Italiens* 1871–1915. Nach der vierten Ausgabe ins Deutsche übertragen von Ernst Wilmersdoerffer. Berlin 1928.
Davis John A.: *Conflict* and control: Law and order in nineteenth-century Italy. Atlantic Highlands 1988.
–: *Socialism* and the working classes in Italy before 1914. In: Dick Geary (Hg.): Labour and socialist movements in Europe before 1914 (Oxford 1989), 182–230.
De Felice Renzo (Hg.): *Storia* dell'Italia contemporanea. Bd. 1: Stato e società 1870–1898. Bd. 2: L'Età giolittiana 1899–1914. Neapel 1976–1977.
De Rosa Luigi: *Urbanization* and industrialization in Italy (1861–1921). In: Journal of European Economic History 17 (1988), 467–490.
Del Monte Alfredo/Giannola Adriano: Il *Mezzogiorno* nell'economia italiana. Bologna 1978.
Demarco Domenico: L'*emigrazione* italiana dall'unità ad oggi: profilo storico. In: Assante, Il movimento 1 (1978), 7–71.
Duggan Christopher: A concise history of *Italy*. Cambridge 1994.
Federico Giovanni: *Italy*, 1860–1940: a little-known success-story. In: Economic History Review 49 (1996), 764–786.
Fritzsche Peter: Die politische *Kultur* Italiens. Frankfurt a.M. 1987.
Gaeta Franco: La *crisi* di fine secolo a l'étà giolittiana. Turin 1982.
Galli Giorgio: I *partiti politici*. Turin 1974.
Gerschenkron Alexander: Notes on the role of *industrial growth* in Italy, 1881–1913. In: Ders., Economic backwardness, 72–89.
–: *Rosario Romeo* and the original accumulation of capital. In: Ders., Economic backwardness, 90–118.
Ghisalberti Carlo: *Storia costituzionale* d'Italia 1849–1948. Bari 1974.
Gooch John: *Army*, state and society in Italy, 1870–1915. New York 1989.
Gradilone Alfredo: Storia del *sindacalismo*. III. Italia. 2 Bde., Mailand 1959.
Gramsci Antonio: Il *Risorgimento*. 9. Aufl., o.O. [Turin] 1966.

GRAZIANO Luigi: *Clientelismo* e sistema politico. Il caso dell'Italia. Mailand 1980.
HEARDER Harry: *Italy* in the age of the risorgimento 1790–1870. London 1983.
HOROWITZ Daniel L.: The Italian *labour movement*. Cambridge, Mass. 1963.
JANZ Oliver u.a. (Hg.): *Centralismo* e federalismo tra Otto e Novecento. Italia e Germania a confronto. Mailand 1997.
LABINI Paolo Sylos: *Saggio* sulle classi sociali. Rom 1982.
LILL Rudolf: *Geschichte Italiens* vom 16. Jahrhundert bis zu den Anfängen des Faschismus. Darmstadt 1980.
MARANINI Giuseppe: Storia del *potere* in Italia 1848–1967. Florenz 1967.
MOLFESE Franco: *Storia del brigantaggio* dopo l'Unità. Mailand 1983.
MORANDI Carlo: I *partiti politici* nella storia d'Italia. 2. Aufl., Hg. Luigi Lotti, Florenz 1968 (zuerst 1945).
PERNICONE Nunzio: Italian *anarchism*, 1864–1892. Princeton, N.J. 1993.
PRADOS DE LA ESCOSURA Leandro/ZAMAGNI Vera (Hg.): El *desarrollo* económico en la Europa del Sur. España e Italia en perspectiva histórica. Madrid 1992.
ROMANELLI Raffaele: L'*Italia* liberale 1861–1900. 2. Aufl., Bologna 1990.
ROMANELLI Raffaele (Hg.): *Storia* dello Stato italiano dall'Unità a oggi. Rom 1995.
ROMANI Mario: *Storia economica* d'Italia nel secolo XIX. 1815–1914. 2 Bde., Mailand 1968–1976.
ROMANO Aldo: Storia del *movimento socialista* in Italia. 3 Bde., Mailand 1954–1956.
ROMEO Rosario: *Risorgimento* e capitalismo. Bari 1959.
–: *Cavour* e il suo tempo. 3 Bde., Bari 1969–1984.
SABBATUCCI Giovanni/VIDOTTO Vittorio (Hg.): *Storia* d'Italia. Bd. 1–3, Bari 1994–1995.
SALVEMINI Gaetano: *Stato e Chiesa* in Italia. Hg. Elio Conti. Mailand 1969.
–: La *politica estera* italiana dal 1871 al 1915. Hg. Augusto Torre. Mailand 1970.
SETON-WATSON Christopher: *Italy* from Liberalism to Fascism 1870–1925. London 1967.
SMITH Denis Mack: Italy and its *monarchy*. New Haven 1989.
Società e Storia Bd. 18 (1995), 341–389: Debatte über den Süden. Autoren: Alberto Maria Banti – Biagio Salvemini – Paolo Pezzino – Francesco Barbagallo.
SORI Ercole: L'*emigrazione* italiana dall'Unità alla seconda guerra mondiale. Bologna 1979.
STADLER Peter: *Cavour*. Italiens liberaler Reichsgründer. München 2001.
Storia d'Italia (Giulio Einaudi editore): Bd. 3: Dal primo settecento all'Unità. Turin 1973. Bd. 4: Dall'Unità a oggi. 3 Teile, Turin 1975–1976.
Storia del parlamento italiano. Bisher 17 Bde., Palermo 1963ff.
TONIOLO Gianni: An economic *history* of liberal Italy 1850–1918. London 1990 (aus dem Italienischen von Maria Rees: Storia economica dell'Italia liberale 1850–1918, 1985).
VACCARO Rosa: *Industrialization* in Spain and Italy. In: Journal of European History 9 (1980), 709–751.
VILLARI Rosario (Hg.): *Il sud* nella storia d'Italia. Antologia della questione meridionale. 2 Bde., Bari 1972.
VÖCHTING Friedrich: Die italienische *Südfrage*. Entstehung und Problematik eines wirtschaftlichen Notstandsgebietes. Berlin 1951.
WHITTAM John: The politics of the Italian *Army*, 1861–1918. London 1977.

ZAMAGNI Vera: The *economic history* of Italy 1860–1990. Oxford 1993.

5.18 Spanien

ARTOLA Miguel: *Partidos* y programas políticos 1808–1936. Bd. 1: Los partidos políticos [Darstellung]. Bd. 2: Manifiestos y programas políticos [Quellen]. Madrid 1974–1975.
BALFOUR Sebastian: The end of the Spanish *Empire* 1898–1923. Oxford 1997.
BALLBÉ Manuel: Orden público y *militarismo* en la España constitucional (1812–1983). 2. Aufl., Madrid 1985.
BERNECKER Walther L.: *Sozialgeschichte Spaniens* im 19. und 20. Jahrhundert. Vom Ancien Régime zur Parlamentarischen Monarchie. Frankfurt a.M. 1990.
BERNECKER Walther L./PIETSCHMANN Horst: *Geschichte Spaniens* von der frühen Neuzeit bis zur Gegenwart. Stuttgart 1993.
CALLAHAN William J.: *Church*, politics, and society in Spain, 1750–1874. Cambridge, Mass. 1984.
CÁRCEL ORTÍ Vicente (Hg.): Historia de la *Iglesia* en España. Bd. 5: La Iglesia en la España contemporánea (1808–1975). Madrid 1979.
CARR Raymond: *Spain* 1808–1975. 2. Aufl., Oxford 1982.
CARRERAS Albert (Hg.): *Estadisticas* historicas de España. Siglos XIX-XX. Madrid 1989.
CUADRADO Miguel M.: *Elecciones* y partidos políticos de España (1868–1931). 2 Bde., Madrid 1969.
ESDAILE Charles J.: *Spain* in the liberal age. From constitution to civil war, 1808–1939. Oxford 2000.
GARCÍA DELGADO José Luis (Hg.): La España de la *restauración*: política, economía, legislación y cultura. Madrid 1985.
GÓMEZ MENDOZA Antonio: *Ferrocarriles* y cambio económico en España (1855–1913). Un enfoque de nueva historia económica. Madrid 1982.
HARRISON Joseph: An *economic history* of modern Spain. Manchester 1978.
HEYWOOD Paul: The *labour movement* in Spain before 1914. In: D. Geary (Hg.), Labour and socialist movements, 231–265.
KAPLAN Temma: *Anarchists of Andalusia* 1868–1903. Princeton 1977.
LANNON Frances: *Privilege*, persecution, and prophecy. The Catholic Church in Spain 1875–1975. Oxford 1987.
LIDA Clara E.: *Anarquismo* y revolución en la España del XIX. Madrid 1972.
MENÉNDEZ PIDAL Ramón (Hg.): *Historia* de España. Bd. 33–39, Madrid 1981–2000.
MILLÁN Jesús: Liberale *Revolution* und sozialer Wandel im Spanien des 19. Jahrhunderts. Ein Literaturüberblick. In: Neue Politische Literatur 40 (1995), 381–401.
NADAL Jordi: El *fracaso* de la revolución industrial en España, 1814–1913. Barcelona 1975.
–: Der *Fehlschlag* der industriellen Revolution in Spanien 1830–1914. In: Carlo M. Cipolla/Knut Borchardt (Hg.), Wirtschaftsgeschichte 4, 341–401.
NADAL Jorge: La *población español* (siglos XVI a XX). Barcelona 1966.

NOHLEN Dieter: Spanischer *Parlamentarismus* im 19. Jahrhundert. Régimen parlamentario und parlamentarische Regierung. Meisenheim am Glan 1970.

NÚÑEZ DE ARENAS Manuel/TUÑON DE LARA Manuel: Historia del *movimiento obrero* español. Barcelona 1970.

NÚÑEZ FLORENCIO Rafael: El *terrorismo anarquista* (1888–1909). Madrid 1983.

NÚÑEZ Clara-Eugenia: *Literacy* and economic growth in Spain, 1860–1977. In: Gabriel Tortella (Hg): *Education* and economic development since the industrial revolution, Valencia 1990, 121–151.

PALACIO ATARD Vicente: La *España* del siglo XIX, 1808–1898 (introducción a la España contemporánea). 2. Aufl., Madrid 1981.

PAREDES Javier (Hg.): *Historia contemporanea* de España. 2 Bde., Barcelona 1998.

PAREDES ALONSO Javier: La *España* liberal del siglo XIX. Madrid 1988.

PÉREZ MOREDA Vicente: La *modernización demográfica,* 1800–1930. Sus limitaciones y cronología. In: Sánchez-Albornoz (Hg.), modernización,, 25–62.

PRADOS DE LA ESCOSURA Leandro: *De imperio* a nación. Crecimiento y atraso económico en España (1780–1930). Madrid 1988.

PRADOS DE LA ESCOSURA Leandro/ZAMAGNI Vera (Hg.): El *desarrollo* económico en la Europa del Sur. España e Italia en perspectiva histórica. Madrid 1992.

RINGROSE David R.: *Spain,* Europe, and the „Spanish miracle", 1700–1900. Cambridge 1996.

ROBLES MUÑOZ Cristóbal: *Insurrección* y legalidad. Los católicos y la restauración. Madrid 1988.

SÁNCHEZ-ALBORNOZ Nicolás (Hg.): La *modernización* económica de España 1830–1930. Madrid 1985.

SHUBERT Adrian: A social history of modern *Spain.* London 1990.

SIMÓN SEGURA Francisco: La *desamortización* española en el siglo XIX. O.O. 1973.

SIMPSON James: Spanish *agriculture*: the long Siesta, 1765–1965. Cambridge 1995.

–: *Economic development* in Spain, 1850–1936. In: Economic History Review 50 (1997), 348–359.

TORTELLA Gabriel: The *development* of modern Spain. An economic history of the nineteenth and twentieth centuries. Cambridge, Mass. 2000 (zuerst spanisch 1994).

TORTELLA CASARES Gabriel u.a.: *Revolución* burguesa, oligarquía y constitucionalismo (1834–1923). 2. Aufl., Barcelona 1983.

TUÑON DE LARA Manuel: *Historia* de España. Bd. 8, Barcelona 1983.

VACCARO Rosa: *Industrialization* in Spain and Italy. In: Journal of European History 9 (1980), 709–751.

VICENS VIVES Jaime (Hg.): *Historia* de España y América. Bd. 5: Burguesia. Industrialización. *Obrerismo.* Los siglos XIX y XX. América independiente. Barcelona 1961.

–: Manual de *historia económica* de España. 9. Aufl., Barcelona 1972.

5.19 Portugal

ALMEIDA Pedro Tavares de: *Eleições* e caciquismo no Portugal oitocentista (1868–1890). Lissabon 1991.

BIRMINGHAM David: A *concise history of Portugal.* Cambridge 1993.

CABRAL Manuel Villaverde: O desenvolvimento do *capitalismo* em Portugal no século XIX. 2. Aufl., Lissabon 1977.

–: Portugal na *alvorada* do século XX. Forças sociais, poder político e crescimento económico de 1890 a 1914. 2. Aufl., Lissabon 1988.

CATROGA Fernando: O *republicanismo* em Portugal da formação ao 5 de outubro de 1910. 2 Bde., Coimbra 1991.

CLARENCE-SMITH Gervase: The third Portuguese *empire* 1825–1975. A study in economic imperialism. Manchester 1985.

JACOB Ernst Gerhard: *Grundzüge* der Geschichte Portugals und seiner Übersee-Provinzen. Darmstadt 1969.

JUSTINO David: A formação do espaço económico nacional. *Portugal* 1810–1913. 2 Bde., Lissabon o.J. [1988–1989].

LAINS Pedro/REIS Jaime: Portuguese economic *growth*, 1833–1985: some doubts. In: Journal of European Economic History 20 (1991), 441–453.

LIVERMORE Harold V.: A new history of *Portugal*. Cambridge 1966.

LOPES Fernando Farelo: *Poder político* e caciquismo na Primeira República Portuguesa. Lissabon 1993.

MAGALHÃES José Calvet de: Breve *história diplomática* de Portugal. Mem Martins 1990.

MARQUES Antonio H. de Oliveira: *History* of Portugal. Bd. 2: From empire to corporate state. 2. Aufl., New York 1976 (zuerst portugiesisch 1972).

NUNES Ana Bela u.a.: Portuguese economic *growth* 1833–1985. In: Journal of European Economic History 18 (1989), 291–330.

PEREIRA Miriam Halpern: *Livre câmbio* e desenvolvimento económico. Portugal na segunda metade do século XIX. Lissabon 1971.

–: *Política* y economia. Portugal en los siglos XIX y XX. Barcelona 1984.

REIS Jaime: O *atraso* económico português em perspectiva histórica: estudos sobre a economia portuguesa na segunda metade do século XIX. 1850–1930. Lissabon 1993.

SARAIVA José Hermano: *História concisa* de Portugal. 7. Aufl., o.O. 1981 (zuerst 1978).

SERRÃO Joel/MARQUES A.H. de Oliveira (Hg.): *Nova história* de Portugal: Bd. 11: Portugal da Monarquía para a República. Hg. A.H. de Oliveira Marques. Lissabon 1991.

SERRÃO Joel/THOMAS Georg: *Portugal* 1830–1910. In: W. Fischer, Handbuch 5, 687–704.

TENGARRINHA José: *Estudos* de história contemporânea de Portugal. Lissabon 1983.

VIDIGAL Luís: *Cidadania*, caciquismo e poder. Portugal, 1890–1916. Estudos. Lissabon 1988.

5.20 Südosteuropa

ADANIR Fikret: Die *makedonische Frage*. Ihre Entstehung und Entwicklung bis 1908. Wiesbaden 1979.

BEREND Iván T./RÁNKI György: *Economic development* in East-Central Europe in the 19th and 20th centuries. New York 1974.

–: *East Central Europe* in the 19th and 20th centuries. Budapest 1977.

BOECKH Katrin: Von den *Balkankriegen* zum Ersten Weltkrieg. Kleinstaatenpolitik und ethnische Selbstbestimmung auf dem Balkan. München 1996.

CASTELLAN Georges: History of the *Balkans*. From Mohammed the Conqueror to Stalin. Boulder 1992 (zuerst französisch 1991).
CHOLIOLČEV Christo u.a. (Hg.): Nationalrevolutionäre Bewegungen in *Südosteuropa* im 19. Jahrhundert. Wien 1992.
HALL Richard, C.: The *Balkan Wars* 1912–1913. Prelude to the First World War. London 2000.
HÖSCH Edgar: Geschichte der *Balkanländer*. Von der Frühzeit bis zur Gegenwart. 3. Aufl., München 1995.
JELAVICH Barbara: History of the *Balkans*. 2 Bde., Cambridge 1983.
–: *Russia's Balkan* entanglements, 1806–1914. Cambridge 1991.
JELAVICH Charles/JELAVICH Barbara: The establishment of the Balkan *national states*, 1804–1920. Seattle 1977.
LAMPE John R./JACKSON Marvin R.: *Balkan economic history*, 1550–1950. From imperial borderlands to developing nations. Bloomington 1982.
MELVILLE Ralph/SCHRÖDER Hans-Jürgen (Hg.): Der *Berliner Kongreß* von 1878. Die Politik der Großmächte und die Probleme der Modernisierung in Südosteuropa in der zweiten Hälfte des 19. Jahrhunderts. Wiesbaden 1982.
PALAIRET Michael: The *Balkan* economies c. 1800–1914. Evolution without development. Cambridge 1997.
REITER Norbert (Hg.): *Nationalbewegungen* auf dem Balkan. Berlin 1983.
STAVRIANOS Leften S.: *The Balkans since 1453*. New York 1958.
–: The *Balkans 1815–1914*. New York 1963.
WEITHMANN Michael W.: *Balkan-Chronik*. 2000 Jahre zwischen Orient und Okzident. Regensburg 1995.

5.21 Serbien (und Montenegro)

BEHSCHNITT Wolf Dietrich: *Nationalismus* bei Serben und Kroaten 1830–1914. Analyse und Typologie der nationalen Ideologie. München 1980.
CALIC Marie-Janine: *Sozialgeschichte* Serbiens 1815–1941. Der aufhaltsame Fortschritt während der Industrialisierung. München 1994.
DEDIJER Vladimir: History of *Yugoslavia*. New York 1974 (zuerst serbokroatisch, Belgrad 1972).
DRAGNICH Alex N.: The development of *parliamentary government* in Serbia. New York 1978.
PETROVICH Michael Boro: A history of modern *Serbia* 1804–1918. 2 Bde., New York 1976.
SUNDHAUSSEN Holm: Historische *Statistik* Serbiens 1834–1914. Mit europäischen Vergleichsdaten. München 1989.
TOMASEVICH Jozo: *Peasants*, politics, and economic change in Yugoslavia. Stanford 1955.

5.22 Rumänien

BOBANGO Gerald J.: The emergence of the Romanian *national state*. Boulder 1979.
CĂZAN Gheorge Nicolae/RĂDULESCU-ZONER Şerban: Rumänien und der *Dreibund* 1878–1914. Bukarest 1983.

DURANDIN Catherine: Histoire des *roumains*. O.O. 1995.
EIDELBERG Philip Gabriel: The great Rumanian *peasant revolt*. Origins of a modern Jacquerie. Leiden 1974.
GEORGESCU Vlad: *The Romanians*. Hg. Matei Calinescu, Übersetzung aus dem Rumänischen Alexandra Bley-Vroman. Columbus, Ohio 1991.
GOUDOEVER Albert P. van (Hg.): *Romanian history* 1848–1918. Groningen 1979.
HITCHINS Keith: *Rumania* 1866–1947. Oxford 1994.
–: The *Romanians*, 1774–1866. Oxford 1996.
HUBER Manfred: *Grundzüge* der Geschichte Rumäniens. Darmstadt 1973.
IANCU Carol: Les *juifs* en Roumanie (1866–1919). De l'exclusion à l'émancipation. Aix-en-Provence 1978.
ILINCIOIU Ian (Hg.): The great Romanian *peasant revolt* of 1907. Bukarest 1991.
JELAVICH Barbara: *Russia* and the formation of the Romanian national state 1821–1878. Cambridge 1984.
JOWITT Kenneth (Hg.): *Social change* in Romania, 1860–1940. A debate on development in a European nation. Berkeley 1978.
KELLOGG Frederick: The road to Romanian *independence*. West Lafayette, Indiana 1995.
MAIER Lothar: *Rumänien* auf dem Weg zur Unabhängigkeitserklärung 1866–1877. Schein und Wirklichkeit liberaler Verfassung und staatlicher Souveränität. München 1989.
MITRANY David: The *land* and the peasant in Rumania. The war and agrarian reform (1917–21). London 1930.
ROMAN Viorel: Rumänien im *Spannungsfeld* der Großmächte 1774–1878. Die Donaufürstentümer vom osmanischen Vasallentum zur europäischen Peripherie. Offenbach 1987.
–: Rumänien im *Spannungsfeld* der Großmächte 1878–1944. Von der okzidentalischen Peripherie zum orientalischen Sozialismus. Offenbach 1989.
SCHEERER Karl: Die rumänischen *Bauernaufstände* vom Frühjahr 1907. Phil. Diss. Mainz 1972, Mainz 1971 [sic].
VÖLKL Ekkehard: *Rumänien*. Vom 19. Jahrhundert bis in die Gegenwart. Regensburg 1995.
ZANE Giacomo: L'*industrie* roumaine au cours de la seconde moitié du XIXe siècle. Sur les origines historiques de l'industrie de fabrique. O.O. [Bukarest] 1973.

5.23 Bulgarien

BELL John D.: *Peasants* in power. Alexander Stamboliski and the Bulgarian Agrarian National Union, 1899–1923. Princeton 1977.
CRAMPTON Richard J.: *Bulgaria 1878–1918*. A history. New York 1983.
–: A short history of *modern Bulgaria*. Cambridge 1987.
–: A *concise history* of Bulgaria. Cambridge 1997.
GERSCHENKRON Alexander: Some aspects of industrialization in *Bulgaria*, 1878–1939. In: Ders., Backwardness 198–234.
HÄRTEL Hans-Joachim/SCHÖNFELD Roland: *Bulgarien* vom Mittelalter bis zur Gegenwart. Regensburg 1998.

Hall Richard C.: Bulgaria's *road* to the First World War. Boulder 1996.
Lampe John R.: The *Bulgarian economy* in the twentieth century. London 1986.
Perry Duncan M.: Stefan *Stambolov* and the emergence of modern Bulgaria, 1870–1895. Durham 1993.
Todorova Zwetana (Hg.): Probleme der *Modernisierung* Bulgariens im 19. und 20. Jahrhundert. Sofia 1994.

5.24 Griechenland

Clogg Richard: A concise history of *Greece*. Cambridge 1992 (auch deutsch, Köln 1997).
Dakin Douglas: The Greek struggle in *Makedonia* 1897–1913. Thessalonike 1966.
–: The *unification* of Greece 1770–1923. London 1972.
Driault Edouard/Lhéritier Michel: *Histoire diplomatique* de la Grèce de 1821 à nos jours. 5 Bde., Paris 1925–1926.
Heydenreuter Reinhard u.a. (Hg.): *Die erträumte Nation*. Griechenlands Wiedergeburt im 19. Jahrhundert. München 1995.
Koliopoulos John S.: *Brigands* with a cause. Brigandage and irredentism in modern Greece 1821–1912. Oxford 1987.
Korisis Hariton: Die politischen *Parteien* Griechenlands. Ein neuer Staat auf dem Weg zur Demokratie 1821–1910. Hernsbruck/Nürnberg 1966.
McGrew William W.: *Land and revolution* in modern Greece, 1821 to 1871. Diss. Cincinnati 1980.
Tatsios Theodore George: The *Megali Idea* and the Greek-Turkish war of 1897: the impact of the Cretan problem on Greek irredentism, 1866–1897. New York 1984.
Tzermias Pavlos: Neugriechische *Geschichte*. Eine Einführung. 2. Aufl., Tübingen 1993.
Weithmann Michael W.: *Griechenland*. Vom Frühmittelalter bis zur Gegenwart. Regensburg 1994.
Woodhouse Christopher M.: *Modern Greece*. A short history. 5. Aufl., London 1991.

5.25 Das Osmanische Reich

Ahmad Feroz: The *Young Turks*. The Committee of Union and Progress in Turkish politics 1908–1914. Oxford 1969.
Bacqué-Grammont Jean-Louis/Dumont Paul (Hg.): *Économie* et sociétés dans l'empire ottoman (fin du XVIIIe – début du XXe siècle). Paris 1983.
Braude Benjamin/Lewis Bernard (Hg.): *Christians and Jews* in the Ottoman Empire. The functioning of a plural society. 2 Bde, New York 1982.
Davison Roderic H.: *Reform* in the Ottoman Empire 1856–1876. Princeton 1963.
–: *Essays* in Ottoman and Turkish history, 1774–1923. The impact of the West. Austin 1990.
Findley Carter V.: *Bureaucratic reform* in the Ottoman Empire. The Sublime Porte, 1789–1922. Princeton 1980.
Findley Carter Vaghn: Ottoman civil *officialdom*. A social history. Princeton 1989.

INALCIK Halil/QUATAERT Donald (Hg.): An economic and social *history* of the Ottoman Empire, 1300–1914. Cambridge 1984.
ISSAWI Charles: The economic history of *Turkey*, 1800–1914. Chicago 1980.
KARPAT Kemal H.: *Ottoman population* 1830–1914. Demographic and social characteristics. Madison 1985.
KASABA Resat: The *Ottoman Empire* and the world economy. The nineteenth century. Albany 1988.
LEWIS Bernard: The *Tanzimat* and social equality. In: Bacqué-Grammont/Dumont (Hg.), *Économie*, 47–54.
MCCARTHY Justin: The *Arab world*, Turkey, and the Balkans (1878–1914). A handbook of historical statistics. Boston 1982.
MANTRAN Robert (Hg.): Histoire de l'*Empire ottoman*. O.O. 1989.
MATUZ Josef: *Das Osmanische Reich*. Grundlinien seiner Geschichte. Darmstadt 1985.
OKYAR Osman/INALCIK Halil (Hg.): Türkiyenin sosyal ve ekonomik tarihi (1071–1920). Social and economic history of *Turkey* (1071–1920). Ankara 1980.
PALMER Alan: *Verfall* und Untergang des Osmanischen Reiches. Aus dem Englischen von Maria Rosken und Ilse Strosmann. München 1994 (engl. 1992).
PAMUK Şevket: The *Ottoman Empire* and European capitalism, 1820–1913. Trade, investment and production. Cambridge 1987.
QUATAERT Donald: Social *disintegration* and popular resistance in the Ottoman Empire, 1881–1908. Reactions to European economic penetration. New York 1983.
SHAW Stanford J./SHAW Ezel Kural: History of the *Ottoman Empire* and modern Turkey. Bd. 2: Reform, revolution and republic: the rise of modern Turkey, 1808–1975. Cambridge 1977.
ZÜRCHER Erik J.: *Turkey*. A modern history. London 1993.

5.26 Wirtschaft und Gesellschaft

ALBER Jens: Vom *Armenhaus* zum Wohlfahrtsstaat. Analysen zur Entwicklung der Sozialversicherung in Westeuropa. Frankfurt a.M. 1982.
ALDCROFT Derek H./VILLE Simon P. (Hg.): The *European economy* 1750–1914. A thematic approach. Manchester 1994.
ANDERSON Bonnie S./ZINSSER Judith P.: Eine eigene Geschichte. *Frauen* in Europa. Zürich 1993 (zuerst englisch 1988).
BAINES Dudley: *Emigration* from Europe 1815–1930. Cambridge 1995.
BAIROCH Paul: Geographical structure and *trade balance* of European foreign trade from 1800 to 1970. In: Journal of European Economic History 3 (1974), 557–608.
–: Europe's Gross National *Product*: 1800–1975. In: Journal of European Economic History 5 (1976), 273–340.
–: *Commerce* extérieur et développement économique de l'Europe au XIXe siècle. Paris 1976.
–: International *industrialization levels* from 1750 to 1980. In: Journal of European Economic History 11 (1982), 269–333.
BEBEL August: Die Frau und der *Sozialismus*. Bonn 1994 (zuerst 1879).
BEREND Iván T./RÁNKI György: *Foreign trade* and the industrialization of the European

periphery in the XIXth century. In: Journal of European Economic History 9 (1980), 539–584.
–: The *European periphery* and industrialization 1780–1914. Cambridge 1982 .
BRÜGGEMEIER Franz-Josef/ROMMELSPACHER Thomas (Hg.): *Besiegte Natur*. Geschichte der Umwelt im 19. und 20. Jahrhundert. München 1987.
BUCHHEIM Christoph: *Industrielle Revolutionen*. Langfristige Wirtschaftsentwicklung in Grossbritannien, Europa und in Übersee. München 1994.
BÜSCHENFELD Jürgen: *Flüsse und Kloaken*. Umweltfragen im Zeitalter der Industrialisierung (1870–1918). Stuttgart 1997.
The *Cambridge Economic History of Europe*. Bd. 6–8, Cambridge 1965–1989.
CECCO Marcello de: *Money* and empire. The international Gold Standard, 1890–1914. Oxford 1974.
CHARLE Christophe: *Vordenker* der Moderne. Die Intellektuellen im 19. Jahrhundert. Frankfurt a.M. 1997.
CIPOLLA Carlo M./BORCHARDT Knut (Hg.): *Europäische Wirtschaftsgeschichte*. Bd. 4: Die Entwicklung der industriellen Gesellschaften. Stuttgart 1985 (zuerst englisch 1973: The Fontana Economic History of Europe).
COALE Ansley J./WATKINS Susan Cotts (Hg.): The *decline* of fertility in Europa. Princeton 1986.
COING Helmut: Europäisches *Privatrecht*. Bd. 2: 19. Jahrhundert. Überblick über die Entwicklung des Privatrechts in den ehemals gemeinrechtlichen Ländern. München 1989.
CRAFTS Nicholas F.R.: Gross National *Product* in Europe 1870–1910: Some new estimates. In: Explorations in Economic History 20 (1983), 387–401.
CRAIG Lee A./FISHER Douglas: The *integration* of the European economy, 1850–1913. Houndmills 1997.
CUNNINGHAM Hugh: *Leisure* in the Industrial Revolution c. 1780–c. 1880. London 1980.
DANN Otto: Art. „*Gleichheit*“, in: Geschichtliche Grundbegriffe, Bd. 2 (1975), 997–1046.
–: Gleichheit und Gleichberechtigung. Das *Gleichheitspostulat* in der alteuropäischen Tradition und in Deutschland bis zum ausgehenden 19. Jahrhundert. Berlin 1980.
DILCHER Gerhard u.a. (Hg.): *Grundrechte* im 19. Jahrhundert. Frankfurt a.M. 1982.
DÖRNER Heinrich: Industrialisierung und *Familienrecht*. Die Auswirkungen des sozialen Wandels dargestellt an den Familienmodellen des ALR, BGB und des französischen Code civil. Berlin 1974.
DUBY Georges/PERROT Michelle (Hg.): *Geschichte der Frauen*. Bd. 4: 19. Jahrhundert (Hg. Geneviève Fraisse/Michelle Perrot). Frankfurt a.M. 1994 (zuerst italienisch 1991).
DÜRR Ernst: Art. *Goldstandard*, internationaler. In: Handwörterbuch der Wirtschaftswissenschaft Bd. 3 (Stuttgart 1981), 699–708.
DWORKIN Ronald: *Sovereign virtue*. The theory and practice of equality. Cambridge, Mass. 2000.
EDELSTEIN Michael: *Overseas investment* in the age of high imperialism. The United Kingdom, 1850–1914. London 1982.
FEIS Herbert: Europe the world's *banker*. An account of European foreign investment and the connection of world finance with diplomacy before World War I. Ndr. New York 1965 (zuerst 1930).

FERENCZI Imre: International *migrations*. Vol I. Statistics. Hg. Walter F. Willcox. New York 1969 (zuerst 1929). Bd. II siehe Willcox.

FISCHER Wolfram (Hg.): Europäische Wirtschafts- und Sozialgeschichte von der Mitte des 19. Jh. bis zum Ersten Weltkrieg. Stuttgart 1985 (= Fischer, Wolfram u.a. [Hg.]: *Handbuch* der europäischen Wirtschafts- und Sozialgeschichte, Bd. 5).

FLORA Peter/HEIDENHEIMER Arnold J. (Hg.): The development of *welfare states* in Europe and America. New Brunswick 1981.

GERHARD Ute: Die *Rechtsstellung* der Frauen in der bürgerlichen Gesellschaft des 19. Jahrhunderts. Frankreich und Deutschland im Vergleich. In: J. Kocka (Hg.), Bürgertum 1, 439–468.

–: *Gleichheit* ohne Angleichung. Frauen im Recht. München 1990.

GERHARD Ute (Hg.): *Frauen* in der Geschichte des Rechts. Von der Frühen Neuzeit bis zur Gegenwart. München 1997.

GERSCHENKRON Alexander: Economic *backwardness* in historical perspective. A book of essays. New York 1965.

–: Economic *backwardness* in historical perspective. In: Ders., Economic backwardness (1965), 5–30 (zuerst 1952).

–: *Reflections* on the concept of „prerequisites" of modern industrialization. In: Ders., Economic backwardness (1965), 31–51 (zuerst 1957).

GILLIS John R. u.a. (Hg.): The European experience of *declining fertility*, 1850–1970. The quiet revolution. Cambridge, Mass. 1992.

GOODMAN Jordan/HONEYMAN Katrina: *Gainful pursuits*. The making of industrial Europe 1600–1914. London 1988.

HALPÉRIN Jean-Louis: *Husbands*, wives, and judges in nineteenth-century France. In: W. Steinmetz (Hg.), Private law, 123–136.

HATTENHAUER Hans: *Europäische Rechtsgeschichte*. 3., erw. Aufl., Heidelberg 1999.

HATZFELD Henri: Du *paupérisme* à la sécurité sociale. Essai sur les origines de la sécurité sociale en France 1850–1940. Paris 1971.

HAUPT Heinz-Gerhard/CROSSICK Geoffrey: Die *Kleinbürger*. Eine europäische Sozialgeschichte des 19. Jahrhunderts. München 1998.

JACOBEIT Wolfgang u.a. (Hg.): *Idylle* oder Aufbruch? Das Dorf im bürgerlichen 19. Jahrhundert. Ein europäischer Vergleich. Berlin 1990.

JONES Eric Lionel: Das Wunder *Europa*. Umwelt, Wirtschaft und Geopolitik in der Geschichte Europas und Asiens. Tübingen 1991 (zuerst englisch, Cambridge 1981, 2. Aufl. 1987).

KAELBLE Hartmut: Historische *Mobilitätsforschung*. Westeuropa und die USA im 19. und 20. Jahrhundert. Darmstadt 1978.

–: Industrialisierung und *soziale Ungleichheit*. Europa im 19. Jahrhundert. Eine Bilanz. Göttingen 1983.

–: Soziale Mobilität und *Chancengleichheit* im 19. und 20. Jahrhundert. Deutschland im internationalen Vergleich. Göttingen 1983.

KENWOOD Albert G./LOUGHEED Alan L.: The *growth* of the international economy 1820–1960. An introductory text. London 1971.

KEYFITZ Nathan/FLIEGER Wilhelm: *World population*. An analysis of vital data. Chicago 1968.

KIESEWETTER Hubert: Das einzigartige *Europa*. Zufällige und notwendige Faktoren der Industrialisierung. Göttingen 1996.
KINDLEBERGER Charles P.: The *terms of trade*. A European case study. Cambridge, Mass. 1956.
KOCKA Jürgen (Hg.): *Angestellte* im europäischen Vergleich. Die Herausbildung angestellter Mittelschichten seit dem späten 19. Jahrhundert. Göttingen 1981.
–: *Bürgertum* im 19. Jahrhundert. Deutschland im europäischen Vergleich. 3 Bde., München 1988.
KÖHLER Peter A./ZACHER Hans F. (Hg.): Ein Jahrhundert *Sozialversicherung* in der Bundesrepublik Deutschland, Frankreich, Großbritannien und der Schweiz. Berlin 1981.
LANDES David S.: Der entfesselte *Prometheus*. Technologischer Wandel und industrielle Entwicklung in Westeuropa von 1750 bis zur Gegenwart. Köln 1973 (zuerst englisch: The unbound Prometheus, 1969).
–: *Wohlstand* und Armut der Nationen. Warum die einen reich und die anderen arm sind. Berlin 1999 (zuerst englisch: The wealth and poverty of nations, 1998).
LATHAM Anthony J.H.: The *international economy and the undeveloped world* 1865–1914. London 1978.
LÉON Pierre (Hg.): *Histoire* économique et sociale du monde. Bd. 4: La domination du capitalisme 1840–1914 (Hg. Gilbert Garrier). Paris 1978.
LEWIS W. Arthur: *Growth* and fluctuations 1870–1913. Boston 1978.
LIEVEN Dominic: *Abschied* von Macht und Würden. Der europäische Adel 1815–1914. Frankfurt a.M. 1995 (aus dem Englischen von Walter Brumm: The aristocracy of Europe 1815–1914, London 1992).
MADDISON, Angus: *Dynamic forces* in capitalist development. A long-run comparative view. Oxford 1991.
–: *L'économie mondiale* 1820–1992. Analyse et statistiques. Paris 1995 (auch englisch: Monitoring the world economy 1820–1992, Paris 1995).
MAYER Arno J.: *Adelsmacht* und Bürgertum. Die Krise der europäischen Gesellschaft 1848–1914. München 1984 (zuerst englisch 1981, deutsch von Karl Heinz Siber).
MEINERT Ruth: Die Entwicklung der *Arbeitszeit* in der deutschen Industrie 1820–1956. Diss., Münster 1958.
MILWARD Alan/SAUL Samuel B.: The *economic development* of continental Europe 1780–1870. London 1973.
–: The development of the *economies* of continental Europe 1850–1914. London 1977.
NUGENT Walter: *Crossings*. The great transatlantic migrations, 1870–1914. Bloomington 1992.
O'BRIEN Patrick (Hg.): *Railways* and the economic development of Western Europe, 1830–1914. London 1983.
O'ROURKE Kevin H.: The European *grain invasion*, 1870–1913. In: Journal of Economic History 57 (1997), 775–801.
O'ROURKE Kevin H./WILLIAMSON Jeffrey G.: *Globalization* and history. The evolution of a nineteenth-century Atlantic economy. Cambridge, Mass. 1999.
PILBEAM Pamela M.: The *middle classes* in Europe 1789–1914. France, Germany, Italy and Russia. Basingstoke 1990.

POHL Hans: Aufbruch der *Weltwirtschaft*. Geschichte der Weltwirtschaft von der Mitte des 19. Jahrhunderts bis zum Ersten Weltkrieg. Stuttgart 1989.

POLLARD Sidney: European economic *integration* 1815–1970. London 1974.

–: The integration of the *European economy* since 1815. London 1981.

–: Peaceful *conquest*. The industrialization of Europe 1760–1970. Oxford 1981.

–: *Capital exports*, 1870–1914: harmful or benefical? In: Economic History Review, Second Series 38 (1985), 489–514.

RADKAU Joachim: *Natur* und Macht. Eine Weltgeschichte der Umwelt. München 2000.

REINHARD Marcel R. u.a.: Histoire générale de la *population* mondiale. 3. Aufl., Paris 1968.

REULECKE Jürgen: Vom blauen Montag zum *Arbeiterurlaub*. Vorgeschichte und Entstehung des Erholungsurlaubs für Arbeiter vor dem Ersten Weltkrieg. In: Archiv für Sozialgeschichte 16 (1976), 205–248.

RITTER Gerhard A.: Der *Sozialstaat*. Entstehung und Entwicklung im internationalen Vergleich. 2., überarb. u. erhebl. erweiterte Aufl., München 1991.

ROSTOW Walt Whitman: *Stadien* wirtschaftlichen Wachstums. Eine Alternative zur marxistischen Entwicklungstheorie. Göttingen 1960 (zuerst englisch 1960: The stages of economic growth. A non-communist manifesto. 3. Aufl., Cambridge 1990).

SAUL Samuel B.: The myth of the *Great Depression*, 1873–1896. London 1969.

SCHOLLIERS Peter (Hg.): *Real wages* in 19th and 20th century Europe. Historical and comparative perspectives. New York 1998.

SCHOLLIERS Peter/ZAMAGNI Vera (Hg.): *Labour's reward*. Real wages and economic change in 19th and 20th century Europe. Aldershot 1995.

SCHREMMER Eckart: *Steuern* und Staatsfinanzen während der Industrialisierung Europas. England, Frankreich, Preußen und das Deutsche Reich 1800–1914. Berlin 1994.

SCHRÖDER Wilhelm Heinz: Die Entwicklung der *Arbeitszeit* im sekundären Sektor in Deutschland 1871 bis 1913. In: Technikgeschichte 47 (1980), 252–302.

SMITH Bonnie G.: *Changing lives*. Women in European history since 1700. Lexington, Mass. 1989.

SPRING David (Hg.): European *landed elites* in the nineteenth century. Baltimore 1977.

STEINMETZ Willibald (Hg.): *Private law* and social inequality in the industrial age. Comparing legal cultures in Britain, France, Germany and the United States. Oxford 2000.

VILLE Simon P.: *Transport* and the development of the European economy, 1750–1918. New York 1990.

VOGEL Ursula: *Patriarchale Herrschaft*, bürgerliches Recht, bürgerliche Utopie. Eigentumsrechte der Frauen in Deutschland und England. In: J. Kocka (Hg.), Bürgertum 1, 406–438.

–: *Fictions* of community. Property relations in marriage in European and American legal systems of the nineteenth century. In: W. Steinmetz (Hg.), Private law, 91–122.

WALVIN James: *Leisure* and society 1830–1950. London 1978.

WEBER Max: *Wirtschaft und Gesellschaft*. 5. Aufl., Hg. Johannes Winckelmann, Tübingen 1972.

WEEDE Erich: Der *Sonderweg* des Westens. In: Zeitschrift für Soziologie 3 (1988), 172–186.

WILLCOX Walter F. (Hg.): International *migrations*. Vol. II. Interpretations. New York 1971 (zuerst 1931). Bd. I siehe Ferenczi.

WOODRUFF William: *Impact of western man*. A study of Europe's role in the world economy 1750–1960. London 1966.

ZANDEN Jan L. van: The first *green revolution*: the growth of production and productivity in European agriculture, 1870–1914. In: Economic History Review 44 (1991), 215–239.

5.27 Staat und Politik

ANDERSON Benedict: Die *Erfindung* der Nation. Zur Karriere eines folgenreichen Konzepts. Frankfurt am Main 1988 (zuerst englisch 1983, 2. Aufl. 1991).

ANDERSON Eugene N./ANDERSON Pauline R.: Political *institutions* and social change in continental Europe in the nineteenth century. Berkeley 1967.

ANDREASI Annamaria: *L'anarco-sindacalismo* in Francia, Italia e Spagna. Mailand 1981.

BEYME Klaus von: Die parlamentarischen *Regierungssysteme* in Europa. München 1970.

BIRNBAUM Pierre/KATZNELSON Ira (Hg.): Paths of *emancipation*. Jews, states, and citizenship. Princeton 1995.

BLUM Jerome: The end of the *old order* in Europe. Princeton, N.J. 1978.

BRAUNIAS Karl: Das parlamentarische *Wahlrecht*. Ein Handbuch über die Bildung der gesetzgebenden Körperschaften in Europa. Bd. 1: Das Wahlrecht in den einzelnen Staaten. Bd. 2: Allgemeiner Teil. Berlin 1932.

BRAUNTHAL Julius: Geschichte der *Internationale*. Bd. 1, 2. Aufl., Berlin 1974.

BUCHSTEIN Hubertus: Öffentliche und geheime *Stimmabgabe*. Eine wahlrechtshistorische und ideengeschichtliche Studie. Baden-Baden 2000.

BÜSCH Otto/STEINBACH Peter (Hg.): Vergleichende europäische *Wahlgeschichte*. Eine Anthologie. Beiträge zur historischen Wahlforschung vornehmlich West- und Nordeuropas. Berlin 1983.

DROZ Jacques (Hg.): Histoire générale du *socialisme*. Bd. 1: Des origines à 1875. Bd. 2: De 1875 à 1918. Paris 1972–1974.

EMSLEY Clive: *Gendarmes* and the state in nineteenth-century Europe. Oxford 1999.

FRIEDEMANN Peter/HÖLSCHER Lucian: Art. „*Internationale*, International, Internationalismus", in: Geschichtliche Grundbegriffe, Bd. 3 (1982), 367–397.

GALL Lothar (Hg.): *Liberalismus*. Köln 1976.

GEARY Dick (Hg.): Labour and socialist *movements* in Europe before 1914. Oxford 1989.

GEISS Imanuel: Geschichte des *Rassismus*. Frankfurt a.M. 1988.

GELLNER Ernest: *Nationalismus* und Moderne. Berlin 1995 (zuerst englisch 1994).

GOBINEAU Arthur de: *Essai* sur l'inégalité des races humaines. In: Ders., Œuvres, Hg. Jean Gaulmier, Bd. 1, Paris 1983, 133–1174 (zuerst 1853–1855).

GOLDHAGEN Daniel Jonah: Hitlers *willige Vollstrecker*. Ganz gewöhnliche Deutsche und der Holocaust. Berlin 1996 (zuerst englisch, New York 1996).

GOLDSTEIN Robert J.: Political *repression* in nineteenth century Europe. London 1983.

HOBSBAWM Eric J.: *Nationen* und Nationalismus. Mythos und Realität seit 1780. Frankfurt a.M. 1991 (zuerst englisch 1990).

JANZ Oliver u.a. (Hg.): *Centralismo* e federalismo tra Otto e Novecento. Italia e Germania a confronto. Mailand 1997.

JOLL James: The *Second International* 1889–1914. 2. Aufl., London 1974.

KATZ Jacob: Vom *Vorurteil* bis zur Vernichtung. Der Antisemitismus 1700–1933. München 1989 (aus dem Englischen von Ulrike Berger).

KIRSCH Martin: *Monarch* und Parlament im 19. Jahrhundert. Der monarchische Konstitutionalismus als europäischer Verfassungstyp – Frankreich im Vergleich. Göttingen 1999.

KLUXEN Kurt (Hg.): *Parlamentarismus*. 3. Aufl, Köln 1971.

KLUXEN Kurt: *Geschichte und Problematik des Parlamentarismus*. Frankfurt a.M. 1983.

KOHL Jürgen: Zur langfristigen Entwicklung der politischen *Partizipation* in Westeuropa. In: O. Büsch/P. Steinbach (Hg.): Vergleichende europäische Wahlgeschichte, 377–411.

KOSELLECK Reinhart u.a.: Art. „*Volk*, Nation, Nationalismus, Masse", in: Geschichtliche Grundbegriffe, Bd. 7 (1992), 141–431.

LANGEWIESCHE Dieter (Hg.): *Liberalismus im 19. Jahrhundert*. Deutschland im europäischen Vergleich. Göttingen 1988.

LANGEWIESCHE Dieter: *Nation*, Nationalismus, Nationalstaat: Forschungsstand und Forschungsperspektiven. In: Neue Politische Literatur 40 (1995), 190–236.

LAQUEUR Walter: The age of *terrorism*. London 1987.

LOOCK Hans-Dietrich/SCHULZE Hagen (Hg.): *Parlamentarismus* und Demokratie im Europa des 19. Jahrhunderts. München 1982.

MARX Karl/ENGELS Friedrich: *Manifest* der Kommunistischen Partei (1848). In: Dies., Werke, Bd. 4, Berlin 1969, 459–493.

MATTMÜLLER Markus: Die *Durchsetzung* des allgemeinen Wahlrechts als gesamteuropäischer Vorgang. In: Beat Junker u.a. (Hg.): Geschichte und politische Wissenschaft. Festschrift für Erich Gruner zum 60. Geburtstag, Bern 1975, 213–236.

MOSSE George L.: Die Geschichte des *Rassismus* in Europa. Frankfurt a.M. 1990 (zuerst englisch: Towards the Final Solution. A history of European racism. New York 1978).

NOIRET Serge (Hg.): Political *strategies* and electoral reforms: origins of voting systems in Europe in the 19th and 20th centuries. Baden-Baden 1990.

RAPHAEL Lutz: *Recht und Ordnung*. Herrschaft durch Verwaltung im 19. Jahrhundert. Frankfurt a. M. 2000.

REINHARD Wolfgang: Geschichte der *Staatsgewalt*. Eine vergleichende Verfassungsgeschichte Europas von den Anfängen bis zur Gegenwart. München 1999.

RITTER Gerhard A.: *Entstehung* und Entwicklung des Sozialstaates in vergleichender Perspektive. In: Historische Zeitschrift 243 (1986), 1–90.

ROGGER Hans/WEBER Eugen (Hg.): The *European Right*. A historical profile. Berkeley 1965.

SCHIEDER Wolfgang: Art. „*Sozialismus*", in: Geschichtliche Grundbegriffe, Bd. 5 (1984), 923–996.

SCHULZE Reiner (Hg.): Europäische *Rechts- und Verfassungsgeschichte*. Ergebnisse und Perspektiven der Forschung. Berlin 1991.

SMITH Anthony D.: *Nationalism and modernism.* A critical survey of recent theories of nations and nationalism. London 1998.
STEENSON Gary P.: *After Marx,* before Lenin. Marxism and socialist working-class parties in Europe, 1884–1914. Pittsburgh 1991.
STERNBERGER Dolf/VOGEL Bernhard (Hg.): Die *Wahl* der Parlamente und anderer Staatsorgane. Bd. 1: Europa, 2 Halbbände, Berlin 1969.
TILLY Charles u.a.: The *rebellious century* 1830–1930. Cambridge 1975.
TIMMERMANN Heiner (Hg.): Entwicklung der *Nationalbewegungen* in Europa 1850–1914. Berlin 1998.
VIERHAUS Rudolf: Art. „*Konservativ,* Konservatismus", in: Geschichtliche Grundbegriffe, Bd. 3 (1982), 531–565.
–: Art. „*Liberalismus*", in: Geschichtliche Grundbegriffe, Bd. 3 (1982), 741–785.
WALTHER Rudolf: Exkurs: „*Wirtschaftlicher Liberalismus*", in: Geschichtliche Grundbegriffe, Bd. 3 (1982), 787–815.
WEBER Max: Gesammelte *politische Schriften.* Hg. Johannes Winckelmann. 5. Aufl., Tübingen 1988.
WINKLER Heinrich August (Hg.): *Nationalismus.* 2. Aufl., Königstein 1985.

5.28 Religion und Kultur

ARGAN Giulio Carlo: Die *Kunst* des 20. Jahrhunderts 1880–1940. Berlin 1977.
BARBIER Frédéric/LAVENIR Catherine Berthe: Histoire des *médias*: de Diderot à Internet. Paris 1996.
BIRKE Adolf M.: *Nation und Konfession.* Varianten des politischen Katholizismus im Europa des 19. Jahrhunderts. In: Historisches Jahrbuch 116 (1996), 395–419.
CHADWICK Owen: The *secularization* of the European mind in the nineteenth century. Cambridge 1975.
CIPOLLA Carlo M.: *Literacy* and development in the West. Harmondsworth 1969.
DARWIN Charles: On the *origins* of species by means of natural selection. 2 Bde., London 1859.
–: The *descent* of men and on selection in relation to sex. 2 Bde., London 1871.
DROYSEN Johann Gustav: *Historik.* Hg. Peter Leyh. Stuttgart-Bad Cannstatt 1977.
FICHMAN Martin: *Science,* technology, and society. A historical perspective. Dubuque, Iowa 1993.
FISCH Jörg: Art. „*Zivilisation, Kultur*", in: Geschichtliche Grundbegriffe, Bd. 7, 679–774.
FRIEDELL Egon: *Kulturgeschichte* der Neuzeit. Die Krisis der europäischen Seele von der Schwarzen Pest bis zum Ersten Weltkrieg. München 1974 (zuerst 1927–1931).
FURLONG Paul/CURTIS David (Hg.): The church faces the *modern world*: Rerum Novarum and its impact. Hull 1994.
GAY Peter: The *Bourgeois experience.* Victoria to Freud. 5 Bde., New York 1984–1998 (Bd. 1–4 auch deutsch, München 1986–1997).
GERBOD Paul: L'*Europe* culturelle et religieuse de 1815 à nos jours. Paris 1977.
GRAFF Harvey J.: The legacies of *literacy.* Continuities and contradictions in western culture and society. Blomington 1987.

GRANE Leif: Die *Kirche* im 19. Jahrhundert. Europäische Perspektiven. Aus dem Dänischen von Monika Wesemann. Göttingen 1987.
GRÜNDER Horst: *Welteroberung* und Christentum. Ein Handbuch zur Geschichte der Neuzeit. Gütersloh 1992.
HAMANN Richard/HERMAND Jost: *Deutsche Kunst und Kultur* von der Gründerzeit bis zum Expressionismus. 5 Bde., Berlin 1960–1975.
HAMILTON George H.: *Painting and sculpture* in Europe 1880–1940. Harmondsworth 1967.
Handbuch der Kirchengeschichte. Hg. Hubert Jedin. Bd. 6,1–6,2, Freiburg i.B. 1971–1973.
HARDTWIG Wolfgang/WEHLER Hans-Ulrich (Hg.): *Kulturgeschichte* heute. Göttingen 1996.
HAUSER Arnold: Sozialgeschichte der *Kunst und Literatur*. Bd. 2, München 1953.
HEPP Corona: *Avantgarde*. Moderne Kunst, Kulturkritik und Reformbewegungen nach der Jahrhundertwende. München 1987.
HOLMES J. Derek: The triumph of the *Holy See*. A short history of the Papacy in the nineteenth century. London 1978.
KNIGHT David: The age of *science*. The scientific world-view in the nineteenth century. Oxford 1986.
KOSELLECK Reinhart: *Vergangene Zukunft*. Zur Semantik geschichtlicher Zeiten. Frankfurt a.M. 1979.
–: *Zeitschichten*. Studien zur Historik. Frankfurt a.M. 2000.
KUZ'MIN Michail Nikolaevič: *Alphabetisierung* im neuzeitlichen Europa. Versuch einer sozialgeschichtlichen Charakteristik. In: Hans Lemberg u.a. (Hg.): Bildungsgeschichte, Bevölkerungsgeschichte, Gesellschaftsgeschichte in den böhmischen Ländern und in Europa. Festschrift für Jan Havránek zum 60. Geburtstag, München 1988, 95–113.
LILL Rudolf/TRANIELLO Francesco (Hg.): Der *Kulturkampf* in Italien und in den deutschsprachigen Ländern. Berlin 1993.
LÖNNE Karl-Egon: *Politischer Katholizismus* im 19. und 20. Jahrhundert. Frankfurt a.M. 1986.
MAASE Kaspar: *Grenzenloses Vergnügen*. Der Aufstieg der Massenkultur 1850–1970. Frankfurt a.M. 1997.
MCLEOD Hugh (Hg.): *European religion* in the age of great cities 1830–1930. London 1995.
MCLEOD Hugh: *Piety* and poverty. Working-class religion in Berlin, London and New York 1870–1914. New York 1996 .
–: Religion and the people of *western Europe* 1789–1989. 2. Aufl., Oxford 1997.
MARX Karl: *Zur Kritik der Politischen Ökonomie* (1859), in: Karl Marx/Friedrich Engels: Werke, Bd. 13, Berlin 1971, 3–160.
MOSSE George L.: The *culture* of Western Europe. The nineteenth and twentieth centuries. 3. Aufl., Boulder 1988.
NEILL Stephen: A history of Christian *missions*. Harmondsworth 1964.
"*Rerum Novarum*". Écriture, contenu et réception d'une encyclique. Rom 1997.
SCHATZ Klaus: *Vaticanum I* 1869–1870. 3 Bde., Paderborn 1992–1994.
SCHIEDER Wolfgang (Hg.): *Volksreligiosität* in der modernen Sozialgeschichte. Göttingen 1986.

–: *Religion und Gesellschaft* im 19. Jahrhundert. Stuttgart 1993.
SIMMEL Georg: *Philosophie des Geldes*. Frankfurt a.M. 1989 (zuerst 1900).
STERNBERGER Dolf: *Panorama* oder Ansichten vom 19. Jahrhundert. Frankfurt a.M. 1981 (zuerst 1938).
TANNENBAUM Edward R.: *1900*. Die Generation vor dem Großen Krieg. Berlin 1978 (zuerst englisch 1976).
WARD Ken: *Mass communications* and the modern world. Basingstoke 1989.

5.29 Die europäische Staatenwelt

ALBERTINI Rudolf von: Europäische *Kolonialherrschaft* 1880–1940. 3. Aufl., Stuttgart 1987.
ANDERSON Matthew S.: The *Eastern Question* 1774–1923. A study in international relations. London 1966.
ANGELOW Jürgen: *Kalkül* und Prestige. Der Zweibund am Vorabend des Ersten Weltkrieges. Köln 2000.
BAUMGART Winfried: Vom Europäischen *Konzert* zum Völkerbund. Friedensschlüsse und Friedenssicherung von Wien bis Versailles. 2. Aufl., Darmstadt 1987.
–: *Europäisches Konzert und nationale Bewegung*. Internationale Beziehungen 1830–1878. Paderborn 1999 (= Handbuch der Geschichte der Internationalen Beziehungen, Bd. 6).
–: The Crimean War 1853–1856. London 1999.
BRIDGE Francis R./BULLEN Roger: The *great powers* and the European states system 1815–1914. London 1980.
BROCK Peter: *Pacifism* in Europe to 1914. Princeton, N.J. 1972.
The *Cambridge History of Africa*. Hg. John D. Fage/Roland Oliver. Bd. 5–7, Cambridge 1976–1986.
CHURCHILL Winston S.: The *River War*. An account of the reconquest of the Sudan. 3. Aufl., London 1951 (zuerst 1899).
CROSBY Alfred W.: Die *Früchte* des weissen Mannes. Ökologischer Imperialismus 900–1900. Frankfurt a.M. 1991 (zuerst englisch 1986).
DAVIS Lance E./HUTTENBACK Robert A.: *Mammon* and the pursuit of empire. The political economy of British imperialism, 1860–1912. Cambridge 1986.
DEHIO Ludwig: *Gleichgewicht* oder Hegemonie. Betrachtungen über ein Grundproblem der neueren Staatengeschichte. Krefeld 1948.
FIELDHOUSE David K.: *Economics and empire* 1830–1914. London 1984.
–: Die *Kolonialreiche* seit dem 18. Jahrhundert. Frankfurt a.M. 1965.
FISCH Jörg: Die europäische *Expansion* und das Völkerrecht. Die Auseinandersetzungen um den Status der überseeischen Gebiete vom 15. Jahrhundert bis zur Gegenwart. Stuttgart 1984.
–: *Geschichte Südafrikas*. München 1990.
FÖRSTER Stig u.a. (Hg.): *Bismarck*, Europe, and Africa. The Berlin Africa Conference 1884–1885 and the onset of partition. Oxford 1988.
GEISS Imanuel: *Der lange Weg in die Katastrophe*. Die Vorgeschichte des Ersten Weltkriegs 1815–1914. München 1990.

GEINITZ Christian: *Kriegsfurcht* und Kampfbereitschaft. Das Augusterlebnis in Freiburg. Eine Studie zum Kriegsbeginn 1914. Essen 1998.

GILLARD David: The *struggle* for Asia 1828–1914. A study in British and Russian imperialism. London 1977.

GIRAULT René: *Diplomatie* européenne et impérialismes. Paris 1979.

GOLDFRANK David M.: The origins of the *Crimean War*. London 1994.

GROSSI Verdiana: Le *pacifisme* européen 1889–1914. Brüssel 1994 .

HALSTEAD John P./PORCARI Serafino: Modern European *imperialism*. A bibliography of books and articles 1815–1972. 2 Bde., Boston 1974.

HEADRICK Daniel R.: The *tools* of empire. Technology and European imperialism in the nineteenth century. Oxford 1981.

HERREN Madeleine: *Hintertüren* zur Macht. Internationalismus und modernisierungsorientierte Außenpolitik in Belgien, der Schweiz und den USA, 1865–1914. München 2000.

HILDEBRAND Klaus: *Das vergangene Reich*. Deutsche Außenpolitik von Bismarck bis Hitler 1871–1945. Stuttgart 1995.

HOBSON John A.: Der *Imperialismus*. 2. Aufl., Köln 1970 (zuerst englisch, London 1902).

HOLT Peter M.: The Mahdist state in the *Sudan* 1881–1898. A study of its origins, development and overthrow. 2. Aufl., Oxford 1970.

JANSSEN Wilhelm: Art. „*Krieg*", in: Geschichtliche Grundbegriffe, Bd. 3 (1982), 567–615.

JULIEN Charles-André: Histoire de l'*Algérie* contemporaine. 2 Bde., Paris 1964–1979.

KENNAN George F.: Bismarcks europäisches System in der *Auflösung*. Die französisch-russische Annäherung. Frankfurt 1981 (zuerst englisch: The *decline* of Bismarck's European order. Franco-Russian relations 1875–1890, Princeton 1979).

–: The fateful *alliance*. France, Russia, and the coming of the First World War. New York 1984.

KENNEDY Paul: *Aufstieg und Fall* der großen Mächte. Ökonomischer Wandel und militärischer Konflikt von 1500 bis 2000. Deutsch von Catharina Jurisch. Frankfurt 1989 (zuerst englisch 1987).

KISSINGER Henry A.: Die *Vernunft* der Nationen. Über das Wesen der Außenpolitik. Berlin 1994. Aus dem Englischen (1994) von Mathias Vogel u.a.

LENIN Wladimir Iljitsch: *Der Imperialismus als höchstes Stadium des Kapitalismus* (1917). In: Ders., Ausgewählte Werke, Bd. 1, Berlin 1966, 763–873.

MOMMSEN Wolfgang J.: *Imperialismustheorien*. 3. Aufl., Göttingen 1987.

OFFNER Avner: *Costs* and benefits, prosperity, and security, 1870–1914. In: Oxford History of the British Empire 3, 690–711.

OSTERHAMMEL Jürgen: *China* und die Weltgesellschaft. Vom 18. Jahrhundert bis in unsere Zeit. München 1989.

OWEN Roger/SUTCLIFFE Bob (Hg.): Studies in the theory of *imperialism*. London 1972.

PERKINS Dexter: *A history* of the Monroe Doctrine. Boston 1963.

REINHARD Wolfgang: Geschichte der europäischen *Expansion*. 4 Bde, Stuttgart 1983–1990.

RENOUVIN Pierre: Histoire des *relations internationales*. Bd. 5–6: Le XIXe siècle. Paris 1954–1955.

ROBINSON Ronald: Non-European *foundations* of European imperialism: Sketch for a theory of collaboration. In: Roger Owen/Bob Sutcliffe (Hg.): Studies, 117–140.

ROBINSON Ronald/GALLAGHER John: *Africa and the Victorians*. The offical mind of imperialism. London 1961.

SCHÖLLGEN Gregor: *Imperialismus und Gleichgewicht*. Deutschland, England und die orientalische Frage 1871–1914. 3. Aufl., München 2000.

STEVENSON David: *Armaments* and the coming of war. Europe 1904–1914. Oxford 1996.

TAYLOR Alan J.P.: The *struggle for mastery* in Europe 1848–1918. Oxford 1984 (zuerst 1954).

VERHEY Jeffrey: Der *„Geist von 1914"* und die Erfindung der Volksgemeinschaft. Hamburg 2000 (zuerst englisch, 2000).

WAWRO Geoffrey: *Warfare and society* in Europe, 1792–1914. London 2000.

WEHLER Hans-Ulrich: *Bismarck* und der Imperialismus. Köln 1969.

WEHLER Hans-Ulrich (Hg.): *Imperialismus*. 3. Aufl., Köln 1976.

WESSELING Hendrik L.: *Teile und Herrsche*. Die Aufteilung Afrikas 1880–1914. Stuttgart 1999 (zuerst niederländisch 1991).

WETZEL David: The *Crimean War*. A diplomatic history. Boulder 1985.

WRIGHT Quincy: *A study of war*. 2. Aufl., Chicago 1965.

Zeittafel 1848–1914

1848–1849		• Revolutionen in weiten Teilen Europas.
1849	4.3.	• Oktroyierte Verfassung in Österreich.
	4.4.	• Ausrufung der Republik in Ungarn.
	28.4.	• Ablehnung der deutschen Kaiserkrone durch den preußischen König Friedrich Wilhelm IV.
	Juli	• Französische Truppen führen den Papst nach Rom zurück.
	13.8.	• Kapitulation Ungarns.
	August	• Ende des italienischen Widerstands gegen Österreich.
		• Aufhebung der Navigationsakte durch Großbritannien.
1850	31.1.	• Oktroyierte Verfassung in Preußen.
1851	2.12.	• Staatsstreich Louis Napoleons.
		• Erste Weltausstellung in London (Kristallpalast).
1852	4.11.	• Cavour wird Ministerpräsident von Piemont-Sardinien.
	2.12	• Thronbesteigung Kaiser Napoleons III.
		• Eröffnung des ersten Kaufhauses in Paris: „Au Bon Marché“.
1853–1856		• Krimkrieg.
1854		• Papst Pius IX. verkündet das Dogma der unbefleckten Empfängnis Mariä.
1855		• Weltausstellung in Paris.
		• Joseph Arthur de Gobineau: „Versuch über die Ungleichheit der Menschenrassen“.
1855–1881		• Zar Alexander II. in Russland.
1856	30.3.	• Friede von Paris: Beendigung des Krimkrieges.
1857–1858		• Aufstand gegen die britische Herrschaft in Indien.
1858	20.7.	• Geheime Absprache zwischen Napoleon III. und Cavour gegen Österreich.
1858–1860		• Zweiter Opiumkrieg. Großbritannien und Frankreich erzwingen die weitere Öffnung Chinas.
1859	3.5.	• Französisch-piemontesische Kriegserklärung an Österreich.
	14.6.	• Schlacht von Solferino, inspiriert Henry Dunant zur Gründung des Roten Kreuzes.
	11.7.	• Vorfriede von Villafranca.
	10.11.	• Friede von Zürich: Österreich tritt die Lombardei an Napoleon III. ab, der sie an Piemont weitergibt.

		• Charles Darwin: „Über die Entstehung der Arten durch natürliche Auslese“.
1859–1869		• Bau des Suezkanals.
1860	23.1.	• Britisch-französischer Handelsvertrag: Freihandel.
	24.3.	• Piemont tritt Savoyen und Nizza an Frankreich ab.
	11.5.	• Garibaldis „Zug der Tausend“.
	21.10.	• Oktoberdiplom in Österreich.
1861	19.2.	• Bauernbefreiung in Russland.
	26.2.	• Februarpatent in Österreich.
	14.3.	• Ausrufung Viktor Emanuels II. von Piemont zum König von Italien.
1861–1865		• US-Bürgerkrieg.
1861–1866		• Französische Intervention in Mexiko (bis 1862 von Großbritannien und Spanien unterstützt).
1861–1888		• Wilhelm I. König von Preußen (seit 1871 auch Deutscher Kaiser).
1862	24.9.	• Berufung Bismarcks zum preußischen Ministerpräsidenten.
		• Gründung Rumäniens durch die Vereinigung der Fürstentümer Walachei und Moldau.
1862–1866		• Verfassungskonflikt in Preußen um die Heeresreform.
1863	23.5.	• Gründung des Allgemeinen Deutschen Arbeitervereins in Leipzig unter Führung Ferdinand Lassalles.
		• Gründung des Roten Kreuzes in Genf.
1863–1864		• Polnischer Aufstand gegen die russische Herrschaft.
		• Deutsch-dänischer Krieg.
1864	28.9.	• Gründung der Internationalen Arbeiter-Assoziation (I. Internationale) in London.
	30.10.	• Friede von Wien: Dänemark tritt Schleswig-Holstein und Lauenburg an Preußen und Österreich ab.
		• Zemstvo- und Justizreform in Russland.
1866	8.4.	• Geheimbündnis Preußens mit Italien gegen Österreich.
	21.6.	• Beginn des „Deutschen Krieges“.
	3.7.	• Schlacht von Königgrätz/Sadowa.
	26.7.	• Vorfriede von Nikolsburg.
	23.8.	• Friede von Prag: Auflösung des Deutschen Bundes; Anerkennung der Führungsstellung Preußens in Deutschland.
	3.10.	• Friede von Wien: Abtretung Venetiens an Italien.
		• Gründung des Norddeutschen Bundes: allgemeines (Männer-) Wahlrecht.
1867	11.5.	• Neutralisierung Luxemburgs; Abzug der preußischen Truppen.
	12.6.	• Österreichisch-ungarischer Ausgleich.
	15.8.	• Wahlrechtsreform in Großbritannien.
	21.12.	• Dezembergesetze in Österreich: Beginn einer liberalen Ära.

1867		• Karl Marx: „Das Kapital", Bd. 1.
		• Alfred Nobel erfindet das Dynamit.
1868	Juni	• Gründung des Trades Union Congress (TUC) als Dachorganisation der britischen Gewerkschaften.
	1.7.	• Dominion of Canada proklamiert: erste britische Selbstverwaltungskolonie.
		• Diamantenfunde in Kimberley (Südafrika).
		• Meiji-Restauration in Japan.
1868–1874		• Revolutionäre Unruhen in Spanien.
1869	7.–9.8.	• Gründung der Sozialdemokratischen Arbeiterpartei in Eisenach unter Führung von August Bebel und Wilhelm Liebknecht.
	19.11.	• Eröffnung des Suezkanals.
	8.12.–18.7.	• 1870 Erstes Vatikanisches Konzil.
1870	18.7.	• Verkündung des Dogmas von der päpstlichen Unfehlbarkeit.
	19.7.	• Beginn des deutsch-französischen Krieges.
	2.9.	• Kapitulation einer französischen Armee bei Sedan und Gefangennahme Kaiser Napoleons III.
	4.9.	• Ausrufung der Republik in Frankreich.
	20.9.	• Besetzung Roms durch italienische Truppen. Der Kirchenstaat fällt an Italien.
1871	18.1.	• Proklamation des Deutschen Kaiserreiches in Versailles.
	26.2.	• Vorfriede von Versailles.
	18.3.–28.5.	• Aufstand der Pariser Kommune.
	10.5.	• Friede von Frankfurt am Main. Abtretung Elsass-Lothringens an Deutschland.
		• Beginn des Kulturkampfes in Deutschland.
		• Charles Darwin: „Die Abstammung des Menschen".
1873	9.5.	• Börsenkrach in Wien. Beginn der „Großen Depression" in Europa.
	22.10.	• Dreikaiserabkommen zwischen Österreich-Ungarn, Russland und Deutschland.
		• „Verrückter Sommer" in Russland.
1873–1874		• Republik in Spanien.
1874	19.4.	• Annahme einer revidierten Bundesverfassung in der Schweiz:
		• Ausweitung der direkten Demokratie.
	November	• Papst Pius IX. untersagt den Katholiken die Beteiligung am politischen Leben Italiens.
1875		• Verfassung der Dritten Republik in Frankreich.
1876		• Verfassung im Osmanischen Reich.
		• Nikolaus Otto baut den ersten Viertaktmotor.
		• Alexander Bell entwickelt das Telefon.
1877	24.4.	• Kriegserklärung Russlands an das Osmanische Reich nach Aufständen in Bosnien, der Herzegowina und in Ostrumelien.

		• Die britische Königin Victoria wird Kaiserin von Indien.
1878	3.3.	• Friede von San Stefano zwischen Russland und dem Osmanischen Reich.
	13.6.–13.7.	• Berliner Kongress: teilweise Revision der Friedensbedingungen von San Stefano auf britisch-österreichische Initiative. Serbien, Montenegro und Rumänien werden unabhängig von der Pforte. Schaffung von Bulgarien und Ostrumelien als autonome, der Pforte tributpflichtige Fürstentümer. Österreich besetzt Bosnien und die Herzegowina. Großbritannien erhält Zypern.
		• Verfassung des Osmanischen Reiches aufgehoben.
		• Werner von Siemens erfindet den Elektromotor.
1878–1890		• Sozialistengesetz in Deutschland.
1878–1903		• Papst Leo XIII.
1879	12.7.	• Schutzzölle in Deutschland.
	7.10.	• Zweibund zwischen Deutschland und Österreich-Ungarn.
		• Thomas Edison erfindet die Glühlampe.
1881	13.3.	• Zar Alexander II. ermordet.
	17.5.	• Französisches Protektorat über Tunis.
	18.6.	• Dreikaiservertrag zwischen Russland, Österreich-Ungarn und Deutschland.
		• Antijüdische Pogrome im Russischen Reich.
		• Internationale Steuerverwaltung für das Osmanische Reich (Dette publique ottomane).
1881–1894		• Zar Alexander III.
1882	20.5.	• Beitritt Italiens zum Zweibund von 1879.
	11.7.	• Großbritannien besetzt Ägypten.
1883	15.6.	• Krankenversicherungsgesetz in Deutschland.
		• Bündnis Rumäniens mit Deutschland und Österreich-Ungarn.
		• Hiram Stevens Maxim baut das erste Maschinengewehr.
1884	27.6.	• Unfallpflichtversicherung in Deutschland.
	15.11.–26.2.•	1885 Internationale Afrikakonferenz in Berlin.
	6.12.	• Wahlrechtsreform in Großbritannien.
1884–1885		• Deutschland erwirbt Kolonien in Afrika.
1885	18.9.	Ostrumelien mit Bulgarien vereinigt.
		• Erster Kraftwagen von Gottlieb Daimler und Carl Benz.
1886		• Annexion Burmas durch Großbritannien.
		• Goldfunde am Witwatersrand, Südafrika.
1886–1889		• Boulangismus in Frankreich.
1887	18.6.	• Rückversicherungsvertrag zwischen Russland und Deutschland.
		• Kulturkampf in Deutschland endgültig beigelegt.
		• Zusammenfassung der hinterindischen Besitzungen Frankreichs zur „Indochinesischen Union".

1888		• Kaiser Friedrich III. in Deutschland.
1888–1918		• Kaiser Wilhelm II. in Deutschland.
1889	1.1.	• Gründung der „Sozialdemokratischen Arbeiterpartei Österreichs".
		• Italien erwirbt Kolonien in Ostafrika.
		• Gründung der II. Internationale in Paris.
		• Japan erhält eine Verfassung.
		• Bau des Eiffelturms in Paris.
1890	20.3.	• Entlassung Bismarcks.
	27.3.	• Nichtverlängerung des deutsch-russischen Rückversicherungsvertrages.
	1.7.	• Helgoland-Sansibar-Vertrag: Ausgleich der deutsch-britischen Kolonialinteressen.
1891	15.5.	• Päpstliche Sozialenzyklika „Rerum novarum".
1891–1903		• Bau der Transsibirischen Eisenbahn.
1892	17.8.	• Russisch-französische Militärkonvention abgeschlossen.
1894	Januar	• Russisch-französische Militärkonvention in Kraft getreten.
		• Verurteilung von Hauptmann Dreyfus in Frankreich.
1894–1895		• Chinesisch-japanischer Krieg.
1894–1917		• Zar Nikolaus II.
1895	17.4.	• Präliminarfriede von Shimonoseki beendet den chinesisch-japanischen Krieg.
	23.4.	• Intervention Deutschlands, Russlands und Frankreichs in Tokio führt zur teilweisen Revision der Präliminarien von Shimonoseki im Friedensvertrag von Chefoo (8.5.).
	29.12.	• Jameson Raid in Südafrika.
		• Wilhelm Röntgen entdeckt die x-Strahlen.
		• Erste Filmvorführungen der Gebrüder Lumière in Paris und der Gebrüder Skladanowsky in Berlin.
1896	15.1.	• Siam-Abkommen zwischen Großbritannien und Frankreich.
	1.3.	• Italienische Niederlage gegen Äthiopien bei Adua.
1897	8.8.	• Ermordung des spanischen Ministerpräsidenten Antonio Cánovas del Castillo.
		• Osmanischer Sieg über Griechenland.
		• Erster Zionistenkongress in Basel.
		• Rudolf Diesel baut den ersten Dieselmotor.
		• Guglielmo Marconi entwickelt die drahtlose Telegrafie.
1898	28.3.	• Erstes Flottengesetz in Deutschland.
	25.4.	• Kriegserklärung der USA an Spanien.
	30.8.	• Deutsch-englischer Vertrag über eine eventuelle Aufteilung der portugiesischen Kolonien in Afrika.
	10.9.	• Kaiserin Elisabeth von Österreich ermordet.
	10.12.	• Friede von Paris zwischen Spanien und den USA.
		• Britische Rückeroberung des Sudan.

1898–1899		• Dreyfus-Affäre in Frankreich.
		• Faschoda-Krise zwischen Frankreich und Großbritannien.
1899	18.5.–29.7.	• Erste Haager Friedenskonferenz.
	12.10.	• Beginn des Burenkrieges (bis 1902).
1900	29.7.	• König Humbert I. von Italien ermordet.
		• Errichtung eines britischen Protektorats über Nigeria.
		• In Deutschland tritt das Bürgerliche Gesetzbuch in Kraft.
		• Begründung der Quantenphysik durch Max Planck.
1900–1901		• Boxeraufstand in China. Internationale Intervention.
1901	7.9.	• Boxerprotokoll zwischen China und den imperialistischen Mächten.
		• Tod Königin Victorias von England.
1901–1910		• Eduard VII. englischer König.
1902	30.1.	• Britisch-japanischer Bündnisvertrag.
	31.5.	• Der Frieden von Vereeniging beendet den Burenkrieg.
	1.11.	• Französisch-italienischer Neutralitätsvertrag.
1903	August	• Eröffnung der Transsibirischen Eisenbahn.
		• Beginn der seit 1912 definitiven Spaltung der „Russischen
		• Sozialdemokratischen Arbeiterpartei“ in „Menschewiki“ und „Bolschewiki“ unter Führung Lenins.
		• Die Gebrüder Wright bauen das erste Motorflugzeug.
1903–1914		• Papst Pius X.
1904	8.4.	• „Entente Cordiale“ zwischen Großbritannien und Frankreich.
1904–1905		• Russisch-japanischer Krieg.
1904–1907		• Aufstand der Herero und Nama in Deutsch-Südwestafrika.
1905	22.1.	• „Blutiger Sonntag“ in St. Petersburg; Auslöser der Streikbewegung, die in revolutionäre Unruhen übergeht.
	5.9.	• Der Friede von Portsmouth beendet den russisch-japanischen Krieg.
	30.10.	• Oktobermanifest des russischen Zaren kündigt u.a. die Einberufung eines Parlaments (Duma) an.
	9.12.	• Trennung von Staat und Kirche in Frankreich.
		• Auflösung der norwegisch-schwedischen Union.
		• Mährischer Ausgleich.
		• Zusammenschluss der beiden großen sozialistischen Parteien
		• Frankreichs zur „Section Française de l'Internationale Ouvrière“.
		• Albert Einstein: Spezielle Relativitätstheorie.
1905–1906		• Erste Marokkokrise.
1905–1907		• Erste Russische Revolution.
1906	6.5.	• Erlass eines russischen Grundgesetzes durch Nikolaus II.
		• Stolypinsche Agrarreform in Russland.

1906		• In Großbritannien geht aus dem 1900 gegründeten „Labour Representation Committee“ die „Labour Party“ hervor.
		• Allgemeines Wahlrecht in Österreich.
		• Allgemeines Frauenwahlrecht in Finnland.
1907	15.6.–18.10.	• Zweite Haager Friedenskonferenz.
	31.8.	• Englisch-russische Konvention: Aufteilung Persiens in Einflusssphären.
1908	5.10.	• Bulgarien erklärt seine Unabhängigkeit vom Osmanischen Reich.
	6.10.	• Österreich-Ungarn annektiert Bosnien und die Herzegowina.
		• Jungtürkische Revolution. Osmanische Verfassung von 1876 wieder in Kraft gesetzt.
		• Belgien übernimmt den Kongostaat von König Leopold II.
1910	31.5.	• Bildung der Südafrikanischen Union.
	4.10.	• Revolution in Portugal. Das Land wird Republik.
		• Ausgleich in der Bukowina.
1911	20.4.	• Trennung von Staat und Kirche in Portugal.
	20.7.	• Französisch-britische Militärkonvention.
	11.12.	• „National Insurance Act“ in Großbritannien.
		• Schwächung des britischen Oberhauses.
		• Zweite Marokko-Krise.
		• Revolution in China. Das Land wird Republik.
1911–1912		• Krieg zwischen Italien und dem Osmanischen Reich. Italien erobert Tripolis.
1912	30.6.	• Nahezu allgemeines Wahlrecht in Italien.
	17.10.	• Beginn des ersten Balkankrieges zwischen Serbien,
		• Bulgarien, Griechenland und Montenegro („Balkanbund“) einerseits und dem Osmanischen Reich andererseits.
		• Unabhängigkeit Albaniens.
		• Französisches Protektorat über Marokko.
1913	30.5.	• Der Präliminarfriede von London beendet den ersten Balkankrieg. Große Gebietsverluste des Osmanischen Reiches.
	29.6.	• Beginn des zweiten Balkankrieges zwischen Griechenland, Montenegro, Serbien und Rumänien einerseits und Bulgarien andererseits.
	10.8.	• Der Friede von Bukarest beendet den zweiten Balkankrieg. Schwächung Bulgariens.
		• Allgemeines Frauenwahlrecht in Norwegen.
1914	28.6.	• Ermordung des österreichisch-ungarischen Thronfolgers Franz Ferdinand in Sarajewo.
	5./6.7.	• Deutsche Versicherung der uneingeschränkten Bündnistreue gegenüber Österreich-Ungarn („Blankoscheck“).

1914	23.7.	• Ultimatum Österreich-Ungarns an Serbien.
	28.7.	• Kriegserklärung Österreich-Ungarns an Serbien
	29.7.	• Russische Teilmobilmachung.
	30.7.	• Russische Generalmobilmachung.
	1.8.	• Deutsche Kriegserklärung an Russland.
	1.8.	• Italienische Neutralitätserklärung.
	3.8.	• Deutsche Kriegserklärung an Frankreich.
	3.8.	• Deutsche Truppen marschieren in Belgien ein.
	4.8.	• Nach Ablehnung eines Ultimatums durch Deutschland
		• Kriegseintritt Großbritanniens.
		• Eröffnung des Panamakanals.

Verzeichnisse

Verzeichnis der Karten

Die Zeichnungen fertigte Helmuth Flubacher, Waiblingen, nach Vorlagen aus der zitierten Literatur.

Verzeichnis der Grafiken

Verzeichnis der Tabellen

Personen-, Orts- und Sachregister

Autorenregister

Fette Seitenzahlen verweisen auf die Bibliographie.

Handbuch der Geschichte Europas – Historisches Wissen in kompakter Form auf dem neuesten Stand der Forschung

Das Handbuch der Geschichte Europas vermittelt in kompakter, umfassender Form historisches Wissen auf dem neuesten Forschungsstand. Alle 10 Bände werden von führenden Historikern geschrieben, die auf langjährige Lehrerfahrungen an Universitäten zurückblicken können. Deshalb richtet sich das Handbuch der Geschichte Europas als Lehrwerk neben Studierenden auch an Schüler der gymnasialen Oberstufe. Es stellt Grundwissen in verständlicher Form dar und arbeitet die Deutungen der einzelnen Epochen heraus.

Reihenherausgeber ist Peter Blickle.

Gliederung jedes Bandes:

- Charakter der Epoche
- Geschichte aller europäischen Länder (Länderkapitel)
- Europäische Gemeinsamkeiten (Sachbereichskapitel) gegliedert nach Verfassung und Recht
- Politik und internationale Beziehungen
- Gesellschaft und Wirtschaft
- Kultur und Religion
- Forschungsstand, Forschungskontroversen, Forschungsperspektiven
- Bibliographie

In Vorbereitung befinden sich weitere Bände:

Band 1
Das Erste Europa
1000 v. Chr.–500 n. Chr
Wolfgang Schuller

Band 2
Europa im frühen Mittelalter
500–1050
Hans-Werner Goetz

Band 4
Europa expandiert
1250–1500
Michael North

Band 5
Europas Aufbruch in die Neuzeit
1500–1650
Günter Vogler

Band 6
Europa am Vorabend der Moderne
1650–1800
Heinz Duchhardt

Band 7
Europa zwischen Reform und Revolution
1800–1850
Wolfgang von Hippel

Band 10
Europa auf dem Weg zur Union
1945–1990
Rainer Hudemann